BATTLEGROUND PRUSSIA
普鲁士战场
—— 苏德战争 ★ 1944-1945 ——

【英】普里特·巴塔 / 著
小小冰人 / 译

台海出版社

First published in Great Britain in 2010, by Osprey Publishing Ltd, Midland House, West Way, Botley, Oxford OX2 0PH. All rights reserved. © 2012 Prit Buttar. This translation of Battleground Prussia is published by arrangement with Osprey Publishing Ltd.

版权所有，侵权必究
版贸核渝字（2013）第248号

图书在版编目（CIP）数据

普鲁士战场：苏德战争1944—1945 /（英）普里特·巴塔著；小小冰人译. -- 北京：台海出版社，2018.7
书名原文：BATTLEGROUND PRUSSIA:THE ASSAULT ON GERMANY'S EASTERN FRONT 1944-45
ISBN 978-7-5168-1978-4

Ⅰ.①普… Ⅱ.①普…②小… Ⅲ.①第二次世界大战战役-史料-1944-1945 Ⅳ.①E195.2

中国版本图书馆CIP数据核字(2018)第145739号

普鲁士战场：苏德战争1944—1945

著　者：【英】普里特·巴塔　　译　者：小小冰人

责任编辑：刘　峰　　　　　　　策划制作：指文文化
视觉设计：舒正序　　　　　　　责任印制：蔡　旭

出版发行：台海出版社
地　　址：北京市东城区景山东街20号　　邮政编码：100009
电　　话：010－64041652（发行，邮购）
传　　真：010－84045799（总编室）
网　　址：www.taimeng.org.cn/thcbs/default.htm
E－mail：thcbs@126.com

经　　销：全国各地新华书店
印　　刷：重庆共创印务有限公司
本书如有破损、缺页、装订错误，请与本社联系调换

开　　本：787mm×1092mm　　1/16
字　　数：516千　　　　　　　印　张：33
版　　次：2018年8月第1版　　印　次：2018年8月第1次印刷
书　　号：978-7-5168-1978-4

定　　价：149.80元

版权所有　翻印必究

BATTLEGROUND PRUSSIA

THE ASSAULT ON GERMANY'S EASTERN FRONT 1944-45

"东线文库"总序

泛舟漫长的人类战争史长河，极目四望，迄今为止，尚未有哪场陆战能在规模上超过二战时期的苏德战争。这场战争挟装甲革命与重工业革命之双重风潮，以德、苏两大军事体系20年军改成果为孤注，以二战东线战场名扬后世。强强相撞，伏尸千里；猛士名将，层出不穷。在核恐怖强行关闭大国全面战争之门70年后的今天，回首望去，后人难免惊на绝唱。在面对那一串串数字和一页页档案时，甚至不免有传说时代巨灵互斫之苍茫。其与今人之距离，似有千年之遥，而非短短的70春秋。

但是，如果我们记得，即便是在核武器称雄的时代，热战也并未绝迹，常规军事力量依然是大国达成政治诉求的重要手段；而苏德战争的胜利者苏联，又正是冷战的主角之一，直到今天，苏系武器和苏式战法的影响仍具有全球意义。我们就会发现，这场战争又距离我们是如此之近。

要知道这场战争究竟离我们有多近，恰恰要先能望远——通过对战争史和军事学说发展史的长程回顾，来看清苏德战争的重大意义。

正如俾斯麦所言："愚人执着于自己的体验，我则师法他者的经验。"任何一个人、一个组织的直接体验总是有限的，但如能将别人的间接经验转化为自己的直接体验，方是智者之所为。更高明的智者又不仅仅满足于经验的积累，而是能够突破经验主义的局限，通过学说创新形成理论体系，从而在经验和逻辑、事实与推理之间建立强互动，实现真正的以史为鉴和鉴往知来。

无怪乎杜普伊会说："军事历史之所以对军事科学的发展至关重要，是因为军事科学不像大多数其他学科那样，可在实验室里验证它们的理论和假说。军事试验的种种形式，如野战演习、对抗演习和实兵检验等，都永远不会再现战争的基本成分：致命环境下对死亡的恐惧感。此类种种试验无疑是非常有益的，但是，这种益处也只能是在一定程度上的。"[1]但这绝不等于说战争无法研究，只能在战争中学战争。突破的关键即在于如何发挥好战争史研究的作用。所以杜普伊接着强调："像天文学一样，军事科学也是一门观测科学。正如天文学家把天体作为实验室（研究对象），而军人的真正的实验室则永远是军事历史。"[2]

从这个角度上讲，苏德战争无疑是一个巨型实验室，而且是一个直接当下，具有重大特殊意义的实验室。

回顾战争史册，不难发现，受技术手段的局限，战场的范围长期局限在指挥官的目力范围之内。故而，在这个时期，战争行为大致可以简化为两个层级，一为战略（strategy），一为战术（tactic）。

战术是赢得战斗的方法，战略则是赢得战争的方法。战之术可以直接构成战之略的实施手段。一般而言，战争规模越有限，战争结局越由战斗决定，战略与战术的边界便越模糊。甚至可以出现"一战定乾坤"的戏剧性结局。这又进一步引发出战局和会战两个概念。

所谓战局，就是英语中的Campaign，俄语的кампания，德语的Feldzug。Campaign的词源是campus，也就是营地。因为在罗马时代，受当时的技术条件限制，军队每年会有一个固定的季节性休战期，是为宿营时期。这样就可以很清晰地划分出以年度为单位的"战局"。相对不同的是德语 Feldzug的词根有拖、拉、移动的意思，对弈中指移动棋子。已隐约可见机动战的独特传统。但三方对战局的理解、使用并无本质不同。

而会战（英语中的Battle，俄语的Битва，德语的Schlacht）则是战斗的放大。换言之，在早期西方军事学说体系中，战略对应战局，战术对应战斗，而"会战"则是战略与战术的交汇地带，战局与战斗的中间产物。在早期冷兵器战争时代，会战较为简单，很多时候就是一个放大的战术行动和缩小的战略行动。但是，随着技术的变革，社会结构、动员体系、战争规模的巨变，会战组织越来越复杂，越来越专业，逐渐成为一个独立于战略和战术之外的层级。拿破仑的战争艺术，归根结底其实就是会战的艺术。

但是，拿破仑并未发展出一套会战学说，也没有形成与之相表里的军事制度和军事教育体系，反而过于依赖自己的个人天赋，从而最终走向不归路。得风气之先的是普鲁士军队的改革派三杰（沙恩霍斯特、格奈瑟瑙、克劳塞维茨），收功者则是促成德意志统一的老毛奇。普德军事体系的发展壮大，正是研究透彻了拿破仑又超越了拿破仑，在战略和战术之间增加了一个新层级——Operation，从根本上改变了军事指挥和军事学术研究范式。所谓"Operation"，本有操作、经营、（外科）手术等多层含义，其实就是战略实施中的落实性操作。是因为战术已经无法直接构成战略的实施手段而增加的新环节。换言之，在德军军事体系中，Operation是一个独立的、高度专业化的军事行动层级。

与之相表里，普德军事系统又形成了现代参谋制度，重新定义了参谋，并形成了以参谋军官为核心的现代军官团，和以参谋教育为核心的现代军校体系。总参谋部其实是一个集研究、教育、指挥为一体的复合结构。参谋总长管理陆军大学，而陆军大学的核心课程即为战争史研究，同时负责将相关研究兵棋化、实战化、条令化。这种新式参谋主要解决的就是Operation Level的问题，这与高级统帅思考战略问题，基层军官、士官思考战术问题正相等同。

普法战争后，普鲁士式总参谋部制度迅速在全球范围内扩散，举凡英法俄美意日等列强俱乐部成员国，无不效法。但是，这个制度的深层驱动力——Operation Level的形成和相应学说创新，则长期为德军秘而不宣，即便是其亲传弟子，如保加利亚，如土耳其，如日本，均未得其门径窍奥，其敌手如法，如英，如俄，如美，亦均茫然不知其所以然。

最早领悟到德军作战层级独创性和重要性的军队，正是一战后涅槃重生的苏联红军。

苏军对德语的Operation进行了音译，是为Операция，也就是日后中苏合作时期经苏联顾问之手传给我军的"战役"概念。换言之，所谓战役学，其实就是苏军版的Operation学说。而美军要到冷战期间才明白这一点，并正式修改其军事学说，在Strategy和Tactic之间增设Operation这个新层级。

与此同时，英美体系虽然在战役学层次反应迟钝，却看到了德、苏没有看到的另一个层次的变化——战争的巨变不仅发生在传统的战略、战术之间，更发生在战略之上。

随着战争本身的专业性日趋强化，军人集团在战争中的发言权无形中也被强化，而文官和文人战略家对战争的介入和管控力逐渐弱化。但正如克劳塞维茨强调指出的那样,战争是政治的延续[3]。因而,战争只是手段,不是目的。无论军事技术如何变化,这一个根本点不会变化。但现代战争的发展却导致了手段高于目的的客观现实,终于在一战中造成了莫大的灾难。战争的胜利不等于政治的胜利这一基本事实,迫使战争的胜利者开始反思固有战争理论的局限性,逐渐形成了"大战略"(Grand Strategy)的观念,这就在英美体系中形成了大战略(又称国家战略、总体战略、高级战略)、分类战略(包括军事战略、经济战略、外交战略、文化战略等)、战术的三级划分。大战略不再像传统战略那样执着于打赢战争,而是追求战争背后的终极目标——政治目的。因为此种战略在国家最高决策层面运作,所以美国学界又将大战略称为国家战略。用美国国防部的定义来说明,即:"国家战略是平时和战时在使用武装力量的同时,发展和运用国家的政治、经济和心理力量,以实现国家目标的艺术和科学。"

冷战初期,美国以中央情报局、国家安全委员会、民营战略智库(如兰德公司)、常青藤联盟高校人才库相呼应的制度创新,其实就是建立在大战略学说领先基础上的国家安全体系创新[4]。而德军和苏军受传统"战略—战局"概念的束缚,均未看清这一层变化,故而在宏观战略指导上屡屡失误,只能仰赖希特勒、斯大林这样的战略怪才,以杰出个体的天赋弥补学说和制度的不足,等于又回到了拿破仑困境之中。

从这个角度上看二战,苏德战争可以说是两个走在战役学说创新前列的军事体系之间的超级碰撞。同为一战失败者的德、苏,都面对一战式的堑壕难题,且都嗅到了新时代的空气。德国的闪电战与苏军的大纵深战役,其实是两国改革派精英在同一场技术革命面前,对同一个问题所做出的不同解答。正是这种军事学说的得风气之先,令两国陆军在军改道路上走在列强前列。二战期间两国彗星撞地球般的碰撞,更进一步强化了胜利者的兼容并蓄。冷战期间,苏军的陆战体系建设,始终以这个伟大胜利为基石,不断深化。

在这个基础上再看冷战,就会发现,其对抗实质是美式三级体系(大战略、战略、战术)与苏式三级体系(战略、战役、战术)的对抗。胜负关键在于谁能先吸取对方之所长,弥补己方之所短。结果,苏联未能实现大战略的突破,建立独立自主的大战略学说、制度、教育体系。美国却在学科化的战略学、国际政治学和战争史研究的基础上，建立了自己的Operation Level，并借力新一轮技术变革，对苏军进行创造性的再反制。这个连环反制竞争链条，一直延续到今天。虽然俄军已暂时被清扫出局，但这种反制的殷鉴得失却不会消失，值得所有国家的军人和战史研究者注目。而美国借助遏制、接触战略，最终兵不血刃地从内部搞垮苏联，亦非偶然。

正是这种独特的历史地位，决定了东线史的独特重要性，东线研究本身也因而成为另一部波澜壮阔的历史。

可以说，苏军对苏德战争最具切肤之痛，在战争期间就不断总结经验教训。二战后，这个传统被继承下来，形成了独特的苏军式研究。与此同时，美国在二战刚刚结束之际就开始利用其掌握的资料和德军将领，进行针对苏军的研究。众多德军名将被要求撰写关于东线作战的报告[5]。但是，无论是苏军的研究还是美军的研究，都是内部进行的闭门式研究。这些成果，要到很久之后，才能公之于世。而世人能够看到的苏德战争著述，则是另一个景象。

二战结束后的最初15年，是宣传品与回忆录互争雄长的15年。作为胜利者的苏联，以君临天下的优越感，刊行了一大批带有鲜明宣传色彩的出版物[6]。与之相对应，以古德里安、曼施坦因等亲身参与东线鏖战的德国军人为代表的另一个群体，则以回忆录的形式展开反击[7]。这些书籍因为是失败者痛定思痛的作品，著述者本人的军事素养和文笔俱佳，故而产生了远胜过苏联宣传史书的影响力，以至于很多世人竟将之视为信史。直到德国档案资料的不断披露，后人才逐渐意识到，这些名将回忆录因成书年代的特殊性，几乎只能依赖回忆者的主观记忆，而无法与精密的战史资料互相印证。同时，受大环境的影响，这些身为楚囚的德军将领大多谋求：一，尽量撇清自己的战争责任；二，推卸战败责任（最常用的手法就是将所有重大军事行动的败因统统归纳为希特勒的瞎指挥）；三，宣传自身价值（难免因之贬低苏联和苏军）。而这几个私心又迎合了美国的需求：一，尽快将西德纳入美国领导的反苏防务体系之中，故而必须让希特勒充分地去当替罪羊，以尽快假释相关军事人才；二，要尽量抹黑苏联和苏军，以治疗当时弥漫在北约体系内的苏联陆军恐惧症；三，通过揭批纳粹政体的危害性，间接突显美国制度的优越性。

此后朱可夫等苏军将领在后斯大林时代刊行的回忆录，一方面固然是苏联内部政治生态变化的产物，但另一方面也未尝不可说是对前述德系著述的回击。然而，德系回忆录的问题同样存在于苏系回忆录之中。两相对比，虽有互相校正之效，但分歧、疑问更多，几乎可以说是此亦一是非、彼亦一是非，俨然是在讲两场时空悬隔的战争。

结果就是，苏德战争的早期成果，因其严重的时代局限性，而未能形成真正的学术性突破，反而为后人的研究设置了大量障碍。

进入六十年代后，虽然各国关于东线的研究越来越多，出版物汗牛充栋，但摘取桂冠的仍然是当年的当事人一方。幸存的纳粹党要员保罗·卡尔·施密特（Paul Karl Schmidt）化名保罗·卡雷尔（Paul Carell），在已有研究的基础上，大量使用德方资料，并对苏联出版物进行了尽量全面的搜集使用，更对德国方面的幸存当事人进行了广泛的口述历史采访，在1964年、1970年相继刊行了德军视角下的重量级东线战史力作——《东进：1941—1943年的苏德战争》和《焦土：1943—1944年的苏德战争》[8]。

进入20世纪70年代后，研究趋势开始发生分化。北约方面可以获得的德方档案资料越来越多，苏方亦可通过若干渠道获得相关资料。但是，苏联在公布己方史料时却依然如故，仅对内进行有限度的档案资料公布。换言之，苏联的研究者较之于北约各国的研究者，掌握的史料更为全面。但是，苏联方面却没有产生重量级的作品，已经开始出现军事学说的滞后与体制限制的短板。

结果，在这个十年内，最优秀的苏德战争著作之名被英国军人学者西顿（Albert Seaton）的《苏德战争》摘取[9]。此时西方阵营的二战研究、希特勒研究和德军研究均取得重大突破，在这个整体水涨的背景下，苏德战争研究自然随之船高。而西顿作为英军中公认的苏军及德军研究权威，本身即带有知己知彼的学术优势，同时又大力挖掘了德国方面的档案史料，从而得以对整个苏德战争进行全新的考订与解读。

继之而起者则有英国学者约翰·埃里克森（John Ericsson）与美国学者厄尔·齐姆克（Earl F. Ziemke）。

和西顿一样，埃里克森（1929年4月17日—2002年2月10日）也曾在英军中服役。不同之处则在于：

其一，埃里克森的研究主要是在退役后完成。他先是进入剑桥大学圣约翰学院深造，1956年苏伊士运河危机爆发后作为苏格兰边民团的一名预备军官被重新征召入役。危机结束后，埃里克森重启研究工作，1958年进入圣安德鲁大学担任讲师，开始研究苏联武装力量。1962年，埃里克森首部著作《苏联统帅部：1918—1941年》出版，同年在曼彻斯特大学出任高级讲师。1967年进入爱丁堡大学高级防务研究所任职，1969年成为教授，研究重心逐渐转向苏德战争。

其二，埃里克森得益于两大阵营关系的缓和，能够初步接触苏军资料，并借助和苏联同行的交流，校正之前过度依赖德方档案导致的缺失。而苏联方面的战史研究也取得了较大的进展，足以为这种校正提供参照系，而不像五六十年代时那样只能提供半宣传品性质的承旨之作。同时，埃里克森对轴心国阵营的史料挖掘也更全面、细致，远远超过了之前的同行。关于这一点，只要看一看其著述后面所附录的史料列目，即可看出苏德战争研究的史料学演进轨迹。

埃里克森为研究苏德战争，还曾专程前往波兰，拜会了苏军元帅罗科索夫斯基。这个非同凡响的努力成果，就是名动天下的"两条路"。

所谓"两条路"，就是1975年刊行的《通往斯大林格勒之路》与1982年刊行的《通往柏林之路》[10]。正是靠了这两部力作，以及大量苏军研究专著[11]，埃里克森在1988—1996年间成为爱丁堡大学防务研究中心主任。

厄尔·齐姆克（1922年12月16日—2007年10月15日）则兼有西顿和埃里克森的身影。出生于威斯康星州的齐姆克虽然在二战中参加的是对日作战，受的也是日语训练，却在冷战期间华丽转型，成为响当当的德军和苏军研究权威。曾在硫磺岛作战中因伤获得紫心勋章的齐姆克，战后先是在天津驻扎，随后复员回国，通过军人权利法案接受高等教育，1951年在威斯康星大学获得学位。1951—1955年，他在哥伦比亚的应用社会研究所工作，1955—1967年进入美国陆军军史局成为一名官方历史学家，1967—1977年在佐治亚大学担任全职教授。其所著《柏林战役》《苏维埃压路机》《从斯大林格勒到柏林：德国在东线的失败》《从莫斯科到斯大林格勒：东线的抉择》《德军东线北方战区作战报告，1940—1945年》《红军，1918—1941年：从世界革命的先锋到美国的盟友》等书[12]，对苏德战争、德军研究和苏军研究均做出了里程碑般的贡献，与埃里克森堪称双峰并峙、二水分流。

当《通往柏林之路》刊行之时，全球苏德战争研究界人士无人敢想，仅仅数年之后，苏联和华约集团便不复存在。苏联档案开始爆炸性公布，苏德战争研究也开始进入一个前人无法想象的加速发展时代，甚至可以说是一个在剧烈地震、风暴中震荡前行的时代。在海量苏联史料的冲击下，传统研究纷纷土崩瓦解，军事界和史学界的诸多铁案、定论也纷纷根基动摇。埃里克森与齐姆克的著作虽然经受住了新史料的检验，但却未能再进一步形成新方法的再突破。更多的学者则汲汲于立足新史料，急求转型。连保罗·卡雷尔也奋余勇，在去世三年前的1993年刊行了《斯大林格勒：第6集团军的覆灭》。奈何宝刀已老，时过境迁，难以再掀起新的时代波澜了。

事实证明，机遇永远只向有准备、有行动力的人微笑，一如胜利天平总是倾斜于能率先看到明天的一方。风起云涌之间，新的王者在震荡中登顶，这位王者就是美国著名苏军研究权威——戴维·格兰茨（David Glantz）。

作为一名参加过越战的美军基层军官，格兰茨堪称兼具实战经验和学术积淀。1965年，格兰茨以少尉军衔进入美国陆军野战炮兵服役，并被部署到越南平隆省的美国陆军第2军的"火力支援与协调单元"（Fire Support Coordination Element，FSCE，相当于军属野战炮兵的指挥机构）。1969年，格兰茨返回美国，在陆军军事学院教授战争史课程。1973年7月1日，美军在陆军训练与条令司令部下开设陆军战斗研究中心（Combat Studies Institute，CSI），格兰茨开始参与该中心的苏军研究项目。1977—1979年他出任美国驻欧陆军司令部情报参谋办公室主任。1979年成为美国陆军战斗研究所首席研究员。1983年接掌美国陆军战争学院（United States Army War College）陆战中心苏联陆军作战研究处（Office of Soviet Army Operations at the Center for Land Warfare）。1986年，格兰茨返回利文沃思堡，组建并领导外国军事研究办公室（Foreign Military Studies Office，FMSO）。在这漫长的研究过程中，格兰茨不仅与美军的苏军研究同步前进，而且组织翻译了大量苏军史料和苏方战役研究成果[13]。

1993年，年过半百的格兰茨以上校军衔退役。两年后，格兰茨刊行了里程碑著作《巨人的碰撞》[14]。这部苏德战争新史，系格兰茨与另一位美国军人学者乔纳森·M.豪斯（Jonathan M. House）合著，以美军的苏军研究为基石，兼顾苏方新史料，气势恢宏地重构了苏德战争的宏观景象。就在很多人将这本书看作格兰茨一生事功的收山之作的时候，格兰茨却老当益壮，让全球同行惊讶地发现，这本书根本不是终点线，而是格兰茨真正开始斩将搴旗、攻城略地的起跑线：

1998年刊行《泥足巨人：苏德战争前夕的苏联军队》[15]《哈尔科夫：1942年东线军事灾难的剖析》[16]。

1999年刊行《朱可夫最大的败仗：红军1942年"火星"行动的惨败》[17]《库尔斯克会战》[18]。

2001年刊行《巴巴罗萨：1941年希特勒入侵俄罗斯》[19]《列宁格勒之围1941—1944，900天的恐怖》[20]。

2002年刊行《列宁格勒会战1941—1944》[21]。

2003年刊行《斯大林格勒会战之前：巴巴罗萨，希特勒对俄罗斯的入侵》[22]《八月风暴：苏军在满洲的战略攻势》[23]《八月风暴：苏联在满洲的作战与战术行动》[24]。

2004年与马克·里克曼斯波尔（Marc J. Rikmenspoel）刊行《屠戮之屋：东线战场手册》[25]。

2005年刊行《巨人重生：苏德战争中的苏联军队1941—1943》[26]。

2006年刊行《席卷巴尔干的红色风暴：1944年春苏军对罗马尼亚的攻势》[27]。

2009年开始刊行《斯大林格勒三部曲第一部：兵临城下（1942.4—1942.8）》[28]和《斯大林格勒三部曲第二部：决战（1942.9—1942.11）》[29]。

2010年刊行《巴巴罗萨脱轨：斯摩棱斯克会战·第一卷·1941年7月10日—9月10日》[30]。

2011年刊行《斯大林格勒之后：红军的冬季攻势》[31]。

2012年刊行《巴巴罗萨脱轨：斯摩棱斯克会战·第二卷·1941年7月10日—9月10日》[32]。

2014年刊行《巴巴罗萨脱轨：斯摩棱斯克会战·第三卷·1941年7月10日—9月10日》[33]《斯大林格勒三部曲第三部：最后的较量（1942.12—

1943.2）》[34]。

2015年刊行《巴巴罗萨脱轨：斯摩棱斯克会战·第四卷·地图集》[35]。

2016年刊行《白俄罗斯会战：红军被遗忘的战役1943年10月—1944年4月》[36]。

这一连串著述列表，不仅数量惊人，质量亦惊人。盖格兰茨之苏德战史研究，除前述立足美军对苏研究成果、充分吸收新史料及前人研究成果这两大优势之外[37]，还有第三个重要优势，即立足战役层级，竭力从德军和苏军双方的军事学说视角，双管齐下，珠联璧合地对苏德战争中的重大战役进行深度还原。

其中，《泥足巨人》与《巨人重生》二书尤其值得国人注目。因为这两部著作不仅正本清源地再现了苏联红军的发展历程，而且将这个历程放在学说构造、国家建设、军事转型的大框架内进行了深入检讨，对我国今日的军事改革和军事转型研究均具有无可替代的重大意义。

严谨的史学研究和实战导向的军事研究在这里实现了完美结合。观其书，不仅可以重新认识那段历史，而且可以对美军专家眼中的苏军和东线战史背后的美军学术思想进行双向感悟。而格兰茨旋风业已在多个国家掀起重重波澜。闻风而起者越来越多，整个苏德战争研究正在进入新一轮的水涨阶段。

如道格拉斯·纳什（Douglas Nash）的《地狱之门：切卡瑟口袋之战》（2002）[38]、小乔治·尼普（George Nipe Jr.）的《在乌克兰的抉择：1943年夏季东线德国装甲作战》（1996）[39]、《最后的胜利》（2000）[40]以及《鲜血·钢铁·神话：党卫军第2装甲军与通往普罗霍罗夫卡之路》（2013）[41]均深得作战研究之精髓，且能兼顾史学研究之严谨，从而将老话题写出新境界。

此外，旅居柏林多年的新西兰青年学者戴维·斯塔勒（David Stahel）于2009年刊行的《"巴巴罗萨"与德国在东线的失败》[42]，以及美国杜普伊研究所所长、阿登战役与库尔斯克战役模拟数据库的项目负责人克里斯托弗·劳伦斯（Christopher A. Lawrence）2015年刊行的《库尔斯克：普罗霍罗夫卡之战》[43]，均堪称卓尔不群，又开新径。前者在格兰茨等人研究的基础上，重新回到德国视角，探讨了巴巴罗萨作战的复杂决策过程。整书约40%的内容是围绕决策与部署写作的，揭示了德国最高统帅部与参谋本部等各部门的战略、作战观念差异，以及战前一系列战术、技术、后勤条件对实战的影响，对"巴巴罗萨"作战——这一人类历史上最宏大的地面作战行动进行了精密的手术解剖。后者则将杜普伊父子的定量分析战史法这一独门秘籍发扬到极致，以1662页的篇幅和大量清晰、独特的态势图，深入厘清了普罗霍罗夫卡之战的地理、兵力、技战术和战役部署，堪称兼顾宏观、中观、微观的全景式经典研究。曾在英军中服役的高级军医普里特·巴塔（Prit Buttar）同样以半百之年作老当益壮之后发先至，近年来异军突起，先后刊行了《普鲁士战场：苏德战争1944—1945》（2010）、《巨人之间：第二次世界大战中的波罗的海战事》（2013）、《帝国的碰撞：1914年东线战争》（2014）、《日耳曼优先：1915年东线战场》（2015）、《俄罗斯的残息：1916—1917年的东线战场》（2016）[44]。这一系列著作兼顾了战争的中观与微观层面，既有战役层级的专业剖析，又能兼顾具体人、事、物的栩栩如生。且从二战东线研究追溯到一战东线研究，溯本追源，深入浅出，是近年来不可多得的佳作。

行文及此，不得不再特别指明一点：现代学术著述，重在"详人之所略，略人之所详"。绝不可因为看了后出杰作，就将之前的里程碑著作束之高阁。尤其对中国这样的后发国家而言，更不能限在"第六个包子"的思维误区中。所谓后发优势，无外乎是能更好地以史为鉴，以别人的筚路蓝缕为我们的经验教训。故而，发展是可以超越性布局的，研究却不能偷懒。最多是随着研究的深入，实现阅读、写作的加速度，这是可取的。但怀着投机取巧的心态，误以为后出者为胜，从而满足于只吃最后一个包子，结果必然是欲速不达，求新而不得新。

反观我国的苏德战史研究，恰处于此种状态。不仅新方法使用不多，新史料译介有限，即便是经典著述，亦乏人问津。更值得忧虑之处在于，基础学科不被重视，军事学说研究和严肃的战争史研究长期得不到非军事院校的重视，以致连很多基本概念都没有弄清。

以前述战局、战役、会战为例：

汉语	战局	战役	会战
英语	Campaign	Operation	Battle
俄语	кампания	Операция	Битва
德语	Feldzug	Operation	Schlacht

比如科贝特的经典著作 *The Campaign of Trafalgar* [45]，就用了"Campaign"而非"Battle"，原因就在于这本书包含了战略层级的博弈，而且占据了相当重要的篇幅。这其实也正是科贝特极其自负的一点，即真正超越了具体海战的束缚，居高临下又细致入微地再现了特拉法尔加之战的前因后果，波澜壮阔。故而，严格来说，这本书应该译作"特拉法尔加战局"。

我国军事学术界自晚清以来就不甚重视严肃的战争史研究和精准的学说体系建立。国民党军队及其后身——今日的台军，长期只有一个"会战"概念，后来虽然引入了Operation层级，但真正能领悟其实质者甚少[46]，而且翻译为"作战"，过于具象，又易于引发误解。相反，大陆方面的军事学术界用"战役"来翻译苏军的Операция，胜于台军用"作战"翻译Operation。因为战役的"役"也正如战略、战术之"略"与"术"，带有抽象性，不会造成过于具象的刻板误解，而且战略、战役、战术的表述也更贯通流畅。但是，在对"战役"进行定义时，却长期没有立足战争史演变的实践，甚至形成如下翻译：

汉语	作战、行动	战役	会战
英语	Operation	Campaign Operation Battle	Battle Operation
俄语	—	Операция кампания	Битва
德语	Operation	Feldzug Operation	Schlacht Operation

但是，所谓"会战"是一个仅存在于国-台军的正规军语中的概念。在我军的严格军事学术用语中，并无此一概念。所以才会有"淮海战役"与"徐蚌会战"的不同表述。实质是长期以来用"战役"一词涵盖了Campaign、Operation和Battle三个概念，又没有认清苏俄军事体系中的

Операция和英德军语中的Operation实为同一概念。其中虽有小异，实具大同。而且，这个概念虽然包含具体行动，却并非局限于此，而是一个抽象军事学说体系中的层级概念。而这个问题的校正、解决又绝非一个语言问题、翻译问题，而是一个思维问题、学说体系建设问题。

正因为国内对苏德战争的理解长期满足于宣传品、回忆录层级的此亦一是非、彼亦一是非，各种对苏军（其实也包括了对德军）的盲目崇拜和无知攻击才会同时并进、甚嚣尘上。

因此之故，近数年来，我多次向多个出版大社建议，出版一套"东线文库"，遴选经典，集中推出，以助力于中国战史研究发展和军事学术范式转型。其意义当不限于苏德战史研究和二战史研究范畴。然应之者众，行之者寡。直到今年六月中旬，因缘巧合认识了指文公司的罗应中，始知指文公司继推出卡雷尔的《东进：1941—1943年的苏德战争》《焦土：1943—1944年的苏德战争》，巴塔的《普鲁士战场：苏德战争1944—1945》和劳斯、霍特的回忆录《装甲司令：艾哈德·劳斯大将东线回忆录》《装甲作战：赫尔曼·霍特大将战争回忆录》之后，在其组织下，小小冰人等国内二战史资深翻译名家们，已经开始紧锣密鼓地翻译埃里克森的"两条路"，并以众筹方式推进格兰茨《斯大林格勒》三部曲之翻译。经过一番沟通，罗先生对"东线文库"提案深以为然，乃断然调整部署，决定启动这一经典战史译介计划，并与我方团队强强联合，以鄙人为总策划，共促盛举，以飨华语读者。罗先生并嘱我撰一总序，以为这一系列的译介工作开宗明义。对此，本人自责无旁贷，且深感与有荣焉。

是为序。

王鼎杰

---

*王鼎杰，知名战略、战史学者，主张从世界史的角度看中国，从大战略的视野看历史。著有《复盘甲午：重走近代中日对抗十五局》《李鸿章时代》《当天朝遭遇帝国：大战略视野下的鸦片战争》。现居北京，从事智库工作，致力于战略思维传播和战争史研究范式革新。

1. [美] T. N. 杜普伊,《把握战争——军事历史与作战理论》, 北京: 军事科学出版社, 2001。第2页。

2. 同上。

3. [德] 克劳塞维茨,《战争论》, 第1册, 北京: 商务印书馆, 1995。第43—44页。

4. 这就是为什么很多优秀制度被一些后发国家移植后往往不见成效, 甚至有反作用的根源。其原因并非文化的水土不服, 而是忽视了制度背后的学说创新。

5. 战争结束后美国陆军战史部（Historical Division of the U. S. Army）即成立德国作战史分部 [Operational History（German）Section], 监督被俘德军将领, 包括蔡茨勒、劳斯、霍特等人, 撰写东线作战的回忆录, 劳斯与霍特等军均以"装甲作战"（Panzer Operation）为主标题的回忆录即诞生于这一时期。可参见: [奥] 艾哈德·劳斯著, [美] 史蒂文·H. 牛顿编译, 邓敏译、赵国星审校,《装甲司令: 艾哈德·劳斯大将东线回忆录》, 西安: 中国长安出版社, 2015年11月第一版。[德] 赫尔曼·霍特著, 赵国星译,《装甲作战:赫尔曼·霍特大将战争回忆录》, 西安: 中国长安出版社, 2016年3月第一版。

6. 如国内在五六十年代译介的《苏联伟大卫国战争史》、《苏联伟大卫国战争简史》、《斯大林的军事科学与苏联伟大卫国战争》、《苏军在伟大卫国战争中的辉煌胜利》等等。

7. 此类著作包括古德里安的自传《闪击英雄》、曼施坦因的自传《失去的胜利》、梅林津所写的《坦克战》、蒂佩尔斯基希的《第二次世界大战史》等等。

8. Paul Carell, Hitler Moves East, 1941-1943, New York: Little, Brown; First Edition edition, 1964; Paul Carell, Scorched Earth, London: Harrap; First Edition edition, 1970.

9. Albert Seaton, The Russo-German War 1941-1945, Praeger Publishers; First Edition edition, 1971.

10. John Ericsson, The Road to Stalingrad: Stalin's war with Germany (Harper&Row,1975); John Ericsson, The Road to Berlin: Continuing the History of Stalin's War With Germany (Westview,1983).

11. John Ericsson,The Soviet High Command 1918-1941: A Military-Political History (Macmillan,1962); Panslavism (Historical Association, 1964); The Military-Technical Revolution (Pall Mall, 1966); Soviet Military Power (Royal United Services Institute, 1976); Soviet Military Power and Performance (Archon, 1979); The Soviet Ground Forces: An Operational Assessment (Westview Pr, 1986); Barbarossa: The Axis and the Allies (Edinburgh, 1994); The Eastern Front in Photographs: From Barbarossa to Stalingrad and Berlin (Carlton, 2001).

12. Earl F. Ziemke, Battle for Berlin: End of the Third Reich (Ballantine Books, 1972); The Soviet Juggernaut (Time Life, 1980); Stalingrad to Berlin: The German Defeat in the East (Military Bookshop, 1986); Moscow to Stalingrad: Decision in the East (Hippocrene, 1989); German Northern Theatre Of Operations 1940-45 (Naval & Military, 2003); The Red Army, 1918-1941: From Vanguard of World Revolution to US Ally (Frank Cass, 2004).

13. 这些翻译成果包括: Soviet Documents on the Use of War Experience, I, II, III (Routledge,1997); The Battle for Kursk 1943: The Soviet General Staff Study (Frank Cass,1999); Belorussia 1944: TheSoviet General Staff Study (Routledge, 2004); The Battle for L'vov: The Soviet General Staff Study (Routledge,2007); Battle for the Ukraine: The Korsun'-Shevchenkovskii Operation (Routledge, 2007).

14. David M. Glantz &Jonathan M. House, When Titans Clashed: How the Red Army Stopped Hitler, University Press of Kansas; First Edition edition, 1995.

15. David M. Glantz, Stumbling Colossus: The Red Army on the Eve of World War (Kansas, 1998).

16. David M. Glantz, Kharkov 1942: Anatomy of a Military Disaster (Sarpedon, 1998).

17. David M. Glantz, Zhukov's Greatest Defeat: The Red Army's Epic Disaster in Operation Mars (Kansas, 1999).

18. David M. Glantz & Jonathan M House, The Battle of Kursk (Kansas, 1999).

19. David M. Glantz, Barbarossa: Hitler's Invasion of Russia 1941 (Stroud, 2001).

20. David M. Glantz, The Siege of Leningrad, 1941−1944: 900 Days of Terror (Brown, 2001).

21. David M. Glantz, The Battle for Leningrad, 1941−1944 (Kansas，2002).

22. David M. Glantz, Before Stalingrad: Barbarossa, Hitler's Invasion of Russia 1941 (Tempus, 2003).

23. David M. Glantz, The Soviet Strategic Offensive in Manchuria, 1945: August Storm (Routledge，2003).

24. David M. Glantz, The Soviet Operational and Tactical Combat in Manchuria, 1945: August Storm (Routledge, 2003).

25. David M. Glantz & Marc J. Rikmenspoel, Slaughterhouse: The Handbook of the Eastern Front (Aberjona, 2004).

26. David M. Glantz, Colossus Reborn: The Red Army at War, 1941−1943 (Kansas, 2005).

27. David M. Glantz, Red Storm Over the Balkans: The Failed Soviet Invasion of Romania, Spring 1944 (Kansas, 2006).

28. David M. Glantz &Jonathan M. House, To the Gates of Stalingrad: Soviet−German Combat Operations, April−August 1942 (Kansas, 2009).

29. David M. Glantz &Jonathan M. House, Armageddon in Stalingrad: September−November 1942 (Kansas, 2009).

30. David M. Glantz, Barbarossa Derailed: The Battle for Smolensk,Volume 1, 10 July−10 September 1941 (Helion&Company, 2010).

31. David M. Glantz, After Stalingrad: The Red Army's Winter Offensive 1942−1943 (Helion&Company, 2011).

32. David M. Glantz, Barbarossa Derailed: The Battle for Smolensk,Volume 2, 10 July−10 September 1941 (Helion&Company, 2012).

33. David M. Glantz, Barbarossa Derailed: The Battle for Smolensk,Volume 3, 10 July−10 September 1941 (Helion&Company, 2014).

34. David M. Glantz&Jonathan M. House, Endgame at Stalingrad: December 1942−February 1943 (Kansas, 2014).

35. David M. Glantz, Barbarossa Derailed: The Battle for Smolensk,Volume 4, Atlas (Helion&Company, 2015).

36. David M. Glantz&Mary Elizabeth Glantz, The Battle for Belorussia: The Red Army's Forgotten Campaign of October 1943− April 1944 (Kansas, 2016).

37. 格兰茨的研究基石中，很重要的一块就是马尔科姆·马金托什（Malcolm Mackintosh）的研究成果。之所以正文中未将之与西顿等人并列，是因为马金托什主要研究苏军和苏联政策、外交，而没有进行专门的苏德战争研究。但其学术地位及对格兰茨的影响是不容忽视的。

38. Douglas Nash, Hell's Gate: The Battle of the Cherkassy Pocket, January−February 1944 (RZM, 2002).

39. George Nipe Jr. , Decision in the Ukraine: German Panzer Operations on the Eastern Front, Summer 1943 (Stackpole, 1996).

40. George Nipe Jr. , Last Victory in Russia: The SS-Panzerkorps and Manstein's Kharkov Counteroffensive, February-March 1943 (Schiffer, 2000).

41. George Nipe Jr. , Blood, Steel, and Myth: The Ⅱ. SS-Panzer-Korps and the Road to Prochorowka (RZM, 2013).

42. David Stahel, Operation Barbarossa and Germany's Defeat in the East (Cambridge, 2009).

43. Christopher A. Lawrence, Kursk: The Battle of Prokhorovka (Aberdeen, 2015).

44. 普里特·巴塔先生的主要作品包括：Prit Buttar, Battleground Prussia: The Assault on Germany's Eastern Front 1944-45 (Ospery, 2010); Between Giants: The Battle of the Baltics in World WarⅡ (Ospery, 2013); Collision of Empires: The War on the Eastern Front in 1914 (Ospery, 2014); Germany Ascendant: The Eastern Front 1915 (Ospery, 2015); Russia's Last Gasp, The Eastern Front, 1916-1917 (Ospery, 2016).

45. Julian Stafford Corbett, The Campaign of Trafalgar (Ulan Press, 2012).

46. 参阅：滕昕云，《闪击战——迷思与真相》，台北：老战友工作室/军事文粹部，2003。该书算是华语著作中第一部从德军视角强调"作战层级"重要性的著作。

鸣　谢

　　写作本书的构想源自与一位老妇偶然的交谈，她告诉我她过去在东普鲁士的生活，以及1945年逃离故土的情况。我要感谢格蕾特尔·卡顿为我介绍了二战中这段几乎已被遗忘的历史。

　　写作过程中，许多人为我提供了帮助。好友戴维·C·克拉克的热情相助令我难以逐一详述，另外还有汤姆·霍利亨、约翰·马尔霍兰和尤安·弗格森，他们不辞辛劳地阅读了我写出的各种草稿。道格拉斯·纳什和戴维·格兰茨的鼓励令我深表感激，我还要感谢菲·拉什布鲁克，他让我对当地的地理和气候有了更深刻的理解。两个二战网站（"轴心国历史论坛"和"原野灰"）同样功不可没，他们是我获取信息和鼓励的来源。网站里的扬–亨德里克·温德勒和迈克尔·米勒多次为我提供了慷慨的帮助。

　　我的经纪人罗伯特·达德利将我介绍给出版界时表现出极大的耐心，另外还有"鱼鹰"出版社的工作人员，特别是杰奎琳·米切尔、乔恩·杰克逊和艾米莉·赫尔姆斯，在他们的帮助下，我的原始手稿变为了更加像样的东西。

　　最后，同样重要的是，我要感谢家人多年来对我痴迷于这一项目的忍受，如果没有他们的鼓励，我可能早已中途放弃。

普里特·巴塔

序　言

听我更坦白地说吧：
我已经很公平地衡量过，
我们用兵可能引起的祸害是些什么，
我们所遭受的冤苦是些什么，
结果我发现，
我们的苦楚比我们的罪过重得多。

——威廉·莎士比亚[1]

　　本书讲述的是第二次世界大战最后几个月发生在东北欧的故事。欧洲大陆旧秩序会在战争结束后得到重建的希望在这几个月里彻底泯灭。一场战争刚刚结束，新的冷战随即拉开帷幕，并主宰这个世界近半个世纪之久。具体地说，本书描述的是1944年和1945年，苏军攻入东、西普鲁士的故事。这场战斗与东线激烈战事的任何一个阶段同样艰巨，永久地改变了欧洲的版图。战役造成欧洲人历史上规模最大的一场迁移，战火平息前，史上最惨烈的五起海难已有三起在这里发生，遇难人数约为17 000人。但在英语国度中，发生在德国东北部的这些战事依然不为人所知。

　　西方国家对第二次世界大战欧洲战事最后一年的描述多是些重大事件：1944年6月在诺曼底登陆，随之而来的是一连串艰苦的战斗；美军最终达成突破，并将成千上万名德军士兵包围在法莱斯；巴黎获得令人欢欣鼓舞的解放；较为低调但同样重要的时刻是，德军被逐出法国的其他地区以及比利时。西线盟军为夺取莱茵河上的桥头堡而在阿纳姆遭遇到损失惨重的失败后，这个故事便进入到德军在阿登山区发起的最后一次攻势。此后便是盟军一连串的胜利：渡过莱茵河、包围鲁尔区、德国最终战败。即便提及欧洲战区的其他战事，通常也只是说一说苏联红军在1945年4月对柏林的总攻。

与西欧战事相比，东线的战斗更加激烈、更加残酷、席卷的地域更大、投入的兵力更多、造成的损失和破坏也更为严重。交战双方对待战俘和平民的方式，即便在当时也令人震惊，与海牙和日内瓦公约所体现的西方观点截然不同。东线战事不仅仅是一场领土野心或战略利益的战争，从一开始，它就是一场意识形态的冲突，是人类未来两种不相容的愿景间的一种冲撞。东线战事中，执行最可怕的任务的那些人，被他们的敌人描述为残暴的杀手，这进一步激发起双方间的仇恨和意识形态差异。可是，对绝大多数普通士兵来说，这场战争与其他战争没什么不同。他们投入战斗是因为他们被征入来回奔波数百公里的大军中，不得不如此。他们中的许多人受到爱国主义的驱使，东线战事的前半部是苏军士兵，后半部则是德国士兵，都希望通过自己的舍生忘死，让祖国免遭残暴无情的敌人的践踏。尽管这种因素也存在于西线，但那里没有意识形态的冲突，不会将战争的可怕和残暴推至与东线同样的高度上。德国和苏联的精神世界也跟西方国家有所不同。这两个国家多年来一直受到极权统治，整整一代德国人、两代苏联人成长在这样一种体制下：他们被剥夺了获得客观新闻报道的权利，并被鼓励相信他们的体制比其他国家更为优越。这两种文化发生冲突时，必然的结果只能是其中的一个或另一个被彻底摧毁。

战争爆发的原因很多。希特勒入侵波兰和苏联是为了获取领土、消灭共产主义，而他燃起对法国和英国的战火则是为了腾出手来从事东线战争。斯大林对希特勒宣战是被德国1941年的入侵所迫，但有充分的证据表明，这位苏联领导人当时正考虑对德国采取先发制人的打击。以苏联的观点看来，最初的生存之战已渐渐变为一场复仇和征服：苏联遭受了巨大的苦难，必须在领土方面获得补偿，另外，欧洲的版图也需要重新加以绘制，从而确保苏联国土不会再遭到战争的摧残。鉴于斯大林过去对待本国人民的记录，他完全不考虑这一政策的后果将导致数百万波兰人和德国人流离失所也就不足为奇了。

东线战争这一最后阶段的受害者是东、西普鲁士的平民，他们面临着一场可怕的磨难，要么冒着严寒设法逃离，要么落入作为征服者的苏联人手中。尽管他们当中的一些人可能是忠诚的纳粹分子，他们当中的许多人可能在战前投票支持过国家社会主义者，但如果把纳粹德国的罪行都归咎于他们，那就错了。他们并不比承受着美军空袭东京的苦难，或在广岛和长崎遭到原子弹轰炸的日本百姓更加有罪。德国国防军和苏联红军中的士兵目睹了，在很多情况下甚至实施了可怕的暴行。确定他们犯下的罪行是个困难的问题。我们有幸生活在民主国家，可以自由地获取信息，有权说出自己的想法，并不断受到鼓励去质疑我们的政治领导人，因此，我们有时候未免低估了三十年代德国和苏联对其公民实施控制的紧密程度。另一点被我们忘却的是：就在我们指责种族主义是纳粹党人意识形态中的重要组成部分时，当时的美国军队里仍在实施种族隔离，而大英帝国仍拒绝允许大批非白人国家获得独立。

随着战争的结束，正义已被批评为"胜利者的正义"。许多德国人因为他们犯下的罪行受到了惩罚，但更多的有罪者却得以逃脱。在普鲁士战役中犯下罪行而受到指控的苏联人，就算有，也寥寥无几。1945年后的岁月里，双方都试图将自己塑造为受害者——即便承认自己的罪行，也是为了给对方施加更大的压力。

本书的目的不是为了追究责任。战争确实很恐怖，它会驱使人们做出可怕的行径。尽管二战期间的暴行规模庞大，但在过去的冲突中也曾发生过。事实上，就在1945年战争结束后的欧洲，南斯拉夫于二十世纪九十年代解体时，我们也曾目睹过此类暴行。本书的目的仅仅是描述苏联红军到达德国边境时发生的事情，以及随之而来的无情厮杀。这些战役的结果决定了东北欧战后的版图，真正的意义只是在铁幕落下后才变得清晰起来。

1 威廉·莎士比亚，《亨利四世》下篇第四幕第一景

整体态势图

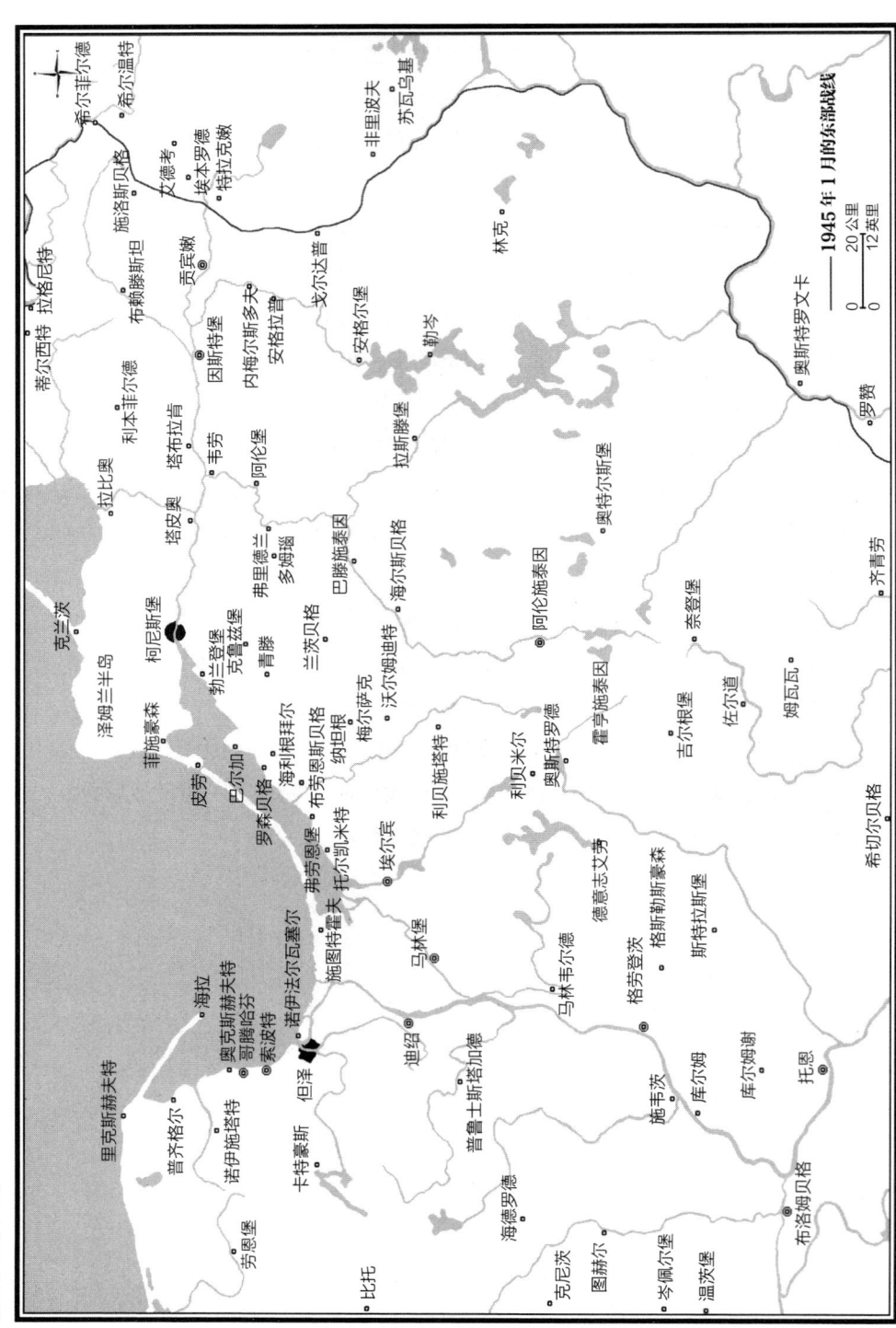

CONTENTS
目录

引：斯拉夫人与条顿人	1
第一章　弗里茨和伊万	25
第二章　梅梅尔	49
第三章　内梅尔斯多夫	81
第四章　最后一个圣诞节	103
第五章　纸牌屋——庞大的一月攻势	123
第六章　切尔尼亚霍夫斯基和普雷格尔河	155
第七章　罗科索夫斯基到达海滨	181
第八章　东普鲁士被包围	217
第九章　汉尼拔—波罗的海地区开始疏散	241
第十章　地狱里的天堂和波美拉尼亚的陷落	261
第十一章　恶魔与深海之间的海利根拜尔	305
第十二章　柯尼斯堡	323
第十三章　但泽	369
第十四章　最后的命令	413
第十五章　漫漫归乡路	459

引：斯拉夫人与条顿人

波兰应被视为一个殖民地；
波兰人应成为大德意志帝国的奴隶。

——汉斯·弗兰克[1]

1934年时，格蕾特尔·多斯特还是个小姑娘，居住在东普鲁士的德国省，柯尼斯堡（Königsberg）附近的弗里德里希施泰因村（Friedrichstein）。童年岁月里，她最难忘的一个日子是奥古斯特·卡尔·登霍夫伯爵（几个世纪来，他的家族一直住在弗里德里希施泰因的庄园里）的女儿玛丽昂·登霍夫参观了她所在的学校。这位年轻贵族的美貌令多斯特感到震惊，她暗下决心，如果自己将来有个女儿，她会给她取名为玛丽昂。战争结束后，玛丽昂·登霍夫记述了自己逃离东普鲁士的经历，在该书的序言中，她以一幅生动的画面描绘了二十世纪初期的故乡：

这是一本关于背井离乡的书。离开了我青春时期的那些景象：广袤的天空遮蔽着辽阔的田野，简朴的村落，鹅卵石，宅前花园里的向日葵，道路上的鹅，还有那些美妙的道路，换作西部任何一处，这些道路上都将挤满汽车。也离开了一个被遗忘的世界,在这个世界里,决定生活节奏的依然是季节:牛群在夏季牧场里吃草,雨云覆盖着空阔的麦茬地,春季北飞的雁群发出鸣叫,秋季树林中传出松鸡的啼鸣,冬季森林里的雪地上留下狐狸的足迹。[2]

这幅田园诗般的画面隐藏了某些无情的真相。掌握着大部分土地的容克贵族家庭(他们当中产生德国军官的比例相当高)都是些传统的保守派,第一次世界大战前一直不愿接受现代化事物。因此,他们的农场在与德国西部富饶土地的竞争中苦苦挣扎。

随着第二次世界大战临近尾声,这片深具田园风格、极为传统的土地,注定要在一个严酷的寒冬成为整个战争期间最血腥的战场之一。部分苏联红军对待普鲁士平民的残暴令人震惊,但这种可怕的收割的种子早已孕育了多年。

自从条顿骑士团于1226年到达这片地区后,东普鲁士一直是德国领土,至少从性质上来说是这样。这片向北远至里加的地区脱离斯拉夫人的领土,成了德国人的定居地。勃兰登堡和波兰的统治者,在条顿武士团赶来前,都曾拥有过迅速获得发展的但泽镇(Danzig)。德国人和斯拉夫人对这片土地的所有权一直存有争议,他们通常在战场上对此加以解决。各个社区间的宗教差异(大多数普鲁士德国人成了新教徒,而波兰人依然信奉天主教,东面的俄国人则是东正教徒)成了种族融合的巨大障碍,并维系着对1525年建立的普鲁士公国的一种认同感。1618年,霍亨索伦家族继承了普鲁士公国,并使其重心向德国省偏移。霍亨索伦家族拥有的土地,大部分位于维斯瓦河西面,尽管他们的集体财产通常被称为普鲁士领土,但原先的普鲁士现在被渐渐称为"东普鲁士"。

1701年,普鲁士公国成为一个王国。国王弗里德里希二世(也就是腓特烈大帝)在"七年战争"(1756年–1763年)中展开与法国人、俄国人和瑞典人的厮杀;腓特烈大帝获得英国和资源微弱的汉诺威的支持,但他发现自己面临着巨大的威胁。普鲁士的生存在很大程度上归功于他的军事才能,但到1761年底,普鲁士被敌人消灭似乎只是个时间问题了。1762年年初,俄国的伊丽莎白女皇去世,战争的转折点就此到来。女皇的继任者彼得三世并不仇视普鲁士,他与腓特烈大帝签订和平条约。瑞典人也退出了反普鲁士联盟。腓特烈大帝对奥地利人发起进攻，于1762年7月在布克斯多夫击败对方。短短几个月，普鲁士转败为胜，1945年最暗淡的日子里，希特勒的脑海中不断浮现起这段历史往事。

1806年，普鲁士在耶拿和奥厄施泰特战役中被法国大败，被迫加入拿破仑对付英国的"大陆封锁体系"。1812年，冯·约克将军指挥着普鲁士的一个军构成了拿破仑侵俄大军的北翼，但很快，普鲁士人便请求这位指挥官反抗拿破仑，改换立场。冯·约克询问国王腓特烈·威廉三世的意见，却只得到"见机行事"的指示。面对命令与良心间的冲突，冯·约克一次次犹豫着，最终决定转而抗击拿破仑。直到弥留之际，他仍无法确定自己是否做出了正确的选择，这种良心上的挣扎对后一代普鲁士军官们来说实在是太熟悉了，是否应该继续服从以元首的名义下达的命令，他们对此纠结不已。

1870年，普鲁士（现在由国王威廉一世统治）卷入到与法国的战争中。战争结束前，威廉被说服（多少有点违背他的意愿），成了德国统一后的皇帝。威廉生性简朴，很少脱下身上的军装。如果有一个词能总结这位典型普鲁士人的品质，那就是几乎无法翻译的"nüchternheit"，这是一种结合了节制、朴素、俭省的生活方式。他的另外一些品质，在欧洲其他地方或受到钦佩或遭到嘲笑，这就是强烈的责任感和坦然面对牺牲的意愿；波茨坦的驻军教堂是普鲁士人最重要的精神家园，那里的一台钟琴演奏着一首著名的歌曲："忠诚与正直，至死不渝。"[3]

威廉的儿子弗里德里希，统治了很短一段时间便死于癌症，接替他的是威廉二世。威廉二世在位期间，大多数普鲁士传统美德被一场挥霍无度的暴风雪卷离德国首都。一方面，这可能是都市化的柏林与政治权力高层之间出现裂痕的开始，另一方面则是与德国军队的不和，这支军队的观点在很大程度上（特别是这支军队的军官团）依然保持着普鲁士化。德皇退位，德国再次备战时，这些分歧将再度浮出水面。

1914年–1918年的第一次世界大战结束后，波兰（一个多世纪来，这个国家一直遭到强大邻国的分割）获得重建，部分原因是法国人看到了以亲法国家包围德国的政治优势，以此防范德国再次对法国发起进攻。关于波兰边境以及居住在这些边境内不同种族居民的问题随之出现。遭受占领的那些岁月并未能消除波兰文化，相反，居住着大批德国人、俄国人和奥地利人的大片土地将被划归新波兰。波兰的西部和南部边界由战胜国决定。波兰将获得进入波罗的海沿岸的一条通道，但重要的城市但泽，将成为一个"自由市"，过去的几个世纪里，这座城市一直被冠以这个名称。波兰人对此的应对是在但泽北面修建起一座新港口，并取名为"格丁尼亚"。这座城市白手起家，但到三十年代中期，它已成为波罗的海上最繁忙的港口。而但泽市，与周围的乡村相比具有一种更明显的德国身份，现在却发现自己遭到孤立。

波兰的北面伫立着东普鲁士。其南部省份马祖里亚（Masuria）是一片布满湖泊和森林的地区，居住在这里大多是波兰人，第一次世界大战后，该地区组织了一场全民公投，原指望居民们会投票赞成加入波兰，从而进一步削弱德国。但令所有人感到意外的是，大多数居住在马祖里亚的波兰人投票要求继续留在德国。

不过，波兰边境真正的难题在东面。波兰出人意料地击败了列宁的军队后，双方于1921年签署的《里加合约》使波兰获得了一大片原属于苏联和乌克兰的土地。波兰东部的这片新领土上居住着大量俄国人、乌克兰人和白俄罗斯人，波兰人很少。英国外交大臣寇松勋爵曾建议按照一条后来以他的名字命名的停战分界线划分边界，这条分界线远在《里加和约》边境线的西面，尽管这个建议被接受，但在随后的几十年里，这条分界线的问题又在不同阶段带着细微但却重要的变化反复出现。

因此，两次世界大战期间，三个参与其中的主要国家都对这种安排不太满意。令德国愤慨的是，他们被迫将原属于西普鲁士的省份划给波兰，这使东普鲁士与德国其他地区之间丧失了陆地连接。波兰人不满的是，他们没能控制但泽。俄国人气愤的是，他们遭受了牺牲，波兰人却获得了更多的领土。但泽市保留着强烈的德国身份认同感，尽管周边的乡村都是波兰居民。波兰也面临着相当大的难题，境内的非波兰居民非常多——全国总人口的四分之一是乌克兰人、犹太人和德国人。另外，西里西亚的波兰部分和前西普鲁士的局势一直很紧张，在那里居多数的德国人对成为波兰的一部分深感不满。

二十世纪上半叶，欧洲其他地区的快速工业化对前普鲁士公国影响甚微，也许是因为这里缺乏推动其他地区获得进步的矿石和煤炭。另外，东普鲁士的孤立导致了持续的不确定性：她是否能长期属于德国？这也成为金融投资者的一个障碍。柯尼斯堡和埃尔宾（Elbing）这些城市是重工业之乡，特别是与造船业相关，但东普鲁士其他地区的经济状况却因为该地区的农业和农村生活方式，在这几十年里变化不大。他们靠的是国家财政补贴，没有这种扶持，东普鲁士的农业经济就将崩溃，当地地主们支持德意志国家人民党（DNVP），该党秉承的是反社会主义政策，并支持所谓的"基督教价值观和德国家庭生活"。不过，尽管东普鲁士相对较为贫穷，并因为与德国其他地区缺乏一条陆地连接而产生一种强烈的不公和隔离感，但国社党的崛起却没能造成太大的影响。1928年5月的选举中，纳粹党获得的选票不到1%，他们在德国其他地区的表现也很糟糕。当地的党组织混乱不堪，缺乏领导，希特勒决定，必须对此采取措施。与此同时，该党在鲁尔区却面临着一个不同的问题，几名强有力的领导者相持不下，都试图打压对方，以便让自己攫夺权力。为同时解决这两个问题，希特勒命令鲁尔区的一名党领导，埃里希·科赫，去接管东普鲁士的党组织。科赫离开鲁尔区，结束了有可能造成纳粹党分裂的内讧，另外，科赫近乎无限的自信和能量也为东普鲁士士气低落的党领导们带去了深受欢迎的振奋。

科赫出生于鲁尔区的埃伯菲尔德（Elberfeld），是家里四个孩子中的一个。第一次世界大战期间，他在俄国前线服役，但在前线只待了很短一段时间，和平时期他在铁路上工作所学会的电报技术派上了用场。由于身患疾病，他在一所军医院里休养了很长一段时间，后来他利用这段经历编造出一个在前线服役并身负重伤的故事。战争结束后，他积极参与了多项准军事活动，其中包括在萨尔区反抗法国占领的一次命运多舛的尝试，这一经历令他产生了一种观点：魏玛共和国太过孱弱，无法有效地领导德国。科赫是纳粹党最早的信徒之一，尽管起初他并不完全赞同希特勒的某些观点，例如"种族优越性"等。他兴高采烈地接受了出任东普鲁士大区区长的任命，因为这能使他的政治野心得到充分发挥，同时也能让他获得一份不错的收入。

在东普鲁士，科赫设立起一个错综复杂的"黑账户"，从而对相当数量的资金加以转移。今天已无法确定这些资金的确切数额，而它们的最终去向依然是个谜。这个办法也被用于创建"埃里希·科赫协会"，表面上，该机构是为了帮助实现产业化,并组织年轻的东普鲁士党员们接受培训。但实际上,它发展成一个重要的商业机构,在工商业界的许多公司里拥有利益,这些公司的经理和受益者大多与科赫有着密切的关系。部分公司是在相当可疑的情况下获得的,有时候是在它们的前主人犯了些微不足道的罪行而遭到逮捕和监禁后。尽管这种伎俩在纳粹党大区领袖中司空见惯,但科赫却因为在这方面表现得尤为肆无忌惮而名声大噪。为达到自己的目的,他对该协会的资源加以利用,于1938年搬入柯尼斯堡附近、该协会拥有的弗里德里希堡庄园中。不过,他也相当谨慎,不让自己卷入到该协会更加可疑的事务中,宁愿把工作交给该协会的经理布鲁诺·楚巴。

到三十年代初,DNVP已是一支影响力不断下降的力量,并与纳粹党暂时组成同盟,后者迅速使其黯然失色,并将之取代。东普鲁士的其他政治党派很少在大城镇外活动。由于东普鲁士的生活本质广泛扎根于农村,因此,这些政党未能与相当大一批选民保持联系,科赫和他的副手们则不然,他们一天召开几次会议,孜孜不倦地商讨形势,以确保自己耳聪目明。《凡尔赛条约》使东普鲁士的公民们认为自己处在危险的孤立状态,因而对纳粹党徒们要求将梅梅尔(Memel)和波兰走廊归还德国的刺耳呼吁持欢迎态度。国社党人在1928年只获得1%的选票,但1932年,这个数字上升到47.1%。

尽管东普鲁士获得了农业补贴,但其经济依然脆弱,不仅仅是因为该省隔离于德国其他地区。失业仍是个主要问题,科赫和纳粹党能否获得成功,在很大程度上取决于是否能解决这个问题。对科赫来说幸运的是,东普鲁士的失业率不像德国其他地区那么严重,另外,他还能利用他跟希特勒与戈林的良好关系,确保获得足够的资金来发展几个大项目,因而在一段相对较短的时间内解决了一些城镇失业问题。更有效的办法是对失业数据加以无情的篡改,创造出这个问题已得到彻底解决的假象,以至于东普鲁士被推举为德国其他地区的榜样。尽管如此,波兰人进入波罗的海狭窄的陆地走廊,现在越来越成为波兰与德国关系紧张的一个来源,就像但泽引发的问题那样。

但泽是最后一座支持纳粹党的城市之一。1927年,该市的议会选举中,120个席位,纳粹党只获得了一个。有一段时间,科赫想把但泽纳入自己的控制范围,从而增加他的个人权力,但希特勒却另有打算。首先,他开除了当地的党内高级官员，1930年，戈林两次赶赴但泽发表重要讲话，并试图将当地不同的派别团结起来，返回慕尼黑后，他建议希特勒，应该给但泽派去个新人。他推荐的人选是阿尔贝特·福斯特。

福斯特是菲尔特镇（Fürth）一名狱政官的儿子，该镇位于巴伐利亚北部被称为"法兰克尼亚"的地区。他的早期生活乏善可陈，在学校的成绩相当糟糕，多花了两年才完成基础教育。菲尔特镇居住着大批事业有成的犹太人，相对贫穷的福斯特迅速对身边富裕的犹太家庭产生了怨恨，他成为纳粹党早期而又充满热情的党员。他被证明是一个极具能力的组织者和演说家，成了整个法兰克尼亚地区迅速崛起的党组织的负责人。因此，他是派往但泽的一个理想人选。

福斯特于1930年10月到达但泽，他发现这座城市的主要问题是失业，对当地人来说，这个问题远比席卷德国本土的政治风暴重要得多。拿着希特勒批准他全权负责当地党组织的授权书，福斯特积极投入到正在进行的选举活动中。接下来的几年，他负责的党组织优势日趋明显：1930年11月，纳粹党在新改组的但泽人民议会的72个席位中占据了12个，声望大振，并成为少数党政府的一个联盟伙伴；1933年5月，他们在但泽赢得了占绝对多数的38个席位；1935年4月，这个数字增加到43个。

纳粹党获得成功的原因是多方面的。其他党派一直遭到暴力手段的大肆破坏。福斯特也发挥了突出的作用，作为少数派联盟的一名成员，他创办了一个公共工程项目，解决了该市40 000名失业者的就业问题。另外，但泽市的德国居民越来越感觉到，他们获得繁荣发展的希望是重归德意志帝国，并将纳粹党视为实现这一目标最有力的手段。

但泽的变化令波兰人越来越不满，他们意识到，无论但泽的国际地位如何，这座城市正变得越来越像是德国的一部分。事实上，福斯特在1936年10月的一次演讲中宣称："今天的但泽已跟德国没什么两样，很快将彻底属于德国。可以肯定，人们会提及条约。但条约只是一张可以被撕毁的纸。"[4]

科赫与福斯特是两个完全不同的人。赫尔曼·劳施宁在被福斯特赶走前曾短暂地担任过但泽议会的议长，他后来写了本书，在书中评论了福斯特不及科赫之处，并将这两人描述为"纳粹党内的齐格弗里德和哈根"。[5]

他继而提出，尽管福斯特来自运动的"民族主义者"派，而且是个"真正的纳粹"，但他对希特勒所说的一切深信不疑，完全不顾自己对此是否有所了解，这使他沦为"希特勒的喉舌"。[6]

相反，科赫来自党里的"社会主义者"派，更容易接受新理念，是个真正能自嘲的人。同时代的另一些人则为这位东普鲁士区领袖勾勒出一幅极少逢迎谄媚的画像："对于这样一个重要职务，他从未接受过丝毫培训，但对相关问题却能口若悬河。通过对获得承认的空前需要和对权力的贪婪渴求，他一路向上，不断设法让元首注意到他的新举动。"[7]

1939年5月，在与戈林和其他人的一次会晤上，希特勒清晰地向下属们表述了他对波兰的看法。奥地利和苏台德区已被德意志帝国合并，这为解决波兰问题铺平了道路。希特勒告诉他的下属们：

波兰永远都是我们的敌人。尽管签署了友好条约，可波兰一直在私下里盘算利用每一个机会来伤害我们。

但泽根本不是争执的中心问题。中心问题是在东方扩大我们的生存空间，是确保我们的粮食供应，是要解决波罗的海诸国的问题。粮食供应只能指望从人烟稀少的地区获得。除了自然肥力，德国的彻底开发将极大地增加农产品盈余。在欧洲已没有别的出路。

殖民地：当心来自殖民地的礼物。这解决不了粮食问题。记住——封锁。

如果命运强迫我们同西方国家摊牌的话，能在东方拥有大片地区就具有不可估量的价值。我们在战时要比在平时更难依靠丰收。

非日耳曼地区的人口无法用于服兵役，但这是个获得劳动力的来源。

波兰问题与我们同西方国家的冲突密不可分。

波兰国内反对布尔什维克主义的力量值得怀疑。因此，作为一道抵御俄国人的屏障，波兰的价值值得怀疑。

一场速决战能否赢得对西方国家的军事胜利尚无法确定，同样无法确定的是波兰的态度。

波兰政府不会顶住来自俄国的压力。波兰认为在西线取得胜利的德国是危险的，他们会试图对获胜的我们加以劫掠。

因此，不存在放过波兰的问题，我们只有一个决定要作：一有合适的时机就进攻波兰。[8]

不过，波兰另一端的苏联才是国家社会主义德国在意识形态上的敌人。希特勒对于谁是真正的敌人并未抱有任何幻想，并对西方列强没能看清这一点感到沮丧，就像他在1939年8月11日对圈内人所说的那样："我从事的一切都是针对俄国的；要是西方国家太过愚蠢、太过盲目而无法理解这一点，那我只能被迫与俄国人达成协议，以便对西方国家发起打击，征服他们后，再集中力量转身对付苏联。"[9]

对希特勒来说幸运的是，斯大林和苏联政府也反感波兰人。1944年，在一封寄给维亚切斯拉夫·莫洛托夫（斯大林的外交部长）的信中，原苏联驻伦敦大使伊万·麦斯基写道：

苏联的目的是必须建立一个独立自主的波兰；但是，我们对出现一个太过庞大、太过强大的波兰不感兴趣。过去，波兰几乎总是俄罗斯的敌人，没人能确定将来的波兰会成为苏联真正的朋友（至少在年轻一代的一生中）。许多人对此表示怀疑，公正地说，这些怀疑是有充分理由的。[10]

尽管这封信写于战争末期，但信中流露出的情绪却不是新东西。1939年8月23日公布的《莫洛托夫—里宾特洛甫条约》（译注：即《苏德互不侵犯条约》）令全世界为之震惊。德国和苏联一致同意互不侵犯。但该条约最重要的部分是未公开的秘密附加协议，直到波兰陷落后这份协议才最终完成。协议关乎两个国家瓜分欧洲东北部，其中的第二条明确了波兰的解决方案：

如果属于波兰的地区发生领土和政治上的重新分配，德国和苏联的势力范围应大致以纳雷夫河、维斯瓦河和桑河一线为界。

维持一个独立的波兰是否符合双方的利益，这样一个国家应如何分界，只能在政治形势进一步发展的过程中予以确定。

在任何情况下，双方政府都将通过友好协商的方式解决这一问题。

两位独裁者都不打算长期遵守互不侵犯条约中的各项条款，但目前，它符合双方的利益。签署这份条约的时候，斯大林告诉他的亲信："当然，这只是一场看看谁能愚弄谁的把戏。我知道希特勒想干什么。他觉得他比我更聪明，可实际上是我耍弄了他。"[11] 就在德国军队涌入波兰之际，莫洛托夫向最高苏维埃作了更加详细的解释："先由德国军队，然后是苏联红军，对波兰发起一场快速打击，这个《凡尔赛条约》可恨的产物就不会再剩下什么了。"[12]

　　1939年9月1日，德国入侵波兰，希特勒刻意将其描述为一场不同类型的战争。他在战争即将爆发前的一次会议上说："我已命令我的骷髅队向东挺进，不带丝毫怜悯地杀光波兰种族或说波兰语的男人、女人和孩子。"[13] 战斗开始后，他指示他的士兵们要做到冷酷无情："我下达过命令，我要告诉那些对枪杀提出批评的人，战争的目的不是为了到达一条指定的界线，而是要摧毁敌人的肉体……收起你们的同情心吧。无情地战斗。实力就是公理。"[14]

　　老迈的德国"石勒苏益格-荷尔施泰因"号战列舰在但泽湾打响了第二次世界大战的第一炮。舰上的4门280毫米口径火炮对但泽城外，维斯特布拉德半岛（Westerplatte）上的小股波兰守军展开猛轰，炮击过后，德国海军中的步兵与当地党卫队单位发起地面突击。出乎德国人意料的是，这股不到200人的波兰守军，尽管遭到来自陆地、海上和空中的炮击和轰炸，但却坚守了一个星期才投降。

　　但泽的其他地方，波兰人的行政办公楼在拂晓前被顺利夺取。各处的抵抗都很轻微，除了赫维留广场（Heveliusplatz）上的波兰邮政大楼。已于当晚被批准获得波兰最高民事权的阿尔贝特·福斯特，乘坐着一辆装甲车赶到广场。负责夺取邮政大楼的是维利·贝特克的警察单位，这位沮丧的警察上校告诉福斯特，他打算把这座大楼和楼内的50名守军彻底炸飞。福斯特担心爆破会殃及周围的建筑，因而没有批准这种做法。于是，贝特克的部下们将汽油灌入地下室，并点火焚烧。5名守军被烧死，另外6人（包括一名12岁的小女孩）被严重烧伤，他们没有得到任何救治，在第二天死去了。[15] 这是希特勒东方新战争残酷本质的一个明确迹象。

　　战争开始时，波兰领土上居住着成千上万名德意志族人，波兰邻居对他们发起攻击的事件相当频繁。居住在但泽正西面，通往波罗的海的狭窄走廊中的德国居民，于1939年8月遭到波兰当局的抓捕。战争爆发后，他们被赶往华沙附近的罗兹（Lowicz）。在这场徒步跋涉的过程中，许多人受到残酷的虐待，那些无法继续行走的人通常被就地处决。9月9日，德国军队追了上来，这才结束了他们的磨难。布洛姆贝格（Bromberg）的117 000名居民中，约有10%是德意志族人，这些人遭受到极大的苦难，直到9月6日该市落入推进中的德军手中。约有3 500–5 800名德意志族人在此类事件中被打死。[16] 一份报告后来被提交给希特勒，他拒绝接受其结论，坚持认为报告的调查结果应该再增加十倍。这个决定导致被波兰邻居打死的德国人多达58 000人，这个数字被用于证明对波兰人采取严厉措施的合理性。一些德意志族人社区在德国军队到来前组织起自卫队，现在，他们又对波兰人展开报复。截至当年10月，这些自卫队扬言他们的人数光是在但泽–西普鲁士地区就已超过17 000人，并打死了4 000名波兰人。任何一个过去曾公开反对德国的人，现在都会遭到逮捕。判处一个人死刑的决定以最随意的方式做出，没有任何法律程序。当年年底，这些自卫队正式解散，他们中的许多人被纳入党卫队，在这个单位中继续从事着他们的勾当。

除了自卫队，还有几个特别行动队被派入波兰。他们的任务是抓捕波兰的知识分子；党卫队头子海因里希·希姆莱想以此消灭波兰精英层，只留下大批容易顺从的非技术工人供德国使用。受害者名单早已准备妥当，特别行动队迅速展开行动，实实在在地执行了他们的任务。他们的活动在但泽和现在被称为西普鲁士的地区尤为激烈，这里的波兰人将遭到彻底清除。特别行动队的活动在1940年年初放缓下来时，他们已杀掉60 000–80 000人。[17] 只有极少数德国人对这种大规模屠杀提出抗议。东线德军部队指挥官约翰内斯·布拉斯科维茨大将（译注：布拉斯科维茨当时担任的是东线总司令）抱怨这种枪杀行为完全不加选择，并明确表示，他强烈反对在某些村庄将全体波兰男性居民悉数处决的计划。希特勒的回复是对军方领导层的幼稚加以嘲笑，并补充说他从来就不喜欢布拉斯科维茨，也从未信任过他。莉莉·容布卢特是霍亨扎尔扎（Hohensalza）一位农民的妻子，自1930年起就是一名国社党员，她写信给担任东普鲁士总统的戈林（译注：戈林担任的是普鲁士邦总理），抱怨说，大规模逮捕和处决行为肯定不是元首的意思。戈林将这封信转给希姆莱，希姆莱答应对此进行调查。结果，容布卢特被盖世太保逮捕。[18]

9月17日，苏联加入到对波兰的进攻中，此刻，大部分波兰军队正在西面与德军作战。苏联军队声称要从法西斯侵略者手中挽救波兰人，这肯定给红军和德军在布列斯特–立托夫斯克举行的联合胜利阅兵活动造成了一些尴尬。这场入侵的结果是，波兰再次被强大的邻国瓜分，德国和苏联的分界线非常接近于寇松线。波兰的东部领土被斯大林吞并，但他同意将其中的一部分交给立陶宛。次年，在德国人的默许下，斯大林又将立陶宛、拉脱维亚和爱沙尼亚吞并进苏维埃社会主义共和国联盟。德国人重新占领了他们在1919年割让给波兰的领土。

在东方进行的战争（希特勒将那里的人称为"劣等人"）总是与西方的战事有所不同。考虑到自己的荣誉，许多德国军官和普通士兵没有理会上级下达的更加残酷的命令；但也有许多人积极地执行了这些命令。扎拉少校的案件就是个例子，从中可以看出德国高层人士的不同表现。1939年末，扎拉少校（他是一位著名的马术冠军）在离但泽不太远的普鲁士斯塔加德镇（Preussisch Stargard）的一座旅馆里，跟镇长约斯特、党卫队三级小队长席克斯和一个被称为弗尔克纳博士的公共卫生官员在一起喝酒。他们的话题转到清除那些被视为"劣等生物"者的命令上。弗尔克纳和席克斯已参与到处决梅毒感染者的行动中，他们评论道，波兰妓女已让大批德国士兵感染上性病。约斯特立即命令警察抓捕八名据称已被性传播感染的妇女。这些妇女被关入镇法院的地下室。午夜时分，这场酒会（约斯特已经离开）转移到地下室里，他们挑了五个女人，把她们带到另一间地下室。弗尔克纳试图用背带勒死她们，但没能成功，扎拉决定对这五名妇女的颈部开枪，他后来声称，这么做是为了结束她们的痛苦。随后，他们离开了地下室，稍晚些时候再次返回时惊讶地发现，这里只有四具尸体——一名妇女身负重伤却没有送命，她设法逃了出去。这位幸存者被找到，并被送入监狱医院。这位身带枪伤的妇女引发的报告，引起了高层人士的关注。

驻扎在当地的德国集团军司令费多尔·冯·博克（译注：博克当时是"北方"集团军群司令）了解到这起事件后，立即下令逮捕扎拉。但对任何一个涉及此案的纳粹党官员都没有采取行动——约斯特是福斯特的老战友，后者迅速采取行动，为这位同事提供保护。福斯特甚至想保护扎拉少校，他打电话给冯·博克，说他打算跟希特勒本人商谈此事。福斯特对这起事件不屑一顾，认为对扎拉的行为加以惩处是不合适的，他甚至说，他看不出少校有任何犯罪行为，希特勒无疑也会持同样的看法。

冯·博克没有被福斯特左右。扎拉被送上军事法庭，法庭裁决他有罪，并判处死刑。希特勒及时介入，赦免了扎拉，但他还是被降为列兵，并处六年监禁。他在一个惩戒营里服刑，1942年阵亡于东线。这起杀害波兰妇女案件中的其他涉案人员，没有一个受到法律的惩处。帝国内务部解除了约斯特的镇长职务，但没过两周，福斯特就给他找到了新职位。[19]

科赫很不情愿地将西普鲁士的部分地区让给福斯特，但他得到的回报是一片相当大的波兰领土，共计16 000多平方公里，这片土地上的居民超过一百万，德国人很少。东普鲁士东面，苏瓦乌基镇（Suwalki）周围的一片地区，是几次大规模处决和驱逐行动的现场，当地纳粹人员在科赫的全力支持下，试图将大多数波兰人赶走，以便为德国"定居者"腾出地方。这些定居者中的大多数是从波罗的海国家返回的德意志族人，还有些波罗的海德意志族人被安置在但泽的前波兰地区及其周边地带。这片地区位于波兰切哈努夫镇（Ciechanow，已被德国人更名为齐青劳【zichenau】）周围，成了东普鲁士的一部分，科赫打算将未来的工业中心设在此地。

在齐青劳地区，对波兰知识分子的处决于1940年达到顶峰，约有3 000人被杀害，或是在齐青劳西北方50公里处的佐尔道集中营（Soldau）的恶劣条件下等死。接下来的几年，集中营里的死亡人数不断增加，这主要是因为德国人试图镇压波兰人掀起的抵抗运动，而不是继续消灭波兰知识分子。与此同时，普通波兰人发现他们的生活受到越来越多的限制。在商店和餐厅里，德国人享有优先权，德国与波兰平民间的接触受到严格限制，在这些工作被视为极其重要的地区，波兰人的就业机会严重下降。从1940年末至1941年初，波兰被吞并领土上发起了大规模驱逐，这些被驱逐者中的大多数（特别是犹太人）被送至琴斯托霍瓦（Czestochowa）的犹太人区。更多的驱逐行为接踵而至，直到1943年3月才得以减缓。这些处决和驱逐行为的后果极其严重。1939年，德国军队夺取齐青劳地区时，这里居住着80 000名犹太人。到1944年夏季，这个数字下降为350人。德国占领期间,该地区的人口总共减少了160 000。

波兰苏占区的情况同样糟糕。一百多万波兰人被斯大林的NKVD警察组织流放到西伯利亚。几千名被红军俘虏的波兰军官遭到处决后埋入卡廷的森林中。德国人后来发现了这些万人坑,西方盟国竭尽全力,禁止披露苏联这一暴行的证据,生怕影响与斯大林的联盟。

1941年6月22日,希特勒发动对苏联的入侵。这是他希望看到德国领土向东扩展的最终体现。为达到这个目的,被占领土上的斯拉夫人必须为新来的德国定居者让路。许多苏联人沦为奴隶,而其他人只能等着被饿死。从一开始,交战双方都没有表现出对尊重既定战争规则的丝毫内疚。在北面指挥德国第46装甲军的埃里希·冯·曼施泰因(译注:曼施泰因当时指挥的是第56摩托化军),目睹了一支遭到切断并被消灭的德军侦察部队遗留下的尸体。许多尸体遭到蓄意破坏。[20]但在其他地方,德国军队也毫不犹豫地对苏军战俘使用了最残酷的手段。

埃里希·科赫将夺取苏联领土视为扩大自己权力范围的一个机会,1941年7月,他被任命为驻乌克兰帝国专员。他成功地说服希特勒将比亚韦斯托克周边的领土划入他的管辖范围,这使他获得了一条从波罗的海到黑海、连贯的陆地通道。比亚韦斯托克原本属于波兰,1939年,德国军队把它交给了苏联红军。即便以东欧的标准来看,这也是片严重欠发达地区,其面积比东普鲁士略小,150万人口中的大多数居住在小小的农场和村庄里。对该地区非德国居民的限制极为严格——不必要的外出,使用电话和邮政服务,甚至就业类型,都遭到限制。限制流动给居住在这片广大农村地区的居民造成极大的困难,导致了普遍性食物短缺。对大多数犯罪行为的惩处是执行死刑,这里还采取了"共同责任"政策,个别人的品行不端会让整个村子遭受惩罚。整个省只是在尽可能少投入的情况下被充分加以利用的一件物品;科赫指出,"就算有一百万外国人……"不得不挨饿,那也无关紧要。[21]

科赫在领土分配上最大的收获是乌克兰。希特勒将乌克兰视为东部征服过程中最重要的地区,并坚持认为必须派他最得力的大区领袖对其加以管理。这片地区相当庞大,约为340 000平方公里,居民人数1 700万,其中有150万犹太人。科赫自觉地让自己与希特勒的观点靠拢,明确表述了他将如何统治乌克兰：

> 如果这些人每天工作十小时，那么，其中的八个小时必定是为我们干的。一切多愁善感的想法必须放到一旁。必须以铁一般的力量对这些人加以管束，这样，他们将帮助我们赢得这场战争。我们解放他们不是为了乌克兰的利益，而是为德国提供基本生存空间，并确保我们的粮食供应。[22]

在波兰和比亚韦斯托克，当地居民被禁止跟德国人居住在一起，他们的行动也受到严格限制。在乌克兰采取了相同的措施，曾张开双臂欢迎德国解放者的乌克兰人，迅速产生了对占领者的仇恨。由于整片地区在战前遭受过大规模饥荒，反苏情绪非常强烈，但德国没能对这个也许能让他们赢得东线战争的绝佳机会加以利用。数百万吨粮食和其他农产品被攫夺，并被运回德国，这在乌克兰居民中造成普遍性饥荒。更糟糕的是，大批乌克兰男人被征入军队，再加上严厉的占领政策，导致被耕作土地的数量大幅度下降——与战前相比，1942年播撒的谷物只有63%，收成也只有战前的39%。对科赫和他的助手们来说，唯一重要的是有足够的农产品被运往德国——乌克兰人的命运完全不需要加以重视。为提高自己的形象，科赫安排"乌克兰火车"搭载着乌克兰的农产品运往德国各大城市，这个举动得到德国媒体的广泛报道。食物包也被送至前线来自东普鲁士的士兵们手中，科赫利用他对东普鲁士媒体的控制，渲染出这样一幅画面：省内的乌克兰人，对德国人把他们从布尔什维克手中解放出来感激涕零，心甘情愿地为他们的新主人卖力劳动。但真实情况完全不是这样。

随着战争的继续，与其他地区一样，乌克兰的游击队越来越多。一些组织对这些游击队展开努力清剿——党卫队，国防军部队，甚至包括科赫和他的部下们组织起来的、不受军方指挥的单位。这些反游击部队，特别是党卫队和国防军以外的单位，平叛效果极其有限，然而这并不能阻止他们杀掉成千上万名平民以示报复。而游击队对德军后方单位、桥梁和铁路线的破坏行为几乎从未停止过。科赫的几名部下成了暗杀行动的受害者。尽管抵抗组织也策划了几次暗杀科赫本人的行动，但科赫很少待在乌克兰，这些行动没有获得成功。到

1942年年底，在乌克兰部分地区，德国当局的触角几乎已延伸至较大城镇的边缘，这进一步减少了可获得的收成。为饿死游击队，德国人通常会将牲畜和其他一切食物来源运离农村。再加上严格限制当地居民的流动，这些措施导致饥荒和疾病引发的死亡率不断上升。相关机构（国防军指挥官、党卫队、科赫和他的下属）的重叠竞争也进一步削弱了德国人的努力。

尽管许多德国军官后来把反游击战中所犯暴行的罪责推给党卫队，但有充分证据表明，德国国防军同样有罪。1941年7月16日，一道命令下达给所有德军部队：

采取所有行动和所有措施的首要原则是，必须无条件地确保德国士兵的安全……只有在敌对平民表现出的每一个威胁遭到无情的处理后，才有可能顺利实现对乡村的清剿。所有心慈手软都是软弱的证明，并会构成一种危险。[23]

德国的政策几乎是刻意被设计成疏远被占领土上的居民。相关命令指出：

每一起积极反抗德国占领当局的事件，无论其具体情况，必须假定存在共党分子的起因……另外，绝不能忘记的是，出现问题的乡村地区，人命通常毫无意义，只有以非同寻常的严厉度方能达到恐吓效果。为一名德国士兵的生命，处死50-100名共党分子应被普遍视为合适的做法。执行死刑的方式必须进一步加强恐吓效果。[24]

针对命令中最后一句不祥的话语所采取的措施是，行刑队瞄准犯人腰部以下部位开枪，从而让受害者遭受痛苦，拖延很久才会死去，被埋入坑里时他们通常还活着。这种措施还确保了人质中的孩子也会被子弹击中，从而避免行刑人员单独对他们实施处决。

投降的苏军士兵受到的对待也令人震惊。苏联不是日内瓦和海牙公约的签署国，这一点，再加上对"劣等人"的蔑视，被用于证明苏联战俘受到与英国、法国和美国战俘不同对待的合理性，就像以下这份来自勒热夫附近一座战俘营的报告所描述的状况：

他们把他们关在没有暖气的小屋里，每天只给他们提供一两个冰冷的马铃薯。德国人将腐烂的肉和一些骨头抛过铁丝网，丢给那些战俘……每天有20-30人死去。病得太重无法干活的人遭到枪杀。[25]

不足的口粮被加以严格分配，必须以劳动换取。一名党卫队官员一度建议枪毙半数苏军俘虏，以确保剩下的战俘能获得足够的口粮。试图逃跑的俘虏会被立即枪毙，哪怕是最轻微的错误，往往也会受到致命的惩罚。战俘遭受虐待的方式，有些完全不需要动脑筋；一份报告指出，被关押在明斯克附近的战俘受到虐待，德国人先把他们的衣服剥光，然后轮流将冷水和开水浇在他们身上。[26]

不久后，许多德国军官开始看到他们虐待战俘带来的必然后果：

我们对战俘的处理方式已无法不带后果地继续下去。苏军士兵开始认为，他们必须拼死抵抗，一旦被俘就是死路一条，这不再是政治委员的训令，而是出自他们个人的信念。[27]

死于德国战俘营的苏军俘虏超过300万。死在被占领土上的平民数量甚至更多，估计为700-800万人，这是德国人蓄意行为、饥荒和疾病的后果。另外，至少有300万人被送往德国充当劳力，他们中的大多数人一直干到死为止。

不过，尽管德国占领区内的苏联百姓苦不堪言，但情况本来会更加糟糕的。1941年底，德军夺取莫斯科和列宁格勒的前景近在咫尺时，一些德军高级官员制订了如何对待这些城市的计划。除了一个将居民们赶往东面的奇特建议外，大多数计划是要求将居民们赶出城市，任由他们被饿死。高级参谋军官瓦尔特·瓦利蒙特少将在1941年9月起草了一份讨论文件，考虑了"北方"集团军群面临的选择，该集团军群似乎正准备夺取列宁格勒。他声称，应避免占领这座城市，因为这会让德国军队背负上养活城内居民的义务。另一个选择是将这座城市隔离在电网后，但他担心饥饿的居民可能会成为流行病的来源，而这些病症最终会蔓延至德军防线。不管怎样，他指出："我们的士兵是否能狠下心来对试图逃出城市的妇女和儿童开火射击，这一点值得怀疑。"他总结道：

我们暂且紧紧地封锁列宁格勒，尽可能用炮兵和空中力量（但当时可用的空中力量非常薄弱！）摧毁这座城市。

一旦这座城市被恐怖和不断增加的饥饿感打垮，打开几个缺口，将失去抵抗能力的人放出。尽可能将他们赶往俄国内陆，死亡必然会在大片地区蔓延开来。

剩下的"要塞防御者"将留在城内过冬。来年春季，我们进入城内（如果芬兰人捷足先登，我们不会对此表示反对），将那些还活着的人赶入俄国内陆或送入战俘营，通过爆破将列宁格勒从地球表面抹去，然后，将涅瓦河北部地区交给芬兰人。[28]

令人惊讶的是，这份文件不是某个党内狂热分子的产物，而是出自德国国防军一名专业参谋军官。列宁格勒的市民们经受了一场可怕的围困和断断续续的炮击。成千上万人死去，但如果这座城市真落入德国人手中，他们的命运会更加糟糕。

德国人在1941年入侵苏联后，斯大林才开始从被占领领土以外的角度看待波兰。他立即承认了波兰流亡政府，并允许苏联境内的波兰人加入波兰军队。有趣的是，这些新组建的波兰军队并不准备在苏联的控制下参战，他们转道中东，最终到达了西方。后来与苏联红军并肩作战的波兰军队，是第一批波兰军队离开苏联后重新组建的，这一次，苏联采取了更为谨慎的态度，以确保这些新"盟友"的政治忠诚。

除了承认波兰流亡政府，斯大林还同意，只有经过友好协商，才会重新界定波兰边境。不过，他真正的意图也有所流露。在斯大林和苏联政府看来，战争开始于1941年6月，恢复战前边界的说法只能被解读为恢复到希特勒入侵苏联前的状态，而不是1939年的边界。斯大林也曾明确表示，他无意让波罗的海诸国恢复独立，这令英国人感到震惊。但波兰问题依然悬而未决。

1943年，德国军队的攻击力在库尔斯克战役中遭到无可挽回的损失。从这一刻起，苏联红军以一种势不可挡的气势一路向西推进。1944年初，科赫设在乌克兰的"帝国管理办公室"不复存在，尽管他和其他帝国专员竭力阻止他们日益萎缩的统治区被交还给军方控制。东线战争初期,德国军方保留了对前线后方200公里区域内的控制权。可当苏联红军逼近时,德国军方接手控制足够纵深的后方区域的一切尝试均遭到抵制,这是1945年初致命性后果的一个先例。随着战争大潮日益逼近他们的边界,波兰问题变得越来越突出,特别是在波兰人自己的脑海中。西方政治家们不小心犯下的错误妨碍到波兰人,这些政治家轻率地把德国人夺取苏联的土地统称为"俄国",没有对苏联自有的领土与波兰东部、波罗的海诸国这些1941年前被斯大林夺取的领土加以区分。斯大林一直打算从德国和波兰手中攫夺更多的领土,就像1943年和1944年日益显现的那样,苏联红军有实力为他夺取这些土地。在斯大林看来,唯一的问题是西方盟国对此的态度。

经过一番初步外交试探后,斯大林在1943年11月的德黑兰会议上走出了决定性的一步。波兰边界问题被提出时,莫洛托夫取出一份1920年的英国文件,该文件建议以"寇松线"作为波兰的东部边界。由于未能在西线开创第二战线,丘吉尔和罗斯福倍感尴尬,他们觉得自己已处于弱势地位。丘吉尔在没有告知罗斯福的情况下提出,寇松线或许可以构成进一步商谈的基础,前提是波兰将在西面获得一些德国领土作为补偿。在与斯大林进行的私下会谈中,罗斯福明确指出,波兰边界问题不会构成麻烦。

德国拥有两个大型工业基地。西面的一个以鲁尔为中心,已遭到英国和美国的猛烈轰炸,到战争后期,其重要性已不及西里西亚的工厂,后者位于曾经是波兰的那片土地的西南面。将西里西亚交给波兰,盟国可以达到两个目的:德国将失去部分工业实力,而波兰则能获得宝贵的领土,以弥补它在东面的损失。

1944年,德国军队在东线遭受到越来越严重的损失。年初,1943年在乌克兰形成的无情压力持续着,苏联红军在切尔卡瑟(Cherkassy)切断了德军据守的一个突出部。尽管大批被围德军得以逃脱,但他们付出的代价相当高昂,数千名伤员被丢在身后。一个个下定决心要挡住"伊万"的德军师被打得支离破碎,春季攻势开始后,苏联红军对德国人的虚弱状态充分加以利用。更多的包围和突破接踵而至,每一次都导致德军实力被进一步削弱。

但苏军的主攻落在更北面,目标是德国"中央"集团军群。由于苏军认真采取了欺骗措施,因此,尽管德国人感觉到一场大攻势即将到来,但他们没有意识到集结起来对付他们的苏军部队有多么庞大。一些德军指挥官忧心忡忡,特别是因为他们知道,面对敌人的进攻,希特勒不会批准任何后撤建议。德国第9集团军司令汉斯·约尔丹在苏军攻势到来前写道:

集团军认为,即便在目前情况下,挡住敌人的攻势也是有可能的,但不能以目前要求实施绝对刚性防御的指令为指导……如果苏军的攻势达成突破,集团军要么实施机动防御,要么看着防线被敌人摧毁。

集团军认为,实施"要塞防御"的命令尤为危险。

因此,集团军痛苦地注视着即将到来的战斗,知道战术措施受缚于那些无法凭良心接受为正确指令的命令,而在我们过去取得的一系列胜利中,这些战术措施正是造成敌人失败的原因。[29]

1944年6月22日,近170万苏军士兵,在4 000辆坦克、自行火炮以及24 000门大炮、重型迫击炮的支援下,发起了"巴格拉季昂"行动。这场攻势从任何一点上看都与德国人在战争期间发动的任何一场战役同样凌厉,彻底打垮、歼灭了"中央"集团军群。到7月4日,该集团军群实际上已不复存在,德军防线被撕开一个宽达400公里的缺口,从将军到普通士兵,350 000名德国军人阵亡、被俘或失踪。

在这场败绩面前,就连斯大林格勒的损失也相形见绌,苏联各坦克集团军立即对他们的胜利加以利用,遭遇的抵抗仅仅是德国人七拼八凑或临时调来,投入到这个巨大缺口中的部队。到7月下旬,苏联红军已从维捷布斯克进抵维斯瓦河,伫立在华沙郊外。8月1日,以为能获得苏军支援的波兰救国军在华沙举行了起义。

德军防线中央地段被摧毁,意味着"北方"集团军群和"南方"集团军群(现已更名为"北乌克兰"集团军群)的处境岌岌可危。约有40 000名德军士兵被包围在乌克兰北部的布罗德(Brody);半数以上的人得以逃脱。7月底,一场更大的灾难笼罩着北方,苏军冲入"北方"集团军群暴露的侧翼,到达里加西面的波罗的海沿岸地带。"北方"集团军群身经百战的部队遭到隔离，恢复与其他德军部队的陆地连接会导致宝贵的资源被分流，而波兰境内正渐渐合拢的脆弱防线急需获得这些资源的加强。最终，"北方"集团军群的陆地连接得到恢复，但代价是，几个宝贵的装甲师被牵制在北面。

随着战争临近尾声，斯大林已对东欧版图下定了决心。不管怎样，他的军队都将在战争结束时牢牢占领这片地区，无论西方盟国说些什么，他们都无力进行干涉。至于即将易手的领土上的居民，斯大林不想遗留下少数民族的问题，多数民族也不行。波兰人必须离开"寇松线"以东地区，他们可以去夺自德国人的土地上定居。而居住在那些地区的德国人必须迁移。

斯大林对实施大规模驱逐并不陌生。苏联国内，已有成千上万人被强行迁移，他们中的许多人死在西伯利亚的荒野里。波兰人不会有什么问题，这在意料之中，因为他们在西面会得到新的土地。问题在于那些即将离开西里西亚、波美拉尼亚和东普鲁士，为波兰人腾出地方的德国居民。尽管1945年夏季，欧洲战事结束后召开的波茨坦会议上谈到和平迁移的问题，但事实上，这种被下一代人称为"种族清洗"的迁移绝不可能是和平的。

随着战争初期德国人在欧洲被占领土上犯下的暴行逐渐为世人所熟知，苏联宣传部门开始发出气势汹汹的宣言，要对德国人实施报复。伊利亚·爱伦堡在《红星报》上发出的呐喊尤为喧嚣：

我们什么都知道。我们什么都记得。我们已明白：德国人根本就不是人。从现在起，"德国人"这个词代表的是最可怕的粗话。从现在起，"德国人"这个词会触及我们的痛处。我们不会再多说些什么。我们不会再感到兴奋。我们只会杀戮。如果你今天还没有干掉至少一个德国佬，那你就白过了一天……如果你无法用子弹打死德国佬，那就用你的刺刀杀掉他。如果你所在的前线保持着平静，如果你正在等待战斗，那么，在此期间先杀掉一个德国佬。如果你让一个德国佬活着，他就会绞死一个俄国人，或是强奸一名俄国妇女。如果你已干掉一个德国佬，不妨再干掉一个——对我们来说，没有什么比看见一堆德国佬的尸体更有趣的了。别数日子，也别计算公里数，要数的只是你杀死德国佬的数字。杀掉德国佬——这是你祖母的要求。杀掉德国佬——这是你孩子的恳求。杀掉德国佬——这是你的祖国发出的强烈呼吁。千万不要错过。千万不要松懈。杀呀。[30]

爱伦堡是犹太人的事实使戈培尔对此做出的回应中增添了许多刻薄话。爱伦堡一直被（错误地）指责为煽动苏军士兵强奸德国妇女；应该指出的是，上面引用的那篇短文中，"German"这个词专指德国男人。尽管如此，爱伦堡等众多作家还是激起了一种强烈的复仇欲望，对于这种复仇，苏军士兵有充足的理由。跨过乌克兰、俄罗斯和白俄罗斯大片被摧毁的土地向前推进时，红军士兵目睹了德国占领者虐待平民的一手证据。各个部队里的政治委员奉命向部下们灌输对德国人的仇恨，并通过各种手段来实现这一目标。许多部队建立起"复仇理由"——士兵们被要求将他们和他们的家人遭受到的德军暴行记录下来。毫无疑问，待时机出现时，他们会以牙还牙。

苏军士兵在多大程度上受到虐待德国平民的煽动，这一点尚有争议。毫无疑问，各级军官都知道士兵们对复仇的渴望，但他们很少或根本没有遏制这种渴望——实际上，这是官方政策所鼓励的。斯大林肯定知道，这种虐待必然会促使德国人逃向西面。当然，这种外流会使清除剩下的德国居民的工作更加容易。

1944年10月初，棋盘上所有的棋子都已就位：德国国防军，筋疲力尽，苦苦寻找着燃料和弹药补给，面对着保卫祖国的一场绝望防御；在他们身后，大批惊恐的平民聆听着散布出来的各种谣言；在他们面前的是装备和补给精良的苏联红军，尽管在质量上不尽如人意，但在数量上具有绝对优势，一连串胜利令他们充满信心，并下定决心要报仇雪恨。这一切正是一出已拉开帷幕的悲剧所需要的。

1. 1939年10月3日采访汉斯·弗兰克的记录，EC 344–16，后来在纽伦堡法庭上成为美国第297号证据
2. M·登霍夫，《再无人提及的名字》，第7页
3. "Üb" immer treu und Rechlichkeit bis an dein kühles Grab，引自G·麦克多诺的《普鲁士》，

第110页

4. D·申克,《希特勒的人在但泽》,第74页
5. H·劳施宁,《混沌者》,第105页
6. 同上,第98页
7. K·迪克特,H·格罗斯曼,《东普鲁士之战》,第41-42页
8. 施蒙特的日记,引自《纳粹的阴谋和侵略》,第390-400页
9. 阿道夫·希特勒,引自U·扎夫特的《东部战争》,第9页
10. S·库德亚索夫,《外交序幕:斯大林、盟国与波兰》,引自R·戴维的《起义,1944》,第145页
11. 德米特罗夫的日记,引自S·塞巴格·蒙蒂菲奥里的《斯大林:红色沙皇的宫廷》,第318页
12. V·莫洛托夫,引自U·扎夫特的《东部战争》,第9页
13. 施蒙特的日记,引自A·克拉克的《巴巴罗萨》,第25页
14. 希特勒,引自D·申克的《希特勒的人在但泽》,第120-121页
15. D·申克,《希特勒的人在但泽》,第132-133页
16. 同上,第155页
17. 同上,第172页
18. 同上,第169-170页
19. 同上,第152-154页
20. E·冯·曼施泰因,《失去的胜利》,第180-181页
21. R·迈因德尔,《东普鲁士区领袖》,第311-312页
22. 柏林,联邦档案馆,R6/70,第17页,引自R·迈因德尔的《东普鲁士区领袖》,第338页
23. 1941年7月25日,OKW的命令,引自A·克拉克的《巴巴罗萨》,第152页
24. 1941年9月16日,OKW的命令,陆军元帅凯特尔签署,在纽伦堡法庭上作为"RF 1432, 389-PS"号证据
25. 苏联的报告,引自C·梅里戴尔的《伊万的战争》,第123页
26. 同上,第124页
27. 德军情报报告,引自C·梅里戴尔的《伊万的战争》,第122页
28. W·瓦利蒙特,"列宁格勒纪要",联邦档案馆/军事档案,RW4/v.578, Bl. 144-146
29. E·兹姆克,《从斯大林格勒到柏林:德国在东线的失败》,第316页
30. I·爱伦堡,最初发表于1942年的《红星报》,引自A-M·德·扎亚斯的《波茨坦复仇者》,第6546、201页;另可参见E·克恩(编撰)的《被隐瞒的文件》,第260-261页、第353-355页

第一章
弗里茨和伊万

我问你们：你们愿意打一场总体战吗？如果有必要的话，
你们愿意打一场比我们今天所能想象到的更加全面更加极端的战争吗？

——约瑟夫·戈培尔[1]

在欧洲东部准备进行第二次世界大战期间最后战斗的军队，与1941年夏季彼此对峙的大军有很大的不同。战争初期的战役——1939年的波兰战役、1940年的比利时和法国战役、甚至是1941年入侵苏联的行动——创造出德军闪电战天下无敌的传说。实力强大、势不可挡的德军装甲师轻松绕过动作迟缓的对手，散布着混乱和破坏。头顶上，德国空军统治着天空。这个传说中有许多真实的内容，但被神话的东西也很多。从一开始，德国国防军的表现就有问题，只是在苏联的广袤空间里，这些问题才变得危险起来，但当时已来不及采取补救措施。

德军装甲师是一种强有力的编制，由几个不同兵种组成：坦克兵、步兵、炮兵和工兵。他们也配有侦察营和反坦克营，以及充分整合的补给和维修单位，这使他们可以独立行动，通常每次能维持数日。大多数情况下，这些装甲师成批投入战斗，使用原则是：利用这些部队，给敌军造成最大程度的混乱。

相比之下，德军步兵的机动性较差。他们极大地依赖于马匹拖曳他们的大炮和装备，投入战场的方式与之前几个世纪里的步兵们一样——步行。这种状况的结果是，即便在有利的情况下，步兵部队也难以跟上速度更快的装甲师。1939年的波兰战役中，德军装甲师迅速超越为他们提供支援的步兵单位——第4装甲师率先到达华沙，但又不得不撤离，因为他们发现自己没有获得支援。1940年跨越比利时的"镰刀"推进中，德军装甲师与步兵师之间出现了一个相当大的缺口，英军和法军试图以坦克部队发起一场反击，插入德军装甲师身后，恢复己方防线。按照计划，这本该是一场双管齐下的攻击，英军从北面发起突击，法军从南面展开进攻。可是，发动进攻的法国军队寥寥无几，英军的攻势也没能做到倾尽全力。尽管如此，这番尝试还是给隆美尔的第7装甲师造成极大的恐慌和破坏。

英军与德军坦克这场短暂的交锋暴露出德国人的第二个问题。每辆坦克都是装甲防护、火力和机动性之间的一种平衡。通常说来，德军在1940年面对的英军和法军坦克，防护性更好，火力也更强。因此，在与敌坦克交手时，德军坦克往往发现自己处于劣势。但在1939年和1940年，这些缺点并未造成严重后果——英军和法军试图发起反击时，战役的结局早已被德军迅速推进造成的大规模混乱所决定。可是，在东线战场，德军装甲部队的不足之处会被放大。

从人员方面看，1941年的德国国防军也许是其实力的顶峰。当年6月，沿东部边境线集结并投入战斗的德军士兵，大多训练有素。他们对胜利充满信心，他们的军官和军士普遍素质较高，并在过去的战役中接受过考验和证明。同样重要的是，当时的希特勒还没有插手干预日常作战行动。起初，"巴巴罗萨"行动以一种与过去战役相类似的方式进行。德国空军迅速夺取制空权，各装甲师顺利绕过抵抗中的苏军部队，形成巨大的包围圈。但是，前进速度相对较慢的步兵立刻造成了问题。德军装甲师也许能构成包围圈，但他们无法封闭包围圈，同时保持快速推进。一些被围的苏军部队趁机向东逃窜。最后，德军装甲师不得不放缓速度，等待步兵单位赶上。

随着战争的继续，德国军队的第二个缺陷（较差的坦克）也变得越来越显著。战役初期，苏联红军拥有1 200多辆T-34，这种坦克在装甲防护、火力和速度方面，都比德军的任何一款坦克更加出色，尽管苏军糟糕的训练和零配件的严重短缺大大降低了它们的作战效能。德国的坦克制造业需要一年多时间才能生产出与T-34相抗衡的装备。在此期间,尽管遭受到巨大破坏,苏联工业中的大多数不得不向东搬迁,以避开德国人的推进,但苏联坦克的生产一直优于德国坦克制造业。

1941年、1942年和1943年的战役使德国国防军发生了巨大的变化。数十万经验丰富的德军士兵阵亡、负伤或被俘。他们的接替者,尤其是1944年的新兵,与他们相比明显缺乏训练,也不再抱有对胜利的信心。这些新兵中的许多人是从后方单位中梳理出来的,对前线服役既没有热情,也缺乏能力。而来自国内的新兵带来了英国和美国的空袭给德国造成巨大破坏的消息。有些人希望能恪尽职守,还有些人则被他们的指挥官在报告中称为"缺乏训练"、"士气低落"。

德军装甲师的装备也发生了变化,就像他们的编制那样。原先的德军装甲师拥有一个装甲旅,下辖两个装甲团。到1944年,这种编制缩减为一个装甲团。该团辖有两个装甲营,一个营配备四号坦克,另一个营配备新式的五号坦克(黑豹)。自战争伊始,四号坦克便已在军队中服役,并推出了数种不同的变款,每一种变款都比上一代具有更好的防护性或更强的火力。到1944年,四号坦克上配备的75毫米主炮依然是一种强大的武器,尽管其装甲按照东线标准来看较为薄弱。

"黑豹"是德国人针对T-34开发的新型坦克,至少在装甲、火力和机动性方面能与后者相抗衡。但与T-34这个对手不同,"黑豹"是一款结构复杂的战车,需要经常加以维护。工程问题延误了这款坦克在1943年的大批量列装,甚至到1944年,它还是容易发生故障。但"黑豹"受到车组人员的喜爱,坦克上配备的75毫米主炮,比四号坦克上的主炮威力更大,能够应对遭遇到的任何一款坦克。

装甲团仅仅是德军装甲师作战力量中的一部分。每个装甲师还辖有两个装甲掷弹兵团,每个团由两个营组成。到1944年,这些部队中,至少有半数搭乘着半履带车,另外还有他们的支援性武器。这些营往往遭受到较重的伤亡,这也导致了相当大的人员流动性。在各个层面,从军官到军士再到普通士兵,随着战争的持续,其素质令人担忧;面对不断被消耗的人力资源,部队运行良好所需要的团队精神和密切合作已无法维系。

除了坦克和步兵单位，装甲师也辖有一个完整的炮兵团，配备的多是自行火炮。师里还有一个反坦克营。反坦克猎兵们通常为师里的装甲掷弹兵提供直接支援，但随着战争的持续，他们也经常被"借给"邻近的步兵师，为对方提供深受欢迎的援助。装甲师并不喜欢这种做法，因为这使他们的实力被削弱，"借兵"往往发生在他们急需所有火力的时候。

装甲师里还有一个战斗工兵营和一个侦察营。侦察营最初是充当师里的耳目，配有轻型装甲车和一小批搭乘半履带车的步兵。但随着战争的延续，装甲侦察营经常发现他们不得不长时间守住孤立的阵地，直到援兵赶到为止。因此，他们配备的火力越来越强大，1944年时，许多装甲侦察营拥有100多辆汽车，有的还配备了威力强大的75毫米反坦克炮，完全能作为一个独立战斗群投入使用。

截至1944年秋季，一连串失败已给德国军队造成难以弥补的人员伤亡和装备损失。军方高级将领们在年初时就已经很清楚，这么长的防线很难守住。但在"巴格拉季昂"攻势和另外几场灾难造成损失后，再加上抵御西线盟军需要的部队越来越多（盟军在法国北部的胜利令德军损失了40余万人），守住目前的防线已变得毫无可能。他们认为，唯一的办法是让"北方"集团军群撤出拉脱维亚和立陶宛，赶往东普鲁士边境。这就可以腾出兵力，加强其他地段的防线。

但在希特勒看来，这样做无疑要放弃许多领土。他已在7月中旬宣布过，德国会"不惜一切代价"守住波罗的海诸国。他认为，这种做法是出于政治和战略理由。首先，芬兰仍是德国的盟友，撤出波罗的海国家可能会导致芬兰背弃德国。其次，波罗的海国家，特别是拉脱维亚，许多人在武装党卫队里服役，失去这批人会严重削弱德国的抵抗能力。最后一点，坚守北部领土非常重要，日后可以以此为跳板，对俄国人发动进攻。实际上，尽管德国军队继续留在波罗的海国家，但芬兰还是在当年10月脱离了轴心国。3个波罗的海武装党卫队师是德国武装力量中很小的一部分，为了区区3个师而将26个德国师留在波罗的海国家，这种主张极其荒谬。至于日后对敌人发动进攻，至少在大多数高级将领看来，无异于痴人说梦。

东线南方的战况同样如此，苏联红军一路势如破竹。德国"北乌克兰"和"南乌克兰"集团军群被逐出苏联国土，8月23日，罗马尼亚向苏联投降。罗马尼亚的投降对德国是一个巨大的打击。这个国家不仅为东线南方战场提供了大批兵力，更重要的是，它是德国获取石油的主要来源。没有了这种供应，燃料短缺问题迅速变得紧迫起来。

尽管防线得到恢复，但据守防线的各个师实力大不如前。装甲师仍有理由将自己视为一支精锐部队，但步兵师根本无法从夏季的灾难性损失中得到恢复。1944年底，一个典型的步兵师由三个掷弹兵团组成，外加一个炮兵团。另外，师里可能还辖有一个反坦克猎兵营。但从战斗力看，这些步兵师远不如一年前德军部队那般顽强。多年战事耗尽了他们的实力，征召来的补充兵根本无法承受东线的残酷战斗。这些步兵师拥有的反坦克火力，在战争初期就很薄弱，而以1944年的标准看，则是完全无法胜任。苏联红军沿着相同的路线，以机械化程度更高的部队对德国人发起了"闪电战"。苏军的机动性，再加上他们配备着大批战车，使得缺乏反坦克火力的德军几乎无法实施防御。

1944年夏季的另一起事件对德国国防军未来的走向产生了深远的影响。7月20日，克劳斯·申克·冯·施陶芬贝格上校把一个装有炸弹的公文包放在拉斯滕堡附近希特勒大本营的临时会议室内。平日的会议室是一座混凝土掩体，目前正在维修，因此，军事会议转移到一座木屋中。在混凝土掩体内，公文包的爆炸会把掩体里的全部人员炸死；即便在木屋里，它也足以炸死希特勒，但这只放在会议桌下的公文包被转移了位置。

这起未遂暗杀发生后，许多令人震惊的事实暴露出来。密谋分子本打算利用补充军夺取国内重要岗位的控制权，纳粹党迅速将这支具有潜在危险的力量（补充军在国内有数万名武装士兵）掌握到自己手里。海因里希·希姆莱，这位野心勃勃的党卫队全国领袖已经是党卫队和警察头子，现在，他又被任命为补充军司令。

担任新职务后，希姆莱最初的创造发明之一是组建了几个人民掷弹兵师。人民掷弹兵师通常以在战斗中被歼灭的德军师残部组建而成，与普通步兵师一样，人民掷弹兵师也由三个步兵团组成，外加一个炮兵团和一个燧发枪手营。这些人民掷弹兵师的战斗力比步兵师更弱——大多是没有经验的士兵，许多人过去在海军和空军中服役。但这些人民掷弹兵师却被视为"齐装满员"、"战斗力充分",并被赋予守住整段防线的重任。

汉斯·于尔根·潘特纽斯的经历非常典型。在前线服役了一段时间后,7-20事件期间,他在一个训练单位工作,1944年9月,他被分配到新组建的第337人民掷弹兵师。该师师长埃伯哈德·金策尔中将迎接了潘特纽斯,并谈及分配到师里的人员普遍素质较低。金策尔曾是"北方"集团军群的一名参谋军官(译注:1943年1月-1944年7月,金策尔一直担任"北方"集团军群参谋长),经历过该集团军群从列宁格勒缓慢、艰难的后撤,非常清楚东线的战斗需要何种士兵。他欣然接受了潘特纽斯的建议:潘特纽斯将返回他的训练单位,挑选出优秀的军官和军士,加强新组建的这个师。尽管没能找到任何军官(他认为合适的唯一人选已被分配到其他单位),但他还是带着一小批相对有些经验的军士回到第337人民掷弹兵师。潘特纽斯的第690掷弹兵团组建完毕时,该团拥有42名军官;但他们当中,只有7名正规军军官,剩下的都是预备役军官,其中一些人年龄太大,并不适合在前线步兵师里服役。

这些新组建的师,武器装备也是个问题。尽管他们收到了编制表上的全部武器,但燃料和弹药的短缺往往使这些武器无法使用。另外,配发给他们的一些重武器是1940年战役中缴获的法制火炮,已完全过时。最要命的是,师里缺乏足够的反坦克武器;"战车噩梦"(类似于美国的"巴祖卡"火箭筒)能够击毁战场上几乎任何一款坦克,但其最大射程只有200米,因此,除非战斗发生在林地或建筑区,否则它就派不上什么用场。[2]

潘特纽斯得出的结论显然不仅仅是针对人民掷弹兵师的状况:

在这种情况下出现的问题是,对有经验的前线师加以补充,限制组建新师,这种做法是否更加合适些,特别是在(现有部队的)总体损失需要的情况下。这种做法最起码能节省下大批工作人员和后方单位。[3]

人民掷弹兵师的编制为三个团,每个团辖两个营,这也造成了一些问题。传统部队通常采用"三三制",这使其指挥官可以将两支部队部署在前线,第三支部队留作预备队。由于手上只有两个营,团长们不得不想方设法拼凑起局部预备队，用于反击或加强受到威胁的前线地段。最要命的是，这些两个营的团仍要坚守与过去三个营的团同样长度的防线。因此，团长们被迫从据守前线的两个营里各抽调一个连，以此充当预备队；这样一来，前线营的实力被削弱，据守漫长防线的任务变得更加艰巨。

失败的7-20事件造成的另一个后果是，军队里开始采用纳粹礼。这个举动极不受欢迎，甚至在大批对暗杀行为深感震惊的士兵中亦是如此：

> 这项新措施被证明是个失算。士兵们觉得这种敬礼方式让他们沦落到纳粹党员的级别，他们看不起那些党员，讨厌他们……新的敬礼方式在部队日常生活中显得滑稽可笑。从现在开始，所有人都把饭盒拎在右手，以避免举手敬礼。[4]

早在1939年战争爆发前，希特勒便开始在党卫队的主导下组建一支与陆军相平行的部队。战争期间，武装党卫队稳步发展，海因里希·希姆莱为他们提供了慷慨的补充。1943年，首次被集体投入使用时，武装党卫队的这些师训练有素、装备精良、实力强大。但在接下来的几个月，他们不断被投入战事最激烈的地段，这使他们伤亡惨重，而补充到的新兵，在素质上又无法与原先的党卫队士兵相提并论。武装党卫队获得极大的扩充，到战争结束前，他们总共组建了38个师，尽管其中的许多师被证明很短寿。但是，这些师占用了国防军的大量资源，特别是因为武装党卫队拥有自己完全独立的后勤机构。这些师的作战表现不尽相同。有些师，特别是最早组建的师（尤以"阿道夫·希特勒"警卫旗队师、"帝国"师、"骷髅"师和"维京"师为甚），可以列为整个战争期间德军最顽强的部队。而后期组建的武装党卫队师，通常是由从被占领国家或盟友国家招募来的志愿者组成，战斗力较差。

自1941年以来，东线德军部队的指挥官也发生了巨大的变化。负责据守从波罗的海到东普鲁士附近防线的"北方"集团军群，从1944年7月底起，由费迪南德·舍尔纳指挥。第一次世界大战期间，出生于巴伐利亚的舍尔纳带着非凡的勇气在德国军队服役，战争结束后依然在军队里担任军官，1919年晋升为中尉。作为一名纳粹党的早期支持者，他获得了快速晋升。1944年初，在乌克兰指挥"南方"集团军群时（译注：应为"南乌克兰"集团军群），他以铁的纪律树立起一种可怕的名声，也因"源自恐惧的力量"这种政策而臭名昭著。舍尔纳是个身强体健的壮汉，希特勒曾开玩笑说，每逢外国政要来访，他都希望舍尔纳在场，因为他的模样看上去很吓人。但舍尔纳不是个没头脑的大块头。苏军逼近克里木半岛的塞瓦斯托波尔之际，舍尔纳宣布，任何一个放弃阵地的士兵都将因"怯懦"被枪毙，但任何一个击毁一辆敌军坦克的士兵都可以获得回国三周的休假。鉴于德军在塞瓦斯托波尔的绝望态势，对普通士兵来说，一张休假通行证不啻为死里逃生的最后希望，毫无疑问，这种政策激励起许多士兵对敌坦克发起打击的勇气。

舍尔纳是个有趣的人物。以今天的眼光看，他残酷地使用严厉措施似乎令人憎恶，但他手下的许多士兵都认同这些措施——毕竟，他们在履行自己的职责，继续奋战于前线，没时间留意那些试图溜往后方的人。舍尔纳坚持认为，必须对后方单位加以梳理，从而组建起更多的步兵连，这个举措也受到前线士兵的欢迎，与历史上任何一支军队的前线士兵一样，他们对后方人员冗余的现象普遍评价较低。另外，由于前线的后方潜藏着混乱，缺乏纪律导致帝国败亡加速的可能性非常大。但舍尔纳的"临时军事法庭"（由军法官和行刑队组成，可以立即执行死刑）往往行事武断，容易引起士兵们的反感。第21装甲师的汉斯·冯·卢克上校描述过一起发生于1945年的典型事件，当时，舍尔纳被调去指挥"中央"集团军群，该集团军群已被逼退到德国。冯·卢克派他手下最好的军士（是一位获得高等级勋章的军人），带上一个排去师里的维修站收集正在维修的车辆。这位军士发现，修理工作还需要一个晚上才能完成，于是带着排里的士兵安顿下来等待。后来，排里的一名士兵将随后发生的事情告诉给惊骇莫名的冯·卢克：

突然，房门被推开，一名参谋军官带着几个宪兵冲了进来。"我是奉舍尔纳元帅直接命令的首席军法官。前线英勇的士兵们正在舍生忘死，你们为何坐在这里？"

我的排长回答道："我奉团长冯·卢克上校的命令，尽快把在这里维修的几辆装甲车带回前线。维修工作还要持续一整晚，明天早上我们就将返回前线。"

军法官问道："派您执行任务的命令在哪里？"

排长回答道:"我接到的是团长的口头命令。"

军法官说道:"我们知道,那些逃避战斗的家伙都这么说。我宣布,以元首的名义,经'中央'集团军群司令舍尔纳元帅批准,您因为开小差而被判处死刑,立即枪决。"[5]

尽管这位军士不停地抗议,但军法官的行刑队还是把他拖到屋外执行了枪决。排里的其他人被迫挖了坑把他埋掉。

对舍尔纳的军事才能加以判断很困难,因为他的命令几乎都是在不可为的情况下下达的。可是,尽管他无情地命令士兵们坚守前线,但在战争的最后时刻,他却放弃了指挥,逃往奥地利,在那里,他被美国人抓获。他们很快把他交还给俄国人,在苏联战俘营里一直被关押到1955年,期间经常受到残酷的对待。返回西德后,舍尔纳又因为战争期间下令处决一名睡着的士兵而被起诉和囚禁。

1944年底,沿东普鲁士东部边界和维斯瓦河河谷设防的"中央"集团军群,由格奥尔格-汉斯·莱因哈特将军指挥。莱因哈特过去曾担任过第4装甲师师长,1939年波兰战役期间,他一直率领着该师。后来,他在东线战场上指挥第3装甲集团军,是德国军队中最优秀的指挥官之一。从1944年8月起,莱因哈特奉命指挥由重建的集团军组成的"中央"集团军群——第4集团军位于北面,第2集团军据守维斯瓦河。另一个集团军是第3装甲集团军,被暂时调拨给"北方"集团军群,这样,东普鲁士边境的整个北部防线可以由一个集团军群加以控制。尽管这些集团军在字面上看起来很强大,但实际上是由一些实力严重受损的师和希姆莱新组建的几个人民掷弹兵师拼凑而成。

莱因哈特麾下的两位集团军司令都是老资格的指挥官。指挥第4集团军的是弗里德里希·霍斯巴赫。与许多同龄人一样,第一次世界大战期间,他在德皇军队中服役,1918年时,曾短暂地指挥过一个步兵营。1919年,在"自由军团"里干了一段时间后,霍斯巴赫再次返回军队,在两次世界大战期间担任过各种不同的职务,其间至少担任了四年元首的陆军副官。1939年战争爆发后,霍斯巴赫先是担任第30军参谋长,随后出任第2军参谋长,后来又两次担任步兵师师长,直到1943年夏季被任命为第56装甲军军长。他一直指挥着该军(其间因生病短暂离开过），直到1944年夏季出任第4集团军司令。

值此关键时刻，霍斯巴赫丰富的战地经验使他成为第4集团军的理想人选。他以精心策划防御阵地而著称，擅长准备两处阵地：一个是前沿阵地，另一个是位于稍后方、经过巧妙伪装的主阵地。东线的苦涩经历使他知道苏军炮火准备的强大威力，霍斯巴赫和其他人构想出阻止苏军通过炮火准备获得决定性优势的唯一办法，在苏军发起炮击前的最后时刻放弃前沿阵地。这样一来，苏军的炮火便会落在空无一人的阵地上，俄国人向前推进时，会在稍后方遇到真正的、完好无损的防御阵地。主防御阵地呈纵深构设，并获得大炮和反坦克炮的加强。这些阵地奉命不得开火，以防其位置被时常出现在空中的苏军侦察机发现。实施这种策略需要足够的时间和资源进行准备，另外还需要适当的地形，在这片地形中，既能构设主阵地，其位置又不能被敌人发现。它还需要准确掌握敌人的行动时间安排，当然，这一点并不总是能做到。

霍斯巴赫集团军辖下的15个师，只有7个师久经沙场，拥有东线作战经验。能否守住防线，在很大程度上依靠这些人，当然也依靠其他师里较为脆弱的单位。

第2集团军自1943年初起便由瓦尔特·魏斯指挥，他深受部下们的喜爱和尊敬。他的三个军辖有8个正规步兵师和1个人民掷弹兵师；实际上，这些师里的大多数，实力不超过一个团，就薄弱的兵力而言，他们据守的防线实在太长。

监督这些指挥官的是由希特勒主导的德国军事统治机构。他越来越多地以一些低级别的决策去干涉前线的指挥，1945年1月，希特勒下令，未经他批准，就连军和师一级的部队都不得擅自调动。对东方战事的控制被分为两块，分别是OKH（陆军总司令部）和OKW（国防军最高统帅部）。OKH专门负责东线；OKW负责巴尔干地区、西线和地中海地区，在普鲁士陷落的过程中也发挥了一定的作用。OKH的总参谋长是海因茨·古德里安，这位普鲁士人是德国装甲部队获得发展的先驱人物，现在，他不得不设法挽救自己的家乡。战争的这一阶段已让高血压和心脏病缠身的古德里安变成与1939年和1940年那位急躁、果断的坦克指挥官完全不同的人。

德军部队内部的士气也变化无常。第4装甲师师长克莱门斯·贝泽尔在他的月度报告中，将日益减少的老兵相对较高的士气与补充兵的冷漠和失败主义情绪作了定期对比。⁶ 对大多数师来说，这种分裂可能是真实的，一个师的整体精神状态取决于补充兵在部队中所占的比例。人民掷弹兵师几乎是"全新"的部队，其士气也是最低的。他们的一些营是在"巴格拉季昂"攻势中被歼灭的德军师残部；这些师里的大多数人从未在一起战斗过，根本没有部队凝聚力的意识。

陆军中的所有人，老兵也好，新兵也罢，都对德国空军牢骚满腹。在这场战争中，德国空军的实力已节节下跌，越来越多的战斗机飞行员被调至西线，试图打击西线盟军的轰炸机部队。与此同时，苏联空军的力量却得到稳步增长，尽管他们的战斗机和对地攻击机（及其机组人员）并未达到皇家空军和美国陆航队同行们的高标准，但他们在东线战役中发挥了越来越重要的作用。由于兵员短缺的问题愈发严重，希特勒命令德国空军将可用的人手作为补充兵调拨给陆军。德国空军司令赫尔曼·戈林不愿失去自己的人员和威望，于是组建了一系列空军野战师。这些部队首次投入战斗是在斯大林格勒，第6集团军遭到包围的前夕，事实证明，他们并未对东线战事的残酷性做好准备。最终，大多数空军野战师被纳入陆军。

但另一支地面部队继续留在空军中。与英国和美国的同行们不同，德国伞兵部队一直是德国空军的组成部分。与其他国家的空降部队一样，德军伞兵被视为精锐部队，尽管其素质随着战争的继续而不断下降。德国空军里最出色的地面部队也许要算"赫尔曼·戈林"伞兵装甲军。这支部队的存在归功于德国空军司令把持的多个职位，1935年，他以东普鲁士警察为基础，组建了一个"戈林将军"团。当时的戈林既是德国空军司令，也是普鲁士邦总理，同时还兼任普鲁士内政部长。前警察团被纳入德国空军，并渐渐获得扩充，先是成为一个装甲师，后来又扩大到辖两个师的装甲军。原先的装甲师依然是一支实力强大、经验丰富的部队，但第2"赫尔曼·戈林"伞兵装甲掷弹兵师却是一支新组建的部队。一些前伞兵单位被合并到这个师里，但他们当中的老兵寥寥无几，师里的高级军官们对该师的作战实力深感怀疑。尽管该师的番号是装甲掷弹兵师，但主要由两个步兵团组成，这两个团都没有获得足够的卡车以实现机动性，搭载装甲掷弹兵首选的半履带车也很少。师里一再要求将部队调离前线接受强化训练，但这种请求遭到拒绝。两个团的"伞兵"们不得不以艰难的方式学习作战技能。

1944年下半年，这些饱受摧残、疲惫厌战的士兵据守的防线身后就是东普鲁士。纳粹党在1934年对德国实施了重分，各个省之间原有的边界被取消，取而代之的是党定义的区域。每个省（或称为"大区"）又被细分为一个个县（Kreise）。东普鲁士大区领袖，当然，就是科赫，他的东方帝国已在1944年底被剥夺。尽管掌管的区域面积庞大，但他在东普鲁士一直保持着强烈的个人存在，每年都要花上数周时间视察全省，并在大大小小的各种会议上发表讲话。他对最终胜利的乐观展望，媒体依然予以优先关注。科赫的看法是，从1921年希特勒在慕尼黑夺取政权的尝试遭到失败，到最终获得政权的这段时间里，国社党已经历过艰难的斗争岁月，因此，德国也将遵循相同的模式，这是合乎逻辑的观点。到1943年，这种语气发生了微妙的变化。东普鲁士将成为一座抵御东方入侵的壁垒，唯一的选择是，要么赢得最终胜利，要么彻底覆灭。这场战争代表着希特勒与国际犹太人集团之间的一场搏斗。后者的胜利会导致德国被彻底毁灭。就算东普鲁士的民众猜测过曾跟他们住在一起的犹太人究竟遭遇到什么，他们也会小心翼翼地不事声张。

早在1939年，科赫就被提名为帝国防务专员，但现在，这个头衔基本上已是一种荣誉性称谓。随着"巴格拉季昂"攻势中被打垮的残兵败将向西退却，科赫开始采取措施，以防这些后撤中的部队在他的省份里散布令人泄气的消息。他在东普鲁士东部边境部署了大批警力，未经许可，任何一个试图跨过边境的军人很可能被安排到东普鲁士从事"重要"任务。在很短的时间里，参加德国空军的拉脱维亚人、托德组织的几个劳工单位和少数苏联"党卫队志愿者"遭到抓捕。[7]

纳粹高层人物间的争权夺利使一切既定政策的实施远比其应有的难度更加困难。多年来，科赫和戈培尔一直公开敌视对方；被任命为东普鲁士大区领袖前，科赫曾涉嫌在报纸上公开发表文章讥讽戈培尔的身体残疾。可到1944年下半年，这两个曾经的敌人却齐心协力起来。科赫在三十年代降低失业率的成就被夸大，并被树立为德国其他省份的榜样，现在，戈培尔看到了将东普鲁士列为表率的另一个机会。这一次，它将向全世界展示德国如何保卫自己，抗击入侵，军人和平民将团结一致地击退布尔什维克游牧民族。戈培尔越来越多地躲入到党的神话里，在这个神话中，对元首的绝对信心和夺取胜利的意志是最重要的因素。不同意这些原则的人就是叛徒，而加强这些观点的一切都会不加鉴别地受到欢迎。

整个1944年7月，强化帝国边境以抵御盟军推进的准备工作引发了诸多争执。几个机构（德国国防军、阿尔贝特·施佩尔的军备部和国社党）争相获取构设这些防御工事的权利，但在当年8月，希特勒将这项任务委托给各位大区领袖。科赫全身心地投入到这一任务中，并派库尔特·克努特监督该项目的实施。可以预见，派驻各个区的军方人员会决定构设防线的具体位置，而党的作用就是确保足够的人力和物资。军方会给每个施工队派去一名工兵军官，为他们提供军事方面的建议。但由于根本没有足够的工兵军官可派，结果，这些工事经常被构设在错误的地段，施工质量也很糟糕。工程进行了四周后，科赫得意扬扬地宣布，他已完成近23 000公里的战壕，挖掘的土方超过4 100万吨。但这些战壕不是太浅就是构设在完全错误的地方。

另外，在党文化中占据极大比重的任人唯亲现象也使科赫的一些亲信获得了个人收益：

> 臭名昭著的消防队将军费德勒发明了一种带有顶棚的单人隐蔽所（所谓的"科赫锅"），以此来防御敌坦克的侵袭。费德勒先生在他设于梅特格滕（Metgethen）的水泥厂里制造这些"科赫锅"。这种掩体由一根密闭的水泥管再加上一个混凝土顶构成，作为面对敌军坦克时的保护。整片地面上嵌满这种掩体，通常处在错误的战术位置。这种水泥管只能容纳一个人，他在里面会感到孤独，就像钻进了一个老鼠洞。它被炮弹击中的话，会造成大量碎片。因此，这些"科赫锅"毫无用处，是对人力和物力一种可耻的浪费。[8]

尽管存在种种不足，但东普鲁士防御工事还是被广泛赞誉为一个巨大的成就，希特勒宣布，科赫对构设防御工事的管理工作应该成为所有大区领袖学习的标准。就连科赫的宿敌戈培尔也被打动，他在日记中写道，科赫无疑是一位风云人物。[9]

构建一道防线，哪怕是一道设计不良的防线，这是一回事；但找到据守防线所需要的士兵则完全是另一回事。计划中在西线发起的攻势,以及部队后来又被调往匈牙利,这一切都导致"中央"集团军群无法获得足够的援兵。但科赫没有气馁。要是国防军无法提供所需要的兵员,那么就由党来完成这个任务。1944年7月21日,在发给党务秘书鲍曼的一封电报中,科赫提议组建一支新型民兵力量,并将其置于党的控制下。十九世纪,冯·约克将军转而反抗拿破仑后,普鲁士人民挺身抗击法国,并在1813年为迅速扩充的、对抗法国的普鲁士军队提供了必要的人力。同样的事情肯定会再次发生,德国人民会为一支新的力量提供人手,这支力量将由一位人民的将领来统率——这个角色,当然,科赫建议由他自己来担任。

整个战争期间,组建一支民兵的计划曾在各种级别的党务会议上讨论过,军方人员甚至考虑过如何使用这样一支民兵守卫既设阵地的问题。1944年9月6日,古德里安与希特勒再次商讨了这个问题,组建一支新型民兵力量的计划被正式批准。纳粹德国的各个权力竞争者立即要求获得统率这支力量的权利。为防止希姆莱获得这股民兵力量的控制权,马丁·鲍曼于9月26日宣布,希特勒已将民兵(很快将被称为"人民冲锋队")的组建和领导工作交给党。

一旦敌人跨过德国边境,就将动员组建人民冲锋队,德国媒体对此大肆宣扬了一气。很快,问题出现了:组建人民冲锋队没有足够的武器和军装,接受训练的机会也受到严重限制。尽管宣传铺天盖地,但大多数德国民众并不认为人民冲锋队有什么战斗力。至于各人民冲锋队的领导,科赫委派了那些值得信赖的、仍对希特勒、对党、对最后的胜利抱有坚定信念的党员担任。不得不指出的是,这些人几乎都没有军事经验。

科赫再次倾注了大量精力,这次是设法为东普鲁士的人民冲锋队搞到武器。为购买武器和军装花费了近50万帝国马克,许多武器购自意大利黑市,有些装备甚至是从反纳粹的意大利游击队手中购得。[10]尽管如此,人民冲锋队的军事价值仍是个问题。人民冲锋队组建后不久,科赫和希姆莱在莱比锡发表了讲话,但他们没有使用过度夸大的言语,也许是因为这里距离前线尚远,他们不希望当地居民被这种绝望措施的要求吓得惊慌失措。[11]

事实上,帝国的任何一个地区都不能认为敌人离得尚远。成千上万名市民离开德国国内遭到轰炸的城市,被疏散至东普鲁士,但就算在那里,盟军轰炸机也能对其发起致命的打击。尽管如此，苏联红军的逼近还是形成了一种新的威胁。这种入侵早在1870年便已被预见到，当时得出的结论是，在两线作战的情况下，德国军队不可能既守住东普鲁士，又在其他地方从事战斗。因此，制订的计划是一场分阶段后撤，也许要一直退到柯尼斯堡和泽姆兰半岛（Samland peninsula），直到西线获得胜利后再调集起足够的兵力，将俄国人赶出沦丧的领土。这个计划要求在那些将被放弃的地区实施有序疏散，这些计划一直定期加以修改，直到希特勒上台。

这种事在战争初期无关紧要，但随着战线越来越逼近德国边境，已经很清楚，事情发生了很大的变化。首先，希特勒比过去更加强烈地坚持实施刚性防御——如果说他不愿考虑在被占领的敌国领土上实施后撤，那么，放弃德国领土简直会让他破口大骂。其次，许多未被党的教条蒙蔽的人越来越清楚地认识到，西线不可能在突然间赢得胜利，因此，根本无法迅速有序地调集部队赶至东线。

不过，在靠近边境处的一小片领土上实施疏散的计划还是被制订出来。另外，许多从国内遭受轰炸的城市逃至东普鲁士的难民，现在又被送了回去，但科赫说得很清楚，谈论大规模疏散等同于散布失败主义情绪，会遭到相应的惩处。在帝国境内进行长途旅行，可能会被当作一个离开本省的机会，因而遭到禁止，除非事先获得批准。预先准备大规模疏散计划不在考虑范畴内。党认为，只有在苏军达成突破的情况下才会组织疏散。他们没有考虑该如何完成这种疏散，也没有考虑该如何组织疏散所需要的交通工具。来自西面的难民返回到他们满目疮痍的家乡，再加上普鲁士最东部所做的有限疏散，使省内总人口从1944年初的240万下降到年底的175万。[12] 对留在东普鲁士的居民们来说，他们别无选择，只能寄希望于德国国防军和人民冲锋队挡住伊万们。

* * *

二十世纪三十年代，日益偏执的斯大林动手消灭有可能攫夺最高权力的对手时，整个苏联陷入动荡中。谢尔盖·基洛夫是个深受群众欢迎，拥有一批追随者的人，1934年，他被一个身份不明者杀害，但有证据表明，苏联安全机构NKVD（内务人民委员会）卷入到这起谋杀案中。列夫·加米涅夫和格里戈里·季诺维也夫曾帮助斯大林驱逐托洛茨基，现在却因密谋杀害基洛夫被判有罪，并于1937年被处决。推翻斯大林，这个虚构的政治阴谋，成了大规模逮捕和处决政治人物的借口，NKVD也遭到整肃。但在这场政治大清洗中，受影响最严重的是苏联红军。

1937年，斯大林曾在他的内部圈子里公开谈及他的打算是消除一切威胁。1937年的五一劳动节庆祝游行结束后，斯大林告诉他们："（是时候）消灭我们的敌人，因为他们就在参谋部里，在军队里，甚至在克里姆林宫里。"[13]斯大林的主要目标是米哈伊尔·尼古拉耶维奇·图哈切夫斯基元帅。图哈切夫斯基是他那个时代最具天赋的军事指挥员，对未来机械化战争的本质有着清醒的认识。三十年代初期，他提出使用装甲部队对敌防线实施纵深突破，这个理念受到俄国内战时期斯大林的两位老战友，克里门特·伏罗希洛夫和谢苗·布琼尼的激烈反对。1936年，图哈切夫斯基访问西欧，有人怀疑他（可能有些根据）趁机会见了被斯大林驱逐到国外的政敌，并商讨了搞掉苏联独裁者的事宜。

斯大林向他的同事们宣布自己准备动手清除他的敌人后不久，图哈切夫斯基和另外几名高级指挥员遭到逮捕，并被指控为与纳粹德国勾结，密谋颠覆苏联。没过三个星期，他们被判有罪，并遭到处决。这使苏军最高统帅部被斩首，从这一刻起，斯大林的屠刀向下层延伸，杀气腾腾地清洗了数以千计的军队指挥员。1934年，苏联军事委员会有80名成员，到1938年年底，他们当中只剩下5人仍在岗位上。11名副国防委员被全部清洗，所有军区司令员都被处决，而接替他们的人，许多也惨遭毒手。15位集团军司令员中的13名，85位军长中的57名，195位师长中的110名，406位旅长中的220名遭到逮捕、审讯和处决。下级指挥员被杀的数量同样多得惊人。

1941年，希特勒入侵苏联时，红军军官团刚刚从这场灾难中恢复过来。许多留在指挥岗位上的军官，更多的是因为政治忠诚，而非军事才能。他们错误地学习了西班牙内战的教训，致使苏军坦克被分散在军队里，而不是加以集中使用。1939年–1940年期间，红军在短暂的苏芬战争中拙劣的表现引发了极大的恐慌，但他们并未对此加以改变。军事训练很糟糕。弹药和装备的短缺造成了一些严重的问题，就像缺乏有经验的士兵带领训练工作那样。下级军官们努力训练着那些通常是无礼而又不太配合的新兵，却发现政委们制造了越来越大的阻力，在后者看来，质疑并阻挠那种在他们听来思想意识上不健康的训练是完全应该的。

不过，苏军士兵（还有苏联公众）却得到了充分的政治教育。1923年出生于基辅一个犹太家庭的伊萨克·科贝良斯基，与许多同龄人一样，不加质疑地接受了官方的历史和时事观：

> 作为所有大众媒体、出版和审查机构的控制者，我们的统治者意在以意识形态教育苏联人民。一个庞大的宣传机构被建立起来。它不断揭露"腐朽的"资本主义制度的恐怖和强烈的不公，揭露它对劳动人民的无情剥削，揭露它与殖民主义和帝国主义战争的关系。它还对我们的光明未来大加赞颂。政治教导从小学开始。例如，那个时代的识字课本教育学生们："我们不是奴隶。奴隶是没有发言权的。"在课本的阅读部分，你能找到讲述列宁童年的一个故事。他最喜爱的歌曲中有这样一段话："富农们夜里无法安睡。一贫如洗的人们歌舞快乐。"
>
> 现在，我以绝对的诚实公开指出：无孔不入的宣传达到了预期效果，特别是在涉世不深的年轻人和受教育不多的人当中。例如，我对我们的历史和社科课本中所写的一切毫不怀疑，针对青年人和成人的报纸上刊登的内容也都是真实的。我绝对相信"社会和国家利益高于个人利益"、"阶级友爱高于爱国主义"这些意识形态原则……大众媒体发布信息的绝对一致性，再加上媒体缺乏公众的争议和辩论（这一切源于公众对国家镇压的恐惧），致使我们这一代的大多数人丧失了批判性思考的能力。我的父母和我所认识的一些成年人，他们的观点也许跟官方的说法有冲突，但每个人都将自己的看法藏匿起来。我在场的时候，没人谈论政治。[14]

1937年的大清洗开始时，苏联媒体公布了数十起反苏阴谋的报告。其中大多数声称受到外国机构的煽动，读者们被鼓励为政府提供帮助，时刻警惕间谍和破坏分子。这种行为通过各种方式被加以激励。例如，科贝良斯基所在的《青年报》连载了一个少先队员如何揭露一名间谍的故事，编辑们希望以此号召年轻人向这位主人公学习。随着逮捕变得越来越普遍,人们开始陷入沉默,以明哲保身。科贝良斯基的父亲将一名遭到逮捕的高级官员的脸从一张合影中小心地涂抹掉,以此来确保他不会玷污到出现在同一张照片上的其他人。[15]

1938年,谢尔盖·爱森斯坦的史诗电影《亚历山大·涅夫斯基》公映。尽管描绘的是一个较早期的时代,但俄国人战胜其条顿邻居这一信息在影片中表露无遗。如果有谁对此有疑问的话,不妨看看这部电影,片中的一些条顿骑士,手持的盾牌上篆刻着稍稍风格化的反万字标志。紧随其后的是另一部更具时代感的电影,名字是《如果明天爆发战争》。德国人被公然描绘成苏联的入侵者,尽管他们被恶搞到滑稽可笑的程度。这部电影讲述的是,背信弃义的敌人发起入侵,但被英勇的苏联军队挡住,红军随后冲向柏林,感激涕零的柏林人民奋起推翻纳粹政权,加入到共产主义兄弟的怀抱中。

这些电影被当时成长起来的一代人所接受。他们没有外出旅行的机会,对外部世界的认知是被灌输的一种经过严格审查的选择性观点,科贝良斯基和他的同伴们真诚地相信,尽管处在严峻的状况下,但他们注定要开创一个美好、光明的未来。任何阻挡这种趋势的力量都将被历史必然性扫到一旁。

1939年8月的《莫洛托夫—里宾特洛甫条约》给一直将纳粹描述为敌人的苏联当局造成一个棘手的问题。这份条约的详情并未被弄清。瓜分波兰和苏联吞并波罗的海诸国的秘密协议从未在苏联公开过,直到1991年才首次出现。官方的新说法是,德国是苏联的一个朋友,这与前几年的说法产生了巨大的差异。对德国军队的报道几乎不加修改地予以发表,意识形态上的一切难题都被新观点取代:国家社会主义和共产主义呼吁推翻资本主义。像科贝良斯基这样的犹太家庭心生疑虑,特别是当德国境内的反犹迫害在苏联得到广泛报道之际,但他们很明智,没有公开自己的观点。

与德国爆发战争的事实令人震惊,就连高层领导也是如此。苏联的各个城市里,成千上万名青年男女自愿参军入伍。但在农村,矛盾的心理更为严重。苏联的农业集体化政策极不受欢迎,特别是在乌克兰和波兰被占领地区,许多人既敌视德国人,也仇恨高度集权的苏维埃体制。但是,尽管面对着敌人空中优势造成的巨大困难,烦琐的苏联动员机构还是展开了行动。新兵们投入战场的速度取决于他们距离前线有多远,但他们很快便发现,自己没有接受过有效的训练。

令斯大林感到震惊的不仅仅是德国人发起的进攻，也因为他的军队无力阻止对方的推进。苏军受到缺乏最基本装备这一因素的掣肘；许多师连步枪的数量都不够，更别提弹药了；苏军的23 000辆坦克中，需要维护或修理的比例超过70%，由于零部件短缺，这些坦克几乎无法开动。[16] 对红军庞大编队的控制超出了指挥人员的能力，他们的通讯设备就算能用，也极为落伍。战争的第一个冬季到来前，和平时期部署在西部的苏军部队几乎都已被消灭，许多师对德国人发起毫无意义的正面进攻，冲向对方猛烈的火力，结果被白白地浪费。冬季结束前，位于苏联东部的师被及时调至西部，以挽救莫斯科，这些部队同样付出了高昂的代价。但敌人被挡住，莫斯科得救了。次年冬季，遭人痛恨的法西斯分子被包围在斯大林格勒，苏联红军的信心再次得到增长。

这种增长基于多方面因素。苏联的军工生产在战争第一年混乱不堪，现在却开展得如火如荼，他们制造出大批坦克，其数量多到德军情报人员汇报时，希特勒完全不相信的程度。其他补给物资也源源不断地运来，特别是美国和英国商船队运抵的卡车、食物和燃料。1941年时，苏军部队里满是新兵，但现在，如果他们还活着，就成了老兵，拥有足够的经验在战斗中生存下来。政委的作用在部队里已经下降，这使指挥员们可以放手从事作战工作，与努力协调"党决定一切"的学说，使之与1941年坦克战的现实相一致的政工干部相比，这些军事指挥员更具能力，更足智多谋。步兵部队缩小了规模，使之更容易管理。相反，他们的坦克部队（1941年时，每支坦克部队只有20-40辆坦克）得到扩充，这使他们迎战德军装甲师时有了更大的胜算。从1942年起，诸兵种合成部队开始出现，到1943年，已于去年夏季率先部署的各坦克集团军按照更加规范的标准实施重建，每个集团军辖两个坦克军（每个军有168辆坦克）和一个机械化军，另外还配有诸如炮兵和工兵这些部队。

训练工作也得到改善，新的重点是军事技能，而不是意识形态问题。撤至苏联的中亚地区后，科贝良斯基加入到一支炮兵训练单位，这里的训练计划被缩短，对一名炮兵少尉来说，训练时间从两年缩减为一年，但训练项目更加密集，更让人疲惫不堪。刚过去两个月，科贝良斯基和另外一些挑选出来的学员被告知，他们马上要被派到一个师里；斯大林格勒的情况越来越危急，这使原先的训练计划不得不告一段落。科贝良斯基这些人颇具数学才能，因此被挑选出来作为炮兵加以培养，在他们看来，中断训练计划的做法完全可以接受，因为他们跟大多数年轻人一样，抱有为国效力的强烈愿望。科贝良斯基后来估计，与他一同赶赴前线的人，活到战争结束的不到2%。

苏军对1942年和1943年获得的胜利加以认真分析，总结经验教训，并采取了弥补措施，最终在1944年的"巴格拉季昂"攻势中一举歼灭德国"中央"集团军群。随着战争的持续，苏联红军对作战失利的处理比德军高明得多；斯大林允许他的指挥员们从失败中吸取教训，而不像希特勒那样立即将他们撤职。红军迅速从挫败中学习经验教训，并对战术做出相应的修改，而希特勒却拒绝采纳良言，越来越固执于坚持刚性防御的教条。

斯大林格勒战役到达高潮时，帕维尔·伊万诺维奇·巴托夫被任命为第65集团军司令员，整个战争期间一直指挥着该集团军。第65集团军的沿革透露出苏联红军整体获得改善的许多原因。该集团军的前身最初是1942年初组建的预备队第28集团军，当年春季，第28集团军过早地投入到谢苗·铁木辛哥重夺哈尔科夫的灾难性尝试中。德军的反击将铁木辛哥的部队歼灭大半，第28集团军也被赶回到顿河，集团军司令部奉命将部队交给友邻集团军，开始在伏尔加河流域组建坦克第4集团军。巴托夫赶来接掌该集团军时，惊讶地发现他们只剩下4辆坦克；他将这个情况向上级汇报后，坦克第4集团军改称第65集团军。[17]

与战争的头几个月不同，巴托夫这个新集团军里，几乎所有高级参谋人员都是经验丰富的老兵，经历过艰苦的战斗。唯一的例外是通讯科科长鲍里索夫上尉，但他确保集团军司令部与辖内各师之间通讯联络的技能为他赢得了很高的赞誉，第65集团军在德军围绕斯大林格勒形成的突出部的侧翼所从事的连续作战，很快使鲍里索夫也成了一名老兵。集团军投入到为包围德国第6集团军而发起的大反击时，司令部参谋人员都成了配合与协调作战的专家。

1944年下半年，无处不在的T-34坦克配备了威力更大的85毫米主炮，为其提供支援的不仅有美国制造的谢尔曼坦克，还有新式的JS-2和JS-3"约瑟夫·斯大林"坦克。（值得注意的是，苏联人认为谢尔曼比不上他们自己的坦克；由于这种坦克很容易起火燃烧，在西线首次遇到这种坦克的德国人将其戏称为"汤米炉灶"。)JS坦克上配备着硕大的122毫米主炮,这令德国人深感畏惧,但真正在战斗中遭遇这种坦克后,恐惧感多少被驱散了一些。1944年8月,德军第4装甲师首次与JS坦克交手,迅速击毁了其中的8辆,打破了施加在这些"车体庞大,配有大得惊人的炮塔和树干般的火炮"的坦克上的魔咒。[18] 德国人惊讶地发现,这种重型坦克携带的炮弹极为有限,这使它们无法长时间从事战斗。在某些方面,苏制坦克在技术上不如德国和西方国家(尤其是糟糕的瞄具和电台),但它们的装甲很优秀,发动机简单、耐用,这在很大程度上起到了弥补作用。另外,它们的数量远远超过德国坦克。

到1944年底,一些苏联坦克集团军撤销了辖内的机械化军,尽管如此,他们依然拥有强大的实力,通常配有600辆坦克和近200辆突击炮。其他红军部队被编为诸兵种合成集团军,每个集团军的兵力多达10万人,拥有460辆坦克和200辆突击炮。苏军所有的集团军、军和师都有完整的炮兵单位,但也有专门的炮兵军和炮兵师;这些部队有效地抵消了红军在战争末期步兵兵力短缺的弊端。

苏联红军组建起一系列方面军,每个方面军辖有数个集团军。北部,三个波罗的海方面军面对着库尔兰。在他们南面的是三个白俄罗斯方面军。

伊万·丹尼洛维奇·切尔尼亚霍夫斯基将军指挥的白俄罗斯第3方面军面朝东普鲁士的东北部。方面军辖有19个步兵师、3个坦克军和1个炮兵军。战争开始时指挥一个坦克师的切尔尼亚霍夫斯基是苏军中最年轻的方面军司令员。1942年至1944年,出色地指挥了第60集团军后,他率领白俄罗斯第3方面军及时参加了"巴格拉季昂"攻势,并展示出他在指挥大规模战役中的即兴发挥能力,他曾建议近卫坦克第5集团军在另一处投入战斗,而非按照原先的计划安排。

切尔尼亚霍夫斯基方面军的南面是康斯坦丁·康斯坦丁诺维奇·罗科索夫斯基的白俄罗斯第2方面军。罗科索夫斯基是半个波兰人,非凡的职业生涯使他跻身于苏军高级指挥员行列。1937年,斯大林对军队实施清洗,时任骑兵军军长的罗科索夫斯基被捕入狱。他在狱中受到虐待,1940年获释后,很快便参加了苏军在斯大林格勒发动的反击,这场战役改变了战争的进程。虽然罗科索夫斯基再次回到高级指挥员的岗位上,但斯大林显然认为1937年对他的指控悬而未决——战场上的任何失利都会使他被再次投入监狱。尽管如此，罗科索夫斯基还是展现出强烈的独立性思维，并敢于大胆说出不受欢迎的想法。"巴格拉季昂"攻势的策划阶段，斯大林建议对博布鲁伊斯克实施单路突击，罗科索夫斯基不同意，坚持要发起双管齐下的钳形攻势，因为这能有效地减少伤亡。斯大林让他到会议室外好好想想。待罗科索夫斯基回到会议室，斯大林问他是否同意单路突击是最好的办法。罗科索夫斯基还是坚持自己的观点。斯大林让他出去再想想。尽管斯大林最亲密的政治盟友格奥尔基·马林科夫和莫洛托夫一再劝说，可罗科索夫斯基还是拒绝让步。令马林科夫和莫洛托夫惊讶的是，斯大林最终承认罗科索夫斯基的计划确实比自己的想法更好。[19]

可是，斯大林依然不信任罗科索夫斯基，特别是因为这位苏联独裁者不喜欢波兰人。罗科索夫斯基原先指挥的是白俄罗斯第1方面军，位于白俄罗斯第2方面军正南面，已被指定为进攻柏林的部队。1944年底，他被调去指挥白俄罗斯第2方面军，原因是斯大林想让一个"真正的"俄罗斯人来率领对希特勒老巢的进攻。

白俄罗斯第1方面军的新司令员确实是个"真正的"俄罗斯人。格奥尔基·康斯坦丁诺维奇·朱可夫出生于莫斯科郊外的一个农民家庭，第一次世界大战开始时，他被征召进一个骑兵团服役。他的军事技能显然来自一段较早的时期，由于他对贵族阶层的藐视，十月革命后，他获得快速提升。朱可夫很早便倾心于机械化战争，并在斯大林对军队的清洗中生下来，尽管他在1939年被打发到蒙古。事实证明，这是他职业生涯的转折点。他在那里指挥着驻蒙古第1集团军群，粉碎了日军对该地区的入侵。与他的英国同行蒙哥马利一样，朱可夫对后勤工作的重要性有着深刻的认识，他花了很大的力气集结起大批兵力，以确保对日军发起压倒性攻势。

1940年，朱可夫返回西部，德国于1941年入侵苏联时，他是苏军总参谋长。斯大林拒绝批准他让红军撤离基辅的命令，并解除了他的职务，他被派往列宁格勒加强那里的防御。很快，朱可夫又被调回中央地区，指挥莫斯科的防御，次年，他被派往南部，策划并执行在斯大林格勒发起的粉碎性反击战。后来的"巴格拉季昂"攻势中，苏军集结起庞大的兵力，确保了战役的胜利，这在很大程度上归功于朱可夫的精心策划。现在，他指挥着白俄罗斯第1方面军伫立在维斯瓦河河畔，准备率领他的部队杀向柏林。

朱可夫赢得的一连串胜利使他成了一名深受爱戴的指挥员，但他对手下士兵的使用通常都很冷酷无情。他遭遇到的军事败绩不多，其中的一场发生在1942年底，苏联红军试图消灭勒热夫突出部，德军防线上的这个突出部伸向莫斯科西面。代号为"火星"的这一攻势导致一场灾难，红军损失了20-50万人，只推进了不到20公里。他还无情地使用行刑队和惩戒营来执行纪律，这些手段往往在最危险的任务中加以使用。尽管如此，他还是获得了决定性的战果，斯大林相信他能胜利地率军杀入敌人的老巢。朱可夫的部下们对他的能力深信不疑，"你在哪里看见朱可夫，你就能在那里见到胜利"这个口号在红军中广为流传。

1944年下半年，苏联红军队伍里的情绪呈现出两种矛盾的趋势。一方面，伴随着苏军不断推进的势头，士兵们的信心稳步增长；另一方面，老兵们越来越厌战。一名士兵除非受伤，否则根本不可能离开前线，战地邮政服务时有时无，即便在最好的情况下，战士与家人之间的联系也是断断续续。后方传来的消息通常是讲述平民生活中的艰辛和短缺，他们为保证红军能得到武器和装备的补充而辛勤工作，这些消息引起士兵们越来越多的关注。前线部队（尤其是步兵师）的编制基本上都不满员。新来的补充兵大多是从刚刚"解放"的领土上强行征召而来，心神不宁地安排在生还下来的老兵们身旁。这些新兵几乎没受过什么训练，这就意味着他们通常会被投入到"人海"攻势中，这是因为他们缺乏作战技能，无法以其他方式投入战斗。

1944年，对苏联红军来说是个好年份，对德国国防军而言却糟透了。但战争尚未结束。在斯大林的将领们看来，冬季到来前仍有足够的时间去测试"弗里茨们"在他们自己国土上的决心，也来得及再次尝试隔断舍尔纳的"北方"集团军群。

1. 1943年2月18日，戈培尔在柏林体育宫的演讲
2. H·J·潘特纽斯，《东线的最后战役》，第41-43页
3. 同上，第43页
4. P·巴姆，《看不见的旗帜》，第154页
5. H·冯·卢克，《坦克指挥官》，第249页
6. J·诺依曼，《第4装甲师，1943-1945》，第501页
7. R·迈因德尔，《东普鲁士区领袖》，第416-417页
8. K·迪克特，H·格罗斯曼，《东普鲁士之战》，第31页
9. 戈培尔日记，引自R·迈因德尔的《东普鲁士区领袖》，第421-422页
10. R·迈因德尔，《东普鲁士区领袖》，第425页
11. 同上，第426-427页
12. 同上，第435页
13. S·塞巴格·蒙蒂菲奥里，《斯大林：红色沙皇的宫廷》，第225页
14. I·科贝良斯基，《从斯大林格勒到皮劳》，第8页
15. 同上，第15页
16. S·扎洛加，L·内斯，《苏联红军手册，1939-1945》
17. P·巴托夫，《从伏尔加河到奥得河》，第24-25页
18. H·绍夫勒，《他们的生与死》，第233页
19. S·塞巴格·蒙蒂菲奥里，《斯大林：红色沙皇的宫廷》，第483-484页

第二章
梅梅尔

梅梅尔地区东部是两种不同文明之间的一道有效边界。
这是东方与西方、欧洲与亚洲之间的一道正确分界。

——E·哈达莫夫斯基[1]

今天被称为克莱佩达（Klaipeda）的这座城市位于立陶宛的波罗的海沿岸。而在1944年，它是东普鲁士的梅梅尔市（Memel），位于东普鲁士最北端。第一次世界大战结束时，市内人口的80%是德国人，但居住在梅梅尔周边乡村的大多是立陶宛人——这种状况与但泽市相类似。立陶宛代表团在凡尔赛和约会议上要求把梅梅尔划入新成立的立陶宛共和国，但会议上的列强根据国联的一份授权，将这片地区从德国人手里夺走，交由法国管辖。1923年，身处这片"飞地"里的立陶宛人发起反抗。立陶宛弱小的军队赶去增援他们的同胞，同样弱小的法国守军被迫撤走。尽管提出了正式抗议，但国联对此无能为力，只能接受梅梅尔被立陶宛吞并的事实。

梅梅尔市内的德国居民从未认同这座城市的新地位，不安状态持续于二十年代和三十年代。1933年，纳粹党在当地建立起一个分支机构，迅速获得了政治上的胜利，这使立陶宛政府于次年禁止了该党的活动。党的领导者遭到逮捕，并被判处监禁和苦役，这引发了德国的强烈抗议，特别是在东普鲁士，为了给梅梅尔地区的德国人争取权利，科赫活动得尤为积极。在一连串新闻公告中，他谈及梅梅尔地区的德国人遭受到的威胁，并要求《凡尔赛和约》的签署国履行已商定的条款。当然，这个要求不可能得到满足，但却成为德国整体政策的组成部分，梅梅尔地区的德国人被描述为一个受到压迫的群体，那些将他们置于目前境况的国家却不肯提供支持。因此，德国有理由将事态的发展控制到自己手中。

德国在1938年制订的计划是对梅梅尔发起一场海上入侵，可以趁立陶宛与波兰发生冲突之际实现该计划。1939年，希特勒要求将这片地区的控制权交还给德国，面对德国军事干预的威胁，立陶宛政府别无选择，只能同意。不过，他们尽可能地予以拖延，甚至到了滑稽可笑的程度。希特勒在"德意志"号袖珍战列舰上策划了一场胜利进入梅梅尔的仪式。整夜的延误使他恼火地给身处柏林的外交部长约阿希姆·冯·里宾特洛甫发去一封电报，询问究竟是怎么回事。最后，3月23日下午，晕船的希特勒才登岸进入梅梅尔，并宣布这座城市重新回到帝国的怀抱。

第二年，立陶宛、拉脱维亚和爱沙尼亚被苏联强占，《莫洛托夫—里宾特洛甫条约》的结果也使波兰遭到瓜分。这些国家的许多民众对苏联人的存在深恶痛绝，因此，德国在1941年发起入侵时，他们对德国人的到来深表欢迎。加入党卫队的拉脱维亚人和爱沙尼亚人非常多，但立陶宛人对德国人的态度似乎一直较为冷淡，许多人将德国的占领视为"两害相权取其轻"。1944年，伊万·巴格拉米扬将军的部队逼近波罗的海时，紧张的气氛开始加剧。

伊万·赫里斯托福罗维奇·巴格拉米扬出生于阿塞拜疆某村落的一个铁路工人家庭。第一次世界大战期间，他在沙皇军队中服役，参加了土耳其前线的战斗，此后，他加入红军，并在内战期间投入到打击高加索地区民族主义势力的战斗中。1941年希特勒入侵苏联，巴格拉米扬被任命为西南方面军副参谋长，方面军指挥部设在基辅。德军包围该城后，他是逃出包围圈的少数高级指挥员之一。1942年，他担任铁木辛哥的参谋长，此后又担任过第16集团军和近卫第11集团军的司令员，1943年出任波罗的海沿岸第1方面军司令员。1944年的夏季攻势中，他遵照最高统帅部的计划行事，包围了维捷布斯克，随后又向西赶往波洛茨克（Polotsk），尽管部队遭受的损失"令他深感震惊"。[2]在对这番胜利加以利用时，巴格拉米扬越来越感到不安，德国"北方"集团军群的存在，威胁到他向西推进的部队。他徒劳地多次要求上级批准他向北突击，冲向里加，从而隔断正被逐出城市东部防线的德军师。最后，他的部队渗透至立陶宛腹地，并于7月27日夺取希奥利艾（Siauliai，德国人称之为绍伦（Schaulen））后，他获得批准，率部转向北方。希奥利艾通向波罗的海的道路位于里加正西面，长度约为120公里；巴格拉米扬的部队沿这条道路行进了三天，将德国"北方"集团军群隔断在里加及其东部。

这一胜利付出了巨大的代价，甚至冒着极大的风险。巴格拉米扬的部队已被过度拉伸到只能勉强守住阵地的程度，根本无法对他们的胜利加以利用。接下来的几天，整个拉脱维亚西部几乎没有实施防御的德军，但巴格拉米扬手上没有可对这种局势加以利用的预备队。他忙着击退德军从东面发起的进攻，"北方"集团军群打算从那里突围，更加猛烈的进攻来自西面，数个德军师（"大德意志"装甲师、第4、第5和第7装甲师）试图强行杀开一条血路。尽管这支强大的装甲部队被挡住，但波罗的海沿岸第1方面军为此付出的代价是削弱了薄弱防线上其他地段的实力，这使德军一个临时战斗群得以沿波罗的海海岸重新建立起与"北方"集团军群的陆地连接。

前线暂时稳定下来，但苏军最高统帅部正在制订计划，准备给予"北方"集团军群最后的一击。

行动开始于9月中旬，三个波罗的海沿岸方面军（几天后，列宁格勒方面军也加入其中）从四面八方对舍尔纳的部队发起进攻。起初，巴格拉米扬麾下阿法纳西·别洛博罗多夫指挥的第43集团军取得了不错的进展，但另外两个波罗的海沿岸方面军收效甚微。德国人知道苏军的集结，有条不紊地从一道防线撤至下一道防线，给进攻部队造成了严重的损失。直到列宁格勒方面军投入战斗后，苏军才取得显著进展。与此同时，在西南方未能达成突破的德军装甲部队再次发起了进攻。尽管他们在复杂的地形上又一次进展甚微，但却迫使巴格拉米扬将本打算投入里加的部队抽调过来。很显然，一场协调一致，歼灭"北方"集团军群的行动已无法获得成功。

因此，苏军最高统帅部于9月24日下达了修改过的指令。巴格拉米扬的波罗的海沿岸第1方面军将调整其进军路线：向北杀向里加改为向西直扑梅梅尔。此举有几个好处。首先，进攻将转向一片自1941年德军推进后就没有发生过重大战事的地区，因此，这片地区的道路和桥梁基本完好无损，可供巴格拉米扬使用。其次，这能让苏军踏上德国领土，政治意义极其重大。进攻重点的改变对后勤工作的挑战相当艰巨，但这也成为苏联红军技能日益增进的标志，没用两个星期，一切准备就绪。50万名士兵，10 000门大炮和迫击炮，上千辆坦克以及数千吨燃料、食物和弹药向西转移，赶往新阵地，其中的一段距离约有200公里，路况极其糟糕，许多道路已被德军和苏军装甲车辆早些时候的行进严重破坏。另外，行军主要在夜间进行，以降低被敌人发现的风险。白天，苏军部队隐蔽在立陶宛茂密的树林中。

尽管如此，这种日益密集的准备工作到10月初已不可能加以隐瞒。埃哈德·劳斯大将指挥的德国第3装甲集团军，已派出两个军掩护梅梅尔前方的防线。这两个军只辖有5个师，但他们据守的防线长达200公里。位于北面的是汉斯·戈尔尼克将军的第28军，苏军发起进攻的前夕，该军获得了"大德意志"装甲师这一深受欢迎的增援。可是，燃料和火车的短缺意味着该师只能陆陆续续地到达。

"大德意志"师是德国国防军最早组建的部队之一。该师的装甲团，除了两个常见的四号坦克和黑豹坦克营外，还有一个配备着重型虎式坦克的装甲营，这种坦克的88毫米主炮具有致命的威力，另外，该师还有一个独立的突击炮营。"大德意志"师的两个步兵团分别是"大德意志"掷弹兵团和"大德意志"燧发枪手团，到战争的这一阶段，已经和其他类似部队一样遭到削弱，但10月3日有消息传来，师里的虎式装甲营和强有力的侦察营将动身南下，赶来支援第28军。（译注：尽管"大德意志"师的坦克数量比正规装甲师还多，但该师的番号一直是装甲掷弹兵师，而不是装甲师。）这股力量中的一部分立即被派去支援第551人民掷弹兵师，准备按计划消灭位于库尔舍奈（Kursenai）附近，文塔河（venta）上的登陆场，这座登陆场是苏联红军在前一天晚上夺取的。长期的作战经验告诉德国人，这些小规模登陆场必须尽快消除，否则，苏军很快会增加登陆场内的兵力，以此为跳板发起进攻。

第28军军部人员立即与"大德意志"师的军官们确定时间。来自各个渠

1944年10月，巴格拉米扬冲向海岸

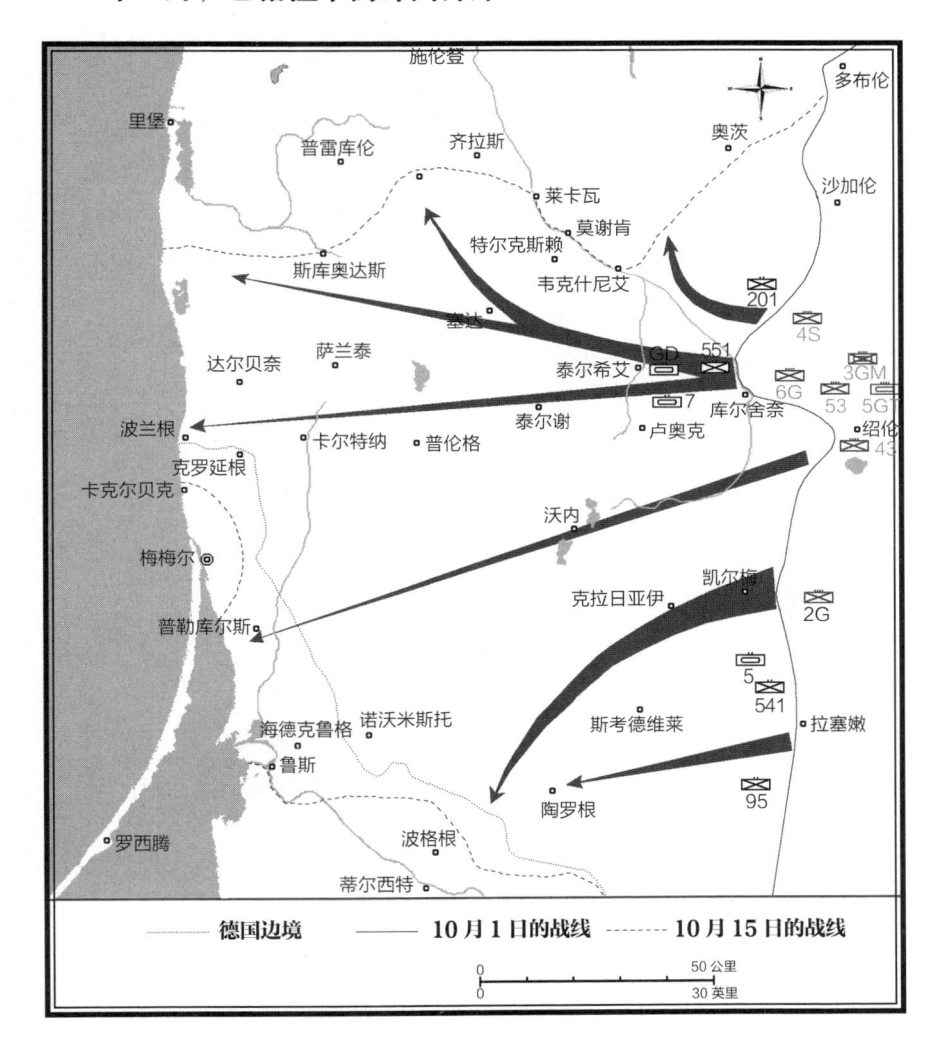

道（空中侦察、无线电拦截、对逃兵和俘虏的审问）的消息表明，苏军的进攻迫在眉睫。"大德意志"师已没有足够的时间集结其全部兵力。苏军最初的打击会落在第551人民掷弹兵师头上。

苏联红军投入的兵力共计19个步兵师、3个坦克军和1个炮兵军。但步兵

师的实力远远低于其规定建制,另外,他们得到的补充兵通常都缺乏训练。例如,第43集团军和第51集团军,都只辖有一个步兵军,这个军辖三个步兵师。按照规定,每个师应该有11 800名士兵,但实际上他们的兵力很少能超过7 000人,经常只有3 000来人。尽管如此,苏联红军的实力还是占据着绝对优势。[3]

波罗的海海岸位于前线西面100公里处。北面,波罗的海沿岸第2和第3方面军继续施加着压力,逼迫舍尔纳的"北方"集团军群穿过里加退入爱沙尼亚(译注:应为立陶宛)。以夏季攻势的标准来看,苏联红军的资源,特别是负责突破口加以利用的预备力量,相当有限,但他们眼前出现了几个机会。一心向西推进的苏军将切断舍尔纳集团军群与德国其他地区的陆地连接,使他们只能通过海上运输获得补给。由于德军薄弱的防御,这里也出现了一个诱人的前景,一场向海岸的突破将从后方切断"北方"集团军群,巴格拉米扬的坦克部队也许能席卷德军的整条防线,或至少夺取重要的港口里堡(Libau),失去这座港口,舍尔纳的两个集团军就只能挣扎求生了。而在西南方,有可能利用一场突破直接杀入东普鲁士。

面对这些选择,苏军最高统帅部知道,一路突破至沿海地带也许尚在红军资源允许的范围内,但利用这一突破向南或向北发展则不大可能获得成功。在这两种情况下,重要的河流(北面的文塔河,南面的涅曼河)都会给苏军的推进造成严重障碍。优先考虑的是到达海岸,其他的都是这一行动的附加值。

德国这一方,第28军的作战实力主要由"大德意志"师已到达单位和第551人民掷弹兵师构成。第21保安师已在"巴格拉季昂"攻势中遭受重创,其残部据守着北面的一段防线。西格弗里德·费尔海因中将新组建的第551人民掷弹兵师辖有三个掷弹兵团,至少从字面上看实力较强,但这些士兵大多没有步兵作战经验,特别是在东线的残酷条件下。另外,该师还不切实际地守卫着长达48公里的防线。不过,苏军最初的炮击似乎收效不大,部分原因是大雾妨碍了炮火观察,苏联空军也因此而停飞。苏军在10月5日发起进攻后,德军掷弹兵英勇地击退了他们的前两次突击,但当俄国人的第三次突击扑来时,损失惨重的德军部队崩溃了。有几个地区,苏联红军径直穿过被德军遗弃的阵地——第551人民掷弹兵师里的大多数士兵没能在第一天的战斗中生还下来。

"大德意志"师的装甲侦察营奉命上前增援被打得支离破碎的人民掷弹

兵师。在施勒特尔上尉的指挥下,该营对向西挺进的苏军步兵团的侧翼发起打击。尽管缺乏重武器,但施勒特尔的部下们迅速打散了对方,并朝第551人民掷弹兵师丢失的阵地赶去。他们到了那里才发现,人民掷弹兵师并未停止战斗,一小群步兵集结在利希特上尉身边,继续进行着抵抗,在"大德意志"师装甲侦察营的协助下,这些掷弹兵在主防线上一直坚守到10月6日凌晨。随着苏军部队已从两翼深入到后方15公里处,继续坚守已毫无意义,这两支合兵一处的部队随即向西撤退。

其他装甲部队也在调动。第7装甲师奉命向南进入预计中苏军可能会采用的路径,该师的一些单位已在"大德意志"师稍南面投入战斗。约翰·胡贝尔是一名年轻的见习军官,最近刚刚加入该师,在一辆四号坦克上担任装弹手,这辆坦克的车长和炮手都是中级士官,但战时的大多数时间都在后方单位度过,现在,他们被编入前线作战部队,第一次遭遇到苏军的T-34时,缺乏经验的表现令人担心:

先是黑色的炮管,然后是炮塔,一辆T-34从树林间出现了。炮塔顶部的舱盖紧闭着,"T-34……"里夏德·布劳曼德尔(驾驶员)的喊声出现在车内通话器中,"中士先生,T-34在我们前方!"一阵骚乱……伊泽克中士又用了两三秒钟,这才按下火炮发射按钮。炮弹穿膛而出,浓浓的烟雾充满了炮塔,炮管后座刚一结束,我便将第二发穿甲弹推上膛,并将炮塔抽烟机打开。炮闩已关闭。但里夏德·布劳曼德尔愤怒地喊叫起来:"中士先生,您射高了。您怎么会射高的?"下面的话我没听清。伊泽克中士再次按下发射按钮。

他又射高了。我什么也没看见,但我听见驾驶员里夏德和无线电操作员卡尔抱怨起来,他们看得很清楚。"中士先生,他要朝我们开火了,他的炮管正指向我们。您干嘛射得那么高?"我所能做的只是装上第三发穿甲弹……然后,从距离我们左侧很近处,我们听见一门75毫米火炮开炮了。里夏德喊道:"它被击中了!它起火了!"

这一炮不是我们射的,伊泽克的两炮都射高了,那是谁射的呢?其实我们也许能干掉那辆T-34,因为我们离它只有120米。

开炮的是雅各布中尉车组的炮手威利·黑根。我们车里的每个人都颤抖起来，因为很明显，我们的炮手是个笨蛋。他在关键时刻失手了。我们差一点悉数送命。我知道他为何会射失。这个笨蛋在焦虑中没能确定射程，也可能使用了高爆弹而不是穿甲弹的距标。这是他射失的唯一解释。[4]

苏军步兵穿过村子周围的树林向前冲来。缺乏步兵支援的德军坦克不得不后撤几公里，渡过了希斯马河（Shisma）。他们在这里转过身来，再次面对推进中的苏军坦克，胡贝尔的车长萨特勒中士决定从一个暴露的位置后撤，这惹火了连长雅各布中尉。这个突如其来的后撤动作几乎以一场灾难而告终，黑暗中，连里的其他坦克差点对萨特勒的车辆开炮射击。一场混乱的夜战接踵而至。几辆T-34在近距离内被击毁，但苏军的其他坦克趁着夜色渗透进德军阵地。拂晓时，德国人不得不撤离阵地，苏军继续向前推进。

10月6日，巴格拉米扬将近卫坦克第5集团军投入战斗，该集团军沿着宽达200公里的正面展开突击。舍尔纳试图从里加防线上腾出部队，派他们支援南面的战斗，但波罗的海沿岸第2和第3方面军，在列宁格勒方面军的支援下，加大了对里加的压力。进攻、反击、围绕拉脱维亚首都的血腥激战持续了数日，双方僵持不下；但"北方"集团军群被牢牢地牵制在防御作战中，无法派出部队阻止巴格拉米扬向梅梅尔和波罗的海沿岸的推进。

10月7日，阴云密布，伴有小雨，但气候并未糟糕到令苏联空军停飞的程度，苏军飞机继续攻击着被他们发现的一切地面活动。"大德意志"师、第7装甲师和第551人民掷弹兵师的残部试图牵制住敌人的突破。泰尔希艾（Tryskiai）附近的防线被迫放弃，"大德意志"师的一小队黑豹坦克担任后卫。不远处，胡贝尔和他的战友们再次投入战斗。他们在一道山脊上找到了隐藏坦克的阵地，随即遭到一场短暂的炮击：

炮击突然停顿下来。

我直起身子，从装弹手舱口探头向外张望。目力所及之处，敌人已不再朝我们开炮，但前线依然炮声隆隆。敌人的攻势非常猛烈……在那里，敌人越过我们对面的坡顶出现了，是苏军的步兵。放眼望去，左侧和右侧，他们占据了整个山顶，紧随其后的是第二波次。我们无法看清他们。连长的声音从电台里传来：

"别开火！"我们什么都做不了，距离太远，我估计与敌人相距3 000米。

俄国人的各进攻波次相距50米。不时有炮弹从我们头顶掠过，但我们前方的土地渐渐沦为战场。我们仔细数着红军的进攻波次，7个、8个、9个、12个。数千名俄国人潮水般涌来，他们肯定投入了一整个步兵师来对付我们。我们的目光从左至右扫视着地平线，没看见他们的坦克，也没发现反坦克炮。

然后，我们听见了"乌拉！"的喊声。东风裹着这种喊叫声，从另一片山脊传入我们耳中。苏军的第一波次几乎已到达山谷底部，山坡的曲线使我们不再能看见他们。接连不断的"乌拉！"声从前方，从左侧，从右侧传来。我们惴惴不安，但我们无法朝看不见的目标开火。他们离我们太远，开火只会暴露我们的位置。实际上，我们在沙坑中隐蔽得很好，只有炮塔和伸向前方的火炮露在坑外。

随后，一切再次开始。看见第12个进攻波次后，我缩回身子，迅速关闭舱盖。苏军炮兵又展开一轮猛烈的炮击。我们被火焰所包围。一发172毫米炮弹在距离我们这个沙坑不到一米处炸开，泥土四散飞溅，沙子飞过炮塔上的指挥塔；萨特勒已经把头缩了进来。此刻，这里一片混乱。我们必须离开这个沙坑。萨特勒下达了命令："启动引擎！"里夏德·布劳曼德尔喊道："遵命，中士先生！"我们的坦克爬出沙坑向后退去时，车尾暴露出来，每个人都很担心会不会被炮弹击中，我们可能会向右倾覆。伴随着引擎的轰鸣，我们的坦克倒退着驶出了沙坑。[5]

红军中经验丰富的士兵也已不多。新兵们的训练很糟糕，他们中的许多人是从苏联西部刚刚获得解放的土地上征召而来。这些步兵所能做的只是发起人海攻势，这不禁让人想起第一次世界大战的情形。对他们来说幸运的是，德国人缺乏足够的炮兵和步兵来粉碎这些轻而易举的活靶。

德军阵地的南翼已被推进中的T-34打垮，两辆四号坦克在战斗中被击毁。此刻，第551人民掷弹兵师的残部、第7装甲师的部分部队和"大德意志"师的"法比施"战斗群组成的一支混编部队发现自己正位于卢奥克村（Luoke）。马克西米利安·法比施的战斗群已于10月6日到达该村，并击退了敌人的数次进攻。胡贝尔所在的连队就位于该村南端附近。

俄国人的炮火齐射接踵而至，每次四发炮弹。我们的左侧和右侧，炮弹在房屋间炸开。目光掠过我们身后的房屋，我看见我们的步兵沿着道路飞奔。他们从右侧而来。萨特勒也看见了他们，我不禁暗自思忖，谁在掩护我们的右翼？我们的右翼是否安全？房屋间，农民的菜园里，情况究竟怎样，我们并不清楚。萨特勒通过电台询问第7连是否在我们右侧。连长在电台中回复道，右翼已获得掩护。我们的两辆坦克被派了过去。

俄国人的炮火持续不断。上午11点左右，我们看见左侧有一些我们的坦克在移动，那是些黑豹坦克，通过三角形车尾和两根向上伸出的排气管可以清楚地将它们分辨出来。

……突然出事了！黄绿色的曳光弹从右侧飞来，身后拖着长长的、毒辣的火焰！磷弹：我看见炮弹飞来并击中了目标。一辆黑豹的车身被击中，立即燃起大火，像只火炬那样燃烧起来。那是磷。我们知道，根据国际法，这种弹药是被禁止使用的。但俄国人对此毫无顾忌。我们觉得很紧张。我们面对着敌人使用这种弹药的一支部队。[6]

实际上，磷弹并未被当作一种反坦克武器使用，更多的是用于烟雾弹。磷元素也被用于制作炮弹上清晰可见的示踪剂，另外，第一次世界大战期间，机枪弹链上的每颗子弹都带有一小块磷，以此形成燃烧弹，用于打击充满氢气的气球。就像联军在伊拉克使用磷弹所证明的那样，这种弹药的合法性仍存在争议。胡贝尔此刻见到的，很可能是常规穿甲弹上涂抹了磷，以此作为曳光弹。黑豹坦克的正面装甲厚达80毫米，但侧面装甲只有45毫米，而且几乎没有倾斜度。苏军T-34坦克的85毫米主炮可以轻而易举地击穿黑豹的侧面装甲。黑豹坦克也有容易起火的恶名，特别是因为制造密封件的合成橡胶质量低劣。车组人员经常抱怨，战斗舱内有一股浓烈的汽油味，在这种情况下，坦克被一发以燃烧的磷块为示踪剂的炮弹射穿，很可能造成致命性后果。

胡贝尔眼睁睁地看着又有两辆黑豹被敌人击毁。过了一会儿，连长雅各布被弹片击中额头，倒在座位上昏迷不醒，鲜血从伤口汩汩流出，车组里的其他人担心他就此送命。米勒少尉接管了连队的指挥权，雅各布的伤口被包扎起来，很快便恢复了意识。

苏军加大了炮击力度，喀秋莎火箭弹也开始在德军阵地上落下。米勒命令连里的坦克后撤：

我们在一个菜园里停了下来，从这里可以看见道路。眼前的情形很可怕。大批阵亡和负伤的德军士兵，我把头伸出炮塔，左右扫视了一番，估计至少有一两百名重伤和阵亡者倒在路上。我们不能从他们身上碾过去，许多人还活着，我们只能小心翼翼地行驶在这些人当中，活着的伤员扭动着，发出痛苦的惨叫。[7]

一些喀秋莎火箭弹击中了第7装甲师设在卢奥克村北端附近的一所急救站。挤满伤员的急救站顿时变为一座藏尸所，德军坦克撤离后，推进中的苏军步兵迅速占领了这座急救站。

每个人都想撤退，俄国人已经冲到村子的南部；一支强大的坦克单位肯定已到达那里，尚未被我们发现。我们对此很担心。在我们右侧，南面，我们没有保护。第7连不在那里，没能及时击退敌军。两分钟后，我们来到道路对面，准备向右转，驶下一个小时前登上的山脊时，一名军士从地上爬起。他的腹部被火箭弹弹片击中，从右至左被切开个大口子。他用双臂捂住流出的内脏，就像是抱着个篮子，步履蹒跚地走向我们的坦克，试图爬上来，我向他伸出手，他表情痛苦地惨叫着，目光中充满恐惧，"同志们，带上我吧！"我想把他拉上炮塔，但他已无法坚持，他已没有了力气。他倒了下去，一只手捂着腹部流出的肠子，慢慢地坐在路上，然后，身子翻了过去。他的肠子流在沙地上。真可怕。这个人只能在那里等死了，他曾试图抓住最后的机会。我没能攥住他的手，我的手抓了个空。

里夏德驱车行驶了十分钟后，又一次停顿下来。可怕的时刻已然过去，但这里还有些活着的人。我把他们拉上我们的坦克，因为步兵们不知道从哪里爬上坦克，我拽着他们的胳膊、手或脖子。他们穿着崭新的军装，显然是最近刚刚配发的，我猜他们是人民掷弹兵师的士兵。他们的肩章上标有551这个番号……现在，我们的坦克上搭载着一整群士兵，与此同时，猛烈的迫击炮火持续着，更多的德军士兵从南面朝我们这里逃来，俄国人肯定已非常靠近。我们出发了，朝山下驶去，我必须钻进炮塔。通过履带发出的声响，我意识到我们的坦克行驶得越来越快。随后，猛烈的炮火开始了。除了"斯大林管风琴"的齐射，T-34坦克的胡乱射击和迫击炮炮火也掺杂其间，地狱敞开了大门。布劳曼德尔喊道："前面有俄国人，我们得冲过去，我们被包围了！"

俄国人绕过了我们？我们没有发现敌人的一场钳形攻势？这些念头在我的脑中闪过。我什么也看不见，但萨特勒拍拍我的肩膀，让我准备好机枪，伊泽克随即像疯子那样用炮塔上的机枪朝着2点钟方向猛扫起来。坐在前面的卡尔也用无线电操作员的机枪打出一个个连发，坦克外混乱一片。里夏德·布劳曼德尔喊了起来："中士先生，我们前方的那辆坦克，天哪！"他猛地踩下刹车，我们都向前倾去，但坦克随即又行驶起来。我忙着给机枪装填弹链。由于主炮已降低到最小角度，留给机枪上盖的空间相当狭小，装填弹链非常困难。我暗自祈祷，"千万别卡壳，"但机枪的状态一直很正常。

我们行进了很长一段时间，不时有跳弹在坦克的装甲板上被弹飞。他们用他们手里的一切朝我们射击，这肯定是苏军的步兵！但愿这附近没有他们的反坦克炮。平安无事地行驶了两公里后，炮手伊泽克停止了射击。他再次升起主炮，萨特勒说道："我们肯定冲出来了。"我们行动的这两公里肯定穿过了俄国人的防线。伊泽克命令我："出去检查一下炮塔，它被卡住了。"坦克继续向前行驶，但速度缓慢。刚刚爬出舱口，我就被惊呆了。我们的坦克上已空无一人。爬过炮塔边缘，我看见那里只剩下一名士兵，他的手指牢牢地抓住引擎盖板的格栅，紧握着不放。我盯着看了一会儿，这才意识到坦克上搭载的步兵肯定都被打死了。没有人生还。我朝那名士兵伸出手去，想把他拉上来，这才看见他安然无恙。他是一名老兵，我估计他没有55岁也至少50岁了。透过履带发出的噪音，我朝他喊道："其他人到哪里去了？"可他一句话也说不出。他只是向前爬去，一言不发地爬过引擎盖板，他的牙齿发出阵阵颤抖，仿佛身处零下30度的严寒中。他显然处在极度震惊的状态下，但我必须找出炮塔被卡住的原因。这不太容易。最后，在炮手的侧面，我发现一支遗弃的步枪卡在炮塔外侧边缘处。我来回拽动，把这支步枪弄了出来，我认为伊泽克现在可以转动他的炮塔了。

坦克停了下来。我们立即将炮塔转向5点钟方向，这样我们就能朝后方开火……现在的问题是，我们该拿这名侧身趴在坦克上的士兵怎么办，如果我们要开炮，他就必须挪开。可他既无法行走，也不能跳下去。我知道他经历了一场地狱之旅，也许是那十余名士兵中的唯一幸存者。萨特勒同意后，我们让他留在炮塔上，但他必须移到车头处，我得确保他的双脚不踩在无线电操作员的机枪上，也不会遮挡里夏德·布劳曼德尔的观察缝，否则会造成致命性后果。他还是无法说话，但我能看出，他明白这一点。

钻进舱口爬入坦克，我戴上耳机，我们接到了新的命令：沿道路一侧占据阵地。战斗仍在继续。俄国人的T-34正向前推进。我们奉命守住道路左侧，并被允许对确认的目标"自由射击"。显然，第7连防御着右侧。

……前方900米外的山丘上，我们听见一声炮响。玫红色的曳光弹！该死的，是T-34，他们已经在那里了！除了用坦克发起还击，没有别的办法。连里的另外几辆坦克已开火射击，但敌人的坦克看不太清，只有炮塔和指挥塔露在外面。我们的炮弹无法越过山脊击中对方。伊泽克也开了两炮，然后我们就放弃了。更多的炮弹落在我们右侧，第7连就在那里。与我们相比，他们更多地卷入到这场坦克战中——我只听见他们的坦克炮声。随后，第7连的一辆坦克被T-34击中并燃烧起来。无法看清被击中的是谁。我们通过电台听见，大多数坦克，也许是所有坦克，不得不向后撤离。就这样，我们奉命后撤了2-3公里。

到达指定位置后，夜色开始降临，里夏德·布劳曼德尔说道："中士先生，在我们前面的是谁的坦克，就是我们突围时，行驶在我们前面的那辆？我没看清，因为路上有那么多步兵，您知道我们后来是怎么驶下山的。"中士也不知道。里夏德又问道："您真的没看见？""我没注意，当时发生的事情太多了。"我问道："里夏德，您究竟是什么意思？"于是，他解释起来："我看见在我前方的那辆坦克上搭载着步兵，俄国人朝他们开火射击。随后，这辆坦克的右侧履带滑入一条沟渠中，一群隐蔽在沟渠里的士兵倒了大霉。太可怕了——扯断的胳膊和腿挂在坦克的履带上，坦克碾压着那些士兵，至少有30米，都是我们自己的士兵。"我们三个听得面如死灰，萨特勒一言不发，但他肯定也看见了当时的情形。真可怕！那辆坦克的驾驶员应为那些步兵的丧生负责——我们突出包围圈时，他直接把这些士兵碾为肉酱。里夏德的话令所有人震惊不已。每个人都回想起一个半小时前里夏德的喊声，"中士先生，我们前方的那辆坦克，天哪！"车内一片沉寂，唯一的噪音从耳机中传来，是隆隆的炮声。死神在今天干

了件可怕的勾当。⁸

卢奥克阵地的两侧都被绕过。苏军再次展示出他们对坦克战的熟练掌握——避开并绕过顽强的据点，寻找对方的薄弱处。第7装甲师、"大德意志"师和第551人民掷弹兵师的残部除了后撤别无选择，否则就只能等着被对方包围。从卢奥克向西北方转移时，"大德意志"师燧发枪手团的一个营在塞达（Seda）遭遇到敌人的先头部队。就在该营竭力阻截苏军推进之际，"大德意志"师的几辆突击炮被派去提供支援。尽管塞达镇仍为苏军控制，但其向西突破的势头被遏制，至少是被暂时挡住。德国人随后做出一项决定，将支离破碎的防线后撤至东普鲁士边境，梅梅尔的正东面。混乱中，"大德意志"师的一些单位发现自己被苏军切断。炮坚甲厚的虎式坦克坚守着阵地，直到夜幕降临才向西突围。一个掷弹兵营被隔断在卢奥克，而其他单位不是已经后撤就是被赶向西面。激战中，这群掷弹兵杀开血路，朝普伦格（Plunge）退去。

东普鲁士防御阵地位于旧帝国边境的东面，秋初，克努特的劳工队大张旗鼓地修建了这些工事。就某些地方而言，这是一道坚强的壁垒，但前提是必须有足够的兵力来据守。在其后方，第二道防线围绕着梅梅尔修建，大部分地段沿明格河（Minge）构成。后撤中的德军必须守住这两道防线中的一道或另一道——如果守不住，梅梅尔的防御就将落在其近郊。

当地的纳粹党官员们当然知道战况的进展，他们已紧张地询问过国防军，是否需要疏散梅梅尔地区的德国公民。早在10月5日，舍尔纳便宣布，这种疏散毫无必要。是否能展开一场有条不紊的疏散行动，这一点值得怀疑，但实际上，他们甚至没有转移红军前进道路上的成千上万名平民。⁹

舍尔纳也许认为不需要对平民实施疏散，但劳斯对此看法不同，在他的督促下，东普鲁士北部边境的纳粹党官员们终于命令平民们尽快离开。一开始，这场疏散进行得相当缓慢，但随着红军的逼近，它迅速变为一场惊慌失措的奔逃。杀开血路撤向东普鲁士防御阵地的德军士兵发现，各条道路已被难民们堵得水泄不通。由于不断遭到空袭，再加上燃料短缺，德军的行动举步维艰，在某些情况下已变得不复可能。胡贝尔的坦克，传动机构发生故障，不得不被拖离前线。10月8日凌晨，他和他的组员们穿过泰尔谢（Telsche）和普伦格（译注：本书中涉及的地名，存在当地语言与德语和英语称谓的差异，例如Telsche，立陶宛语称之为Telšiai特尔希艾，Plunge是Plungės普伦盖，Minge则是Minija米尼亚河；翻译时一概采用原文，不再逐一列出）：

穿过普伦格，沿拥挤主干道的行进变得更加困难，后方单位、卡车、马拉大车争先恐后地向西转移。每次停顿都要耽搁几个小时，没有别的办法。

……我们离开了拥挤的主干道，但并未取得更大的进展。下午3点左右，突然，所有车辆关闭了引擎，一片沉寂，我们听见左前方10点钟方向，一门火炮轰鸣起来。每个人都朝那个方向望去，那里升起一团黑色的烟雾：T-34出现在左侧！所以，从昨晚（当时我们还在卢奥克附近实施防御）到现在，俄国人至少推进了60公里……那辆T-34停在树林的边缘，我迅速估测了距离，至少相距1 400米，因此，朝它开炮毫无意义。在这个距离上，我们对T-34的装甲无能为力。对这种坦克，我们的穿甲弹只能在不到800米的距离内奏效。这辆T-34连连开炮，炮弹从1 200米外落在公路上，一团黑烟升起：一辆汽车被击中，迅速燃烧起来。但很快，我们这一方射出一发黄色曳光弹，击中了那辆T-34，它立即燃起大火。它孤身一人，附近并未出现其他坦克。[10]

苏军并未表露出停止推进的迹象。10月8日拂晓前，正如胡贝尔和他的战友们发现的那样，普伦格已被他们绕过。这一整天，普伦格镇遭到越来越猛烈的进攻，但随后传来令人震惊的消息，搭载着步兵的苏军坦克已逼近克罗廷根（Krottingen）东面的明格河，因此，东普鲁士防御阵地已被他们穿过。这是苏军第43集团军的先头部队，他们一路向前挺进，几乎未受到任何阻挡。"大德意志"师派出一些部队确保卡尔特纳（Kartena）的渡口。该加强连发现从普伦格通往卡尔特纳的道路已被苏军先头部队切断，不得不杀开血路强行穿越。

为前线作战部队运送补给的困难开始产生不利影响，一些虎式坦克由于缺乏燃料而被迫丢弃。但德军的援兵也已赶到："北方"集团军群辖内的第58步兵师经海运进入梅梅尔，此刻已接管了该城东北方的防御阵地。克罗廷根及其周边、稍北面的萨兰泰（Salantai）和波兰根（Polangen）周围，激烈的战斗持续着。"大德意志"师组建起两个战斗群,"施瓦茨罗克"战斗群和"冯·布雷泽"战斗群,就在其他部队与苏军先头部队赛跑之际,这两个战斗群分阶段撤过梅梅尔前方的最后几公里,跨过明格河,进入城市周边的防御阵地。师属侦察营有效地构成了第三个战斗群,在"冯·布雷泽"战斗群身旁进行着顽强的战斗,在几个关键时刻阻挡住苏军的追击。如果没有这种延误,波罗的海沿岸第1方面军的坦克部队可能已经超越数支正全力赶往梅梅尔的德军部队,这将给该城的防御造成严重后果。"施瓦茨罗克"战斗群的后撤路程最远;他们穿过萨兰泰,驱车经过波兰根时,该镇正遭到空袭。镇内瓦砾遍地,但这并未能阻止该战斗群的后撤。

自10月6日以来,梅梅尔也遭到越来越猛烈的空袭,市内大多数居民已被疏散。"冯·布雷泽"战斗群继续在克罗廷根附近阻截苏军。该战斗群里的一个营被隔断,10月9日夜间,该营接到命令后向梅梅尔突围。尽管因遭遇到大群T-34坦克而使部队严重分散,但该营还是将完好的车辆集结起来实施后撤,并顺利到达克罗廷根。他们在这里遇到一个新的障碍:道路经过一座桥梁,桥下一列运送弹药的火车由于遭到空袭而起火燃烧。营里的车辆依次驶过桥梁,平安无事,他们继续实施后撤。[11]

士兵们迅速穿过梅梅尔冷清的街道,赶往指定防御阵地。第58步兵师将守卫周边防御阵地的北部,第7装甲师负责中部,"大德意志"师坚守南部。

苏军第53集团军(译注:应为第51集团军)于10月10日夺取波兰根,就此将"北方"集团军群隔断。别洛博罗多夫的第43集团军从梅梅尔的南部边缘席卷而过,一路冲向岸边,切断了梅梅尔与其他地区的陆地连接。波罗的海沿岸第1方面军的第一个目标,隔断东普鲁士北面的德军部队,只用了五天便顺利完成。尽管"大德意志"师和第7装甲师一再试图重新建立起一道连贯的防线——在泰尔希艾、卢奥克、泰尔谢、普伦格,最后是东普鲁士防御阵地——但他们无法阻挡住苏军的突击部队。

除了从库尔舍奈—绍伦地区发动的主攻外,苏军还从稍南面的凯尔梅(Kelmy)与拉塞嫩(Raseinen)之间展开了第二个推进。在这里,发起进攻的苏军步兵已夺得一个登陆场渡过杜比萨河(Dubrissa)。10月2日,卡尔·德克尔将军的第5装甲师奉命从爱沙尼亚南下,在凯尔梅附近的集结区加入第40装甲军，但截至10月5日，该师只有小股部队到达，主要是步兵，其坦克和后方单位均未赶到。第40装甲军的军长是戈特哈德·海因里希将军，他是一位东线老将，几个月后，他将接手指挥部署在柏林周围的几个集团军，以抵御苏军最后的突击。（译注：戈特哈德·海因里希从未指挥过第40装甲军，此时的第40装甲军军长是装甲兵上将西格弗里德·海因里希，作者显然搞混了两位海因里希。）他的军原先由两个师组成，第201保安师和第548人民掷弹兵师，但他已被迫将前者交给邻近的第28军。因此，第5装甲师赶到前，他手上可用的部队只有一个人民掷弹兵师。10月5日夜间，第5装甲师高射炮营营长布劳米勒奉命带领一个88毫米高炮连接管凯尔梅东面的阵地，师里的一个装甲掷弹兵营和一个炮兵营为他们提供支援。布劳米勒没有冒险将火炮布置得太靠前，而是将其部署在镇子西面。

苏军的进攻由近卫第2集团军打头阵，其先头部队是坦克第1军。在其南翼，第39集团军（切尔尼亚霍夫斯基白俄罗斯第3方面军的北翼）也将根据态势的发展投入到进攻中。苏军进攻部队绕过布劳米勒的防御阵地，径直向西推进，从凯尔梅两侧穿过。越过该镇后，他们遭遇到布劳米勒部署在这里的炮兵营。在一场混战中，德军炮手在近距离内击毁4辆苏军坦克，但他们也损失了10门大炮，部队也被打垮。

德克尔将军准备发起一场反击。师里的装甲力量，第21装甲团（译注：应为第31装甲团），已于10月6日下午抵达。与"大德意志"师和第7装甲师一样，自8月份以来他们一直在更北面进行着激烈的战斗，其实力已严重受损，目前只剩下12辆四号坦克和15辆黑豹。尽管如此，该团团长汉斯·赫尔佐格中校还是下令，在第14装甲掷弹兵团的支援下立即发起进攻（译注：汉斯·赫尔佐格并非第31装甲团团长，而是第14装甲掷弹兵团团长）。激战肆虐了一整个下午，赫尔佐格的战斗群声称摧毁26辆苏军坦克，但他们与北面另外一支德军部队（这是一个临时组建的装甲掷弹兵旅，由精力充沛的迈因拉德·冯·劳赫特上校指挥）之间，仍存在着一个至少8公里的缺口（译注：劳赫特指挥的是第101装甲旅）。随着师里的其他单位被迫向西退却，德克尔命令停止进攻。他的师将设法建立一道防线，右翼与第548人民掷弹兵师相连。左侧的缺口依然敞开，苏军坦克第1军轰鸣着穿过这个缺口，在第5装甲师装甲侦察营的监视下,向西面和西南面赶去。就算第5装甲师与右侧第548人民掷弹兵师建立联系,这种会合的价值也很有限。

第548人民掷弹兵师的南面,苏军的另一场打击落在德军第95步兵师头上。夏季战役期间,这个师在明斯克附近几近全军覆没,现在这个师是由师里的幸存者加上第197步兵师和第256步兵师的残部重新组建而成。尽管这些来自不同部队的单位自夏季那场灾难后便在一起战斗,但他们尚未能融合为一个新的师。面对沉重的压力,该师的左翼在10月7日被逼退,与北面第548人民掷弹兵师的连接发生断裂。炮兵折损大半,各步兵营伤亡惨重,这个师在持续不断的压力下步步后退。

第3装甲集团军的指挥部里,劳斯对第40装甲军的指挥工作非常不满。该军的作战日志中记录道:

10月6日的特点是,打算以第5装甲师(尽管其装甲单位的主力尚未到达)发起一场大规模行动。集团军打来电话申斥本军"逐次"投入兵力。在本军看来,这种批评毫无依据。态势的发展基于这样一个事实,没有足够的兵力守住本军的左右两翼,特别是友邻军的态势发展是个实实在在的影响。第5装甲师展开行动也许能稳定住态势,但无法阻止敌人在另一处达成并加大突破。重要的是,第5装甲师由铁路运送的装甲单位姗姗来迟,影响到行动的进行。[12]

另外,第5装甲师的补给单位仍远在北面,因此,该师的作战部队不得不小心留意弹药和燃料的消耗。

德克尔竭尽全力防止他这个分散的师被苏军进攻大潮卷走。10月7日,他率部沿着公路从凯尔梅退往陶罗根,被迫收缩两翼,以免遭到包围。位于南面的是作战经验不足的第548人民掷弹兵师,10月8日,苏军第39集团军发起的进攻突破了该师的防线,并构成突入第5装甲师后方地带的威胁。德克尔放弃了与西北方"冯·劳赫特"战斗群取得会合的一切尝试,他派出师里剩下的全部机动力量,全力解决苏军突破后对其侧翼构成的威胁,并经第40装甲军批准,撤向蒂尔西特(Tilsit)北面的一个小型登陆场。师里的第5装甲侦察营只能眼睁睁地看着苏军一路赶往波罗的海沿岸。

海德克鲁格镇（Heydekrug）于10月9日被苏军占领，数千名平民，其中还有些零散的部队，被困在北部海岸。德军工兵动用突击舟，吃力地将这些人从明格镇和附近海岸疏散。几个临时拼凑的连队设立起一道基本防线，但大多数情况下，红军并未试图阻止这种疏散，整个行动于10月15日结束。被疏散的人员在库里施沙嘴（Kurische Nehrung）登陆，长长的沙滩与罗西腾（Rositten）北面的海岸相平行。他们可以从这里向南撤往东普鲁士。普勒库尔斯（Prökuls）也在10月9日被苏军夺取。大批平民试图逃离时已为时过晚，而那些侥幸逃脱者带来了不幸的故事。

蒂尔西特登陆场继续承受着压力。在这里，第5装甲师、第548人民掷弹兵师和刚刚赶到西侧的第2"赫尔曼·戈林"伞兵装甲掷弹兵师，于10月11日至13日间击退了苏军的多次进攻。第5装甲师声称击毁对方65辆坦克，无论真实数字究竟是多少，红军确实没能突破德国人的登陆场。最后，由于其他地方急需装甲力量，这两个装甲师不得不撤离登陆场，截止10月22日，该登陆场的疏散工作彻底完成。

苏军一直进行着准备工作，打算在10月31日强渡涅曼河，进而夺取蒂尔西特镇。该镇位于一处高地，俯瞰着河流北岸，对其发起进攻至少可以说比较困难。这个艰巨的任务被交给近卫步兵第87师，师里的人员用了几天时间准备渡河用的木排。毫无疑问，苏军士兵显然知道这样一场进攻具有怎样的困难；师里的炮兵军官伊萨克·科贝良斯基，在进攻准备期间给他的女朋友写了封情绪抑郁的信："我即将投入一场重要的战斗，等着我的结局是什么，只有上帝才知道。这很可能是我写给你的最后一封信。"[13]进攻行动在10月30日被取消，这让科贝良斯基和他的战友们长长地松了口气。交战双方清点着各自的损失，涅曼河流域的战斗平息下来。德克尔将军被调至东普鲁士指挥一个装甲军，第5装甲师师长一职由罗尔夫·利珀特上校接任。（译注：德克尔奉命接替冯·绍肯出任第39装甲军军长。）

苏军冲向波罗的海沿岸，其南翼的行动是否实现了所有的目标，这一点难以评估。从一方面看，近卫第2集团军与切尔尼亚霍夫斯基白俄罗斯第3方面军的右翼部队第39集团军密切配合，将德国人逼退至涅曼河流域，夺取了一大片海岸线。但从另一方面看，苏军包围陶罗根以东地区德军部队的行动没能获得成功，特别是因为第5装甲师的存在。很显然，正如科贝良斯基师里进行的准备工作所证明的那样，他们计划夺取蒂尔西特登陆场，另外有证据表明，第39集团军希望冲过涅曼河，进入东普鲁士的北部地区，但第5装甲师和第548人民掷弹兵师及时撤至蒂尔西特登陆场，有效地阻止了这种趋势。就像北面发生的情况那样，苏军先头部队迅速确定了德军最顽强的防御者（第5装甲师）所在的位置，随即将他们的主攻转向两侧。其后果是，近卫第2集团军无法尽快转身向南，从而对被牵制在防线上的德国军队实施一场包围。在第5装甲师的左侧找到一个缺口后，苏军只是蜂拥而过，一路赶往海岸。进一步攻入东普鲁士的行动只能留待日后。

巴格拉米扬向梅梅尔附近海岸推进的行动如火如荼地进行之际，一个诱人的机会在北面朝他招手。以他手头的兵力来看，深深插入东普鲁士腹地可能无法做到，但向北进攻更具诱惑力。由于"北方"集团军群的东部防线饱受重压，因此，对巴格拉米扬来说，这里存在着一个机会，向北推进能够夺取大片土地，甚至有可能在里堡或其附近到达波罗的海沿岸。库尔兰半岛上寥寥无几的港口中，里堡（现在被称作"利耶帕亚"）是最大的一个。如果将其夺取，"北方"集团军群的局势将变得岌岌可危；就算无法将其夺取，在里堡以东地区展开一场向北的推进也将切断该城通往内陆的重要铁路线，这样一来同样会使德国人难以维持他们在爱沙尼亚的"北方"集团军群。

德国人也敏锐地意识到危险的存在。10月6日，迪特里希·冯·绍肯将军的第39装甲军接到沿文塔河建立一道防线的命令。冯·绍肯，这位第4装甲师前任师长，从很多方面看都是一名典型的普鲁士军官。1892年，他出生于距离柯尼斯堡不远的地方，第一次世界大战期间在德皇军队里担任军官，二战爆发时，他指挥着德国国防军寥寥无几的骑兵部队中的一支。1941年12月，他在莫斯科城外接掌疲惫不堪的第4装甲师，就此开始了与该师的长期合作。第4装甲师的大多数士兵来自德国南部，但这些筋疲力尽的部下与他们的新师长之间似乎立即产生了一种纽带。绍肯精力充沛、决不妥协的领导风格帮助该师恢复了战斗力，他本人也于1942年1月赢得了骑士铁十字勋章。担任了一段时间"机械化部队学校"校长后，冯·绍肯于1943年5月重新回到第4装甲师。他还把学校里最优秀的人员带到第4装甲师，这份遗产将确保该师在接下来的几年里继续保持兴旺的势头。因此，第4装甲师划拨到麾下，这令他倍感欣慰，因为他的任务是确保"北方"集团军群的南翼。

第4装甲师的编制力量为162辆坦克；10月初，师里能用的坦克有92辆，另外29辆正在维修。除了第35装甲团，该师还辖有两个装甲掷弹兵团，第12团和第33团。兵力方面，这些团目前的实力约为编制力量的75%，明显低于规定的数目。师里的其他作战单位（炮兵团、工兵营、反坦克营、侦察营和防空营）情况与之类似，只是程度不一，另外，有经验的军士和下级军官也比较短缺。

师里的高级军官几乎都很优秀。第4装甲师现任师长是克莱门斯·贝泽尔少将。1895年，贝泽尔出生于巴伐利亚，第一次世界大战期间是一名炮兵军官，战争结束后，他在军队里一直服役到1930年。担任过各种职务后，他最终在1933年离开魏玛国防军，并参加了冲锋队。1939年，他重返军界，并于1941年初成为第4装甲师的一名炮兵营长。他在1941年底出任师属炮兵团团长，1944年初正式成为第4装甲师师长。如果不是因为他在炮兵团里的优秀成绩，在那些极度保守的高级军官中，贝泽尔战前的政治背景很可能引起众人的怀疑，甚至是鄙夷。冯·绍肯对他相当赞赏，认为他是一名深受部下爱戴的指挥官，经常在战斗中身先士卒。

师里的第35装甲团由汉斯·克里斯滕上校指挥。他比他的师长年轻，第一次世界大战期间，他在1918年5月才来到前线，没过一个月就负了伤，并在1920年退役。1936年，他重新回到军队，立即被派至新组建的装甲部队。1939年时他是一名装甲营营长，随后又担任过一系列行政职务。1944年6月，克里斯滕出任第35装甲团团长，迅速与部下们建立起一种密切的关系。他是个有教养的人，对音乐痴迷不已；与贝泽尔一样，他也经常身先士卒，有时候甚至令他的参谋人员担心不已。克里斯滕暂时离开第4装甲师，缺席期间，第35装甲团由少校舒尔茨指挥。10月6日，舒尔茨带领着团里的黑豹营，在师属第4装甲侦察营一个装甲车连的支援下，驱车赶往韦克什尼艾（vieksniai）。师里的其他单位将在接下来的几天内跟上，第510重型装甲营的虎式坦克为他们提供加强。

德国国防军重型装甲营在1942年下半年首次组建，配备的是虎式坦克。第510重型装甲营组建于1944年6月，许多车组人员来自凡尔赛附近的一个训练连。重达57吨的虎式坦克配有威力强大的88毫米主炮，能够抗击它们在战场上有可能遇到的一切。尽管该营的实力不足，但还是为第4装甲师提供了宝贵的额外火力。这些老虎被部署在莫谢肯（Moscheiken），苏军试图进入该镇时，双方立即爆发了战斗。接下来的混战中，贝泽尔的师多次粉碎了红军强渡文塔河的尝试。苏军停止进攻后，德国人对战俘加以审讯，这才获悉他们击退了对方三个独立步兵师的攻击。前线渐渐稳定下来，第4装甲师实施重组，准备向南发起强有力的推进。

一天夜里，一名德国军官和七名士兵从苏军防线而来。他们是在早先的战斗中被红军抓获的俘虏，现在被派回德军防线，试图劝说其他人投降。这是第4装甲师第二次遇到这种事，上一次发生在7月下旬，但这两次试图劝诱德军士兵开小差的事件都没能奏效。在这两起事件中，被派回来的德军官兵的最终命运未见记录，但在另外一些此类事件中，这些人会被视为逃兵并处以死刑。

斯大林的安保机构，NKVD（内务人民委员会），在1943年组织起"自由德国全国委员会"，利用德军俘虏中仇视纳粹政权者，以及在过去的战役中（特别是斯大林格勒战役）被俘的一些著名将领，签署被俄国人用于煽动德国军队的声明。在斯大林格勒指挥第6集团军的弗里德里希·保卢斯元帅和其他29名德国将领，在当年8月签署了一份发给"北方"集团军群的请求，呼吁德国人向苏联红军投降。这些措施，无论是通过高级军官发表声明，还是利用派往第4装甲师的各个群体实施劝诱，都没能取得显著效果，但却引起德国统治阶层的惶恐。盖世太保检查了苏军飞机撒下的传单，确认那些将领们的签名真实无误，于是，希特勒命令国防军高级将领们对昔日同袍的行为做出谴责。

10月份的第二周，德军第12装甲师赶至第4装甲师西面。应对苏军攻势的第一步措施是建立一条连贯的防线，掩护"北方"集团军群敞开的侧翼，这项任务顺利完成。第二步是对前进中的苏军的侧翼发起一场反击，其条件已经成熟，特别是因为目前很清楚，掩护苏军侧翼的部队实力较为虚弱。10月12日和13日，德军第4和第12装甲师穿过复杂地形，取得了稳步进展，贝泽尔手上的预备队尚未投入，因而他确信，14日能获得更大的成果。前方的地形更加开阔，完全有可能取得更快的进展。但随后，第39装甲军发来命令：立即停止向前推进，进攻仅限于对防线的拉直或改善。

军部下令停止前进的原因是，苏军在西面突破了德军第61步兵师的防线。另外，"北方"集团军群与OKH（陆军总司令部）一同制订了发起一场正式反击的计划，行动的出发点更靠近海岸，其目的是到达梅梅尔，然后赶往东普鲁士。反击行动西移的优势很明显，这样一来，进攻的发起点距离梅梅尔不到60公里，而梅梅尔与东普鲁士防线之间仅隔着50公里。相比之下，第4装甲师目前的防线与梅梅尔之间的距离两倍于此。发起一场距离如此遥远的进攻被认为风险太大，两翼容易招致敌人的反击。另一方面，如果沿着海岸直扑梅梅尔，至少其西翼能获得大海的掩护。

接下来的两天里，第4装甲师赶至里堡东南方的集结区。连绵秋雨以及破损、狭窄的道路使这样一场大规模调动变得缓慢而又艰难，也使该师的燃料储备逐渐减少。截至10月15日，第4装甲师估计，他们的汽油储备只够全师行进130公里，而柴油储备或许能维持两倍的距离。这番估算至关重要，因为师里的作战车辆主要是以汽油引擎为动力。尽管如此，杀向梅梅尔的计划继续进行。[14] 第4装甲侦察营被派往波罗的海沿岸附近的前线实施侦察任务，但苏军对德军计划中的反击发起点的东部施加的压力导致了一场延误。计划中的这场反击，代号为"秃鹰"，分为几个步骤。首先，"北方"集团军群的部队沿海岸线突破至梅梅尔，然后从梅梅尔发起进攻，直扑陶罗根，最终目标是在蒂尔西特附近的某处重新建立与东普鲁士的联系——鉴于该集团军群作战部队虚弱的状态，这个计划可谓雄心勃勃。德军机动部队在防线后方来回调动，以防范敌人有可能达成的突破，这使宝贵的燃料遭到消耗，对梅梅尔发起进攻并取得成功的可能性逐渐下降。另外，大雨将道路变为无法通行的泥潭，再加上越来越多的证据表明大股敌军正准备对"北方"集团军群的南翼发动一场进攻，这一切导致10月底的最后几天，"秃鹰"行动被取消。

数月来一直指挥着第39装甲军的迪特里希·冯·绍肯，现在被赋予了新的任务。"大德意志"师将被调往东普鲁士，加入一个新组建的装甲军，该军军长由绍肯担任（译注：这个军就是"大德意志"装甲军）。10月22日，他视察第4装甲师，向这支老部队道别。他和该师的高级军官都表示，希望要不了多久又能在一起并肩奋战。他们在战争结束前不久实现了这个期望。

与波罗的海沿岸第1方面军的南翼一样，北面的态势也稳定下来。关于

"北方"集团军群命运的争辩再次浮出水面。在该集团军群看来，分阶段后撤到里堡是完全可行的，到达那里后就可以通过海路实施疏散；即便在战争的最后阶段，德国海军也拥有波罗的海东部的绝对控制权。这样一场行动可以将集团军群辖内宝贵的师运至东线其他地段，这条战线目前已进入德国境内。不管这样一场海上疏散的实际困难有多大，最大的障碍是希特勒坚持认为库尔兰半岛必须坚守。他把它描述为一个"登陆场"，强调在日后发起的进攻中，它将发挥跳板的作用。

在国防军专业人士看来，谈论日后的进攻实属荒谬。他们只能以这样的想法安慰自己："北方"集团军群（1945年1月起，该集团军群更名为"库尔兰"集团军群）牵制了大批苏军部队，这些部队本来可以被用于对帝国发起进攻。第4装甲师乃至整个集团军群的士兵，对这种说法心存疑虑。谁牵制了谁？是德国人拖住了大批苏军部队，还是俄国人使本来可以影响柏林战事的宝贵德军师被牵制在越来越不重要的战斗中？

在这场战争的最后几个月里，斯大林轻蔑地谈及库尔兰半岛的德国军队，认为他们被关入了"世界上最大的战俘营"。但红军并不打算置这些德军于不顾，他们对库尔兰半岛发动六次大规模突击。如果苏联领导人真的很高兴将这些德军师牵制在这片越来越不重要的区域，为何要耗费这么多精力和鲜血试图歼灭"北方"集团军群？答案可能出自这样一个事实，库尔兰登陆场是德国军队占据的最后一块领土，而斯大林认为这是苏联的领土。他向丘吉尔和罗斯福保证，恢复战前的边界，他指的是1941年而不是1939年的边界，而在1941年，波罗的海诸国是苏联的一部分。

截至1944年末，苏联红军已对库尔兰登陆场的南翼发动过三次大规模攻势。这些攻势（包括1945年另外三次类似的突击）都被德军击退，双方为此付出了沉重的代价。慢慢地，德国军队被逼退到他们的登陆场内，随着登陆场日益萎缩，一些德军师被抽出，通过海路运回德国。但这么一点点士兵所能发挥的作用极其有限；他们中的大多数人消失在前线的激战中。如果对整个包围圈实施大规模疏散，就能有足够的兵力对其他地区的战事进行果断的干预，但希特勒绝不会同意这种做法。

与此同时，就在苏军完成对梅梅尔的包围之际，三个德军师（第58步兵师、第7装甲师和"大德意志"师）接管了这座被围城市的周边阵地。指挥一个装甲掷弹兵营的屈恩上尉在10月10日接到命令，掩护"大德意志"师的左翼。来到指定地段，他却发现这里没有预期中的既设阵地，于是命令部下们尽力构设战壕：

> 沿着教堂继续向北侦察，我遇到一名勇敢、年迈的乡村警察，独自站立在一座漂亮的白色小屋前。他怯怯地问我，我们的作战部队在哪里。我告诉他我们就是，他又问现在是否允许他撤入梅梅尔，因为他接到的命令是守在这里，作战部队到来后方可撤离。我觉得对不起这位老人，他让我想起童话故事中意志坚定的锡兵。[15]

屈恩批准这位老人立即返回梅梅尔。随后，他又遇到一些边防士兵，随即将他们纳入自己的营里，这让他们惊恐不已。屈恩现在需要他能得到的每一个人——尽管获得了这支小小的额外力量，但他只能每隔100米布设两个步兵散兵坑或一个机枪阵地。他还与一个海军海岸炮兵连取得联系，该连配备着8门128毫米火炮，可以为自己的部队提供炮火支援。60名空军人员从北面出现，也被屈恩纳入自己的营里。

苏军近卫坦克第5集团军和第43集团军一路追赶德军来到梅梅尔，10月10日拂晓，他们发起第一次进攻，猛烈的炮击落在东面和南面的阵地上。许多当地平民（残疾者、老人和希特勒青年团成员）已被动员加入人民冲锋队，这些毫无作战经验的士兵在正规军后方占据着预备阵地，以不同程度的坚忍经历着这场炮击。天色放亮后，苏军轰炸机也参与到进攻中。与此同时，来自克罗廷根最后的难民队列进入梅梅尔，竭力穿过遍布瓦砾的街道。这座城市被笼罩在浓密的硝烟中，只有爆炸的闪烁能将其照亮。在难民们看来，眼前的景象犹如地狱一般。

苏军发起进攻时，德军士兵已做好防御准备。由于各个单位撤入城内，城外留下了大量武器和弹药，尽管时间有限，城外的德军士兵还是为一场协调一致的防御做了充分的准备。"大德意志"师左侧，屈恩和他的营在白天遭受到苏军的攻击。

上午晚些时候，位于达尔古森（Dargussen）的半履带车报告说，敌人的坦克从东北方逼近。教堂尖塔上的观测员也看见15辆坦克从格拉本（Grabben）方向向西驶来。起初，我们营的防线上一片平静。下午……敌人的坦克从北面对位于教堂的第1连阵地发起进攻。塔尖被炮弹射穿，炮兵观测员和他们藏身的木质结构发生坍塌。第1连连长（他的连只有18个人），英勇的茨维卢斯中士，差点被一根落下的椽子砸死。他冲入神父的住处，站在一扇窗户前，用电话向我描述战斗的过程。坦克开始朝房屋开炮轰击，他的话被打断了，不得不趴倒在地。一门反坦克炮在关键时刻被推入阵地，击毁了教堂前为首的一辆坦克。其他坦克仍在教堂北面一条溪流的对面。对这些坦克来说，跨过这条溪流的唯一途径是警察局那里的一座小桥，因此，它们没有太多的机会展开队形。[16]

三辆德军突击炮迅速赶到，阵地得以确保。装甲掷弹兵团防区的其他地段，第一波次"苏军"进攻者被证明是立陶宛的老百姓，他们被前进中的苏军部队收容起来，现在命令他们对德军阵地发动冲锋。他们身后的坦克被海军炮手和"大德意志"师剩下的虎式坦克逐一击毁。

苏军步兵在坦克的密切支援下，反复突入德军防线，只有通过坚定的反击才能将其击退。近海处，德国海军的"吕佐夫"号袖珍战列舰（译注：就是当年希特勒进入梅梅尔时乘坐的"德意志"号）和"欧根亲王"号重巡洋舰也投入到战斗中："（她们）巨大的炮塔展开惊人的快速齐射，其效果清晰可见。对苏军士兵肉体和士气的打击并不亚于德军防线上的火力强度。"[17] 德国方面关于东部末期战事的一手资料中，几乎无一例外地对海军提供的炮火支援给予高度评价。舰炮的射程和准确性，与其威力同样惊人。这些停泊在近海处的军舰，对地面部队士气的影响非常大。她们配备着大量高射炮，足以令苏军飞机望而生畏，需要指出的是，与英国、美国、德国和日本的同行们不同，苏联空军几乎没有专用于执行反舰任务的部队。驻扎在列宁格勒附近的苏联红旗舰队，除了展开有限的潜艇战外，未以任何方式参与到战斗中，这一点令人奇怪。战争的这一阶段，该舰队拥有1艘战列舰、2艘巡洋舰、17艘驱逐舰和一些鱼雷艇；如果苏军舰队设法对德国人的航运加以破坏，那么这场战役的整个进程肯定会有所不同。尽管缺乏确凿的证据，但我们还是可以猜测，苏联海军受到约束是基于一个经过深思熟虑的政策——斯大林希望将德国人（士兵和平民）逐出东普鲁士，因而认为不必封锁他们的逃生通道。（译注：这种猜测非常牵强，如果要给德国人留一条逃生通道，应该在陆地方向，而不是在海上；另外，这种猜测也无法解释苏联海军在整个战争期间的无所作为。还要指出的是，苏联对抓获俘虏一向非常重视，不太可能轻易放敌人逃离，战争结束后，苏联多次向盟国和中立国索要德国战俘充分证明了这一点。）另外，列宁格勒周边的长期战斗已使许多苏联海军人员被分配到地面部队，那些军舰很可能已无法投入战斗。

激战一连持续了三天。许多阵地反复易手——梅梅尔城外，位于保根（Paugen）的庄园，三次丢失，又三次被德国人夺回，但最终落入苏联红军手里。10月12日，战斗终于平息下来，双方筋疲力尽的部队这才得以统计各自的伤亡。战线几乎没有发生变化。巴格拉米扬原以为一场快速、强大的突击会紧跟在混乱后撤的德军身后到达海边，从而迅速夺取这座城市；但相反，守军令他的进攻部队付出了沉重的代价，收益却微乎其微。

两支军队努力为他们的前线作战部队提供再补给。货轮继续到达已被炸毁的梅梅尔港，卸下宝贵的弹药和其他物资。10月14日，第二轮激战开始了。苏军的炮火准备甚至比前一次更加猛烈，而且一连持续了两个小时，随后，在坦克和突击炮的支援下，步兵向前推进。他们遭到守军猛烈的火力打击——大炮、坦克炮、海防炮、高射炮以及海军的舰炮。进攻方一次次突破守军防线，但随即遭到猛烈的反击。梅梅尔北面的卡克尔贝克（Karkelbeck），面对苏军步兵第179和第235师的进攻，德军第58步兵师被迫让出了一些阵地，但在其他地方，德国人牢牢据守着他们的防线。

第7装甲师也卷入到激战中，以恢复被苏军突破的防线。威利·黑根的坦克是师里所剩无几的黑豹之一：

在米勒少尉的率领下，我们这群坦克动身赶往指定地区，等待给我们部署任务。拂晓时，该死的伊尔-2不断出现在空中。与此同时，敌人的轰炸机发起更多的空袭，将炸弹投向我们。猛烈的炮火震颤着我们的坦克。硝烟和泥土腾入空中。突然，敌人的炮火向后方延伸，我们知道，前沿阵地已被突破。很快传来发起反击的命令,通过前几天的战斗,我们已对勒伦(Löllen)—保根—克劳斯米伦(Klausmühlen)地区的前沿防线非常熟悉,前进了几百米,我们遭遇到敌人的突击炮和坦克。我们这辆坦克冲在最前面,将对方的两辆突击炮打了个措手不及。身后,战斗群里的其他坦克也成功地击毁数辆苏军坦克。

……我们小心提防着两侧,慢慢向前方一片开阔的草地驶去,在这种地形上,经常能看见一些沙丘。这片草地约有一公里宽,与一片小树林相连。我们慢慢驶过这片开阔地,将敌人逐离我们原先的阵地。在树林前,俄国人进行了更加顽强的抵抗,我们驶入一条防火带。我们这个战斗群仍有4—5辆坦克,从左侧射来的坦克炮火越来越猛烈。发起进攻时,贝伦军士的坦克位于我们左侧,他报告说自己的坦克被击中,观察窗(四号坦克的观察窗是用防弹玻璃制成)破碎,导致驾驶员面部受伤。我们在防火带遭到敌人的火力打击,无法看清防火带另一侧的情形。

因此,我们稍稍后撤了一段距离,试图以炮火齐射压制朝我们开火的敌人。过了一会,我们的第二辆坦克被击中后起火燃烧。突然,右侧2点钟方向,树林边缘,我们看见一门已被带至前方的"斯大林管风琴"正在发射火箭弹。我们迅速转动炮塔(这很容易做到,因为黑豹坦克装有液压传动装置),在1600米距离上打了两发高爆弹,结果,火箭弹像燃放的烟火那样飞入空中。

就在我们转过炮塔,重新对准朝我们开火的敌人时,我们看见武装党卫队的一辆四号坦克燃起了大火;我们发起反击时,这辆坦克一直跟随着我们一同行动。但我们还是无法发现隐蔽得非常好的敌军坦克,更别说与之交手了。就在这时,米勒少尉喊道:"快看,防火带那里有一辆T-34!"这辆T-34缓慢而又小心地驶出防火带,以便将其主炮瞄向我们。我们迅速转动炮塔——敌坦克就在50米外。我们开了一炮,但没击中——我在匆忙中忘了把脚从转动炮塔的踏板上移开。但装弹手快似闪电般地塞入第二发炮弹,我再次开炮,那辆T-34爆炸了。

我们从未如此清晰地见证过战争的规则:不是你死就是我亡。

现在没时间庆祝。这里硝烟四起。在我们前方和四周,坦克炮弹不停地落下。我们是这场反击中仅剩的一辆坦克,正位于这片区域的前沿阵地,我们的驾驶员雅克尔·施内贝格尔调转坦克,沿着之字形路线驶离。炮塔迅速转向6点钟方向,随后便遭到一声可怕的撞击,战斗舱内立即腾起火焰。我们的驾驶员、无线电操作员和装弹手迅速跳离坦克。米勒少尉没有动弹，黑豹坦克没有炮手舱口，只能从指挥塔逃离。所以我不得不将车长米勒少尉推出去，然后再设法逃生。钻出指挥塔时，我看见多少已有些清醒过来的米勒少尉正从坦克旁跑开。我纵身跳下坦克后撒腿飞奔，跑出去不到30米，坦克便在身后发生了爆炸。纷飞的碎片洒向我们。我们发现自己身处中间地带，于是设法找到个隐蔽处。除了头发被烧焦和轻微的烧伤外，我们几个都没有受伤。[18]

在各处，获得重型坦克支援的苏军步兵继续着他们的进攻。所剩无几的德军坦克来回奔波，以加强己方防线。威利·弗里勒是第7装甲师另一辆黑豹坦克的驾驶员，到当天下午，他这辆坦克在霍普费少尉的指挥下已击毁9辆敌坦克，其中包括一辆"约瑟夫·斯大林"，那辆重型坦克挨了不下八炮，其组员才弃车逃生。他的黑豹现在被赋予一个新任务：

这场防御战接近尾声时，布兰德斯上尉给我们下达了一道命令："324（这是我们这辆坦克的编号），向左行进，占据阵地。被摧毁的房屋间有我们的一个步兵排，敌人将用坦克对他们发起进攻。"

我们出发了，很快在那里遇到一名中士和他排里剩下的人员。他们高兴地看见我们赶来提供支援，因为他们一直能听见附近传来敌坦克发出的引擎轰鸣和履带的噪音。不过，我们没能安抚他们的担心，因为我们的穿甲弹几乎已消耗殆尽。

傍晚时刻，期待已久的弹药和燃料终于运到。霍普费少尉告诉这群步兵，我们必须回去补充燃料和弹药，他们顿时鼓噪起来。步兵们担心我们丢下他们一去不返。我们反复解释也无济于事，有些人甚至扬言，要是我们离开，他们就躺到履带下。没办法，我们只得留在这些可怜的士兵们身旁，没有离开。令人高兴的是，他们设法从补给车上给我们搞到了燃料和弹药。当晚，我们跟这些新朋友们待在一起，时刻保持着警惕，第二天早上，一切都很平静，我们退回到位于克莱门霍夫庄园（Klemmenhof）的出发线，随后又退至巴赫曼庄园（Bachmann）。[19]

守军报告说，他们在刚刚这场战斗中摧毁了66辆苏军坦克和突击炮，这使围城战开始后的总战果达到150辆。夜幕降临在这片废墟上，苏军停止了攻击。进攻者和防御者都付出了沉重的代价。双方迅速修补遭到破坏的防线，准备迎接更加激烈的战斗。对梅梅尔的第二次强攻（也是最后一次）发生在10月23日，但这场威力强大的攻势再次被击退。

激战几乎令守军的实力消耗殆尽。第7装甲师剩下的兵力只比一个团稍多些，而另外两个师，"大德意志"师和第58步兵师，可用的兵力只有编制实力的40%。双方随即展开阵地战。德国人构设了大量掩体，并以第7装甲师的黑豹坦克临时充当火炮；他们的穿甲弹较为缺乏，但高爆弹的补给却很充裕。四辆坦克被部署在一道反斜面上，朝苏军所在的腹地开炮轰击。心存怀疑的炮兵观测员被要求检查炮弹的落点，结果，黑豹坦克75毫米主炮的射程和精确度令他们惊讶不已。苏军士兵对这种火炮心生畏惧，因为其炮口初速远远高于传统火炮，这就意味着炮弹袭来时不会发出警告性的尖啸。这使德国人得以利用这一特点打击某些特殊目标：

通过截获的无线电通讯获悉（本来要一个星期后才有可能获知），俄国人要在我们防线前方的一座仓库里为英勇的前线士兵举行一场授勋仪式，截获的电文中甚至包括举行仪式的时间。

第二天，几个炮兵连展开炮击，但并未专门瞄准那个位置。直到最后一刻才集中炮火将那座仓库炸平。他们的授勋仪式甚至还没开始就结束了。这个例子说明了敌人在无线电通讯方面的粗心大意。[20]

此时的"库尔兰"集团军群完全依赖海上交通线获得补给。里加附近波罗的海岛屿的丢失，打破了德国人阻挡苏军红旗舰队潜艇的反潜屏障，但对德国海上运输的大部分攻击来自苏军的飞机。多年来，德国人的海上运输遭受的压力一直很小，但现在却日益增加。1944年前八个月，德国在波罗的海东部总共损失了17艘船只，共计31 000吨；而在剩下的四个月里，总计122 000吨的53艘船只被击沉，主要是因为遭到空袭。[21]

将第58步兵师从里加运至梅梅尔的"燧发枪手"号是一艘运输船，此后，这艘船在各个海岸间来回穿梭，将补给物资送入梅梅尔，再把伤员运离。11月19日，她驶离皮劳（Pillau），船上搭载着250名士兵，大多是结束休假返回前线的人员。在一艘护卫舰的掩护下，"燧发枪手"号在夜间驶向梅梅尔，但次日清晨糟糕的能见度使她无法辨认出进入港口的航道。船上一名来自梅梅尔的士兵走上船桥说，根据他掌握的知识和他看见的海岸判断，他们已经驶过梅梅尔。船长下令立即转向外海，以免遭到苏军炮兵连的袭击，这些炮兵连就驻扎在梅梅尔的北部海岸。就在这时，海岸被炮口的闪烁照亮，苏军炮手们瞄准"燧发枪手"号开炮射击。在持续不断的炮击下，轮船迅速失去动力，沿着海岸朝北面慢慢漂去。船上的三艘救生艇尽可能多地搭载着人员，剩下的人寻找着救生衣和其他逃生手段，苏军飞机也赶来展开攻击，造成了更大的破坏。

"燧发枪手"号迅速沉没，这时，苏军战斗机将注意力转向几艘救生艇。一艘已经消失，第二艘被飞机击沉。第三艘也遭到反复攻击，但却幸免于难，在那名来自梅梅尔的士兵的指挥下，船上的人划了一天一夜，这才到达里堡。但对救生艇上这些筋疲力尽者（还有两名妇女）来说，他们的磨难并未结束，大浪使它撞上码头后发生倾覆。10个人在冰冷的海水中被淹死，只有13人生还。[22]

交战双方开始削减他们在梅梅尔登陆场及其周边的力量。德国第7装甲师在10月底奉命撤离，随后离开的是"大德意志"师，该师将被改编为一个装甲军。接替他们的是第95步兵师，10月初，这个师一直在苏军进攻的南部边缘奋战，已穿过拉格尼特（Ragnit）后撤。经过极为短暂的休整，该师疲惫不堪的士兵们被派往这座满目疮痍的海岸城市，接掌了该城的北部防御，而第58步兵师守卫着南部边缘。尽管担心苏联红军利用冬季跨过城市周围冰冻的河流，但梅梅尔周边没有再次爆发大规模激战，1945年1月，这座城市终于被疏散。

在苏军看来，对梅梅尔的攻势实现了他们的主要目标，即，隔断"北方"集团军群。但由于预备力量不足，无法对梅梅尔两侧出现的机会加以有效利用；北面，贝泽尔将军的第4装甲师实施"攻势防御"也对德军稳定其防线做出了贡献。苏军对梅梅尔这座城市的进攻也遭到失败，并招致大批人员伤亡。在苏联人看来，鉴于德军在1944年遭受的败绩，有理由相信德军防线无法承受一连串猛烈的打击。但梅梅尔的顽强防御迅速打消了此类观点。

1. E·哈达莫夫斯基,《前进中的世界史》,第344页
2. J·埃里克森,《通往柏林之路》,第225页
3. 波罗的海沿岸第1方面军将彼得·马雷舍夫的突击第4集团军部署在北面,伊万·奇斯佳科夫的近卫第6集团军在稍南面面对着库尔舍奈。位于奇斯佳科夫南面的是别洛博罗多夫的第43集团军。巴格拉米扬将第51集团军、近卫坦克第5集团军和近卫独立第3机械化军部署为第二梯队。第二梯队,特别是第51集团军和近卫坦克第5集团军的坦克,将冲入近卫第6集团军向西推进、第43集团军向西南方推进所打开的缺口中。近卫第2集团军将从稍南面出发,向西南方推进,从后方席卷陶罗根(Tauroggen)。位于巴格拉米扬方面军南面的是切尔尼亚霍夫斯基的波罗的海沿岸第3方面军(译注:应为白俄罗斯第3方面军),尼古拉·埃拉斯托维奇·别尔扎林指挥的第39集团军(译注:当时指挥第39集团军的是伊万·伊里奇·柳德尼科夫中将)将形成苏军向波罗的海推进的南部力量,他们试图与近卫第2集团军在陶罗根地区会合,抢在德军逃脱前将其包围。
4. J·胡贝尔,《如此真实》,第50-53页
5. 同上,第68-69页
6. 同上,第71-72页
7. 同上,第72页
8. 同上,第72-78页
9. R·迈因德尔,《东普鲁士区领袖》,第433页
10. J·胡贝尔,《如此真实》,第80-81页
11. H·施佩特尔,《"大德意志"装甲军军史》,第413页
12. A·D·冯·普拉托,《第5装甲师师史》,第363页
13. I·科贝良斯基,《从斯大林格勒到皮劳》,第224页
14. 除投入第4、第12和第14装甲师外,此次行动还将投入第11、第87和第126步兵师。
15. H·施佩特尔,《"大德意志"装甲军军史》,第414页
16. 同上,第417页
17. K·迪克特,H·格罗斯曼,《东普鲁士之战》,第53页
18. B·冯·埃格洛夫施泰因、W·黑根、J·胡贝尔,《Y-罗腾堡》,第41-43页
19. 同上,第44-45页
20. J·胡贝尔,《如此真实》,第97页
21. H·舍恩,《波罗的海,1945》,第63页
22. 同上,第47-48页,第57-59页

第三章
内梅尔斯多夫

> 我们都很清楚，如果是德国姑娘，
> 她们会遭到强奸，然后再被枪杀。

——A·索尔仁尼琴[1]

甚至在立陶宛的激战平息前，德国人就很清楚，切尔尼亚霍夫斯基将军的波罗的海沿岸第3方面军（译注：应为白俄罗斯第3方面军）打算对东普鲁士发起进攻。空中侦察发现一支部队集结在科夫诺（Kovno）周围，并认为气候原因导致一场大规模进攻极有可能在冬季到来前发起。尽管随后发生的战役在军事上没能获得太大进展，却将德国军事和民事当局之间混乱不堪的关系暴露无遗。内梅尔斯多夫村（Nemmersdorf）没有什么军事价值，但它的命运却对德国百姓和军人们的想法产生了巨大的影响。

在这里守卫德军防线的是莱因哈特的"中央"集团军群，他已将（至少是暂时性的）第3装甲集团军调拨给"北方"集团军群。位于科夫诺对面的是霍斯巴赫的第4集团军，该集团军辖下的5个军据守着350公里长的防线。这些军里，有7个经验丰富的东线师；2个保安师，原本被用于保障后方地区的安全，现在却发现自己正身处第一线；6个人民掷弹兵师；2个骑兵旅；"汉尼拔"警察营,这是一支机动警察部队,实力相当于一个步兵团。几个旅级单位还提供了一些装甲车,在即将到来的战斗中,这被证明至关重要。

当年秋季,东普鲁士爆发了一场激烈的争论。在莱因哈特的支持下,霍斯巴赫要求将整个东普鲁士宣布为作战地区。这将使军事部门立即获得疏散当地居民的权力。希特勒拒绝采纳这种策略——甚至在东普鲁士最终与德国本土隔开后,他仍拒绝接受这一建议。相反,所有民政事务由党控制。由于第4集团军占据着一个突出部,霍斯巴赫和莱因哈特认为苏军极有可能发起一场钳形攻势,一股力量穿过第3装甲集团军直扑柯尼斯堡,另一股力量穿过第2集团军冲向埃尔宾(Elbing)。尽管这种估计在1945年1月得到部分证实,但准确状况并非如此——苏军的进攻仅限于东普鲁士,而且只投入了切尔尼亚霍夫斯基的波罗的海沿岸第3方面军(译注:应为白俄罗斯第3方面军)。

苏军最高统帅部批准了切尔尼亚霍夫斯基的计划,沿贡宾嫩(Gumbinnen)—因斯特堡(Insterburg)—柯尼斯堡这条轴线攻入东普鲁士。目前尚不清楚这场攻势的目的是为达成突破后直奔东普鲁士首府,还是为了夺取该省的东部地区。从一方面看,德军立陶宛防线的迅速崩溃产生了一种诱人的可能性,即,迅速冲入东普鲁士腹地;从另一方面看,尽管霍斯巴赫采取了防范措施,但切尔尼亚霍夫斯基肯定已经知道守军在防御阵地上下了很大的工夫。因此,这场攻势极有可能是对德国守军的力量和决心所做的一次大规模试探,其意图是对可能发现的一切弱点加以利用。

苏军的打击将落在两个德国军头上:格哈德·马茨基的第26军和赫尔穆特·普里斯的第27军。马茨基很幸运,他的军刚刚将第1步兵师纳入麾下,这支老牌部队的士兵主要来自东普鲁士。该师一直在喀尔巴阡山地区作战,但在1944年8月被划拨给马茨基的第26军。该师发现,他们与30年前普鲁士第1步兵师抗击俄军时守卫的几乎是同一片地区。第1步兵师到达得非常及时——借着"巴格拉季昂"攻势的余波,苏军部队仍在向前推进,德军第1步兵师立即意识到自己必须恢复防线。10月份的战斗到来前,深受第1步兵师将士们爱戴的师长恩斯特–安东·冯·克罗西克将军被调至库尔兰指挥一个军(译注:克罗西克出任第16摩托化军军长),1945年4月,他在库尔兰遭遇空袭身亡。接替他担任第1步兵师师长的是汉斯·席特尼希中将。到目前为止,他只指挥过两

1944年10月，戈尔达普—贡宾嫩地区的作战行动

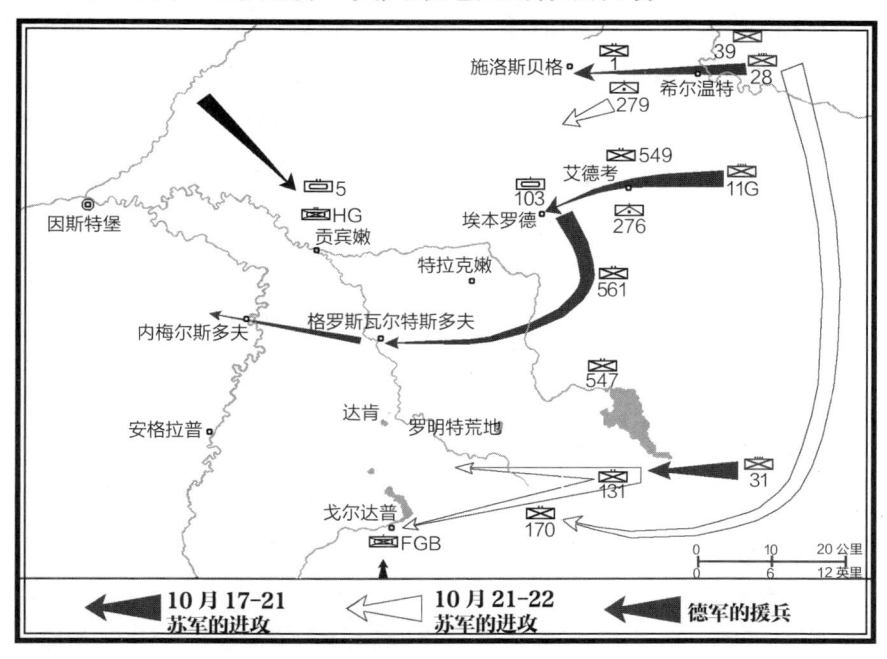

```
← 10月17-21日   ⇐ 10月21-22日   ← 德军的援兵
  苏军的进攻      苏军的进攻
```

个步兵团，战时的大多数时间里负责管理工作，此前也从未在第1步兵师里待过。苏军的进攻已迫在眉睫，德军第1步兵师的将士们却对他们的新师长没什么了解。

10月5日，第1步兵师开始接管普鲁士镇希尔温特（Schirwindt）和立陶宛镇瑙梅斯蒂斯（Naumiestis，德国人称之为诺伊施塔特）南面的新防线。这段28公里长的防线位于普鲁士边境的东面，师里的官兵们震惊地发现，防线上根本没有足够的阵地。在马茨基将军派来的两个工兵营的协助下，席特尼希立即组织起挖掘阵地的工作。苏军接连不断的骚扰性袭击和侦察活动表明，他们即将发起一场进攻，德军士兵们卖力地构设了前沿阵地和第二道主防线。

10月14日，霍斯巴赫判断切尔尼亚霍夫斯基即将发动进攻，他建议所有部

队进入主阵地。尽管全师官兵和配属给他们的工兵付出了极大的努力，但第1步兵师尚未完成准备工作。10月16日清晨4点，东普鲁士被猛烈的炮声惊醒。霍斯巴赫的部下们遭到攻击，在这场长达两个小时的炮击中，第1步兵师的士兵们不得不忍受着这场炮击的全部力量砸在他们尚未完善的工事上。战壕和掩体被炸塌，通讯线路被炸断，电台被炸毁。尘埃和泥土覆盖了一切，导致许多重型和自动武器无法使用，必须加以清理。与师属炮兵的联络中断，迫使德军炮手不得不依靠预先安排好的计划而不是实际情况展开还击。苏军的空中轰炸尤为猛烈，对德军指挥部和炮兵阵地的打击一直延伸到后方的贡宾嫩镇。

苏军对德军第1步兵师的进攻由第28集团军率领。席特尼希将军的部下们带着坚定的决心实施抵抗，清晨7点前，他们击退了苏军的进攻，但损失相当惨重，阵亡的前线士兵可能已达八分之一。科赫修建的这些防御工事，糟糕的设计对协调一致的防御产生了妨碍——深深的防坦克壕更多地影响到守军的横向运动，而不是进攻方的推进。德军的顽强抵抗令苏军指挥官沮丧不已，他们将自行火炮调至前线，集中火力猛轰德军各个支撑点。面对苏军下定决心的猛攻，第1步兵师（他们遭到5个步兵师、2个坦克旅和一个配备着重型坦克的坦克突击团的攻击）不得不缓缓后撤，但他们令苏军进攻部队遭受到可怕的损失。席特尼希将所有预备队投入战斗，这才确保自己的防线没有遭到致命的突破。

南面的防线由第549人民掷弹兵师和第390保安师的一部守卫。他们遭到库兹马·尼基托维奇·加利茨基将军近卫第11集团军的进攻，一整天都在缓缓后撤，不过，他们至少暂时阻挡住苏军的突破。尽管如此，但霍斯巴赫和他的几位军长都知道，这些经验不足的部队无法抵挡苏军的进攻，特别是一旦他们被逐出既设阵地进入到开阔地后。

在获得装甲部队支援的地段，德国人的抵抗更好些。德国军队里大量使用了突击炮，这种武器是在一个坦克底盘上安装一门固定式火炮。由于不需要炮塔，这种突击炮更容易制造，成本也更低，而且，还可以搭载口径更大的主炮。不过，突击炮缺乏坦克的灵活性，因为其主炮几乎无法横向移动。德军的大多数突击炮被编为独立大队，然后被派去支援各个师。第267突击炮大队就是其中之一（译注：德军炮兵作战序列里没有这个单位，应为第276突击炮大队的笔误），最近一段时间里，队里的士兵们怀疑某些事情即将发生；休假已被取消，敌人的空中侦察也已出现。他们帮着附近的一个炮兵连用树木和农机具搭设起假炮，以此来迷惑苏军侦察机飞行员，并隐蔽在精心构设的掩体内躲过了敌人的炮击。苏军的炮火准备刚刚结束，他们便返回到自己的车辆旁。假炮阵地已被苏军炮火夷为平地。

一些步兵聚集在突击炮四周，它们的存在令他们感到安心，一支巡逻队被派往沿路堤向北延伸的铁路线察看情况。一名传令兵带回令人担心的消息：大批苏军士兵正在铁路线另一侧向西推进。这些突击炮对北面的状况保持着警惕，在弗里德里希·施蒂克上尉的率领和步兵们的支援下，他们小心翼翼地向西而行，做好了随时与敌人遭遇的准备。前进了大约一公里后，他们来到一片广阔的玉米地。施蒂克上尉是一名东线老兵，他命令装上高爆弹，每辆突击炮都对这片玉米地开上一炮：

开炮时，我们简直不敢相信自己的眼睛。数百名苏军士兵原本打算等我们进入伏击圈后，在近距离战斗中消灭我们。我们朝玉米地开炮时，这些俄国人跳起身来向后逃窜。见此情形，我们驾驶着突击炮向前冲去，迅速射出一发发高爆弹。我们的步兵紧跟在身后……施蒂克上尉随即给大家下达了命令："同志们，前进！"

我们穿过玉米地，粉碎了遭遇到的一切。步兵们也尽其所能。心慈手软不在我们的考虑范围内。[2]

前进了大约4公里后，施蒂克上尉带着他这群突击炮退了回来；孤军深入，再加上侧翼情况不明，他不能冒上被切断的风险。施蒂克非常清楚，前线其他地段没有（或很少）装甲单位的支援，无法如此有效地击退苏军的攻击。

10月17日拂晓，苏军再度发起新一轮炮击。在北面，他们试图逼退德军第1步兵师的部队，这些德军士兵挖掘了阵地以守卫希尔温特镇。[3] 希尔温特是东普鲁士最小的镇子，和平时期约有1 000名居民。1914年，这个镇子遭到沙皇军队的严重破坏，现在，它再度沦为战场。炮击结束后，苏军立即发起第一轮进攻，但被冰雹般的机枪火力击退。随着时间的推移，希尔温特镇遭到来自南北两面的包抄。第1步兵师的反坦克营拥有12辆"追猎者"坦克歼击车和6

门拖曳式反坦克炮，它们被部署在一片经过精心伪装的阵地上，并击退了一个试图绕过该镇的T-34坦克营。但苏军的压力持续不断，希尔温特镇遭到来自西北方越来越猛烈的攻击。逐屋逐巷的战斗肆虐开来，夜幕降临时，守军已严重减员，苏军近卫步兵第27师在坦克第113旅的支援下投入战斗后，德国人不得不放弃了这个镇子。第二个德军突击炮单位是第279突击炮大队，他们在希尔温特—施洛斯贝格（Schlossberg）公路两侧占据了阵地，第二天早上，他们突然投入战斗，苏军的进攻再次陷入停顿。但这群突击炮遭到突如其来的空中打击，率领该大队的霍佩上尉阵亡。

稍南面，苏军取得了较好的进展，推进了大约15公里。马茨基的第26军将寥寥无几的预备队和大部分装甲力量（2个突击炮大队）投入到激烈的战斗中。加利茨基将军的近卫第11集团军向艾德考（Eydtkau）全力压去，激烈的战斗顿时笼罩了该镇。从这里开始，主干道向东通往埃本罗德（Ebenrode），然后伸向贡宾嫩和因斯特堡，最后是柯尼斯堡。由于南翼被撕裂，德军第549人民掷弹兵师无法阻止苏军的突破。该师撤至埃本罗德，他们在这里高兴地遇到了维尔纳·穆默特上校率领的第103装甲旅。穆默特这个旅由一个装甲营和一个装甲掷弹兵营组成，是第27军预备队里实力最强的一部。该旅立即投入战斗，这使加利茨基的推进停顿下来。

加利茨基将军停下来思考该如何行事，他发现自己面临着三个选择。他可以继续进攻，强行穿过埃本罗德，但这样一来会耗费宝贵的时间，更别说人员的伤亡了。镇子北面是沟壑交错的乡村，第549人民掷弹兵师正试图在那里的一连串山脊和小河间重新集结部队。如果穿越这个镇子，这条路线会很困难，而且代价高昂。而埃本罗德镇的南面是一片沼泽地。加利茨基留下他的先头部队继续监视埃本罗德镇，命令集团军主力寻找道路赶往沼泽地对面的施洛斯贝格，从那里可以跨过更加坚实的地面转身向西。

这是这场战役的一个关键性变化。尽管德军遭受到重大伤亡，但他们在战场北部的防御远比切尔尼亚霍夫斯基预先想象的更加顽强。因此，苏军的进攻重点开始转向南面。埃本罗德镇南面的地形是苏军进攻行动成败的关键。几条河流，例如罗明特河（Rominte）和安格拉普河（Angerapp），横跨在苏军的前进路线上。尽管这些河流相对较小，但它们的河堤通常都很陡峭，这就使河上的几个渡口对一场快速推进来说至关重要。各条河流间的乡村遍布丘陵，视野严重受限，遭遇战会在近距离内发生，这为双方提供了许多隐蔽和伏击的机会。从东面和东北面赶往贡宾嫩的道路较为容易，但已被德军堵住。如果希望迅速赶往因斯特堡和柯尼斯堡，苏军部队就必须面对从南面进攻贡宾嫩的艰难战斗。

10月18日，天气晴朗，阳光明媚，这使苏联空军全力投入到战斗中。只要在获得强化的阵地上，德国守军就能守住他们的防线，但在其他地方，这条防线已发生破裂。加利茨基的近卫第11集团军在埃本罗德镇德军支撑点的南面兜了个大圈，再次向西而去。该镇南面的沼泽地现在变得对加利茨基有利，它阻止了穆默特上校的装甲部队实施拦截。苏军在格罗斯瓦尔特斯多夫（Grosswaltersdorf）夺取了跨过罗明特河的渡口，随即转身向北，向西，进入到罗明特河与安格拉普河之间的开阔地带。

德国人已将苏军发动进攻的警报广为传播，大区领袖科赫也已下令在特罗伊堡（Treuburg）动员人民冲锋队。这些人民冲锋队没有接受过训练，装备也不足，尽管科赫一直在设法弄到武器。更糟糕的是，他们大多没有军装，因而被苏军视为非正规作战部队，不会被当作战俘对待。为保持"人民将领"的自我形象，科赫明令禁止人民冲锋队的指挥官与当地军事指挥官建立起正式联系，结果，正规军部队不得不依靠局部、非正式性接触来确定人民冲锋队的准确位置和实力。现在，希特勒批准对人民冲锋队加以更为广泛的动员：

就在敌人认为我们已穷途末路之际，我们将再次召集起人民的力量。我们必须也必将获得成功，就像我们在1939年-1940年间所做的那样，依靠我们的力量，不仅挫败敌人的破坏意志，还要把他们赶出帝国，这样，德国的未来，我们盟友的未来以及整个欧洲的未来都将获得确保，和平也将得到保证。[4]

"戈尔达普"营是个典型的人民冲锋队单位，该营有400人，被编为4个连。幸运的是，几名连长都是预备役军官。这些人配备着苏制步枪、德制机枪和"铁拳"反坦克火箭筒，做好了面对布尔什维克的准备。总之，共有16万人民冲锋队员被动员起来，尽管莱因哈特和他的属下们再三要求，科赫却坚决不肯交出人民冲锋队的指挥权。只在个别地方，个别人民冲锋队被纳入正规部队的控制下。

第276突击炮大队此刻在埃本罗德地区作战，靠近著名的特拉克嫩种马场（Trakehnen）。该大队配备着久经考验的三号突击炮，这款突击炮使用的是陈旧的三号坦克底盘，但安装着一门75毫米长身管火炮，这与大多数四号坦克目前使用的主炮完全相同。面对苏军坦克突击第75团庞大的"约瑟夫·斯大林"式坦克，这种75毫米长身管火炮被证明价值有限，就像阿尔弗雷德·雷格尼特尔发现的那样：

（10月21日）下午，我们以八辆突击炮从克莱恩舍伦多夫（Kleinschellendorf，位于海瑙（Hainau）东南方3公里处，施洛斯贝格至埃本罗德的公路上）向东北方发起进攻。

……通过火炮瞄准器，我看见一辆JS-122（配备着122毫米主炮的"约瑟夫·斯大林"式坦克）停在2 000米外的一片空地上。我们射出的每一发穿甲弹都准确命中，曳光弹越来越慢地飞向目标，一连六次——所有炮弹都被弹飞。⁵

当天晚上，雷格尼特尔再次发现自己面对着一辆"约瑟夫·斯大林"式坦克。他刚刚干掉一辆T-34，借着车辆燃烧发出的火光，一辆庞大的坦克隐约可见：

"相同距离，穿甲弹，开炮！"可是，炮弹被弹飞！借着反弹的力量，炮弹拖着闪亮的尾迹飞向另一侧。这种情况已经发生了四次。妈的，所有炮弹都命中了，但却毫无效果！……我再次将眼睛贴上瞄准器，将三角点对准那辆坦克的侧面，然后，"开炮！"明亮的曳光弹命中了那辆坦克，呼啦，它射穿了！可炮弹没有爆炸。但是，一缕火焰舔舐着车身底部，我现在能清楚地看见那里的一道黑线……两分钟后，这辆"斯大林"像个巨大的蘑菇那样炸开，喷出的火舌高达100米。一个壮观的景象！次日早上，整个前线都在谈论着它。⁶

次日，天气突然恶化，这使苏军的空中打击有所减弱。在施洛斯贝格，席特尼希将军的第1步兵师顽强抗击着苏军第5集团军的进攻。埃本罗德镇同样如此，德军继续坚守着防线。在施洛斯贝格与艾德考之间，雷格尼特尔和第276突击炮大队，与第549人民掷弹兵师的步兵们并肩作战，尽管该突击炮大队的战车已所剩无几。当天的战斗结束前，雷格尼特尔已击毁9辆苏军坦克，但他的突击炮也断了根履带，不得不撤出战斗。在队部喝了碗鸡汤，他倒身睡着了，这场激战已持续三天，他还没得到过任何休息。

除了人民冲锋队，其他援兵正在组织中。蒂尔西特登陆场被疏散，腾出了第1"赫尔曼·戈林"伞兵装甲师和第5装甲师。与此同时，尽管苏军近卫第11集团军的伤亡不断增加，但他们仍在推进。10月21日，已穿过格罗斯瓦尔特斯多夫的苏军部队到达了安格拉普河上的内梅尔斯多夫村。"赫尔曼·戈林"师的三个营于10月19日抵达贡宾嫩，他们在那里欣慰地发现师里的黑豹装甲营也已到达。10月21日，与第18高射炮师的几个炮兵连一起，三个"伞兵"营（其实就是普通步兵）投入到贡宾嫩周围的战斗中。这支混编部队分为五个战斗群，当天结束前，他们击毁9辆苏军坦克，其中包括5辆"约瑟夫·斯大林"式坦克。但他们自己的伤亡也很惨重，特别是因为他们不断遭到空袭和地面炮火的打击。不过，苏军迅速夺取贡宾嫩的计划没能实现。

当地的人民冲锋队发现自己卷入到激烈的战斗中。12月18日（译注：原文如此），"戈尔达普"营接管了戈尔达普（Goldap）北面的防御阵地，投入行动的三天后，他们用寥寥无几的迫击炮轰击了推进中的苏军部队。苏军步兵退了回去，但在次日，他们以猛烈的炮火轰击整片地区，给人民冲锋队造成极大的伤亡。在国防军的指挥下，该营奉命于次日向西撤退，营里的400名成员，伤亡了76人。

10月21日，切尔尼亚霍夫斯基展现出与夏季执行"巴格拉季昂"攻势期间同样的想象力，这种想象力曾给斯大林留下过深刻的印象。为了将进攻重点进一步转向南面，他把亚历山大·亚历山德罗维奇·卢钦斯基将军实力强大的第28集团军从北面的阵地上调出，投入到战场南端。尽管该集团军在试图逼退德国第1步兵师的战斗中遭受到损失，但辖有9个步兵师的这个集团军实力依然强大，更重要的是，他们还得到近卫坦克第2军的加强。该集团军的任务是与第31集团军相配合，对戈尔达普展开进攻。可是，近卫第11集团军损失惨重，只能勉强设法取得进展。

当天结束前,苏军的进攻在德军防线上形成一个突出部,近卫第11集团军的先头部队[7]在安格拉普河上的内梅尔斯多夫村周围构成了突出部的顶端。这个战斗群里还有几个炮兵单位,现在,他们试图利用这个突出部继续向西推进。这股苏军部队距离因斯特堡只有不到一个小时的车程,但这种推进只会遭致一场灾难,因为他们的两翼没有得到其他苏军部队的掩护。加利茨基将军希望冲向因斯特堡,他认为自己的部队可以在德军防线内构设起全方位防御阵地,等待第28和第31集团军的到达,但切尔尼亚霍夫斯基觉得这一行动的风险太大。先头部队必须退回到内梅尔斯多夫,至少要等苏军集团军到达南面,确保其南翼后再一同发起行动。

北面,在"赫尔曼·戈林"装甲师的顽强抵抗下,德军高射炮部队和人民冲锋队得以阻止俄国人冲入贡宾嫩。贡宾嫩附近,第5装甲师的到达使霍斯巴赫得以用"赫尔曼·戈林"装甲师的部分兵力加强特拉克嫩附近的防线,这里一直处在苏军的猛烈攻击下。德军步兵伤亡惨重,不得不后退,但"赫尔曼·戈林"师的装甲单位发起一场快速反击,重新恢复了防线。从贡宾嫩起,防线向东北方延伸,穿过埃本罗德直至施洛斯贝格,德军第1步兵师在那里继续击退着苏军第5集团军(该集团军接替了第28集团军)的进攻。

内梅尔斯多夫地区的南面,苏军第31集团军,在第28集团军的支援下,跨过罗明特荒地(Rominte Heath),对戈尔达普构成了威胁。这两个集团军现在不得不杀开血路穿过安格拉普河一线,因此,近卫第11集团军要么转身向北,肃清穿过贡宾嫩的主干道,要么向西推进,赶往因斯特堡。

内梅尔斯多夫这个苏军重点突破地的南面,霍斯巴赫将元首掷弹兵旅投入到苏军第28和第31集团军的前进路线上。这支部队组建于1944年夏季,获得了堪称奢侈的装备,9月初,该旅被部署在拉斯滕堡附近。这个旅拥有一个装甲掷弹兵团,下辖三个营——搭乘半履带车的装甲燧发枪手营和装甲掷弹兵营,第三个营配备着轮式车辆。该旅还有一个装甲团,下辖三个黑豹坦克连、一个坦克歼击车连和一个突击炮连。他们还有自己的炮兵营和反坦克营,因而在火力上并不逊色于战场上那些已遭到消耗的德军装甲师。元首掷弹兵旅在10月19日进入警戒状态,第二天被划拨给第4集团军。该旅动身赶往前线的关键地区,从南面逼近了苏军的突出部,10月21日拂晓,他们穿过戈尔达普,就在几个小时前,这个镇子遭到猛烈的攻击。德军第5装甲师和"赫尔曼·戈林"装甲师从贡宾嫩南下,这使霍斯巴赫得以策划一场旨在恢复前线态势的钳形攻势。

元首掷弹兵旅的经验不足几乎立即显现出来。第5装甲师的老兵们以战斗群的形式从北面搭乘火车赶来,这些战斗群已被部署到战斗中。相比之下,元首掷弹兵旅的不同单位(两个装甲掷弹兵营和旅里的装甲团)到达后各自为战,其结果是,他们之间无法提供有效的相互支援。

元首掷弹兵旅的先头部队是其装甲掷弹兵营的第1连,由萨克塞少尉指挥。由于不知道苏军在这片地区的准确位置,因而该连沿着132公路,从戈尔达普小心翼翼地向前推进,一直来到村子北面800米处一片高地上的达肯(Daken)砖瓦厂。营里的其他部队,在冯·库尔比尔少校的率领下赶到达肯,正赶上萨克塞少尉安排他的连队对砖瓦厂发起进攻,而就在此时,苏军步兵对村子展开了攻击。德国人在两场行动中都取得了胜利,元首掷弹兵旅的装甲掷弹兵营接掌了达肯村的防御阵地,营里的第1连位于北面的砖瓦厂内。

元首掷弹兵旅的其他单位开始集结。装甲燧发枪手营在戈尔达普北面下了火车后向北移动,随即停留在戈尔达普—贡宾嫩公路的西面,直到这里的防线与格罗斯瓦尔特斯多夫拉平,这将使罗明特河的渡口得到确保。穿过赫尔佐克斯罗德(Herzogsrode)后不久,该营在普鲁士拿骚(Preussisch Nassau)附近遭遇到苏军坦克,这场激战一直持续至天黑。由于无法确定敌军和友军的确切位置,该营只得在一片凹陷地构设起全方位防御阵地,等旅里的坦克到达后,他们才能发起进一步的推进。

与此同时,苏军加强了对戈尔达普的压力。德军第131步兵师渐渐被逼退,他们跨过罗明特荒地撤向该镇,目前据守着戈尔达普湖与罗明特河之间的阵地,这段防线约有5公里长。第27军军部设在戈尔达普镇北部边缘,军长赫尔穆特·普里斯意识到这个位置的重要性——如果苏军夺取戈尔达普镇,就将威胁到元首掷弹兵旅的后方,并能继续延伸至内梅尔斯多夫的突出部。幸运的是,他得到了第279突击炮大队,这个大队已奉命从施洛斯贝格地区南下。霍佩上尉阵亡后,第279突击炮大队现在由恩斯特·施密德上尉指挥,他将队里剩下的36辆突击炮部署在镇子东面。强大的苏军坦克部队突破德军第131步兵师的防线后，施密德率部出击，迅速击毁了数辆T-34和JS-2坦克。俄国人的第二支坦克队列也遭到类似的命运。施密德将战果向普里斯将军汇报时，才发现这位军长已阵亡，一发炮弹直接命中了他乘坐的半履带车。

苏军从东北方对戈尔达普发起的进攻严重受挫，但第28集团军麾下的9个步兵师从东南方慢慢向前推进。德军第170步兵师被逼退，先是撤至戈尔达普，随后又彻底退出这个镇子。苏联红军终于拿下这个重要的交通路口，但他们为此付出了高昂的代价，剩下的兵力能否对元首掷弹兵旅构成威胁，前景极为渺茫。

元首掷弹兵旅投入战斗的同一天，德军第5装甲师也从北面发起了进攻。师里的先头部队于10月20日到达贡宾嫩东南方10公里处的耶格沙根（Jägershagen），因此，他们已靠近元首掷弹兵旅的目标——格罗斯瓦尔特斯多夫。元首掷弹兵旅的步兵在达肯周围作战之际，阿尔弗雷德·耶特克上尉率领着一个装甲战斗群，从施韦泽塔尔（Schweitzertal）扑向罗明特河东岸。耶特克的左翼由师里的其他单位提供掩护，但他敏锐地意识到，自己的右翼（西面）几乎没有任何保护。在这种情况下，面对敌人初期的顽强抵抗，他小心翼翼地获取着进展，最终于10月22日夺取了格罗斯瓦尔特斯多夫。

现在，德军的两只铁钳相距已不到10公里。苏军再次对达肯发起进攻，但被元首掷弹兵旅的装甲掷弹兵营击退。就在这时，饱受重压的德军步兵听见他们的西面传来激战声，原来，旅里的装甲团已经赶到，并向北发起进攻，遭遇到强大的苏军部队。先头连由塔克斯少尉率领，他的坦克被一门反坦克炮击中指挥塔。塔克斯毫无惧意，命令车组人员投入战斗，摧毁了那门反坦克炮。但连里的其他坦克就没这么幸运，被苏军逐一击毁。苏军的坦克也出现了，这使德国人的推进突然间停顿下来。被隔断的装甲燧发枪手营继续向前，设法来到格罗斯瓦尔特斯多夫正南面的特尔罗德（Tellrode）。德军步兵在这里可以将罗明特河上的桥梁置于直射火力下，尽管他们自身已成为苏军的攻击重点。

苏军的另一场进攻针对的是位于达肯的装甲掷弹兵营，在这里，苏军近卫步兵第12军投入坦克和步兵混编的战斗群向前冲去。村子北面，位于砖瓦厂的前进阵地已被弃守。苏联空军的反复空袭摧毁了该营寥寥无几的高射炮，营里的伤亡逐渐增加。此刻，一群T-34坦克从西面出现，德国守军意识到自己遭到了包围。白天，苏军与德国守军保持着距离，看上去他们很可能在夜间发起一场突袭，从而夺取德军阵地。

就在这时，守军得到一个深受欢迎的支援。旅属装甲团一辆被认为在西面的战斗中已损失掉的黑豹坦克出现了。尽管退壳器发生故障，但这辆坦克仍能开火，并立即投入战斗。一辆位于村子边缘的T-34被发现后遭到摧毁，苏军部队不知道他们面对着多少德军坦克，于是退了回去。[8]

在这样一场战斗中，一辆坦克发挥作用可能显得夸大其词，但这显示出苏军部队的战斗处在某种不确定性下。与元首掷弹兵旅装甲单位的交锋使俄国人知道，德军坦克部队已逼近，但由于这是德军旅级部队首次投入战斗，他们不知道这种编制的准确实力。孤零零的一辆黑豹很可能代表着一支坦克队列，长期以来的艰苦经历已教会红军尊重德国对手的能力，后者能用哪怕是很小的装甲单位发挥出最大的效力。这起事件也说明了元首掷弹兵旅糟糕的部署；旅里的两个步兵营和装甲团都试图自行其是，在西面作战的坦克希望获得步兵的支援，消灭前进道路上的苏军反坦克炮，而步兵们则对坦克的到来深表欢迎。

德军钳形攻势的南颌也许遭到了重创，但位于格罗斯特尔罗德（Gross-Tellrode）的前方部队距离耶特克上尉的战斗群只相距几百米，10月23日，这两支部队取得了会合。德国人现在面临着两个任务。元首掷弹兵旅的阵地必须予以加强；与此同时，被隔断在西面的苏军部队必须加以肃清。10月23日这一整天，达肯继续遭受到苏军的压力，当天结束前，冯·库尔比尔少校奉命率部撤出该村。就在他带着残存的部下离开时，又收到发起反击的命令。冯·库尔比尔少校带着30名部下留在村内，营里的其他人向西冲杀，最终到达赫尔佐克斯瓦尔德（Herzogswalde）。达肯村的战斗也终于平息下来。更多的德军部队从北面赶来，"赫尔曼·戈林"装甲师的单位逐渐接替了元首掷弹兵旅筋疲力尽的步兵，先是特尔罗德，最后是达肯村，冯·库尔比尔少校和他的部下这才撤了下去。

耶特克上尉的战斗群转身向西，赶去扫荡被他们与元首掷弹兵旅成功会合所切断的苏军部队，他们穿过布劳尔斯多夫（Brauersdorf）赶往内梅尔斯多夫。北面，俾斯麦绍村（Bismarckshöh）附近的一座山脊俯瞰着德国人的行进路线，这里的防御阵地已被苏军夺取——具有讽刺意味的是，这片广阔的战壕体系是几个星期前德国百姓挖掘的。尽管第5装甲师从贡宾嫩提供了炮火支援，但直到两辆配备着火焰喷射器的半履带车投入战斗，耶特克上尉才获得进展。⁹

另一些德军部队从西面逼近内梅尔斯多夫。京特·科朔雷克是第24装甲师的一名老兵，当年8月，他在加利西亚的激战中负了伤。通过手术将弹片从胳膊里取出后，他的伤势得以康复，随后被分配到一个康复连，连里的士兵来自不同的单位——后方人员，没有了军舰的水兵——他们现在被改编为装甲掷弹兵。作为一名在前线获得过勋章的老兵，科朔雷克成了这群没有实战经验者的榜样，他们很快被派上前线。10月10日，全连进入警戒状态，10月21日，他们被一支老旧车辆仓促拼凑起来的车队送上前线，组织起一条临时防线，面对着苏军近卫第11集团军向安格拉普河上内梅尔斯多夫村的推进。

从兵营到新防线的道路上挤满了向西奔逃的难民，他们用手推车和马拉大车携带着自己所能携带的东西。10月21日下午，该连开始向内梅尔斯多夫村进发。一些士兵注意到许多乌鸦和渡鸦聚集在树上，但突然间，他们遭到苏军反坦克炮火的打击。随着夜色的降临，科朔雷克和他的战友们在道路两侧挖掘了战壕，准备于次日对苏军阵地发起进攻。

10月22日出现了薄雾，德国人只能看见村内建筑物朦朦胧胧的轮廓。科朔雷克的连队位于右侧，他们看见其他连队冒着敌人的重机枪和迫击炮火力，从左侧冲了上去。他所在的连队发起冲锋时，敌人的火力已有所减弱，因而他们遭受的伤亡要比其他连队更轻些：

> 对镇内实施扫荡时，我们没有遇到苏军士兵，但我们见到了一些恐怖的场面，镇内满是残缺不全的尸体，这让我想起1944年初，德军后撤期间，我目睹的某些苏军士兵对他们本国百姓犯下的暴行。内梅尔斯多夫村内，一些德国妇女的尸体表明，她们惨遭凌辱后，又被毁尸。在一座谷仓，我们看见一位老人死在谷仓的木门上。另一所屋子里，所有的羽绒垫都被割开，遍地的羽绒中倒着两位妇女。眼前的景象如此可怕，以至于我们的一些新兵惊恐地逃出了屋子。¹⁰

第二天，耶特克上尉的战斗群将苏军清理出内梅尔斯多夫村东面的战壕，随后，他们也进入到这座死村：

俄国人对内梅尔斯多夫和布劳尔斯多夫的进攻显然使德国难民们遭了殃，出现在我们眼前的场景极其残忍。约莫50辆被击毁的大车之间以及200米外的树林边缘，到处都散落着惨遭枪杀的人。而在布劳尔斯多夫村，村内的道路旁有许多遇难者。我目睹了这番场景。我从其他地区的部队那里接到过大量苏军实施暴行的报告，但内梅尔斯多夫的情况尤为严重。[11]

卡尔·波特雷克是进入内梅尔斯多夫村的一名人民冲锋队队员：

……我们数了数，72名妇女和孩子，还有一名老人，总共74人遇难。几乎所有人都被残忍的手段所杀害。我们将这些尸体送至村里的墓地，她们被放在那里，等待一个外国医务委员会的到来。

……第四天，这些尸体被葬入两个墓穴。[12]

尽管遇难者的统计数字不一，但据报告，在内梅尔斯多夫村发现了70余名被杀害的平民。而在东南方8公里处的舒岑瓦尔德村（Schulzenwalde），95人遇难。就德国人在苏联和其他国家实施暴行的规模来看，上述数字并不算多，但沿着进入内梅尔斯多夫村的道路，德国妇女被钉死在十字架上的场景，令耶特克上尉久经沙场的部下以及重新夺回村庄的其他部队深感震惊。无论他们过去见过或参与过怎样的暴行，那都是针对外国人犯下的。耶特克立即将这可怕的发现向师部汇报，这个消息又通过指挥链层层上报。戈培尔意识到这是个宣传的良机，他组织记者以及来自瑞士和瑞典的观察员视察内梅尔斯多夫，去亲眼看看苏军士兵在德国土地上的所作所为。关于这场暴行的纪录片在德国各地播映，意在加强民众抗击布尔什维克游牧部落的决心。

最近出现了重新审核内梅尔斯多夫村事件的尝试，特别是对死者的数目。[13]有证据表明，村内的死者数量被夸大，遇难者数字代表的不仅仅是内梅尔斯多夫村，还包括附近的几个村庄。许多看似亲身目睹的记述，实际上很可

第三章：内梅尔斯多夫·95

能是基于道听途说的传闻，还有些记述是在事件发生数年后才被写下；在这些情况下，对于内梅尔斯多夫村事件的回忆很可能受到当时德国报纸报道的影响。但毫无疑问的是，至少有一些村民被杀害。

对于内梅尔斯多夫村事件，苏联方面的记述几乎只字不提，这并不奇怪。在村子边缘进行了初步抵抗后，内梅尔斯多夫村内的大多数苏军士兵溜进树林向东逃窜，因此很难确定哪个单位应对这起事件负责。尽管戈培尔歪曲了爱伦堡的说法，但这种行为受到纵容甚至鼓励的程度也许永远不为人知。[14]

苏军在内梅尔斯多夫犯下这种暴行有许多原因。1944年7月，苏联红军解放了马伊达内克灭绝营，他们被迫参观这座营地，目睹了纳粹政权犯下的罪行，强化了他们对敌人的仇恨。关于马伊达内克灭绝营的新闻被广为传播，尽管苏联媒体刻意淡化了这座营地的作用：这是一座消灭犹太人的灭绝营。苏联的官方观点是，苏联人民在战争中遭受的苦难远比其他国家为甚，任何与之违背的看法都将被摒弃。对苏联宣传机器来说幸运的是，马伊达内克灭绝营实际上并不仅仅是一座犹太人灭绝营，在这里被消灭的人来自各个种族。马伊达内克灭绝营的新闻强化了苏军士兵已被强化的仇恨，就像一名苏军士兵证实的那样："我不得不说战争让我改变了许多……战争并未使人们变得脆弱。相反，它让他们变得更加冷漠、更加粗野、更加残酷。这是个事实。"[15]

另一名士兵写道：

我们的士兵对待东普鲁士并不比德国人对待斯摩棱斯克更加残暴。我们对德国和德国人无比痛恨。但对恶贯满盈的德国人来说，这是他们咎由自取。你只需要想想马伊达内克……德国人在马伊达内克的冷血行径比这恶劣一千倍。[16]

由于苏军在马伊达内克灭绝营的发现被广泛传播到全世界，德国人在内梅尔斯多夫拍摄的纪录片并未引起国外的关注，这就毫不令人感到奇怪了。

无论以什么标准来看，苏军在内梅尔斯多夫周围犯下的罪行都令人震惊，但并不比德国人在苏联被占领土上的所作所为更加恶劣。实际上，科朔雷克的个人记述里包含了另外一些有趣的内容——德国军队穿过苏联领土后撤时，有时候会遇到类似的场景，他们被告之，这是从这里经过的苏联红军或游击队犯下的罪行。在某些情况下，这是实情，因为苏联人对那些涉嫌与法西斯侵略者勾结的人惩处得相当严厉，无论是平民还是军人；但有些时候，这些罪行是德军后方部队犯下的，通常是保安师或其他一些从事反游击战的单位，他们对游击队员以及一切被视为支持游击队的人展开无情的打击。不过，内梅尔斯多夫村事件最骇人听闻的特点也许是暴行的极端性，这些暴行手段就连德国军队里身经百战的士兵们也为之震惊不已。这是苏军首次踏上他们所痛恨的法西斯分子的领土，这些法西斯曾给他们的家园造成过严重的破坏，在他们心中，复仇的欲望无比强烈，已难以抑制。对目睹这些行为的德军士兵来说，对听到这种报道的其他人而言，所得到的信息非常明确：苏军侵入德国领土，会让德国百姓遭受到一种可怕的命运。尽管这也许会让许多德军士兵下定决心奋战到底，以保护他们的人民免遭苏联红军的报复，但这也会让德国百姓以更加惊恐的目光望向东方。如果苏联红军再次发起推进，这些百姓就会尽快抓住机会趁早逃离。（译注：为确保著书立场的公正、客观性，作者试图为苏军的暴行找到合理的解释——报仇。但他显然忽略了苏军在波兰、匈牙利、中国、南斯拉夫等地也曾犯下类似的罪行，而这些行径完全无法以"复仇欲"来解释。）

不出所料的是，德国新闻纪录片并未对纳粹党做出指责。在苏军到来前及时安排疏散，这本来就是党的职责，但科赫却把这些举措斥为失败主义。内梅尔斯多夫及其周边村落的居民为此付出了可怕的代价。实际上，宣传攻势的后果之一是：德国民众开始质疑为何没有实施疏散。

战斗尚未结束。切尔尼亚霍夫斯基再度尝试对施洛斯贝格及其周边的德军阵地施加压力。自战役开始以来，德军第1步兵师已被逼退了25公里，但进攻方也在这片地面上付出了惨重的代价。德军击毁了苏军近130辆坦克和突击炮，据他们的个人记述声称，战场上布满苏军步兵的尸体。经过短暂的停顿并实施重组后，尼古拉·克雷洛夫的第5集团军于10月28日发起最后一次突击，第39集团军在其右翼提供支援，将战线延伸至希尔菲尔德（Schillfelde）的梅梅尔河，而第28集团军的一部位于其左翼。尽管再次进行了猛烈的炮火准备，但这场进攻还是失败了，战线稳定下来。

对席特尼希的第1步兵师来说，这场战役也许是他们最辉煌的时刻。一连十二天，他们抗击着兵力占据优势的敌军的反复进攻，并给对方造成毁灭性伤亡。席特尼希本人也因为冷静的指挥在师里树立起自己的威望。但第1步兵师的损失也很高昂，特别是无从弥补的军官和经验丰富的士官。师属侦察营营长在南翼的战斗中阵亡，他的继任者罗尔贝克中尉采取了一连串积极的行动，从一个支撑点退至另一个支撑点，一有机会便发起坚决的反击，这使他在当年11月获得了骑士铁十字勋章。但这个实力虚弱的步兵师能否顶住敌人的下一轮进攻尚有待观察。

苏军的进攻已使他们获得了一条长而窄的东普鲁士土地，从北面的希尔菲尔德到南面的戈尔达普。在戈尔达普附近，苏军战线形成一个突出部，依然威胁着安格拉普河河谷，霍斯巴赫决定消灭这个突出部。这场行动由第5装甲师前任师长德克尔指挥的第41装甲军执行（译注：第41装甲军军长并非德克尔，而是赫尔穆特·魏德林，德克尔指挥的是第39装甲军）。戈尔达普周围，小规模战斗仍在持续，封锁该镇的是几支德军临时部队。镇内的苏军知道德国人即将发起进攻，他们部署起大炮和反坦克炮，以加强防御。

戈尔达普周围的地形对进攻不太有利，德国人的行动计划数次更改。最后，第5装甲师和元首掷弹兵旅的装甲掷弹兵营奉命从北面对戈尔达普镇发起进攻，而第50步兵师，在元首掷弹兵旅装甲燧发枪手营的支援下，从南面展开行动。在立陶宛和贡宾嫩南面持续不断的作战已令第5装甲师的实力严重受损；到11月1日，该师只剩下12辆四号坦克、21辆黑豹和87辆半履带车。

11月2日晚间，第5装甲师进入戈尔达普西北方的阵地。一两天前，德军军官和军士们已对这片地区进行过侦察，但大雪导致这里的地形地貌难以被识别，因而造成了一些混乱。午夜前，一切准备就绪。德国人没有准备实施炮击，部分原因是为了达成进攻的突然性，但火炮难以拖入阵地以及无法确保充足的弹药，这恐怕也是原因之一。不管怎样，进攻于11月3日零点10分发起，各进攻部队自行组织起炮火准备：

大炮和身边的装甲车辆猛烈开火后，我们出发了，一边行驶一边朝着前方胡乱射击，因为根本无法识别出雪地上的目标。为首的坦克和半履带车碾上了地雷，但我们还是到达了苏军的第一道战壕，这条战壕似乎被他们匆匆放弃。向前推进时，我们进入到一道战壕体系中，俄国人在这里实施着顽强的抵抗。在一条战壕，克勒赫尔中尉……发现自己被俄国人包围，但通过一场近距离激战，他还是驾驶着半履带车冲了出去。指挥第3连的迈斯纳中尉碾上一颗地雷，脚部受了重伤。夜里，降雪有所减小，我们这才得以弄清自己所处的方位，并对各个混乱的连队实施重组。俄国人进行着零散的抵抗。到达戈尔达普湖后，我们向南前进，赶往戈尔达普镇。11月3日的拂晓到来时，我们看见戈尔达普镇就在两公里外。在左侧的树林边缘，我们匆匆部署了几辆坦克实施防御，然后，主力部队继续向戈尔达普镇冲去。很快，我们到达戈尔达普河上的一座桥梁，这条河流由西向东穿过镇子的北部边缘，就在这时，传来一声剧烈的爆炸，俄国人在我们的眼皮下炸毁了桥梁。在坦克和半履带车火力的掩护下，掷弹兵们跨过残余的桥梁冲入戈尔达普镇。桥梁右侧被撕裂，皮尔希上尉的工兵对其加以稳固后（后来又进行了重建），我们的坦克和半履带车得以驶过这座桥梁。戈尔达普镇迅速落入我们手中。一些俄国人还在漂亮的房屋里呼呼大睡，有些人喝得烂醉如泥。[17]

德军从北部发起的突击取得了巨大的成功。而在南面，元首掷弹兵旅的装甲燧发枪手营朝着戈尔达普镇前方突出的高地冲去，与此同时，格奥尔格·豪斯少将的第50步兵师赶往该镇的南侧。装甲燧发枪手营随即遭到猛烈的火力打击。这里是一片沼泽地带，并不适合于这样一场突击；德国人曾希望冬季气候能将地面冻结，但此刻的地面状况依然泥泞不堪。面对遭遇到的伤亡，营里的军官和军士们徒劳地试图让他们的半履带车再次向前挺进。

第50步兵师的士兵们取得的进展更加轻松些。在一辆装甲列车的支援下，他们打垮了苏军的防御，迅速与戈尔达普镇东面的第5装甲师取得会合，随即在这里构设起防御阵地。一连两天，他们多次粉碎了苏联红军突入镇内与被围部队会合的企图。该师曾在波兰的奥索维茨（Ossowiec）以顽强的防御赢得过赞誉，现在，他们在戈尔达普镇东面白雪皑皑的地面上又击毁了42辆苏军坦克。

戈尔达普镇内及其周边，遭到包围的苏军部队在11月5日结束前被彻底消灭。此刻，这座风景如画的小镇已沦为一片废墟。德军装甲部队被步兵单位接替后逐渐撤回到预备地区实施整顿。这是德雷克最后一次与自己的老部队一同战斗。他随后被调至西线指挥一个步兵军，但没能在这场战争中生还下来；他的军被包围在"鲁尔口袋"中，德雷克没有投降，而是选择了自杀。（译注：德雷克并未担任步兵军军长，而是和第39装甲军军部一同调至西线参战。）

沿东普鲁士边境展开的战斗给予交战双方一个明确的指示：摆在他们面前的将是什么。对德国人来说，击退苏军的突击令他们感到满意，但被内梅尔斯多夫、舒岑瓦尔德和布劳尔斯多夫发生的恐怖事件冲淡。德国军队的作战表现也令人担忧。第5装甲师、第1和第50步兵师这些老牌部队打得很好，但都遭受到严重的人员伤亡。元首掷弹兵旅的战斗力稍差些，并在军官和士官方面付出了高昂的代价。而对切尔尼亚霍夫斯基来说，此次战役不啻为一场惩罚。西线，德国军队在法国遭遇到惨败后渐渐稳定住他们的防线，蒙哥马利以伞兵突袭阿纳姆，试图达成一场速胜，但德军的顽强抵抗表明，盟军快速推进的日子结束了。而在东线，切尔尼亚霍夫斯基得到了同样的教训。这里的德军已撤至他们精心构设的主防线，苏军突击部队没能取得进展，甚至在那些最初的炮击已逮住前线德军部队的地区亦是如此，他们无法确保获得成功，特别是面对诸如德军第1步兵师这样的老牌部队时。

设想一下，如果切尔尼亚霍夫斯基将他的进攻与巴格拉米扬向梅梅尔的推进协调起来会发生怎样的情况呢，这一点耐人寻味，因为德国人在这两场战役中都使用了第5装甲师和"赫尔曼·戈林"装甲师，如果苏军同时发起这两场进攻，就能有效地防止这一点。但这种协调配合可能已经超出苏军的后勤补给能力，因此，要么让切尔尼亚霍夫斯基提前发起行动，要么将巴格拉米扬的攻势延后。前一个选择会使切尔尼亚霍夫斯基的军队在准备不足的情况下投入战斗，而后一个选择会让巴格拉米扬冒上立陶宛气候恶化的风险。"巴格拉季昂"攻势后，对后撤中德军的穷追猛打结束了。苏军对东普鲁士的后续进攻将遭遇到顽强的抵抗。

1. A·索尔仁尼琴，《古拉格群岛，1918年–1956年》
2. H·弗莱舍尔（编），《第276突击炮大队战史》，第66–68页
3. 发起进攻的是伊万·伊里奇·柳德尼科夫中将的第39集团军，主要是第94步兵军，该军得到坦克第266旅的加强。柳德尼科夫刚刚接替别尔扎林出任集团军司令员。
4. 希特勒，引自K·迪克特和H·格罗斯曼的《东普鲁士之战》，第63页
5. A·雷格尼特尔，《骑士炮手》，第20页
6. 同上，第21页
7. 近卫坦克第25旅和步兵第4团
8. H·施佩特尔，《"大德意志"装甲军军史，第二卷》，第437–439页
9. A·D·冯·普拉托，《第5装甲师师史》，第367页
10. G·K·科朔雷克，《不要忘记苦难的岁月》（中文版为《雪白血红》），第435–436页
11. 耶特克，引自冯·普拉托的《第5装甲师师史》，第367页
12. A–M·德·扎亚斯，《波茨坦复仇者》，第63–64页
13. T·欣茨，《内梅尔斯多夫：罪行的新观点》
14. 索尔仁尼琴，《古拉格群岛，1918年–1956年》，第21页
15. A·阿隆诺夫，引自C·梅里戴尔的《伊万的战争》，第260页
16. 缴获的邮件，引自C·梅里戴尔的《伊万的战争》，第261页
17. 耶特克，引自冯·普拉托的《第5装甲师师史》，第370页

第四章
最后一个圣诞节

东线必须自救,只能以其现有的力量设法应付。

——阿道夫·希特勒[1]

随着秋季转为冬季,东普鲁士前线的战斗平息下来。激战令双方筋疲力尽,也使战线向西推移了数百公里,从白俄罗斯和乌克兰的腹地进入到德国领土。只有匈牙利和北面的库尔兰包围圈,激烈的战斗仍在继续。

斯大林很不情愿地同意了苏军放缓攻势。他的本意是希望红军继续进攻,但朱可夫坚决反对,他的观点占据了上风。1944年11月,白俄罗斯第1方面军和位于南面,伊万·科涅夫的乌克兰第1方面军被指定为即将发起的进攻的主力部队。他们将利用"华沙—柏林轴线",对东线德军展开一场决定性打击。行动准备期间,朱可夫坚持认为他那些受损严重的部队需要时间实施重组、征募新兵、维修受损的装备并为这场决战做好准备。

对苏联来说,在许多方面这都是取得辉煌胜利的一年。最终的胜利就在眼前,东线战事的混乱性增加了苏联获胜的可能性。库尔兰和匈牙利的战斗将德国军队牵制在远离前线关键地区,远离苏军进攻主轴线的地方。这些问题已在11月初被加以详细讨论。朱可夫和科涅夫的方面军将获得大批坦克,以便为他们发挥关键作用提供支援。他们的北翼引起了苏军决策者们的高度关注：朱可夫的部队向西挺进时，将与东普鲁士德军戒备森严的防线的南部边缘擦身而过。因此，对苏军冲入德国心脏的主攻来说，孤立、歼灭东普鲁士的德国军队至关重要。

与此同时，德国军队也进行了重新部署。"大德意志"师撤出梅梅尔，在东普鲁士实施重建。该师与最近刚刚组建的"勃兰登堡"装甲掷弹兵师合兵一处，构成了"大德意志"装甲军。在东线拥有杰出作战记录的第83步兵师被调离库尔兰后派往托恩（Thorn），在那里，该师获得了补充兵。库尔兰地区的战斗使第83步兵师只剩下7 000余人；师里的军医官向师长威廉·霍伊恩中将报告，至少有10%的补充兵根本不适合前线服役，应该立即将他们遣散。[2]

11月底，第7装甲师也从梅梅尔登陆场撤离，胡贝尔和他的战友们登上一艘名为"沃尔塔"的货轮向南而去，这艘货轮沿着泽姆兰半岛的海岸彻夜行驶，赶往皮劳，又从那里驶入柯尼斯堡的航道，在那里，第7装甲师第25装甲团的人员和坦克离船登岸，随即从码头赶往不远处的兵营，他们将在那里过夜：

在柯尼斯堡城内的短暂行程令我们深感震惊。这里只剩下废墟。左右两侧遍布瓦砾，一片空荡荡的黑暗。这座城市最近肯定遭受过一场猛烈的轰炸。轰炸机已将一切变为硝烟和灰烬。美丽的柯尼斯堡！驱车穿越街道时，浓浓的硝烟味包围着我们。每个人都想起家乡的亲人。那里的情形是否和这里一样呢？他们在给我们的信中经常提到空袭——尽管我们在前线并未遭遇过这种情况，但我们对此并不陌生。[3]

除了1941年间苏联空军几架飞机进行过规模微小的轰炸外，柯尼斯堡的毫发无损一直保持到1944年8月。8月26日-27日夜间，英国皇家空军的174架"兰开斯特"（涉嫌侵犯了中立国瑞典的领空）对这座城市展开轰炸，三天后又实施了一场更加猛烈的空袭。第二次空袭投入189架"兰开斯特"，但只投下487吨炸弹，因为这些飞机已达到它们的最大作战半径，不过，柯尼斯堡遭受的破坏相当严重。这些飞机投下致命的高爆弹和燃烧弹，对历史悠久的市中心发起打击，并将条顿城堡、教堂、学校和许多著名地标建筑炸成一片瓦砾。

城内3 500名居民身亡，许多人的住宅遭到部分破坏。第一次空袭中，德国人的高射炮击落4架"兰开斯特"，他们随后加强了防空力量，在第二次空袭中击落15架轰炸机。

预计到即将到来的进攻，城内的一些居民已被疏散至乡村。格蕾特尔·多斯特，这个来自弗里德里希施泰因村，曾对玛丽昂·登霍夫参观她所在的学校留下深刻印象的小姑娘，现在成了一名护士，在城里的一家私人诊所工作，夏季时，诊所从柯尼斯堡迁至菲施豪森（Fischhausen），这座小镇位于普鲁士首府的西面。多斯特和她的同事们对搬迁深感高兴，因为她们发现诊所就设在一座军医院旁，这样就有许多时间结识军方人员。艾丽卡·摩根施泰因出生于1939年，她和她的母亲及妹妹被送至阿尔门豪森（Almenhausen）的一座农场：

一个美好的夏日，没有任何死亡或痛苦会到来的迹象——至少在阿尔门豪森没有，几名妇女站在村内的街道上，怀里或手中抱着她们的孩子。此刻已吃罢早饭，但还没到中午，太阳高高地挂在空中，一天中这个时刻的聚会极不常见。我的母亲也加入到那群抱着孩子的妇女们当中。沉默、悲伤，每个人都望着一个方向，可那里通常没什么可看的，除了田野。但今天，那里出现了一些别的东西。地平线以上的天空，很大一部分被染成深红色。这是一幅可怕的景象，仿佛是鲜血升入到空中。一名妇女说道："柯尼斯堡在燃烧。"[4]

东普鲁士的其他地区也遭到空袭。蒂尔西特被苏军飞机轰炸过数次，边境线上的另一些镇子同样如此。战争的大多数岁月里，居住在西部、身处英美轰炸机航程内的德国同胞一直对东普鲁士的居民们羡慕不已；但现在，英美空中力量的长臂已经能伸至这里，而苏联空军也已近得足以随时发起空袭。

尽管如此，与德国其他地区相比，东普鲁士在1944年底依然没有受到战火的太大破坏。这里的农场继续进行着卓有成效的工作，尽管其劳力依靠的是来自战俘营的俘虏。有些俘虏自战争开始时便被俘，已在同一片农场上工作了数年。他们中的许多人几乎被努力经营农场的德国妇女视为家人，因为她们的男人大多上了前线。党下达了严格的命令：波兰人和其他战俘必须与德国居民隔离开。但农场生活的现实使许多农民对这种指令根本不予理会，就像一位农夫对送到他这个农场参加劳动的一个姑娘所说的那样：

不允许扬去下一个村子，也不许他去教堂。他不该听收音机，也不该看报纸。他不能跟我们睡在同一屋檐下，他必须拿上饭菜到他居住的工棚里去吃。他们告诉我们不能跟他太过"亲善"，发生这种情况会被处以高额罚款。可我要说，"去他妈的！"他更像是家里的一名成员；一个人从老远的地方来这里辛勤工作，我可不会像对待牲畜那样对待他。你要留神，施蒂勒先生是乡村检查员，是党的人，他们说他是个真正的希特勒狂热分子；你知道，这也是"希特勒万岁"，那也是"希特勒万岁"；他在场的时候，我就朝扬喊上几句，以便让施蒂勒先生相信我对扬采取了严格的管束。[5]

东普鲁士的农场是德国得以继续维持下去的重要组成部分，每年能生产数百万吨农产品——这些农场生产的粮食比整个荷兰还要多。肉类、乳制品和鱼类（一些富有成效的小船队从波罗的海的港口处捕捞而来）确保了东普鲁士人即便在普遍实施配给制的年代依然能获得相对较好的伙食。

难以判断德国民众此刻的心情，特别是对那些从未不幸生活在一个极权国家里的人来说更是如此，在这样的国家里，所有交流形式都在政府的严格控制下。民众们已掌握了德国命运岌岌可危的充分证据——德国的各个城市反复遭到轰炸，每一个家庭都在不同的前线失去了自己的亲人。东普鲁士的东部边缘已被苏联红军占领，当然，所有人都知道内梅尔斯多夫村事件，并对布尔什维克的进一步推进担心不已。柏林，这座城市从未热情地拥抱过纳粹主义，在圣诞节即将到来时，就该买什么圣诞礼物这个永恒的话题流传着一个残酷的玩笑：太太们得到建议，"务实点，送一具棺材吧。"另外一些人，例如持不同政见的玛丽昂·登霍夫，所看到的结局只有一个，但他们如何能自由地探讨这些问题，这一点尚值得商榷。战争导致的死亡人数不断增加，几乎没人能幸免于难：

杜特克夫人……是个自信的人，但也是个谦虚、优秀的女人。她养猪，并对自己多年来保持的全勤深感自豪。她和她丈夫辛勤工作了一辈子，因此，他们的孩子应该过上更好的生活。他们的次子在法国阵亡，长子是一名军士，是个优秀、正直、可靠的小伙子，世界上的任何一支军队都将他这样的人视为骄傲：他迟早会当上军官，所有的苦差事都将是值得的。

可是，这一天并未到来；相反，1944年秋季的一天，我看见杜特克夫人穿过庄园的院落，两只手上各拎着一个水桶。这位漂亮的女人苍老了许多，神情恍惚，简直就像行尸走肉。"天哪，杜特克夫人，出了什么事？"她用呆滞的目光望着我，放下水桶——突然，她张开双臂搂住我的脖子，哭泣着喊道："卡尔死了！今天刚得到消息。现在一切都完了。我们的生活还有什么意义啊！"[6]

前线的许多士兵也已对前景不抱任何幻想：

从前线将领到德国国防军最高层，对事实的判断完全错误，因此，对这些领导者军事指挥能力的信心发生了深深的动摇……这毫不奇怪。现在所要做的只是全力挽救这场毫无意义的战争中无辜的受害者，使他们免遭受到苏联煽动家驱使的红军的报复。[7]

公开谈论这种事情就是让自己受到"失败主义"的指控而被送上军事法庭，因此，大多数士兵即便在小圈子里谈论起来也保持着小心谨慎。不过，也有些人认为，尽管形势看起来很严峻，但仍有希望获得一个有利的结局：

我们在12月18日收到一份令人吃惊的报告。我们在西线的军队，在阿登山区发起了一场反击。强大的陆军部队和坦克单位已将美国人逼退。我们希望能在西线获得一场决定性胜利。我们的士气振作起来。这就是我们得到的补给如此之少，在东线不得不让出大片土地的原因——西线部队正在准备发起一场进攻！

几天后，广播里传来德国空军取得的胜利。昨天击落了600架敌机！所以，战争的潮流发生了逆转。[8]

德军发起阿登攻势，完全出乎盟军和大多数德国人的意料。德国军备生产能力在1944年秋季最后的爆发中，达到了前所未有的水平，数个师被重新装备起来，准备投入战斗。古德里安等人希望将这些部队投入东线，以支撑脆弱的前线，但希特勒却将赌注压在西线最后一场攻势上。阴云密布的天空使盟军战机无法升空，德军突击部队起初取得了不错的进展，但在战役初期遭到包围的美军部队顽强抵抗，迟滞了德军的行动。最终，这场进攻在距离默兹河不远处陷入停顿，那里是德国人的一个重要目标。随着天色放晴，盟军空中力量开始发挥出致命的影响。这场攻势令德国人付出伤亡80 000人的代价，并未获得太多的收益。

德国空军在1945年元旦发起的进攻也谈不上是一场巨大的胜利。他们计划对盟军机场展开一次秘密空袭，旨在尽可能多地摧毁地面上的盟军战机。大多数德军飞行员直到行动发起的当日清晨才获知确切的任务。拂晓后，德军飞行员发起偷袭，行动似乎取得了毁灭性的胜利：460架盟军飞机被摧毁或受损。但机场的高射炮火力比预计得更加猛烈，另外，担任巡逻任务的英美战斗机也给返航的德军战机造成沉重的损失。更糟糕的是，为确保行动的保密性，德军高射炮部队未被告知此次行动。看见大批飞机从西面飞来，他们朝着自己的飞行员开炮射击，这也增加了德国空军的伤亡。德国人总共损失270架飞机，但最重要的是，211名飞行员丧生。而另一方面，尽管盟军在装备上遭到严重损失，但他们的飞行员几乎毫发无损。待新飞机送至前线（尽管需要几周时间），他们便能毫无困难地恢复行动。而德国空军却相反，经验丰富的飞行员的损失无法弥补。此后，他们再也无力发起这种规模的行动。

在给德国人民的新年贺词中，希特勒没有流露出对前景的任何怀疑：

数百万各种职业、各种背景的德国人，男人和女人，小伙子和姑娘，甚至包括孩子们，已拿起锹铲投入到劳动中。数千个人民冲锋队营已组建完毕或正在组建。各个师重新获得装备。人民炮兵军、火箭炮旅、突击炮大队和装甲部队已投入部署，各战斗机中队再次获得了新飞机的补充和更新，特别是德国的工厂，男女工人的努力取得了非凡的成果。通过这种方式，无论我们的敌人摧毁了什么，这些损失都已被超乎常人的勤奋和英勇的勇气所恢复，这种情况将继续下去，直到有一天，我们的敌人会发现他们已无计可施。同胞们，这将被视作二十世纪的奇迹！在前线和后方付出了无穷的努力，遭受到无尽的厄运，这样的民族绝不会倒下。他们会克服这场严峻的考验，会比历史上的任何时期更加强大。[9]

至少在某种程度上，希特勒说的是实情。德国的坦克产量在1944年12月达到顶峰，他们制造出1 854辆坦克和突击炮，几乎相当于1941年全年产量的一半，足以装备几个装甲师。但这是德国军工生产最后的激增，希特勒的军备部长阿尔贝特·施佩尔清楚地知道，原材料已所剩无几。德国已没有足够的铜来生产他们所需要的数量庞大的子弹，有时候只能用钢来代替。这些钢制子弹更容易卡壳，造成一些额外的问题。德国的钨也发生短缺，这就导致穿甲弹的质量较差，有时候甚至无法使用。

各处的德国士兵和百姓都对承诺中的Wunderwaffen（神奇武器）寄予厚望，这些神奇的新武器将扭转战争态势。新式突击步枪现在已被广泛使用，官方报告频频提及德国空军新式飞机的出现，特别是喷气式战斗机Me–262和以火箭为动力的Me–163。伦敦的大部分地区已感受到V–1和V–2火箭轰炸的威力，另一些威力更大的武器即将出现的暗示也不断出现。但它们能及时投入使用吗？

整个东线，德军高级将领们利用他们所剩无几的时间组织起对新兵的训练，准备防御阵地并考虑着严峻的前景。京特·埃马努埃尔·巴尔图蒂斯是一名补充兵，他被派至"赫尔曼·戈林"伞兵装甲掷弹兵师的第16伞兵团（现在已更名为第3团），这个师的实力已恢复到接近满员的状态。分配到该师的补充兵，既有一些前空军人员，也有像巴尔图蒂斯这样的新兵。他们在因斯特堡附近集结时，惊讶地听到了一名板着脸的中尉对他们的问候："请注意，任何一个行动迟缓或怯懦不前的人都会被送上军事法庭，我绝不会心慈手软。"[10]

巴尔图蒂斯和他的战友们被直接送上前线，他们在那里忍受着泥泞、大雨滂沱的条件——为减少负荷，他们被送上前线时穿着夏季军装，上级向他们保证，冬装会及时送来。但在接下来的两个月里，冬装并没有出现。就在这段日子里，由于不断浸泡在雨水和泥泞中，巴尔图蒂斯患了战壕足。

巴尔图蒂斯所在的团据守的防线位于达肯村西面，元首掷弹兵旅曾在这里遭遇过苏军坦克部队，这里的地面上散落着一些被击毁的车辆残骸。德军士兵不时遇到一些在过去的战斗中阵亡的人，这些死尸已渐渐沉入泥泞中。逃跑到敌人那一边已成为常态，另一些较轻的过失也会遭到严厉的惩处。巴尔图蒂斯的连长绍尔少尉被派到一个军事法庭，返回连队后，他对巴尔图蒂斯讲述了他的经历：

有一个年仅18岁的士兵,他的父亲是我们军里的一名上校,这个小伙子由于掠夺罪被判处死刑,因为他在一场反击中,在废墟里捡了块被丢弃的手表。绍尔少尉反对这一指控,最后干脆拒绝参加庭审,法庭被迫休庭,这也许救了那个小伙子一命。法庭庭长指责绍尔少尉"拒不服从命令",并将这起事件汇报给团长,要求立即给绍尔下达传票。但事与愿违,团长雷布霍尔茨中校没有作出任何责备,他只是轻轻地摇了摇头,并明确指出,他认为这种做法既没有必要,也毫无意义。绍尔少尉没有受到任何惩处。[11]

冬季,巴尔图蒂斯所在的连队不断遭受到伤亡,两人自杀,两人被处决(一个是因为开小差,另一个是因为自伤),还有两个人试图自伤时出了岔子,结果送了命。巴尔图蒂斯注意到,所有伤亡,包括死于敌狙击手枪下,主要发生在新兵身上,而不是连队里所剩无几的老兵。[12] 新兵们拙劣的技能令师长和军长深感震惊,他们建议将该师撤离前线,并进行强化训练;但由于前线几乎没有可用的预备力量,这种方案根本无法部署实施。

德军士兵努力改善着他们的掩体,这些掩体既是工事也是他们的家。他们需要所能得到的一切保护;德军情报部门对双方实力做出评估,认为苏联红军在步兵上的优势为11:1,坦克是7:1,而大炮则为20:1。希特勒拒绝接受这些评估,并将之嘲笑为"自成吉思汗时代以来最大的虚张声势"。但目前,除了"中央"集团军群,东线的另一些问题也令希特勒感到担忧。

1944年8月,对德国在巴尔干地区的存在来说,这是个糟糕的月份。保加利亚先是宣布中立,随后又迫于苏联的压力对德国宣战。一直以来,保加利亚对德国的战争努力做出的贡献并不大,但这场背叛造成的政治影响却很大。罗马尼亚也以一种更加戏剧性的方式叛变了。与苏联进行秘密谈判后,罗马尼亚人倒戈,守卫在德国第6集团军两翼的两个罗马尼亚集团军为苏联红军让出了通道。1942年斯大林格勒战役期间,据守德军侧翼的罗马尼亚军队被苏军击溃,结果导致第6集团军被包围,现在,这一幕再次上演,不下20个德军师的残部被包围在基什尼奥夫(Kishinev)附近。成功突出包围圈的人寥寥无几。10月份,匈牙利政府最终决定向逼近中的苏联红军秘密投降,德国人设计了一场政变,安排亲纳粹的匈牙利十字箭党掌握政权。匈牙利境内残存的犹太人中的大多数，布达佩斯城内及其周边约有7万余人，被赶入一块0.3平方公里的区域，随后又于11月和12月期间被迫赶往奥地利边境。许多人在途中被冻死。

10月16日，第337人民掷弹兵师奉命在华沙附近接管匈牙利第5预备师的防线。匈牙利人将被解除武装，汉斯·于尔根·潘特纽斯和他的同僚们对这个任务深感厌恶，因为他们已跟这个匈牙利师建立起密切的关系：

> 没有大张旗鼓，我只身赶往纳托林（Natolin），向匈牙利师长说明了情况和我的任务，并请他交出身上的配枪，我倒不是担心自己的安全，而是怕他举枪自杀。这位师长的眼中噙满泪水，陷入彻底的无助中，他不能，也不愿下达任何命令，只是默默无语地将手枪递给我。他的副官……按照我的指示签署了换防、解除武装、拘禁等一系列命令。由于事先讨论过换防问题，阵地布防图也已准备妥当，因此这一行动执行得比较迅速，毫不费力。当然，匈牙利士兵不明白他们为何被解除武装，和他们的师长一样，他们对此感到紧张不安。但这并未妨碍军官和军士们将他们交出的武器装备认真登记列表。
>
> 集团军、军或师一级，我不知道究竟是谁下达了解除匈牙利士兵武装的命令。难道那些高层指挥官们真的认为这个师会投靠波兰人？如果他们事先问问"前线"，换句话说也就是我们的师长或第337人民掷弹兵师几位团长的意见，我们肯定会告诉他们，我们从未怀疑过匈牙利人的战友情谊。但上级并没有征询下属们的看法。可就在当天，又传来一道截然相反的命令。收缴的武器立即发还给匈牙利师，停止拘押该师人员的行动，这个师将于次日被运回匈牙利。整件事弄得乱七八糟。我现在的任务是把最新情况通报给仍留在纳托林的那些"同袍"，并带着遗憾的表情将他们的武器一一归还。匈牙利人很高兴，因为他们很快就要回家了……我们的师长气得几乎说不出话来。[13]

与此同时，苏联红军从东面逼近了匈牙利。斯大林也许已经批准暂停攻入波兰和普鲁士的行动，但他敦促几个实力强大的乌克兰方面军冲向布达佩斯。他的几位方面军司令员徒劳地要求暂缓进攻，以便重整军队，但实际上，进攻的不连贯性反而对他们更加有利。如果苏军对布达佩斯发起一场精心准备的进攻，可能早已取得胜利，希特勒也会被迫接受这个无法避免的事实，但苏军对匈牙利首都的一连串推进导致德军不断向这片地区增派部队，甚至从波兰和东普鲁士抽调了至关重要的装甲预备队。截至12月中旬，匈牙利首都处在一个突出部内，其两翼都受到威胁。党卫队"迪尔勒旺格"旅在该城北面被击溃，这个旅曾在镇压华沙起义时获得过可怕的名声。就在实力锐减的守军疯狂重组以恢复防线之际，乌克兰第2方面军和乌克兰第3方面军的铁钳开始合拢。12月26日，他们在布达佩斯东北方的埃斯泰尔戈姆（Esztergom）会合。匈牙利首都和城内的188 000名德军士兵被包围。希特勒拒绝接受这座城市已守不住的事实，命令守军继续抵抗，并将部署在波兰的装甲预备队（党卫队第4装甲军）派往南面。为加强防御，东线的许多地段已遭到削弱，而最新的这一举措使至关重要的华沙—柏林轴线变得异常脆弱。

更糟糕的事情发生在1945年1月。阿登攻势被迫放弃后，原本应该为"中央"集团军群提供重要预备力量的几个武装党卫队师，却被派往匈牙利发起另一场救援。不过，就目前而言，党卫队第4装甲军的抽离还是给莱因哈特的"中央"集团军群留下一个装甲师和两个装甲掷弹兵师充当装甲预备队。要命的是，集团军群的前线形成了一个突出部，危险地伸向东面，仿佛在邀请敌人对其两翼发起打击，这道防线已岌岌可危，因为冬季的严寒冻结了纳雷夫河（Narew）和博布尔河（Bobr）周围的沼泽地，苏军坦克此前一直无法在这些地区通行。霍斯巴赫发现他身后的马祖里湖区（Masurian Lakes）现在成了空降兵理想的着陆区，德军工兵不得不临时构设障碍，使用农机具将树干垂直插入冰冻的湖面。

在及时安排当地居民疏散、对人民冲锋队做出适当部署这些问题上，当地党组织与德国军方的合作并不密切，甚至不太情愿，这给戈尔达普和贡宾嫩周围的战斗造成了麻烦。现在，这里又出现了第三个机构，这就使事情有可能变得更加复杂。奥托·拉施将军被任命为第一军区司令，该军管区对东普鲁士的大多数事务负有监督权。拉施并不隶属于莱因哈特的集团军群，而是对担任补充军司令的海因里希·希姆莱负责。拉施是西里西亚人，但他的妻子来自东普鲁士，他这一生中的大多数时间在东普鲁士度过，1935年重新加入军队前，他曾在林克（Lyck）和森斯堡（Sensburg）当过警察。拉施在电话中获知自己将被派往东普鲁士时，他正在法国，即将出任第64军军长：

"为什么选我，我只是个前线军人？"

"正因为如此才选您，东普鲁士的态势太过危急。"

我对此疑虑重重，特别是对大区领袖科赫，我跟他几乎没打过什么交道，但他作为一个狂热的国家社会主义者，在战前曾给我留下过令人不太愉快的印象。我还知道前两任军区司令都在他的坚持下被撤换，因为他认为他们没有以国家社会主义者应有的方式展开工作。面对这位手眼通天者的轻率干涉，我是否能顺利履行自己的军事职责，这一点实难预料。[14]

他发现柯尼斯堡城内的居民情绪低落，不时满怀惧意地向东面张望。纳粹对异议人士的镇压已趋疯狂。例如，盖世太保将阿伦施泰因（Allenstein）的一对夫妇拘押了数周，仅仅因为他们的管家揭发他们做出了对希特勒的负面评价。拉施试图让这对夫妻获释，但却徒劳无获。阿伦施泰因落入红军手中时，他们仍被关在盖世太保的监牢里。[15]

拉施在莱因哈特与大区领袖科赫之间努力扮演着某种"调解人"的角色，但他发现，科赫与希姆莱之间根深蒂固的敌意使他的工作进一步复杂化。对拉施来说幸运的是，战争的这一阶段，希姆莱负责的事情实在太多，很少有时间插手东普鲁士事务。有时候，受到围攻的拉施觉得自己完全孤立无援，但令他稍感安慰的是身边的参谋长，上校冯·聚斯金德–施文迪男爵，他曾与拉施一同服役于第217步兵师，1943年的大部分时间里，拉施都在该师担任师长。

拉施的一个主要任务是为前线的各个师寻找补充兵。他已花了三四周时间，设法将空军和其他机构腾出的人员训练成能用于前线作战的士兵。他敏锐地意识到这些新兵的准备工作极不充分："我们不得不将这些训练了一半的年轻人送上前线，我对此心情沉重。"[16]

为提高这些士兵的作战素质，前线各部队也组织起额外的训练任务。一些Waffenschulen（武器学校）被组建起来，对那些使用支援性武器的士兵加以训练；其中的一个单位会在新的一年里发现自己卷入到激烈的战斗中。与此同时，另外一些士兵获准回国休假。在贡宾嫩东北方的战斗中指挥第276突击炮大队的弗里德里希·施蒂克上尉就是其中之一：

> 战争的这一阶段，对大多数休假者来说，远离前线的日子并不令人感到安宁；他们经常会觉得沮丧，而不是安慰：轰炸机不分昼夜的空袭，随处可见的弹坑，来自前线的坏消息，许多亲属或熟人丧生、受伤或失踪！[17]

在前线，德国军队多次试图对苏军的准备工作加以破坏。其中的一个行动，代号为"雪花"，于1945年1月5日和6日进行。第5装甲师的一部，在第367步兵师的支援下，将对东普鲁士旧边境线附近发起进攻，以缩短罗斯普达湖（Rospuda）附近的防线。德国人知道苏军坦克预备队驻扎在这片区域的某个地方，希望以这场进攻迫使对方投入战斗，从而暴露其位置，进而为德军掌握对方的意图提供线索。德军的主攻由第5装甲师的一个装甲掷弹兵团担任，一个黑豹装甲营和一个坦克歼击车单位为其提供支援。他们将从277高地冲向罗斯普达湖北端的扎皮埃讷（Sapiene），黑豹装甲营与师装甲战斗群的其他单位将从那里继续向东南方攻击前进。

德国人在1月5日发起的进攻完全出乎俄国人的意料。事实证明，冰雪覆盖的崎岖地形，大批埋设下的反坦克地雷，对德军造成的妨碍远甚于苏军的抵抗，尽管如此，德国人还是迅速完成了赶往罗斯普达湖的半数里程。在这里，第5装甲师投入了他们的装甲战斗群，该战斗群不仅要对付敌人越来越顽强的抵抗，还要设法克服完全不适合装甲车辆行驶的地形。黄昏到来前不久，他们到达了位于罗斯普达湖南端的沃尔卡（Wolka），随即遭遇到猛烈的反坦克炮火。一大群苏军坦克出现在南面，从非里波夫（Filipow）向西推进；就在这时，德军的黑豹装甲营赶到了，他们已完成帮助装甲掷弹兵团到达湖边的任务，现在得以冲入苏军坦克部队的后方，打乱了对方的行动。

德军装甲战斗群发现，自己正位于一个伸向东南方的突出部的顶端，东面和南面的苏军部队越来越多。他们试图向西拓宽突出部，但未能成功，因为他们遭遇到一片密集的雷区。一队受损的半履带车被送往后方，与此同时，装甲战斗群的指挥官请求上级批准后撤。后撤的要求获得允许后，战斗群指挥官命令黑豹营和一个装甲掷弹兵营先行撤离，留下一些四号坦克和另一个装甲掷弹兵营担任后卫掩护。此刻，苏军步兵已渗透进德军战斗群的后方，德国人后撤时，双方在这片多山的乡村地带展开一场混战。在某些情况下，受损的车辆被完好的车辆拖离，只有在战斗不可避免时才会松开缆绳。[18]

克莱内是第367步兵师的一名士兵，他所在的团也参加了"雪花"行动。他描述了这场行动的最后时刻：

第5装甲师的坦克和半履带车退了回去，有些车辆上搭载着阵亡者和重伤员。俄国人的对地攻击机来回飞行，用机载武器对后撤中的德军士兵和坦克展开打击。有时候他们也投下小型高爆炸弹，炸弹的数量非常多，以至于从远处望去，就像是从空中落下一群群蜜蜂。人员和物资的损失不轻，因为俄国人的实力相当强大。但这场"侦察任务"结束了。

我应该提及的是，第1营营长冯·普林茨中校在这场进攻中阵亡。他的营必须夺取一座山丘，而守在山上的俄国人配有机枪和迫击炮。冯·普林茨中校无法呼叫我方的迫击炮和大炮轰击敌人的据点。他的营穿过开阔地进入敌人的迫击炮和机枪火力射程时，突然遭到猛烈的火力打击，显然受到严重损失。结果，对这座山丘的进攻被取消，全营撤了下去。冯·普林茨中校显然认为这是一场惨败，其后果是他的营无法承受。他端起一支突击步枪，穿着他那件亮绿色皮大衣，朝苏军防线冲去，直到被俄国人的一颗子弹击中。他的尸体无法抢回。[19]

1月初，OKH（陆军总司令部）参谋长海因茨·古德里安对东线进行了视察。他经历了一个令人沮丧的圣诞节。12月24日，他提出疏散库尔兰和挪威地区的德国军队，但这个建议遭到拒绝，次日，希特勒命令党卫队第4装甲军从波兰南下，赶去救援布达佩斯。没有替代部队被派往波兰。1月5日，在"南方"集团军群司令部，古德里安从奥托·韦勒元帅那里获悉，救援布达佩斯的进攻行动失败了（译注："南方"集团军群司令奥托·韦勒的军衔是步兵上将，而非元帅）。尽管韦勒一向以头脑冷静而著称，但此刻的他无法掩饰心中的忧虑。武装党卫队第4装甲军军长赫伯特-奥托·吉勒将军，曾在很长一段时间里指挥过党卫队"维京"装甲师（其前身为装甲掷弹兵师），深受部下们的尊敬。他率领"维京"师参加过乌克兰的一系列艰苦战斗，表现优异，特别是在库尔斯克战役结束后的后撤期间以及1944年初的切尔卡瑟包围圈战役。第一次尝试突入布达佩斯的战斗使他的军付出了伤亡3 000多人的代价。吉勒通常都是个充满自信的乐天派,但当古德里安问及这场失败的进攻时,他冷漠地耸了耸肩,回答道:"我们已不再拥有1940年的兵员素质。以前我用两个人,甚至一个人就能做到的事情,现在需要三个人。"[20]

结束这场令人沮丧的会晤后,古德里安又赶往克拉科夫(Cracow)会见A集团军群司令约瑟夫·哈佩将军。哈佩和他的参谋长沃尔夫迪特里希·冯·克叙兰德中将已制订了一个代号为"雪橇滑行"的行动,他们将从维斯瓦河后撤20公里,到达一条缩短了近100公里的新防线。如果采取这一调整,集团军群就可以挡住苏军从距离西里西亚边境不远处发起的一切攻势,冯·克叙兰德对此深具信心:"通过这种办法,我们所能做到的仅限于此。不过,上西里西亚的工业区可以继续从事生产,敌人会被挡在德国领土外,帝国的上层领导就有时间通过政治谈判来扭转军事态势。"[21]

古德里安完全知道"上层领导"对政治谈判的建议会作何想,他答应跟希特勒商谈此事,但又提醒哈佩不要对此抱以太大的希望。哈佩低声回答道:"他也许会解除我的职务,但我只是尽到自己的职责而已。"[22]

当天晚上,古德里安打电话给"中央"集团军群司令莱因哈特,他的司令部设在阿伦施泰因附近的瓦腾堡(Wartenburg)。莱因哈特也认为应该有序地撤至一条更短的防线,特别是霍斯巴赫的第4集团军。他还敦促希特勒做出干预,迫使科赫允许平民实施疏散。德国空军那里也没有什么好消息。在东普鲁士,里特尔·冯·格赖姆大将第6航空队的实力已大打折扣。他告诉古德里安,面对实力越来越强的苏联空军,自己所能做的只是保护主要的公路和铁路线。

又与德军西线总司令格尔德·冯·伦德施泰德元帅进行了一番长谈后,古德里安于1月9日在泽根堡(ziegenberg)将一份严峻的情况汇总呈交给希特勒。这场会晤果然像古德里安预料的那样发生了激烈的争执,希特勒拒不接受向他汇报的这些情况,古德里安不依不饶,他再次提出及时疏散挪威和库尔兰守军以腾出兵力时,希特勒勃然大怒。会谈结束时,希特勒宣称:"东线此前从未有过像今天这般强大的预备力量。这都是您的功劳,我要感谢您为此所作的一切。"古德里安回答道："东线就像一座纸牌屋，如果前线的某一地段遭到突破，整个防线就将崩溃。"[23] 希特勒的结束语表明他难得地接受了现实："东线必须自救，只能以其现有的力量设法应付。"[24]

在最后时刻撤离前线，退至一道精心设防的主阵地，这种战术目前被德国人广泛使用，但这要求主阵地远离前沿阵地，以避开苏军进攻发起前的炮击。预备队必须留在更远的地方，以便为饱受重压的地段提供支援，而不必承受苏联红军炮火齐射的猛烈打击。对奋战在东线的士兵们来说不幸的是，希特勒坚持认为，前线主阵地与部署预备队的后方地区之间的距离无论怎样都不能超过15公里。这就意味着苏军不可避免的攻势到来时，德国军队没有实施机动的自由。

战争的这一阶段，赖因哈德·盖伦将军的"东线外军情报处"（这是德国军事情报局负责东线事务的分支机构）想方设法对苏军的能力和意图做出准确的评估。情报评估主要基于三个不同的信息来源：审讯俘虏、拦截无线电通讯和空中侦察。尽管仍能抓获俘虏，但审讯需要时间，而且这种信息来源有其不可靠性。在任何情况下，苏军团和营一级的指挥员通常只在行动发起的两天前被告知作战计划，而且，他们很少掌握更高级别的情况。因此，他们的士兵知道得更少。一般情况下，每个苏军指挥员只知道所属单位的任务，例如，连长知道营里的任务，而营长知道团作战任务，这就进一步限制了审问俘虏的价值。

自苏军在斯大林格勒成功发起攻势以来，红军对无线电通讯实施了越来越严格的政策，对那些发射功率强大到足以被德军防线侦测到的电台，他们严令对其使用加以管理。事实上，苏联红军现在故意用无线电信息来误导德国人。每当一支部队撤出前线时，接替他们的单位会继续使用同样的呼号，防止德军监听者由此发现部队的变更。有时候，虚假的无线电通讯会给人造成部队正在集结的印象。

由于德国空军的实力逐渐下降，德军的空中侦察也日渐式微。尽管目前德军侦察飞行的可能性大为减小，但苏联红军依然高度重视部队的伪装，因此，就算德国侦察机出现在空中，也不大可能看到些什么。B·塔尔塔科夫斯基中尉介绍了一些伪装措施："登陆场很小，但驻扎着许多部队。坦克停在三四米外。首先，我们把它们涂成白色。然后，我们将伪装网盖在坦克上。最

后,我们会用树枝抹掉坦克在雪地上留下的履带印。"²⁵

苏军军官会花很大的精力检查本单位的伪装效果:

> 我们把坦克从维斯瓦河东岸调至西岸,进入登陆场,行动只在夜间进行,分组、分时间段实施。与此同时,大炮轰鸣,飞机呼啸而过,以此来掩盖坦克的动静。我记得,全旅刚刚集结完毕,军参谋长把我叫去,将我介绍给一名飞行员:"马上去机场,登上飞机,从你们旅上方飞过去,看看从空中看你们的阵地情形如何,然后立即采取伪装措施。"我必须承认,这是我第一次乘坐飞机飞越桑多梅日登陆场。我还能怎么做呢?……我从空中检查了全旅的部署,察看了战士们按照我们的指示所做的伪装工作。情况很糟糕。从空中望去,每辆坦克都能看得一清二楚。²⁶

尽管如此,德国人还是通过所掌握的情报获知,苏军拥有数量可观的预备力量,即将投入对德军防线的进攻中。盖伦早在1944年10月便预计到苏军会冲向维斯瓦河下游,以此孤立东普鲁士,1945年1月5日,他又报告道,等待已久的进攻将于1月中旬打响。俄国人的进攻将分成两股,一股冲向西里西亚,另一股直奔格劳登茨(Graudenz)和托恩。苏军攻势的目标位于纵深处,德军对付这场突击的唯一办法是手上必须拥有强大的预备力量。²⁷前线的性质(主要沿几条大河布设,伫立着几个大小不等的苏军登陆场)使得预测苏军进攻点相对容易些。跨过一条大河发起进攻,哪怕河流已经封冻,这种情况不大可能,因此,苏军会从登陆场内发起攻击。但德国人并不知道每座登陆场内苏军部队的详细情况,因而只能猜测对方的每股突击会有怎样的强度。

尽管东线外军情报处描绘的画面极为严峻,但实际上,现实情况更加糟糕。德国人一直低估了苏联的军工生产。1944年,苏联生产出惊人的29 000辆坦克和突击炮。另外,苏联还从美国获得了400 000辆卡车和吉普车,他们的步兵由此获得了一定程度的机动性,这是德国人无法与之相比的。这场新攻势的主攻交给白俄罗斯第1方面军和乌克兰第1方面军执行,他们将穿过波兰,沿华沙—柏林轴线推进,目标是奥得河流域,最终是柏林。这场突击的北翼,由白俄罗斯第2、第3方面军提供掩护,他们将完成对东、西普鲁士的征服。罗科索夫斯基的白俄罗斯第2方面军接到的命令是,沿东普鲁士的南部边界推进,将其隔断,然后转身向北,沿维斯瓦河赶往波罗的海沿岸;该方面军随后将构成朱可夫白俄罗斯第1方面军向奥得河下游推进的北部力量。

苏军的进攻准备工作进行得一丝不苟。燃料和弹药被组织起来,以便为进攻部队提供再补给。1 200列货运列车搭载的物资堆积在前线后方,已做好给各个部队的准确分配。充足的燃料和弹药被分发下去,这使每部作战车辆得到了2.5个基数。为坦克部队提供支援的工兵单位也已被组织起来,车辆维修组跟随在进攻部队身后。损坏的战车将被拖至受损车辆集结区加以维修,以便让这些车辆尽快重返前线。

参战部队接受的政治教育也很彻底。爱伦堡对德国人的谩骂不断加剧,几乎已达到神圣的程度;与其他各种废纸不同,苏军士兵从来不用登有他文章的报纸卷烟。正如我们见到的那样,爱伦堡越来越偏激的言论往往被认为是内梅尔斯多夫惨案和其他类似事件的幕后推手:

> 杀!杀!德意志民族没有好人,都是恶魔!活着的德国佬,已出生的德国佬,都是恶魔!听从斯大林同志的教诲。一劳永逸地将法西斯野兽消灭在它们的老巢里!使用武力,打破德国女人的种族傲慢。把她们作为你们合法的战利品。杀!当你们奋勇向前时,杀,你们是威武的红军战士。[28]

毫无疑问,肯定有另一些也许更加重要的因素涉及其中,但爱伦堡这些言论(肯定得到了上级部门的批准)在更大程度上燃起了苏军士兵复仇的欲望。爱伦堡的大多数文章刊登在《红星报》上,报社的编辑就某些文章跟作者发生了争论,但斯大林迅速介入,他告诉编辑们:"不必修改爱伦堡的文章,他愿意怎么写就怎么写。"

有一句话一次次出现在下发给部队的公告上,是关于正义的问题:"士兵的愤怒在战场上非常可怕。他不仅在寻求战斗,他也是民族正义法庭的化身。"[29] 许多苏军士兵毫不怀疑他们在德国的所作所为是为德国人在苏联犯下的罪行寻求正义:

我已经写信告诉你,我在德国。你说我们应该把德国人对我们所做的一切在德国上演。正义的审判已经开始;他们将永远记住我们的军队在德国领土上的这场进军,永远。[30]

尽管许多苏军士兵认为他们进行的是一场将欧洲被奴役的人民从纳粹暴政下解放出来的战斗,但他们的整体情绪依然是报复。在对部队所做的最后动员中,切尔尼亚霍夫斯基宣布:"不存在荣誉的问题,法西斯分子的土地必须被毁灭。"[31]

关于苏军进攻发起时间的策划问题仍存有争议。起初,这场攻势似乎计划在1月20日日左右打响,但苏联方面的资料来源后来声称,行动提前是为了缓减西线盟军在阿登地区遭受的压力。这好像不大可能,因为阿登战役在这个阶段的态势已转为对盟军更加有利。苏军发起进攻的时间似乎更有可能由以下两个因素决定。第一个因素是气候。1月4日,一股高压系统在芬兰上空形成。风力转向东北方时,欧洲东北部的气温骤降。地面硬化,形成了对苏军快速推进有利的条件。第二个因素是即将于当年2月份在雅尔塔召开的盟国会议。斯大林希望在会晤罗斯福和丘吉尔前,确保他提出的波兰、普鲁士、波美拉尼亚和西里西亚的解决方案成为既成事实。

1. 阿道夫·希特勒
2. R·蒂曼，《第83步兵师师史》，第282页
3. J·胡贝尔，《如此真实》，第110页
4. E·摩根施泰因，《生存比死亡更难》，第54–55页
5. M·马金农，《赤裸年代：成长于纳粹德国》，第147–148页
6. M·登霍夫，《再无人提及的名字》，第21页
7. H·绍夫勒，《维斯瓦河上的坦克》，第19–20页
8. J·胡贝尔，《如此真实》，第113–114页
9. E·基泽，《但泽湾，1945》，第11页
10. G·E·巴尔图蒂斯，《败局》，第13页
11. 同上，第53–54页
12. 同上，第84–85页
13. H·J·潘特纽斯，《东线的最后战役》，第54–55页
14. O·拉施，《柯尼斯堡的陷落》，第24页
15. 同上，第27页
16. 同上，第31页
17. H·弗莱舍尔（编），《第276突击炮大队战史》，第70页
18. A·D·冯·普拉托，《第5装甲师师史》，第372页
19. B·克莱内，《记忆消失前》，第68–69页
20. E·基泽，《但泽湾，1945》，第12页
21. H·阿尔芬，《西里西亚之战，1944–1945》，第39页
22. E·基泽，《但泽湾，1945》，第13页
23. H·古德里安，《闪击英雄》，第387页
24. 同上，第388页
25. B·塔尔塔科夫斯基中尉，引自格兰茨，第38页（译注：原书未给出格兰茨的书名）
26. A·斯米尔诺夫上校，引自格兰茨，第28–29页
27. 东线外军情报处（1），81/45 gKdos，5/1/1945，引自D·格兰茨的《战争艺术文集》，第285页
28. I·爱伦堡，分发给红军士兵的传单，1944年10月
29. C·梅里戴尔，《伊万的战争》，第261页
30. C·梅里戴尔，《伊万的战争》，第262页
31. A·D·冯·普拉托，《第5装甲师师史》，第372–373页

第五章
纸牌屋——庞大的一月攻势

你只要对着房门踢上一脚,
整座腐朽的建筑就将轰然坍塌。

——阿道夫·希特勒[1]

波兰和东普鲁士冬季的气候有很大的差异。如果盛行风留在西面或西南面,尽管比较温和,但气候通常会很潮湿。如果风力转向北面或东北面,温度就会快速下降。1月份,寒冷的气温落在欧洲东北部,迅速冻结了道路。雪花纷飞,有些地方下得很大,已开始化冻的湖泊和河流再次冻结。对一场坦克攻势来说,条件非常完美。地形较为平坦,几乎没有天然障碍。坚硬如铁的地面上难以挖掘防御阵地,冰冻的河流无法阻挡步兵的前进。一旦突破德军前沿防线,快速推进的前景就将再度出现。

整个东线沿着一系列河流延伸。北面,德国第3装甲集团军在蒂尔西特两侧面对着涅曼河对面的波罗的海沿岸第1方面军,然后沿东河(Ostfluss)向南通往希尔菲尔德(Schillfelde)。从这里,白俄罗斯第3方面军替代了波罗的海沿岸第1方面军,前线穿过一片旷野,进入到一个和缓的突出部,这个突出部是切尔尼亚霍夫斯基十月攻势的产物,面对着贡宾嫩和戈尔达普。劳斯将军的第3装甲集团军几乎没有预备队——其麾下唯一值得一提的装甲部队是第5装甲师，该师集结在因斯特河上游，目前拥有68辆可用于作战的坦克，另外23辆正在修理。除此之外，该师还有36辆新型四号坦克歼击车，这种坦克歼击车上配备着黑豹坦克使用的长身管75毫米主炮，但它没有炮塔，火炮以固定方式安装。这种战车的设计成败参半。一方面，它装有一门威力强大的火炮；但另一方面，车上搭载的弹药非常有限，另外，长长的炮管伸向车辆前方，这使它在树林和建筑物间难以实施机动。四号坦克歼击车的机械可靠性也有些常见的问题，尽管其原因不太清楚。它的底盘和引擎与四号坦克完全一样，整个战争期间一直在使用，具有良好的可靠性。看上去似乎是在战争的最后几个月里，德国战车的制造质量已不如前几年。车组人员也不断抱怨发动机油低劣的质量，这至少对一些机械故障负有责任。

在贡宾嫩附近，据守德军防线的是第4集团军，这条防线再次依水道延伸，在这里是罗斯普达湖和博布尔河。霍斯巴赫手里的预备队也很少。北面，汉斯-霍斯特·冯·内克尔将军的第1"赫尔曼·戈林"伞兵装甲师位于前线后方15公里处。该师目前拥有80辆可投入战斗的坦克，另外65辆正在维修。南面，马祖里湖区与前线之间，霍斯巴赫部署了两个师，分别是"勃兰登堡"装甲掷弹兵师和第18装甲掷弹兵师。前者是一个新组建的师，以"勃兰登堡"师几个不同的团构成。勃兰登堡人此前从未以一个师的形式服役过，通常是以营级兵力投入部署，执行的大多是偷袭、反游击或"特种部队"的任务。他们现在成为刚刚得到扩充的"大德意志"装甲军的组成部分，但在该军组建前，"勃兰登堡"师已接到解散的命令。由于需要将一个师派往稍南面的威伦贝格（Willenberg）—霍热莱（Chorzele）地区，"大德意志"装甲军里唯一做好战斗准备的部队，原先的"大德意志"师，奉命南下。这一调动使得原先的集结区内只剩下勃兰登堡人，而他们很快也接到了开拔令——鉴于南面的态势恶化，该师于1月13日奉命赶往安格尔堡（Angerburg），以便搭乘火车前往罗兹（Lodz）。由于各处的情况越来越混乱，没有充足的火车可供使用，该师直到1月19日才完成这一调动，在这危急的六天里，"勃兰登堡"装甲掷弹兵师无法投入旧防区或新阵地的战斗中。更糟糕的是，希特勒莫名其妙地将另一个装甲师派往几乎截然相反的方向，其结果是，苏军发动进攻时，东线寥寥无几的装甲部队中，两个单位无法投入战斗。

为确保"大德意志"装甲军在罗兹地区的行动中拥有足够的兵力,几乎在同一时刻,第1"赫尔曼·戈林"伞兵装甲师也被派往罗兹。与"勃兰登堡"装甲掷弹兵师一样,最关键的几天,第1"赫尔曼·戈林"伞兵装甲师在火车上度过,他们到达得太晚,除了被卷入整个波兰南部的大溃逃外,几乎做不了什么。就这样,"中央"集团军群被抽调了两个宝贵的装甲师,而赶往南面的这两个师到达得太晚,对A集团军群也没起到太大的帮助。

第4集团军的另一支预备队是第18装甲掷弹兵师,该师在1944年夏季的灾难中几乎全军覆没,1944年9月获得重建。到1945年1月时,这个师仍远远谈不上是一支深具凝聚力、组织完善的部队。师里的装甲营没有坦克,但他们有31辆突击炮,另外还有类似数量的突击炮处于维修状态。至于该师师长约瑟夫·劳赫,这是他第一次担任师级指挥官。

还有一支预备力量是驻扎在马祖里湖区西面的第23步兵师。1944年秋季,这个师在波罗的海近海岛屿遭到重创,目前仍处于重建状态。严格说来,拉施将军的第一军区并未将这个师交还给集团军,而且,第23步兵师目前的实力勉强够一个团。

德国第4集团军与第2集团军结合部的南面,苏联白俄罗斯第2方面军在罗赞(Rozan)占据了博布尔河上的一处登陆场。第二个登陆场位于稍南面,普乌图斯克镇(Pultusk)将这两座登陆场分隔开。整个冬季,德国人眼睁睁地看着红军在这两座登陆场内稳步集结起兵力。毫无疑问,这两个登陆场将成为苏军大规模攻势的发起地。唯一的问题是,他们会在何时发动进攻。面对这两座登陆场的是魏斯将军的第2集团军,他的麾下也有两支重要的预备队。"大德意志"装甲掷弹兵师正向南赶往横跨波兰—普鲁士边境的一片地区。该师依然是一支实力强大的部队,他们拥有84辆坦克,包括19辆虎式坦克,另外73辆坦克正在维修。师里的坦克歼击营还有38辆性能出色的"追猎者"坦克歼击车。不幸的是,这些车辆超过三分之一无法使用。

稍南面,胡贝尔和第7装甲师的战友们集结在齐青劳周围。胡贝尔所在的连队驻扎于城外的一个村庄,住在波兰人家里:

他们不想知道俄国人的一切——他们听说过苏军士兵犯下的暴行,他们知道一旦俄国人到达这里,别指望能从他们那里得到什么好处。波兰百姓这种友好的想法自然让我们从对于战争结局的思考中摆脱出来。波兰人对我们能否获得最终胜利、补给状况能否尽快好转抱有很大的怀疑,我们在私下里也这么认为。你能看出,他们对事态的发展与我们告诉他们的情况截然不同而感到焦虑。很多东西你不能说——说出自己的内心想法非常危险。[2]

波兰人与德国占领者之间这种友好的关系是否普遍存在,这个问题难以判断。在波兰的某些地区,两个民族之间的关系相当友善,但在另一些地区却存在着无情的敌意。第7装甲师目前拥有66辆可投入战斗的坦克,但与所有德军装甲部队一样,他们面临着零配件短缺的问题,另外,师里的许多车辆正处于维修状态。

第5装甲师、第1"赫尔曼·戈林"伞兵装甲师、"勃兰登堡"装甲掷弹兵师、第18装甲掷弹兵师、第23步兵师、"大德意志"装甲掷弹兵师和第7装甲师,这7个师构成了"中央"集团军群的全部预备力量。盖伦和东线外军情报处曾建议准备大批预备队应对苏军即将到来的进攻,但即便这7个师齐装满员,这股预备力量也不够。他们目前的状态都很虚弱,再加上其中的两个师被调往别处,这就使他们所能做的充其量只是迟滞苏军的推进。

苏联红军付出了巨大的努力,以误导德军情报部门对东线各登陆场内苏军实力的判断,格兰茨对这种努力做出了全面性探讨。[3] 在北面,德国人成功地识别出波罗的海沿岸第1方面军辖内的第43集团军沿涅曼河布防。他们还判断出白俄罗斯第3方面军部署了7个集团军。[4] 这番判断相当准确,反映出这片地区近期发生的激战——这些部队与他们的德国对手多次交锋,因此,彼此间都很熟悉。不过,德军情报部门没能发现苏军坦克第1军的存在,他们认为该军仍远在北面的里加附近。

再往南,德国人发现了白俄罗斯第2方面军的5个集团军,[5] 还有一个集团军来自白俄罗斯第1方面军。[6] 他们也知道突击第2集团军和近卫坦克第1军部署在前线稍后方。但罗科索夫斯基已将第70集团军安排在他的左翼,这一点未被德国人发现。更加重要的是,德国人不知道实力强大的近卫坦克第5集团军已被部署在前线后方的准备区域。

即将到来的战役在很大程度上取决于地形。北面的东普鲁士防线将使苏军的任何重大突破付出高昂的代价，就像切尔尼亚霍夫斯基在1944年10月发现的那样，普雷格尔河（Pregel）和稍南面马祖里湖区的山谷非常适合防御战。但是，除了桑多梅日登陆场北面的一些高地外，整个波兰的地形平坦而又开阔。华沙西北面游击队出没的森林将成为德军横向移动的障碍，因而对苏军有利。

苏联红军参差不齐地发起了他们的攻势，各个方面军在不同的日期展开进攻。这是一种经过深思熟虑的策略——德国人要么在掌握苏军攻势的规模和目的前仓促投入他们的预备队，要么推迟预备队的投入，直到整体态势变得清晰起来，但这样一来又会延误战机。苏军原定于1月20日发起的进攻行动被提前至1月初。官方的理由是为了帮助西线盟军，但真正的原因依然存有争议，正如前面探讨过的那样，对于气候条件的考虑可能在关键时刻发挥了重要作用。

最初的打击于1月12日落在南面，科涅夫的乌克兰第1方面军在华沙南面180公里处冲出桑多梅日登陆场。科涅夫的炮兵指挥员伊万·谢苗诺维奇·瓦连尼科夫拥有巨大的资源可供使用，他在每公里前线上部署的大炮多达300门，并配有充足的弹药。乌克兰第1方面军已将大批部队塞入登陆场，经过一场极其猛烈的炮击（这给防线上的德军造成25%的伤亡），科涅夫的部队蜂拥而出，冲向德军防线。第一天的战斗结束前，德军防线上出现的缺口宽达50公里。瓦尔特·内林将军的第24装甲军设法将一些部队集中在凯尔采（Kielce），但他们被苏军大潮绕过。内林坚守到1月16日，随后下令朝西北方后撤。他们不知道其他德军部队的准确位置，这只"漂流的大锅"开始了一场史诗般的跋涉，行军主要在夜间进行，还要设法避开苏军部队。

朱可夫的白俄罗斯第1方面军最初的进攻不那么壮观，但同样威力惊人。进攻发起前一个小时的炮火准备落在雾色弥漫的德军阵地上，随着雾气渐渐消散，硝烟和尘埃升入寒冷的空中，遮蔽了进攻者和防御者的视线。1月14日结束前，位于马格努谢夫登陆场（Magnuszew）北侧的苏军部队已夺取了皮利察河（Pilica）上的渡口，尽管他们遭到"城市战学校"工作人员的顽强抵抗，这所学校是去年秋季，潘特纽斯所在的第337人民掷弹兵师在华沙开办的。华沙北面，苏军的炮击迅速打乱了德军前线与后方之间的一切联系。第73步兵师的一个营发现自己被隔断，但还是设法将苏军的试探性进攻击退，并抓获了一些俘房。作战记录中指出，这些俘虏无处关押，只好把他们塞进装土豆的地窖，但记录里没有提及这些俘虏的最终命运。[7]由于无法跟其他单位取得联系，营长下令部下们杀开血路逃回德军防线。营部的一小群人员最终成功逃生。

潘特纽斯和他的团步行撤往华沙南面25公里处的塔尔琴（Tarczyn）。他们在那里遇到另外一些撤下来的德军部队，其中包括一个重型榴弹炮连、一个高射炮单位和两个配备着88炮的反坦克连，由于燃料短缺而滞留在镇内。1月16日，该镇受到威胁时，潘特纽斯和几位炮兵指挥官别无选择，只能将这些宝贵的大炮炸毁，因为他们实在无法将它们带走。[8]潘特纽斯的团再次步行出发，赶往西北方，他们知道，苏军坦克已出现在西面。这些疲惫的士兵在一片小树林中休息时，幸运地遇上了与第251步兵师失去联系的四辆突击炮。在齐利斯（Chylice）附近，一支苏军侦察部队从潘特纽斯他们前方穿过，赶往东北面。潘特纽斯立即派那四辆突击炮，在一个步兵连的支援下，从后方对苏军侦察队展开攻击，与此同时，团里的其他部队继续后撤。[9]没过多久，他与"城市战学校"的工作人员取得会合，然后便遭遇到苏军坦克：

> 我乘坐着"大众"桶式车跟最后一个营在一起，就在这时传来了激烈的交火声，其间夹杂着坦克炮弹的爆炸，我们很快发现，敌人的一群T-34追了上来。这些坦克显然来自苏军的一个坦克营，他们被派来增援遭到伏击的侦察大队。苏军坦克打垮了"城市战学校"布设的反坦克防御阵地，朝着我们冲来。冰冻的地面对双方都很有利。我那些部下立即散开，车辆也朝各个方向驶去。当时的苏军坦克没有炮塔稳定装置，在行进中开炮没有太大的准头，但对士气的影响显而易见，德军士兵的后撤沦为一场溃逃；这里无遮无掩，稀疏的灌木丛和树木很难遮掩视线，我们的反坦克单位试图干掉那些坦克，他们发射了几发"战车噩梦"（一种反坦克火箭筒），但收效甚微。我试图将四散奔逃的士兵收拢……只获得部分成功。尽管我那辆"大众"车的目标很大，但我们没被击中，佩珀驾驶着车辆在这片开阔的地形上忽左忽右，这就意味着敌人的坦克无法瞄准我们。完全出乎意料的是，一个"追猎者"连突然出现，成了我们的救星，他们立即投入到打击T-34的战斗中。这些"追猎者"的行动迅速、敏捷，俄国人的T-34完全无法与他们相比。这群坦克歼击车的射击精确度明显高于俄国人，几辆T-34被

击毁，剩下的转身逃离，再也不见了踪影。这就是战争最后一刻的好运。[10]

在这些"追猎者"的陪伴下，潘特纽斯和他的残部继续向西北方后撤。其他部队没有这么幸运，在苏军坦克部队的冲击下，不是被打垮就是四散溃逃。

南面，内林"漂流的大锅"缓慢地继续着他们的逃生之旅。对这股德军来说幸运的是，气候对他们有利，下着小雪，还有薄雾。另外，苏军向西推进的坦克部队与步兵单位之间存在着许多缺口，这就给后撤中的德军部队提供了可乘之机。36个小时后，在凯尔采北面40公里处，内林发现强大的敌军部队正位于他的后撤路径上。他率领部队转身向西时，得到了深受欢迎的增援，赶来的是赫尔曼·雷克纳格尔第42军的残部；雷克纳格尔已命令部下们摧毁重装备，步行突围。他麾下的5个师，只有第342步兵师战斗力尚存。

对内林来说，另一个巨大的奖励是在奥德罗瓦兹（Odrowaz）发现了一个完好的军队补给站，他们剩余的车辆在这里将油箱加满，至少消除了一个担心。1月18日–19日夜间，内林又得到另一个鼓舞，他终于恢复了无线电通讯，并与身处波兹南（Poznan）的空军将领汉斯·塞德曼取得联系。塞德曼无法告知内林苏军部队的准确位置，但他至少能让其他德军部队知道内林战斗群的存在。[11]"漂流的大锅"继续后撤，他们在夜间行军，白天隐蔽在所能找到的藏身处，整个队伍沿着公路至少延伸出去50公里。

危机在前线蔓延开来。从华沙通向西面的各条主干道现在已被苏军近卫坦克第2集团军切断。位于波兰首都附近的德军部队，在第46装甲军的支援下，试图于1月16日撤至第二道防线，以加强目前由虚弱的第391保安师守卫的阵地。德国人采取的行动有些矛盾之处，一方面要确保后撤路线的畅通，另一方面又要炸毁布祖拉河上的桥梁，以免落入苏军手中。燃料短缺对后撤中的德军部队造成影响，第337人民掷弹兵师炮兵团的一部在华沙附近被苏军追上，随即遭到歼灭。[12]希特勒刚刚获悉第9集团军即将后撤的计划，立即给"华沙要塞"司令弗里德里希·韦伯中将直接下达了命令：不惜一切代价守住华沙。对韦伯和他的部下们来说幸运的是，这道命令来得太晚，已无法执行。他们已经把许多无法带走的重装备炸毁，其中包括他们的大多数反坦克炮。希特勒将怒火发泄在前线将领们身上。第9集团军司令斯米洛·冯·吕特维茨男爵从前线被召回，特奥多尔·布塞将军接替了他（译注：吕特维茨后来担任第85军军长）；第46装甲军军长瓦尔特·弗里斯将军和"华沙要塞"司令韦伯中将被逮捕后送交军事法庭。弗里斯将军得到奥托·冯·克诺贝尔斯多夫将军的巧妙辩护，被无罪释放；韦伯接到命令已为时过晚，但他没有要求澄清这个问题，结果被判玩忽职守罪。不过，尽管柏林下达了惩罚性指令，但他还是逃过了死刑。

混乱的命令继续从柏林传至前线，但已无法跟上战场态势的发展。最后，第46装甲军的大多数兵力跟跟跄跄地退至布祖拉河防线，不过，朱可夫的坦克部队夺取了河上的登陆场，导致这道防线已无法据守。苏联红军逼迫着后撤中的德国人退往维斯瓦河，德军渡过该河，沿着北岸向西撤退，试图抢在敌人到达前赶至普沃茨克（Plock）。这个镇子遭到苏军的猛烈攻击，1月20日，第337人民掷弹兵师被迫撤往维斯瓦河北岸。

"大德意志"装甲军的部分部队于1月16日赶至罗兹地区。"勃兰登堡"装甲掷弹兵师到达后被零散地投入部署，他们误以为东面还有德国军队存在。当天晚上，苏军先头部队怒吼着冲过勃兰登堡人的阵地，没用几分钟便将德国人打散。冯·绍肯本人于1月18日到达罗兹，他知道，自己的两个师仍在陆续赶来，这两个师太过分散，无法实现太多的目的。他手上的主力部队，"勃兰登堡"装甲掷弹兵师，步兵力量已折损大半。他也知道内林的突围队伍正设法向他靠拢，因而考虑过率部向东推进，与内林取得会合；但有消息称，苏军已对罗兹西南方的谢拉兹（Sieradz）构成威胁，这迫使他不得不做出决定。"勃兰登堡"师和"赫尔曼·戈林"师的全体单位将在罗兹南面集结，然后撤往谢拉兹附近的瓦泽河流域（Warthe），他们将在那里坚守到内林到达。在两翼已被苏军绕过的情况下，冯·绍肯尽可能地放缓后撤速度，1月22日，"勃兰登堡"师装甲战斗工兵营营长弗里德里希·米勒–罗赫霍尔茨上尉与内林"漂流大锅"的先头部队取得了会合。[13]

内林的这股部队，大批散兵游勇落在身后，用了好几天时间才渡过瓦泽河。但他们的磨难并未结束，冯·绍肯的阵地已被苏军迅猛的推进绕过，因此，他们还将继续漫长的后撤。1月26日，这支合兵一处的部队终于到达奥得河上的渡口。靠近奥得河时，内林的部下们从一支难民队伍旁经过，这些难民已被苏军坦克超越。被摧毁、碾碎的汽车和大车扔在路旁，难民们的尸体散落在四周。[14]

截至1月底，科涅夫和朱可夫的方面军已完成了从维斯瓦河登陆场发起的决定性突破，希特勒固执己见，要求德军的集结尽量靠近前线，这给俄国人帮了大忙，他们的炮击给德国人造成了严重的损失。尽管一些德国军队（内林和绍肯的部队是其中规模最大、最出名的单位）成功地杀开血路向西突围，但他们几乎无法实施有效的抵抗。朱可夫的军队从波兰中部迅猛穿过，包围了他们的目标——波兹南，并压向奥得河中游。南面，科涅夫在12天内到达奥得河上游，这个速度超过了原先的计划，受到的妨碍更多地来自延长的补给线，而不是德国人的抵抗。

北面，切尔尼亚霍夫斯基的白俄罗斯第3方面军在这个冬季的大多数时间里都在准备再次杀入东普鲁士，科涅夫的部队在南面撕开德国第4装甲集团军防线的一天后，切尔尼亚霍夫斯基发起了他的进攻。就在苏军展开进攻的前夕，德国"中央"集团军群失去了两个重要的师——"赫尔曼·戈林"装甲师和"勃兰登堡"装甲掷弹兵师。作为替代，集团军群获得了第24装甲师的补充，这个冬季，该师一直在布达佩斯东面从事着激烈的战斗。第24装甲师的"血缘"相当引人瞩目，该师起源于普鲁士第1骑兵旅，这个旅后来扩编为第1骑兵师。该师沿革的每一个阶段，都对其亲密的家庭气氛深感自豪——师里的大多数军官和高级军士都来自东普鲁士，整个战争期间，历任师长细心培育、维系着这种亲如手足的关系。1941年，该师发现无法在苏联为他们的马匹找到足够的饲料，这个师将何去何从，师里的军官们被要求各抒己见——这当然是个独特的做法。1941年10月，师里的士兵们向他们剩余的马匹挥手道别，搭乘火车返回西部，被装备和训练成一个装甲师。1942年初，该师重新返回苏联，很快参与到向伏尔加河命运多舛的进军中；该师的主力在斯大林格勒战役中遭遇到灭顶之灾。

利用一直待在斯大林格勒包围圈外的师直属单位，该师获得重建，并于1943年重返东线。1945年1月10日，第24装甲师将他们的车辆和重装备交给第23装甲师，两天后，该师的第一批人员搭乘火车赶赴东普鲁士，几乎就在切尔尼亚霍夫斯基发起进攻之际，他们赶到了。第24装甲师原以为到达东普鲁士便能获得新装备，但鉴于战争态势的普遍状况，他们根本无法得到完整的再装备。事实上，他们几乎找不到任何可供使用的车辆。对第24装甲师的官兵们来说,这是一次百感交集的返乡之旅。在苏联腹地和巴尔干地区经历多年征战后,透过火车车窗见到的故乡情形肯定令他们心生恐惧:战火已烧至他们自己的家园。

在这样一个关键时刻,德军的重新部署简直就是一场灾难。派往波兰南部的两个师,到达得太晚、太零散,没能获得明显的效果,但他们留在东普鲁士也无法改变即将到来的这场战役的最终结局,不过肯定能比在罗兹附近更有效地阻止苏军的推进。第24装甲师本来可以比从北面而来的两个师更快地到达罗兹地区,现在却在没有重装备的情况下赶至东普鲁士,面对即将到来的战斗,他们所能做出的贡献并不比一个战斗群强多少。宝贵的列车资源被用于朝两个几乎完全相反的方向调运部队。

很难为这种调动找到确切的理由。这些想法来自希特勒,随着战争临近尾声,他似乎认为,把德军士兵派到他们自己的家乡实施防御,就能更有效地发挥出战斗力。除此之外,实在无法找到进行这些调动的其他理由。

1月12日晚,科涅夫的部队冲出桑多梅日登陆场的消息传来时,苏军逃兵也令德国第4集团军的前沿防御阵地警惕起来:俄国人的进攻已迫在眉睫。与南面的情形一样,苏军指挥员部署着他们的部队,以确保获得最大的优势。位于切尔尼亚霍夫斯基方面军最北面的是第39集团军,该集团军只留下一支部队掩护其正面防线,从而将主力集中到集团军作战区域的最南端。戈尔达普南面,苏军第31集团军据守着一段延伸的防线,在某些地段,他们的兵力可能比不上对面的德国军队;这就使切尔尼亚霍夫斯基得以将大批部队集中在贡宾嫩和施洛斯贝格对面。

俄国人的计划是对东普鲁士发起两场大型攻势。首先,切尔尼亚霍夫斯基的方面军将杀入因斯特河流域,再从那里冲向柯尼斯堡。尽管这条进军路线防御严密,但它仍是进入东普鲁士的传统入侵路线,有利之处在于,可以避开南面的湖泊和沼泽。更重要的是,这场进攻将把德军作战能力出色的师牵制在激烈的战斗中,使其无法被用于其他地区的机动作战。针对东普鲁士的第二场打击会更加猛烈,罗科索夫斯基的白俄罗斯第2方面军将从纳雷夫河登陆场冲出,朝西北方直奔维斯瓦河下游,最终目标是夺取但泽,并将东普鲁士与德国其他地区分隔开。切尔尼亚霍夫斯基知道德国人的防御工事非常强大,因而确

1945年1月，白俄罗斯第3方面军

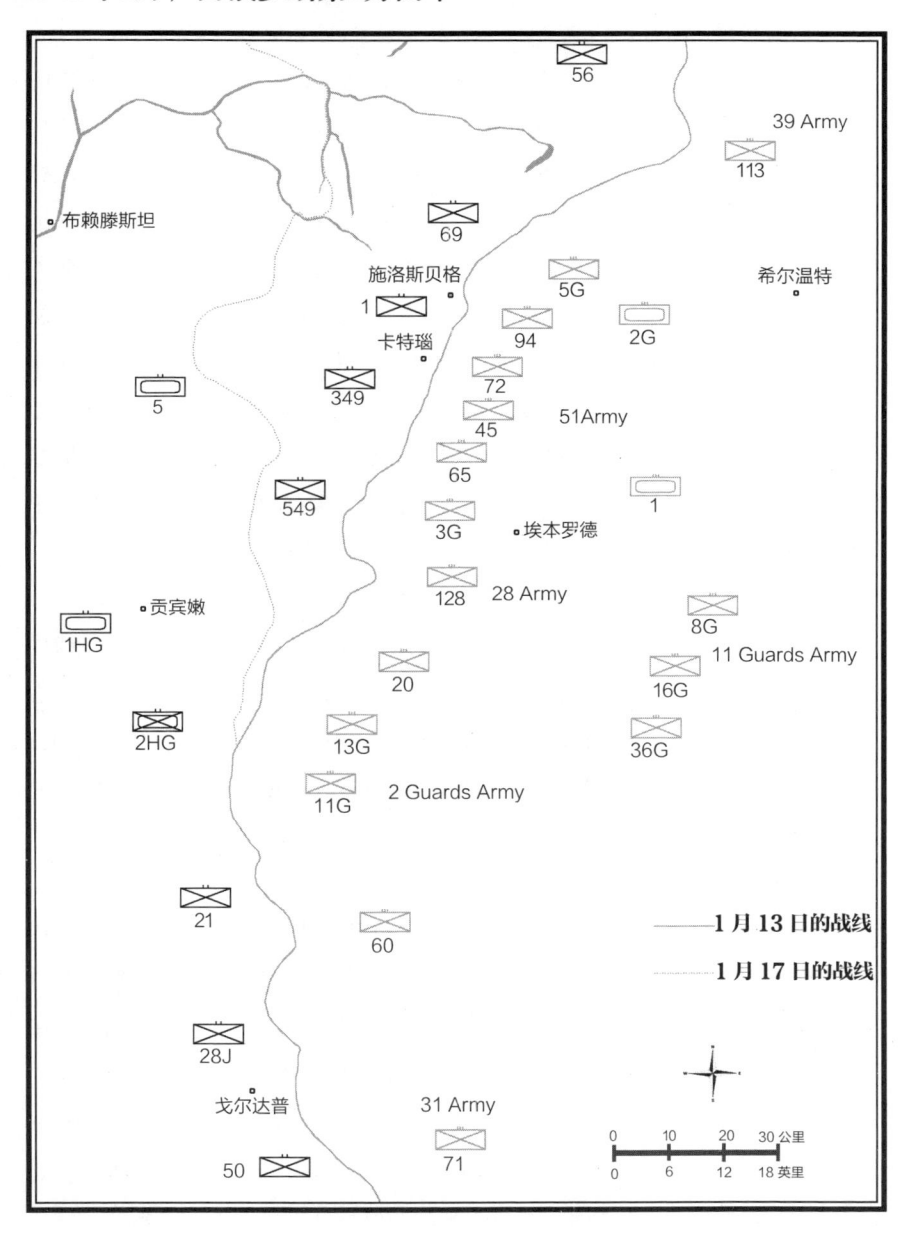

第五章：纸牌屋——庞大的一月攻势 · 133

保了他的三个突击集群[15]保持集中。突击集群的身后是战果扩展部队,待突破口打开后就将投入战斗。[16]

南面,罗科索夫斯基将他的部队集中在普乌图斯克镇两侧的两个登陆场内。位于该镇北面的是第3、第48集团军和突击第2集团军,在他们对面的是德军第129和第299步兵师,另外还有第5猎兵师的部分部队。第5猎兵师的其他部队守卫着普乌图斯克镇南面的防线,在那里与第35步兵师相连接。在过去就是德军第232步兵师和第592人民掷弹兵师。普乌图斯克镇南面,罗科索夫斯基集结了第65和第70集团军,近卫坦克第5集团军紧随其后。罗科索夫斯基投入前线的每个集团军都辖有一个坦克、机械化或骑兵军,这些部队将被留下,战斗打响的第二天再投入。近卫坦克第5集团军将在攻势发起后的第5天投入战斗,届时,预计德国人的主要抵抗都已被打垮。该集团军将向西疾进,旨在夺取维斯瓦河沿岸的一连串城镇,最终在但泽地区抵达波罗的海沿岸。这样一来,东普鲁士和该地区的德国军队将被切断。这就能阻止德军在朱可夫白俄罗斯第1方面军的北面实施集结——如果苏军想尽早冲向柏林,这一点至关重要。

从苏军逃兵那里获得消息后,德国第3装甲集团军和第4集团军在1月12日夜间悄悄撤出他们的前沿防线,进入到主阵地中。两个小时后,苏军的炮击落在德军前沿防线上,但遭到打击的仅仅是空空如也的战壕。炮火的轰鸣在30公里外都能听见。德军第5装甲师驻扎在布赖滕斯坦(Breitenstein)附近,师里的官兵被炮声惊醒,尚未接到任何命令,他们便开始为重新部署进行准备。

雾蒙蒙的清晨,伴随着第一道曙光,苏军步兵发起了进攻。德军火炮对苏军集结区的炮击取得了很好的效果,苏军在当日取得的战果微乎其微,唯一达成的突破发生在被德军故意弃守的地段。与去年秋季战役期间一样,施洛斯贝格再次沦为激战现场。德军第1步兵师第22燧发枪手团的一个营顽强地坚守在废墟中,他们在苏军即将达成突破时发起反击,重新夺回了镇子的南部边缘。可是,在稍南面,德军第549人民掷弹兵师被部署在贡宾嫩东北方,苏军近卫步兵第3军在卡特瑙(Kattenau)附近取得了一些进展。守卫贡宾嫩接近地的德军第61步兵师发现自己的北翼已暴露出来,不得不对其防线进行调整。

第26军军长马茨基将军立即将军里唯一的预备队(一个燧发枪手营)投入战斗,发起反击以恢复防线。在施罗德上尉的率领下,该营冒着敌人不断发起的空袭进行了一场艰难的行进。面对苏军猛烈的炮火，他们的反击没能取得太大效果。马茨基不得不向第3装甲集团军司令部求援，劳斯没有其他办法，只能将手上唯一的预备队（第5装甲师）投入战斗。

1月14日清晨，第5装甲师以两个战斗群发起进攻。尽管苏军持续不断的炮击使一切行动极为困难，但第5装甲师的左侧战斗群还是将卡特瑙重新夺回。右侧战斗群向东南方推进，赶往阿尔特普鲁森菲尔德（Altpreussenfelde），这座小村庄位于卡特瑙稍南面，起初，该战斗群取得了不错的进展，但从诺伊特拉赫嫩（Neutrakhenen）而来的苏军坦克出现在他们暴露的侧翼时，该战斗群的行动陷入了停顿。师里的反坦克营被派给位于北面、饱受重压的第349人民掷弹兵师。尽管第5装甲师的投入使马茨基恢复了他的防线，但第3装甲集团军现在已没有可用的预备队来掩护整个防线。在此期间，施洛斯贝格周围的战斗肆虐开来。苏军步兵第94军夺取了位于施洛斯贝格西南面的布鲁门菲尔德（Blumenfeld）。第22燧发枪手团发起一场反击，在深夜中以一场血腥的激战重新夺回这个村子。持续两天的战斗令双方都遭受到严重损失，但对德国人来说，他们的损失无法弥补。

1月14日也是罗科索夫斯基在稍南面展开进攻的日子，对德军阵地实施猛烈的炮击后，苏军步兵发起冲锋。罗科索夫斯基的炮兵指挥员索科尔斯基将军，在每公里前线上部署了240门大炮和迫击炮。与前一天晚上的情形相同，苏军逃兵令德国人获知对方的进攻即将到来，大多数德军部队都已安全撤至主阵地。德军炮兵对已掌握的苏军集结区展开还击，由于没有足够的大炮和弹药，这种炮击充其量只能取得骚扰性效果。浓雾和大雪使苏联空军无法投入战斗，在某些地段，德国人的防线据守得很好。普乌图斯克镇北面的登陆场，罗赞周围，苏军步兵第35军取得了不错的进展，他们冒着暴风雪突破了德军第129步兵师的阵地。稍南面，苏军第48集团军和突击第2集团军逼退了德国第7步兵师，但立即遭到德军第507重型装甲营的反击，这个重装甲营随即与一个配备着JS-2坦克的苏军坦克营展开混战。与德军虎式坦克的88毫米主炮相比，苏军坦克配备的122毫米火炮更具优势，但射击速率较低，这使他们处于严重不利的局面。浓雾中的这场混战，德国人的虎式坦克在近乎直瞄的距离内击毁了22辆JS-2，自己没有损失一辆坦克。

罗科索夫斯基麾下的第65和第70集团军，从普乌图斯克镇南面发起进攻，这番打击落在德国第27军辖内的三个师头上，眼下担任第27军军长的是马克西米利安·费尔茨曼将军。苏军第65集团军司令员巴托夫在回忆录中对这场战役的开始阶段做出了描述：

我方的炮火准备持续了一个半小时。在我们看来，对德国人的前沿防线实施30分钟的炮击便已足够，炮火准备非常有效，这使敌人在相当长一段时间里无法做出回应。步兵跟随着一堵火力墙向前推进，这堵火墙向前延伸了1.5—2公里。步兵师的前方，集团军里的两个坦克团以重型自行火炮对敌人发起进攻，消灭了敌人残存的机枪阵地和野战炮。我方炮火为步兵提供了持续支援。各个团、各个师、各个军的大炮拥有四个弹药基数，而方面军一级还保留着七个基数。讨论炮火支援计划时，索科尔斯基将军曾说过，"你们能运走多少炮弹就有多少炮弹，"……这场前所未有的猛烈炮击是我们这场一月攻势的一个特定标志，为此，我们投入了1个特种炮兵军、9个独立炮兵团和旅，还不包括高射炮部队。如此大规模炮火准备的协调工作需要一个庞大的通讯系统，鲍里索夫巧妙地组建起这个系统：我们这个集团军动用了1 188部电台。炮兵们迅速从军、师、团甚至是营指挥员那里接到炮火射击的要求。[17]

德米特里·费多罗维奇·阿列克谢耶夫的步兵第105军向纳谢尔斯克（Nasielsk）迅速推进。逼近该镇时，他的部下报告说，敌人的装甲部队发起了反击。这场进攻由威廉·克勒内少校的第190突击炮大队发起，并未对苏军构成真正的威胁。但阿列克谢耶夫没有投入他的反坦克预备队做出回应，从而丧失了一个良机。随着德国人的反击渐渐消退，苏军近卫步兵第44师冲入纳谢尔斯克，在夜色降临前夺取了该镇。位于阿列克谢耶夫步兵第105军北面的是步兵第46军，这个军也在稳步推进，并于当日结束前突破了德军的第一道防线。

苏军第65集团军前进路线上的三个德军师（第35步兵师位于北面，第252步兵师位于中央，第542人民掷弹兵师位于南面）都被逼退了数公里，但德军防线依然完整。一些局部预备队，例如第190突击炮大队，均已投入战斗，为步兵们提供急需的反坦克火力。总的说来，与朱可夫和科涅夫在南面对德军防

1945年1月，罗赞—塞罗茨克登陆场

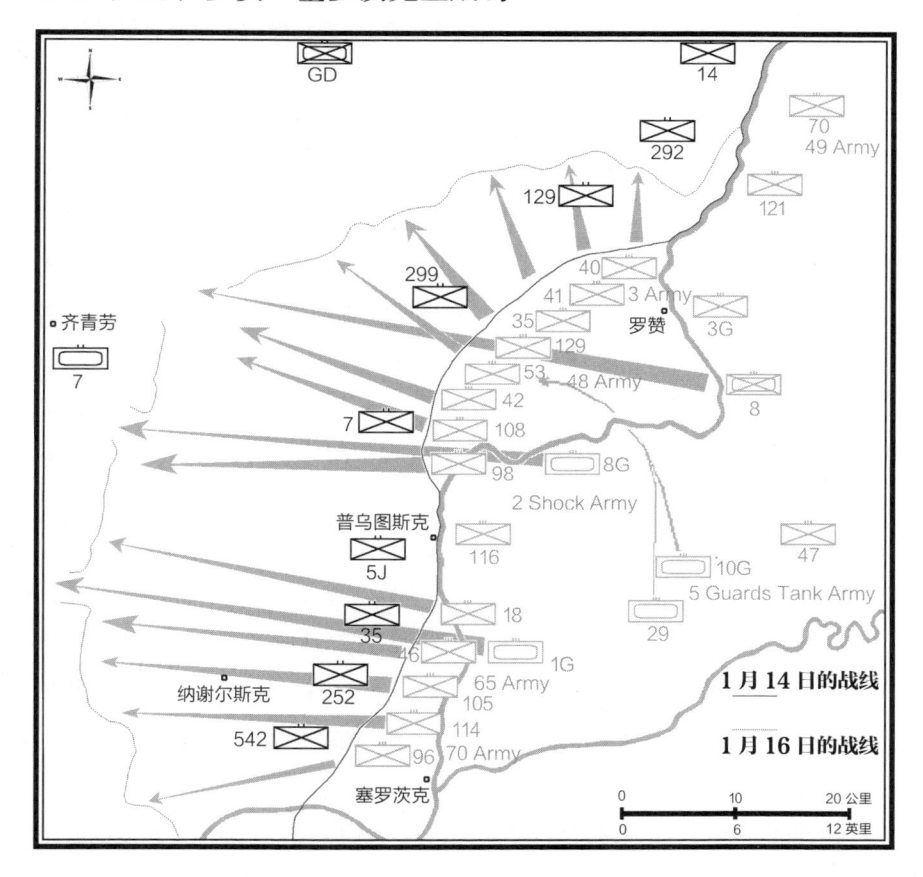

线实施的粉碎性打击相比，罗科索夫斯基取得的进展不大。不过，他有理由感到满意。他麾下的大批坦克部队现在已进入登陆场，准备对前一天的胜利加以利用。在纳雷夫河后方，他还保留着近卫坦克第5集团军，随时准备投入战斗。由于他的对手已没有预备队可用，突破只是个时间问题而已。

瓦尔特·魏斯的第2集团军有两支装甲部队充当预备队——"大德意志"师从他们原先的驻地转身向南，第7装甲师则位于齐青劳附近。这两个师都已接到投入行动的命令，但令两位师长失望的是，他们无法将自己的师整体投入战

第五章：纸牌屋——庞大的一月攻势 · 137

斗。相反，他们被迫将装甲和反坦克单位"借给"受到沉重压力的步兵部队，这使师里其他单位的打击力量严重下降。但德军步兵师面对着配有各种武器的苏军部队的猛烈攻击，如果没有装甲单位的支援，他们无法守住自己的阵地。据守在普鲁士旧边境线上的"大德意志"师奉命南下，赶去解决第129步兵师防区内发生的纵深突破。师属装甲燧发枪手团发起的进攻一头撞上迎面而来的苏军部队，"大德意志"师将虎式坦克投入战斗，这才确保进攻取得一些进展。收复了一些失地后，这两股部队最终被迫后撤，剩下的坦克几乎已将燃油耗尽。"大德意志"师的装甲掷弹兵团，在师属黑豹装甲营的支援下也取得一些进展，但再次付出了惨重的代价。这两个战斗群发现自己被牵制在作战前线。

与此同时，重新部署部队的荒唐把戏仍在继续。1月16日凌晨3点，第2集团军司令部接到古德里安的参谋长瓦尔特·温克将军打来的电话。他已通知"中央"集团军群参谋长奥托·海德肯佩尔，调动"勃兰登堡"师的命令同样适用于"大德意志"师；这个师应当立即撤出前线，转隶于A集团军群。海德肯佩尔被惊呆了，他抗议道，这会使他的集团军群丧失最主要的一支装甲预备队。鉴于"大德意志"师目前的部署状况，调离这个师会在德军防线上造成一个缺口。温克告诉他，苏军在波兰南部达成了重大突破，迫切需要部队挽救那里的态势。他闷闷不乐地指出，不管怎样，这道调动令是希特勒直接下达的，所以，没什么可争辩的。

撤出战斗的命令沿着指挥链逐渐下达到"大德意志"师饱受重压的各个营。面对苏军的压力，这些部队已逐步后退，撤过奥日茨河（Orzyc）防线时，他们进一步遭受到损失。将整个师抽调出来的前景遥不可及，持续不断的动荡中，这道命令很快被遗忘了。

德军第7装甲师也已投入战斗。12月14日–15日夜间（译注：原文如此），师里的两个装甲营缓缓向前推进。黑豹营遭遇到一个苏军师，经过一场激战，该营向后撤去。拂晓前不久，两个装甲营集结在一片田地里，重现添加燃料，装甲团团长格拉夫·皮克勒中校端着望远镜，仔细查看着前方的地形。（译注：1945年1月1日，皮克勒已晋升为上校；这位皮克勒的全称应该是"阿德里安·冯·皮克勒伯爵"，书中原文未给出von这个称谓，故此按照原文译为"格拉夫·皮克勒"。）

皮克勒是个倒霉、不够老练的指挥官。刺杀希特勒的7-20事件发生后，他被盖世太保逮捕，后来，他获得释放，但他的家人和许多密友依然在押。皮克勒当时担任着参谋职务，他写信给上级，对此表示抗议。这封信被转交给古德里安，古德里安意识到，写这封信就是自寻死路。他把皮克勒找来，以行政处分的方式关了他两周，获释后，他被派到第25装甲团。对皮克勒和第25装甲团来说不幸的是，他没有指挥装甲战斗群的经验。

到目前为止，皮克勒在他的新岗位上只干了两个月，随着天色渐渐放亮，团里的下级军官们越来越紧张。一直有消息说，他们团可能要跨过德国人自己布设的雷区和防坦克壕发起进攻，皮克勒当然希望弄清楚这个问题。由于这场反击组织得很仓促，他们来不及获得详细标明自去年秋季以来便一直在修建的防御阵地的地图。一名摩托车传令兵被派往师部核实情况，但却无功而返。通过电台获得了所需要的保证后，皮克勒最终下令向前推进：黑豹营从右侧前进，四号坦克营位于左侧。事实证明，皮克勒的谨慎是有道理的。这里确实有一片德国人布设的雷区，一辆黑豹坦克不慎碾上地雷后被炸毁。

大雾弥漫，能见度很差，进攻行动的延误使德国人丧失了对敌人发起出其不意的打击的机会，而他们的对手已在夜间加强了自己的前沿阵地。穿过晨雾向前推进时，胡贝尔和第7装甲师里的其他坦克车组人员几乎看不清前方和两侧的树木。没有发现敌人。清晨的这场推进中，胡贝尔的坦克两次停顿下来，他和驾驶员不得不打开化油器，把里面结的冰弄掉，这是坦克燃料混了水所导致的故障。就这样，德军坦克缓慢地前进了两公里。

1月14日-15日夜间，苏军突击第2集团军司令员伊万·费久宁斯基将军徒劳地试图弄清其先头部队所在的确切位置。气候情况使他的飞机无法升空，德军第7装甲师装甲团发起的进攻歪打误撞，准确地插入到他麾下两个先头步兵军之间的缝隙。对费久宁斯基来说，德国人的这场进攻令人不快，因为上级曾告诉他，德军第7装甲师已被调至前线其他地段。此刻，他已将反坦克第60师的一部和重型坦克第94营调上前线。[18]

就在德军坦克逼近纳雷夫河之际，沿着树林边缘部署在两侧的苏军反坦克炮突然开火。一瞬间，数辆德军战车被击中，剩下的坦克仓促后撤。胡贝尔的坦克陷入一条被厚厚的积雪所覆盖的防坦克壕中，坦克引擎最终放弃了挣扎。另一辆四号坦克赶来救援，拖着胡贝尔的坦克返回到清晨的出发阵地。短短几分钟，胡贝尔连里的13辆坦克损失了6辆。其他连队遭受的损失与之类似。他们沿着先前的进军路线撤了回去。团里剩下的坦克实施重组，准备再次发起进攻。随之而来的夜间，德军坦克与苏军步兵展开一场混战。

随着坦克部队投入战斗，罗科索夫斯基的部队现在取得了不错的进展。近卫坦克第1军在普乌图斯克镇南面，第65集团军的作战区域内投入战斗，迅速突破了德军第35步兵师设在纳谢尔斯克附近的防线，德军第190突击炮大队继续实施着顽强的抵抗，当日击毁了25辆苏军坦克。近卫坦克第1军辖内的一个旅将德军残余的突击炮驱离，罗科索夫斯基随即命令巴托夫，将他的坦克军派往西面，全速夺取位于维斯瓦河中游的托恩镇。面对这道命令，巴托夫心情复杂：一方面，德军的主防线已被撕开；但另一方面，坦克军的离开会使他这个集团军剩下的坦克寥寥无几。巴托夫的前进路线上有几条小河，他知道，德国人会沿着每条河流集结其后撤中的部队。没有坦克军的火力，第65集团军只能依靠自己的炮火和前进步伐来阻止德国人重新建立起一道新防线。

由于两翼受到威胁，特别是北翼，苏军近卫坦克第8军在那里投入了战斗，德军第5猎兵师被迫放弃了普乌图斯克镇，这使苏军的两个登陆场合并起来。苏军另一支强大的部队，机械化第8军，跨过纳雷夫河进入第48集团军的作战区域，在登陆场北部，近卫骑兵第3军准备突破仍由德军"大德意志"师和第129步兵师据守的薄弱防线。与之相比，德国第2集团军已没有更多的预备队可供投入战斗。

1月15日-16日夜间，经过一场疯狂的行动，第7装甲师将剩下的坦克和装甲车辆集结起来，准备再度发起一场绝望的反击。拂晓前，他们已派出一个侦察战斗群，但当寒冷的晨光出现在战场上时，皮克勒却无法与这支先头部队取得无线电联络。胡贝尔所在的连队，严厉的连长雅各布中尉在战斗群右侧向前推进，他在那里发现了侧翼的动静——苏军的一群T-34从南面对德军装甲部队实施侧翼包抄。尽管出现了这一惊人的态势，但皮克勒拒绝对此做出应对，营长布兰德斯少校跑到他的坦克旁，敦促皮克勒赶紧采取行动。迫击炮弹开始落向德军集结起来的车辆，一发炮弹落入一辆半履带车内，造成一些人员伤亡，皮克勒终于下达了撤退的命令。后撤过程中，德军的几辆坦克被击毁，其中包括雅各布中尉的坦克。德国人停顿下来实施重组时，幸存者发现他们只剩下10部车辆。

实施这场侧翼包抄的是帕诺夫将军的近卫坦克第1军，该军正向西疾进，在没有损失一辆坦克的情况下粉碎了德军第7装甲师集结起的力量。第7装甲师的残部撤向齐青劳。失踪的那支侦察队实际上已穿过苏军防线，在施米茨的率领下，他们迂回绕行，设法重新返回到师里。

北面，面对德军的顽强抵抗，切尔尼亚霍夫斯基在1月15日仍未取得太大的进展。苏军的战果扩展部队尚未投入战斗，主要是因为德军仍牢牢地据守着他们的防线，尽管卡特瑙已落入苏军手中。德国人的损失越来越严重；第549人民掷弹兵师不得不缩短防线，将一段防区移交给第5装甲师。尽管这种做法确保了防线的稳固，但却导致第5装甲师（这是第3装甲集团军唯一的机动部队）无法撤离前线充当预备队。争夺施洛斯贝格的战斗也即将结束。1月15日-16日夜间，筋疲力尽的守军接到命令，让他们在被彻底包围前撤离，这些守军带上伤员朝西面退去。

1月16日和17日，第549人民掷弹兵师依然承受着沉重的压力，需要第5装甲师帮助解决苏军达成的一些突破。稍北面，苏军沿着第349人民掷弹兵师与第1步兵师的结合部达成了另一场重要的突破，第5装甲师不得不派出一支装甲战斗群帮助恢复防线。下午，第349人民掷弹兵师再次遭受到沉重的压力，德军装甲战斗群又一次投入战斗。情况越来越明显，德军步兵的实力已被渐渐耗尽。

贡宾嫩—施洛斯贝格地区的防线慢慢向西退却，面对这种情况，劳斯将军要求批准他麾下位于北面、沿涅曼河布防的军实施后撤，特别是该地区东端的部队，正面临着遭到包围的危险。希特勒拒绝批准。劳斯悄悄地开始了抽调部队的行动。第一支被调离危险突出部的部队是第56步兵师的一个营，该营立即被派去增援第349人民掷弹兵师。

在此期间，罗科索夫斯基的攻势进行得较为顺利。由于德军"大德意志"师和第7装甲师遭到牵制，苏军坦克部队得以主导战斗的进程。近卫坦克第8军和机械化第8军冲过德军虚弱的防线，向齐青劳而去，而瓦西里·沃利斯基将军的近卫坦克第5集团军已赶赴前线，准备向西突贯。在他们的前进道路上，德国人只有一个虚弱的第18装甲掷弹兵师。

1月17日结束前,齐青劳两侧的德军防线已被撕开,近卫坦克第5集团军从缺口处迅速穿过。苏军步兵第46师师长谢苗·尼古拉耶维奇·博尔谢夫将军记录道,他所在的这个军的作战区域内,德国人损失了160辆坦克、48辆半履带车,另外还有4 000人被击毙,2 000人被俘。[19] 德军第7装甲师的残部穿过普翁斯克(Plonsk)继续后撤,3辆四号坦克在雅各布的率领下,彻夜据守着莫德林(Modlin)公路,尽管他们的弹药已彻底耗尽。[20] 第7装甲师组成几个群体向西撤退;位于希尔佩(Sierpe)的第25装甲团只剩下5辆四号坦克尚能用于战斗。在寥寥无几的半履带车和突击炮的支援下,皮克勒率领着他这个弱小的战斗群,于1月19日清晨发起了另一场毫无希望的反击。五辆坦克向前推进时,来到一片白雪皑皑、与树林毗邻的地区。皮克勒命令为首的坦克继续前进。那位坦克车长提出反对意见,他认为树林已被敌军占据,贸然前进的话,很可能会被敌人击中。皮克勒坚持己见,于是,队伍继续前进。刚向前推进了40米,为首的德军坦克被击中。对车组人员来说幸运的是,炮弹弹飞了。几秒钟后,第二发炮弹袭来,坦克炮塔被炸飞。不可思议的是,炮塔里的车组成员只负了轻伤。驾驶员惊讶地发现,没了炮塔的坦克还能行驶,于是驾驶着坦克退了回去。与此同时,部署在树林边缘的苏军坦克对这支德军战斗群展开打击。皮克勒的坦克也被击中炮塔,这位团长当场阵亡,普莱斯少尉身负重伤。车组里的其他成员带着负伤的战友离开受损的坦克,把他送上附近的一辆半履带车,随后又把他送往后方。他们担心再也见不到他了,但普莱斯得到彻底康复,并在战争结束的几天前重新回到团里。[21]

"中央"集团军群司令莱因哈特于1月17日打电话给希特勒。他的参谋长奥托·海德肯佩尔在日记中写道:

当晚,元首与司令官进行了一场历时一个小时的电话会谈。"很抱歉,我听不太清您的话,"元首说道,"您知道,大将先生,我的听力自7月20日以来一直不太好。所以,我只能把电话听筒交给布格多夫将军。"司令官介绍了战场态势……他要求批准将第4集团军从诺沃哥罗德(Nowogrod)—格伦堡(Gehlenburg)这段前伸防线撤至戈尔达普,从而腾出三个师,充当第2集团军的预备队。除此之外,他没有别的办法加强第2集团军。否则,敌人将达成突破,威胁到后方区域。

布格多夫（回答道）："通过这五年的战争经历，元首相信，每一次后撤都无法腾出部队。这种后撤只会导致防线的崩溃，总是会给前线造成一场灾难。"司令官坚持他的请求。但布格多夫将军回答说，元首不打算改变想法。我的感觉是，布格多夫只转达了司令官的部分话语，而这些话只会加强元首固有的印象。[22]

莱因哈特懒得对希特勒最后提出的建议做出回应，这个建议是：用人民冲锋队加强第2集团军。

不管怎样都太晚了。第2集团军防线的破裂导致德国人沿着两条轴线后退。突破口的北面，德军撤入东普鲁士，位于突破口南面的德军师向西退却，与北面罗科索夫斯基的部队以及南面朱可夫的部队展开了赛跑。德军第18装甲掷弹兵师，除了迟滞苏军朝西北方的推进外，几乎起不到什么作用。南面，克勒内少校和他不知疲倦的第190突击炮大队声称又击毁了苏军的20辆坦克，但这根本无法掩饰苏军这场突破的幅度。

相比之下，切尔尼亚霍夫斯基仍在苦战。1月17日，他把近卫坦克第2军投入战斗。在该军250辆坦克的支援下，苏军第5集团军的步兵向前推进了几公里，进入到第349人民掷弹兵师的防区，他们付出了惨重代价，还是没能达成突破。与此同时，姗姗来迟的批准令使劳斯开始将他位于最东北端的部队撤下，其中的一些行动在此之前便已展开。第56步兵师的其余部队顺利撤出，但位于该师南侧的第69步兵师开始后撤时，却遭到苏军的猛攻。混战中，第69步兵师的师部被打垮。尽管如此，对德国第3装甲集团军来说，这是个好机会，他们终于可以撤至一条缩短的防线。除了第56步兵师的几个营，其他部队立即投入到防线中，以增援第349人民掷弹兵师，这个师已没有可用的预备队。

相比之下，切尔尼亚霍夫斯基手上仍有大批等待投入战斗的部队。瓦西里·瓦西里耶维奇·布特科夫将军的坦克第1军已从原先的集结区向北移动，切尔尼亚霍夫斯基现在意识到德军第56步兵师已转移。在一个让人联想起去年"巴格拉季昂"攻势和贡宾嫩—戈尔达普战役期间他即兴想象力的举动中，切尔尼亚霍夫斯基命令整个近卫第11集团军部署至北面。如果德军位于因斯特堡—柯尼斯堡这条轴线上的防御太过顽强，他就将绕开它们。近卫坦克第2军对第349人民掷弹兵师徒劳无益的进攻，再加上德军第5装甲师装甲战斗群的坚决反击，已使该军被严重削弱，这个军也被调离前线派往北面。

1月18日，苏军坦克第1军发起进攻，这场进攻迅速取得了进展，他们穿过德军第6步兵师杂乱无章的防线，夺取了因斯特河上的渡口。次日，苏军近卫第11集团军和近卫坦克第2军也开始获得进展，前段日子争夺激烈的北部防线上的德军师（第69步兵师、第549和第561人民掷弹兵师）被打垮。苏联红军从位于因斯特堡东北方30公里处的布赖滕斯坦的两侧渡过因斯特河，朝西面和西南面推进。

德军第5装甲师奉命离开他们坚守的防线，赶去应对这场新危机，绝望地试图重新恢复防线。实际上，该师只能抽出部分部队——师里的装甲战斗群和炮兵团的一个营。受到苏军空袭的延误，这支部队于1月19日晚向北推进，赶往布赖滕斯坦，但又遭遇到苏军强有力的反坦克防御。1月20日，面对沉重的压力，该战斗群与第1步兵师、第349人民掷弹兵师的单位一同向西撤退，于当日到达因斯特堡北部地区。阻挡白俄罗斯第3方面军近一周的北翼防线已被打开。

正如古德里安预料的那样，薄弱、过度延伸的东线，这座"纸牌屋"已彻底坍塌。北面，切尔尼亚霍夫斯基曾预料到进军主轴线上会遭遇激烈的战斗，事实证明，德国人的抵抗非常顽强。实际上，苏军庞大的一月攻势期间，白俄罗斯第3方面军遭受的伤亡最为严重。但德军顽强的防御是削弱更北面防线的结果，待切尔尼亚霍夫斯基意识到这一点，第3装甲集团军的命运便已被决定。稍南面，罗科索夫斯基几乎完全依照原定计划展开行动，再往南，朱可夫和科涅夫对德军防线的打击更加猛烈，打开了迅速冲向柏林的通道。

这场攻势中，几个因素尤为引人注目。首先，苏军的欺骗措施非常有效，这使德国人根本无法准确判断苏军的真实意图。其次，这场攻势的发起故意做到参差不齐，科涅夫率先在南面展开迅猛的打击，这使德国人下达了灾难性的命令：他们的预备队从前线的一处匆匆赶往另一处，却发现刚刚离开的地方又发生了新的危机。总的说来，德军的防线非常薄弱，实力不济的步兵师据守着过度延伸的防线，他们没有足够的反坦克火力，可用于发起反击的装甲部队少得可怜，这一切只会导致一个结果。德军的各个步兵师守卫着长度荒谬的防线，这使他们无法保留手里的任何部队充当局部预备队，因此，遭遇到沉重压力时，他们便立即要求增援。一旦这种有限的增援被投入到其他地区的战斗中，占据绝对优势、拥有庞大预备力量的苏联红军必然使德军防线最终发生崩溃。

"中央"集团军群防线的中间地带，从戈尔达普南面到罗科索夫斯基突破地的北面，保持着相对的平静。据守在这里的第4集团军面临着遭到包围的威胁，尽管莱因哈特和他的参谋长海德肯佩尔不断打电话给古德里安和希特勒，要求尽快实施后撤，但不断遭到拒绝。最后，在1月20日，希特勒答应从库尔兰和丹麦抽调部队加强东普鲁士正在崩溃的防线。早在苏军发起进攻前，古德里安便提出过这个建议，但希特勒对此断然拒绝。现在，一切都为时过晚。苏联红军有足够的实力从第4集团军的两翼冲过，他们的机动性和火力可以打垮德军的一切抵抗。东普鲁士的居民们正位于这支胜利大军的前进路线上，对即将到来的灾难毫不知情。

1. 阿道夫·希特勒，1941年，德国入侵苏联前夕
2. J·胡贝尔，《如此真实》，第121页
3. D·格兰茨，《战争艺术文集》，第297-300页，第502-511页
4. 第39、第21、第5、第28、近卫第2和第31集团军，近卫第11集团军位于稍后方。
5. 第50、第49、第3、第48和第65集团军
6. 第47集团军
7. A·格鲁贝尔，《第213步兵团》，第235页
8. H·J·潘特纽斯，《东线的最后战役》，第77页
9. 同上，第81页
10. 同上，第81-84页
11. C·达菲，《席卷帝国的赤色风暴》，第83页
12. H·J·潘特纽斯，《东线的最后战役》，第85页
13. H·施佩特尔，《"大德意志"装甲军军史》，第182页
14. C·达菲，《席卷帝国的赤色风暴》，第86页
15. 第39集团军的主力位于北面，第5和第28集团军位于中央，近卫第2集团军的部分部队位于南面。
16. 近卫第11集团军、坦克第1军和近卫坦克第2军。切尔尼亚霍夫斯基打算依次投入这些部队——先是近卫坦克第2军，然后是坦克第1军，最后是（可能在进攻发起的第5天）近卫第11集团军。
17. P·巴托夫，《从伏尔加河到奥得河》，第358-359页
18. I·费久宁斯基，引自B·冯·埃格洛夫施泰因、W·黑根、J·胡贝尔的《Y-罗腾堡》，第70页
19. S·N·博谢夫，《步兵第46师在维斯瓦河与易北河之间的战斗》，引自埃格洛夫施泰因等所著的《Y-罗腾堡》，第94页
20. B·冯·埃格洛夫施泰因、W·黑根、J·胡贝尔，《Y-罗腾堡》，第94页
21. 同上，第96-102页
22. O·海德肯佩尔，引自埃格洛夫施泰因等所著的《Y-罗腾堡》，第109页

迪特里希·冯·绍肯，这张照片拍摄于1943年。冯·绍肯是普鲁士德国军队的最后一位指挥官。他和他的部下们一同走入苏军战俘营，直到1955年才获释。

东普鲁士大区领袖埃利希·科赫。权力最大时，他控制的区域从波罗的海直至黑海。许多东普鲁士人将当地居民没能及时疏散的责任归咎于他。

瓦尔特·魏斯（左起第二人）和弗里德里希·霍斯巴赫（左起第四人），这张照片拍摄于1944年夏季，苏军发起"巴格拉季昂"攻势前不久，"中央"集团军群召集的一次军官会议。

第五章：纸牌屋——庞大的一月攻势 · 147

第7装甲师师长卡尔·毛斯，这张照片拍摄于1945年他在哥腾哈芬郊外负伤前不久。他恢复了伤势，战后重操旧业，再次成为一名牙医。

"大德意志"师师长卡尔·洛伦茨，这张照片拍摄于1944年1月的乌克兰。

波罗的海沿岸第1方面军司令员伊万·赫里斯托福罗维奇·巴格拉米扬,这张照片拍摄于1944年夏季,"巴格拉季昂"攻势发起的前夕。

1944年末,康斯坦丁·康斯坦丁诺维奇·罗科索夫斯基(左)与格奥尔基·康斯坦丁诺维奇·朱可夫在波兰交谈,就在这段时间里,后者接替前者出任白俄罗斯第1方面军司令员。

第五章:纸牌屋——庞大的一月攻势 · 149

白俄罗斯第3方面军军事委员会成员：瓦西里·叶梅利亚诺维奇·马卡罗夫（左）、亚历山大·米哈伊洛维奇·华西列夫斯基（中）和伊万·丹尼洛维奇·切尔尼亚霍夫斯基将军（右）。这张照片拍摄于1944年秋季。

停泊在哥本哈根港的"欧根亲王"号重巡洋舰，她于1945年4月20日到达这里。由于缺乏燃料，她无法再次出港。战争结束后，这艘军舰被交给美国，在1946年的原子弹试验中被炸沉。

"舍尔海军上将"号袖珍战列舰,她是1945年为德国陆军提供宝贵的舰炮火力支援的数艘军舰之一。"舍尔海军上将"号发射了大量炮弹,持续射击导致几门主炮烧蚀严重。1945年4月9日,这艘军舰在基尔港被英国皇家空军炸沉。

1938年,"威廉·古斯特洛夫"号的首航。她是为"通过欢乐获得力量"建造的第一艘邮轮,旨在为普通德国工人提供休假旅行。战争爆发后,她成为"D医院船"。从1940年到被苏军潜艇击沉前不久,她一直充当着海上浮动营房。

"施托伊本"号邮轮,照片拍摄于1925年,那时,她的名字是"慕尼黑"号。

1944-1945年,与其他坦克相比,德制四号坦克的装甲防护较为薄弱,但在经验丰富的坦克兵手中,这仍是一款深具战斗力的战车。整个战争期间,四号坦克的各种变款一直在生产。

1944年12月，火车搭载着黑豹坦克赶赴前线。尽管结构复杂、经常需要加以维护、容易发生故障，但这款坦克因其出色的前部装甲防护和威力强大的主炮深受车组人员的欢迎。

重型虎式坦克，其性能超过任何一款苏军坦克。截至1945年，许多虎式装甲营已换装虎王，但图片中这种原型虎式坦克一直被广泛使用，直至战争结束。

第五章：纸牌屋——庞大的一月攻势 · 153

第六章
切尔尼亚霍夫斯基和普雷格尔河

不存在荣誉的问题,法西斯分子的土地必须被毁灭。

——K·切尔尼亚霍夫斯基[1]

苏军的庞大攻势发起前,每个人都很清楚东线的危险态势。东普鲁士的各位指挥官(劳斯、霍斯巴赫和魏斯),"中央"集团军群的莱因哈特,甚至更高职位上的古德里安和盖伦,非常清楚部署在前线的部队根本无法承受即将到来的打击。面对希特勒毫不妥协的态度,没人提醒当地居民即将到来的危险,更别说及时疏散他们了。希特勒和科赫沉溺于他们的幻想世界里,认为坚定的意志足以赢得胜利,另外,他们也被党的体系所困,觉得个人声誉至关重要,因此,这两人都不肯将东普鲁士纳入军事管辖——这能让莱因哈特毫不延误地采取适当措施。相反,平民的相关事宜仍属于党的职权范围。

尽管科赫依然对元首"获得最终胜利"的愿景深信不疑,并确保只有持这一观点的党员才能获得提拔,但就连党内一些最死心塌地的干部也意识到摆在面前的情况会是怎样。许多人开始悄悄地把他们的财产和家人送往更安全的地方,但现在很难说帝国还有什么地方是"安全"的——几乎每一座城市都遭到空袭,每一处边境都受到威胁。一些在其他地方有亲属或熟人的平民也离开了东普鲁士，尽管有严格的命令禁止实施疏散——这种行为被视作失败主义。科赫禁止百姓们离开本省，但如果有点人脉关系，仍有可能获得批准。

概括起来，苏军进入东普鲁士呈现出几个不同的主题。北面，德国第3装甲集团军沿着因斯特堡—柯尼斯堡轴线，被切尔尼亚霍夫斯基的白俄罗斯第3方面军逼退。南面，罗科索夫斯基在德国第2集团军的防线上撕开个大豁口，他的部队蜂拥向西，掩护着朱可夫白俄罗斯第1方面军的北翼。中间地区，处在苏军这两股突击力量之间的德国第4集团军几乎没有遭到任何打击，他们据守着越来越脆弱的突出部，其两翼都处于威胁下。最终，这么一大股德军的存在导致罗科索夫斯基的进攻方向发生改变，他的主力被调至更靠北的一条轴线上，以便孤立、粉碎德国第4集团军。这种变化又给朱可夫向西推进的部队造成了巨大影响，他们发现北翼需要的掩护消失了。在接下来的三章里，我们将依次谈谈这些主题。

退往因斯特堡的途中，德国第5装甲师仍试图对苏军突破部队的南翼施加压力，1月20日，他们发起了这一打击。师属装甲战斗群的行动独立于师里的其他单位，目前受马茨基第26军的直接指挥。耶特克上尉详细描述了向北推进的情形：

（在因斯特堡）重新添加燃料后，我们动身出发。连绵不断的难民队伍沿着道路朝相反的方向走去，他们来自附近和布赖滕斯坦北面的村庄。这些难民没能为我们提供苏军部队的情况。

我在米特儿-瓦考（Mittel-Warkau，位于因斯特堡北面15公里处）的一座庄园设立起指挥部。我们只有2/14（第14装甲掷弹兵团第2连）的一部，另外还有些工作人员。I/14（第14装甲掷弹兵团第1营）和II/31（第31装甲团第2营）的主力仍在我们身后，无法从难民队伍中穿过。

我们以寥寥无几的半履带车朝东北方的莫伦（Mohlen，位于东面4公里处）侦察前进。我们看见那里腾起烟雾，但没有听见战斗的声响。战斗群里的其他单位赶到时，天色已渐渐昏暗。埃尔默斯上尉随即奉命率领一个混编连赶往奥伦巴赫（Aulenbach，位于米特儿-瓦考北面4公里处）。

我从庄园的一间办公室打电话给奥伦巴赫的邮局，接电话的是一名妇女。

被问及奥伦巴赫的情况时,她回答道:"我负责值夜班,但今天早上没人来接班。所以我只能留下,因为电话响个不停。俄国人的坦克昨晚驶过村子,现在,这里有德国士兵了!"我请她去找个德国军官来听电话。我想她能找到的肯定是埃尔默斯上尉。但我再次打电话给奥伦巴赫却没能打通,电话线断了。不过,这位忠于职守的妇女非常可敬。

没多久,埃尔默斯发来电报:"在奥伦巴赫村中心与敌坦克发生激战。"Ⅱ/31悉数到达后,我们以几辆坦克和半履带车警戒着东北面的米特儿-瓦考方向。其他部队悉数赶往奥伦巴赫。我们顺利到达村中心,并将所有道路封锁。6-8辆苏军坦克被击毁在村内。火焰引燃了几座房屋。苏军的对地攻击机不停地用炸弹和机载武器对我们发起攻击。我们惊奇地发现,俄国人并未在奥伦巴赫的南部边缘构设防御,那是个极其重要的交通路口。他们显然觉得自己处于绝对安全状态。

天黑后没多久,俄国人的坦克和步兵从北面、西面的铁路线发起了进攻;很快,他们在东面也行动起来。这些部队显然是被仓促集结起来,意图肃清前进道路。奥伦巴赫的情况变得越来越危急。

俄国人又从西南面发起了进攻,这就使我们面临着被包围的危险。因此,我们决定撤至村子南部边缘一个更好的位置。我们有信心在那里坚守到1月21日清晨。邮局的那名年轻妇女待在埃尔默斯的一辆半履带车内。

被击毁的苏军坦克,再加上大火蔓延开来,奥伦巴赫村中心几乎已无法通行。但俄国人还是把10-15辆坦克塞了进去,它们迅速推进,而苏军的对地攻击机不停地轰炸着村子。结果,他们绕过我们的左翼赶往西南方。另外,敌人冲入了诺尔基滕(Norkitten)北面10公里处的帕普沙因森林(Papuschein Forest)。夜间,俄国人还到达了奥伦巴赫西面8公里处的玛克特豪森(Markthausen)。[2]

奥伦巴赫北面,德国人的防线已彻底消失。那里出现了一个至少70公里宽的缺口,苏军近卫第11集团军穿过这个缺口向前挺进。俄国人在布赖滕斯坦达成的突破最终令德军的防御发生了混乱,疲惫的德军步兵师,机动性极其有限,一旦阵地战结束便会发生崩溃。几个不同单位组成的一个混编战斗群守卫着因斯特堡的北面,第50步兵师的部分部队仍坚守着贡宾嫩附近的防线,但在这二者之间，只有第61步兵师被打散的残部。因斯特河从因斯特堡流向东北方的布赖滕斯坦，艾希瓦尔德森林（Eichwald Forest）位于河流东面。1月20日，第349和第549人民掷弹兵师的残部徒劳地试图在这里重新建立起一道防线。来自戈尔达普、安格尔堡和因斯特堡的人民冲锋队也投入到战斗中。他们几乎没有任何重武器，有的只是保卫家园的勇气和决心，但这无济于事——苏军第5集团军的三个步兵军将他们打得七零八落。一小群德军突击炮发起局部反击，不过，这条森林防线依然无法守住，守军不得不撤往因斯特河和因斯特堡。

从理论上说，因斯特河是可以守住的。蜿蜒的河流穿过沼泽地，河上唯一的桥梁位于因斯特堡与布赖滕斯坦苏军登陆场之间。西北河岸的位置高于东南河岸，如果守军拥有足够的兵力，就能利用这个有利条件展开有效的防御。但冬季的酷寒和大雪冻结了因斯特河及其堤岸上的沼泽地，对推进中的苏军步兵没有构成任何障碍。坦克部队从布赖滕斯坦赶来提供增援后，苏军迅速绕过德军沿河流构设的稀疏阵地。

切尔尼亚霍夫斯基试图夺回失去的时间。近卫第11集团军以辖内的两个坦克军展开行动，将其前进路线转向西南方，朝因斯特堡西面的普雷格尔河（Pregel）而去。马茨基继续努力恢复他的防线；两个人民掷弹兵师的任务是将苏军挡在因斯特堡东北面，而第56步兵师接管了他们西面的阵地，耶特克和他的战斗群曾在那里徒劳地试图向北推进，穿过奥伦巴赫村。德军第1步兵师从东面的防线撤出，设法占据第56步兵师西面的阵地，而第5装甲师将其日益减少的装甲单位集结起来，准备在第1步兵师的左侧再次发起反击。总之，马茨基将军竭力将自己的部队带向西面，以跟上快速推进的苏军部队。

对这位面临沉重压力的德国军长来说不幸的是，他的部队缺乏机动性，无法追上苏联红军。第561人民掷弹兵师遭到苏军第39集团军的猛烈打击，德军第69步兵师也被逼退，因斯特堡西北方的防线被打开一个缺口。近卫步兵第36军是近卫第11集团军最东面的部队，耶特克的战斗群撤离后，该军于1月21日凌晨穿过奥伦巴赫，朝古特费利艾斯（Gutfliess）前进了10公里，在中午到达了这个村子。苏军步兵在坦克的密切支援下，从这里转身向南，穿过因斯特堡西北面的帕普沙因森林。夜晚到来前，他们赶至因斯特堡西面15公里处的扎劳（Saalau），距离普雷格尔河已不到3公里。夜幕降临时，耶特克的战斗群发起一场强有力的反击，重新夺回了这个镇子。第5装甲师的主力跨过扎劳南面的桥梁，于当晚到达普雷格尔河南岸。

东普鲁士这些地区的居民终于意识到危险的来临。当地纳粹党官员们下达了疏散的命令，这些命令大多已为时过晚；通常情况下，居民们只是从后撤的德军士兵那里得到赶紧逃离的劝告。道路上满是积雪和军用车辆，主要依靠马拉大车的难民队伍穿过因斯特堡，艰难地向西跋涉。有些人留在因斯特堡城内，大多数人跨过诺尔基滕和布百嫩（Bubainen）的桥梁，来到普雷格尔河南岸，第5装甲师守卫着河上的桥梁：

这片地形是一个理想的登陆场，因为扎劳的南面曾是普雷格尔河河床。这是一座老旧的铁桥，通过一些桥柱伫立在河面十米之上，桥梁的前方出现了大批难民队伍以及来自各个师的散兵游勇和补给车辆。我们师的主力已在夜间跨过这座桥梁。受到满载货物的车辆的碾压，桥梁晃动得很明显。配属给装甲战斗群的工兵连负责指挥交通，并在桥上安装炸药，准备实施爆破。驶过桥梁的车辆不得不与他们保持着一段相当大的距离。除了伤员，其他军方人员被召集起来组成警戒队；侦察单位被派往北面查看情况。

难民队伍络绎不绝。他们报告说，俄国人正赶往西面的韦劳（Wehlau），从塔布拉肯（Taplacken）西面而来的一支侦察部队也汇报了同样的情况。难民大潮无穷无尽，这些队伍几乎完全由妇女和孩子组成，很少见到老人。他们耐心等待着轮到他们过桥。严寒中，难民们聚在满载货物的马车旁，在满是冰雪的道路上喂着他们的马匹。俄国人的飞机从难民队伍上方呼啸掠过。这让我想起内梅尔斯多夫可怕的情景。我从赫尔佐格中校（第5装甲师代理师长）那里接到命令，我必须坚守桥梁，直到最后一辆难民的大车渡过河去。

派往因斯特堡的侦察队汇报了1号帝国大道的混乱情形。俄国人已冲入因斯特堡。我们仍能从燃烧的补给仓库里抢出许多东西。我带着一个半履带车连和一个装甲连赶往东面，去保护1号帝国大道。我们这个装甲战斗群在那里一直留到1月23日早上。

从因斯特堡赶来的难民车辆越来越多，其间穿插着散兵游勇，如果没有其他任务，这些士兵便被纳入我们营里。他们对此感到高兴。这些日子以来，他们第一次获得了食物，而且不再需要东奔西走。他们觉得自己又成了一个有组织单位的一部分，在接下来的战斗中，这些士兵打得很好。

1月23日凌晨3点，最后一批人员过河后，这座桥梁被炸毁。糟糕的是，爆破工作并不彻底，步兵仍能从桥上通过。[3]

到达普雷格尔河南岸后，许多难民躲入因斯特堡西南方的克拉尼希布鲁赫森林（Kranichbruch Forest）中。在无人带领的情况下，他们只能尽己所能地向西跋涉，到达一些村庄和城镇后，往往又引起当地的逃难大潮。

韦劳这个镇子大致位于因斯特堡与柯尼斯堡的中间，镇内挤满了从东面而来的难民。居民们徒劳地等待着本地党组织官员下达疏散令。1月20日，镇长冯·布雷多亲自处理这个问题，他告诉市民们赶紧动身上路。第二天，随着苏军部队迅速逼近，正式疏散令终于下达。军方坚持认为，1号帝国大道是向西通往柯尼斯堡的主干道，必须留作军事用途，这就意味着难民们只能逃往西南方的弗里德兰（Friedland）。当天晚些时候，一列货运列车被征用，但能搭载的难民很有限。剩下的人只能加入向南奔逃的难民大潮中。他们的进展慢得可怕，每小时只能前进一公里。

1月21日，因斯特堡陷落。第二天，苏军第39集团军继续对这场突破加以利用，将德军第69步兵师逼退至塔皮奥（Tapiau），并夺取了韦劳。德军第5装甲师奉命恢复防线。阿勒河（Alle）向北穿过韦劳后汇入普雷格尔河，大半个韦劳镇位于阿勒河东岸；耶特克的战斗群赶到后，发现当地的人民冲锋队仍控制着镇子的西部。耶特克迅速采取行动，将苏军赶过河去。但他们无法发起进攻肃清镇子的东部，因为耶特克缺乏为行动提供支援的步兵。不管怎样，他接到的命令是确保一大段防线，耶特克所能做的只是炸毁阿勒河上的桥梁。在韦劳南面的阿伦堡（Allenburg），第5装甲师的士兵们发现了一个结核病诊所。诊所里仍有40名患者，大部分是妇女，照料她们的是一位女医生和两名护士。师里的军医官布雷克博士设法为25名患者找到运输车辆，其他人被留下，医护人员跟她们待在一起，共同面对未卜的命运。

苏军继续在韦劳跨过普雷格尔河，德军第5装甲师拼死奋战，试图守住阿勒河防线。红军不断跨过冰冻的河面发起突袭，但河面上的冰层并未厚到足以支撑坦克的程度。利用在因斯特堡和韦劳获得的胜利,苏军第5集团军和近卫第11集团军于1月23日夺取了这两座城镇间的普雷格尔河南岸,并朝西南方的阿伦堡冲去。稍东面,德军第50和第61步兵师继续坚守着因斯特堡南面的防线,但苏军第5集团军和近卫第11集团军在他们西面跨过普雷格尔河,再一次令德军防线发生了混乱,第61步兵师最西面的部队与拼死守卫着阿伦堡前方防线的第349人民掷弹兵师残部之间迅速出现了一个缺口。

聚集到柯尼斯堡的难民越来越多。汉斯·冯·伦多夫伯爵是从因斯特堡逃到这里的一名外科医生,被派至火车站附近参加工作,难民们的从容镇定令他深感震惊。他问一名妇女,接下来她打算去哪里:

她也不知道,她只是想逃到帝国的某个地方,她突然说道:"元首不会让我们落入俄国人手里的,他宁愿用毒气把我们全毒死。"我赶紧朝四周偷偷地扫了一眼,似乎没人注意到她说的这句话。天哪!到这个时候她还抱有这样的信心。[4]

根据他得到的情况简报,伦多夫知道苏军先头部队已逼近这座城市,但市民们似乎对此全然不知——电影院仍在开放,街上的电车仍在正常运行。

埃娃·库库克在柯尼斯堡工作,她搭乘一列准点运行的火车来到阿伦堡父母的家中,帮助他们实施疏散。她的父母已离开这里去了柏林,但她想看看是否还能抢救些家里的财物。当地镇长是一名退役的上校,他多次打电话给韦劳区党部负责人,要求批准实施疏散,但一次次遭到拒绝,他被告知,这里没有受到直接威胁。库库克与韦劳的一名秘书交谈后震惊地获悉,苏军离该镇已近在咫尺。1月21日晚些时候,一位邻居告诉她,镇长已做出决定,命令全镇立即疏散。没有可供搭乘的火车,当局提供的交通工具仅限最年长者使用。其他人只能步行赶往弗里德兰,再从那里设法转移到其他地方。

库库克打电话给镇长冯·魏斯上校,他对这场疏散一无所知。经过进一步的询问,他告诉库库克,获得的批准是为疏散行动做好准备,但目前还没有人离开。1月22日清晨,所需要的命令终于下达了,库库克加入到离开冯·魏斯上校这个镇子的人群中:

全镇人离开了自己的家园,朝陌生的地方逃去。由于不再能沿着预定的路线行进,我们只得踏上狭窄的乡间小径。化冻的道路使我们只能以缓慢的速度步行前进。11个小时只走了10公里。我们在一个小客栈过夜……拥挤不堪,我们只能每次换两个人,轮流坐在一张长凳上。拂晓时我们再次出发。离开树林时,目力所及之处,我们看见每条道路都挤满了难民的大车、四处游荡者和到处乱跑的牲畜。一个民族被逐离的绝望画面深深地蚀刻在我的记忆中。许多大车已翻覆,从家里抢救出的最后一点物品撒落在水渠里。这些可怜人不得不继续着他们的徒步之旅。

这一整天,炮火的轰鸣几乎一直陪伴着我们,是德国大炮还是俄国大炮发出的,我们无从得知。

谢天谢地,我们没有遇到苏军部队,也没有遭到飞机的袭击。[5]

冯·魏斯设法搞到些军用车辆,以便将他那些百姓运往西面,但许多人宁愿赶着自己的大车上路,也不愿失去他们最后的财物。军用卡车安全到达柯尼斯堡,但库库克不知道那些留在拥挤道路上的人最后怎样了。

到达柯尼斯堡后,一些人设法登上一艘小轮船,900吨的"执政官科茨"号,这艘轮船正在船坞里进行修理。约有1 000名难民挤上船去:

正如我们发现的那样,这艘船并未彻底修复,但船长已接到命令,让他带着船上的难民立即起航。他提出反对意见,这艘轮船根本不适合海上运输,因此他无法对船上的难民负责,但他的意见没被接受。这艘轮船不适合海运,也许这就解释了为何船上没有党的官员和NSV人员(国家社会主义福利协会)的原因。另外,这艘挤得满满当当的轮船上也没有医生或护士。无奈的船长转身询问冯·魏斯上校,他是否愿意尽力分管难民。冯·魏斯先生说他很愿意这样做,但他并不知道该如何行事。

离开一号港湾后,我们的船只驶向皮劳,终于在夜间抵达了目的地。我们躺在轮船煤仓的稻草上,这里漆黑一片,伸手不见五指,你甚至看不清旁边的人。一盏小油灯点亮后,我们才不再觉得自己身处一间牢房内。我所能确定的只是,"执政官科茨"号慢如蜗牛。船长当然不想冒险。离开皮劳后将驶向何处,我们对此一无所知。

第二天中午，船长弗雷特伍斯特把冯·魏斯上校叫去，告诉他轮船发生了严重的机械故障，只能再行驶1—2个小时。船长解释说，他已呼叫哥腾哈芬（Gotenhafen）寻求救助，但对方一直没有回应。船上的1 200名难民，没人知道我们正处于危险中。冯·魏斯上校建议船长将轮船驶向海拉（Hela），并敦促他拿出所有的勇气，弗雷特伍斯特船长接受了这个建议。

这场冒险成功了，我们到达了海拉，一切都得到了挽救。刚刚驶入海拉的锚地，一艘引水船来到"执政官科茨"号旁，将船上的舵手和冯·魏斯上校接走，去见海拉港的指挥官。船长仍留在船上。海拉港指挥官随即做出决定，船上的所有难民立即弃船登岸，直到轮船修理完毕，能够再次出航为止。[6]

1月30日，难民们再次登上"执政官科茨"号，这艘小轮船慢慢驶向科尔贝格（Kolberg），于2月1日到达了目的地。与许多难民一样，埃娃·库库克发誓，如果她被迫逃离科尔贝格的话，一定会选择公路或铁路，决不再登上"执政官科茨"号这样的小轮船。

耶特克带着他的装甲战斗群退至普雷格尔河，发现他们正位于一个人民冲锋队营旁边，就在韦劳的南面：

布劳恩斯贝格（Braunsberg，位于东普鲁士海岸，柯尼斯堡的西南方）是我在和平时期的最后一处任职地。这个人民冲锋队营由中学老师克劳泽指挥，我在战前就认识他，是个富有效率、精力充沛的人，在第一次世界大战中失去了右臂。

他向我汇报，他的营缺少战地厨房、通讯设备、医疗设施和补给车辆。他们配备的步枪，主要是过去缴获来的不同口径的枪械。这支队伍对我们起不到什么帮助，因为我们依靠的是机动性。

这个营被部署在我们右翼，与师里的其他单位一同据守着路口。帕特斯瓦尔德（Paterswalde）与里绍（Richau）之间有几座农场，这至少能让人民冲锋队里的老同志们轮流到里面去暖和一下，此时的气候依然冻彻寒骨，夜里能降至零下15度。为了让这位人民冲锋队营长获得些机动性，并与我们的装甲战斗群更好地保持联系，我们拨给他一辆半履带车和一名经验丰富的中士。尽管如此，我还是觉得将这种部队投入战斗是一种不负责任的做法。

……(1月23日)黄昏后不久,俄国人沿着我们师的整条防线发起进攻,扑向位于韦劳、阿伦贝格(Allenberg,不要与附近的阿伦堡混淆)和帕特斯瓦尔德东面的装甲战斗群。我们坚守着阵地,但俄国人穿过防线上的缺口,在许多地段达成了突破。这样一来,他们便能在我们的腹地横冲直撞。午夜时,人民冲锋队营的左翼也遭到攻击,随后便是他们的整段防线。人民冲锋队营的士兵们用各种武器开火射击(每人有20发子弹),然后便撤往西南方。赫尔佐格中校干脆把这个营遣散回家了。[7]

普雷格尔河两侧,苏军坦克第1军和近卫坦克第2军继续率领着近卫第11集团军的先头部队向西猛冲。1月23日晚些时候,他们夺取了韦劳西面的塔皮奥,最要命的是,他们完好无损地拿下了普雷格尔河上的渡口。这样一来,俄国人便能将坦克部队投入到仍在韦劳南面坚守阿勒河防线的德军部队的后方。

这种威胁不容忽视,第5装甲师奉命撤离阿勒河防线。该师将穿过弗里辛森林(Frisching Forest),然后对苏军设在塔皮奥的登陆场展开打击。另外,第5装甲师还要据守一条面朝东面,至少有24公里长的防线。鉴于他们对面的苏军部队的实力,即便第5装甲师齐装满员,这也是个艰巨的任务,更何况目前该师的状态极为虚弱,这简直就是个不可能完成的任务。

耶特克带着他的装甲战斗群,疲惫地赶往塔皮奥南面的比贝尔斯瓦尔德(Bieberswalde),与格鲁佩·克内贝尔会合。克内贝尔指挥着第3装甲集团军武器学校的士兵们,这所学校是去年建立的,旨在提高新兵们的训练水平,现在,学校里的人员组织起一个临时战斗群。克内贝尔指挥着他的部下,竭力将苏军挡在登陆场内,1月25日清晨,苏军坦克逼退了克内贝尔在普雷格尔斯瓦尔德(Pregelswalde),沿普雷格尔河南岸布防的左翼。这股苏军构成了这样一种威胁:他们可以向西推进,沿国道直扑柯尼斯堡。耶特克的战斗群立即对苏军南翼发起一场反击。15辆苏军坦克被耶特克的部队或克内贝尔的反坦克炮击毁,俄国人被迫退回到塔皮奥。但耶特克向塔皮奥的进攻也遭遇到苏军强有力的反坦克防御,无法取得任何进展。沿着弗里辛森林的边缘,混乱、艰苦的战斗持续了一整天。午夜前,耶特克带着疲惫的部下们穿过森林的北部边缘,沿途遭遇并消灭一些苏军小股单位后，来到塔皮奥西面10公里处的大林德瑙（Gross Lindenau）。

稍事休息后，耶特克率部向北推进，于次日清晨到达普雷格尔河。河堤上盘根错节的植被不太适合装甲部队的行动，但对步兵来说，这是一片很好的地形，他们可以毫不费力地跨过冰冻的河面。即便装甲战斗群再度发起进攻也不大可能取得什么进展，于是，赫尔佐格中校命令师里七零八落的单位转入防御状态。

现在，第5装甲师和第61步兵师的残部，外加第2"赫尔曼·戈林"伞兵装甲掷弹兵师的部分部队，试图挡住几乎整个苏军近卫第11集团军。1月26日，第5装甲师的南翼遭受到巨大的压力，第13装甲掷弹兵团一分为二，退至耶特克战斗群西面的阵地上。由于南翼暴露出来，赫尔佐格命令装甲战斗群撤往勒文哈根（Löwenhagen）。就在他们准备后撤时，耶特克的部下们听见东面传来了激战声：

> 晚上8点，林德瑙火车站东面传来激烈的战斗声。坦克炮和反坦克炮发出轰鸣。过去的六个月里，我们经常遇到被隔断的德军部队在夜间杀开血路，返回我方防线这种事。因此，我们估计此刻的情况也是如此，于是，我们射出绿色信号弹，俄国人没有这种信号弹。道路上临时布设的反坦克地雷也被清理掉。我们的实力太过虚弱，无法从这一方发起攻击。过了一会儿，第一辆坦克风驰电掣地朝我们驶来。由于我们射出许多照明弹，此刻的道路上亮如白昼。我们清楚地看见，这是我们坦克歼击营的一辆"追猎者"，指挥该营的是冯·拉明少校。我们喜出望外！"追猎者"上搭载着克内贝尔的一些掷弹兵。1月26日夜间，冯·拉明少校被派去增援克内贝尔。克内贝尔的部队在1月26日被打垮后，决定向西突围。[8]

冯·拉明和他那些坦克歼击车没有得到休息，与师里的战斗工兵会合后，立即被派往第5装甲师暴露的南翼，第13装甲掷弹兵团的残部仍在那里苦战，尽管重武器的弹药几乎已消耗殆尽。

1月27日这一整天，面对苏军接连不断的空袭，第5装甲师辖内的部队牢牢据守着各自的防线。夜晚来临前，苏军的进攻迫使该师后撤至一道掩护着柯尼斯堡东南面接近地的防线。几乎在这同时，施坦贝克村（Steinbeck）的预设阵地遭到敌军侧翼包抄，耶特克的装甲战斗群一路退至柯尼斯堡边缘。柯尼斯堡城市周边也有有利之处；第5装甲师的维修部门已在城内忙碌了好几天，现在可以将修复的车辆迅速交还给作战部队。尽管每天都遭到损失，但第5装甲师拥有的坦克始终保持在30辆左右，许多战车在师属维修部门修理过好几次。该师的装甲战斗群声称，自战役开始以来，他们已击毁苏军250辆坦克，当然，这些坦克中也有许多经过修理后重新投入了战斗。

耶特克在根据帝国防务专员的命令构设的防御阵地上的经历值得深思：

1月28日清晨，俄国人到达了村子北端的战壕，这些战壕是大区领袖科赫安排妇女和学校里的孩子们挖掘的防御阵地。自东普鲁士战役打响以来，这些该死的战壕，对我们的妨碍远大于对我们的帮助。作为一个装甲师，我们的步兵力量比较虚弱，我们无法利用这些战壕。但俄国人一旦进入这些战壕，我们就很难把他们逐出。[9]

自1月26日以来，柯尼斯堡便处于苏军的炮火轰击下，这种情形彻底改变了市内居民们的自满情绪。一直有难民沿着通往皮劳的道路缓缓而行，尽管这里尚未下达疏散的命令。留在城里的人不知道自己是否会卷入到战火中，也不知道柯尼斯堡会不会落入俄国人之手。1月27日下午，苏军突然停止了炮击，但这只是为了让他们的空军发起空袭而已。当天晚上，冯·伦多夫所在的医院接到命令，所有女性医务人员应趁着夜间立即离开这座城市。几名护士问伦多夫，她们是否能忽视这道命令，留下来继续照料伤员，这让伦多夫松了口气。明白自己所处的困境后，许多平民陷入了绝望。冯·伦多夫一位同事的父母，无法接受放弃他们已居住了三十年的房子的想法，吞咽了氰化物胶囊，这种胶囊似乎是免费发放的。[10]

1月28日，第5装甲师位于古滕菲尔德（Gutenfeld）的新阵地遭受到沉重的压力，但他们还是击退了敌人所有的进攻。耶特克被弹片击伤，并被送入柯尼斯堡救治。他将与其他伤员一同撤离这座城市，但耶特克拒绝离开，宁愿跟师里的医疗队待在一起。尽管他的战斗群继续坚守着阵地,但苏军近卫坦克第2军冲向该师的南翼,最终将第13装甲掷弹兵团打垮。黄昏时,苏军先头部队到达柯尼斯堡西面方的海岸。德国第3装甲集团军就此与德国其他地区相隔断。此刻,第5装甲师与第1、第56、第69步兵师的残部一同守卫着柯尼斯堡的南部边界。

柯尼斯堡城内,拉施将军发觉他作为第一军区司令这个角色越来越多余,因为他负责的地区基本上都已被俄国人攻占。许多军区司令部人员和补充军军官于1月22日离开了这座城市。第3装甲集团军司令劳斯大将转移到城内,几天后又迁至西面的菲施豪森,接手掌管柯尼斯堡及其周边地区的防务。当地的党领导也进行了搬迁;拉施间接获知,大区领袖科赫已将他的财产匆匆转移到柯尼斯堡西面的弗里德里希堡。难民和军队里的散兵游勇(既有前线士兵,也有后方人员)涌入柯尼斯堡,这座城市已成为无人指挥的一个真空地带。但拉施的批评主要针对的是党:"党完全没有考虑为难民大潮提供适当的帮助和引导,因为除了极少数例外,大多数党的领导者考虑的只是他们自己的福祉。"[11]

1月25日,随着第1步兵师师长席特尼希将军及其参谋人员进入城内,柯尼斯堡的秩序有所恢复。同一天,德国位于东线的集团军群进行了更名。"北方"集团军群更名为"库尔兰"集团军群,"中央"集团军群改为"北方"集团军群,A集团军群则更名为"中央"集团军群。拉施赶往皮劳港,与海军指挥官商讨通过海路疏散平民的可能性。1月27日,他打算返回柯尼斯堡时,却发现几乎无法完成这40公里的行程。难民大潮沿着冰冻的道路,向西涌入泽姆兰半岛。拉施用了一整天才完成这段行程:

夜里,终于到达设在默迪滕(Moditten)的司令部时,我的参谋长正等着我,他告诉我,大区领袖急着要跟我谈话——他正离开弗里德里希堡,有重要的消息要告诉我。我在一片混乱的弗里德里希堡找到科赫后,他告诉我,白天时,元首亲自打电话给他,这种情况过去只有过两三次。他(希特勒)向他询问我作为一名军队指挥官的坚定性和可靠性,因为他有一项重要的任务要交给我。[12]

自己的可靠性被这样一种方式加以商讨，拉施对此感到不满，他大致能猜到希特勒要交给他的任务是什么。第二天早上，一封电报证实了他的猜测：他被任命为新设立的"柯尼斯堡要塞"司令。在与古德里安的电话交谈中，拉施指出，劳斯的第3装甲集团军与新设立的要塞司令职责重叠，这使后者的责任不甚清楚。随后，拉施试图与莱因哈特取得联系，这才获悉这位集团军群司令已被解职，接替他的是从库尔兰调来的洛塔尔·伦杜利克大将。伦杜利克曾是奥地利的一名律师，也是纳粹党的老党员。战争结束前，他在设立军事法庭方面的名声堪比舍尔纳，战后因为在芬兰和挪威实施焦土政策，以及对南斯拉夫平民犯有罪行而被定罪并入狱数年。无论他的名声怎样，拉施和其他指挥官都为失去一名值得信赖的上级深感遗憾。

伦杜利克迅速确认了拉施被任命为要塞司令的命令。拉施联系了前线部队，发现苏联红军已从东面、南面和东北面抵达市郊。几乎就在城市的正北面，德军防线穿过泽姆兰半岛，通向克兰茨（Cranz）。苏军近卫第11集团军面对着柯尼斯堡的南部边缘，第39集团军从东面和东北面逼近，而第43集团军直抵克兰茨附近的海岸，完成了苏军的战线。苏军的两支坦克部队（坦克第1军和近卫坦克第2军）分别向东普鲁士首府的北面和南面推进。近卫坦克第2军已到达海岸线，而向柯尼斯堡北面推进的苏军坦克，构成了包围这座城市的威胁。抗击苏联红军的是这样一些德军部队：第5装甲师和第69步兵师守卫着城市的南部边缘；据守东部接近地的是第548人民掷弹兵师、第1步兵师和第367步兵师（该师从南面调来）的残部；柯尼斯堡北面，第551人民掷弹兵师竭力阻挡着苏军第39集团军的突击部队。靠近克兰茨，防线稳定下来。第28军位于梅梅尔的两个师（第58和第95步兵师）已于1月22日奉命撤离那片废墟。冰冷的夜间，守军分三个阶段实施疏散，只留下第58步兵师的部分部队担任后卫。1月28日拂晓前，这些部队终于完成撤离任务。这样一来，腾出来的两个师便可以用于加强克兰茨附近的防线。自去年秋季巴格拉米扬对梅梅尔发起突击以来，这些德军部队一直享受着相对的平静，并得以对自己的部队加以补充。现在，他们为第3装甲集团军提供了深受欢迎的增援。

来自基辅的苏军炮兵军官伊萨克·科贝良斯基，此刻正跟随第43集团军赶往柯尼斯堡。在离东普鲁士首府不太远的一个村庄里，他遇到了一些德国百姓：

我探访了几座空无一人的房屋，随后走入一间屋子，我发现一群老人坐在地下室里，其中的两个坐着轮椅。一番简短的交谈后，我弄明白了（他们躲在地下室里的）原因：他们非常害怕，认为俄国人会实施可怕的报复。

在相邻的一座房屋里，我遇到一对四五十岁的夫妻。他们对我流利的德语感到惊讶……意识到我这个俄国人不会伤害他们后，这对夫妻问我，他们是不是应该把14岁的女儿藏起来。回答这个问题前，我请他们先让我见见那个姑娘。随后，一个相貌难看的长腿女孩从床底下爬了出来。看上去她不太像个少女，尽管她的个子挺高。在我看来，这个姑娘没什么性吸引力，但我还是建议她藏得更好些。[13]

风暴蔓延至泽姆兰半岛。在去年八月的空袭中目睹柯尼斯堡起火燃烧的小姑娘艾丽卡·摩根施泰因，在泽姆兰半岛东北部，靠近拉比奥（Labiau）的兴登堡（Hindenburg），和她的妈妈及妹妹在外公外婆的住处度过了1944年的圣诞节：

1945年1月28日，这是我这一生都不会忘记的日子……我站在长长的白色窗帘后，望着窗外的美丽世界，完全忘记了这场战争。花园……环绕着花园的篱笆，谷仓和马厩的顶棚，全都被盖上一层厚厚的雪毯。就连房屋和所有的道路也被这层厚厚的、洁白的、冰冷的积雪所覆盖。太阳照耀着这片冬季美景，绽放出一种神奇的景象，仿佛空中所有的星星落在地球上。放眼望去，所有的一切闪闪发亮、熠熠生辉，我觉得整个世界没有什么能比这更加美丽的。

就在这时，我的思绪被打断了。远处出现了一个移动的小黑点，在这片洁白世界的映衬下清晰可见，闯入到我的梦想中。黑点越来越大，越来越近，很快便能看出，那是一个男人，朝着外公外婆的房子而来。他的步子很大，想要走得更快些，他试图奔跑，但屡屡打滑，他张着嘴喊着什么，可我一个字也听不到。他挥着双手，像是在打手势。他竭尽全力，越来越近，给人的感觉是，死神和魔鬼就在身后。这可不是个错觉！他大声喊叫着来到我们的农场，但除了我，此刻还没有大人留意到他的到来。他喘着气，大张着嘴巴和眼睛，冲进我们所在的房间，说出了就此改变我们命运的一句话："我们必须赶紧逃离！"[14]

第六章：切尔尼亚霍夫斯基和普雷格尔河·169

通过这种混乱的方式，消息传遍了整片地区。一辆大车被迅速装载——有些东西非常明智，例如食物和马匹的饲料，而另一些东西，例如贵重物品和纪念物，后来被丢弃在路上。出发时，艾丽卡·摩根施泰因的母亲和外公外婆发现，大车上留下的空间只够容纳两个孩子。离开农场时，他们看见一些人从附近的树林里出现，还开着枪。随之而来的便是一场混乱，大车翻覆，受惊的马匹四散奔逃。难民们沿着满是人群和积雪的道路缓缓而行。没走多远，他们便彻底停顿下来：苏军部队已绕过他们，转身向北赶往海边。他们被隔断了。

出于对内梅尔斯多夫事件的恐惧，许多难民决定冒险踏上冰冻的库里施潟湖（Kurisches Haff），这个潟湖位于大陆与库里施沙嘴（Kurische Nehrung）之间：

> 装满家具的、硕大的镀锌浴缸从大车上被取下，丢弃在路边。紧张的沉默中，一辆辆大车在马匹的牵引下，缓慢而又大胆地踏上了冰面。我们这些孩子也不得不从车上下来，跟在大车旁行走。我的外公攥着马匹的缰绳，把头凑向它们，和它们一同行进。踏上冰面时，它们变得愈发紧张不安。但我外公抚摸着它们，低声跟它们说着话，这些聪明的动物很快便学会了小步而行，就像跟随在身边的人类那样。没有人说话……突然，车轮下的冰面开裂了。我的心提到了嗓子眼，我屏住呼吸，仿佛这样就能让自己不落入水中似的。我们身后突然传来凄厉的喊叫声！两辆大车靠得太近，冰面发生破裂，几秒钟内，冰冷的海水吞噬了一切。在这种情况下，谁都无法提供救助。后面一辆大车兜了个大圈，绕过冰面上的窟窿，希望能找到一条更坚实的路径跨过冰面。[15]

最后，这些难民重新回到陆地上，继续他们缓慢的逃生之旅。

这些日子里，苏军继续着他们的进攻。尽管柯尼斯堡南面和东面的接近地防御得很好，但第551人民掷弹兵师却无法守住他们的阵地。1月27日，通往克兰茨的道路被切断。苏军对柯尼斯堡东北部发起的突击被区党部领袖瓦格纳率领的一支混编部队（其中包括人民冲锋队）击退，瓦格纳为此获得了铁十字勋章。后来，大区领袖科赫以一种典型的小肚鸡肠指责瓦格纳从国防军那里接受勋章，而不是由他科赫将这枚勋章颁发给他。

德军仓促实施部署，第367步兵师第974掷弹兵团的一部，在一个反坦克支队的支援下，由沙佩尔少校率领着投入战斗，以保卫从克兰茨向南通往柯尼斯堡的道路：

城市接近地的行军非常困难，从柯尼斯堡通向克兰茨的道路拥堵不堪……我不得不放弃了汽车，因为步行是唯一的办法。另外，城市边缘的炮火很猛烈，敌人的飞机不受任何妨碍地对着难民队伍实施扫射。

我们投入了两个营，我记得，第1营位于左侧，师里的燧发枪手营位于右侧，我们抢在俄国人到达前1—2个小时赶到了阵地，确实可以说是在关键时刻。

1月27日中午，俄国人发起进攻，但被我们击退。

燧发枪手营卷入到激战中，右侧的1—2个88毫米高射炮连为他们提供了有力的支援。下午，一场危机出现在左翼，那里……第3装甲集团军的残部已撤入泽姆兰半岛。在高射炮的支援下，苏军的后续进攻被我们击退。28—30辆敌坦克被摧毁，其中的2—3辆是燧发枪手们用"铁拳"干掉的。于是，俄国人停止了对这些阵地的进攻，他们转向西面，以未遭到顽强抵抗、强有力的部队穿过弗里岑森林（Fritzen Forest），从而完成对柯尼斯堡的钳形攻势。黄昏时，我向师部报告，至少有一个完整的苏军师开了过去。

随后，1月28日下午，俄国人从北面扑向燧发枪手营的防线；昨天，这个营的左翼曾被迫后撤……尽管我已发出警告，但下午晚些时候，第367炮兵团第2营姗姗来迟地部署到燧发枪手营敞开的左翼的后方。就在这个炮兵营赶至这片毫无保护的阵地上时，俄国人的进攻将他们彻底打垮。到处都没有可用的预备队。侧翼和后方遭到攻击，燧发枪手营被迫后撤……第1营没有受到态势发展的影响。燧发枪手营的残部退至团部附近的一片高地，这片高地位于施蒂格嫩（Stiegehnen）东面，柯尼斯堡—克兰茨公路西面150米处，面朝北方，但其左翼依然敞开着……1月28日的整个夜间，态势仍然深具威胁，隆隆的坦克声预示着一场进攻即将到来。在我的催促下，师部终于把突击炮营交给我指挥。但这个营要到深夜才能赶到。

……23点至午夜间，预料中的敌坦克突击出现在克兰茨公路两侧。大批坦克和敌步兵从200米外向前推进。危机已然到来，受到威胁的不光是我们，还包括柯尼斯堡。我们所有的武器都开火了。但如果没有援助，态势将不可收拾。

就在这时，犹如天神下凡一般，我们的突击炮赶到了。借着照明弹的亮光，这些突击炮隆隆驶下通往克兰茨的公路，与前进中的苏军坦克展开交锋。五六辆突击炮巧妙地占据了低处地形，迅速击毁6-8辆苏军坦克，其中包括几辆"斯大林"式重型坦克。坦克的爆炸和燃烧将整片地带照得亮如白昼。

这是个转折点。直到今天，我仍能记得那些在过去的艰难岁月里经历了可怕的事件并拼死奋战的士兵们眼中闪现的如释重负感。排成密集队形跟随在坦克身后的苏军步兵，现在开始逃离，但被我们的突击步枪、机枪以及第14连的两门反坦克炮一片片射倒。这是个值得骄傲的胜利，至少这一次如此。这个夜晚，第367步兵师的几辆突击炮，在身后没有做好战斗准备的预备队的情况下，将柯尼斯堡从被征服的命运中拯救出来。俄国人显然不知道自己所占据的优势。[16]

绕过沙佩尔营的苏军部队继续前进，他们转向西南方，设法完成对柯尼斯堡的包围。预备役少校库尔特·迪克特试图找到从柯尼斯堡西面的塞拉彭（Seerappen）撤离的空军人员，以便用他们组建一支临时步兵单位：

我……跟随着越聚越多的难民大潮，驱车穿过大海德克鲁格（Gross Heydekrug）、韦迪滕（Widitten）和远至布卢道（Bludau）东侧铁路路口的埃伦斯克鲁格（Elenskrug）。我停在一个岔路口，让难民队伍从我身边经过。痛苦的人潮无穷无尽。带着小孩子的妇女们不得不推着她们的婴儿车穿过雪地，这种情形看上去特别令人揪心。许多人肯定被困在路上。后来，一名来自菲施豪森的军官告诉我，他的部队看见20多个孩子被冻死在路旁。

最后，我看见两名空军军官乘坐着一辆卡车而来，我把他们拦下。其中一名军官是海伊上尉，在戈德施米德（Goldschmiede）指挥一个高射炮连。他解释说，他已奉命炸毁了他的12门88毫米高射炮，以免它们落入俄国人手中。塞拉彭机场的那些人在哪里，他对此一无所知。看来，在这里继续等下去不会有什么结果，我想在天黑前返回柯尼斯堡，于是，我动身离开。难民大潮此刻已有所减少，出乎意料，我们的返程之旅非常顺利。在菲尔布吕德克鲁格（vierbrüderkrug），我看见几名空军军官带着20名士兵，他们想赶往菲施豪森。

尽管他们连声抗议，但我还是带他们去见黑夫克上校。在上校的命令下，这些空军人员在梅特格滕南面的森林边缘占据了面朝北方的阵地。

驱车返回时，我遇到件怪事。黑夫克上校构设的防线沿着道路通向默迪滕，由一些散兵坑构成。从这些阵地驶过时，我发现整群士兵放弃了他们的阵地，四散奔逃。我立即设法阻止他们，我跳下车，向一名焦虑不安的军士询问出了什么事。他紧张地挥着胳膊，结结巴巴地说道："俄国人来了！"渐黑的夜色中，我确实看见一排棕褐色的身影朝着公路跑来。定睛细看，我发现他们都高举着双手。这些人实际上是在梅特格滕一个劳动营里干活、不愿落入俄国人手中的乌克兰人。我把那些逃跑的士兵叫了回来，恢复了这里的秩序。这个小插曲表明，这些彼此不认识的士兵组成的临时警戒部队基本上没什么价值。令人震惊的是，面对所谓的"敌人"，他们当中没人开上一枪。[17]

1月30日-31日夜间，苏军坦克第1军完成了赶往柯尼斯堡东面海岸的任务。东普鲁士的首府被包围，南面和西面都已被切断。城内人口由于难民的涌入而急剧膨胀，拉施想方设法维持着秩序，并组织人手对柯尼斯堡周围的12座老旧堡垒实施防御。汉斯·米科施将军过去是东普鲁士所有防御工事的指挥官，现在拼凑起一个临时组建的师守卫着城市西面的接近地。其他地方，除了少数已撤入城内的正规部队外，守军主要由差劲的"耳疾"营和"胃病"营组成。这些营里的士兵过去因为健康状况不佳而被免除兵役，但现在他们被召入患有相同病症者组成的部队，满怀着待在前线便能因此而获得所需要的治疗的希望。

拉施欣慰地发现自己拥有足够的大炮，但炮弹严重短缺。1月30日和31日，他和他的参谋人员一直等待着俄国人从西面和西北面对德军薄弱的防御发起决定性攻击，但出乎他们的意料，唯一的进攻来自苏军近卫第11集团军，他们试图以坦克对第5装甲师的阵地发起打击。德军坦克兵轻松击退了俄国人的首轮坦克突击，但令他们惊异的是，接踵而来的两个苏军坦克波次，沿着几乎与第一轮攻击完全相同的路径发起进攻。遭到严重损失后，近卫第11集团军偃旗息鼓，退回去舔舐他们的伤口。

切尔尼亚霍夫斯基的部队在穿越普鲁士北部地区的过程中已遭受到严重损失，他们对柯尼斯堡北郊和东郊的首轮进攻也被彻底击退。对这样一座大型城市发起进攻需要付出怎样的代价，俄国人对此可能非常担心，特别是考虑到去年在梅梅尔的经历。不管对方出于什么原因暂停了进攻，拉施都为此而松了口气，这使他得以组织自己的力量，并开始对退入城内、已被打垮的德军师加以重组。这座被包围的城市里，除了大批难民，还有数千名来自各个部队的士兵。拉施和他的工作人员着手将这些士兵组织起来，把他们编入各个独立营，或是派去加强城里的几个师。将这些相互不认识的士兵组织到一起，这样的部队面对枪林弹雨时能有多少战斗力？这种担忧合情合理。但不管怎样，拉施最终估计，他这番努力成功地将30 000名士兵重新送上了前线。

苏军部队即将到来的消息一直对德国百姓加以隐瞒。在海滨医院工作的格蕾特尔·多斯特惊讶地从邻近的军医院获悉，所有军事单位正在实施疏散。士兵们还敦促多斯特和其他护士尽快离开这里。一个寒冷的夜晚，多斯特和她的朋友们，与最后一批军方人员等在郊外；一辆军用卡车将把他们捎上，沿着海岸线将他们送至但泽。一连等了几个小时，就在他们放弃希望时，卡车赶到了。司机告诉他们，这条道路已被切断，陆地通道已不复可能。其他难民正赶往皮劳，多斯特加入到疲惫的队伍中，朝那座港口而去。

柯尼斯堡北面，艾丽卡·摩根施泰因和她的家人与数千名难民一起，沿着拥挤的道路踯躅而行。头顶上，苏军飞机反复扫射着难民队列。这些难民能看见柯尼斯堡方向腾起的硝烟，也能听见那里传来的激战声。在各个重要的交通路口，宪兵们不断为他们重新指明方向。经过数日跋涉，艾丽卡的外公意识到，他们刚刚经过的地方，先前就曾走过——他们在兜圈子，四面八方都已被苏军包围。

这番磨难令人筋疲力尽，艾丽卡的母亲做出了一个绝望的决定：

她离开了她的父母和其他难民，以便穿过这片混乱的地狱赶往柯尼斯堡，她想去那里给我们搞些御寒的衣物。在目前的情况下，更明智的做法是待在大车温暖的保护下，而不是奔向死神的怀抱。但在一秒钟内犯下的错误会导致一生的焦虑……母亲抱着我那三岁的妹妹，另一只手拎着个小箱子。由于她腾不出手来抱我，我只能跟在她身旁一路小跑，我的手里拎着个一升装牛奶罐，外婆在罐子里塞满了食物。没走多远，一场可怕的暴风雪降临了。炮击变得越来越猛烈。我们发现自己位于柯尼斯堡边缘，因此，正处在前线地段。就在这时，一辆满载德军士兵的卡车向我们驶来，汽车停了下来，司机问我的母亲："夫人，您打算去哪里？"听说我们想回家，这些士兵说道："回去吧，你们去不了那里，到处是猛烈的炮火，上车跟我们走！"但她拒绝接受这个建议，带着我们继续向前，那些士兵肯定觉得她已经不想活了。

士兵们说的没错。整座城市似乎已被硝烟和火焰吞噬，死亡无处不在。子弹和弹片不时从我们头上飞过，发出尖锐的呼啸……我们不得不小心翼翼地从一座房屋挪至另一座房屋，不停地寻找着隐蔽。空气中充满硝烟和臭气，令人难以呼吸。我们周围的每座房屋似乎都在燃烧。在某个地方，我们幸运地找到一座依然伫立，看上去没有受到破坏的房子。我们迅速冲入屋内，却发现里面人满为患。我们刚刚进去，认为终于找到个安全的藏身处时，一声巨响传来，我记得很清楚……走廊的墙壁明显晃动起来。有人喊道："咱们得出去！"所有人立即冲入火焰四起、硝烟弥漫、臭气熏天、弹片横飞的地狱中。大家刚刚逃出房屋，便传来一声震耳欲聋的巨响。我蹲下身子，觉得一切都完了，我就要死了。我抬头看见那座房屋坍塌下来。它本来会成为我们的坟墓。

一座座坍塌的房屋堵塞了道路，我们不得不爬过这些废墟堆，对我来说，这需要三肢并用，因为我的一只手里还攥着牛奶罐。母亲腾不出手来帮我。[18]

通过这种方式，摩根施泰因一家人与许多难民一样，设法穿过前线进入柯尼斯堡。有多少人在这种绝望之旅中丧生，无从统计。

北面，激烈的战斗仍将继续下去，但到目前为止，切尔尼亚霍夫斯基的部队可以满意地对这场战役加以回顾。尽管为突破德军顽强的防御耗费了一周时间，但他们进抵波罗的海海岸只用了两周多一点。伤亡相当惨重，但东普鲁士的首府柯尼斯堡已被包围，德国第3装甲集团军也被打得支离破碎。随着攻城战步伐的放缓，他们获得了休整和收集战利品的时间。

在许多情况下，前进中的苏军部队与德国百姓的首次接触非常文明。这些苏军士兵大多是快速推进的坦克军里的成员，步兵还要一两天时间才能赶到，这些坦克兵提醒德国百姓多加留神。而大批苏军后续部队的名声不太好，许多事情彻底证明了这一点。像列夫·科波列夫这样的人很少见，他是个苏军

军官,也是一名积极的共产党员:

战争和我们的宣传使数百万人受到摧残和虐待,这些宣传充斥着好战主义、沙文主义和虚假性。战争前夕,我曾相信这种宣传是必要的,随着战争的持续更是如此。我仍相信它,但我也开始认识到,此类宣传从种子起便毒害到果实。[19]

问题的部分原因是,苏联红军在长期战争中遭受的伤亡使他们的各个师兵员短缺。整个战争期间,甚至在这场战争的最后几个月里,苏军的伤亡普遍高于他们的德国对手。缺乏训练的补充兵匆匆投入战斗,这使他们遭受到可怕的伤亡。许多生还者也许更倾向于将他们的怒火发泄到平民们身上,特别是因为许多士兵(也许是绝大多数)经常喝醉。在红军到达前没能逃离的百姓们面临着可怕的前景。[20]

大多数情况下,苏军军官对部下们加以鼓励。这种模式在其他战场也能见到,并会产生另一些冲突——每个人被迫参与其中,共担集体罪责。科波列夫所在的部队穿过因斯特堡、奈登堡(Neidenburg)和阿伦施泰因时,他继续寻找着这方面的例子。他不断向上级部门提出抗议,并要求对这些罪行加以惩处(按照军规,强奸和抢劫会被判处死刑),但他却发现自己被控以"资产阶级人道主义"和"同情敌人"的罪名。尽管军事法庭在1946年宣判他无罪,但科波列夫再次被捕,最终在西伯利亚服了十年苦役。1945年初的两个月里,苏军的暴行到达顶峰时,因强奸和凶杀受到惩处的红军士兵寥寥无几。后来的确处决了一些人,以阻止更多的暴行发生,这种处决有时候会在被定罪士兵所在的部队面前执行,但往往无法取得预期的效果:"一些军官会在枪毙自己部下的同时杀掉一个德国婊子。"[21]

苏联官方从未承认过发生在德国土地上那些确凿无疑的暴行。罗科索夫斯基在回忆录中这样写道:

早在进入法西斯德国领土前,方面军军事委员会就讨论过我们的人在德国土地上的举止问题。纳粹占领军给苏联人民带去那么多灾难苦痛,他们犯下大量惨绝人寰的罪行,我们的战士理所当然对敌人充满刻骨仇恨。但我们的职责不能容许对敌人的合理仇恨沦为对整个德意志民族的盲目复仇。我们是同希特勒军队，而不是和德国百姓作战。所以当我们的部队跨过德国边境时，方面军军事委员会发布了一道日训令，向指战员们祝贺这一意义重大的事件，并提醒他们，我们是以解放者的身份进入德国。红军是来帮助德国人民摆脱纳粹集团的统治及其毒害人民的宣传的。

军事委员会号召全体官兵模范地遵守纪律，维护苏联士兵的荣誉。

指挥员和政工人员、全体党团积极分子应坚持不懈地向士兵们讲解苏联军队的解放使命，对德国命运的责任，以及我们从法西斯桎梏下解救所有其他国家的责任。

我必须指出，我们的人在德国土地上表现出真正的人道主义和宽宏大度。[22]

苏军犯下的罪行并不仅仅是强奸和凶杀。与红军到达的任何一个地区相比，东普鲁士都算是个富裕地区。红军允许士兵们定期从前线寄送包裹回家，士兵每个月可以寄5公斤，将军则为16公斤。知道家里的短缺，红军士兵寄送食物和衣物，另外还有工具、钉子，甚至包括打字机，尽管这些缴获的打字机上没有西里尔文键盘，在苏联几乎派不上任何用处。数万节车皮搭载着战利品向东而去，在那里，大批未分发出去的包裹堆积如山。有些物品很奇怪：一名苏军军官把一个陶瓷抽水马桶寄回家，尽管他农村的家根本无法连接马桶的水管。

一些习惯于苏联艰苦生活条件的苏军士兵，对自己的发现沮丧不已：

40多岁的斯捷潘·沃伦金是我们的大车驭手。连里的每个人都知道，他这人有一种难以抑制的欲望：总是到处搜罗一切可用的垃圾。

1945年3月初，我们团驻扎在一片森林里，我们都住在防空洞内。有一次，沃伦金请求阿列克谢·涅穆金（连军士长的助手）批准他离开一小会儿……回来时，他带着自己神秘的发现：大车里放着一个100升的金属桶。桶里装的东西很神秘，是一种浅黄色、无味的脂类物质，有点像凝固的黄油。研究了一番后，涅穆金让我去看看这究竟是什么东西。我看了看，它让我想起苏联的某种工业润滑脂。出于谨慎，我不能确定这东西是否能作为武器的润滑剂使用：万一这里面有酸性添加物呢？因此，我无法确切地告诉阿列克谢这究竟是什么。[23]

涅穆金发现，这种奇怪的物质可以当作灯油使用，但沃伦金对此并不感到满意：

三天后，沃伦金出人意料地走进我的掩体，他拿着个饭盒，上面盖着一块干净的白布。带着狡黠的笑容，斯捷潘打开饭盒说道："我给您带来两块热oladyas（一种用油脂煎过的厚煎饼）尝尝。"

油乎乎的煎饼非常可口，我用赞许的目光望向沃伦金，同时带有一丝疑问。受到这种无言的鼓励，斯捷潘继续说道："从现在开始，我的发现才算对我们大家都有益了。说实话，该如何使用我发现的那种东西，我对涅穆金的决定是不太满意的。从我们打开铁桶的那天起，我就觉得这东西肯定能吃。可是，我听说过许多食物中毒的传闻，所以在这两天里，我一直坚定地抑制着试上一试的欲望。但我又想，人生自古谁无死，我实在抵挡不住这种诱惑。为避免伤害到其他人，我决定自己先尝上一尝。于是，昨晚上我这样做了。今天早上醒来时我发现自己还活着，感觉还挺好。然后我把这个发现告诉给厨师别祖格洛夫，我们俩摊了好多煎饼，大快朵颐了一顿。"

沃伦金介绍完毕，我去找涅穆金，决心亲自尝尝这东西。我用一把小勺挖了点油脂，这次不再犹豫，直接把它放入嘴里品尝起来……几秒钟后，我做出了判断，但不敢百分百断定，这是人造黄油。不太敢肯定的原因是，我只是在战前听说过这种东西。[24]

最近这段时间寄回苏联的信件中，一个反复出现的话题是：无法理解一个如此富裕的国家为何会选择入侵贫穷的苏联。在某些情况下，这导致了对法西斯分子更大的仇恨，以及暴力复仇的进一步升级。但这也带来某些政治问题——在苏联，人民一直被灌输的信念是，他们的生活比资本主义社会那些工资奴隶好得多，但现在，苏军士兵们目睹了事实真相。随着时间的推移，政委们忙着消除此类负面影响。但柯尼斯堡和泽姆兰半岛西部尚未被征服。前方仍将有更多的激战。

1. K·切尔尼亚霍夫斯基,引自A·D·冯·普拉托的《第5装甲师师史》,第372-373页
2. 耶特克,引自冯·普拉托的《第5装甲师师史》,第374-375页
3. 同上,第375-376页
4. H·冯·伦多夫,《东普鲁士日记》,第18页
5. H·舍恩,《波罗的海,1945》,第257-258页
6. 同上,第259-260页
7. 耶特克,引自冯·普拉托的《第5装甲师师史》,第377页
8. 同上,第380页
9. 同上,第382页
10. H·冯·伦多夫,《东普鲁士日记》,第22-24页
11. O·拉施,《柯尼斯堡的陷落》,第36页
12. 同上,第37页
13. I·科贝良斯基,《从斯大林格勒到皮劳》,第135-136页
14. E·摩根施泰因,《生存比死亡更难》,第61-62页
15. 同上,第64-65页
16. 第367步兵师,沙佩尔少校,引自O·拉施的《柯尼斯堡的陷落》,第49-51页
17. K·迪克特,引自O·拉施的《柯尼斯堡的陷落》,第52页
18. E·摩根施泰因,《生存比死亡更难》,第67-69页
19. L·科波列夫,《思想无罪》,引自C·梅里戴尔的《伊万的战争》,第263页
20. L·拉比切夫,引自C·梅里戴尔的《伊万的战争》,第268页
21. C·梅里戴尔,《伊万的战争》,第277页
22. K·罗科索夫斯基,《一个军人的职责》,第288-289页
23. I·科贝良斯基,《从斯大林格勒到皮劳》,第145页
24. 同上,第146页

第七章
罗科索夫斯基到达海滨

如果我们再向北推进，就将到达瑞典！

——率先到达埃尔宾的一名苏军坦克手[1]

稍南面，靠近波兰—东普鲁士昔日边境处，德军第7装甲师各个被打散的战斗群艰难地向西撤去，燃料短缺给他们造成了大麻烦。许多情况下，小股德军单位意识到他们已被苏军先头部队绕过，但仍设法与西面的部队保持着无线电联络，并竭力试图突出重围。

胡贝尔和他的战友们驾驶着残缺不全的坦克朝后方撤去。他的车组抢在齐青劳落入苏军先头部队前进入该镇，并遭遇到一场空袭。胡贝尔隐蔽在铁路站场一个覆盖着积雪的弹坑里，直到空袭结束。走近遭到轰炸的火车时，他惊恐地发现车上满是难民：

另外两名德军士兵颤抖着站在那里。我刚想走开，站在我身边的一名士兵叫了起来："天哪！"他弯下腰，在我们面前，从货车车门下拉出一个白色的填塞坐垫，里面有个婴儿。我们定睛望去，每个人都倒吸了口凉气。这名婴儿已经死去。弹簧从坐垫里伸出，弹片撕裂了坐垫。婴儿的太阳穴上有一个小孔，孔中淌出一些鲜血,新鲜的血迹流向脑后。我摘下手套,握住他的小手,余温尚存。我对这两个不知名的士兵说道:"走吧,他已经死了。"肯定是货车旁的爆炸导致了这一切。我必须离开,我对此无法承受。阵亡、负伤的战友,过去我都曾见过,但这个死去的婴儿。天哪,这场可怕的战争还会发生些什么?[2]

苏军空袭的效果存有争议。一方面,德国方面的许多记述对苏军飞行员糟糕的训练和精确度大加贬低。但另一方面,苏军战斗轰炸机的自由攻击毫无疑问使德军的机动,特别是后方的后勤工作变得极其困难。苏军地面部队与空中力量之间很少能做到德国人在战争初期实现的密切协调,也许这种情况正在改善,但苏联空军对德军补给车队的攻击,无疑加剧了后者早已存在的燃料和弹药短缺问题。

火车搭载着胡贝尔的坦克赶往佐尔道,在那里,他们差点被苏军推进中的部队打垮:

火车停在冰冷的站台上,下午2点左右,我们突然听见右侧的镇子方向传来坦克炮的轰鸣,爆炸声紧随其后,这就表明,敌人正向我们逼近。所有人都很震惊,知道这意味着什么。"T-34就在镇内,俄国人就在那里。"接下来发生了这样的情况:士兵们开始脚底抹油……惊慌失措的人群四散奔逃。我们决定让自己的坦克做好战斗准备。这一点非常必要,因为我们在炮塔环上覆盖了毛毯,以保持适当的温度,现在必须尽快把这些毯子去掉,否则,我们的炮塔就无法转动。我们清理了炮膛,作为一项预防措施,我把炮塔转向2点钟方位,T-34炮声传来的方向。就算牺牲,我们至少要让对方付出相当的代价。我们估计,如果我们等在这里,而敌人直接朝我们和车站扑来的话,我们从平板货车上开炮也能干掉几辆T-34。两三发穿甲弹放在一旁,可供我们迅速加以使用。现在,我们坐在炮塔里等待着战斗的到来。卡尔·弗里切和许茨留在车外,因为我们现在不需要驾驶员和无线电操作员。

过了一会儿,又传来几声T-34的炮击,车站上的德军士兵更加混乱,就在这时,一个火车头驶来,挂上我们的货车,带着我们驶离车站。由于铁轨旁伫立着一排电线杆,我赶紧把炮塔转回12点方向。就在已突入镇内的敌人赶到前,我们离开了火车站……火车穿过劳恩堡（Lauenburg）和斯特拉斯堡（Strasburg）向北而去，先是到达格斯勒斯豪森（Gosslershausen），然后继续向东北方驶去，赶往德意志艾劳（Deutsch-Eylau）。[3]

1月21日，就在党的干部们组织起一列火车疏散平民时，胡贝尔和他的战友们也在等待撤离：

这里静得怕人，除了前方的机车头发出蒸汽活塞的运动声，听不到任何声响。在我看来，危险很可能从1点钟方向而来，因为那里是火车站附近的一片空地。如果俄国人穿过镇子赶往湖泊，首先会在街道上爆发战斗。

10分钟后我们便听到了这种声响。先是一辆坦克开炮射击，随之而来的是高爆弹的爆炸声……而此刻，天色越来越暗，温度也下降到零下25度左右。我们睁大双眼，但只能通过炮口的闪烁判断T-34坦克正从发出声音的地方向前逼近。我们无法辨别出这些坦克中的任何一辆。它们似乎正用高爆弹对罗森贝格（Rosenberg）边缘，位于湖边的房屋实施炮击。朔尔施已给坦克炮装上一发穿甲弹，但开炮的风险太大，因为我们的火车尚未开动。如果炮弹没击中，我们这些停在平板货车上的坦克就将成为活靶。

就在这时，火车头发出一声短短的尖啸，出发了！韦茨迅速下达了"自由射击"的命令，我立即开炮射击。我早已瞄准远处炮口的闪烁。但我知道什么也打不中，因为对方位于1 500米外，另外，在黑暗中，面对遍地积雪，瞄准器里什么也看不清。但我们藉此告诉对方，我们知道他们在哪里，他们应该更加小心点。火车已隆隆向前，我又开了一炮，对方没有还击，接着，我再次射出一发炮弹。我知道不可能击中什么，因为火车晃动得非常厉害，根本无法准确瞄准。火车渐渐加快速度，向北驶入黑暗中。我抬起炮管，转动炮塔。我们离开了罗森贝格。[4]

火车从这里隆隆向北，经过历史名镇马林堡（Marienburg）时，他们惊讶地看到这座镇子已起火燃烧。

当天，苏军继续对他们的突破加以利用，南面向前推进，北面奔向柯尼斯堡，莱因哈特再次打电话给希特勒。他已同自己的参谋长商讨了令人绝望的态势，决心迫使希特勒接受将第4集团军撤出日益受到威胁的阵地的必要性。与希特勒的交流仍是一番老生常谈——希特勒认为，后撤会导致军心涣散，他指出，援兵正在赶去。莱因哈特反复强调，他的集团军群已岌岌可危，快速推进中的苏军正从两侧穿过，全速赶往海边。最后，希特勒勉强同意：第4集团军可以放弃东面的阵地，撤向海边。第二天，1月22日，希特勒批准第28军辖下的两个师撤离梅梅尔。

苏军指挥员已预计到霍斯巴赫的第4集团军会实施后撤，就在一天前，罗科索夫斯基给伊万·博尔金的第50集团军下达了新的命令，该集团军就在德国第4集团军对面。到目前为止，博尔金的指挥一直很消极，罗科索夫斯基命令这位属下发挥更加积极的作用，将这股敌人牵制在他们的防线。博尔金依然犹豫不决，1月22日，一支苏军侦察队终于向前实施了侦察活动，却发现大部分德军已然撤离。罗科索夫斯基立即解除了博尔金的职务，命令第50集团军参谋长费奥多尔·彼得罗维奇·奥泽罗夫接替指挥。

博尔金集团军对面的德国部队并不都处于平静中。服役于"赫尔曼·戈林"伞兵装甲掷弹兵师的巴尔图蒂斯发现，自己所在的连队已遭到一支苏军突击队的侧翼包抄，他们的阵地看上去已岌岌可危，但俄国人却没有发起预计中的进攻。尽管如此，由于各种伤亡和开小差，连里的实力不断下降。当天晚些时候，团长视察该连阵地时发现，尽管招纳了来自其他单位的一些散兵游勇，但该连的作战兵力只剩下26人。营里的其他单位后撤时，一个重机枪组不慎被遗忘在后面，这个机枪组孤军奋战，直到被敌人的炮火打哑，但他们成功地阻止了苏军对巴尔图蒂斯的连队发起攻击。[5]

接下来的几天，这里几乎没有爆发任何战斗。1月21日晚，巴尔图蒂斯和他的战友们终于接到撤出阵地的命令，后撤行动没有受到苏联红军的干扰。可当这群德军士兵拖着沉重的步伐，在黑暗中赶到安格拉普河上的一座步行桥时，桥上的一小群德军工兵提醒他们，据报告，苏军正向北搜索前进：

我们刚刚过河，他们便将桥梁炸毁。这群工兵的仓促令我们破口大骂。埃瓦尔德中士倒在路边一动不动。我们担心木块或铁片击中了他，于是对他进行了检查，却发现他并未受伤。埃瓦尔德解释说，他想留在这里，因为他实在没有力气继续行进了。我们反复劝说，他都不为所动，于是，我把他拽了起来，扶着他继续后撤。埃瓦尔德中士是个矮小、疲惫的人。1944年11月，我曾留意到他那双悲哀的眼睛，当时我认为他肯定经历过许多可怕的事情。过了一会儿，他对我的帮助表示感谢，说他想一个人行走。在这之后，我几次回头张望，看见他走在队伍的最后面。20分钟后，他消失得无影无踪。显然他决定要蜷缩在某个地方。他的家人永远不会知道他的下落。我暗暗责备自己没能更好地照料他。[6]

与此同时，苏军最高统帅部已获悉大批德军部队正有条不紊地从博尔金集团军的对面撤走，这对罗科索夫斯基先头部队的东北翼造成严重的威胁。白俄罗斯第2方面军原先的任务是掩护朱可夫白俄罗斯第1方面军的北翼，现在，罗科索夫斯基的主要任务发生了变化。第65和第70集团军继续向维斯瓦河推进，方面军里的其他部队[7]奉命向北转进，先隔断东普鲁士的德国军队，再将其歼灭。

战争的最后一年，东线战场上的一个显著特点是，苏联红军展现出越来越大的灵活性。"巴格拉季昂"攻势的准备和执行过程中，原先的计划会在很短的时间里加以改变，后期的战役中也能见到同样的做法。对已确定的计划重新加以考虑，从方面军司令员到最高统帅部所有上级指挥部门都表现出极大的意愿，而苏军参谋人员现在也有能力以最小的混乱将这些变化付诸实施。巴格拉米扬重新部署后冲向梅梅尔，切尔尼亚霍夫斯基对近卫第11集团军的灵活运用，罗科索夫斯基迅速更改方面军的进攻轴线，这一切都表明，苏联红军拥有了德国军队在初期胜利中展现出的那种灵活性。事实上，随着战争的持续，由于希特勒的横加干涉，德军高级指挥部门的灵活性越来越差，而苏联红军却吸取了教训：死板的作战行动几乎总是会招致败绩。

正如希特勒告诉莱因哈特的那样，德军的援兵终于赶来了。北面的库尔兰半岛上，德军第4装甲师已撤离防线实施休整和补充，1月17日，该师奉命尽快赶至里堡港，以便从海路返回德国。与第24装甲师一样，第4装甲师留下了他们的重装备，待他们到达目的地后会得到重新装备；只有师里的侦察营（第4装甲侦察营）带上了他们的车辆。1月19日，师里的首批部队登上"普鲁士"号运兵船，两天后，他们抵达但泽湾。在海滨度假胜地索波特（Zoppot）短暂

停留后,先头部队搭乘火车向南赶往军队的训练场,这片训练场位于格劳登茨东北方的格鲁普(Gruppe):

我们第一次见到了逃难中的德国百姓,这种场景使我们的心在淌血。勇敢的年轻母亲、修女或红十字会的护士们推着婴儿车;马拉大车载着病人和老人;妇女、妇女、妇女、伤者和更多的伤者,这幅令人痛苦的画面凄惨至极!

他们向我们投来责备的目光,这是一种无言的恳求:让俄国人远离他们,不要让他们陷入困境中。

有时候,一些被打散的德军士兵疲惫地从我们身边经过,他们挥着拳头:"蠢货!你们只是在拖延战争罢了!"

在目前这种毫无希望的态势下,我们再次将自己投入到苏军的前进路线上,我们也开始产生怀疑:我们这样做对吗?有时候,我们会遇到一些德军小股战斗群,他们试图以残余的兵力在路边构设起防御阵地。

但当我们再次看见凄惨的难民队伍,那些孩子、妇女、老人、伤者以无助、哀求的目光望向我们时,我们下定了甘冒一切风险的决心。

南面的村庄都已被遗弃。没人愿意落入俄国人手中。所有人都想得到德国军队的保护。

我们在毫无准备的情况下,从库尔兰经海路来到这片风暴肆虐的地区,现在,我们迎着难民大潮而行,我们知道,我们希望、应该、必须保护他们,为他们争取逃生所需要的时间。

……再往南,冬夜鬼魅般的暮色中,我们看见了燃烧着的村庄。硝烟和烟灰从下着雪的空中落下。遥远的射击声从维斯瓦河东面传来。

一些德军士兵在这片地区四处游荡,没人率领他们,他们也没有目的地,这些士兵的脸上满是恐惧和疑虑。因此,他们对加入我们的队伍感到高兴,尽管我们正朝错误的方向前进。路上遇到的同志,大多数人步履蹒跚,扎着血迹斑斑的绷带。[8]

1月22日,到达格鲁普附近的训练场后,第4装甲师的先头部队发现这里根本没有为他们的到来做好准备。贝泽尔(年初已晋升为中将)和他的参谋人员震惊地发现，他们师只能获得部分装备，包括32辆四号坦克、14辆突击炮和145辆半履带车。这些半履带车对装甲掷弹兵的机动性至关重要，但其中只有80辆可用。贝泽尔迅速提出要求：应该将该师留在库尔兰的黑豹坦克运至但泽。

一名军士长和几位年迈的上等兵"管理"并认真看守着战车和重武器，他们获得了上级主管、技术总监和军需官们的授权。但那些级别更高的"人精"早已逃离这片地区。

这一点必须明确指出：大举撤离俄国期间，前线部队与后方机构之间的关系遭到严重破坏。据守前线的部队实力越来越虚弱，而补给线上的各个城市里却挤满了各种后勤单位、行政人员、党政部门、特别指挥部和管理机构，他们一听见战斗声便拔腿开溜。久而久之，这种情况令前线将士们深感愤怒。因此，他们对那些只顾自身安全的后方人员憎恶至极。

我们立即将这些武器和车辆据为己有，根本不顾什么正规手续。带着我们的祝福和签字，几名老兵高兴地完成了他们在这场战争中最后的任务。

麻烦一个接着一个！没有一辆坦克的电台设备是完好的。为我们从事准备工作的那些人把事情搞砸了。所有电台里的电池和变压器不翼而飞。我们在几座防空洞里找到一些被用于照明的电池，但现在已彻底报废。坦克里一滴油都没有，据军械库的上等兵说，那些管理人员抽空了车内的汽油，以便逃离这片危险地带。到处都找不到燃料，我们无法将这些战车驶入到指定阵地。

因此，必须给我们坦克维修车间的负责人布鲁诺·沙尔马特上尉三声欢呼。一眨眼的工夫，他搞到了足够的燃料，这使我们获得了行驶30公里的机动性。他那些部下如何能搞到这些燃料，到今天依然是个谜。

到达格鲁普后只过了几个小时，300匹马力引擎的轰鸣声再次响彻整片区域，尽管这些坦克上的电台无法使用。只有两位连长的座车上拥有完好的电台。我们的坦克并未行驶太远。俄国人的T-34帮了我们的忙，他们急于获得更大的胜利，径直冲入到我们的火炮瞄准器内，随即遭到突如其来的打击。双方展开首轮交锋，14辆T-34被击毁后燃起大火。[9]

罗科索夫斯基的大多数部队已被调往北面，但仍有相当多的部队继续朝维斯瓦河扑来。德军第4装甲师和另一些部队被匆匆投入突破口，他们很快便忙得不可开交。与此同时，1月22日，罗科索夫斯基进攻方向的改变造成了严重的后果。他最初的攻击已撕开德国第2集团军的防线，他的部队从缺口处蜂拥而入；德军部队被挤压到缺口的北部，但仍控制着一道半连贯的防线。现在，随着他麾下最强大的部队转身向北，德军这道半连贯防线上又被撕开一个缺口。很明显，霍斯巴赫和莱因哈特必须迅速采取行动，防止快速推进中的苏军一路杀向埃尔宾（Elbing）海岸。

德军第7装甲师第25装甲团第5连已没有坦克，他们于1月20日到达斯特拉斯堡，在一列火车上发现17辆崭新的四号坦克歼击车；这些战车本来是要分配给第24装甲师，但现在已无法运抵目标用户手中。第25装甲团第5连立刻将这些战车据为己有，他们欣喜地发现，车上已装满弹药和燃料。现在，他们即将对德意志艾劳发起一场反击。苏军步兵第372师是突击第2集团军的一支先头部队，该师在1月20日夺取了德意志艾劳，而邻近的几个城镇也已被步兵第108军的其他部队攻占。战役的这个阶段，冲在最前方的是近卫坦克第5集团军的坦克部队，已位于苏军各步兵师前方20公里处。

德军第7装甲师新获得的坦克被匆匆涂成白色，以获得些冬季伪装，炮手们用了几个小时对瞄准器加以调整——这些战车太新了，甚至没有试射过。全连彻夜行军，次日中午前抵达比绍夫斯韦尔德尔（Bischofswerder）。几辆坦克在途中抛锚：

另外11辆战车，在步兵团25辆半履带车的支援下，于当日上午继续前进。他们在德意志艾劳前方遭遇到苏军先头部队。经过一场坦克混战，该连失去了联系，他们已被包围。这个装甲连在夜间穿过一片树林，沿着铁路线从德意志艾劳撤向格斯勒斯豪森，以此来避开俄国人的注意力。在斯特拉斯堡时，该连的每辆坦克只得到400升燃料，每辆车每公里耗油4升，这些坦克一辆接一辆地耗尽了燃料，接下来只能依靠其他车辆来拖曳。

亨尼格上士和他的四号坦克……沿着铁路线行驶了3公里，穿过一片树林到达其边缘后，发现铁路线上有一个合适的路口，随即朝空阔地驶去。没多久，亨尼格在黑暗中发现一辆T-34，就在他右侧30米外，高度相当，正朝同一方向行驶。那辆T-34停了下来，转动炮管瞄向他。亨尼格见状，立即停下坦克，也把火炮转向左侧，换句话说，炮口没有瞄准那辆T-34，而是另一个方向，以此来欺骗俄国人。T-34的车长上当了，他转回炮塔，继续向前驶去。亨尼格命令伦纳也向前行驶。两辆坦克又往前行进了400米，那辆T-34再度起了疑心，又一次停下车，将炮管转了过来。亨尼格冷静地重施故技，再次将炮管转向左侧。T-34放下心来，在黑暗中又一次上当受骗，将炮塔转向正面。

但这一次，亨尼格命令汉斯·卡尔布将炮管转向右侧，对俄国人开炮射击，尽管在黑暗中，但双方的距离非常近，那辆T-34清晰可见。在这种危险的态势下，亨尼格的冷静使他的车组获得了俄国人先前拥有过的优势：在近距离内先行开炮。

……第5连逃出了敌人的包围圈。他们驱车穿过田野，直到拂晓，又前进了10公里，于上午9点到达一座孤零零的庄园，被彻夜行军弄得筋疲力尽。在此期间，燃料耗尽使6辆坦克处于被拖曳状态。雅各布中尉不想再损失任何一辆坦克，于是命令被拖曳的坦克集中到庄园内，4辆尚能行驶的坦克部署在庄园外，面朝森林，因为敌人有可能从那个方向发起攻击。其他车辆暂时"休息"，等待着急需的补给物资；布兰德斯少校正设法搞到燃料。

布劳曼德尔也拖着一辆坦克歼击车，他是莱希勒上士车组中的一员（伦茨是炮手，米歇尔·海登赖特是装弹手兼无线电通讯员）。被拖曳的车辆都没有脱钩，在接下来发生的事情中，这一点被证明非常致命。莱希勒没有将他的车辆停在庄园内，而是置于一座大型食堂建筑的隐蔽处。由一根钢缆拖曳的车组位于他们身后。车组人员走进屋内寻找些吃的东西。

亨尼格将他的坦克停在仓库处，没过多久，5-6辆八轮装甲车沿着道路驶来，这些车辆是俄国人缴获的，并被他们加以使用。装甲车停了下来，用车上的20毫米火炮对着仓库开了几炮，随即迅速离开。

亨尼格上士是个老兵，对这种情况并不感到惊慌，他告诉车组人员："还会有更多的敌人赶来，"随即驾驶坦克离开庄园，在50米外的一座花园里占据了阵地，坦克停在灌木丛与低矮的树木之间。此时，他只剩下3发穿甲弹。

接下来的事情发生得很快。

其他人刚刚把面包塞入嘴里，俄国人便发起了进攻。9-10辆敌人的T-34，在大批步兵的配合下，从2公里外的树林中出现，跨过空阔的田野对庄园的仓库展开进攻。与此同时，苏军炮兵也发起猛烈的炮击。现场一片混乱。被拖曳的坦克，车组人员匆匆躲入建筑内隐蔽，守在外面的四辆坦克，在雅各布中尉的指挥下投入到与T-34的交锋中。现场一阵疯狂的射击。战斗刚一打响，莱希勒便命令车组人员回到坦克里，随即发动了引擎。

亨尼格的车组也迅速投入战斗，并将迎面冲来的两辆T-34击毁。射出最后一发穿甲弹后，他们加大油门向后退去。没退多远，他们的坦克滑入一道沟渠，引擎熄火了，坦克的燃料已然耗尽。他们看见1.5公里外，大群苏军步兵跨过开阔地向前冲来，亨尼格下令将坦克炸毁。他朝着庄园跑去，弗里茨·伦纳、卡尔布、装弹手和报务员紧随其后，沿着之字形路线奔跑，以避开敌人的子弹。

很快，另外几辆担任警戒的坦克，有限的弹药被耗尽（四号坦克歼击车只能携带55发炮弹）。他们不得不后撤，因为俄国人已近得危险。

先前下车的车组人员待在那座大型食堂建筑的走廊里，他们被猛烈的炮击和敌坦克发射的高爆弹逼退到这里。另一个车组想要迅速逃入他们的坦克内，这辆坦克已驶入花园，一名车组成员站在坦克后，结果，在混乱中被抵死在围墙上。其他人，例如刚刚赶到的亨尼格上士、迈尔上士、许茨中士，他们和连里的其他人员冲入花园，试图在树木间寻找隐蔽，这些树木正被敌坦克射出的高爆弹撕碎。

与此同时，布劳曼德尔车组进入到他们的坦克中，引擎轰鸣起来，但布劳曼德尔无法驾车驶离，因为车后的钢缆牵着另一辆坦克歼击车，而这辆坦克歼击车的车组人员仍隐蔽在建筑物内——这是个致命的失误。

莱希勒的车组等待着坦克歼击车的车组人员，但却徒劳无益。仅仅过了2分钟，两辆T-34挂着高速挡，出现在建筑物左侧的拐角处。它们不得不穿过庄园狭窄的入口，就在距离布劳曼德尔不到30米处。两辆T-34试图高速过弯，结果履带发生脱落，两辆坦克猛地停顿下来。车组人员跳出坦克，隐蔽在雪地上。

布劳曼德尔等待着莱希勒通过内部对讲装置下达命令。透过观察孔，他看见15米外一名苏军坦克组员隐蔽在花园的一根立柱后，正准备将一枚手榴弹投入他这辆坦克敞开的舱盖。手榴弹落在一旁炸开。布劳曼德尔环顾四周，这才发现坦克里已空无一人，莱希勒、伦茨、米歇尔已跳了出去。布劳曼德尔别无选择，只能扯掉麦克风和耳机,也逃离了他的坦克。跳下坦克时,他看见了伦茨下士,伦茨刚刚结束休假返回连里;但此刻,伦次躺在坦克旁,两条腿已被手榴弹炸断,几乎已没有生命迹象。布劳曼德尔不得不抢在第二枚手榴弹投来前赶紧离开。他拔起一根栅栏柱,迅速钻过缺口进入花园,朝着中士跑去。就在这时,他看见躲在树后的一个俄国人,将两枚手榴弹投入到敞开的舱盖中。坦克发生了爆炸。现在显然是该逃离的时候了,穿过花园,越过附近被积雪覆盖的牧场,冒着敌坦克的炮火,他又跨过一条小溪。

在此期间,布劳曼德尔也看见另外三辆担任警戒任务、已耗尽弹药的坦克正试图逃离。三辆坦克一辆接一辆被俄国人的T-34击毁。雅各布中尉和他的车组(屈恩下士、莫里茨下士以及他们的炮手)试图越过一个小斜坡时被敌坦克击中。整个车组无人逃离,悉数阵亡。

……弗里茨·伦纳和汉斯·卡尔布逃跑时兜了个大圈子,以避开敌人的步兵。奔逃了大约2公里后,他们到达一个村庄,V连(补给连)携带着弹药和燃料在这里徒劳地等待着战斗群的到达。

……布劳曼德尔和另外六七名逃离花园的战友很快遇到了我们的营长布兰德斯少校,他乘坐着桶式车正好经过这里。布兰德斯问道:"伙计们,你们在这里干吗?"他们将所发生的事情做了汇报。布兰德斯少校震惊不已,但他只说了一句:"最重要的是你们还活着!"布劳曼德尔和另外几名死里逃生的战友筋疲力尽,没过多久,他们便坐上一辆卡车继续后撤。布劳曼德尔报告说,很多人被丢弃在那座庄园里。

当天,第5连的坦克损失殆尽。[10]

第二天,第7装甲师剩余的黑豹坦克也投入到战斗中。冯·彼得斯多夫-坎彭少校(皮克勒阵亡后,第25装甲团便由他指挥)率领一支坦克和半履带车组成的混编战斗群赶至比绍夫斯韦尔德尔稍东面,他们的燃料和弹药严重匮乏。中午,苏军的20辆谢尔曼坦克发起进攻,将德国人打了个措手不及,这场战斗简直就是第5连全军覆没之战的翻版。短短的时间里,剩余的6辆黑豹被悉数摧毁,团长阵亡。逃回德军防线的士兵寥寥无几。在发给军部和集团军司令部的每日战报中,第7装甲师承认,他们已没有可投入战斗的坦克。

玛丽昂·登霍夫，这位来自弗里德里希施泰因村的贵族，7-20事件后被盖世太保短暂关押了一段时间，她在埃尔宾东南方30公里处的奎泰嫩村（Quittainen）度过这个冬季。几个月来，她看着难民们步履蹒跚地经过这片地区——先是来自白俄罗斯的一些农民，然后是立陶宛人，接着是梅梅尔人，最后是从贡宾嫩、戈尔达普和内梅尔斯多夫逃离的大批难民。令她感到震惊的是，这些难民使用的大车完全不合适，根本无法抵御严寒。于是她建议当地农民用稻草和棚架格为他们的大车搭设顶棚。此举引来地区党部代表的拜访，对方告诉她，这种做法就是失败主义，除非她立即停止，否则必将招致法律的严惩。[11]玛丽昂·登霍夫继续进行着她的准备工作，只是更加谨慎而已。

1月20日，该地区所有健康的男人被招募进人民冲锋队，而就在一天前，当地的纳粹党官员还信誓旦旦地保证无需太过担心。几天后，登霍夫打电话给位于普鲁士荷兰（Preussisch Holland）的区党部办公室，要求签发一张火车票，这样她便能前往东普鲁士，再从那里赶往弗里德里希施泰因村。令她惊讶的是，党的官员在电话里回答道："您不知道吗，这片地区将在午夜前实施疏散？"[12]她迅速将这个消息转告给当地居民，他们中的许多人已不再相信元首"获得最后胜利"的承诺，不丢失一寸德国土地的保证被证明分文不值。敦促他们尽快离开，并在附近一个路口集合后，她策马穿过寒冷的冬夜，返回奎泰嫩村。自去年秋季以来，400余名逃离戈尔达普的难民便居住在这个村子里，人口的增加导致当地的食物储备出现了紧张。甚至在东面的枪炮声变得越来越激烈时，当地的党领导还命令来自戈尔达普的男人们将马匹集合起来，返回东面250公里外的戈尔达普，去搜集饲料和食物。结果，留在奎泰嫩村那些来自戈尔达普的妇女和孩子，既没有马匹，也没有男人在身边，在这个非常时刻，这是她们最需要的。

登霍夫已为本地区的疏散制订了详细的计划，包括一些清楚标明各条道路的地图。但在眼下的混乱中，这些计划被完全忽略。登霍夫和她的监护人告诉当地农民，疏散时只携带必要的东西，但这种告诫毫无作用。她无法按照原先的计划与当地其他农场进行协调。登霍夫自己也为这场疏散作了准备，她收拾了一些衣物和生活必需品，身边的随从同样如此：

马尔科夫斯基小姐是两名秘书中较年长的一位，非常有效率，也是元首最忠实的追随者之一，多年来的每一份特别公报都令她欢欣鼓舞——她现在非常平静，但当她问自己，那些"怀疑者"和"叛徒"是否无须承担任何责任时，我还是吃了一惊。[13]

午夜时刻，登霍夫和她的随从们最后一次离开了自己的住处，加入到聚集在外面的难民队伍中。她骑着她最健壮、最有经验的一匹马。行程的第一阶段是赶至11公里外的普鲁士荷兰，这段路程应该在一个小时内完成。但他们在拥堵、冰冷的道路上耗费了6个小时。在镇外又被耽搁了2个小时，登霍夫骑着马赶去查看究竟发生了什么情况。她发现镇内挤满难民，而当地的党务办公室已人去楼空。一位农民告诉她，党领导早已逃之夭夭。登霍夫策马返回到同村人身边，他们在零下20度的气温中冻得瑟瑟发抖。有些人已做出决定，如果不得不被苏联红军追上的话，他们宁愿待在自己温暖的家中等待这种情况的到来，也不愿在露天地里被冻僵。他们还替登霍夫出主意：她应该骑着马尽快逃离，因为她可以绕开拥挤的难民群。他们认为，如果她落入俄国人手中，很可能会被枪毙，原因很简单，因为她是个贵族。在一名士兵的陪伴下（这名士兵与自己的部队走散，也骑着一匹马），登霍夫策马向西，沿途的景象深深地蚀刻在她的记忆中：

我们骑行了一整天，始终有一种身处庞大队列中的感觉：在我们前方、后方、两侧，到处都是难民、马匹和大车。不时能在人群中见到一张相识的面孔，或是在大车悬挂的小标牌上读到熟悉的地名。穿过普鲁士荷兰这座小镇后，我们遇到来自小农场的农夫和一些经营小商铺的人，他们推着小车，车上载着他们的祖母，或是堆着他们的财物。上帝啊，这是怎样一幅场景啊！这些人想去哪里？难道他们想以这种方式跋涉数百公里，甚至数千公里吗？[14]

在一个路口，一名搜寻散兵游勇的军官带走了她的同伴，留下登霍夫和两匹马。就在这时，一小群来自奎泰嫩村的难民朝她欢呼起来。他们在一座农舍里休息，但听说俄国人就在3公里外时，他们又匆匆出发。沿途满是逃难的百姓，也有些被打散的德军部队，登霍夫和格奥尔格（这个15岁的男孩是她庄园里一名护林人的儿子）到达了诺加特河（Nogat）：

> 诺加特河上长长的铁路桥就在我前方。老式的铁桥柱高高耸立，一盏孤零零的挂灯在风中飘摆，投下微弱、怪诞的阴影。有那么一刻，我勒住缰绳，就在马蹄踏上桥板的得得声淹没一切噪音前，我听见一种奇怪的、有节奏的、短促的敲击声，仿佛某种东西正以三条腿笨拙地艰难前行，或是一根拐杖敲击木板发出的回声。起初我没能分辨出这种声音，但很快，我看见前方出现了三个人影，他们穿着军装，沉默而又缓慢地走过铁桥。其中的一个拄着拐杖，另一个撑着根木棍，第三个人头裹绷带，外衣的左臂处空空荡荡。
>
> 他们说，军医院里的所有伤员都已获准离开，并得到建议，依靠自身的力量设法逃生。但近千名伤员中，只有这三人拥有所需要的"力量"；而其他人在冰冷的火车里过了几天，没有食物，没有医务照料，都已虚弱不堪，根本无法遵照这个建议行事。建议？自身的力量？俄国人的坦克离我们不到30公里，或许只有20公里了；这三名伤兵的前进速度，每小时不会超过2公里。此刻的温度是零下20-25度，冰霜需要多少时间冻结他们裸露的伤口？……对我来说，这就是东普鲁士的结局：三名绝望的伤兵踯躅而行，试图跨过诺加特河上的桥梁进入西普鲁士。一个骑在马背上的女人，600年前，她的祖先跨过这条河流两侧的荒野向西而行——600年的历史就此消失于无形。[15]

罗科索夫斯基的主要任务是继续孤立并歼灭德国第4集团军。德军第299步兵师和第18装甲掷弹兵师从霍亨施泰因（Hohenstein）被逼退，尽管"大德意志"军仍据守着苏军第3集团军附近的帕森海姆（Passenheim）。在这两股德军之间，苏军近卫骑兵第3军开始展示其存在，全力冲向阿伦施泰因。但更令人震惊的态势发展出现在西面。1月22日，近卫坦克第5集团军辖下坦克第29军里的米哈伊尔·迪亚琴科上尉，奉命率领他的9辆T-34向北赶往波罗的海海滨。苏军先头部队距离海岸线尚有70公里，这场突击的目的是尽可能向前推进，直到遭遇敌人的抵抗。

1月23日清晨，迪亚琴科动身出发，他带着9辆坦克前进了20公里，没有遇到任何抵抗。这些坦克车组已接到严格的命令,除非是绝对必要的情况,否则不得开火,他们仔细选择着前进路线,以穿过持续不断的难民大潮,难民们通常极不情愿地让出通道。这群T-34两次遇到德军车队,但德国人只是靠到路边,让他们先行通过;路上的平民和军人都已疲惫不堪,他们认为这些坦克是德军战车,在严寒中根本没有对他们进行仔细检查。

中午,这群T-34已到达普鲁士荷兰。苏军驾驶员们小心翼翼地驶过挤满难民的道路,一辆坦克撞上一辆两轮小推车,即便这样,也没人认出他们是敌人。

在普鲁士荷兰的北面,迪亚琴科停车检查情况。他惊讶地发现,队伍里的两辆T-34不见了,显然是被堵在镇内的车流中。突然,一阵射击声爆发开来,炮弹落在两侧的田地里,路上的难民惊恐地四散奔逃。但射击突然间停顿下来,不知道是担心误伤平民,还是因为炮手们无法确定这些坦克究竟是德军的还是苏联红军的。迪亚琴科和剩下的坦克继续前进。下午4点,这7辆坦克到达格鲁瑙(Grunau),距离埃尔宾只剩下8公里。他们在这里发现自己陷入一场大堵车中,所有车辆都设法驶过南面唯一一条道路,以便跨越埃尔宾周围挖掘的防坦克壕。这些俄国人耐心等待着轮到他们通行,最终跨过反坦克壕,驶入城内。

迪亚琴科的几辆坦克尾随着一辆载满乘客的有轨电车行驶在市内的一条街道上。从两侧经过的行人,不是下班回家就是在逛路边的商店。就在这时,这些坦克终于被认出是敌人,附近的加尔维茨兵营朝他们开火了。迪亚琴科下令还击,这些T-34加大速度,冲过已迅速清空的街道。两辆T-34被击毁,但其他坦克驶向埃尔宾北面,与拎着"铁拳"紧追不放的德军步兵展开交火。又有两辆T-34被击毁,第五辆在城市北郊抛锚后动弹不得。剩下的坦克前进了大约7公里,占据一片防御阵地后,等待着同志们的到来。

这场突袭在埃尔宾城内造成极大的混乱。纳粹党领导人突然下令实施"三级疏散",要求所有居民立即离开城市。在城内守军看来,这种命令无疑是错上加错:不仅使已经拥挤不堪的道路更加拥堵,还导致一些重要的平民(例如医护人员)离开了城市。当天晚上,这道命令又被取消,但已无法阻止混乱的发生。1月24日这一整天,难民们继续涌出埃尔宾,费力地跨过埃尔宾的各座桥梁,沿着冰冻的道路逃向但泽。面对道路拥堵造成的延误,许多难民无法忍受持续的酷寒,放弃了逃离的念头,重新回到城里。

与苏军大潮沿途涌过的诸多德国城镇一样,埃尔宾的城防司令埃伯哈德·舍普费上校不得不尽力构设起临时防御。他手上没有完整的师可用于守卫埃尔宾,有的只是被征用或撤入这座城市的一些部队的残部。"统帅堂"装甲师的几个补充兵营,他们的任务是为该师训练新兵,这些部队驻扎在埃尔宾,从而为舍普费上校提供了守军的核心力量,七拼八凑后,埃尔宾的守军终于达到10 000人左右。军官们被派往各条道路,将试图逃离这座城市的士兵们拦下,以便把他们纳入到城防部队中。从德国国内休假归来的士兵,现在已无法继续向东归队,于是也被纳入到守军中。要塞炮兵指挥官屈内克少校,利用席肖造船厂制造的大炮,临时组建起5个炮兵连。

对埃尔宾守军的首轮考验于1月24日到来,俄国人的坦克再次对城郊构成了威胁。苏军坦克第29军从南面而来,试探着德国人的防线,而近卫坦克第10军(译注:近卫坦克第10军不在罗科索夫斯基的麾下,而是隶属于科涅夫的乌克兰第1方面军,此处疑为坦克第10军的笔误)向北推进,赶往埃尔宾东面。后一个举动加剧了埃尔宾与东普鲁士之间的断裂,切断了通往东面最后的公路和铁路连接。德军第561人民掷弹兵师的第1142掷弹兵团,在没有任何重武器的情况下,击退了苏军坦克第29军的进攻,但面对埃尔宾守军与东面第4集团军之间的缺口,舍普费上校无能为力。埃尔宾周围构设有12公里的防线,都是平民们辛苦挖掘而成。舍普费和他的参谋人员估计,据守这些防线至少需要3个师,但他手上可用的兵力实在太少,不得不构设起一道更短的防线。

第二天,苏军第48集团军的左翼[16]穿过普鲁士荷兰,抵达埃尔宾南面20公里处。卡尔·毛斯中将第7装甲师的一部就在附近。第一次世界大战期间,他志愿参军,成为一名飞行员,在1918年的一场坠机事故中负伤后,他结束了作为飞行员的职业生涯。1929年,毛斯成为一名合格的牙医,但五年后,他又重返军队,当上了一名步兵军官。在第20摩托化步兵师的一个步兵团里服役了一段时间后,他在第4装甲师担任装甲掷弹兵团团长,1944年初出任第7装甲师师长,他在这个职位上一直干到战争临近结束前,尽管其间三次暂时离开指挥岗位。率领师里的残部向西北方后撤时,毛斯没有掩饰他对把德国带入如此境地

者的愤怒和鄙视,他的无线电报务员写道:

战争的这一阶段,师长表露出对"褐色政权"的无比痛恨,特别是对戈培尔和他的党羽。他完全不理会国社党官员提出的一切建议和看法。他经常告诉我们这些指挥车里的人员,上级部门是多么无能,而希特勒将"北方"集团军群留在库尔兰等死的用心又是多么险恶,这股力量的人员和武器本来可用于加强"维斯瓦河"集团军群,从而确保与西部的陆地连接。

对毛斯博士来说,压倒他的最后一根稻草是在希姆莱接掌"维斯瓦河"集团军群后,他奉命赶至迪绍(Dirschau)报到。沿途之上,男人和女人的尸体随处可见,有些人非常年轻,这些尸体吊在树丫上,胸前挂着一个标牌:"我拒绝为大德意志工作"或"我是个逃兵"等。从这一刻起,师长的计划和行为完全是为了尽可能多地将德国百姓从前进中的苏联红军手中解救出来,让他们渡过波罗的海向西逃生。[17]

第7装甲师的士兵们在后撤期间目睹了许多悲惨的场面:

拂晓的清晨伴随着一抹灰色的天空和刺骨的东风。细细的雪花吹过田野,拂过公路卷向我们,几乎看不见道路。位于道路左侧的是难民们的马拉大车,他们显然在这里待了一整夜。马匹的鼻孔、辔头和四肢挂着粗粗的冰柱。暴风雪中,它们低垂着头站在那里。难民队列中,马拉大车之间有一辆民用卡车,那是一辆烧木柴的汽车。我们的队伍在这里再度停下,我再次看见了可怕的一幕:卡车的后挡板已升起,车厢尾部,一堆堆难民的财物间蜷缩着两个人,身上覆盖着厚厚的积雪。是两名妇女。左侧的一个忽然清醒过来,她抹掉肩上的积雪,这使我看得更加清楚。她的怀中抱着个死去的婴儿,已被冻成淡蓝色。在我看来,这位妇女伤心欲绝,双眼已哭得通红——她将冰冷的死婴搂在胸前,仿佛尽管他已死去,但还是要让他更暖和些似的。她这样做时,雪花从小小的包裹上落下,她晃了晃身子,将原先披在肩头的毛毯扯下,盖在死去的孩子身上。就在这时,通讯排的车辆移动了,我们的汽车继续向前驶去。那位母亲会怎样呢?今天的温度至少在零下20-25度,和以往一样,我脚上的毡靴冻得硬如石块。我的双眼一直盯着那个抱着婴儿的母亲,直到我们的车辆驶离。[18]

1月25日,埃尔宾造船厂两艘半完工的鱼雷艇将沿着一艘破冰船闯开的水道被拖至皮劳港。船只即将离开并准备捎上部分难民的消息传播开来,这给埃尔宾造成了更大的混乱。成千上万人涌至船厂,这里已遭到苏军的炮击。两艘鱼雷艇驶离时,带走了400名难民。[19]

埃尔宾周围遭受的压力越来越大。苏军坦克第29军封闭了城市的东侧,而突击第2集团军的一部[20]从南面施加着压力,构成了到达埃尔宾西侧并赶往波罗的海的威胁。与此同时,巴托夫将军的第65集团军,继续沿罗科索夫斯基原先的轴线向前推进,冲向维斯瓦河河曲部:

对我们来说,这个行动最艰难的时刻是构建一座跨过维斯瓦河的登陆场,这条河约有400米宽,深达7米。气候不断对我们造成妨碍。起初,它变得温暖如春,融化的积雪和雨水浸透了地面。我们的部队只能缓慢前行,因为道路太过泥泞。我们打算构建一座浮桥,跨过一片无冰水域。我们的战斗工兵行进在步兵部队最前方,他们正准备搭设桥梁时,一场剧烈的霜冻不期而至。夜间的温度下降到零下25度。沥青路面变成一条条冰带,卡车滑向路边的水沟,或是被卡住。路上的一切(交通)都停顿下来。维斯瓦河也被冻结,但冰层太薄,特别是对运输作战物资来说更是如此。因此,我们不得不考虑其他渡河办法,以加强冰面并构建冰道。

1月26日,步兵第354师到达维斯瓦河,这是第65集团军第一支到达该河的部队。[21]

两天后,苏军工兵用一层圆木加强了冰面,但所能承载的重量依然有效。1月29日,工兵们在冰面上炸开一条通道,并在河上构设起一座浮桥。但是,巴托夫对维斯瓦河西岸步兵第354师实施加强的速度,受到格劳登茨周围德军抵抗的限制。1月30日,罗科索夫斯基视察第65集团军司令部时,与巴托夫商讨了这些问题。罗科索夫斯基命令他将虚弱的近卫步兵第37师调给突击第2集团军,该集团军会把这个师与自己的部队结合起来,以遏制格劳登茨的守军,这就使巴托夫可以专注于维斯瓦河西岸登陆场的构设任务。[22]

就这样,罗科索夫斯基的白俄罗斯第2方面军干脆利落地完成了修改后的任务。沿着维斯瓦河,方面军辖下的各集团军击退了零零散散的德国守军,而在罗科索夫斯基的南翼,执行原订进攻路线的部队继续取得进展。苏军前进路线上的德国军队几乎都是原前线师残部的大杂烩,接连不断的战斗和后撤已使他们的实力严重受损,一些零散的小股部队突然发现自己卷入到激烈的战斗中。霍亨扎尔扎镇位于托恩西南方数公里处,该镇是别尔扎林将军突击第5集团军一部的目标。德国第46装甲军的残部穿过该镇后撤时,一名参谋军官通知当地的指挥官,二级突击队大队长冯·弗尔克萨姆男爵,他必须率领手下的500名守军坚守该镇到最后一个人。

苏军坦克第220旅和近卫步兵第26军将霍亨扎尔扎镇包围后,于1月18日发起首轮进攻。冯·弗尔克萨姆只有一部电台保持着与外界的联络,电台连接着奥托·斯科尔兹内的指挥部,此刻,斯科尔兹内这位著名的德国特种部队指挥官正待在柏林北部的司令部内。(译注:弗尔克萨姆是斯科尔兹内的老搭档,曾担任"弗里登塔尔"特种部队的参谋长,两人一同执行过许多危险的任务)。霍亨扎尔扎镇的战斗一直持续到1月21日,冯·弗尔克萨姆用电台联系上斯科尔兹内,向他汇报说这个镇子已无法守住,并询问是否应该实施突围。斯科尔兹内认为应该突围,但当天晚上,镇内发来的最后一封电报说,冯·弗尔克萨姆身负重伤,已失去意识。尽管如此,镇内守军还是决定发起突围行动。

两个月后,霍亨扎尔扎镇守军中的2名军官和13名士兵,经历了一场340多公里的艰难跋涉后到达德军防线。他们报告说,幸存的200名守军分为两组突出苏军包围圈,昏迷不醒的指挥官弗尔克萨姆搭乘一辆半履带车参加了突围行动。但这辆半履带车在夜间的混战中消失不见,两个战斗群也被打得七零八落。生还下来的只有这15人。[23]

刚刚更名为"中央"集团军群的A集团军群,与莱因哈特饱受打击、位于维斯瓦河中游和东普鲁士的集团军群之间存在着一个巨大的缺口,为填补这个缺口,德国人组建了"维斯瓦河"集团军群。新组建的这个集团军群,其司令官应该是一个经验丰富、精力充沛、技艺高超的将领,这一点至关重要。古德里安提议由马克西米利安·冯·魏克斯元帅出任这一职务,最近一段时间里,魏克斯元帅在希腊和巴尔干地区出色地指挥着一个集团军群。OKW(国防军最高统帅部)参谋长阿尔弗雷德·约德尔大将(译注:OKW的参谋长是凯特尔元帅;约德尔担任的是国防军指挥参谋部参谋长,该机构是OKW负责作战计划的一个分支)也认为冯·魏克斯是这一职务的理想人选。1月22日商讨此事时,希特勒否决了这个建议,他认为冯·魏克斯太过年迈,也太过疲劳,无法胜任这个职务。令古德里安失望和愤怒的是,约德尔故意提及魏克斯虔诚的宗教信仰,就此使这个提议彻底告终。相反,希特勒宣布"维斯瓦河"集团军群司令一职由党卫队全国领袖海因里希·希姆莱担任。守卫西普鲁士部分领土和整个波美拉尼亚的责任将落入一个毫无战场经验者的手中,这个人坚决遵守着一种严格的生活制度,这使他每天的工作时间不到5个小时,他住在自己的豪华专列上,而不是去视察配属给他的那些部队。

这个惊人的任命在很大程度上表明,7-20事件后,希特勒对军队高层人士依然持有深深的怀疑。1944年间,希姆莱曾在西线短暂担任过"上莱茵"集团军群司令,但他并未在这个职位上从事过认真的工作,大多数决定都由冯·伦德施泰德和他的参谋人员代劳。但是,他给自己留下了相当负面的评价。待他到达东线后,几乎没给身边的职业军人们留下什么深刻的印象,就像某人后来所写的那样:

在对整体态势进行概述时,他根本无法胜任。他只是将自己的目光从必须予以封闭的大缺口上避开。他把俄国人从内泽(Netze)南面向波森(Posen)的推进视作一个独特的机会……插入他们的侧翼,从而攻击并歼灭对方。他不断使用"攻击"和"插入其侧翼"这些词句。他根本没有认识到,敌人所处的位置,已对饱受重压的德国第2集团军构成了侧翼包抄。[24]

就连党卫队内部,对希姆莱能力的评价也不太高:"希姆莱没有担任军事领袖的威望……他也知道自己缺乏军事经验和技能……在这种最绝望的态势下,将这个集团军群交给希姆莱指挥,这是个悲剧,不,这是一种犯罪。"[25]

在此期间,维斯瓦河东北端,苏军第70集团军已逼近托恩。1231年,德国定居者在维斯瓦河右岸建造了这座城市。城内居民主要是波兰人和德国人，在不同历史时期分别属于普鲁士和波兰，普法战争结束后，她被视为德意志帝国的一座堡垒而得到大力加强，仅次于梅斯。

1939年，这座被波兰人称为"托伦"，属于波兰的城市，几乎未经战斗便落入推进中的德军手中，该城过时的防御并未经受战火的考验。1944年，德国人对这里的防御加以修缮和改进，清理了射界，挖掘了防坦克壕。1945年1月23日，工兵上将奥托·吕德克被任命为要塞司令。两天后，他向上级汇报说，他手上有32 000名守军，但这些士兵的作战能力有限，其中包括华沙守军的残部以及第4候补军官学校的人员（这所学校就设在城内）。另外，第31人民掷弹兵师的残兵败将也已撤入托恩城内。守卫这座城市本应投入5个师，而目前可用的部队还不到这个数字的一半。另外，城内的重武器弹药只够三天作战之用，尽管食物和轻武器弹药尚可维持数周。

托恩城内的大多数德国居民已离开，但24 000名波兰居民中，约有半数仍留在城内，期望获得苏联红军的解放。作为维斯瓦河中游一个重要的交通枢纽，夺取托恩能让罗科索夫斯基和朱可夫在他们的方面军之间建立起进一步的联系。对德国人来说，他们接到的命令与任何一个被宣布为"要塞"的城市完全一样：战斗到最后一刻。

1月24日，托恩遭到攻击，苏军小股步兵在坦克的支援下对其周边防御进行了试探。次日，弗朗茨·施利佩尔少将率领第73步兵师的7 000名士兵从莫德林后撤，他们冲过苏军薄弱的周边阵地，进入托恩城内。被迫从华沙北部后撤时，施利佩尔的部队损失了大批重装备，但这个师依然保持着相对较好的状态，如果没有这支部队，托恩城根本无法实施最起码的防御。

十九世纪末，托恩被构建为德国的一座要塞，其背后的逻辑是：以这座堡垒抵御住来自东方的攻击，待德军在西线取得决定性胜利后，再对东线发起反击。很明显，这种战略在1945年1月绝无可能实现。刚刚到达托恩，施利佩尔便与吕德克取得联系，建议立即突围；坚守托恩的唯一目的是牵制苏军部队，使他们无法被用于其他地方。吕德克知道希特勒对这种做法会做出怎样的反应，特别是在华沙守军未经许可擅自弃守他们的"要塞"后，因此，他决定暂时进行坚定的防御。不过，作为一项预防措施，他将三个侦察班派到附近的一片林地，对可能的逃生路线实施侦察。苏联红军发现了这三个侦察班，结果，他们当中只有一人生还，还当了俘虏。[26]

尽管苏联红军的兵力远远超过德国军队，但罗科索夫斯基麾下的大多数部队已调离原先的进攻轴线，这就导致可用于进攻托恩的兵力比原先预计的要少。起初，瓦西里·波波夫的第70集团军只能腾出一个不满编的师对托恩实施包围，对这座城市展开全面进攻完全无法做到。因此，托恩守军并未牵制住苏军的大股部队。在古德里安不断的催促下，希特勒于1月29日出人意料地同意，继续坚守托恩达不到什么目的，他批准守军实施突围。这道命令通过指挥链，于次日送抵吕德克手中。

此刻，战线已越过托恩40公里——苏联红军继续向西北方推进。除了沿着从福尔东（Fordon）到库尔姆（Kulm）的河岸逼近维斯瓦河，波波夫集团军的右翼[27]已赶往库尔姆和远至格劳登茨的维斯瓦河河段。为挡住俄国人的推进，潘特纽斯奉命将他的团（第337人民掷弹兵师）部署在库尔姆谢（Kulmsee）西北方8公里处的库尔米施普法芬多夫村（Kulmisch Pfaffendorf）附近。与师里的其他单位一样，从华沙后撤的漫长途中，潘特纽斯第690人民掷弹兵团的大多数重装备已损失殆尽。他们到达这个村子时，发现大多数居民（德国人和波兰人）已逃离。这里的地势较为平坦，地面被夜间零下12度的严寒冻得结结实实，对快速推进的坦克部队来说，这是片理想的场地。潘特纽斯试图与友邻部队（东北方的第542人民掷弹兵师和西面的第251步兵师）取得联系，但无果而终。与上级部门的联系同样混乱不堪，潘特纽斯不知道位于他两侧的友军已撤向库尔姆和维斯瓦河，他的团危险地暴露出来。

潘特纽斯尽已所能地部署着他的部下，他们没有任何反坦克武器或大炮——唯一能阻止敌坦克的武器是步兵们携带的"战车噩梦"和"铁拳"。1月25日，前进中的苏军步兵第162师对村庄发起进攻，但令潘特纽斯松了口气的是，俄国人并不打算绕过他暴露出的侧翼。无线电台失去联系后，潘特纽斯决定坚守到夜幕降临，以便为库尔姆的防御争取时间。争夺村庄的激战持续了一整天，苏军步兵顽强地向前压来，并不打算实施侧翼包抄。俄国人的几辆坦克也出现在战场上，但始终小心翼翼地保持着安全距离。下午时，饱受重压的守军退向库尔米施普法芬多夫村北部边缘。令他们大吃一惊的是，一辆德军半履带车在4辆突击炮的伴随下突然出现。坐在半履带车里的是第251步兵师师长维尔纳·霍伊克少将，他命令突击炮立即投入战斗，击退苏军的进攻。潘特纽斯奉命撤往库尔姆，在突击炮的掩护下，他的部队得以脱离战斗。他的心情很沉重，因为他不得不将许多伤员留在身后；战争结束后，红十字会试图弄清这批伤员的下落，但却徒劳无获，显然这些伤员被苏军步兵第162师的先头部队枪杀了。

潘特纽斯后撤的团继续受到苏军追兵的压力。两名营长中的一名在库尔米施普法芬多夫村内负伤后失踪，另一位此刻也受了伤。由于俄国人紧追不舍，潘特纽斯不得不将一些士兵集结起来，组成后卫部队掩护全团后撤。他们彻夜行军，赶往维斯瓦河，跨过河上剩下的一座冰桥渡过河去。原先的850名士兵，400人阵亡、负伤或失踪。接下来的几天里，一些被打散的士兵陆续归队。[28]

1月26日，苏军近卫坦克第1军的先头部队已穿过托恩包围圈，冲向托恩与布洛姆贝格之间的维斯瓦河河曲部。河上的桥梁位于福尔东附近，由德国第2集团军武器学校的300名士兵据守，但苏军部队的突然出现令这群德军士兵惊慌失措，他们没有将桥梁炸毁便仓促逃离。俄国人只留下一个连守卫桥梁，小股战斗群继续向西北方推进，1月27日晚些时候，撤向福尔东的德国人发起一场出人意料的反击，重新夺回桥梁后将其炸毁，随后，他们向北而去，三天后抵达德军防线。[29]

尽管德军这支小股部队觉得重夺桥梁并将其炸毁令自己松了口气，但他们的行动却给托恩守军造成了严重的后果。位于福尔东的这座桥梁是从托恩到格劳登茨，维斯瓦河下游唯一的渡口；库尔姆还有一艘渡轮，但也已被炸毁，以防落入苏军手中。尽管如此，炸毁福尔东的桥梁也使苏军第70集团军横渡维斯瓦河的行动严重受阻，特别是他们的补给运输。

在此期间，布洛姆贝格于1月25日被隔断。这座城市在其历史上的大多数时间里都被称为"比得哥什"，这是她的波兰语名称，1939年9月，这里发生过臭名昭著的"布洛姆贝格血腥星期日屠杀"，这成为德国占领该城的最初几周内对波兰人实施镇压的理由。当地的党区领袖拉姆夫不愿等待来自但泽的指令，于1月21日命令当地百姓疏散。几天后，一份公告出现在柏林街头，标题

第七章：罗科索夫斯基到达海滨 · 203

是"对玩忽职守者的死刑和惩处":

> 党卫队全国领袖海因里希·希姆莱下令对过去几天里证明自己玩忽职守的一些官员施以最严厉的惩处。
> 布洛姆贝格的前党卫队旗队长兼警察局长冯·扎利施因怯懦和失职被撤职并处以枪决。
> 布洛姆贝格的前区长屈恩,前市长恩斯特已被剥夺勋章、撤职和降级,并在观看对冯·扎利施的死刑执行后被派往惩戒营服役。
> 按照党务办公室的指令,布洛姆贝格的前党区领袖拉姆夫已被开除出党并降级,同样被派往惩戒营服役,与屈恩和恩斯特一样,他将在该营执行最艰巨、最危险的任务。[30]

骑兵学校校长冯·阿尼姆中校接掌了布洛姆贝格小股守军的指挥权。他手上最具战斗力的部队是第4装甲师的一个装甲掷弹兵营,这个营被召回格劳登茨地区时,冯·阿尼姆试图与但泽取得联系,要求批准自己向北突围,但对方没有做出回复,于是,他决定自行采取行动。

1月26日清晨,第4装甲师的掷弹兵们乘坐着半履带车,率先离开布洛姆贝格向北而去。守军的各个单位(高射炮部队、骑兵学校的人员以及当地的警察)紧随在他们身后。一小股获得战斗工兵加强的步兵担任后卫掩护。冒着大雪和浓雾,他们顺利突出了包围圈,苏军对镇子周围的防御非常薄弱,因为他们的坦克第103旅和步兵第234师已向北而去,只留下小股部队守卫这个包围圈。

德军队列没有遭遇任何抵抗便到达马克斯泰尔村(Maxtal)。中午,先头部队在克拉尔海姆(Klahrheim)附近与苏军相遇。一场激战爆发开来,直到夜色降临,冯·阿尼姆的部队才夺取了附近的一个火车站。他们试图向西北方前进,但却遭遇到更多的苏军部队,于是决定转向东北方,赶往普鲁斯特(Prust),希望在那里能遇到友军。第4装甲师的第33装甲掷弹兵团,与潘特纽斯的第690人民掷弹兵团一同向南赶往普鲁斯特。1月27日,这些部队顺利夺下普鲁斯特镇,当天晚些时候,布洛姆贝格守军的三支队伍抵达该镇。布洛姆贝格四分之三的守军,组成大小不等的群体,最终到达德军防线。[31]

波波夫的第70集团军此刻面临着诸多困难。该集团军的全力推进已使其辖内的部队疲惫不堪，补给问题也越来越严重。事实上，潘特纽斯的团之所以能在库尔姆南面的战斗中侥幸生还，原因之一是进攻中的苏军部队缺乏炮兵支援，潘特纽斯认为，这是因为苏军后勤部门来不及将充裕的弹药运往前方。对波波夫麾下的各个师来说，整体计划是赶至维斯瓦河西岸，他们可以从那里杀向北面和西北面，但现在，被他们孤立在身后的诸多村落造成了严重的问题。另外，德军第4装甲师抵达格鲁普地区，为第46装甲军提供了深受欢迎的加强，德国人在施韦茨（Schwetz）南面和西面迅速构设起一道新防线。长途跋涉造成的减员也使波波夫的部队遭受到损失。

魏斯的第2集团军也面对着严重的问题。集团军左翼主要沿维斯瓦河布防，比较稳固，特别是因为温度的上升导致河面上的冰桥变得极其危险。施韦茨及其周边地区的防御也还算牢固，但再往西，第2集团军的右翼仍处在危险中。尽管魏斯手里有两个装甲师（第4和第7装甲师），但这两个师都已被牵制在前线，就算腾出他们来实施机动作战，燃料和弹药的短缺也使他们的战斗力大打折扣。与其他高级将领一样，魏斯建议对库尔兰，乃至整个东普鲁士实施疏散，这样便能获得足够的兵力，从而恢复一条连贯的防线。这个建议被否决后，魏斯又要求放弃格劳登茨，以便腾出部队加强防线，另外还能组织起一个发起反击的战斗群，他们也许能向东突击，跨过维斯瓦河下游，恢复与第4集团军的联系。但这个要求也遭到拒绝。魏斯无计可施，只能怀着越来越紧张的心情盯着自己暴露出的右翼，他知道，在他面前的苏军正不断改变他们冲向西面的主攻点。

白俄罗斯第1方面军的部分部队抵达波波夫的左翼，特别是近卫骑兵第2军，随后，这些部队迅速向北推进，迫使仍在加强普鲁斯特周边新防线的德军部队开始考虑实施后撤，以防敞开的西翼遭到敌人的突破。现在，波波夫得以将自己的部队集中到一条更短的战线上，其进攻轴线更多地伸向北面，而不是西北面，于是，他命令实力强大的近卫坦克第1军跨过维斯瓦河，进入普鲁斯特南面的阵地。面对防线上越来越大的压力以及遭到侧翼包抄的威胁，德国第46装甲军军长马丁·加赖斯将军命令第4装甲师赶往西北方的图赫尔（Tuchel）。这一调动的直接后果是，实力严重受损的第337人民掷弹兵师被留在普鲁斯特，独自面对强大的苏军部队。1月28日，波波夫开始沿维斯瓦河西岸向北推进，冲向施韦茨，就在第251步兵师和第542人民掷弹兵师缓缓后撤之际，第337人民掷弹兵师却被迫向东延伸其防线。接下来的两天里，面对苏军步兵第16师的持续压力，第337人民掷弹兵师不断后撤，直到他们的防线与施韦茨拉平。1月29日，第4装甲师第35装甲团的一个连队带着14辆突击炮赶到，为守军提供了急需的支援。

1月31日清晨，托恩的守军开始了他们的突围行动。突围路线长达80公里，比布洛姆贝格守军所采取的路线远得多，另外，这场突围之旅的末端，该如何渡过维斯瓦河还是个未知数。不可避免的是，守军的大多数重武器不得不遗弃，但他们设法弄到些临时交通工具，以便让伤员们跟随部队一同突围。这些守军组成三个群体（第73步兵师居右，第31人民掷弹兵师居左，其他部队组成的"冯·拉登"战斗群居中）动身离开托恩，撤离前，他们将城内的桥梁悉数炸毁。

由于守军中的大多数人依靠步行，因而这三个战斗群在雪地上的行程相当缓慢。突围的第一天，他们只走了20公里。这些德国人很快便发现，苏联红军只在托恩城周围留下极少数部队，此刻正位于波波夫前线后方的一片开阔地。实际上，德国守军在第一天的突围行动中遭受的伤亡，大多来自苏军的空袭，而不是地面战斗。尽管如此，突围路线上遭遇苏军小股部队，再加上遍地积雪，这都使他们的突围行动不会太过轻而易举。

2月1日，第73步兵师的一部在西蒙镇（Siemon）附近遭遇到苏军步兵第136师，第一场激烈的地面战就此爆发。左侧，靠近冰冻的维斯瓦河时，第31人民掷弹兵师也遭遇到敌人顽强的抗击，这次是苏军步兵第162团的部分部队。将对方打垮后，全师沿着维斯瓦河东岸行进，工兵们考虑着在河面上构建一座冰桥的可能性。另外两股部队与第31人民掷弹兵师取得会合，2月3日清晨，第73步兵师的先头部队在库尔姆南面5公里处跨过维斯瓦河，这个地点可能就是潘特纽斯团的渡河点。不同队列间的无线电联络变得越来越困难，施利佩尔不得不在无法与其他指挥官商议的情况下，对如何采取下一步行动做出决定。他下令继续前进，清晨的一场混战随即爆发开来，随后，第73步兵师的先头部队设法在施韦茨附近与第542人民掷弹兵师据守的德军主防线取得会合。

托恩和布洛姆贝格的突围

接下来的24小时里，该师主力部队顺利到达。

突围行动的成功也造成一些不太好的后果。德军第73步兵师原先的任务是守卫突破口的右翼，"冯·拉登"战斗群和第31人民掷弹兵师在2月4日试图跨过维斯瓦河时，这个侧翼已危险地暴露出来。此时的风向转为西风，导致温度升至冰点以上。冰面的坚硬度已不足以支撑运送伤员的大巴车的重量，为了将这些伤员运过河去，只能把他们转至雪橇上，宝贵的时间就此被耗费。苏军部队追了上来，炮火炸碎了河面上的冰层，而托恩的守军尚未全部渡过河去。冒着零星的炮火，冯·拉登上校率领着那些已成功渡河的部下沿西岸而行；他在炮击中身亡，但大多数部下顺利到达施韦茨。

托恩守军突围的消息促使巴托夫的第65集团军将一些步兵单位调回维斯瓦河东岸，这些部队加强了包围托恩守军残部的苏军力量。已无法跨过冰桥的德国军队，沿着东岸构成一个又长又窄的登陆场，这股德军约有15 000人，恩斯特–阿尔贝特·格罗特少校是他们当中军衔最高的军官，在他们身后，河面上的冰层越来越脆弱，在他们面前，苏军部队越聚越多。德国气象专家预测，气温将再次降低，河面会被冻结，但温度计始终停留在零度以上。2月6日，一场猛烈的炮击后，波波夫的部队对德军登陆场发起进攻。激烈的战斗一直持续到2月9日，幸存的11 000名德军士兵这才放下手中的武器。接下来的几天，约有2 000名德国士兵死去，有的是伤重不治，有的是被冻死，但大多数是被苏军随意处决，这也许是对这些德军士兵不肯投降、试图杀开血路逃回德军防线的一种报复。32 000名托恩守军中，约有一半人成功到达德军防线。

在此期间，埃尔宾周围的激战持续不断。苏军继续试图将这座城市与魏斯的其他部队隔离开，但德军第7步兵师的部分部队与第7装甲师寥寥无几的坦克（这些坦克来自师里的维修车间）组成一支混编战斗群，成功地阻挡住苏军的推进，并保持着一条脆弱的陆地连接。这些部队随后建立起"班车"，设法疏散埃尔宾的百姓，每天晚上他们都在城内外来回拼杀，胡贝尔的一些战友投入到战斗中：

一连三次，战斗群成功地突破苏军包围圈，每次都用车队将数千名难民送出城市。第四次突围发生在夜间，俄国人已逼近蒂根霍夫（Tiegenhof）—埃尔宾公路。敌人在埃尔宾接近地等待着。

……敌人占据了毗邻公路的一座房屋，并在屋内架设起反坦克炮。这帮俄国人，要么是拆掉了房屋的墙壁，要么就是将反坦克炮拆散后搬入屋内。第一发穿甲弹从50–80米外射出，击中坦克右前部。炮弹射穿了倾斜的装甲板，击中弗里切（一名车组成员）的右上臂，把他这条胳膊连根切断，只剩下一点点皮肤和残留的军装衣袖。尽管如此,他还是跟另外三名车组成员跳出坦克。他爬到车身右侧,一头栽倒在雪地上。

但那一侧有敌人,苏军步兵已相当靠近。所以,他不得不先躲到坦克后,再隐蔽到另一侧。然后,他朝其他战友跑去,远离坦克,奔向保罗·科尔特。弗里切想让他帮自己把胳膊赶紧包扎起来。科尔特紧张得晕了过去——就在前线上。弗里切没有皮带,但他的裤子上系了根绳子。他解下绳子,用牙齿和左手将右臂扎紧。

科尔特很快苏醒过来,他们冒着俄国人的弹雨,一同向后跑去,很快便遇到车组里的另外两名战友。施勒尔斯中士指挥着战斗群里的一辆卡车,他把弗里切搬上车,命令驾驶员立即把他送到战地医院。弗里切很快在车里失去了知觉,两个小时后,卡车载着他到达了迪绍。[32]

接受手术治疗后,弗里切徒劳地等待着被疏散至西部。最后,他依靠自己的力量动身出发,搭乘过路车辆,最终安全到达了梅克伦堡(Mecklenburg)。

1月27日,苏军步兵和坦克从东北方突入埃尔宾北部。弗里茨-格奥尔格·冯·拉帕德中将被迫将第7步兵师的部分兵力投入城市防御,特别是因为目前的态势已经很清楚,德国第4集团军被困在东面的沿岸地带,正试图向埃尔宾突围。必要的人员,包括埃尔宾电厂的主管,利用第7装甲师采取的行动返回埃尔宾,令所有人感到惊奇的是,1月28日,埃尔宾的供电得以恢复,这引发了苏军围城部队猛烈的炮击,市内照明的恢复使他们能够确定自己的目标。舍普费上校派传令兵赶到发电厂,命令他们立即切断供电。

1月30日,苏军压向埃尔宾运河西岸,有效地隔断了城内的守军。当地国社党领导人,市长莱泽,早已脱掉党的棕色制服,穿上了他更喜欢的陆军军装,这是他作为预备役上尉的制服。尽管上级部门传来一些过度乐观的消息,据说希姆莱正在组建新的装甲师以恢复前线态势,但莱泽和舍普费毫不怀疑埃尔宾的末日即将到来。城内的日子越来越艰难。迪亚琴科的坦克轰鸣着穿过埃尔宾街道的那天,在军队里担任话务员的阿莉塞·本迪希,把她的孩子们打发到弗里施沙嘴(Frische Nehrung)。军队不再需要总机话务人员后,她又配合军医克雷希马博士,照料负伤的士兵和平民,甚至跑到危险的街道上抢救伤员,直到苏军狙击手迫使她不得不隐蔽到附近的一个地下室里。[33]

2月初,苏联空军也加入到进攻中,这使城内的许多建筑被炸毁,或起火燃烧。对德国守军的支援主要来自两个外部来源。德国空军的一小群俯冲轰炸机反复对集结中的苏军部队展开攻击,而苏军战斗机对此无能为力——罗科索夫斯基的前伸幅度已超出战斗机的掩护范围,就连苏军的对地攻击机也已达到其最大作战半径。俄国人试图在靠近前线的地方构建临时机场,但多变的气候使这个计划受到阻碍。第二个支援来自德国海军的舰艇。"欧根亲王"号重巡洋舰和"吕佐夫"号袖珍战列舰就在附近,威力强大、准确的舰炮齐射有力地配合了屈内克少校临时组建的炮兵连。尽管如此,眼下的情况越来越清楚,埃尔宾很快就会陷落,2月9日,希姆莱勉强批准舍普费实施突围。但他同时下令,埃尔宾运河对面的一座登陆场必须坚守。魏斯将这些命令传达给舍普费上校,两人心知肚明,这座登陆场根本无法守住。

当晚,德国守军实施突围。毛斯中将端着一挺机枪,亲自率领第7装甲师的一部投入行动,他们带着3 200名守军、850名伤员和数百名平民,冲出埃尔宾的废墟。与此同时,第7装甲师辖内的其他单位也向埃尔宾发起进攻,以便与突围的守军取得会合。施瓦尔贝下士就在这样一个战斗群中:

……他遇到四名希特勒青年团成员,都在15—16岁,没有武器,只配备着"铁拳"。他问他们在干什么。

"我们是我们连里的最后几个人。带领我们的是一名海军士兵,我们要去进攻那些越过堤坝的俄国人。士兵们告诉我们,我们应该使用从俄国人那里缴获来的武器。"

施瓦尔贝问他们:"你们扛着'铁拳'打算干什么?你们知道怎样发射吗?"

他们回答道:"说实话,这东西没法发射,因为我们没有引信。"

施瓦尔贝严肃地对这几名希特勒青年团成员说道:"把这玩意儿扔掉,回家去,这是命令!"[34]

突围过程中，阿莉塞·本迪希跟随着舍普费上校身旁的一群士兵。整个晚上，她帮着一名负伤的上尉，挣扎着来到运河旁，然后，他们渡过河去。战斗工兵操纵着平底船，将人们送过运河，拂晓时，苏军的炮击使这场摆渡停顿下来。与此同时，那些已顺利渡河的人也遭到德军炮兵一场短暂的炮击，他们被误以为是进攻中的苏军士兵。当天晚些时候，难民们到达但泽时，出现在他们眼前的景象几乎有种不真实感。电车仍在运行，店铺和电影院正常营业。但街道上满是难民，他们在这座城市已滞留了数周。由于在埃尔宾保卫战中做出的贡献，阿莉塞·本迪希获得了铁十字勋章，随后被派往匈牙利，继续在军队里担任话务员。直到战争结束很久后，她才跟自己的孩子们团聚。

1000多名不愿离开的平民留在埃尔宾，他们中的大多数人（几乎都是孩子和老人）被流放到苏联从事苦役，活着返回德国的人寥寥无几。妇女们遭到多次侮辱，这种情况持续了一周，直到苏军突击第2集团军被部署至维斯瓦河下游对岸。

南面，格劳登茨附近的激战肆虐着。托恩守军实施突围的一个后果是，波波夫推迟了近卫坦克第1军的投入，他把该军留在福尔东附近，如果要求他们阻挡住托恩守军的话，近卫坦克第1军便可以从这里迅速调往东面。尽管这种做法分散了苏军的力量，但第337人民掷弹兵师遭受的压力有增无减。潘特纽斯的团长职务已被接替，1月31日，第337人民掷弹兵师遭到大举进攻时，他不在师里。该师的三个团被彻底打垮，德军防线固若金汤的幻觉消失了。第337人民掷弹兵师的残部后撤时，德军第4装甲师被迫向东南方发起一场反击，试图恢复前线。2月1日，贝泽尔的师一路冲杀到布隆德明（Blondmin），于次日清晨从顽强抵御的敌军手中夺回这座村庄：

这是个细雨蒙蒙的冬夜，我待在屈斯佩特上尉的指挥部里，他负责指挥第35装甲团的坦克。一支侦察队已派往布隆德明的墓地。他们发现俄国人也派出了一支突击队，但对方没有发现他们。第12装甲掷弹兵团的士兵们小心翼翼地退了回来，并提醒我们的哨兵多加留意。我们跳入各自的坦克。四面八方听不到任何声响。苏军士兵蹑手蹑脚地向前而来。突然，左前方传来一阵枪声。苏制重机枪沉闷的射击声清晰可辨。枪声中夹杂着一门反坦克炮的怒吼，迫击炮弹也开始落下。这场疯狂的射击持续了五分钟，随后，一切归于死一般的平静。一名气喘吁吁的传令兵跑到指挥部："敌人的突击队被击退，抓获一名俘虏。"被俘的红军士兵被带到屈斯佩特上尉面前。他负了伤，于是，我们先替他包扎了伤口。他很饿，我们给他提供了面包、香烟和一杯烈酒。然后，他恢复了活力，变得健谈起来，可惜我们一个字也听不懂。于是，我们派给我们送来热咖啡的车辆把他送往团部。

第12装甲掷弹兵团的几名伤兵步履蹒跚地行走着。走在最后的是一个非常年轻的小伙子，他拄着根木棍。在几盏"兴登堡"油灯的亮光下，他重重地倒在草堆上。他咬紧牙关，脱掉已被鲜血浸透的裤子。我们帮着他小心翼翼地脱掉长裤。他的右腿，腹股沟下方有一个大洞，大得能塞入一个拳头：这是个动脉伤。他肯定流了很多血，但他表现出惊人的勇敢。其他人帮着他包扎伤口时，我扶着他的头，低声跟他说着话，以分散他的注意力。他才18岁，这是他首次参加战斗。

"这一切发生得太快了，我简直不敢相信。战争是什么样，我根本就没看见！"这似乎就是他最大的担心。他问我，他的伤口是不是很严重，他想看看。我们分散着他的注意力，因为他腿上的伤口看上去非常可怕，肯定会让他心慌意乱。

伤口包扎完毕，他又抱怨左腿也很疼。我们再次对他进行检查，发现他的左小腿上还有一道深深的伤口，但这个伤口只是擦掉一块皮，显然不会危及他的生命。尽管他很倒霉，但也可以说够幸运的。我们对他说，把我们美好的祝愿带回国内，他来自因戈尔施塔特（Ingolstadt）。

然后我睡了一会儿……我太累了，屈斯佩特上尉回来我都不知道，直到所有人在外面集合时我才醒来。天色已开始放亮。半小时内我们就将发起进攻。

作为一名作战日志记录者，我向屈斯佩特上尉报到，并问他是否可以搭乘他的指挥坦克，这是一辆老式的四号坦克，炮塔无法转动，安装着一门假炮。我确实觉得身体不适，真希望自己先前没吃东西。

一辆辆坦克慢慢地穿过花园，进入它们的预备阵地。8点整，在夜间便已驶入铁路线旁一片树林边缘的战斗车辆，轰鸣着冲过积雪覆盖的田野，向布隆德明扑去。村内猛烈的防御火力爆发开来。我们待在树篱后，用望远镜观察着这场进攻。通过敌反坦克炮炮口的闪烁，我们能清楚地看见那些反坦克炮的位置，屈斯佩特上尉用电台下达了开火的命令。我们的坦克对着村内猛烈射击，村里的几个地方已起火燃烧。开阔地里出现了一些黑点，这是苏军炮弹爆炸后造成的，黑色的火药洒在洁白的雪地上。

黑色的硝烟犹如一层低云，笼罩着田野和草地，鲜红色的炮口闪烁穿透这层阴霾。装甲掷弹兵们排成稀疏的散兵线，跟随着坦克向前冲去。这里和那里，不时能看见一两名士兵从地上跃起，向前紧跑几步后再次卧倒在雪地上。他们中的一些人再也没能站起身来。

德军最左翼到达村子边缘时，屈斯佩特上尉给我们的右翼下达了进攻的命令。坦克离开隐蔽处向前驶去，掷弹兵们紧随其后。

……我们的坦克轰鸣起来，朝最前方的一排灌木丛驶去。在我们身后有一座小小的教堂。此刻，我们遭到猛烈的火力打击。敌人的反坦克炮弹朝我们和其他目标飞去，爆炸声清晰可辨。大口径迫击炮弹砸向我们身后的房屋，砖块四散飞溅，所有的一切都被覆盖上一层红色的尘埃。

50米外，我们的一辆坦克被炮弹击中侧面。接着便是一声震耳欲聋的巨响。我一直蹲伏在炮塔后，像只虫子那样紧紧地贴着炮塔。屈斯佩特上尉从炮塔探出的上半身闪电般地消失了，只剩下一条胳膊仍举在外面。一时间，我身边的一切都黯淡下来。积雪和泥块雨点般地落向我。弹片叮当作响地撞上坦克的钢铁外壳。一块弹片穿透我的手套，离我的食指只差1毫米。一发122毫米口径的炮弹在我们右驱动轮半米外炸开。

我们退了回去，在小教堂旁边占据了一处位置。又是一声剧烈的爆炸，接着便是嘶嘶声和隆隆的轰鸣。10米外的小教堂发生了爆炸。我遭到红砖碎块的"轰炸"。此刻站在炮塔上的是一名副官，屈斯佩特上尉负了伤，尽管他躲闪得很快，但他的胳膊来不及收回，因而被弹片划伤。

我们的坦克再次向前驶去。左侧已展开激烈的巷战。俄国人从每一座房屋内开火射击。我们右侧的部队也穿过激烈的弹雨，越来越逼近村庄。火焰从各座屋顶腾起，黑色的硝烟悬挂在村庄上方。

我们这辆指挥车跟随着前方的坦克。很快，我们便穿过村庄的墓地，这里已被炮火夷平。我们的坦克履带没有碾上任何沟渠，这很明显，因为地面上布满了纵横交错的履带印。

炮火突然间减缓下来。位于村子出口处的苏军炮兵连已被打哑。只有更后方的几门火炮仍在开火。他们的火力控制显得相当随意,炮弹胡乱落在整片区域。

然后,我们到达了布隆德明公路。位于我们前方的坦克显然已越过村庄。放眼望去,俄国人丢弃的大炮清晰可见:都是些反坦克炮和步兵炮。

我们驱车来到这样一个炮兵阵地。我们的坦克干得非常棒。阵地周围的地面上布满弹坑,树木被炸得七零八落。许多死者倒在雪地上,那些大炮都已被炸毁。距离炮位不远处停着几辆弹药车,都是美制"史蒂倍克"卡车。

村内的激战声渐渐消退。我们行进了没多远,便能望见埃本塞镇(Ebensee)。就在这时,一发大口径炮弹飞了过来,那是一辆重型"约瑟夫·斯大林"式坦克,可我们的四号指挥坦克无法作战。

红军士兵试图逃离。他们将补给卡车以及对他们已毫无用处的大炮丢弃在雪地上,匆匆穿过开阔地,或步行,或推着小车逃窜,白色的雪地上出现了一个个小黑点。

我们停在路边一座林屋旁的三辆坦克也发起了进攻,隆隆地穿过树林。上午11点,施韦茨西北方20公里处重要的交通路口遭到攻击并被夺下。从我们所在的位置无法看见战斗的情形,于是我们退了回去,再次穿过墓地,返回到村内。

装甲掷弹兵们已乘坐着俄国人的美制卡车离开,并将另外一些车辆里宝贵的燃料抽空。但我们驱车驶入村内时,发现了大批战利品,这些好东西都是俄国人逃离时丢弃的。大多是他们从德国的店铺里抢来的货物。一堆堆水果罐头,一包包鱼和肉罐头,还有香烟,你想要的这里都有。

……外面,火焰噼啪作响,我们坐在热气腾腾的饭菜旁尽情吃喝。附近一个角落传来俄国人厕所的臭气,但这并未对我们造成太大的干扰。

经过这番"原地等待",我们驾驶着坦克回到主干道上,小心翼翼地穿过树林,朝十字路口驶去。我们很快遇到最前方的战斗车辆。左侧的两座农场正在燃烧。俄国人再次在那里占据了阵地,并以猛烈的火力迎候我们的坦克。我们看见两辆T-34和一辆突击炮的残骸,喷吐出滚滚黑烟。

屈斯佩特上尉从上级那里了解到整体态势,并下达了继续攻击前进的命令。一群坦克从左侧向前推进,而和我们在一起的车辆监视着树林边缘,并提供炮火支援,对着防御火力闪烁处猛烈轰击。坦克迅速向前推进,仿佛一场训练演习。他们在行进中开炮射击。冲至通往埃本塞镇的公路时,他们向右转,画了个大弧线，冲向燃烧着的农场。我们看着那些掷弹兵跳下坦克，在建筑物中搜索着，坦克慢慢地跟在他们身后，碾碎了灌木丛和篱笆。我们占据了十字路口，与其他坦克一同进入森林地带，这里未被敌人占据。我们在这里构设起一道安全防线过夜。[35]

从这里，他们可以一路冲向克劳彭（Kraupen），但波波夫的近卫坦克第1军已投入战斗，面对猛烈的反坦克火力，德军第4装甲师退回到布隆德明。[36]

第4装甲师无法恢复前线，而第337人民掷弹兵师土崩瓦解，第46装甲军的态势似乎已岌岌可危，但就在这时，援兵赶到了，德军第227步兵师从库尔兰乘船返回德国境内。尽管他们需要几天时间在迪绍实施集结，但这个师的出现至少弥补了第337人民掷弹兵师的崩溃，第337师的残部正撤向海德罗德（Heiderode）实施重组。尽管维斯瓦河西面的战斗仍在继续，但强度逐渐降低，因为波波夫和罗科索夫斯基放弃了尽早到达但泽的希望。他们现在需要重新部署部队，以便实施下一场决定性突击。苏军最高统帅部意识到，在希姆莱的指挥下，德国军队正源源不断地赶来。因此，这对苏军向位于罗科索夫斯基（他向西的推进受到极大延误，因为他不得不腾出部队赶往北面，对付埃尔宾和东普鲁士的德军）与朱可夫已到达奥得河的白俄罗斯第1方面军之间缺口的推进构成了威胁。迅速冲向柏林的一切想法越来越值得怀疑。集结在朱可夫北面，以及被困于东普鲁士的德国军队，必须首先予以歼灭。

1. 引自E·基泽的《但泽湾，1945》，第54页
2. J·胡贝尔，《如此真实》，第144-145页
3. 同上，第150-151页
4. 同上，第156-158页
5. G·E·巴尔图蒂斯，《败局》，第111页
6. 同上，第118页
7. 第3、第48集团军、突击第2集团军和近卫坦克第5集团军
8. H·绍夫勒，《维斯瓦河上的坦克》，第24-25页
9. 同上，第25-26页
10. J·胡贝尔，《如此真实》，第163-167页
11. M·登霍夫，《再无人提及的名字》，第17页
12. 同上，第20页
13. 同上，第28-29页
14. 同上，第32-34页
15. 同上，第13-15页
16. 步兵第42军
17. H-W·霍恩，引自B·冯·埃格洛夫施泰因、W·黑根、J·胡贝尔的《Y-罗腾堡》，第137页
18. J·胡贝尔，《如此真实》，第171页
19. E·基泽，《但泽湾，1945》，第56页
20. 步兵第116军
21. P·巴托夫，《从伏尔加河到奥得河》，第362页
22. 同上，第364页
23. U·扎夫特，《东部战争》，第246-250页
24. G·艾斯曼，《维斯瓦河集团军群》，第62页，引自H·J·潘特纽斯的《东线的最后战役》，第133页
25. P·豪塞尔，《一样的军人》，引自H·J·潘特纽斯的《东线的最后战役》，第134页
26. H·J·潘特纽斯，《东线的最后战役》，第126-127页
27. 步兵第160、第162和第165师、近卫步兵第76师和近卫机械化第1旅
28. H·J·潘特纽斯，《东线的最后战役》，第135-142页
29. U·扎夫特，《东部战争》，第251页
30. M·多马鲁斯，《希特勒-演说与公告，1932-1945》，第1117页，引自D·申克的《希特勒的人在但泽》，第256页
31. H·J·潘特纽斯，《东线的最后战役》，第153-155页
32. J·胡贝尔，《如此真实》，第177-179页
33. E·基泽，《但泽湾，1945》，第61-62页
34. B·冯·埃格洛夫施泰因、W·黑根、J·胡贝尔，《Y-罗腾堡》，第141页
35. R·珀尔斯根，引自H·绍夫勒的《维斯瓦河上的坦克》，第31-40页
36. J·诺依曼，《第4装甲师，1943-1945》，第631页

第八章
东普鲁士被包围

接下来的几周,东普鲁士居民的境况显然会很严峻,但这发生在一条完整的防线后。如果这道最后的堤坝被突破,情况将不堪设想。

——K·蒂佩尔斯基希[1]

内梅尔斯多夫的记忆不可磨灭地铭刻在每个德国人的心中,普鲁士的居民们开始意识到他们危险的处境,没人抱有侥幸心理并打算留下。奥斯特罗德(Osterode)附近的赛特恩庄园里,管家因斯派克托·罗迈姆被红军即将到来的消息惊呆了,这个情况是一名信使在1月19日清晨告诉他的。这位信使来自当地党组织,他命令罗迈姆把他的人民冲锋队派至附近的奥斯特斯绍村(Osterschau)。令罗迈姆惊愕的是,这名信使补充道,红军就在不远处。罗迈姆立即叫醒他的排——这个排由20名老人和孩子组成——赶往奥斯特斯绍村。他本人和另一个老人留了下来,他不愿离开庄园,庄园里还有在这里干活的35名苏军战俘和14名法国战俘。

此刻的罗迈姆依然很镇定,他曾听过一些报告,游击队在波兰边境另一侧的活动越来越猖獗,就在20公里外,他认为,这种行径可能已蔓延至东普鲁士。可没过一个小时，天色尚未放亮，那名信使又回来了。当地党组织已下令居民们做好疏散准备，但不得离开，必须等待进一步指示。罗迈姆没有浪费时间。俄国战俘列队赶往霍亨施泰因，那里已为他们准备好一座集中营，而法国战俘的任务是为疏散的难民队伍担任大车驭手。居民们争论着该带走什么，该把什么留下，这造成了一场混乱。直到苏军的6架战斗轰炸机呼啸而过，并对庄园开火射击后（没有造成人员伤亡），这些居民才意识到他们面临的危险境况。[2]

对原先的防线发起的反击遭到失败后，"大德意志"师被迫后撤，在赛特恩庄园东面的奈登堡附近跨过东普鲁士边境。师燧发枪手团的马克西米利安·法比施少校指挥着一个战斗群，他们发现自己已被苏军切断在奈登堡南面，并试图发起突围。尽管付出了惨重的代价，但法比施的战斗群没能取得太大的进展，被迫转向西面。他们在途中丢下一长串废弃的车辆，随后转身向北穿越旷野，在严寒中经过一场漫长、艰难的跋涉后，终于到达了奈登堡。他们立即进入该镇的防御阵地，还没等他们从疲惫中恢复过来，便遭到苏军坦克部队的猛烈进攻。由于该战斗群遭受的伤亡和损失的装备，无法做到长时间坚守，1月19日，他们被迫退向北面，就在当天，苏军飞机给赛特恩庄园的居民们发出了警告。

罗迈姆的难民队伍由18辆大车组成，他们仍在等待上级下达疏散令。最后，1月20日中午，他派出一名信使赶往奥斯特斯绍村，去看看究竟发生了什么情况。一个小时后，信使回来了——所有人都在等待当地的党领导下达疏散令，可他却在当天早上带着家人坐火车逃离了奥斯特斯绍。罗迈姆气愤不已，立即带着他的队伍动身离开。他很有先见之明，决定沿辅路赶往奥斯特罗德，以避开主干道上必然出现的拥堵，但在雪地上的跋涉相当缓慢。为加快速度，罗迈姆要求难民们将家具、缝纫机这类重东西丢掉。这遭到难民们的反对和抵制，但最终还是遵照执行，这使大车加快了速度，顺利翻越过白雪皑皑的山丘。

到达奥斯特罗德后，罗迈姆和他那些难民在一座砖厂里休息。就在这时，一队苏军坦克和卡车驶入镇内。苏军士兵跳下车冲进砖厂，罗迈姆带着他雇主的妻子和另外两名妇女以及她们的孩子迅速逃离。他们躲入一条小山沟的树林，在暮色中考虑着该如何是好。罗迈姆和他雇主的妻子，以及她的女儿，决定步行赶往西北方的莫伦根（Mohrungen）。另外两名妇女觉得她们的孩子太小，无法承受这样的跋涉，于是返回到砖厂。人民冲锋队和奥斯特罗德镇内的一些士兵已将那些俄国人赶走，这只是一小股苏军先头部队而已。

到处都是混乱。那些坚持保留控制权，不愿将整个东普鲁士交给莱因哈特和他工作人员负责的国社党官员，无一例外，谁都没有及时采取疏散平民的措施。红军即将到达的消息传来后，他们首先想到的往往是他们自己的安全。许多从东普鲁士南部地区而来的难民队伍被罗科索夫斯基的坦克先头部队赶上，俄国人朝着难民们开枪射击，仅仅是为了把他们驱离道路，以确保自己的前进速度。一群来自泽门（Seemen）的难民正赶往萨尔费尔德（Saalfeld），但他们得到消息说，苏联红军已抵达该镇，于是转身而行，但随即又遭遇到一支苏军装甲车队。俄国人的几辆装甲车朝他们疯狂地扫射了一气，又像来时那样迅速消失。夜色渐渐降临，冒着越来越大的降雪，难民们挣扎着赶往普鲁士荷兰。途中，一名骑手追了上来，提醒他们俄国人就在后面。第一批苏军坦克没多久便出现了，从难民队列旁隆隆驶过。跟在坦克身后的是搭乘着卡车的苏军步兵，这些士兵朝德国百姓挥着手，用拙劣的德语问道："同志，到柏林还有多远？"

苏军车辆消失在道路尽头，但紧随其后的是步行跋涉的步兵。难民队伍遭到劫掠，妇女们被强奸，试图反抗者立即被枪杀。随后，这支难民队伍转过身来，踏上了返家之旅——继续出逃已毫无意义，他们现在已被苏联红军超越。这群难民在马尔多伊滕（Maldeuten）停下，被迫在寒冷的旷野里过了一夜，侥幸逃脱先前那番搜索的少量财物再次被劫掠。第二天，难民队伍中的一小批男人（主要是老人和体弱者，他们不是在前线当过兵就是参加了人民冲锋队）被俄国人带走。起初，妇女们不肯在自己的男人被带离的情况下继续返乡之旅，但苏军士兵用枪口逼着她们离开。她们再也没有了她们男人们的消息。[3]

许多难民试图搭乘火车逃离。庞大的人群聚集到各个火车站，帝国铁路英勇地设法将火车的运行保持到最后一刻。1月21日清晨，2 000多名平民聚集到霍亨施泰因火车站。在没有接到上级命令的情况下，当地国社党领导人毅然决定用30节客车和货车车厢组成一趟临时专列。一个陈旧的火车头被挂上这趟专列,于当晚晚些时候动身出发。他们没有遇到任何苏军部队,顺利逃至西部。同一天,奥斯特罗德的最后一列火车于凌晨1点驶离,此刻,这个镇子已遭到苏军炮火的轰击。火车上的每一寸空间都挤满了人,还有些人攀附在车厢外。这列火车驶向迪绍,跨过维斯瓦河后继续向西,但随后便驶入稍南面的一个小车站,在这里停留了五天。车上的人不敢离开火车,生怕它会突然驶离,车站上的条件不断恶化,临时厕所的恶臭全靠酷寒才得以被稍稍抑制。最后,这列火车返回迪绍,在这里又停留了两天。长时间的缺水和严寒导致14名旅客(主要是孩子)丧生。

奥斯特罗德北面25公里处,另一列火车打算在1月21日驶离莫伦根,结果却提前一天发车,这使数百名难民被遗弃在车站上。最后,一列货车抵达该镇。这列货车非常长,等在站台上的难民蜂拥而上。火车准备驶离时,铁路工作人员发现长长的车厢太过沉重,机车头牵引不动,于是他们解下半列车组,让前半段火车先离开。对那些被留下的人来说幸运的是,晚上,一部火车头出现了,驾驶室内坐着四个筋疲力尽的人,齐青劳落入苏军手中时,他们驾车逃离,一口气行驶了四天,没有得到任何休息。现在,滞留的车厢被挂上他们的火车头,动身赶往迪绍。火车行驶得很慢,停停走走,劣质煤竭力为老旧的机车头提供着充足的蒸汽压力。1月22日—23日夜间,几名疲惫不堪的司机终于睡着了,机车的蒸汽压力渐渐降低,火车失去了速度,突然发生的撞车事故将几个司机惊醒:他们与一列停止不动的医院专列发生追尾。尽管当时的速度很慢,但火车头还是撞毁了医院专列尾部的两节车厢。

附近的格林哈根(Grünhagen)火车站派来一辆维修车,将两列火车拖入该镇。车上的难民被迫下车,在站台上等待其他火车将他们带往安全处。突然,一支苏军部队赶到这里并冲入车站。伴随着一阵射击声,难民中的男人与妇女们被分开,他们遭到仔细搜查,所有贵重物品都被夺走,随后,妇女和儿童被迫向南跋涉,步行返回她们的家乡。[4]

罗科索夫斯基于1月20日改变进军方向后,德军突出部漫长的南翼便遭到更大的压力。"大德意志"师里的各个营继续实施着顽强抵抗。一个连被派去守卫奥特尔斯堡(Ortelsburg)与阿伦施泰因之间的帕森海姆(Passenheim)。

这个连对废弃的装备充分加以利用，以此获得了他们需要的零配件，并将微薄的燃料和弹药储备补充满，但1月22日遭到敌人攻击时，该连没有足够的火力阻挡苏军的推进。当天结束前，帕森海姆落入红军手中，同样失陷的还有朔伊费尔斯多夫（Scheufelsdorf）。对苏军坦克先头部队来说，夺取朔伊费尔斯多夫意味着通向阿伦施泰因的道路就此敞开。不过，阿伦施泰因受到的威胁主要来自西面。苏军近卫骑兵第3军已全力投入战斗，他们在"大德意志"师防区的西翼活动。就算"大德意志"师没有受到燃料短缺的影响，他们也没有足够的实力拦截这股强大的部队，对方一路向北，不断对"大德意志"师敞开的西翼构成侧翼包抄的威胁。

截至1月21日清晨，苏军近卫骑兵第3军距离阿伦施泰因已不到7公里。当地国社党官员们聚集起来召开会议，并设法联系柯尼斯堡，以获得实施疏散的批准。令他们震惊的是，大区领袖科赫的办公室直言不讳地告诉他们，这种疏散毫无必要。当天下午，他们再度提出要求，终于获得了批准。经过一番搜寻，这些官员设防搞到一列货车，并命令这列货车驶入车站。火车被绝望的难民们团团围住，最终在傍晚驶离。当晚8点左右，第二列火车到达。此刻的车站更加人满为患，不仅有先前没能挤上第一列火车的人，还包括从偏远村落赶来的难民。火车被难民们挤得满满当当，两个小时后才得以发车。

没过多久，第一批炮弹落入阿伦施泰因。没能挤上火车的卡尔·贝克尔是一名东线老兵，两年前失去了一条胳膊。落入城内的炮弹炸开时，他辨别出这是迫击炮弹，由此推测，苏军士兵已非常靠近。他和他的妻子步行向北逃去，幸运地遇到一辆朝那个方向驶去的空弹药车，于是搭车赶往海利根拜尔（Heiligenbeil）。希尔德加德·阿明德必须照料她年迈的父母，她设法让自己的母亲登上一列货运列车。她的父亲消失在混乱中。火车即将驶离时，一名年轻妇女将三个孩子推上列车，但她已挤不上去，她在站台上打着手势，绝望地朝孩子们喊道："我会跟上来的。"[5]

阿伦施泰因是南普鲁士区的首府，属下们设法获得实施疏散的批准时，区长卡尔·施密特没有提供任何帮助。相反，他忙着寻找大区领袖助理达格尔，以便获得批准将他的办公室从阿伦施泰因迁至东北方35公里处的泽堡（Seeburg）。得到批准后，他带着五名官员登上一辆汽车向北而去。第二天,他们到达了布劳恩斯贝格附近的海岸,比阿伦施泰因的其他居民们提早了好多天。相比之下,自1933年起便担任阿伦施泰因市长的弗里德里希·席达特,表现得更加忠于职守。他带着一支难民队伍离开城市,步行向北而去。许多人在途中离开了队伍,不是绝望地转身返回就是留在途经的某个村庄,但大多数人完成雪地上这场长途跋涉后到达了海边。

难民中也包括阿伦施泰因女子监狱里的囚犯,这些女囚,有的从事了黑市交易,也有的散布了煽动性言论(通常是一些诋毁党的话语,结果被无处不在的告密者揭发),还有几个是7-20刺杀希特勒事件后遭到逮捕的人。刚刚离开这座城市,看押她们的警卫便消失在拥挤的人群中。许多女囚趁机返回阿伦施泰因,宁愿冒上遭遇红军先头部队的风险。她们和那些留在后面,转身回城或被苏军先头部队超越的难民们一同被隔离——男人与女人、老人和儿童。接下来的几天,许多人被迫步行向东跋涉,赶往齐青劳。他们在那里被押上火车,在乌克兰顿涅茨盆地的煤矿里从事了多年苦力。

1月22日这一整天,"大德意志"师的燧发枪手团在阿伦施泰因周围进行着苦战,但很快便被迫放弃防御阵地向北退去。"大德意志"师在这里放缓了后撤速度,这片地区林木茂密,对德国人较为有利。另外,苏联红军的意图是利用这场推进赶往埃尔宾,他们对暂时将"大德意志"师和其他德军部队隔离在东普鲁士感到满意。尼古拉·奥斯利科夫斯基的近卫骑兵第3军在进攻阿伦施泰因期间遭受到相当大的损失,他们已停下脚步,舔舐其伤口。不过,罗科索夫斯基越来越大的怒火却不是奥斯利科夫斯基造成的,而是因为第50集团军没能阻止霍斯巴赫第4集团军的有序后撤。

1月21日晚,霍斯巴赫的第一批部队实施后撤,其他部队随后跟上。霍斯巴赫是个土生土长的东普鲁士人,莱因哈特和希特勒就第4集团军的命运展开没完没了的争论之际,霍斯巴赫并不打算消极等待。他的目的是撤出足够的部队,集结为一支面朝西方的生力军,伺机对冲向埃尔宾的苏军的侧翼发起打击。1月22日,他召集几位军长召开会议,将自己的计划告诉他们。霍斯特·格罗斯曼的第6军将集结在古特施塔特(Guttstadt)周围,目标是进抵维斯瓦河下游。马茨基将军的第26军,主要是第28猎兵师,为这场进攻的北翼提供掩护,而莫蒂默·冯·克塞尔将军的第7装甲军负责掩护南翼。作为主要打击力量的第6军是这些部队中实力最强的一股,该军将在进攻初期投入第131和第170步兵师,第二梯队由第547和第558人民掷弹兵师构成,外加第299步兵师的一部。尽管没有装甲师可用于这场进攻,但霍斯巴赫投入两个突击炮营和两个坦克歼击车营充当装甲支援部队。第二天,他把自己的计划通报给莱因哈特。

莱因哈特已得出与霍斯巴赫相同的结论:以手头现有的部队根本无法守住东普鲁士。目前唯一的希望是向西发起一场攻击。但这场进攻的目的并不仅仅是为了破坏罗科索夫斯基的推进:它被视为向西实施有序后撤的第一阶段。莱因哈特的整个集团军群,外加数十万平民百姓,作为一个"漂流的大锅"跟在攻击部队身后,目标是到达埃尔宾地区的维斯瓦河下游。当然,这样一场行动势必造成柯尼斯堡、泽姆兰半岛乃至东普鲁士所有剩余地区的疏散和弃守。希特勒批准这一计划的可能性几乎为零,而霍斯巴赫和莱因哈特,与他们之前的其他东线将领们一样,寄希望于这场行动会进行得犹如行云流水,让希特勒难以跟上事态的发展,从而无法插手干涉。这是一个雄心勃勃的计划,但莱因哈特和霍斯巴赫看不出还有什么别的办法。恶劣的气候、燃料的短缺和难民们缺乏指引的逃离使情况变得更加糟糕。宪兵们竭力为军用交通保持着道路的畅通——莱因哈特曾要求大区领袖科赫派人协助管理交通,但没有得到回应。行动的准备工作进行得相当困难,为突击部队运送的燃料被卡在埃尔宾西南面的马林堡,突围行动所需要的士兵不得不步行赶往集结区。

从德军突出部危险的东端顺利撤出的一支部队是博多·克莱内所在的第367步兵师,该师的部分单位设法在柯尼斯堡被包围前到达了这座城市。他们的后撤路线从里曼斯瓦尔德(Riemannswalde)开始(自上个月"雪花"行动结束以来,该师一直在那里坚守着他们的前沿阵地),穿过位于毛恩塞(Mauernsee)北端的安格尔堡,一路退向拉斯滕堡:

经过施托本(Stobben)时,我们遇到坐在房屋前人行道上的两名老妇。我劝她们跟我们一同离开,因为我们是最后一支德国军队,俄国人就在后面。但她们说她们想留下,因为她们不知道该去哪里。

因此,我们只能任由她们留下,去面对自己的命运。[6]

"赫尔曼·戈林"伞兵装甲掷弹兵师的巴尔图蒂斯和他的战友们担任着团里的后卫,也挣扎着向西退去:

东普鲁士的天空清澈湛蓝,看上去广袤无垠。我们经常离开公路,穿越遍布积雪的田野。许多村庄已被遗弃,我们发觉夜间行军宁静而又惬意。令人痛恨的战争似乎远离了我们。我们欣赏着冬季美景,这一次,我们没有将其视为"地形"。同志们聊着天,每个人都表示日后还会回来。我们沉浸在一种浪漫的氛围中,这似乎很符合我们的青春活力。我想起艾兴多尔夫的几句诗:我的心灵展开它宽阔的翅膀,飞过静寂的大地,好像飞回家乡。

可悲的是,严峻的现实重新回到我们身上。我们这群士兵开始显露出疲惫的神情。大家踉踉跄跄,抱怨着双腿的痉挛。绍尔少尉命令我走在队伍最后端,确保没有人掉队。但担任尾兵毫无乐趣可言,行军速度的不断变化加速了疲劳的到来。被我认为体力即将耗尽的人,我会建议他们走到前面去,这样就能跟上绍尔少尉的行军步伐——作为一名国家级运动员,他知道如何保存体力,我多次发现这一点。我们在途中遇到四辆崭新的卡车和六门榴弹炮,状态无可挑剔。显然,由于燃料短缺,它们不得不被丢弃。但我不明白这些装备为何没被破坏。这种情况令我们感到恼火!没多久,我们又发现了许多"铁拳"和机枪子弹,我们拿了一些,但无法携带太多。1月22日-23日午夜,我们身后的两个村子腾起了火焰……绍尔少尉让队伍停下,以便他确定方向,但他下令绝对禁止睡觉。通过地图,绍尔少尉发现我们错过了拐弯点,因为我们依赖路标行进,没有发现这些路标已被转至错误的方向,这种做法是为了迷惑俄国人。我们现在处于一种危险的状况下,因为俄国人就在身后。很快,我们的怀疑得到证实,两辆苏军坦克向我们逼近,但随即转身离去,朝另一个方向搜索前进。再次出发时,我们发现丢了6名士兵,到处都找不到他们。我们不得不猜测,他们大概是悄悄地溜入某个马厩或谷仓,以便睡上一会儿。对睡眠的渴望降低了我们对危险的警觉。现在进行彻底搜索已为时过晚。后来,连长问二等兵S,他的机枪在哪里。S是个深受战友们喜爱的家伙,他现在不得不承认自己把武器扔掉了。绍尔少尉把他的名字记录下来,待日后再进行纪律处分。过了一会,S也消失得无影无踪。前方的道路似乎永无止境。一名上等兵晕倒在地。我们的队伍停了下来。继续前进的命令下达时，士兵们发出了抗议，但绍尔少尉无情的命令占据了上风。我知道，做出这个决定对他来说有多么艰难。队伍继续向前，我开始产生了深深的怀疑，对瘫倒在地的战友弃之不顾，不提供任何帮助，这不符合我对战友情谊的理念。但我也知道，我们实在没有力气带着他一同行进。

……一个我不认识的士兵，默默地守在那位已无法前进的战友身边。绍尔少尉脸色苍白，没有提出异议。我看着这两人慢慢地跟在我们身后，其中的一个更多的是背着，而不是扶着另一个人。在一个拐弯处，他们从我的视线里消失了。我永远忘不掉这一幕。

到清晨5点，我们总共丢失了14名士兵。我们担任后卫的任务变为一场结局不明的灾难。我几乎要感激那些悄无声息失踪的战友，他们使我们免遭艰难的选择。我那双靴子的靴底已被磨穿，靴内垫的"裹脚布"被鲜血浸透。我对周围的事物一无所知，宛如穿越浓雾。树木、房屋和道路向后退去，消失进一片混沌中。切面包时，我差一点切到自己的手，我已无法良好地控制自己的手部运动……我们这群人现在紧紧地凑在一起，每个人都贴得很近。我第一次真正明白了紧密接触的真正含义。此刻凑在一起的这些人，将到达我们的目的地。[7]

沿着冰冻的道路，经常要穿越刺骨的暴风雪，第131和第170步兵师的士兵们挣扎着赶往他们的出发线。与此同时，劳斯将军第3装甲集团军在柯尼斯堡接近地所承受的压力成了关键。如果"漂流的大锅"的后方发生崩溃，发起一场向西的攻击就将毫无意义。无奈之下，霍斯巴赫腾出第547人民掷弹兵师，将其派往北面加强切尔尼亚霍夫斯基部队对面的防线。而南面的态势同样令人担心。德军第7装甲军缺乏足够的力量保护计划中这场进攻行动的南翼，现在，第558人民掷弹兵师被赋予了这个任务。因此，这场进攻尚未开始，第二波次攻击部队已烟消云散。与此同时，留下重装备被派往东普鲁士的德军第24装甲师，尽其所能地实施了集结。该师的黑豹装甲营，数月来一直被用于前线其他地段，与师里的其他单位根本不在一起；德国人原先的意图是让这个师在东普鲁士重新集结，但苏军近卫坦克第5集团军冲向海岸使得这一意图无法实现。第24装甲师里的另一些单位，包括其通讯营，也没能在铁路交通中断前到达东普鲁士。事实上，该师师长古斯塔夫-阿道夫·冯·诺斯蒂茨-瓦尔维茨少将到达师里搭乘的是最后一列火车。该师的重新装备只得到40辆四号坦克和半履带车，他们以此组织起一个装甲战斗群，由该师第21装甲掷弹兵团团长汉斯-埃贡·冯·艾内姆上校指挥。对这个战斗群来说不幸的是，他们的打击力量被高估，总是被视为由一整个师构成。另外，该战斗群刚刚组建完毕，人员尚未得到正确调配便被投入部署，结果使他们遭到惨重的伤亡。1月22日，该战斗群被派至维伦堡（Willenburg），不断卷入到那里和奥特尔斯堡的战斗中。作为该地区唯一一支重要的装甲单位，他们来回奔波，应付各种危机，人员和装备以惊人的速度遭受着损失。第18装甲掷弹兵师的残部，自苏军发起庞大的攻势以来，几乎一直在战斗，现在，他们被调拨给第24装甲师。这股援兵总共只有一个通讯连和一个实力严重受损的装甲掷弹兵团。

第23步兵师的部分兵力，与该师第9掷弹兵团合并后，也被调拨给第24装甲师。这些士兵立即获得了第24装甲师的信赖，接下来的几周，他们在第24装甲师辖内打得非常好。他们之间的这种友情有充分的理由。战前，第9掷弹兵团的前身是第9步兵团，这个团在德国国防军内广为人知，由于团里的许多人员拥有贵族姓氏，故而被称为"伯爵9团"。加入该团的竞争非常激烈，尽管这些年来不断遭受伤亡，也不断加入新兵，但第9掷弹兵团依然保留着他们旧有的特点。而第24装甲师里的许多人也来自历史久远的贵族家庭，又都是东普鲁士同胞，因此，双方立即产生了一种亲情。

1月23日，第24装甲师奉命发起一场反击，经瓦腾堡冲向阿伦施泰因。由于师里的一个装甲掷弹兵团和全部坦克都已在"艾内姆"战斗群内从事战斗，冯·诺斯蒂茨-瓦尔维茨少将可用于这场反击的部队只有赫内少校的第26装甲掷弹兵团和布卢默少校指挥的第24装甲侦察营，另外还包括来自第18装甲掷弹兵师和第23步兵师的部队。就在这场反击发起前，苏军第3集团军的部队冲过瓦腾堡，形成了向东北方突击的威胁。他们停在瓦腾堡北面的格罗瑙（Gronau）。第24装甲师集结起来的部队在这里的一道防线上据守了近一周。

最后，苏军第50集团军对后撤中的德国人展开追击。1月24日，战斗在勒岑（Lötzen）东面打响，一连持续了数日。克莱内所在的第367步兵师卷入到激战中。穿过施托本后，克莱内的团于1月25日左右继续朝西南方后撤，赶往罗森加滕（Rosengarten），他们发现这座村庄已挤满难民。据报告，苏军追兵就在身后，克莱内的团长命令他带上50名士兵返回施托本火车站和附近的十字路口，迟滞苏军追兵，直到难民和后方单位从罗森加滕撤往安全地：

到达十字路口时，我们突然遇到从塔贝拉克（Taberlack）方向而来的三辆德军突击炮，他们想赶往罗森加滕。我拦下他们，向为首的突击炮炮组解释了我的任务，请他们配合我们的进攻，一同沿道路向前推进。几辆突击炮调转车身，和我们一同赶往施托本。我们很快便遇到了身穿棕色军装的苏军士兵，厚厚的雪地上到处都是他们的人，看见我们的突击炮冲过田野，这些俄国人四散奔逃。他们的人数越来越多……一大群苏军士兵，约有100~150人，沿着道路向后逃窜。这些俄国人显然是被"坦克恐惧症"吓怕了。突击炮朝这群溃逃中的苏军开炮射击，我们也尽己所能地投入到战斗中。我已从一名士兵手里接过一挺MG-42机枪，作为一名少尉和这场战斗的指挥者，我必须身先士卒。于是我架起机枪，对着逃窜中的俄国人猛烈开火……大多数苏军士兵消失在施托本的房屋后，几辆突击炮停止前进，撤了回来。

就这样，我们肃清了俄国人盘踞的火车站。我们甚至还抓获了一名被困在雪地里的俄国人。该怎么处置他呢？我们显然不能带着他一同行动。因此，我把他锁在十字路口旁一座房屋的地下室里，从背包里拿了半条面包给他。这时，我的水陆两用桶式车也赶到了，我用它将一名腿部受伤的士兵送了回去。[8]

克莱内知道，他把这名苏军俘虏留在能让他归队的地方，如果被上级知道，自己会惹上麻烦。幸好他那些部下没有一个提及此事。罗森加滕的交通拥堵得到缓解后，克莱内这支小股部队得以继续后撤。他们在沿途不断遇到难民，在一座房屋里，他发现了几名妇女，严寒中的跋涉令她们疲惫不堪，尽管克莱内一再催促，但她们实在走不动了。在另一个地方，他力劝另一名妇女离开她的房屋，因为他的单位是途经这里的最后一支德国部队：

我告诉她俄国人就在后面，她可以搭乘我的桶式车离开，她问是否可以带上泡菜坛，她把它放在一个大箱子里。我告诉她车上放不下这个大箱子，于是她说她不跟我走。有些人宁愿为这些破玩意儿搭上自己的性命和福祉，这令我难以理解。[9]

巴尔图蒂斯也来到多姆瑙（Domnau）附近的一个村庄，他发现一些居民（不是全部）已离开村子：

100米外，一座小小的、孤零零的房屋的烟囱里腾起烟雾，升入寒冷的空中。我们小心翼翼地上前敲门，一个年约12岁、脸上带有泪痕的小姑娘开了门。我们被眼前的情景惊呆了：一位母亲带着7个孩子。最小的一个刚刚出生两天。孩子们的父亲在东普鲁士某步兵师里服役。这位母亲告诉我们，前一天晚上，一支苏军侦察队在她这所房屋停留过。那些苏军士兵非常友好，但督促她带上孩子们赶紧逃离，因为在他们身后的都是些"坏蛋"。我们商量着办法，但无计可施，因为我们没有交通工具。我们离开时，心中充满了担心，这一家人也哭了。这种无能为力感令我极为内疚，即便在更晚些时候，我告诉自己我们当时确实帮不上忙，但负疚感依然挥之不去。我们被彻底挫败，这一点并不重要。可想到这些孩子的父亲，我们那位在东线奋战的同志，他会说些什么呢？这种想法令我们难以承受。[10]

没多久，巴尔图蒂斯的连队再次奉命后撤，这次是退往布劳恩斯贝格，巴尔图蒂斯与他的战友们走散了。有一段时间，他跟着一队难民一同行进，他知道，要是被宪兵抓住，可能会被当作逃兵就地绞死。孤身行进时，他见到了一些凄惨的场面：

在某处，我发现村内的一座空屋子里，桌上摆着四个死去的婴儿。每个孩子身上都被小心地盖了张毯子，仿佛生怕他们着凉。我坐在那里，盯着他们看了好一会儿。多少人生计划随着他们的死亡而消失？这场毫无意义的战争令我几近崩溃。后来，我遇到一对年迈的夫妇，他们令我想起希腊神话中的菲利门和巴乌希斯。这两位老人吃力地拉着他们堆得满满当当的小推车。在这场艰难的跋涉中，他们一次次停下，每前进几米便停下休息一会。他们筋疲力尽，在暴风雪中挣扎着，但没人帮助他们。我请一个赶着一辆几乎是空车的男人捎上这对老夫妻，但这个家伙无情地拒绝了。[11]

勒岑是另一座被希特勒定义为"要塞"的城市，不过这座城市的确有理由成为"要塞"。一条狭窄的陆桥将两座大型湖泊分隔开，勒岑就位于陆桥的东端。从理论上说，一股相对较小的力量便可以据守该镇相当长时间，但这座城市迅速遭到侧翼包抄。冰冻的湖面对前进中的苏军步兵没有构成任何障碍，俄国人越过施托本赶往罗森加滕的推进意味着勒岑的一个侧面已被打开，1月25日，其南翼也遭受到压力。次日，苏军步兵从四面八方攻入这座城市。城内的大多数守军已经撤离，剩下的少数部队继续抵抗了几个小时，最终举手投降。

勒岑几乎不战而降的消息，给柏林的德军最高统帅部造成沉重的打击。古德里安深感震惊，希特勒大发雷霆：他曾专门下达过命令，这座城市必须坚守，只有在他亲自批准的情况下方能撤离。他要求相关人员做出解释，但收到的却是另一份更为惊人的报告。柯尼斯堡遭受的压力迫使第4集团军继续后撤，正在放弃阿勒河以东的整个东普鲁士。希特勒与莱因哈特再次进行了一场长时间的电话交谈，莱因哈特一再试图让他的元首明白，这样一场后撤是必须的。一如既往，希特勒无法接受他认为难以接受的东西，但他答应，下午5点前再打电话给莱因哈特，届时会通知他最终的决定。截止时间来而复去，希特勒却没有打来电话，莱因哈特几次打电话给最高统帅部，却无法联系上元首。最后，晚上7点，他通知OKH（陆军总司令部），在没有接到任何明确指令的情况下，他将按照自己先前的建议，把部队撤至阿勒河上的海尔斯贝格（Heilsberg）—弗里德兰一线。两个小时后，电传打字机滴滴答答地动作起来，莱因哈特接到通知，他和他的参谋长海德肯佩尔已被解除职务。

对莱因哈特这位曾在1939年9月那段激动人心的日子里率领第4装甲师直捣华沙大门的将领来说，这是他漫长职业生涯的终结。按照官方的说法，他被撤换是因为他的伤势。在这场战争中，莱因哈特没有被再次启用。战争结束后，他成了阶下囚，并因各种战争罪行受到起诉，包括在东线批准处决战俘和游击队员，在被占领的苏联领土上强迫平民挖掘工事。1948年，他被判处15年有期徒刑，但在1952年获释。

莱因哈特被解职的同一天，霍斯巴赫的各个师终于完成了远达250公里的跋涉,并立即投入部署,准备发起一场攻击。为达成最大程度的出其不意并将苏军的兵力和空中优势降低到最低程度,这场进攻的发起时间定在当晚7点。持续一整天的降雪停止了,借着满月提供的照明,德军步兵发起攻击。一支苏军炮兵部队措手不及,被彻底打垮,炮手们丢下大炮四散奔逃,德军第170步兵师缴获了96门大炮。

  这场进攻的全面打击落在苏军第48集团军辖下的步兵第53军头上。第二天,德军第28猎兵师赶到并投入北翼的战斗后,相邻的苏军步兵第42军也遭受到沉重的压力。对罗科索夫斯基来说,德国人的这场进攻来得不是时候。近卫坦克第5集团军位于埃尔宾东面,控制着一段海岸线,而突击第2集团军,除了掩护维斯瓦河下游,正试图在埃尔宾南面构设一道周边防线。第48集团军的部队急需完成对那座城市的包围,并接替近卫坦克第5集团军的防务,以便腾出这支机动部队用于其他地方的作战行动。但第48集团军却发现他们卷入到越来越艰苦的激战中。在沃尔姆迪特(Wormditt)附近,第28猎兵师包围了两个苏军师(步兵第17和第96师),并将另外两个苏军师(步兵第194和第399师)逼退。更南面,德军第170步兵师的先头部队也将苏军步兵第17师包围。但德军缺乏兵力和足够的火力,无法歼灭被围的苏军部队。他们所能做的只是围住对方并继续前进,穿过被红军短暂占领的一系列村庄。在这些村子里,他们见到了苏军士兵如何对待平民百姓的更多实例。

  尽管面临着严重的危机,但罗科索夫斯基手上可用的部队非常多。突击第2集团军辖下的步兵第98军正赶往马林堡,但现在被派往东面,构成抵御德军攻击的第二道防线。该军将一个师部署在埃尔宾南面,面朝东,另外两个师充当预备队。沃利斯基将军的近卫坦克第5集团军已奉命发起反击,对德军这场进攻的北部实施打击,他以两个坦克军对付德军第28猎兵师和霍斯巴赫派来增援这些苦战中的步兵的一切部队。另外三支强有力的部队(近卫坦克第8军、机械化第8军和近卫骑兵第3军)也已奉命对付德军攻势的中部和北部。简言之,一支由5个坦克军、机械化军和骑兵军组成的庞大力量火速赶去增援第48集团军,而在这些部队身后,一个步兵军构成了第二道防线。

  在德军发起的这场进攻中,"艾内姆"战斗群发现自己被部署到南侧:

霍斯巴赫的突围尝试

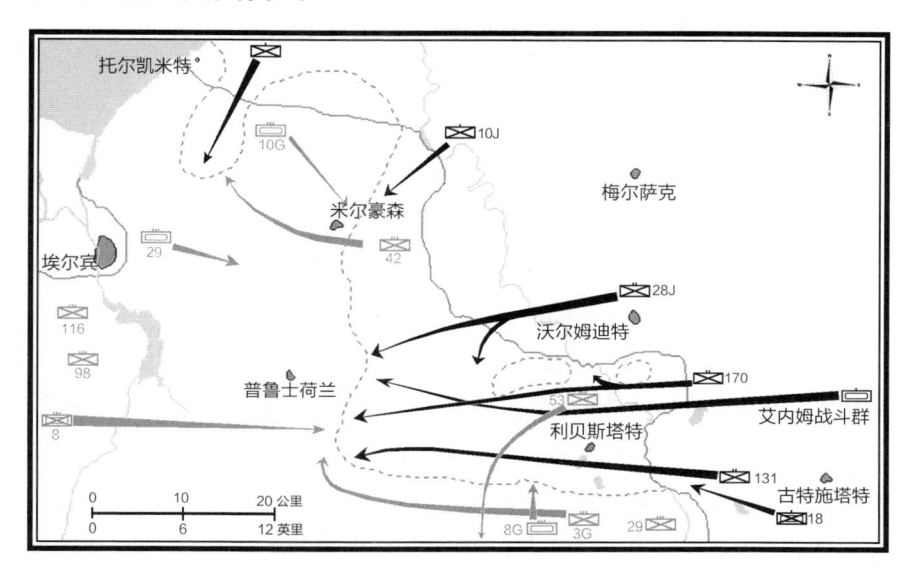

菲舍尔上尉指挥着坦克,沿着挤满无助的难民和燃烧的补给车辆的道路而行,穿过海尔斯贝格、梅尔萨克(Mehlsack)和沃尔姆迪特。从这里,他们奉命在1月27日-28日夜间发起一场突破性进攻。在一场果断的夜袭中,敌人的防御被打垮,大批火炮和迫击炮被摧毁,德军前进了10公里,到达克里克嫩村(Krikehnen)。在这里……由于缺乏继续进攻所需要的兵力,不得不停止推进。第二天夜间,坦克再次出发,这次到达了贝伦霍夫(Behlenhof)西面的十字路口,位于普鲁士荷兰东面不到8公里处。在这里遭遇到相当大的抵抗……由于燃料短缺,行动不得不被推迟到次日夜间。这样一来,敌人得以调集实施防御的援兵,这导致进一步的进攻愈发困难。第二天夜里(白天进攻显然毫无意义),20辆德军坦克再次发起进攻,经过一番激战,卡韦滕村(Karwitten)被夺下,但很明显,被投入这里的这支部队,已不太可能取得更大的进展。

……尽管一再督促各处的指挥官在其他地方尝试达成突破,但结局不尽相同。接下来的几天里，装甲单位不断来回奔波，履行"救火队"的任务，虽然这些行动都获得了相当的成功，但良机被错失的感觉挥之不去，因为我们知道，我们距离从西面向我们赶来的部队已不到10公里。[12]

对德国人来说，危机于1月29日来临，此刻，他们的推进已变得极为缓慢。霍斯巴赫的第一突击波次疲惫不堪，但距离埃尔宾已不到10公里，是将第二突击波次投入战斗的时候了。但第二梯队的两个师已被调至其他地方，霍斯巴赫手上已没有其他预备队可用。第7装甲师的一部从埃尔宾向西突击，竭力试图为霍斯巴赫提供帮助，但很快便停滞不前。第28猎兵师辖下的第83猎兵团被称为"希施贝格尔的猎兵"，团里的一个营一路前进，趁着混乱进入埃尔宾城内。这是一个深具诱惑力的时刻，霍斯巴赫与埃尔宾守军，从这里到维斯瓦河下游，终于建立起联系，但这扇刚刚打开的大门又被迅速封闭。希施贝格尔猎兵营对苏军包围圈的突破非常短暂。该营被调往西面，在斯维内明德（Swinemünde）登船，赶去与师里的其他单位会合。

整个行动依照霍斯巴赫的建议发起，并获得了莱因哈特的支持。他们故意对柏林隐瞒了消息，希望待希特勒明白发生了什么时，已无法继续要求坚守柯尼斯堡和东普鲁士的其他地方。古德里安和希特勒焦急地等待着德军进攻的进展情况，但希特勒心中的怀疑越来越强烈。就在这时，大区领袖科赫做出了一个关键性的干预。由于柯尼斯堡周围的态势不断恶化，他已转移到弗里施沙嘴，诺伊蒂夫（Neutief）的一座既设掩体中。他从那里给希特勒发去一份电报："第4集团军正逃往德国。他们怯懦地试图向西逃窜。我正指挥人民冲锋队继续守卫东普鲁士！"[13]

是否真有这封电报一直存在争议。[14]电报没能保存下来，科赫后来也否认自己发过这封电报。无论这件事的真相究竟是什么，东普鲁士态势发展的消息都被证明是希特勒对他不信任的霍斯巴赫采取措施的重要原因。1月30日，这位普鲁士将领被解除职务。

霍斯巴赫飞回柏林，向OKH报到。随后又从柏林赶至萨克森的哥廷根。在一所医院治疗耳疾时，当地国社党官员试图以"未经许可擅自突围"的罪名逮捕他。霍斯巴赫拔出手枪，作势要朝他们开枪，成功地抗拒了这场逮捕。在东普鲁士接替霍斯巴赫的是弗里德里希-威廉·米勒将军，这是个迟钝、缺乏想象力的将领，他很英勇，但基本不具备随机应变的能力。在希特勒看来，派他接替第4集团军司令的任命非常"可靠"，米勒曾说过："我是一名好士官，我知道该如何执行命令，但战略和战术问题不在我的考虑范畴内。只要告诉我该如何行事即可！"[15]（译注：米勒的绰号是"克里特岛的屠夫"。战后，苏联人将他引渡给希腊政府，1947年5月被处以死刑。）

米勒奉命继续向西攻击前进，但东普鲁士必须坚守。不管怎样，德军的进攻行动即将终止。各进攻部队已成强弩之末，没有可用的援兵。罗科索夫斯基的准备工作已完成，他的部队随即发起反击，疲惫的德军步兵被迫后撤，放弃了艰难获得的进展。如果霍斯巴赫计划中的第二梯队顺利投入战斗，有可能实现向西的突破，但鉴于罗科索夫斯基拥有压倒性力量，这样一场突破只能获得暂时性缓解，肯定不足以组织起整个东普鲁士的疏散行动。要让这样一场行动取得成功，必须投入一支庞大的装甲部队去对付白俄罗斯第2方面军的坦克力量。

东普鲁士的悲剧在于，本来确实有这样一支可用的装甲部队。1月初以来，德军的阿登攻势显然已无法获得成功，尽管第6装甲集团军辖内的几个党卫队装甲师已在战斗中受到损失，但他们依然是一支实力强大的部队。古德里安几次试图将这支部队调往东普鲁士，他们可以在那里发挥出更大的效力——例如，他们可以在霍斯巴赫发起突围的同时沿维斯瓦河下游投入战斗，这将大大增加成功的机会。但将第6装甲集团军投入支援霍斯巴赫的行动，意味着霍斯巴赫的另一部分计划（对东普鲁士实施彻底疏散）将接着执行，这是希特勒绝不会同意的。不管怎样，希特勒对党卫队装甲部队的使用有其他想法。早在1月20日他就商讨过在匈牙利发起进一步进攻，救援布达佩斯的事宜。巴拉顿湖附近的一些小油田为德国提供了几乎所有的非合成类石油，希特勒始终对确保这个小小的石油来源痴迷不已。第6装甲集团军被悉数派往匈牙利，3月份，他们在那里发起进攻，奔向布达佩斯，但这场进攻遭到失败。

值得商榷的是，第6装甲集团军是否能及时赶至维斯瓦河下游。尽管整个集团军的调动的确需要大批火车提供运输，但将某些师迅速调至维斯瓦河还是有可能实现的。这种可能性已得到证实：即便在苏军发起进攻后，"勃兰登堡"师和"赫尔曼·戈林"师还是能顺利调离东普鲁士。如果这两个师留在东普鲁士,很可能在实施突围期间为霍斯巴赫提供急需的装甲和火力支援。

整个行动中最引人注目的问题是:这场行动是如何在没有得到上级部门任何指示的情况下展开的。霍斯巴赫和莱因哈特甚至没有设法获得希特勒的批准,便自行策划并实施了这场行动。如此高级别的自行其是,绝对是希特勒与德国国防军关系紧张的历史上绝无仅有的一次。

罗科索夫斯基的反击遭到德国第4集团军的顽强抗击,后者的伤亡越来越大。苏军近卫坦克第5集团军从埃尔宾地区向东扑去,而第48集团军在近卫骑兵第3军的支援下,从西南方转身杀回。被包围的苏军师(霍斯巴赫的部队已将其绕过)于1月31日获救,尽管德军第170步兵师坚守着普鲁士荷兰附近的阵地,但这个突出部的顶端受到越来越严重的威胁。背靠弗里施潟湖(Frisches Haff)的第4集团军被困在被称为"海利根拜尔口袋"的包围圈内。(弗里施潟湖这条水带,从诺加特河—维斯瓦河河口向西延伸,通往北面的柯尼斯堡,这段距离约为100公里。)

第4集团军周边的防御阵地,各处都遭受到越来越大的压力。第24装甲师奉命接防的阵地构成了被称为"海尔斯贝格三角"防御体系的一部分;这些工事构设于战前,并非为目前使用的武器所设计,其价值相当有限。各个炮位的射界极不充分,植被尚未清除。在任何情况下,命令都无法得到贯彻:"海尔斯贝格三角"防御体系上的掩体都被锁住,混乱中无法找到钥匙。第24装甲师被迫在更北面占据了防御阵地。2月5日,"艾内姆"战斗群投入到兰茨贝格(Landsberg)南面的一场反击中:

按照计划,坦克于上午8点驶离芬肯(Finken)附近的集结区,像往日那样穿过开阔地,这一次,该营执行的是这场战争中的最后一次大规模坦克战。由于突击炮单位的加入,共有35辆战车投入战斗,这幅场景已很久没有见到,这令每个坦克兵对他们的战车产生了一种自豪感。一些敌据点被迅速肃清,随后,在没有任何道路和小径,只能靠指南针判明方向的情况下,我们的战车丝毫没有停顿,继续向东推进。敌人在格兰道(Glandau)附近强大的反坦克防御被打垮,从而为掷弹兵们夺取该村提供了便利。我们深深插入到敌人的腹地,并再次穿过敌人的补给和后方单位,格吕瓦尔德(Grünwalde)附近堆放着大批物资。敌人的一个师指挥部就设在这里，完全不知道我们已然逼近。兰茨贝格—海尔斯贝格的公路上车辆如织，我们的坦克风暴般冲过这条公路，像野猪那样横冲直撞。大批已落入俄国人手中数日的难民获得解救，他们的感激是我们竭力奋战的唯一动机。尽管俄国人拼死抵抗，但格吕瓦尔德还是被夺下，当晚，我们的坦克停在兰茨贝格—海尔斯贝格铁路线的两侧。

继续进攻已不太可能，因为我们的步兵不足，无法肃清并占领已夺取的地域。尽管如此，我们还是获得了一场关键性胜利，这片地区现在平静下来。在猛烈炮火的支援下，敌人于次日发起反击，试图将德军攻击部队逼退，但他们未能获得成功。第二天夜里，全营后撤，随即赶往梅尔萨克东南方，我们师饱受重压的地区。[16]

通过口头相传，一些东普鲁士居民知道第4集团军正试图向西突围，但许多人（也许是大多数人）依然对此一无所知。埃米尔·米施克是弗里德兰镇附近的一位农民，也是当地一名国社党官员。1月23日，他看见军用车队向西行驶，正确地猜到德国军队正在策划一场反击。组织有序的士兵队列逐渐被后撤迹象取代——后方单位、伤兵、散兵游勇，他们掺杂在一起，混乱不堪。弗里德兰镇很快就变得遍地瓦砾。米施克还担任着一个人民冲锋队连的连长，他的任务是守卫一座铁路桥及其附近的火车站。尽已所能地部署了两个排后，米施克遇到两名似乎下定决心尽快逃离的士兵：

"你们不想保卫自己的家园吗？"他问他们。

"您把这里称为我们的家园？我们的家园早已落入英国人和美国人手中，我们现在要去那里！"一名士兵回答道。米施克对此深感惊讶，放他们过去了。[17]

米施克已决定，在正式命令下达前，不让自己的妻子和10岁的儿子先行撤离，出于党员的责任感，他认为应该这样做。其他人显然不像他这样尽责。截至1月25日，他的人民冲锋队连里，已有15人开了小差，他们试图回家，和家人一同逃离。米施克得到消息说，他的妻子和孩子已离开农场，正设法逃向柯尼斯堡。米施克知道苏联红军已将那座城市切断，但他无法通知自己的家人。当天夜间,数百名来自阿伦堡的难民到达了这里。他们曾得到过党的保证,阿伦堡没有危险,可没过一个小时,德军士兵便告诉他们应该立即离开。这些难民对党的愤怒溢于言表,米施克悄悄脱下国社党制服扔掉了。

第二天早上,米施克召集全连点名时,发现只剩下40名部下。那座铁路桥已被炸毁,随着时间的推移,战斗即将到来的迹象越来越明显。激战声渐渐响亮起来。附近的一个炮兵连将他们的大炮炸毁,以防落入俄国人手中,爆炸声把米施克和他那些部下吓了一跳。米施克的妻子和孩子,在他们的俄国帮工米歇尔的陪伴下,已乘坐一架马拉雪橇离开。

落入德国人手中的苏联公民,他们的命运并不比德国人更好些;斯大林已在1941年做出决定,被关押在苏联境外的苏联公民,无论是战俘还是被强征的劳力,已受到政治污染,回国后将被投入监狱。米歇尔这些人似乎不大可能知道这种情况,但许多苏联战俘和工人,对斯大林战前的手段非常了解,他们更愿意抓住机会,跟德国人一同逃亡,而不愿让自己落入红军手中。夜色降临前,他们沿着布满车辙印的道路缓慢前行,米施克夫人决定在一个小村庄里找个过夜处。米歇尔不顾一切地想跟苏联红军拉开距离,他选择步行离开。度过一个冰冷、无眠的夜晚后,米施克夫人决定返回自己的家。她和米施克居住的伯特斯切斯多夫村(Böttschersdorf)已空无一人,给马匹喂了饲料后,她再次出发向西而去,一名在附近工作多年,为邻居养牛的法国战俘与她同行。

在此期间,米施克和他那些人民冲锋队的战友们隐蔽在地窖里,躲避着苏军的炮火。向指挥一小股守军的伯姆上尉简短汇报后,米施克回到自己的连队,却发现连里只剩下6个人,其他人都已逃之夭夭。剩下的人也认为继续守在这里已毫无意义,特别是因为车站附近停着一列被丢弃的火车,车上可能满载着弹药——如果被炮弹击中,整片地区就将被夷为平地。七个人骑上自行车开始了他们的冒险之旅,穿过冰雪覆盖的道路赶往弗里德兰镇西面的波斯特嫩(Postehnen)。在那里过了一夜后,他们继续向多姆瑙而去,在那里,米施克找到了他的营长拉扎上尉。拉扎命令他们就地解散,让他们赶紧去找自己的家人。米施克寻找着来自伯特斯切斯多夫村的人,他们也许知道他妻子的下落。获悉伯特斯切斯多夫村的一些难民已穿过多姆瑙赶往普鲁士艾劳

（Preussisch Eylau）后，米施克骑上他那辆摇摇晃晃的自行车，再次踏上满是冰雪的道路，竭力穿过途中缓慢行进的大车，这些来自十余个村镇的大车上满载着难民。最后，他终于找到一个知情者，从他那里获知自己的妻子就在队伍前方，这对夫妻终于团聚了。

难民们跟随着队伍，沿道路和小径而行，渐渐丧失了方向感。大体方向是朝西或西南方行进，这也是霍斯巴赫试图达成突破的方向；这种尝试失败后，他们又跌跌撞撞地向北和东北方而行。难民中仍有精力旁骛的人猜测着戈培尔不断许诺、能让德国获得最终胜利的神奇武器究竟是什么。飞机？潜艇？或是某种全新的武器？令人难以置信的是，大批德国人（包括难民和士兵）依然相信战争态势会变得对德国有利，尽管此刻他们正面对着败亡的现实。

在此期间，"大德意志"师已撤离缩短的防线，分阶段赶往东北方。获得侦察营的加强后，"法比施"战斗群被派去增援已成颓势的突围尝试，但1月29日结束前，师里的大部分部队已撤至柯尼斯堡南面的克鲁兹堡（Kreuzburg）。他们发起两场进攻，试图恢复与柯尼斯堡的联系，自苏军近卫坦克第2军进抵城市南面的海岸后，这座城市已被切断。在最后一次大举进攻中，"大德意志"师装甲团拼凑起剩余的坦克（约有25辆，大多为虎式和黑豹），竭尽全力杀向距离柯尼斯堡半程路途的毛伦（Maulen）。进一步的推进冲向北面不远处的文德拉肯（Wundlaken）和瓦岑（Warthen），但面对苏军猛烈的反坦克炮火，这场进攻失败了。苦战中，"大德意志"师里的步兵到达了耶斯凯姆（Jäskeim），但无法更进一步。1月31日–2月1日夜间，卡尔·洛伦茨少将把实力迅速衰减的部队集结在沿海道路上，通过一场短促、决定性的突击，"大德意志"师终于达成突破并赶至柯尼斯堡。拉施与城内的守军不再孤立无援，尽管唯一与之相连的是第4集团军，而该集团军自身也被包围在"海利根拜尔口袋"中。

不过，这种联系相当脆弱，道路不断遭到苏军炮火的轰击。2月4日，"大德意志"师向柯尼斯堡发起第二场突击，试图改善这种状况。在前一场进攻中被证明无法夺取的瓦岑村被德军迅速拿下。这一成功缓解了沿海公路面临的紧迫压力，但这依然是一条险象环生的道路，补给物资的运输只能在夜间进行。沿着这条狭窄的陆地连接，战斗仍在持续，苏军近卫步兵第16和第36军多次发起进攻，试图再次切断柯尼斯堡，但均未能获得成功。双方的损失都很惨重，都没能获得显著的收益。

巴尔图蒂斯的连队已得到散兵游勇和后方单位人员的补充，他们的任务是守卫克鲁兹堡。一些不寻常的事件（遇到身份不明的德国军官；一个步兵排显然在未进行任何抵抗的情况下被全部射杀）使巴尔图蒂斯和他的战友们相信，NKFD（自由德国全国委员会）的成员活跃在这片地区，一天晚上，这种情况变得更加明显：

午夜时刻，我们听见非常大的音乐声，声音似乎来自我们对面最前方的一座房屋。一阵激昂的德国军乐结束后，喇叭里传来喊话声，他说他是NKFD的一名成员，随即就军事和政治态势发表了一通理智、客观、惊人的报告，告诉我们情况已是多么无望。显然，他可能是一名总参军官。接着，另一个声音对我们喊话，鼓励我们放下武器开小差。我们还得到保证，在苏联被关押期间会得到良好的对待，待战争结束后会被尽快遣返回国。不幸的是，这让我们产生了另一些想法。最后，他们要求我们在即将到来的生与死之间做出选择。[18]

第二天夜里又发生了另一件事：

一个小时后，撕心裂肺的哭喊声把我们从睡梦中惊醒。我冲出连部来到防线上。我感到一阵惧意——我的嘴巴和舌头发木，双耳的刺痛一直延伸到脖子。一个绝望的声音喊叫着："同志，把我拽回去！同志们，我负伤了，帮帮我！别把我丢在这里，救救我！"令人同情的哭喊声持续着，折磨着我们的神经。但以往的经历教会我们太多的东西——这种事不是第一次发生，我们曾多次经历过这种情况。俄国人布下陷阱，想引我们过去救助自己的战友，然后俘虏我们。但另一方面，这种伎俩又会令我们产生矛盾的心情，因为我们无法确定躺在那里的会不会真是我们的同志。在几名士兵的掩护下，我小心翼翼地朝着村子爬去，并喊道："同志，你在哪里？"短暂的停顿后，传来了回答声，但却来自另一个方向，而且距离更远了些。我们明白是怎么回事了，随即退了回去。这将是我最后一次玩这套把戏。[19]

西面，朱可夫的先头部队停在奥得河中游，几乎已进入柏林的范围内。但其两翼暴露在外。南面，科涅夫面对着争夺西里西亚的艰苦战斗。北面，罗科索夫斯基的部队改道赶往埃尔宾，几乎与朱可夫的前进方向构成直角，这使德国人得以将"维斯瓦河"集团军群集结于维斯瓦河下游和波美拉尼亚。尽管"维斯瓦河—奥得河进攻战役"（这是苏联方面的称谓）已取得巨大的成功，但苏军最高统帅部仍对朱可夫暴露在外的先头部队感到担心。这种担心因为德军从北面发起的进攻而加剧。德国人的这场进攻代号为"冬至"，是普鲁士地区唯一一次不太重要的作战行动；它是一场钳形攻势的北部组成部分，这场钳形攻势旨在切断并歼灭苏军沿奥德河中游布防的坦克部队。尽管这场进攻没能取得太大进展，却让俄国人意识到自己的部队遭受着来自北面的威胁，因此，苏军最高统帅部下定决心要将这种威胁彻底消灭。歼灭被困于东普鲁士（泽姆兰半岛、柯尼斯堡和"海利根拜尔口袋"）全部德国军队的任务将由切尔尼亚霍夫斯基的白俄罗斯第3方面军执行。罗科索夫斯基将致力于攻克维斯瓦河剩余部分以及波美拉尼亚的东部地区，而朱可夫则挥师进入波美拉尼亚西部。这些行动取得胜利后，苏联红军就将集中力量对付他们的最终目标：柏林。

1. K·蒂佩尔斯基希，引自K·迪克特和H·格罗斯曼的《东普鲁士之战》，第115页
2. E·基泽，《但泽湾，1945》，第24页
3. 同上，第31–34页
4. 同上，第40–44页
5. 同上，第45–46页
6. B·克莱内，《记忆消失前》，第71页
7. G·E·巴尔图蒂斯，《败局》，第121–124页
8. B·克莱内，《记忆消失前》，第74页
9. 同上，第78页
10. G·E·巴尔图蒂斯，《败局》，第132–133页
11. 同上，第144–146页
12. F·冯·森格尔，埃特林，《第24装甲师》，第289–290页
13. K·迪克特，H·格罗斯曼，《东普鲁士之战》，第116页
14. R·迈因德尔，《东普鲁士区领袖》，第443页
15. 引自J·托瓦尔德的《开始于维斯瓦河》，第166–167页
16. F·冯·森格尔，埃特林，《第24装甲师》，第291页
17. E·基泽，《但泽湾，1945》，第70页
18. G·E·巴尔图蒂斯，《败局》，第162页
19. 同上，第164页

第九章
汉尼拔—波罗的海地区开始疏散

600年的历史就此消失于无形。

——玛丽昂·登霍夫[1]

涌向沿海地区的德国难民潮开始引起德国当局的严重关切。大批难民赶往最东端的皮劳，这座港口位于泽姆兰半岛顶端。自1941年起，皮劳就成为第1潜艇训练师的母港，另外几艘大型船只（16 600吨的"比勒陀利亚"号、27 200吨的"罗伯特·莱伊"号和9 500吨的"乌贝纳"号）也移至皮劳港，充当住宿船。沿海岸线而下，第2潜艇训练师驻扎在哥腾哈芬，这里也有几艘大型船舶充当着海上浮动营房。苏军的一月攻势刚刚发起，德国海军便以值得称赞的预见性开始研究从海上疏散普鲁士居民的可能性。负责这些计划的是46岁的海军少将康拉德·恩格尔哈特。

第一次世界大战中，恩格尔哈特在德国海军服役，两次世界大战期间的大多数岁月里，他仍留在海军中。1937年–1938年间，在"舍尔海军上将"号袖珍战列舰上短期担任火炮指挥官后，他几次担任了陆地职务，1944年初，恩格尔哈特出任"Seetransportchef der Wehrmacht"（德国国防军海运主管）。芬兰人退出战争后，他负责将德国军队撤出芬兰，随着里加的陷落，他准确地预计到，随着苏军的推进，波罗的海沿岸的其他德国港口（里堡、皮劳、但泽和哥腾哈芬）都将遭受到沉重的压力。因此，他果断地开始制订疏散计划。1月15日，苏军刚刚发起他们的攻势，恩格尔哈特便接到德国海军司令卡尔·邓尼茨元帅打来的电话。现在，恩格尔哈特正式开始筹措从海上疏散波罗的海东部平民和军方人员的事宜。[2]

恩格尔哈特手上有一份可用船只的详细清单。他将这份清单和相关计划转发给他的下属，不过，尽管波罗的海东部港口的官员们接到了通知，但上级并未下达开始疏散的命令。没有获得邓尼茨的批准，恩格尔哈特无法实施疏散行动，而邓尼茨知道，希特勒绝不会同意这种做法。

1月19日，第一批难民到达皮劳，在他们身后，数十万难民涌入泽姆兰半岛西部。海军和防空单位半空的营房被迅速提供给这些难民，当地的国社党官员也设法为无助的难民们提供口粮。但另外一些党的官员却横加干涉。科赫以"帝国防务专员"的身份命令第1潜艇训练师的舰艇立即驶离港口。这些舰艇离开时不得携带任何难民——纳粹狂热分子科赫仍对最后的胜利深信不疑，另外，他很清楚，批准难民疏散会影响到他在柏林的地位。科赫坚称自己的命令已得到邓尼茨的同意。潜艇训练师师长，海军上校弗里茨·波斯克不为所动，他认为自己听命于海军指挥系统，而不是科赫。第二天早上，他联系了位于基尔的德国海军总司令部。负责指挥德国海军潜艇部队的海军上将汉斯·格奥尔格·冯·弗里德堡证实了波斯克的怀疑：这道命令与帝国海军无关，科赫从未就此事与邓尼茨商谈过。波斯克和弗里德堡一致同意，只有收到基尔港发出的代号为"汉尼拔"的电文后，舰船方能离港，而且会尽可能多地带上伤员和难民。[3]这份密码电报也将让恩格尔哈特的人员实施已制订的计划。

与此同时，党继续依照其既定方针忙碌着。尽管官方坚称疏散毫无必要，但皮劳的国社党官员们却在1月23日接到一道命令，一列搭载着500名难民的火车即将到达，应允许这些难民登上"比勒陀利亚"号。原来，这些人是柯尼斯堡党组织重要成员们的家属。[4]

1月21日，邓尼茨决定，不能再等待下去。前一天晚上，他已跟恩格尔哈特进行了长时间的电话交谈。后者使他的上司获悉，但泽、哥腾哈芬和皮劳的难民越聚越多，他强调指出，在接下来的几天乃至几周内，这种情况只会变得更加严重。邓尼茨没有等待希特勒的批准，他利用自己的权力，下令实施"汉尼拔"行动。

按照官方的说法，这个行动是将两个潜艇训练师从波罗的海东部有序撤离，但实际上，对聚集在各港口大批难民的疏散工作也随之付诸实施。除了潜艇部队的全体人员和装备外，他们还将尽可能多地带上难民——这些难民被冠以"不适合作战的人员"的名义——另外还有伤兵，都将通过海路运往西部。据估计，被潜艇训练师用作海上营房的大型船只可以携带20 000名难民赶赴安全处。恩格尔哈特向邓尼茨强调指出，单是在哥腾哈芬港就有10万余名等待疏散的难民。因此，撤离20 000名难民仅仅是行动的第一步。[5]

许多大型船只在波罗的海港口已驻锚多年，船员们（既有平民也有海军人员）疯狂地忙碌着，以便让他们的船只为执行新任务做好准备。与此同时，国社党官员们开始执行不可能完成的任务：确定谁是"不适合作战"者。通行证被迅速打印出来，并分发给妇女、孩子和老人，但不可避免的激烈争执爆发开来：15岁的男孩和60来岁的老人是否都应被归为"不适合作战者"？1月23日，第一批难民开始登船。

当天，第一支船队驶离皮劳港。次日，两艘运载弹药和军用物资的小轮船抵达港口，为帮助卸载货物，20名集中营囚犯被派至港口。这些囚犯被囚禁在旧皮劳要塞的一座小院落里，原先他们被关押在维斯瓦河河口，施图特霍夫（Stutthof）的一座大型集中营内。他们的工作完成后，党卫队看守便将这些人处决。[6]

1月25日晚6点，"比勒陀利亚"号驶离皮劳港，另外几艘大型船只紧随其后，在德国海军第9保安师几艘小型舰艇的保护下，携带着22 000名难民驶向斯维内明德。科赫对此恼怒不已，允许平民登船直接违反了他的命令，他徒劳地试图将波斯克送上军事法庭。[7]这些船只离开皮劳没多久，这里便传出一声剧烈的爆炸——位于弗斯特施蒂勒（Forst Stiehle）的海军军械库被炸毁。这里早已做好爆破准备，但一连数日都没有接到引爆的命令。幸运的是，运送难民的船只已经离开，这使爆炸范围内的人数有所减少；不过，这场爆炸还是造成300人丧生，600人受伤。同样严重的是，爆炸还损坏了水厂的电泵，导致镇内大多数地区的自来水供应发生中断。[8]

2月5日，苏联空军对皮劳发起首次大规模空袭。在这个寒冷、阳光明媚的冬日，60余架苏军轰炸机于午后展开空袭。大多数炸弹落在港口的海水里，但还是有54人被炸死。一艘小轮船、一艘渡轮和两艘扫雷艇沉没，这场空袭还给自来水厂造成了致命的打击。电力供应一直不太稳定，依靠的是港内一艘弃用的潜艇所发的电。[9]

纳粹政府在战前的一项创新是创办了一个名为"Kraft durch Freude"的组织，或称之为"通过欢乐获得力量"。这个组织隶属于"德国劳工阵线"，旨在让德国的工人阶级得到当时只有中产阶级才能享受到的休闲娱乐，通过奢华享受令工人们获得一种满足感，同时让工业生产集中于军工产品，而不是消费品上。他们建造了几艘大型邮轮，在节假日带着工人们出游，经常去的地方是挪威峡湾。（译注：纳粹政府对这种国内国外游实施补贴，工人们只需花上很少的钱便能享受一番，例如，出游一周仅需40-50马克；德国的"大众"汽车也是"通过欢乐获得力量"的组成部分，旨在让普通工薪阶层也能买得起汽车。值得注意的是，大多数德国工人认为，尽管他们失去了罢工和组织工会的权利，但这种政治上的损失被他们所感觉到的实实在在的奖励所抵消。）

其中一艘邮轮是排水量25 000吨的"威廉·古斯特洛夫"号，1937年在汉堡"布洛姆&福斯"船厂下水。和平时期，她让近2 000名游客置身于舒适的环境，远赴地中海和北大西洋旅游。1939年9月，"古斯特洛夫"号变为D医院船，波兰战役期间在但泽湾地区服役后，她又参加了德国入侵挪威的行动。1940年末，她的远航岁月看似结束了（至少暂时如此），她停泊在哥腾哈芬港，成为第2潜艇训练师的海上宿舍。她那独特的白色涂装、船体四周的绿色饰条、烟囱上明确表明这是一艘医院船的红十字标志，现在都已被换成海军灰。

"古斯特洛夫"号的船长是弗里德里希·彼得森，和平时期他曾指挥过这艘邮轮的一次航行。战争爆发后，他被英国人俘虏，但由于他已是一名66岁的老人，英国人把他遣返回德国，条件是他不得再次指挥船只出航。1944年初，他被派去担任"古斯特洛夫"号的船长时，这艘长期驻锚的邮轮出港的可能性非常小，因此，彼得森觉得不会发生违背诺言的问题。但1945年1月中旬，他接到了让船只做好准备再次出航的命令。1月23日，船员们完成了出航的准备工作，旅客们有序地涌入船内。率先获准登船的是1 000余名海军人员，其中包括373名女性海军辅助人员，另外还有162名伤兵也被送上船来。

21 000吨的"汉莎"号是另一艘被潜艇训练人员使用的大型船只，现在也被用于转运哥腾哈芬港的人员。"汉莎"号的任务是搭载第2潜艇训练师的军官和训练设备赶赴吕贝克（Lübeck），但"汉莎"号和"古斯特洛夫"号都接到一道额外的命令：必须尽可能多地带走些难民。与"古斯特洛夫"号不同，"汉莎"号上几乎没有任何医疗设施，特别是无法为孩子提供医疗救治，于是，港口管理部门命令带着小孩子的人登上"古斯特洛夫"号，这导致许多家庭分散在两艘船上。不过，这两艘船将同时驶离哥腾哈芬港，所以，这种分散将是短暂的。

在波罗的海东部组织护航舰队的任务被交给德国海军第9保安师，指挥该师的是海军中校阿达尔贝特·冯·布兰科。连着两天，他推迟了大型船只的出港，因为他无法为她们提供足够的护卫。但潜艇训练师里的高级军官们急于尽快离开，他们对冯·布兰科的副手莱昂哈特少校施加压力，要求立即出发。他们坚持认为，就算没有第9保安师的舰艇，潜艇训练师也能为自己提供护航。这些潜艇部队人员计划于1月29日离开哥腾哈芬港，但当天早上，大批伤兵乘坐火车赶至港口，许多人被送上已拥挤不堪的"古斯特洛夫"号。于是，离港时间改为第二天早上，第2潜艇训练师提供鱼雷艇担任护航。

1月30日，出发再次被延误。在港内长时间的等待意味着船上的食物被消耗，必须将更多的补给物资运上船。船上的一些工作人员将他们的家属带上船，但大副路易斯·雷泽却没有利用这个机会把他的亲属送往安全地。他告诉其他人，他对这趟航程有一种不好的预感。哥腾哈芬市市长施利希廷，将家里的13名成员送入船上的最后一间舱室后告诉他们，由于职责所在，他必须留下，随即离船登岸。施利希廷一直留在城内，丧生于苏军最后的突击。而他的家人们已在两个多月前悉数身亡。

中午过后没多久，"古斯特洛夫"号驶离哥腾哈芬港的码头。直到最后一刻，仍有难民登船，通行证制度已被彻底打破。因此，船上究竟有多少人无从统计，但肯定远远超过"汉尼拔"命令中提及的4 000人，实际数字至少有7 000人。拖船拖着邮轮离开海岸时，一艘小轮船靠了过来。"瑞威尔"号从皮劳彻夜赶来，600名难民将这艘小轮船挤得满满当当。他们中的大多数人在露天过了一夜，现在终于获准登上"古斯特洛夫"号。舷梯放下，冻得半死的难民们相互扶持着攀梯而上。最后，"古斯特洛夫"号借助其自身的蒸汽动力驶离，这是自1941年来的第一次。

天气很恶劣，不断有雪花飘落，据报，波罗的海有浮冰，但这趟航程比较短暂——预计船只将于次日早上抵达德国北部。对船上的人来说，坏天气是件好事，这可以降低遭受空袭的危险。"古斯特洛夫"号驶近海拉时，"汉莎"号出现在视野里。两艘船靠近后停了下来，等待为她们提供护航的舰艇，那些军舰仍在哥腾哈芬港添加燃料。这场等待一再拖延，随后便传来消息，"汉莎"号的引擎发生故障。这个故障刚刚修复，又出现了新的问题。"汉莎"号的船舵突然失去反应，强风将这艘失去控制的船只吹向老式战列舰"石勒苏益格-荷尔施泰因"号的残骸，这艘战列舰是在1944年的空袭中被击沉的。碰撞事故被险险地避开，但"汉莎"号需要维修后才能继续向西航行。

哥腾哈芬港的莱昂哈特少校接到这个消息后松了口气。他认为这两艘船应该返回港口（"古斯特洛夫"号依靠其自身的动力，"汉莎"号由港口拖船拖曳），出发时间再推迟一天。他相信，这24小时能让海军第9保安师拼凑起足够的护航舰艇。可是，令人震惊的消息随即传来：潜艇训练师里的高级军官们坚持要求"古斯特洛夫"号在两艘鱼雷艇的陪伴下立即出发。

"古斯特洛夫"号这艘"通过欢乐获得力量"昔日邮轮的船桥上，一切都不太顺。除了年迈的彼得森，船上还有三名高级官员。负责指挥船上潜艇部队人员的海军上尉威廉·察恩，毫不掩饰他对彼得森船长的恼怒。克勒和韦勒这两名商船船长也在船桥上，平添了许多见解和意见。他们的争执主要集中在船只应遵循的航线，以及是否应该沿之字形路线航行，以降低遭受潜艇袭击的风险。大副路易斯·雷泽希望贴近海岸行驶，如果发生任何事故的话，邮轮可以抢滩搁浅。另外几名官员反对这个建议，他们认为海岸附近的水道可能布设了水雷。雷泽不同意这种看法，没有证据表明那些地方有水雷，而且，选择任何一条航道都可以用"有水雷"的说法加以否决，但他的反对意见没能奏效。对于邮轮的航速问题，他们之间也有争议。察恩是一名经验丰富的潜艇指挥官，他知道英国轮船在大西洋曾利用航速摆脱德国潜艇的追击，因此建议"古斯特洛夫"号至少以15节的航速行驶，这将减少遭受攻击的危险。可是，这艘邮轮在1944年的一场空袭中受损，尽管已加以修理，但彼得森并不认为修缮后的邮轮能保持这种速度，因而坚持航速不应超过12节。

傍晚6点左右，"古斯特洛夫"号接到通知，担任护航的扫雷舰编队已进入该海域，正迎面驶来，船桥上发生了新的争执：邮轮是否应该打开导航灯，以免发生碰撞事故？他们再次争论不休，几名官员认为，发生碰撞的风险很小，开启小小的蓝灯就够了。彼得森态度坚决：打开船上的红绿色主灯，一直保持到扫雷舰安全通过为止。

尽管强逆风使许多人饱受晕船之苦，但船上的乘客普遍认为他们已经安全了。赫尔穆特·里希特博士是第2潜艇训练师的高级军医，此刻担任着"古斯特洛夫"号上的医务官。邮轮离开哥腾哈芬港前，他和他的团队已帮助四名妇女分娩，此刻正为另外两位妇女生产。医务人员带着极大的乐趣撰写着出生证明，记录下孩子们来到这个世界时邮轮的准确坐标。他们相信，这些记录在将来会成为重要的历史文件。

彼得·席勒是一名船员，他与一位年迈的难民进行了交谈，令人心碎的记录可以作为战争期间各个国家数百万被迫逃离家园的难民们的一份证词：

"两个星期前，疏散令下达了，我们必须在48小时内离开我们美丽的东普鲁士乡村。"

"我们在那里居住了60多年，结婚也已32年。我们的两个儿子都阵亡了，一个在俄国，另一个是飞行员，死在英国上空。所以，我们夫妻俩孤零零地相依为命。我是个牧师，我们有一座漂亮的小屋子，就在教堂边上。"

"我们没有太多的东西要带，我希望成为最后一个离开村子的人。在村边，我停下脚步，最后一次转身回望。"

他盯着舷窗凝望了一会儿，接着又平静地说道：

"没错，我们和上千名难民踏上满是冰雪的道路，沿着看似永无止境的小径而行。我们这些老家伙很快就感到自己无法承受这种艰苦的长途跋涉。严寒和暴风雪使我们的出逃难上加难。我的妻子尤为艰难，她的双腿很快就走不动了。我们不得不时常停下休息，但庞大的人流不停地从我们身边经过。"

"我们举目四望，见到的只是痛苦和绝望。"

"后来，我在一辆马拉大车上为我的妻子找到个座位，这辆大车覆盖着一层帆布。我和其他人跟随在车后。每次停下休息时，我就爬上车跟我的妻子说说话。一天接一天，我注意到她的身体越来越虚弱，她不想大惊小怪，并下定决心要克服这个难关，可这对她来说实在太艰难了……"

最后这几句话，他的声音越来越低，几乎成了呓语。

"后来——没错，就是我这一生中最可怕的一天。"

"我们再次停在路边休息。我们吃了块面包，我的妻子默默地流着泪。我试着鼓励她，可当我望向她的眼睛时，我知道她已经走了。"

"我们就这样依偎着坐了一会儿……"

伴随着一声长长的叹息，他的胸口剧烈起伏着。

彼得·席勒坐在老人对面，不知道该将目光投向何处。这位年迈的牧师把头埋在手中，空洞的目光一片茫然。

席勒不敢打破此刻的宁静。

过了一会儿，牧师继续说道："我们把我的妻子从大车上搬下，把她放在路边，此刻是中午。我不知道我在她身边坐了多久。那些从旁边走过的人可能认为我也死了。我从附近的一所房屋里找来镐头和铁锹。我不能把她像其他许多人那样丢在路边！"

痛苦的几分钟过去后，席勒硬着头皮问道："那么，您现在打算去哪里呢？"

"去哪里？我不知道。这个世界上已没有人在等我。不过，我们所有人的生命都掌握在上帝的手中！"过了一会，他又说道："我有一种感觉，很快我就会去他的身边！"[10]

此时，"古斯特洛夫"号的克星正在海中等待着。苏军的S-13号潜艇，在亚历山大·马里内斯科的指挥下，已于1月13日驶离芬兰的图尔库（Turku），他们没能在梅梅尔海域找到任何猎物，于是沿着海岸线驶向但泽湾。从这里，马里内斯科转身向西，驶往施托尔普浅滩。夜里8点左右，他看见了"古斯特洛夫"号上的导航灯。尽管雪花纷飞，但他还是辨别出一艘大型船只的轮廓。此刻的能见度依然很差，波涛中，潜艇低矮的身影很难被发现。

此前，苏军潜艇从未击沉过任何大型目标，马里内斯科立志首开纪录。他命令艇员们进入攻击位置，不要下潜。安德烈·皮丘特是鱼雷舱的一名水兵，他已在四枚鱼雷上写下了口号："为了祖国"、"为了斯大林"、"为了苏联人民"、"为了列宁格勒"。现在，他期盼着将它们射出。

邮轮上的条件不断恶化。彼得森已命令所有人在整个航行期间穿上救生衣，但拥挤的船舱里，温度和湿度不断上升，许多人脱掉了救生衣。还有许多人从一开始就没有得到救生衣，特别是那些在邮轮即将出航的混乱阶段登船的人。

恶劣的天气也许令敌人无法发起空袭，但也干扰到无线电通讯。"古斯特洛夫"号只能收到断断续续的信号，而为她护航的"雄狮"号鱼雷艇，只能监测潜艇的频率；这艘鱼雷艇隶属于潜艇训练师，没有将自己的电台调至海军第9保安师的频道，后者可能在一个小时前便已发出附近有苏军潜艇出没的警告。另外，海上形成的冰层也使"雄狮"号鱼雷艇上的潜艇探测设备无法使用。（译注：另一艘鱼雷艇因为发生故障而退出护航行动。）

马里内斯科和他手下的军官依然无法确定他们正在逼近的目标究竟是商船还是军舰。他们知道这是个大家伙，从其所处的位置判断，她是敌人的船只。S-13号潜艇终于追上了"古斯特洛夫"号，在其南面一公里处占据了发射位置，就位于邮轮与海岸之间。晚9点左右，马里内斯科发起攻击，下令发射四枚鱼雷。其中的一枚（"为了斯大林"）卡在发射管内，这使潜艇内发出了警报声。另外三枚鱼雷高速穿过海水，击中了"古斯特洛夫"号。第一枚击中邮轮的左舷船舯，第二枚击中船身中部已抽干的游泳池，泳池内睡着一些女性海军辅助人员。第三枚鱼雷击中了船尾。

邮轮内一片混乱。船身中部发生的爆炸，将大量陶瓷碎片从泳池抛向四面八方，令许多人身负重伤。只有极少数海军辅助人员从她们位于吃水线7米下的船舱逃离。很快，"古斯特洛夫"号开始向左倾斜。命中船尾的鱼雷破坏了她的引擎，应急照明灯点亮前，有那么一阵子，整艘邮轮一片漆黑。船上的水密门自动关闭，这使许多休班的船员被困在前甲板下的水手舱内，而这些人对船上的疏散工作至关重要。这些人中，没有一个得以逃生。根本无法使用船上的主无线电发报机进行呼救，应急电台的发射距离非常有限，但至少能让

"雄狮"号鱼雷艇收到。

红色遇难信号弹窜入寒冷的夜空后,担任护航的鱼雷艇匆匆赶来救援这艘受损的邮轮,呼救信号这才被重新发出。"雄狮"号鱼雷艇靠近"古斯特洛夫"号时,眼前的场景非常可怕。结了冰、已发生倾斜的甲板上几乎已无法站立,船上的人不断滑入冰冷的海水中。一些救生艇沉没,另外一些救生艇上只有寥寥几个人。只过了一个小时,"古斯特洛夫"号便沉入波罗的海。海面上满是死者和垂死者。对救援人员来说,最悲惨的场面莫过于那些孩子,他们大多被匆匆套上一件救生衣后被抛入海中。这种救生衣是为成人设计的,采用了他们最大浮力的体位,而孩子们套上这种救生衣后在水中头下脚上,最后被溺毙。

"古斯特洛夫"号上的一些救生艇,在哥腾哈芬港被挪用于运送发烟罐,港口遭到空袭时,这些发烟罐可以释放出烟幕。离港前,一些快艇、木筏和数百件救生衣被送上邮轮。但在沉没前最后几分钟的混乱中,这些快艇和木筏根本无法投入使用,特别是因为大批船员被困在水密门后。

率先赶至这片海域提供救援的是为"希佩尔海军上将"号重巡洋舰担任护航的另一艘鱼雷艇。这艘巡洋舰在"古斯特洛夫"号之后离开哥腾哈芬港,以其较高的航速,有望在午夜时刻超过遇难的邮轮。"希佩尔海军上将"号的舰长,海军上校汉斯·黑尼希斯特,担心他的巡洋舰也遭到敌潜艇的袭击,不管怎样,他的军舰上也搭载着1 500名难民。确保这些难民的安全,保住德国海军这艘仅存的大型水面舰只之一,这是黑尼希斯特最优先考虑的问题。不过,他还是命令尽可能将幸存的难民救上他的军舰。就在这艘巡洋舰缓缓穿过救生艇、木筏和身穿救生衣的难民时,担任护航的鱼雷艇报告说,捕获到潜艇引擎的声响。出于对敌潜艇随时可能发射鱼雷的担心,黑尼希斯特命令军舰全速驶离。"希佩尔海军上将"号加速离开时,舰体卷起的波涛掀翻了一艘救生艇,许多仍在冰冷的海水中苦苦挣扎的人被淹没。但为"希佩尔海军上将"号担任护航的T-36号鱼雷艇留了下来,继续抢救生还者。这艘鱼雷艇的排水量只有1 300吨,艇上已载有250名难民,现在又有564人从救生艇和海水中被救上鱼雷艇。救援行动进行时,再次探测到敌潜艇的引擎噪音,很快,两枚鱼雷射来,T-36被迫采取规避动作。尽管对那些仍泡在海水中的难民有危险,但T-36号鱼雷艇的艇长,海军上尉黑林,还是下令发起深水炸弹攻击,以驱离敌潜艇。整个夜间和次日早上,各种舰只不时投下深水炸弹,通常比较随意。S-13号潜艇上的政委弗拉基米尔·克雷洛夫数着爆炸的次数,最后的数字是234次。[11] "雄狮"号鱼雷艇救起472名幸存者,其中包括里希特博士和一名21岁的女人,"古斯特洛夫"号被击中前不久,这位来自埃尔宾的女人刚刚开始分娩。她生下的儿子也被救上鱼雷艇,她给他取名为"莱奥"(狮子),以纪念这艘救了他们性命的鱼雷艇。

其他救援力量姗姗来迟,因为"雄狮"号的电台使用的是潜艇的频率,待海军第9保安师的军官们明白过来发生了什么情况时,宝贵的时间已被浪费。慢慢地,其他船只对呼救信号做出了回应,但对那些在第一个小时里没能获救的幸存者来说,严寒足以致命,尽管少数人在落水七个小时后仍被活着救出,一名裹着毛毯的婴儿被挤在尸体间,一艘小巡逻艇发现他时,这名婴儿躺在一艘救生艇上,但他还活着。除了来而复去的"希佩尔海军上将"号,第一艘到达现场的大型船只是"哥廷根"号,携带着2 436名伤兵和1 190名难民从皮劳而来。尽管不断有警报提醒这片水域有一艘苏军潜艇存在,但"哥廷根"号和船队里的其他小型船只还是全力搭救那些仍泡在水里的幸存者。[12]

"古斯特洛夫"号上的1 200余人获救。遇难者的准确人数永远无法确定,但当晚很可能有6 000多人(据另一些估计,超过9 000人)死在波罗的海冰冷的海水中,这使"威廉·古斯特洛夫"号成为历史上最严重的两起海难之一,是"泰坦尼克"号死亡人数的六倍。尽管如此,这起事件却不太被德国以外的地区所知。第二天,邓尼茨将这起灾难告知希特勒,他们的谈话重点似乎放在德国海军有限的反潜能力上。希特勒始终没有询问遇难者人数。[13]

1945年1月间,德国人在波罗的海共损失了11艘大型船只,只有"古斯特洛夫"号是被鱼雷击沉。"汉尼拔"行动刚刚开始几天,获得安全疏散的人数已给人留下深刻的印象:4 213人从库尔兰半岛的里堡撤离;19 437人从梅梅尔;25 019人从柯尼斯堡;106 429人从皮劳;21 770人从但泽;58 229人从哥腾哈芬;850人从海拉;4 812人从埃尔宾——获得疏散的难民总数超过240 000人。尽管"古斯特洛夫"号被击沉,但整个行动非常成功。

在皮劳,难民们绝望地等待着另一艘船只的返回,她已经跑了两趟,将数千名难民送至西部。这艘轮船过去叫作"慕尼黑"号,1930年在纽约的一场大火中遭到严重损坏。她设法回到不来梅港，在那里，她被改建为一艘燃油邮轮，并更名为"冯·施托伊本将军"号。以其硕大的宴会厅和舞厅，几乎每间客房都有单独的浴室或淋浴，她成为一艘深受欢迎的邮轮，很快被称为"美丽的白色施托伊本"。1938年，她的名字被简化为"施托伊本"号——纳粹当局认为，这艘邮轮以一个在美国独立战争期间为共和党军队奋战而功成名就的人命名不太合适，更不用说冯·施托伊本当初是因为受到同性恋的指责而被迫离开了普鲁士。在这场战争的大多数岁月里，"施托伊本"号一直充当着海上宿舍，1944年7月底，她又被指定为"伤员运送船"。这是个奇特的分类，并不在日内瓦公约的"医院船"范畴内。在少量高射炮的保护下，"施托伊本"号在波罗的海东部航行了18趟，安全运送了26 000名伤兵和6 600多名难民。

1944年12月底，"施托伊本"号再次被指定为海上浮动兵营，但这次的任务非常短暂；1945年1月23日，她再次成为"伤兵运送船"。她于当天离开但泽驶往皮劳，在那里搭载上2 800名伤兵和1 000名难民，另外还有德国空军的一个医疗单位。14名伤员死在驶向斯维内明德的途中，1月31日，她又从那里返回皮劳。又有3 000名伤兵和370名难民登船后被安全送至斯维内明德。2月8日，"施托伊本"号回到皮劳港，开始第三次疏散伤兵和难民之旅时，挤在港口的难民们松了口气。[14]伤兵中有一名德国空军军官，弗朗茨·胡贝尔上尉：

　　1945年2月3日，在皮劳附近的菲施豪森，我的脸部和后脑勺因迫击炮火而严重受伤。负伤时，我正坐在一辆挎斗摩托车上，由于迫击炮火袭来，摩托车驾驶员以80公里的速度撞上一棵树。结果，我的腹部又增添了一大块瘀伤。我带着这些伤势被送至皮劳的一所战地医院，在这里得到了医治。

　　……1945年2月9日清晨，我获知自己将被送回德国。一个小时后，一辆救护车带着我，沿着颠簸不已的道路穿过皮劳赶往码头。由于六天前的伤势，我发着高烧，几乎无法忍受痛苦。我被送至皮劳港，在那里的等待似乎漫长无比。但最后，我们被送上"施托伊本"号。

　　我是巴伐利亚人，以前从未坐过船。在我看来，"施托伊本"号大得就像一个小镇，的确如此，船上搭载着好多人。

我被送入船舱，听其他战友说，我待的地方，过去是"施托伊本"号的茶水间。一个个床垫铺在地上，彼此靠得很紧，以便让"施托伊本"号尽可能多载些伤员。[15]

另一名伤员是一等兵阿尔弗雷德·布格纳，他在1月27日拉斯滕堡南面一场毫无希望的反击战中右臂负伤，最后被送至海利根拜尔：

然后，船只沿着破冰船开辟出的水道，将我们送到皮劳。在这里，我们先是被送入一座大型兵营，然后被告知，我们将乘坐下一班医院船离开皮劳，返回斯维内明德。我们对这种安排非常满意。几天后，"古斯特洛夫"号沉没的消息传来，一些遇难者的尸体被送到皮劳，并在这里下葬，我们这才意识到，乘船返回西部的海上之旅并非我们想象的那样毫无危险，搭乘一艘大型邮轮穿越波罗的海同样风险重重。但除此之外，没有别的逃生路线，我和其他同志只能寄希望于上帝和我们的好运气，我们高兴地获悉，1945年2月9日，我们将被送上"施托伊本"号。

看见停泊在码头旁的邮轮时，我决定整个航行期间都要待在上甲板上，这样，如果发生什么不幸的事情，我可以身处露天处，离救生艇也很近。可当所有伤兵都被送入船舱，甲板上只剩下难民后，一名医护兵发现我仍待在甲板上，便将我领入船舱。医护兵跟在我身后的一对夫妇后，我来到一条过道，紧邻着一扇厕所门，在这里，我得到一张床垫和一条毛毯。舱室和过道已挤得满满当当，因为我是最后的登船者之一。

"施托伊本"号上有近4 300人，其中包括2 800名伤兵和800名难民。2月9日中午12点30分，邮轮驶离皮劳。看着"美丽的白色施托伊本"缓缓离去，码头上的数千名难民安慰着自己，尽管他们被留下，但这艘船过几天还会回来。

在海拉附近，两艘担任护航的舰艇与"施托伊本"号会合，分别是T-196号鱼雷艇和TF-10号扫雷艇，鱼雷艇上搭载着另外200名难民。这两艘护航舰都是老旧舰只，他们的出现并未激发起"施托伊本"号船员们的信心。两架苏军飞机突然出现，投下的炸弹险些命中T-196号鱼雷艇，随后，两架飞机迅速钻入云层消失了。经过这番惊吓,这支小小的船队以12节的航速向西行进。

马里内斯科和他的S-13号潜艇仍在这片海域。完成对"威廉·古斯特洛夫"号的袭击后,这艘潜艇一直潜伏在海底,1月31日,在电池即将耗尽的情况下,这才浮出水面。马里内斯科立即给喀琅施塔得(Kronstadt)的上级发去电报,报告说他击沉了一艘排水量20 000吨的船只。上级对他的汇报持怀疑态度。1944年10月,他也声称在但泽湾击沉一艘5 000吨的船只,但事后证明,被他击沉的是"齐格弗里德"号,这艘小型近海轮船只有563吨。不管怎样,马里内斯科决定继续留在这片海域,2月6日,由于大雾,他的潜艇差点与一艘迎面驶来的德国潜艇发生碰撞。2月9日晚,苏军潜艇的瞭望哨发现了为"施托伊本"号担任护航的一艘舰艇腾起的烟雾中微弱的火花,寒冷、清澈的夜空中,火花的闪烁清晰可见。在纯属偶然的情况下,德军护航舰艇径直向S-13号潜艇驶来,马里内斯科立即命令实施下潜。30分钟后,S-13号潜艇再次浮出水面,马里内斯科和他的军官们借着天空的映衬,看见了三艘德国船的轮廓,就在4公里外。他们将那艘最大的船判断为德国的"埃姆登"级巡洋舰,于是再次下潜,准备实施攻击。2月10日凌晨1点前,马里内斯科下令后方鱼雷发射管发射两枚鱼雷。

两枚鱼雷都击中了"施托伊本"号的右舷。起初,这艘邮轮似乎仍能保持漂浮状态,但爆炸发生的15分钟后,她突然发生倾斜,开始向下沉去,先是倾向一侧,接着又歪向另一侧。船上的人朝救生艇冲去。对船舱里的伤兵们来说,逃生的希望微乎其微,海水涌入舱内时,许多人开枪自杀。负伤的空军上尉弗朗茨·胡贝尔,是这艘下沉的邮轮上最后几名逃生者之一:

一阵可怕的喧嚣将我从沉睡中惊醒。整艘船颤抖着,不禁让人感到她随时可能发生崩裂。相邻的各个舱室,所有人都在惊呼、尖叫,医生和护士们站在门前,轮船猛烈倾斜,忽而向左,忽而向右,仿佛在决定朝哪一侧翻覆和沉没。那些尚能站立的伤员,随着船只的倾斜被甩向相应方向的墙壁。躺在床上的伤员跌落下来,被抵在墙壁上,我们相互挤压,造成的伤害甚至比原先的伤势更重。

作为逃生的第一步,医护人员告诉我们相互帮助,穿上救生衣。我们照办了。我把外衣套在救生衣外,站在身边的一名战友帮我把衣服扣紧……惊慌中,我和我那些战友们试图赶至通往上层甲板的舷梯处。不幸的是，此刻根本无法做到这一点，因为轮船发生了严重的倾斜。我们等待了片刻，等邮轮再次朝另一方歪去，这才设法赶到舷梯处。我们已获悉邮轮被两枚鱼雷击中，但防水舱壁依然完好。尽管遭到袭击，我们还是期盼"施托伊本"号能靠其自身的动力继续行驶。

现在，我们终于光着脚来到上层甲板，刚刚踏上钢铁甲板，我便感觉到外面冷得厉害。夜色漆黑，邮轮不停地从一侧歪向另一侧。

我看见数百名伤员、医生、工作人员和护士从甲板上跳入海中。我试图攀至邮轮的最高处，希望那里会是最后被淹没的地方。

黑暗中，我独自一人在那里坐了一会儿，听见下沉的船上传出尖叫声。我听见他们以一种许多人一辈子从未听过的方式呼喊着上帝。我还听见水中发出的喊叫，并看见邮轮起火燃烧的地方在海面上投射下阴影……我继续等待着，但我并不知道自己为何要坐在这里傻等，也不知道要等些什么，就在这时，我听见附近传来说话声：

"咱们现在就得跳下去，否则就太迟了，我们会被吸下去的！"

这个建议说服了我，我从20米高处跳了下去。我觉得自己在空中便已失去意识，也许部分原因是出于焦虑，落入水中后，我才清醒过来。

我努力让自己浮上水面，但此刻，我就在下沉中的邮轮旁，倾斜的船体渐渐向我压来，我觉得她随时会倒在我头上。

我竭尽全力向外游去，尽可能地远离这艘邮轮，直到认为自己不再会被她吸入水中……海水很快涌入下沉中的船体，传出汩汩声和断裂声，那些仍活着的人发出可怕的惨叫，比先前更加悲惨。这是一幅势不可挡的恐怖景象，我永远也无法忘记。活着的人大声呼救。死者和伤者，妇女和儿童，仍在甲板上的那些人现在落入水中。向外游开时，我的手不时触及死者和生者的身体。[17]

一等兵阿尔弗雷德·布格纳也从下沉的邮轮上逃离，他攀上了一条救生艇。被鱼雷击中30分钟后，"施托伊本"号再次发生倾斜，最终沉没。救生艇上和泡在海水里的人，忍受着夜间的酷寒。两艘担任护航的舰艇赶到前，许多人已经死去；布格纳是被救上T-196号鱼雷艇的生还者之一。

胡贝尔上尉在海水中挣扎着，以便让自己浮在海面上，很快，他遇到一名护士。他们俩发誓，要么一起活下去，要么一同被淹死，没多久，他们便看见一条救生艇。救生艇已人满为患，艇上的人无情地将那些仍在水中，试图爬上救生艇的人赶开。就在希望破灭之际，胡贝尔的手抓住一条绳索，发现绳索的另一头系着一条空无一人的救生艇。

胡贝尔和那名护士发现，冰冷的海水耗费了他们太多的力量，根本无法爬上救生艇。水里的另一个人挣扎着爬了上去，但立刻瘫倒在艇上，胡贝尔和那名护士让他把他们拉上去，可他毫无反应。最后，胡贝尔竭尽全力爬了上去，但他发现自己已没有力气将那名护士拉上救生艇。就在这时，另一名负伤的一等兵游了过来，他也从"施托伊本"号上逃生，但被甲板上的机械设备砸断了两根手指。他爬上救生艇，在他的帮助下，胡贝尔将那名护士拉上了去。

与"古斯特洛夫"号沉没的那晚不同，今晚的海面上几乎没有风，尽管温度已近冰点。胡贝尔建议大家应该挤在一起，相互以体温取暖。第一个爬上救生艇但一直保持沉默的是一名中士，现在他开口说话了，他说他想继续待在救生艇的底部，但胡贝尔的厉声痛斥让他迅速采取了合作态度。他们坐在一起，看见探照灯光束出现在东面：

那名一直保持着沉默的中士试图引发我们的恐惧：

"那是一艘俄国潜艇，它会把我们带去西伯利亚，囚禁在乌拉尔山以外的地方！"

"一派胡言！"我告诉他立刻闭嘴，在目前这种情况下，我们最不需要的就是悲观。

船上的探照灯离我们越来越近，但没有照到我们。我们想喊，可实在没有力气。然后，我们又试图吹响救生衣上的哨子，但对方根本没有听见。

灯光和船只离开了，显然仍在搜索水里的幸存者。这种情况发生了三四次，探照灯光束越来越近，但还不够近。这种状况折磨着我们的神经，我们一次次燃起希望，但一直没有被搜救人员发现。

最后，这种情况终于发生了：探照灯将我们这条救生艇笼罩在光束中。我们四个聚起浑身的力量喊叫起来：

"救命——救命，有伤员！"

随后，我们听到了回应，这令我们的恐惧顿时抛至九霄云外：

"我们来了！"[18]

清晨5点30分，四名幸存者终于被救上T-196号鱼雷艇。两艘护航舰艇满载着幸存者驶向科尔贝格。"施托伊本"号上的4 200人，只有659人获救。

海军少将恩格尔哈特很快从"古斯特洛夫"号和"施托伊本"号的灾难中得出结论，为这两艘邮轮提供的护航力量不足——护航舰队是由潜艇部队提供，而不是海军第9保安师组织的。恩格尔哈特决定，必须立即停止潜艇人员这种单方面行为。而疏散航行的目的地港口也有问题，斯维内明德、瓦尔内明德（Warnemünde）和萨斯尼茨（Sassnitz）已无法容纳运抵港口的数千名难民。2月初，希特勒下达了一道命令：如果可能的话，将难民们送至哥本哈根。尽管这可以减小德国北部港口的压力，但相应增加的航程需要消耗更多的食物和燃料，并使船只更长时间地处在遭受海空袭击的危险下。另一点值得注意的是，这道命令提到的是"暂时被疏散的同胞"，而不是难民——希特勒仍不愿承认东普鲁士所发生事情的本质。

"古斯特洛夫"号和"施托伊本"号是不是合法的攻击目标，马里内斯科的袭击是否构成战争犯罪，多年来一直存有争议。"古斯特洛夫"号事件中，这艘邮轮是有武装的，尽管只是两门四联装高射炮，另外，船上还载有大批海军人员。她没有涂装医院船的独特标志，再加上这是她自1940年来的首次航行，无法指望马里内斯科将她识别出来，更何况是在一个漆黑、雪花飞舞的夜晚。尽管"古斯特洛夫"号被击沉是一场悲剧，但她似乎是潜艇袭击的合法目标。无独有偶，"施托伊本"号上也有武装，并被指定为"伤员运送船"，而不是医院船。在一个黑暗的冬夜，难以对其加以准确判别，这种情况再度发生。但不管怎样，苏联政府早在1941年7月便明确指出，医院船将被视为合法目标，不会放弃对她们的攻击。

马里内斯科向上级汇报击沉第二艘大型船只时，他们已经知道他的前一次汇报是准确的。苏联红军情报部门迅速证实，他的第二个受害者不是一艘轻巡洋舰，而是"施托伊本"号。马里内斯科击沉的船只比舰队里任何一艘潜艇都要多，他对此充满自豪，现在，他指挥着潜艇返航，相信自己和自己的部

第九章：汉尼拔—波罗的海地区开始疏散 · 257

下们会为所取得的成就得到表彰。S-13号潜艇抵达图尔库港后,为全体人员举办了庆祝晚宴,但预料中的奖励并未随之而来。由于一些"违反纪律"的罪名,马里内斯科已受到怀疑,1945年10月,他被不名誉地开除出海军部队。后来,他在一个国营单位担任经理,又被指控为窃取国家财产,在西伯利亚劳改营度过数年时间。他最终获得平反,并于1963年10月获得了一名潜艇艇长胜利归来应得到的奖励。1990年,他被追授为"苏联英雄"称号。

这些损失在德国被禁止披露——党不允许此类令人泄气的消息四下传播。不过,人们通过各种来源获知了这些灾难:从海中打捞起的尸体被运回港口,港口上的人很快了解到所发生的事情,消息迅速传播开来。尽管要冒上被发现后遭受严厉惩处的风险,但许多德国人,包括军方通讯单位,经常收听国外广播电台,沉船的消息被大肆报道,特别是斯堪的纳维亚的广播电台。盟军还印制了一份德文报纸,名为"军队新闻",通过飞机在德军前线散播,"古斯特洛夫"号沉没的消息被刊登在头版头条。

西部接收难民的港口(斯维内明德、瓦尔内明德和萨斯尼茨)已被蜂拥而至的被疏散者挤满。这些港口与内陆的铁路连接已中断,为难民们准备的住处人满为患。到达这些港口的船只往往要等待数日才能将船上的乘客卸下——例如在萨斯尼茨,这座港口太小,大型船只无法进港,只能由小型船只充当渡轮。食物、淡水和燃料几乎被消耗一空,这使许多船只不得不等待数日,才能再次赶去搭载更多的难民。船运力量的这种集结,不可避免地引起了皇家空军和美国陆航队空中侦察的关注。3月6日晚,皇家空军第5大队的5架"蚊"式战斗轰炸机飞抵萨斯尼茨上空,引发了空袭警报。这种警报并不新鲜,因为皇家空军的轰炸机飞赴柏林的途中,经常从这座港口上空飞过,但这一次,"蚊"式战斗轰炸机投下了降落伞式照明弹。150架"兰开斯特"轰炸机紧随其后,在萨斯尼茨北部投下炸弹。第二群41架轰炸机在港口内投下磁性水雷,困住了等候在港内的船只。490吨炸弹落入镇内,在拥挤的街道上造成了可怕的伤亡,并将一条铁路线炸毁。皇家空军损失一架"兰开斯特",两艘船只(Z-38号驱逐舰和"罗伯特·默林"号医院船)被击中后沉没。第二天早上,21 600吨的"汉堡"号已将船上的乘客卸载完毕,正等待着补充物资以便再次向东航行,就在她试图驶入萨斯尼茨港的水道时撞上两颗水雷,并迅速沉没。

更糟糕的事情即将到来。斯维内明德是一座更大的港口，和平时期的人口约有22 000人。苏联空军参谋长，空军元帅谢尔盖·亚历山德罗维奇·胡佳科夫，迫切要求西方盟国轰炸斯维内明德，以破坏为柯尼斯堡和但泽周围德国军队提供补给的海上运输线。作为对这一要求的回应，美国第8航空队派出227架B-24和450架B-17，在450架战斗机的掩护下，对斯维内明德实施轰炸。这场空袭发生在阴天，但还是给这座拥挤的城镇造成了破坏性影响。7艘船只被炸沉，其中包括"安德罗斯"号货轮，这艘货轮驻锚在码头，结果被炸弹击沉，船上的570名难民丧生。斯维内明德空袭中确切的遇难人数不详，估计在23 000人左右，大多是来自东部的难民。

1. M·登霍夫，《再无人提及的名字》，第15页
2. H·舍恩，《波罗的海，1945》，第74-76页
3. E·基泽，《但泽湾，1945》，第115-118页
4. 同上，第118页
5. H·舍恩，《波罗的海，1945》，第86-88页
6. E·基泽，《但泽湾，1945》，第125页
7. H·舍恩，《波罗的海，1945》，第94-95页
8. E·基泽，《但泽湾，1945》，第127-128页
9. 同上，第168-169页
10. 彼得·席勒，引自H·舍恩的《波罗的海，1945》
11. H·舍恩，《波罗的海，1945》，第286页
12. 同上，第100-235页
13. 同上，第243页
14. 同上，第263-268页
15. 同上，第268-269页
16. 同上，第270-271页
17. 同上，第299-301页
18. 同上，第308-309页

第十章
地狱里的天堂和波美拉尼亚的陷落

整头熊都是我的——毕竟是我杀了它。

——约瑟夫·斯大林[1]

尽管苏联红军从东面、英美军队从西面侵入帝国的疆界,但希特勒依然信心十足。他顽固地坚信,他们那种利益相矛盾的联盟是无法长久的。他不断提醒自己的随从们,德国人民遭到敌人的包围,这已不是第一次。七年战争期间,法国、奥地利和俄国的联盟似乎即将消灭腓特烈大帝的普鲁士,但随着俄国伊丽莎白女皇突然病逝,反普鲁士联盟解体,这使腓特烈大帝赢得了胜利。希特勒相信,这种情况会再次上演。

盟国也知道,他们之间的联盟不过是因为存在一个共同的敌人而已。早在1941年,因为接纳斯大林为抗击德国的盟友而受到批评时,丘吉尔反驳道,如果能打败希特勒,他"愿意跟魔鬼合作"。战争初期,盟国的胜利遥不可及,没有什么理由纠缠于"三强"(英国、美国和苏联)之间的分歧。但现在,随着各自的想法转向战后的将来,他们之间的分歧似乎越来越大,以一种希特勒曾准确预言过的方式形成了联盟破裂的威胁。

1943年,三强国的领导人在德黑兰举行会晤,苏联方面明确表示,对于波兰边界问题，他们只接受与"莫洛托夫—里宾特洛甫"条约大致相同的结果。由于无法在西线及时开创第二战线而倍感尴尬的英国和美国，几乎无法对此提出反对。丘吉尔所能争取到的只是一种补偿：波兰将从西面得到部分德国领土。

1945年2月初，赶赴雅尔塔与斯大林进行会晤前，丘吉尔与罗斯福总统在马耳他会面。早在1月5日，丘吉尔便在发给罗斯福的一份电报中指出："这可能是一场至关重要的会议，适逢三方同盟国意见如此分歧而战争的阴影在我们面前拉长之际。"[2] 2月2日，两位领导人在美国海军"昆西"号重巡洋舰上会面时，丘吉尔根本没有太多时间进行精心准备。两位领导人之间的分歧给这次会晤蒙上一层阴影，这种分歧既涉及战争该如何进行，又与战后世界的划分息息相关。西线盟军最高统帅德怀特·D·艾森豪威尔与指挥英国军队的伯纳德·蒙哥马利之间棘手的关系，早在D日很久前便已相当复杂。现在，英美军队沿着莱茵河防线蓄势待发，他们之间的分歧主要集中在发起进攻强渡莱茵河的计划上。

此刻没时间进行详细的讨论。丘吉尔的忠实助手，外交大臣安东尼·艾登，焦急地询问美国对于波兰的态度。他高兴地获悉，美国对斯大林在华沙扶持的傀儡政权"卢布林委员会"持反对意见。但同样明确的一点是，美国人更为关注的是他们提出的国际组织，这个组织后来成为联合国。艾登担心的是，为实现这一计划，罗斯福会把苏联的合作看得比波兰的命运更加重要。

他们乘坐飞机从马耳他赶赴雅尔塔。2月2日–3日夜间，两架飞机载着英国和美国领导人向东飞去，于次日降落在萨基（Saki）机场，再从这里驱车赶往雅尔塔，沿途之上，战火给这片土地留下的累累伤痕依然历历在目，十个月前，这座半岛刚刚被苏联红军解放。岛上的居民后来遭到残酷的清洗，大多数克里木鞑靼人被流放到乌兹别克斯坦，以此作为对鞑靼人组建一支军队加入德军的惩罚。这支志愿军团中的大多数人实际上是从伏尔加河鞑靼人中招募而来，但克里木的同族却跟他们一同遭到流放。随着雅尔塔会议的临近，斯大林的内务部部队（NKVD）再次来到这座半岛。岛上的74 000名居民遭到审查，有近1 000人被捕。对雅尔塔满目疮痍、空无一人的街道游历一番后，丘吉尔将这座海滨小镇称为"地狱里的天堂"。[3]

2月4日，斯大林乘火车到达。他分别会见了丘吉尔和罗斯福，会谈以不同的方式进行——在丘吉尔面前，斯大林对红军在波兰和普鲁士获得的胜利深感满意；而对罗斯福，他强调的是苏联红军面临的困难。罗斯福没有隐瞒英国人与美国人之间对跨莱茵河作战计划的意见分歧，然后又对斯大林怀疑英国提出将法国重建为欧洲强国的意图表示支持。很显然，希特勒对盟国间团结的轻蔑观点是极不正确的。

当天下午，会议开始，先由苏联红军作战部部长阿列克谢·因诺肯季耶维奇·安东诺夫将军作态势汇报。他阐述了苏军近期推进的规模和所取得的胜利，以及对德国军队造成的破坏：他估计有45个德军师已被歼灭或遭受重创后无法用于作战。德国人的伤亡约为400 000人。但现在，苏联军队被迫停下来休整。就连即将跨越奥得河和尼斯河，甚至杀向柏林的朱可夫和科涅夫，目前也陷入了停顿。对苏军造成影响的是进攻中遭受的伤亡、不断拉伸的补给线、侧翼遭受的威胁以及天气的突变——气温上升导致冰冻的河流化冻，被苏联空军用作前进机场的草地沦为一片泥沼。

苏军严重关切的另一个问题是，德国人调至奥得河前线的部队数量。安东诺夫估计这个数字约为35~40个师之间，这些师有的来自西线，有的来自意大利，还有的来自挪威或其他留有德军预备力量的地方。安东诺夫强调指出，在这种情况下，盟军加大压力，尽可能多地牵制德国军队至关重要。

接下来，美国陆军参谋长乔治·马歇尔将军代表西线盟军发言。阿登地区的战役已结束，西线盟军正着手准备横跨莱茵河的进攻行动。但他们也受到补给问题的影响，主要原因是德国人用火箭对安特卫普实施袭击，斯大林不能接受这种说法，因为火箭袭击的精确度非常差，不足以造成影响。作为回应，马歇尔指出，盟军的空袭已使德国的合成燃油产量下降了80%，并已将对方的铁路运输摧毁。

这是一连串针锋相对的会谈的开始，越来越多地暴露出三国间的分歧。马歇尔估计，西线盟军的78个师面对着德国人的79个师，盟军的唯一优势在空中。这种说法不够真诚。与东线的情况一样，德国人在西线和意大利的各个师大多实力虚弱，而且面临着严重的补给短缺问题。与这些德军部队对阵的英国、美国和加拿大师实力更强，燃料和弹药的供应远远超过德国军队。另外，西线盟军的机械化程度也更高。

会议结束时，一种友好的关系已得到恢复，斯大林承诺尽快夺取但泽，从而阻止德国人制造和训练潜艇。第二天早上，他们又召开进一步的军事商讨会，双方都希望对方尽可能多地牵制德国军队。会谈没能取得太大进展，这给安东诺夫留下一种清晰的印象：苏军进入德国时，会遭遇到德国人从其他战线调来的援兵。他还获悉，英美情报部门预计，德国第6装甲集团军已从阿登地区调往匈牙利，而此刻，布达佩斯的攻防战已达到高潮。

当天结束前，会谈的话题已转至战后德国的分割问题。各国的占领区早已确定，但现在英国提出，法国也应该有一块占领区，这就导致了问题的复杂化。这个话题第一次被提出是在1943年的德黑兰会议上，1944年10月在莫斯科举行的会晤中进一步加以商讨，但现在，斯大林希望对此加以详细研究。他坚持认为，对德国的肢解是投降条款中的重要组成部分，面对丘吉尔的阻力，斯大林赢得了罗斯福的支持。法国问题现在成为中心议题。英国建议分配给法国一块占领区，斯大林对此提出质疑，他指出，其他国家可能也会声称拥有同样的权利。他得到保证，这种情况不会发生。另外，英国认为，一个强大的法国会在抵御再次得到复兴的德国方面发挥重要的作用。丘吉尔解释道，美国军队可能不会驻扎在欧洲，而英国也许不得不在将来单独面对德国的威胁。令他惊讶的是，罗斯福同意他的看法，并指出，他打算在战争结束后的两年内将美军撤离欧洲。

斯大林随后谈及赔偿问题。他希望战败的德国分十年支付给苏联赔偿，并允许苏联拆除、搬迁德国的工厂。丘吉尔在原则上同意赔偿问题，但他担心第一次世界大战的赔款所引发的问题有可能再次发生。三巨头一致同意建立一个赔偿委员会，由他们的外交部长来制订相关细节。最后，这个赔偿委员会将已达成一致的内容确定成文，其中包括战胜国有权强迫德国人在他们的国家从事重建工作。

整个会议中，罗斯福最关心的是拟议中的国际组织问题，这个议题主导了2月6日的议程。斯大林仔细核实了拟定中的安全理事会错综复杂的投票问题，令美国人惊讶的是，他随后提出，苏联的所有加盟共和国都应拥有独立表决权。待波兰问题被提出时，双方所能达成的一致就更少了。几乎在各个方面，斯大林都掌握着主动权：他的军队控制着波兰，他提名的政府，卢布林委员会，已在华沙就职。无论西方盟国说些什么，他都处在发号施令的位置上。

恢复1939年的边境线绝无可能——斯大林希望以"寇松线"为准，或接近这条分界线，这是个既定立场。

第二天，议题再次回到新国际组织上。斯大林宣布，他对国际组织表决权的安排感到满意，放弃自己要求苏联所有加盟共和国参与投票的主张，只要求2～3个加盟共和国获得表决权。尽管带有这个附加条件，但美国人的如释重负感溢于言表。在宾主尽欢的气氛下，苏联方面提出了波兰问题：对"寇松线"稍加改动，少数身居波兰境外的民主派领导人将被接纳进波兰临时政府，等待选举。丘吉尔试图回到波兰边界的问题上，他对大批德国人的迁居表示关注，特别是西里西亚和波美拉尼亚地区，波兰的控制可能会导致"德国食物撑死波兰鹅"的结果。[4]

斯大林轻松自如地打消了这种担忧。他指出，苏联红军到来前，大批难民便已逃离。三巨头上一次在德黑兰召开会议时，斯大林曾让丘吉尔震惊不已，他提出，为了持久的和平，有必要处决50 000名德国军官。为缓和气氛，罗斯福开玩笑地告诉丘吉尔，50 000人也许太多，但处决49 000人是必要的。斯大林最终承认这只是个玩笑，但当时丘吉尔和罗斯福肯定已知道16 000名波兰军官被苏联人屠杀在卡廷森林。因此，斯大林所说的话很有可能是真的。另外，人人都知道，德国、波兰和苏联之间这种领土的易手，将导致大批平民的迁徙。现在很明显，这种迁移已在进行中，以二十一世纪的观点看，这就是一种规模庞大、冷酷无情的强制性种族清洗。克里木半岛依然遍布着历史上最野蛮的战争的伤痕，三巨头在这里，以一种截然不同的方式看待上述问题，这一点也许可以理解。

会议又持续了一段不长的时间，解决了诸如苏联对日作战等事项，但最关键的问题已然解决。斯大林得到他想要的一切，他后来开玩笑说：

丘吉尔、罗斯福和斯大林去打猎。他们最终打死一只熊。丘吉尔说："我要熊皮，让罗斯福和斯大林分熊肉吧。"罗斯福说："不，我要熊皮！让丘吉尔和斯大林分肉。"斯大林沉默不语，于是，丘吉尔和罗斯福问他："斯大林先生，你怎么说？"斯大林的回答很简单："整头熊都是我的——毕竟是我杀了它。"[5]

1945年2月–3月，波美拉尼亚

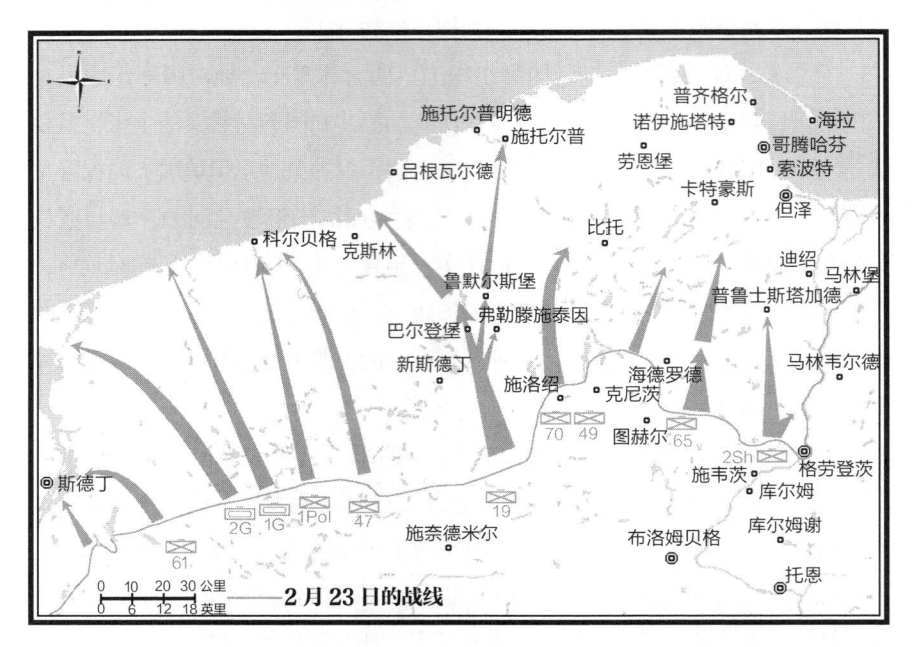

在此期间，战场上的诸多事件继续上演着。被包围在布达佩斯的德国和匈牙利守军最终于2月10日投降。筋疲力尽的苏军前线部队继续向前挺进，后续部队在这座满目疮痍的城市中游荡，令围城期间饱受痛苦的百姓雪上加霜。

尽管布达佩斯已被苏军夺取，但德国第6装甲集团军仍集结在巴拉顿湖地区，准备发起另一场反击。他们选择用于进攻的地形极不合适，特别是对武装党卫队的重型"虎王"式坦克来说更是如此，这种坦克在沼泽地带根本无法实施机动。这股重要的有生力量被白白耗费，如果将其投入更北面的战事，也许能获得不同的战果。

朱可夫的白俄罗斯第1方面军位于一个巨大突出部的顶端，这个突出部跨过波兰边界，占据了德国东部的部分地区。突出部的南面，迪特里希·冯·绍肯将军奉命集结起他的"大德意志"装甲军和内林将军麾下的残部，对位于施泰瑙（Steinau）北部，在奥得河对岸占据一片登陆场的苏军部队发起一场反击。混战持续了数日，冯·绍肯的突击部队发现自己被隔断后遭到包围，接到后撤命令时已为时太晚。冒着巨大的风险，冯·绍肯亲自穿过苏军防线，来到被围部队身边，于2月11日晚间率领他们顺利突出重围。

尽管如此，冯·绍肯还是被解除了职务。接到第4装甲集团军司令弗里茨·格拉泽尔将军尴尬的感谢后，他驱车前往"中央"集团军群司令部，在那里苦等了四个小时，这才见到舍尔纳。他们之间谈了些什么，没有任何记录，但当冯·绍肯出现时，他看上去怒容满面。毫无疑问，他肯定充分表明了对自己所接受命令的看法：愚蠢至极。[6]

然而，这些有限的进攻却让俄国人将注意力集中到这个突出部遭受的威胁上，特别是北面仍在德国人手中的波美拉尼亚。这些事实迫使朱可夫得出一个结论，鉴于罗科索夫斯基的方面军被牵制在东面更远处，他必须先肃清自己的侧翼，然后才能恢复向柏林的推进。计划被迅速制订出来。科涅夫将冲入西里西亚，解决南翼问题，而朱可夫和罗科索夫斯基将腾出部队向北推进，夺取波美拉尼亚，希姆莱的"维斯瓦河"集团军群正盘踞在那里。消灭这个"波罗的海的阳台"可以让罗科索夫斯基将他的部队沿奥德河下游集结，从那里协助对柏林的最后突击。

对波美拉尼亚战事的详细阐述不在本书范畴内。1月底，罗科索夫斯基从麾下正与德国第2、第4集团军在普鲁士激战的部队中抽调出几个集团军，在格劳登茨-布洛姆贝格地区实施重组。他在那里集结起一支强大的力量，左侧是波波夫的第70集团军，而第49集团军（格里申）、第65集团军（巴托夫）和突击第2集团军（费久宁斯基）构成了他的右翼。近卫骑兵第3军已在霍斯巴赫的突围尝试结束后成为一支可用的部队，现在担任方面军的主预备队。2月8日，苏军最高统帅部下达命令，由罗科索夫斯基发起一场攻势，歼灭波美拉尼亚的德国军队。他将继续前出至维斯瓦河河口，并在2月20日前确保一条从那里穿过迪绍、比托（Bütow）、鲁默尔斯堡（Rummelsburg），直至新斯德丁（Neustettin）的防线。在此阶段，预备力量将对德国"维斯瓦河"集团军群发起一场大规模突击，冲向奥德河河口和斯德丁（Stettin），歼灭被孤立在但泽周围的德国军队。这些行动将在3月初前完成，以便将部队调往西面实施集结，准备对柏林发起最后的攻击。

2月10日，罗科索夫斯基奉命将第3、第48、第50集团军和近卫坦克第5集团军调给切尔尼亚霍夫斯基的白俄罗斯第3方面军，从而使对付被困在东普鲁士的德军部队的苏军力量处于统一指挥下。尽管大批部队被抽调，但罗科索夫斯基和他的参谋长亚历山大·尼古拉耶维奇·博戈柳博夫将军继续准备冲入波美拉尼亚，同时保持沿维斯瓦河的攻势。2月4日，第49集团军被调过维斯瓦河，同时，更多的援兵也被调拨给第70集团军。被称作"筑垒地域"的部队在维斯瓦河东岸接替了突击第2集团军麾下的各师，从而使这些师得以在格劳登茨南面跨过维斯瓦河，这又使其他部队可以被调至更西面。

炮兵部队也被调至罗科索夫斯基的左翼，而方面军的工兵部队，在米哈伊尔·洛夫维奇·切尔尼亚夫斯基的指挥下，将大批修复的受损车辆交还给前线作战部队。由于补给路线被拉长，车辆维修人员的效能有所下降，但与过去相比，苏联红军对受损车辆的修复能力有很大的提高，为前线部队保持作战效能发挥了重要作用。对苏军被击毁的坦克数量、维修数量以及战役结束后剩余坦克的数量进行分析就会发现，许多车辆被维修了好几次。德军的车辆维修组同样高效，不过，尽管这些维修组随时可以投入使用，但战斗结束后控制战场的往往是苏军，大多数受损车辆落在他们手中。因此，德国人被击中的坦克，大多是确确实实的损失，而苏军受损的战车，很多被交给维修组加以修理。

工兵们还忙着在维斯瓦河上构建桥梁，破裂的冰块向下游缓缓流淌，这使他们的任务更加复杂，另外，他们还负责布设或维护长达数百公里的电话线。维斯瓦河上架设起两条管道，以便将燃料迅速灌入燃料库，再从那里分配给前线部队——完成这一切时，沿维斯瓦河的进攻行动仍在继续。苏军的后勤能力确实已走过一段很长的路。

与此同时，政治宣传工作也在进行中。政治委员努力让战士们保持斗志，许多士兵认为战争即将结束，开始考虑躲避危险，以免在最后时刻牺牲，这必然会导致战斗意志的下降。各部队被鼓励写决心书，例如，坦克歼击第207营的一个单位写道：

我代表全体战士和军士宣布，苏联的力量摧枯拉朽，我们会对法西斯分子犯下的罪行作出复仇。被击败的法西斯士兵已多次试图逃避这种复仇。但希特勒分子们的哀求毫无作用。我们已进入德国，现在要让法西斯们付出代价。我们要消灭法西斯制度，这样，法西斯们就再也不能拿起武器侵略我们的祖国。[7]

  与一月攻势发起前的情形一样，号召广大指战员对令人痛恨的敌人实施报复，在部队的准备工作中发挥了重要作用。党的官员们曾正确地预料到，这是解决作战疲劳的有力手段。在高级政治委员召开的一次会议上，利用各个师和各个军办的报纸讴歌个别战士英勇事迹的重要性被加以强调。战后的记述也提及党的官员在确保"被解放"的波兰人得到红军良好对待方面发挥的作用，苏军士兵被号召投入到这场伟大的解放事业中。波兰人曾受到德国占领者的残酷对待；但事实是，许多波兰人在苏联红军到来前，选择跟着德国人一同逃跑，这表明善待波兰人的命令并未被前进中的苏军部队广泛接受。

  陆地上的战斗仍在继续。苏军转身向北赶去对付"波罗的海的阳台"时，施奈德米尔镇（Schneidemühl）经历了波美拉尼亚地区的首场激烈战事。1月28日，战斗在镇郊打响，守军一直坚守到2月13晚，这才试图向北突围。逃脱者寥寥无几。现在，朱可夫将更多的部队调向北面，配合罗科索夫斯基的部队。谢苗·波格丹诺夫的近卫坦克第2集团军加入到帕维尔·阿列克谢耶维奇·别洛夫第61集团军的行列中，而弗朗茨·约西沃维奇·佩尔霍罗维奇的第47集团军和斯坦尼斯拉夫·波普拉夫斯基的波兰第1集团军，沿着从兰茨贝格至施奈德米尔镇这条战线展开。近卫坦克第1集团军（米哈伊尔·叶菲莫维奇·卡图科夫）和突击第3集团军（尼古拉·帕夫洛维奇·西蒙尼亚克）随后将跟上。

  苏军发起一场进攻进入波美拉尼亚的准备工作现在几乎已就绪；在某些地段，罗科索夫斯基继续向前推进，试图赶至从维斯瓦河口到新斯德丁的进攻出发线。德军第4装甲师的坦克和其他车辆被留在库尔兰半岛，此刻仍未获得足够的补充，他们继续派出小股战斗群增援邻近的师，试图恢复态势。汽油短缺造成了严重的妨碍，但柴油供应却很充裕，因此，交付给师属侦察营的一批柴油动力八轮装甲车受到宽慰、热情的欢迎。很快又传来好消息：第4装甲师留在库尔兰的黑豹坦克，即将被调来归建，但在此之前，贝泽尔的部下们只能利用手头现有的装备勉力应付。在图赫尔南面，他们的一支小股战斗群正搜索前进：

我们穿过图赫尔向南而行。路标表明我们已到达利伯瑙（Liebenau）。我们疲惫不堪，却看见一支空军部队的士兵们据守着街道上的阵地。他们朝我们挥手致意，他们知道，如果不是我们发起进攻，他们早就成了俄国人的俘虏。

我们驶下一座铁路桥，随即看见一发苏军反坦克炮弹拖着红色曳光剂朝我们飞来。第6连立即将几个排散开，各自占据了下沉式阵地，只有各个排的指挥车能看见阵地外的情形。排长命令我们，听到他的指令才能开火。很快，三辆苏军坦克出现在铁路桥上。一辆KV-2冲在最前方，硕大的炮塔明确无误地表明了它的身份。我们在50米距离处突然开炮射击。俄国人的三辆坦克燃起火焰，车组人员跳车逃窜。跟在后面的坦克迅速转身驶离，但被另一个排从侧面射出的炮火击中。慌乱中，敌人的坦克撤入村庄。我们接到命令，向前推进并夺取那座村庄。一辆虎式坦克调拨给我们，很快便赶到了。我不知道它是从哪里来的，反正它现在跟我们一同投入了战斗。

我们先试图发起一场正面进攻，但没能获得成功，因为我们遭到来自四面八方的火力打击。于是我们绕过村庄，从侧面发起进攻。虎式坦克帮了大忙，它用88毫米主炮从2 000米距离上击毁俄国人的坦克。但当我们冲入村内时再次遭到挫败，因为敌人迅速集结起所有的武器朝我们开火射击。于是我们撤了下来，再次尝试从南面发起进攻。但此刻天色越来越黑，坦克的白色涂装被证明非常危险。突然，我那辆坦克下的道路发生坍塌。原来，我们碾碎了一条河流上的冰层，河水迅速涌入发动机舱。我那辆坦克几乎发生倾覆，全靠运气和熟练的操作才使我控制住自己的坦克。但令我们为之骄傲和喜悦的那辆虎式坦克，由于其巨大的重量而被彻底困住。

接到撤回出发阵地、将被困的虎式坦克炸毁的命令时，我们的心在滴血。[8]

这辆虎式坦克是第507重型装甲营剩下的战车之一，该营已被调拨给第4装甲师。经历了苏军最初的攻势后，该营穿过波兰缓缓后撤，途中损失了17辆虎式坦克，但只有6辆是被敌军击毁，其他的都是因为机械故障或燃料短缺而被遗弃。该营剩下的13辆坦克为第4装甲师提供了他们急需的火力。图赫尔镇已成为激战的中心。缺乏燃料供应的德国军队苦苦坚守着这个镇子及其火车站。第4装甲师的伤亡相当惨重——2月11日，师里的一个装甲掷弹兵营被派去守卫一段长达12公里的防线,该营报告说,他们只剩下12名筋疲力尽的士兵可用于这一任务。[9]

2月14日晚,贝泽尔中将奉命将第4装甲师撤至图赫尔镇北面的一条新防线。在过去的四天里,他的师击毁了敌人的99辆坦克、12辆突击炮、2辆装甲车和41门反坦克炮。[10]这些作战报告带有不可避免的夸大,事实上,其中的许多战果只是击伤,而非摧毁,尽管如此,这些数字还是能说明战斗的激烈程度。四天后,被派往库尔兰的克斯特纳上尉带着师里的27辆黑豹坦克到达但泽。另外23辆将从德国国内的工厂运来。如果这些坦克悉数回到师里,第4装甲师将再度成为一支强有力的作战力量——当然还需要足够的燃料和弹药。

2月12日,第507重型装甲营没有了坦克的车组人员在比托镇登上一列火车。与他们同行的几乎都是妇女和儿童,这些人聚集在火车站,登上火车后向西而去。对该营的一些老兵来说,长达两年的东线战事就此结束。火车将他们送往帕德博恩(Paderborn),他们将在那里重新装备重型"虎王"坦克。有些人在哈尔茨山脉的战斗中结束了这场战争;战争结束时,营里的其他人员试图向西突围,以便向美国人投降,但最终被迫向苏联红军投降。

在此期间,罗科索夫斯基已获得行动第二阶段所需要的援兵:近卫坦克第3军和刚刚从芬兰前线赶来的第19集团军。待到达维斯瓦河河口—新斯德丁的进攻出发线,这两支部队就将投入战斗,他们会径直冲向波罗的海沿岸,将波美拉尼亚的德国军队一切为二。这些援兵深受欢迎:第70、第49、第65集团军和突击第2集团军一直从事着激烈的战斗,实力均已严重受损。步兵第45师的兵力已不到4000人。[11]尽管如此,苏联红军继续向北推进,2月中旬,第47集团军对克尼茨(Konitz)发起进攻。据守该镇的是德军第4装甲师的侦察营,该营配备着"山猫"轻型坦克、新得到的装甲车以及配有20毫米和75毫米火炮的半履带车。不过,这个营受到燃料、弹药短缺的影响,被迫守卫着克尼茨两侧的大片区域。2月16日,第4装甲侦察营终于被接替,他们将克尼茨镇及其周边地区的防务移交给第7装甲师。

德军第7装甲师已被撤出战斗充当预备队,该师的主力集结在马林堡西面。约翰·胡贝尔和他的战友们获得四号坦克歼击车的重新装备。1月30日,胡贝尔通过电台聆听了元首的讲话,每年的这一天,希特勒都会发表国社党掌权周年纪念演说，这已成为一种惯例：

  于是我们聚精会神地聆听着。希特勒的说话声变了，我们只能勉强辨别出他的声音。"德意志帝国目前面临的状况与1933年的国内政治情况相类似。"他的话是什么意思？他继续说了下去。元首要求东线德军将士不要放弃一寸德国土地，将各条战线上的敌人击退，把他们赶出德国边境。面对俄国人的压倒性优势，我在内心里暗自怀疑这一点能否做到。他接着说了一句引人注意的话："我不得不告诉德国人民：我们没有神奇武器；神奇武器就是对我们大德意志帝国的信念。"我们面面相觑，目瞪口呆。这么说，根本没有神奇武器——我们真的要输掉这场战争了！接着又是另一句令人震惊的话："我们所能做的无外乎是工作和战斗，如果这无法带来胜利，那么，我们命该如此！"每个人都愣住了；希特勒结束了演说，电台广播到此结束。[12]

  并非所有消息都是噩耗。保利·许策是胡贝尔连队里一个爱开玩笑的家伙，结束休假返回连队时，他佩戴着一枚铁十字勋章。他把获得这枚勋章的故事告诉给战友们：

  去年9月，我们的军需官耶克问谁愿意参加"敌后破坏突击队"的训练，保利自愿加入，居然被选中了。没人相信保利·许策会有任何机会，每个人都对此偷笑不已。

  于是，他极尽滑稽之能事地告诉我，他自愿报名完全是因为对第5连不断参加战斗厌烦了。在那个特别部队里，他先是得到一身新军装，然后便被派至一个训练单位学习俄语。他告诉我，经过六个星期的好吃好喝外加特别训练后，"他们发现我什么都做不了！"我心中暗想，这就是他的聪明之处，很蠢，但还有点小聪明。他告诉我，他们发现他派不上任何用场，便将他转调到一个步兵战地补充营。"胡贝尔，你懂的，在咱们第5连干了那么久，我在补充营里当然能得心应手。"他以一种搞笑的方式继续说道，经过武器训练和其他一些培训，他给上级留下了深刻的印象，很快成了他那组人的小头头。这个单位随后被派往东普鲁士，部署在贡宾嫩附近的罗明特荒地。"在那里，连长派我担任传令兵。"

我好奇地问他接下来发生了什么事，见我表现出兴趣，他很高兴，于是告诉我，作为一名传令兵，他每天要从位于前线后方1.5公里处的连部将命令送交各个排长，再把他们的报告带回来。"后来我射下一架飞机！那天早上我动身出发了，一架苏军双翼飞机出现在前方，飞得非常低，你明白我的意思。"保利对我解释道，他从肩头取下步枪，对他的战友说道："我们必须像训练时表现的那样朝它射击。"可他这位战友像格茨·冯·贝利欣根那样喊了一句（班贝克的主教要求他投降时，格茨·冯·贝利欣根这位强盗贵族回复了一句著名的话："让他舔我的屁眼吧！"），撒腿便溜。接着，保利告诉我："我端起步枪，朝飞行员瞄准，你知道，就像我们训练过的那样，瞄准前方三个机身长度的位置，然后开枪射击。飞机被击中后摔了下来。"他又特别强调指出："一枪命中！"他接着说道："我们走上前去，那架双翼飞机坠毁在田地里，飞行员已丧生。"现在我弄明白了，那是一架NvD（"值班军士"，这是德军士兵给波利卡波夫双翼飞机起的绰号）。保利这次很聪明，他取走了飞行员身上的证件和文件，把这些东西直接送交连部，这才发现这是一架信使飞机，携带着重要文件。飞行员是一名迷失了方向的苏军政委。

保利继续说道："连长提拔我当了二等兵，我还得到一枚二级铁十字勋章，要是我待在第5连，永远也得不到！"

他像变魔术那样掏出一张休假通行证，对我说道："后来我获得了三周探亲假，作为'面对敌人时表现出的勇气'的奖励。你知道，这很重要，面对敌人时表现出的勇气，你看，就写在上面呢。"我耐心听完了保利这个滑稽鬼的故事，先是惊奇，随后便大笑起来。[13]

2月14日，第7装甲师动身赶往克尼茨，第32步兵师与第4装甲师之间出现了一个20公里的缺口。第7装甲师的先头战斗群由10辆坦克组成，在装甲团团长恩斯特·布兰德斯少校的率领下冲入克尼茨镇，受到镇内居民的热烈欢迎。这些坦克在镇中央的广场上占据了阵地，镇内早已挤满难民的大车和各种军用车辆。

2月16日，波波夫的第70集团军冲过筋疲力尽的武装党卫队第15掷弹兵师据守的阵地。这个师原先是一支拉脱维亚志愿者军团，师里的士兵大多是拉脱

第十章：地狱里的天堂和波美拉尼亚的陷落 · 273

维亚人,自一月份以来,他们一直在跟罗科索夫斯基推进中的部队激战,该师师长、旅队长赫伯特·冯·奥伯维泽尔,在1月26日的战斗中阵亡。德国第2集团军司令魏斯敏锐地意识到这个师的实力已然耗尽,本打算以第7装甲师为其提供支援,但克尼茨防线上的缺口依然存在,手上唯一一支机动预备队投向何处,他不得不做出决定。最后,魏斯选择了封闭克尼茨的缺口,拉脱维亚人的命运就此被葬送。

苏军近卫坦克第1军和步兵第96军从南面攻向克尼茨。克利亚霍夫少校率领的先头部队由三辆突击炮和为其提供支援的步兵组成,他们发现通往该镇的道路穿过一片茂密的树林。苏军的前进道路上有一条河流,但河上的桥梁依然完好。2月15日,他们以一场迅猛的突击拿下这座重要的桥梁,随即向前推进,抵达克尼茨镇郊。[14]

克尼茨郊外的守军被逼退之际,第7装甲师的战斗群仍在镇内实施集结。一些建筑物内射出零星的狙击火力,显然,俄国人已渗透进这些房屋。他们的重武器随后跟进,第7装甲师的哈夫纳格尔后来回忆道:

我们的战斗群在广场周围占据了阵地,四号坦克部署在红色墓地墙附近,炮塔转向6点钟方位,很快,我们的坦克便被击中。炮弹命中了坦克后部的引擎,火焰迅速腾起。因此,我们跳离坦克,但驾驶员没有出来,他无法离开驾驶舱,因为上方的炮塔卡住了。感谢上帝,火势很快被扑灭。

我们的车长席塞尔下士想把驾驶员从这种糟糕的处境中救出,可每次我们爬上坦克,钻入并转动炮塔时,便被苏军炮弹击中,这种情况发生了三四次。我们不知道朝我们射击的究竟是一门反坦克炮还是一辆坦克。席塞尔下定决心要救出我们的驾驶员,一等兵克莱因亨佩尔派我去找布兰德斯少校寻求帮助,特别是要提供火力掩护。布兰德斯少校就在40米外,他的坦克和我们一样,也将炮塔转向6点钟方位。

是否该让自己的黑豹坦克驶离目前的位置,布兰德斯少校考虑了一会儿。他的坦克隐蔽在一道路障后,这道路障搭设在另一条道路的入口处,布兰德斯少校此刻正掩护着这条道路。为躲避敌人的炮火,我站在坦克车头旁,等待着他的决定。

最后,团长决定提供火力支援,帮我们救出被困的驾驶员。布兰德斯少校站在炮塔上，朝我点了点头。

他命令他的驾驶员将坦克后退。他可能想从路障的右侧绕过。坦克炮塔依然指向6点钟方位。

还没等这辆黑豹行驶多远，俄国人的炮弹便朝它袭来，射高的炮弹击中了布兰德斯少校的头部，他的躯体跌入炮塔内。[15]

布兰德斯少校是师里一名深受士兵们爱戴的军官，几个月前，他在梅梅尔赢得了骑士铁十字勋章。这时，哈夫纳格尔获悉另一位深受爱戴的军官也身负重伤：

我们在自己的四号坦克旁（驾驶员终于逃了出来）待了一会儿，步兵们抬着冯·罗尔少尉和他的炮手退了下来，这两人都已身负重伤。冯·罗尔少尉离开他的坦克，打算用"铁拳"在近距离内干掉敌人的一辆坦克，但"铁拳"的反向爆炸令他身负重伤。[16]

第7装甲师的另一个战斗群，在弗尔克尔中尉的率领下进入克尼茨镇，试图继续守卫该镇：

他们在夜间冒着瓢泼大雨驱车进入镇内。这是弗赖坎普少尉的一个排和弗尔克尔中尉率领的一个战斗群。清晨8点，我们在一个硕大的露天广场占据了阵地，显然，这里曾是个市场。这座广场位于镇中心的东部边缘。我们预计俄国人会从西面发起进攻。主干道的尽头就在前方500米外，与另一条道路相交。这是寒冷、多雾的一天，镇内的能见度很差。此刻，整个镇子一片平静。看不见平民，看不见士兵，也看不见敌人。二等兵伊泽克、米希尔·韦伯、冯·埃格洛夫施泰因和克洛茨驾驶着新的四号坦克歼击车，在克尼茨镇中心，面朝西守卫着那条主干道，这是1号帝国大道的组成部分。

主干道南面的市场筑有一道围墙，围墙后是一所学校。这所学校已成为临时战地医院，此刻仍有200-300名伤兵。

上午9点左右传来了履带声：坦克！车组人员先是看见一辆敌坦克的炮管和

炮口制退器。后面肯定还有敌人的其他坦克。俄国人试图从右至左,穿过二等兵伊泽克的坦克据守的主干道。都是"斯大林"式坦克……埃格洛夫施泰因瞄准敌人的第二辆坦克开炮射击,但他们对这辆新得到的四号坦克歼击车不太熟悉,每次开炮后,战斗舱内的通风系统都会忙着排除硝烟,而炮口也在坦克前方腾起一股烟雾,这使炮手的视线严重受阻。我们熟悉的四号坦克装有炮口制退器,能将炮口喷出的大部分硝烟分散到侧面;四号坦克歼击车没有炮口制退器,因此,每次射击后,炮管里的硝烟只是向前喷出,遮蔽了视线。透过烟雾,埃格洛夫施泰因看见4-5辆"斯大林"式坦克高速穿过道路,他们这辆战车紧靠着墙角,无法瞄准射击。

……20分钟后,俄国人的狙击手出现了。从市场东侧一座房屋的上层,狙击手射出的一发子弹击碎了车长身后敞开的舱盖上的镜子。狙击手瞄准的是伊泽克的头部,他的脖子被镜子的碎片划破,血流不止,不得不赶紧包扎,但他仍跟自己的车组待在一起。随后,他们转移到市场另一侧,连里的其他战车也部署在那里。

……俄国人被孤立在一座座房屋内,但无法将他们驱离。二等兵伊泽克连声提醒弗尔克尔中尉小心敌狙击手,这名中尉不时离开自己的坦克,在露天处走来走去。上午11点,他在坦克外被子弹击中了胳膊。

弗赖坎普少尉奉命接掌战斗群的指挥权。但由于来自市场周围各座建筑物的干扰,伊泽克的坦克歼击车是唯一一辆能与营部保持联络的战车,伊泽克不得不接手无线电通讯任务。他无法与黑豹坦克建立电台联络,因为两种战车的通讯频率不同。

中午12点,伊泽克的坦克接到命令:"与战地指挥官建立联系,作好在黄昏发起突围的准备。"他们将这个消息转告给弗赖坎普少尉。少尉设法找到地方指挥官,却发现这名少校已被俄国人包围克尼茨镇的绝望态势压垮,他开始酗酒,已喝得酩酊大醉,嘴里发出阵阵胡言乱语。

面对这种情况,弗赖坎普少尉显得很沮丧,他来到伊泽克的坦克旁说道:"伊泽克,怎么办,地方指挥官已喝得大醉,我该怎么办?"伊泽克立即给营部发去一份简短的电文:"地方指挥官已无法履行职务,准备突围。"营部回复道:"突围令依然有效!"伊泽克认真地对弗赖坎普少尉说道:"少尉先生,回到您的坦克里,这里弹雨纷飞,您会遭殃的。"

下午3点左右,巷战爆发开来,俄国人已渗透到附近建筑物的上层。我们的一些步兵(来自另一个单位)一整天都躲在地窖里不敢出来,这就意味着我们的坦克和两辆搭载着装甲掷弹兵的半履带车被卷入到一场激烈的步兵战中。坦克参与了巷战,用高爆弹打击着房屋里的狙击手和机枪巢。

另一个步兵战斗群据守着市场东面的墓地,他们从那里朝着对面房屋里的俄国人开火射击。

这场步兵战对四号坦克歼击车里的人来说是一种全新的体验。由于装弹手的MG-42机枪装有护盾,可提升角度非常小,因此无法朝上方射击。苏军士兵盘踞在各座房屋的上层(德军士兵隐蔽在地窖里),装弹手/无线电操作员不得不将MG-42拆下,用两脚架架在坦克敞开的舱盖边缘,朝着楼上的敌人开火射击。

随着暮色的降临,每个人都接到了期待已久的命令:"带上步兵,在黄昏时突围,"也就是下午4点30分至5点之间。战斗群做好了突围的准备,一辆黑豹打头阵,一辆半履带车紧随其后,再往后是弗赖坎普少尉的战车,然后是两辆半履带车,后面是伊泽克的坦克,再往后是第二辆黑豹,炮塔指向6点钟方位。埃格洛夫施泰因记录下,刚一出发,他的坦克履带便发生脱落。米希尔·韦伯觉察到阻力发生变化,立即将战车停下。

这位经验丰富的驾驶员,与埃格洛夫施泰因和克洛茨一起,迅速用撬棍将受损的托带轮撬离履带齿,米希尔跳入坦克,挂上倒挡,与此同时,其他人用撬棍将履带重新归位。他们完全没有理会周围猛烈的炮击。

在此期间,频繁的无线电联络严重消耗了他们这辆坦克的蓄电池电量,启动机无法带动引擎。冯·埃格洛夫施泰因和克洛茨(装弹手/无线电操作员)不得不再次爬出坦克,用曲柄转动引擎。就在这时,他们遭到俄国人的射击,一发开花弹令克洛茨身负重伤。克洛茨倒在坦克旁。在一名步兵的协助下,冯·埃格洛夫施泰因将克洛茨拖入附近的一所房屋,以便为他包扎伤口。就在这时,作为对突围命令的回应,一大群德军士兵从主干道和市场两侧的房屋内涌出(克尼茨镇的另一半显然已彻底落入苏军手中),他们当中夹杂着妇女和孩子,纷纷跑向战斗群即将离开的坦克。在冯·埃格洛夫施泰因看来,这些士兵的人数超过一个完整的步兵连,他们都想跟随坦克一同撤离。

此刻的天色越来越黑,时间非常紧迫。冯·埃格洛夫施泰因和米希尔·韦伯一同转动发动机曲轴,引擎终于轰鸣起来。冯·埃格洛夫施泰因问那些聚集在房屋门口,准备发起突围的步兵,有谁接受过反坦克训练,能替代身负重伤的装弹手。一名一等兵挺身上前作了自我介绍。冯·埃格洛夫施泰因和他一同将身负重伤的克洛茨(他负的是皮肉伤)抬上引擎舱盖。然后,妇女和孩子们也爬了上去,几名步兵坐在伊泽克这辆坦克的顶端。每一辆战车都被挤得满满当当,一些无法在坦克上找到容身处的步兵只能跟随在两侧,以战车作为自己的掩护。

天色已完全黑了下来,能见度降低到30—50米。突围开始了。由于天色已黑,步兵跟随在两侧,再加上一辆半履带车上还搭载着伤员,车队的速度并不快,他们压低炮口一路向前,途中没有停顿,整个车队径直穿过镇子。很快,他们听到了枪炮声,没多久,他们发现自己已越过一条大道上的房屋。

突然,他们前方发出一道闪光,接着便是一声不祥的巨响:搭载伤员的半履带车被击中,像个鞋盒子那样飞了起来,碎片飞向四面八方——冯·埃格洛夫施泰因透过瞄准镜看到了这一幕。半履带车上的人肯定已悉数身亡。

伊泽克和韦伯大声喊道:开炮!开炮!开炮!米希尔已将坦克稍稍向右移了移,但透过瞄准镜,冯·埃格洛夫施泰因只能看见前方的一辆黑豹坦克,他喊了起来:"瞄准镜里只能看见一辆黑豹,我没法开炮!"

米希尔·韦伯又把四号坦克歼击车向右移了移,冯·埃格洛夫施泰因在夜色中发现了他的目标:一辆硕大、炮塔上涂着红星的"斯大林"式坦克近在咫尺。冯·埃格洛夫施泰因……瞄准炮塔下部,按动了击发钮。

但火炮没有击发!那名来自步兵单位的一等兵只接受过反坦克炮的训练,而不是坦克炮,他不了解坦克炮的电击发装置,没有打开保险挈。冯·埃格洛夫施泰因不得不探身到炮尾部,打开保险后(那辆"斯大林"式坦克的炮塔已朝他转来)按下了击发钮。"斯大林"的炮塔飞离车身,一团火焰蹿了出来,坦克燃起熊熊大火。

但右侧的田野里并不只有这一辆坦克——那里约有6—7辆敌坦克。借着敌坦克燃烧和弹药殉爆发出的火光,他们看见那些坦克停在那里,既不打算投入战斗也没有准备列队。显然,这些俄国人正忙于劫掠附近的房屋。刚刚发生战斗,坐在伊泽克车上的步兵和平民便已跳下车。步兵们拎着"铁拳"朝另外几辆"斯大林"式坦克冲去。敌人的坦克紧密相连,构成了一个圆圈,因此,几辆坦克遭殃后,冯·埃格洛夫施泰因在混乱中已无法分清究竟有几辆敌坦克被击毁。

……俄国人的第一道防线已被突破。突围行动必须加紧进行,步兵和平民们再次攀上坦克,车队向前驶去。15分钟后,他们到达了我方前哨阵地。我们单位里的一辆半履带车率先遇上了靠近中的战斗群。

第5连的战友们现在已获知负伤的连长弗尔克尔中尉乘坐的那辆半履带车被击中后发生爆炸。这个消息令他们情绪低落,但令人高兴的是,装弹手/无线电操作员克洛茨的伤势没有大碍。他后来乘坐一列医院火车被送往西部。

俄国人现在对克尼茨镇展开了劫掠。[17]

苏军步兵第114军辖下的近卫步兵第76师试图抢在德国人逃走前切断克尼茨镇东面的道路,但在混战中,德国守军平安撤离。步兵第114军东面,苏军步兵第385师占据了克尼茨镇外的阵地,立即遭到德军的数次反击。随着伤亡人数越来越多,该师辖内的步兵第237团,在一个突击炮营的支援下,从东南方对约翰尼斯堡村(Johannisburg)发起突击。围绕着村内的废墟,激战持续了三个小时,最后,幸存的德国守军后撤了一小段距离。[18]

德军第7装甲师撤至克尼茨镇东面,在那里占据了防御阵地。在该师防区内,苏军部队试图重新发起进攻,但被德国人不太费力地击退。罗科索夫斯基的部队在第7装甲师的两翼获得了更好的进展,2月21日结束前,他们已形成对守军的包围态势。第7装甲师被迫后退,接下来的三天里,该师后撤了大约15公里。

德军第4和第7装甲师继续实施顽强防御,充分证明了他们精锐部队的地位,但构成德军防线主力的步兵师越来越虚弱。这些师里经验丰富的军官几乎已消耗殆尽,而补充兵都由后方人员、康复的伤员和来自其他部队的散兵游勇构成,他们缺乏训练,也没有实施顽强抵抗的凝聚力。魏斯竭力将他的集团军拼凑在一起,除了两个装甲师,他手上没有其他装甲预备队——只有两个突击炮大队在第2集团军的防区内充当着预备队的角色,但他们剩下的战车已寥寥无几。虽然许多师已获得反坦克炮的补充,甚至包括"追猎者"坦克歼击车,但由于各个师的防区实在太大,这些反坦克武器的数量显得严重不足。因此,尽管贝泽尔中将提出严重抗议,但为了防止疲惫的步兵师被打垮,魏斯不得命令两个装甲师将小股战斗群"借给"各个步兵师。这些战斗群通常只有两三辆坦克,有时候还没来得及投入战斗便被敌人淹没。在另一些情况下,装甲师接到增援的请求,但根本来不及做出应对。

德国人现在意识到,罗科索夫斯基有两个主攻点。东面,突击第2集团军试图前出到维斯瓦河西岸,而在西面,苏军赶往、穿过克尼茨镇已变成一个重大威胁。如果这两股苏军突破德军防线,唯一的结果是,魏斯麾下那些虚弱的步兵师将被包围、歼灭在图赫尔荒原。因此,德国人必须让手中可用的机动部队发挥最大的效力,以防止这种情况的发生。

2月19日,就在德军防线看似即将崩溃之际,罗科索夫斯基被迫将他赶往波罗的海海岸的左翼部队停了下来。他的部队此刻面临的后勤补给问题日趋严重,他急需休整,对部队实施重组,并将援兵前调。按照计划,第19集团军和近卫坦克第3军将担任先头部队,他们接到的命令是赶往集结区,作好在48小时内重新发起进攻的准备。但苏军策划者一如既往地高估了他们对面德国军队的实力。苏军情报部门认为魏斯的第2集团军辖有2个装甲师、14个步兵师、4个独立步兵旅、2个独立战斗群、4个独立步兵团和15个独立步兵营,总兵力约为23万人,外加341辆坦克和突击炮,并得到200余架作战飞机的支援。[19]如果能有这样的力量可用,魏斯肯定会很高兴。另外,苏军情报部门还预测,5个德军步兵师将从库尔兰半岛调来,增援波美拉尼亚的德国守军。实际上,这5个师里的一个已被困在东普鲁士的泽姆兰半岛,另外几个师一直在库尔兰待到战争结束。驻扎在波美拉尼亚西部的第11集团军,被苏军情报部门认为拥有20万兵力和700辆坦克;罗科索夫斯基也许对这些数字有所怀疑,但他不打算冒险行事。

俄国人的想法依然是尽快夺取柏林。斯大林对这样一种可能性感到担忧:尽管已做出公开声明,但丘吉尔和罗斯福仍有可能被希特勒说服,在西线单独达成停战,从而使德国人将其军事力量调至东线。苏军情报部门的评估报告中提到的德国军队如此强大,对苏军北翼构成了严重威胁,在这种情况下,根本谈不上进攻柏林。因此,苏军最高统帅部对肃清波罗的海沿岸的行动极为重视,并对此下达了进一步的指示。罗科索夫斯基又将这些命令传达给他的下属。第19集团军的新锐部队,在近卫坦克第3军的支援下,将前出到克斯林

（Köslin）附近的波罗的海海岸，然后再向东赶往但泽湾，席卷德军防线。罗科索夫斯基战线的另一侧，突击第2集团军将从南面赶往普鲁士斯塔加德镇，再向前冲向但泽。在这两股突击力量之间的各集团军也将向前推进，继续保持对德军防线的压力。

这种压力取得了显著效果。2月20日，德军第4装甲师奉命发起反击，恢复第251步兵师据守的防线。但在当天晚上，防线尚未得到恢复，第4装甲师便转身向西，赶去增援第227和第73步兵师，第73步兵师是从托恩突围而出的两个师之一，自从在该镇遭到包围以来，这个师不停地进行着战斗。在2月21日完成这个任务后，贝泽尔不得不在2月22日又将他的侦察营派至第251步兵师的防区，解决苏军的另一场渗透，但第二天，德军第227步兵师再次遭遇困难，需要获得进一步增援。尽管如此，第4装甲师的作战报告表明，他们仍有不少可供投入的车辆。例如在2月24日，该师拥有17辆四号坦克、9辆突击炮和28辆黑豹坦克，另外的21辆四号坦克、13辆突击炮和33辆黑豹仍在维修中。[20]第4装甲师侦察营的乌尔里希·萨克塞中尉的记述使我们了解到这些"救火队"式的任务：

海德罗德北面，围绕隆河（Long）和施瓦茨瓦瑟河（Schwarzwasser）展开了艰苦的防御战。经过一番快速部署，敌人对一座桥梁的突袭被迅速击退。隆河已丢失。夜间，格塞尔少尉向隆河展开一场徒劳的推进。这位英勇的少尉身负重伤。随后，充当预备队的"慕尼黑"侦察营对敌人发起进攻。反击、再次反击。我们为这些英勇奋战的步兵提供支援。第83步兵师师长手持步枪，跟他的部下们站在一起。我们赶到时，他的双眼瞪大了——我们的坦克呢？还有可用的坦克吗？……我们下车，跟他们站在一起。再次发起反击！施特尔少尉倒下了，弗卢尔许茨下士倒下了——伤亡，越来越多的伤亡！营部的代号是"17号树"，就设在树林中。

没有炮火支援，也没有运送弹药的燃料。匆匆而行的马匹穿过辽阔荒原上的沙地，给我方的大炮送去炮弹，这里几发，那里几发。敌人的坦克逼近了！我们本来也有坦克！但我们的黑豹营已被派往德拉姆堡（Dramburg）——比托地区的北面，敌人在那里的突破已逼近波罗的海。小毛奇伯爵仍跟我们在一起，驾驶着他那辆孤零零的四号坦克。他总是出现在需要他的地方。带着排气管的轰鸣，他不分昼夜地来回奔波。坦克发出令人放心的隆隆声，响彻了全营。[21]

为了将第4装甲师调离前线，这样至少能用该师的部分部队针对苏军的突破发起反击，魏斯将一些步兵部队从维斯瓦河下游的防线上抽调出来。河面上的冰层现在已破裂，因此可以认为，抽调部分兵力仍能确保防线的安全，但魏斯知道苏军的推进速度极为惊人，德国军队在苏联境内漫长的后撤期间，红军屡屡以这样的速度跨过一条条大河，构设起登陆场。这种不得已而为之的策略也有其自身的风险。

自德国建国以来，德国的军事家们便将维斯瓦河视为抵御从东方而来的进攻的一道天然防线。托恩、格劳登茨和马林堡这些要塞在这片地区数百年动荡的历史中发挥了重要作用，十九世纪末和二十世纪初，这些要塞获得现代化改造。尽管战争方式在后来的岁月中已发生演变，但这些要塞依然代表着强大的堡垒。1460年落入波兰人手中之前，马林堡一直是条顿骑士的大本营。自十九世纪七十年代起，这座堡垒便成为最有效的防御工事，其目的是保卫维斯瓦河下游和诺加特河上的渡口。这些渡口分别位于迪绍和马林堡，对撤出东普鲁士的德国军队而言至关重要；另外，它们也能为德军最终向东发起的反击提供一条通道。可是，德军总参谋部在1911年所做的调查清楚表明，就算诺加特河和维斯瓦河的西面有一支野战军可用，马林堡也只能发挥一座堡垒的作用。到1945年时，这座堡垒的两个作用已不复存在：罗科索夫斯基向埃尔宾的推进已将德国军队隔断在东普鲁士，这些部队利用河上渡口实施后撤的可能性微乎其微；另外，德军也根本不可能向东发起进攻。

马林堡位于诺加特河河曲部，这条河流从西面和北面保护着这座堡垒。1944年底，当地居民挖掘了从南面和东面掩护该镇的战壕和防坦克壕。据守这些工事至少需要一个步兵师，但1944年12月时，配属给马林堡的守军只有四个炮兵连，配备着意大利制和缴获的苏制火炮，另外还有两个补充兵营和一个人民冲锋队营。负责要塞防务的是冯·克勒尔上校，他对这些部队据守堡垒的能力提出质疑，但这种质疑的唯一结果是他被撤职。

1月25日，费久宁斯基将军突击第2集团军辖下机械化第8军的先头部队试图打垮守军。接下来的两天里，激烈的巷战爆发开来。配备着"铁拳"的德国守军给俄国人造成严重的损失，他们声称在1月25日和26日摧毁了50辆苏军坦克。费久宁斯基将机械化第8军撤出战斗，把这座满目疮痍的镇子交给步兵第108军辖下的步兵师去解决。东北方，步兵第116军辖内的一个师跨过冰冻的诺加特河，试图对马林堡守军实施侧翼包抄，但却遭遇到德军第7装甲师的部队，付出惨重的代价后被赶了回去。马林堡镇内的战斗在1月底平息下来，只有古老的条顿城堡和更古老的老镇区仍在德国人手中。费久宁斯基将军意识到迅速夺取河上渡口的可能性不大，于是将麾下的部队逐步撤出这片地区，将他们调往南面，跨过维斯瓦河，准备参加罗科索夫斯基沿西岸的推进，因而不再需要夺取那些渡口。最终在3月9日，残存的德国守军将桥梁炸毁后实施后撤。

位于上游的格劳登茨，在德国人的维斯瓦河防御计划中担任着类似的作用。老旧的防御工事构成一个马蹄形，从东面保护着这座城市，按照计划设想，格劳登茨应由四个师据守：三个师守卫马蹄形工事，一个师据守西岸。与马林堡不同，格劳登茨在1944年底收到大批补给物资，据估计，城内的食物和弹药足够30 000名守军坚守三个月。

但与其他地方的情况一样，城内没有足够的防御兵力。苏军第65集团军的先头部队，步兵第354师，于1月25日对格劳登茨发起进攻，格劳登茨的要塞司令路德维希·弗里克少将手上只有一些补充兵、一个要塞营和一些后方单位，另外还有一个配备着意大利制和苏制火炮的炮兵营。但德军第35和第252步兵师的部分部队阻止了格劳登茨城防御的迅速崩溃，更多的援兵也已在路上。

威廉·霍伊恩中将的第83步兵师已于当年1月经海路撤出库尔兰半岛，原本要赶往托恩接受补充和再装备。师属反坦克营的大多数火炮被留在库尔兰，承诺中的补充兵也没有着落。苏军即将对东普鲁士发起猛攻之际，该师奉命东调，为第4集团军担任预备队，但这道命令随即又被取消，该师奉命返回托恩地区。不幸的是，师里的大部分炮兵力量已被派往东普鲁士，苏军发起进攻后，各处一片混乱，这些炮兵连无法及时归建。1月20日，霍伊恩将完成重组的部队部署在希切尔贝格镇（Sichelberg）周围，但又接到命令，将这片地区交给其他单位后撤离。师里的一个步兵营无法与推进中的苏军部队脱离接触，与师里的其他单位失去了联系。这个营被划拨给另一支部队，最终在与罗科索夫斯基先头部队的激战中全军覆没。现在，霍伊恩师里的其他单位在斯特拉斯堡占据了防御阵地，1月22日，他麾下的一个营在战斗中被严重挫伤。第83步兵师朝西北方撤去，其右翼彻底敞开，暴露在敌人的攻击下。俄国人向西实施侦察，前进了13公里也没发现德国军队，苏军坦克部队迅速对这个缺口加以利用，渗透进第83步兵师残余炮兵部队的阵地内，一个德军炮兵连被迫将他们的大炮炸毁，以免落入俄国人手中。

德军第27军（第83步兵师隶属于该军）命令霍伊恩向西北方发起进攻，与友邻师建立联系。霍伊恩手头的兵力不足以发动这样的进攻，此刻面临着两难的局面。如果他发起进攻，肯定会遭到失败，他这个遭到侧翼包抄的师会被包围、歼灭在荒野里；但如果他继续向格斯勒斯豪森后撤，就会因为未经许可擅自放弃阵地而惹恼柏林。1月23日，霍伊恩失去了与第27军军长的联系，由于无法与上级商讨相关事宜，霍伊恩命令部队撤往格斯勒斯豪森。这场后撤没有遇到任何麻烦，1月24日清晨，第83步兵师在该镇南面构设起一道新防线。从这里，霍伊恩得以向西发起攻击，与第252步兵师取得会合，从而封闭了右侧的缺口。

尽管取得了这一胜利，但霍伊恩的擅自后撤并未被忽视。1月24日，军事法庭的一名代表来到第83师师部，对这场后撤展开调查。霍伊恩没有跟他争辩，只是提交了一份报告。10天后，魏斯发布了一份简短的声明："第83步兵师在1945年1月23日下达的命令无可挑剔，无须军法介入。"[22]值此生死存亡之际，德国军队居然还有时间和精力耗费在这种法律事务上，这似乎有些匪夷所思。

格斯勒斯豪森的防线无法长时间据守，霍伊恩奉命撤往格劳登茨。尽管这个师遭受到损失，但他们于1月26日抵达格劳登茨，还是令城内的守军振奋不已。第二天，原本派给第1"赫尔曼·戈林"伞兵装甲师的一个补充营也赶到了。

与以往遇到的要塞堡垒一样，苏联红军并不打算耗费大批资源强攻格劳登茨。而在德国人看来，格劳登茨的守军，特别是第83步兵师，代表着其他地方急需的兵力，因此，魏斯要求获准放弃这座城市。第2集团军现在隶属于"维斯瓦河"集团军群，希姆莱禁止实施这种后撤。他下令，格劳登茨必须坚守到最后一个人、最后一颗子弹，因为这座要塞代表着将来向东发起反攻的一个出发点。

这种幻想对魏斯和他那些参谋人员的影响可想而知。尽管如此，他们还是命令第83步兵师和"赫尔曼·戈林"师的一部撤向维斯瓦河西岸，以加强该地区的防御。2月14日，霍伊恩带着他的师跨过维斯瓦河上的桥梁，赶往施韦茨，随即在那里投入战斗。尽管提出强烈的反对意见，但霍伊恩还是奉命将自己的一个团留在城内。与第252步兵师并肩奋战，第83步兵师渐渐被敌人逼退。2月17日，苏军步兵第105军的先头部队将格劳登茨与前线其他地区隔断。

不断减少的守军撤入城内。围城的苏军部队来自突击第2集团军，主要是阿尼西莫夫少将的步兵第98军。意识到守军的兵力已大幅度下降，苏联红军于2月17日发起一场大规模炮击，这场炮击获得了空中打击的加强，随之而来的便是一场全面突击。近卫步兵第37师从东面猛攻德军周边防线，而步兵第142师的一部试图沿维斯瓦河东岸向北推进。尽管苏军进行了充分的准备，但这场进攻进展甚微，双方的伤亡都很惨重。近卫步兵第37师的一个个排级规模战斗群，在突击炮和轻型野战炮的支援下，杀开血路冲过城内的一个个街区，接下来的几天，守军撤入他们的内环防御圈，激烈的战斗直到2月20日才渐渐平息下来。苏军步兵第142师的行动更加顺利些，他们将守军与维斯瓦河上最后的渡口隔断开。这里的伤亡同样惨重，实施进攻的苏军不得不用上在漫长的进军途中学会的一切技能，正如步兵第946团一个突击小组描述的那样：

在格劳登茨的一个街区，突击组夺取了半座房屋。其他单位试图将敌人逐出街区内的另一些房屋，但未能成功。

指挥这一地区作战行动的团长，调拨给突击小组五具便携式火焰喷射器，命令突击组组长用喷火器将敌人继续实施抵抗的房屋点燃，同时用烟雾弹掩护喷火器小组的部署。

我们总共布设了三道烟幕，不是同时，而是一道接一道，彼此间的间隔较小。以这种方式布设烟幕是一种刻意为之的战术，前两道烟幕的用意是吸引敌人的火力；然后，步兵和喷火器小组在第三道烟雾的掩护下发起进攻，进而完成任务。

第一道和第二道烟雾施放时，我们的射手和迫击炮集中火力猛烈射击，并高呼"乌拉",装作发起进攻的样子。

敌人以为我们的步兵将在烟幕的掩护下对建筑物展开突击,慌忙集中起火力,试图击退我们的进攻。

第三道烟幕施放时,我们的步枪小组展开猛烈射击,敌人怀疑这又是一次佯攻,几乎没有做出任何反应。利用这个机会,我们的喷火器小组逼近了各自的目标。他们迅速喷出五团火焰,我们的突击组对这些建筑内没有被火焰吞噬的敌人发起冲锋,迅速消灭了残敌,控制住整条街区。[23]

在这个阶段,伯恩哈德·贝希勒少校出现在战场上。贝希勒曾是德国国防军的一员,在斯大林格勒被俘,有消息说他实际上是开小差逃到俄国人那一方的。[24]他与前德国空军飞行员海因里希·冯·艾因西德尔少尉一同号召守军赶紧投降。与以往一样,他和NKFD(自由德国全国委员会)的同事们承诺这些守军会得到良好的对待,战争结束后会被迅速遣返回国。与以往一样,守军没有理会这些呼吁。

3月1日,"赫尔曼·戈林"师城内残余部队的指挥官迈尔-舍韦上校找到城防司令,建议立即突围。弗里克少将对态势深感沮丧,他认为守军应该投降。迈尔-舍韦的参谋人员立即开始制订自己的计划,他们派出两支巡逻队到北面侦察奥萨河(Ossa)上重要的桥梁是否已落入俄国人手中。3月5日晚,突围行动开始。120名苏军俘虏要求一同参加突围,如果落入前进中的苏联红军手中,他们的下场很可能会很惨。但德国人拒绝了他们的请求。

3月6日清晨,先头突围部队赶至布尔格贝尔绍(Burg Belchau),到达奥萨河上的桥梁,并将守桥的小股苏军部队驱散。这些德国人试图继续向北突围,但在北面几公里的一片密林中遭遇到苏军步兵,结果被打散。逃回到德军防线的人寥寥无几。

留在格劳登茨的人,有一些在NKFD代表的进一步呼吁下举手投降,其他人没过多久也放下了武器。尽管得到过保证,但这些向NKFD投降的德国人,受到的对待与其他德军战俘没什么不同。他们当中只有极少数人在数年后重新回到德国。人民冲锋队的成员被集中到库尔比尔堡垒的内院(这里曾是抵抗的核心阵地),然后被枪毙。[25]

突击第2集团军继续赶往维斯瓦河以西地区，费久宁斯基将军的先头部队几次达成纵深渗透，但始终未能实现决定性突破。维斯瓦河西面，据守德军防线的是第35步兵师，第252步兵师和第542人民掷弹兵师位于西侧。第251步兵师和第83步兵师的残部构成了第二道防线，除了他们，防线上还有第227和第289步兵师。第7装甲师留在克尼茨的北面和东面，而第4装甲师竭尽全力为这条漫长的防线提供支援。苏军一方，距离维斯瓦河最近的是步兵第108军，步兵第98、第105、第46和第18军位于其西面。潘特纽斯所在的第337人民掷弹兵师辖下的三个团，在图赫尔荒原的战斗中几近全军覆没，他们获得补充后被分散到另外几个竭力抗击着苏军部队的步兵师中。第2集团军的防线被缓缓逼退之际，潘特纽斯带着他的团撤离维斯瓦河附近的阵地，以免被绕过后遭到包围。后撤途中，这些德军士兵目睹了一场坦克的对决：

天气非常适合我们的行动，阳光明媚，能见度清晰。赶往柯尼斯瓦尔德（Königswalde）的前三公里路程，目力所及之处什么都没看见，没有敌人，没有坦克，也没有步兵。越过70高地，在佩斯科尔菲尔德（Pehskerfelde）西面600米处，我们看见西南方1 200米外一道林木线旁出现了敌人，约有12辆T-34聚集在一起，利用了各种隐蔽条件，但没有步兵伴随。位于他们对面800米处有四辆德军突击炮——显然来自第83步兵师（我们师没有突击炮，只有"追猎者"坦克歼击车）。伴随突击炮的德军步兵已下车，隐蔽在一道土坡后。苏军坦克和我方突击炮随即展开一场厮杀，令人惊讶的是，双方都没有取得太大的战果。俄国人显然隐蔽得很好，不过他们的射击技术很糟糕。我方的突击炮就停在露天处，结果挨了几炮，但炮弹没能穿透，总之，没有一辆战车被击中后起火燃烧或发生爆炸。[26]

潘特纽斯继续赶往戈格伦（Gogeln），他的团在梅韦镇（Mewe）附近占据了防御阵地。随着德军防线进一步后撤，各个步兵师的残部进行了整编。潘特纽斯的团被配属给第23军辖下的第23步兵师。令人困惑的是，第337人民掷弹兵师师部接管了第23步兵师的残部，第23步兵师这支部队就此不复存在。随着伤亡数量不断增加，军官们采取了绝望的措施，试图让自己的部队保持一定的实力。令潘特纽斯大为恼怒的是，位于左侧的一支部队将他的一个连队纳入他们辖下,他提出强烈抗议后,这个连队才得以归建。

潘特纽斯团里的士兵们欣慰地发现,他们获得了大批迫击炮和野战炮的支援,甚至还有一个大口径高射炮连为他们提供了深受欢迎的反坦克火力。不过,这些火炮严重缺乏弹药。位于潘特纽斯这个团对面的是苏军步兵第98军,该军于2月21日发起进攻,接下来的几天,他们的攻势越来越猛烈。为防止突击第2集团军从南面杀入但泽,一直在波美拉尼亚西部地区作战的党卫队第4"警察"装甲掷弹兵师,搭乘火车赶往迪绍,以加强防线,第215步兵师也已奉命离开库尔兰赶来增援——这是另一个从北面被围部队中抽调出来的师。如果这些部队整体返回德国,他们也许能发挥决定性作用,但他们零零碎碎地到达,随即消失在战况激烈的前线,几乎没能发挥出任何影响。

白俄罗斯第2方面军的另一侧,由于桥梁和铁路线被炸毁,再加上气候渐渐变暖导致的泥泞,第19集团军进入集结区的速度相当缓慢。另外,苏军要求大股部队的调动只在夜间进行,以免被德国人猜到他们的意图,这又造成了进一步的延误。按照进攻计划,第19集团军辖内的三个步兵军,两个被部署在10公里的战线上,这样,每公里前线便有七个步兵营的实力,另外,他们还集结起威力强大的炮火支援。[27]

2月24日,经过40分钟的炮火准备,进攻开始了。围绕着施洛绍(Schlochau),激烈的战斗爆发开来,德国人在这里发起的一场反击被击退,双方伤亡惨重。当天结束前,苏军已推进了10公里,并试图继续加快进展——原本留在后方充当预备队,待德军防线被突破后再投入战斗的近卫坦克第3军,现在奉命向前推进,为苦战中的步兵提供坦克支援。2月25日上午11点,近卫坦克第3和第18旅投入战斗,立即达成纵深突破,一口气推进了40公里。苏军先头部队于当晚抵达巴尔登堡(Baldenburg),为首的坦克,在马卡连科夫中尉的指挥下,轰鸣着全速冲入该镇。惊慌的守军试图以轻型反坦克炮和"铁拳"对其实施打击之际,跟在身后的苏军坦克也冲入镇内,开始逐一肃清彻底暴露出来的德军阵地。到次日清晨,该镇已被苏军彻底夺取。[28]

苏军的突破现在已无法阻挡,但克兹洛夫中将第19集团军辖内的步兵远远地落在快速推进的坦克部队身后。第19集团军的兵力相当强大,但他们缺乏进行一场苦战(这正是这场战役的特点)的经验,特别是当德国人抓紧时间构建起他们的防御时。罗科索夫斯基失去了耐心，他解除了克兹洛夫的职务，取而代之的是第67集团军司令员弗拉基米尔·扎哈洛维奇·罗曼诺夫斯基。

罗科索夫斯基现在希望加强白俄罗斯第2方面军的左翼，但他发现手头已没有可用的预备队，这是他担任方面军司令员以来从未经历过的。左翼面临着怎样的状况，他对此越来越担心：

随着部队向北推进，我们的左翼暴露出来，因为友邻的白俄罗斯第1方面军仍待在原地。敌人越来越频繁地向我进攻部队的翼侧和后方实施突击。我们满怀担忧地注视着新斯德丁，这座城市位于我们方面军分界线的西边，挤满了敌军，他们随时可以对我们暴露出的翼侧发起进攻。我把这一情况汇报给最高统帅部。很快，最高统帅给我打来电话。我向他报告了方面军的整体状况，特别是左翼的态势。

斯大林问道："您的意思是，朱可夫在耍滑头？"

"我不认为他在耍滑头，"我回答道，"但事实上，他的部队没有发起进攻，这就给我们暴露的翼侧造成了危险。我们现在没有力量来掩护翼侧，所有预备队都用光了。因此，要么给我们方面军提供增援，要么责成白俄罗斯第1方面军尽快发起进攻。"我还概述了新斯德丁地区的态势。

"用你们手头的兵力能夺取新斯德丁吗？"斯大林问道，"如果你们办到了，就给你们鸣礼炮致敬。"

我回答说我们可以试试，但这并不会明显改善态势。斯大林答应催促白俄罗斯第1方面军尽快开始进攻。谈话就此结束。从他的语气判断，最高统帅对战事的进展感到满意。[29]

很难想象日益偏执的斯大林会对朱可夫的意图抱以怎样的猜测；最有可能的是，他怀疑白俄罗斯第1方面军仍希望恢复向柏林的进军，因而踌躇不前。新斯德丁被近卫骑兵第3军的钳形攻势夺取——要么是罗科索夫斯基得到的情报有误，要么就是他故意夸大了镇内德军的实力。没人组织镇内居民疏散，300名平民遇难。有些人自杀，有的妇女遭到强奸后被杀。至少这一次，苏军士兵没有遵照政委们的嘱托：他们是光荣的解放者。

德军第7装甲师的部分部队正向西赶往预计中的苏军前进路径，2月27日清晨，他们到达弗勒滕施泰因镇（Flötenstein）。苏军从东面和南面对该镇发起进攻，罗科索夫斯基试图拓宽已被他打开的突破口；他欣慰地获悉，尼古拉·谢尔盖耶维奇·奥斯利科夫斯基中将的近卫骑兵第3军，已与白俄罗斯第1方面军辖下的近卫骑兵第2军在新斯德丁附近会合，这至少意味着他的左翼并未像他担心的那样暴露在外。德军第7装甲师的战斗群到达后不久，苏军的一群"谢尔曼"坦克对弗勒滕施泰因镇发起进攻，但被德军击退。胡贝尔的四号坦克歼击车，正面装甲挨了一炮，但炮弹没能穿透，这让车组人员大大地松了口气。夜间，胡贝尔和他的战友听见苏军步兵正向前渗透，于是借着照明弹的光亮将对方击退。第二天，坦克组员们越来越担心他们的左翼。据营部发来的电文，另一个单位应该被部署在那里，但没有迹象证实这一点。俄国人在当天上午发起的一场正面进攻被击退，但当天下午，集结在德军阵地左侧的苏军部队越来越多，德国人在那片地区实际上没有任何掩护，这就迫使他们必须迅速后撤：

我们只能缓慢地跨过复杂的地形，下午的阳光致使道路化冻，履带深陷其中，引擎轰鸣着、挣扎着。

左侧11点钟方位，900米外，一辆苏军突击炮占据了阵地。"斯大林"式坦克的底盘上安装着一门152毫米主炮。我看见炮口的闪烁，一两秒钟后，炮弹呼啸而至，击中了我们刚刚驶过的地面。炮弹的落点近得怕人。大块泥土飞过坦克，雨点般落向我们。我们得赶紧离开。巴赫下令向右转，布鲁诺驾驶着我们的四号坦克歼击车沿曲线而行。趁着俄国人装弹、瞄准和再次开炮前，我们的坦克已驶开一段距离。刚一看见对方炮口的闪烁，我们的驾驶员立即转向另一侧，敌人的炮弹擦身而过，落在另一边……我估计双方的距离约为1 500米时，对方的突击炮离开了。我们没能得到停下来还击的机会。等我们可以瞄准敌人的时候，对方可能已朝我们开炮，他的射击会抢在我们之前。

这段行程的最后，在一片泥泞、难以翻犁的地面上，我们的引擎熄火了。长时间的全速行驶已使这具引擎不堪重负，另外，战争期间我们得到的润滑油，品质也不太高。我们刚刚驶过一片高地，看见那辆突击炮消失在视野里，就在这时，发动机舱传出一阵异响。引擎熄火了，不再发出任何声响。我们刚刚脱离危险，但我们的坦克却动弹不得。布鲁诺简单地说了句："可以下去活动活动腿脚了。"他的意思是，活塞杆顶穿了汽缸盖，曲轴箱已破裂。

连里的其他坦克停在500米外的阵地内，警戒着面朝我们的方向。他们看见我们过来。萨特勒上士的坦克用电台与我们取得联系，然后朝我们驶来，我们准备好拖车钢缆，他的坦克拖着我们返回。在黄昏的阳光下，越过化冻的道路，萨特勒拖着我们的坦克朝东北方缓缓退去。[30]

胡贝尔和他那辆损坏的战车被送往东面的师属维修站。他们差一点被罗科索夫斯基的先头部队抓获，就差几个小时。拦截前进中的苏军坦克部队，德国人只有严重受损的党卫队"查理曼大帝"师和"警察"装甲掷弹兵师的几个战斗群。党卫队"警察"师奉命从迪绍周围的集结地西调，几乎与他们正试图加强维斯瓦河防线的努力背道而驰。这两支党卫队部队没能给与他们相遇的第7装甲师留下正面印象：

当天下午，我们遇到了党卫队的单位，此前我们还真不知道第2集团军辖有武装党卫队。这番相遇令我们猜到，我们已位于集团军防区的西侧。

我们跟那些党卫队的士兵们聊了起来，或者说，我们希望如此。原来，他们是瓦隆人中的志愿者。这些士兵纪律严明，但士气极为低落。他们的德语说得磕磕巴巴。他们的家园已被西线盟军占领，而他们现在被视为叛徒。战争态势已发生灾难性逆转。我们的感觉很不好，因为我们自己也不知道，这场战争将如何结束。

第二天，2月26日，我们又遇到一群党卫队士兵，这次是德国人（来自"警察"师）。这帮家伙喝得大醉，胡乱开枪，打碎玻璃，故意吓唬那些老百姓。

一名妇女叫道："救救我们，救救我们！"

我们的军士聚在亨尼格上士身边，他们拔出手枪朝那些党卫队士兵们走去。

亨尼格低声对我们说道："别过来，我们来处理这件事！"

然后，他厉声吼道："正是因为你们，我们正在输掉这场战争！你们这帮猪猡，我会让你们清醒清醒！放下武器！"

他手下的那些军士将缴下的武器归拢到一起。

整个战争期间,我从未见过这种事。[31]

应当指出,武装党卫队"警察"师拥有良好的作战记录。"查理曼大帝"师则是一支新组建的部队,1945年2月前,他们一直是一个旅,师里的大多数人员只接受过最基本的训练。他们缺乏重武器和电台,几个团在施洛绍北面被推进中的苏联红军迅速打垮。其残部携带着他们抢救出的装备,沿着冰冻的道路步行80公里,一路撤向海边。

德国人面临的一个问题是,守卫波美拉尼亚的部队,德国师寥寥无几。其他部队(拉脱维亚人、法国人、瓦隆人、斯堪的纳维亚人组成的党卫队单位)中,大批人员来自已被德国的敌人占领的地区。战争的这一阶段,他们已对自己的前途不抱幻想,就算能在战斗中活下来,返回家园后等待他们的又将是什么呢?

3月1日,朱可夫的军队终于投入到进攻中,并迅速取得进展;德国人曾认为苏军集结起的部队将向西跨过奥得河,完全没有料到他们会向北推进。第二天,罗科索夫斯基的先头部队,阿列克谢·帕夫洛维奇·潘菲洛夫将军的近卫坦克第3军到达了克斯林东面的海岸。潘菲洛夫考虑过等待第19集团军步兵的到来,但他随后决定发起一场全面进攻,夺取克斯林,强攻、肃清该镇的任务被交给近卫机械化第2旅,他麾下的几个坦克旅提供数个摩托化步兵营予以支援。近卫坦克第3和第18旅负责切断该镇与西面的联系。

3月3日下午5点,全军进入出发阵地。10分钟的炮火准备后,进攻开始了。三个小时内,近卫坦克第3旅完成了对克斯林镇的包围。近卫坦克第18旅彻夜苦战,但在第二天清晨前,他们已将德国人撤往南面和西南面的所有道路切断。

苏军机械化部队冲入镇内,激烈的战斗在各条街道上爆发开来。守卫该镇的是缺乏训练的补充兵、党卫队"尼德兰"师的一部、党卫队"日德兰"团、"卡尔大帝"掷弹兵旅、一个反坦克营和一个炮兵补充营。[32]尽管遭到包围,但这些德国守军继续阻挠着苏军的推进,俄国人的步兵部队尚未跟上,这给他们的行动造成了妨碍。这时,苏军第19集团军辖下的步兵第272师赶到了。一小群人民冲锋队将苏军步兵暂时阻挡在大蒂绍（Gross Tychow），但3月4日，步兵第272师还是到达了克斯林镇郊外。

步兵第1065团立即对克斯林镇边缘地区实施侦察，他们汇报说，德国守军试图在苏军坦克部队之间达成渗透，撤向科尔贝格。一个摩托化步兵营被迅速派去切断通往科尔贝格的道路，而在克林斯镇内，苏军坦克部队重新发起进攻。面对必然的灭亡，守军指挥官冯·齐洛夫少将于3月5日命令残余的部下们缴械投降。[33]

第二场猛烈的打击于两天后落下，朱可夫白俄罗斯第1方面军辖下的近卫坦克第1集团军在西面到达了波罗的海海岸。罗科索夫斯基获知潘菲洛夫取得胜利时，还得到了一份意想不到的礼物：

> 一名信使给方面军司令部送来三个装满透明液体的瓶子，这是潘菲洛夫的坦克兵们给方面军军事委员会的礼物。出于好奇，我们忍不住品尝起来，瓶子里装的是水。苦咸的海水，带点海藻味。这是波罗的海的海水！我们衷心感谢近卫军们送来这份具有特殊象征意义的礼物。[34]

朱可夫先头部队的指挥员也做出了类似的举动。不管怎样，德国第2集团军，连同数十万难民，现在已被隔断在西普鲁士。许多难民沿着东普鲁士冰冻的道路长途跋涉而来，经历了跨越冰封的弗里施潟湖之旅，最终到达维斯瓦河河口，然后再动身向西穿越波美拉尼亚。但现在，他们再次逃回东面，但泽和哥腾哈芬的人口激增。

难民们的目的地之一是小小的施托尔普明德港（Stolpmünde）。为搞到疏散波罗的海东部港口的船只，海军少将恩格尔哈特已疲于奔命，他现在必须为涌向波美拉尼亚海岸的难民们想出办法。海军中校科尔贝被派去处理相关事务，他于3月6日到达施托尔普明德。战前，这个镇子的人口不到5 000人，但现在，镇内的人数已达几倍之多。科尔贝立即调集一切可用的部队将港口地区警戒起来，并呼叫船只赶往这座已危在旦夕的港口镇。第二天，14艘船只（其中最大的一艘，排水量仅为1 500吨）抵达港口，立即开始搭载难民。德国海军的舰艇，主要是小炮艇和渡轮，也赶来帮忙。天气开始恶化，3月7日晚，从东北方而来的一股风暴袭击着海岸。3月8日清晨，苏联红军逼近镇郊时，港内的船只开始驶离。陪伴她们的是渔船和军用渡轮组成的一支船队，每艘船都被挤得满满当当。一艘渡轮驶离港口后被汹涌的海浪淹没，另一艘船拥挤的甲板上，难民们眼睁睁地看着那些活生生的人被波涛卷走。

船队离开了，带着20 000名难民驶向西部，海军中校科尔贝登上轻型猎潜艇U-J 120号，离开了施托尔普明德港。约有3 000人被留在身后，他们中的许多人不愿冒险跨越波罗的海，还有些人依然相信党获得"最后胜利"的承诺。

苏军向施托尔普明德镇涌来，对一小股后撤中的德军发起突袭。几秒钟内，一辆孤零零的德军坦克被击毁，跟随在一旁的一辆半履带车在道路中间起火燃烧。剩下的德军部队被迅速打垮。就在这时，一艘德军潜艇驶入港口，完全不知道施托尔普明德已被丢给俄国人。对潜艇上的人员来说幸运的是，一小群留在港口的德国海军人员，本打算通过陆路向西逃窜，突然看见潜艇出现，便匆匆逃上船来。趁苏军近卫坦克第3军的士兵尚未发现之际，这艘潜艇迅速驶离。

德军第7装甲师被调往西面，这使克尼茨附近的防线遭到危险的削弱。苏军第70集团军投入5个步兵师，在近卫机械化第8军的支援下，对这个机会加以利用，但罗科索夫斯基还是觉得进展太慢。近卫机械化第8军奉命迅速赶往比托，但他们遭到出乎意料的顽强抗击，进展相当有限。3月3日，罗科索夫斯基沮丧地命令第70集团军和相邻的第49集团军停止前进，实施重组。

对罗科索夫斯基来说，武装党卫队"警察"装甲掷弹兵师的到来造成了额外的麻烦。在鲁默尔斯堡，"警察"师里的单位刚刚从火车上下来，便被苏军侦察机发现；实际上，该师搭乘火车赶往新驻地的行程已被接连不断的空袭所延误。师属炮兵团被迫在比托下了火车，改由公路继续前进。师里的装甲掷弹兵团到达时，发现鲁默尔斯堡火车站已处在苏军的炮火轰击下，他们只能匆匆进入阵地。随着第7装甲师到达其东翼，"警察"师对前进中的苏军发起攻击，旨在封闭德军防线上已被撕开的缺口。"维斯瓦河"集团军群终于乐观地表示，这场进攻将"切断并包围"苏军的机动部队。[35]但这个计划是不现实的，这里的确有一支苏军坦克部队，但第19集团军和近卫坦克第3军对右翼的威胁不容忽视。第19集团军新任司令员弗拉基米尔·扎哈洛维奇·罗曼诺夫斯基将军命令近卫步兵第40军对鲁默尔斯堡发起进攻。近卫坦克第18军被派往该地区，近卫坦克第3军奉命暂时停止前进。另外，机械化第8军将从克尼茨附近的集结区向北推进，引开德军第7装甲师的部队。

3月1日，党卫队"警察"师的炮兵团终于到达鲁默尔斯堡。两个装甲掷弹兵团向南、向西发起进攻，但都没能取得显著进展。投入战斗的苏军部队越来越多，经过两天的激战，苏军近卫步兵第10师师长哈里东·阿列克谢·胡达洛夫中将感到党卫队"警察"师已成强弩之末。3月3日拂晓前，他的侦察部队潜入克莱因沃尔茨村（Klein-Wolz）后方，这个支撑点就位于鲁默尔斯堡郊外。这里的守军大多是装备很差的人民冲锋队，他们不是被俘就是仓促逃离。天亮时，胡达洛夫的炮兵开始对鲁默尔斯堡展开炮击。在炮火的掩护下，近卫步兵第10师的一个团，利用一条深邃的臭水沟逼近到镇子东南角，随后将守军驱散。当天下午，鲁默尔斯堡落入苏军手中。"警察"师残余的部队沿向北的公路后撤，尽可能长时间迟滞苏军，以便让镇内的百姓逃离。[36]

此刻的态势变得极不稳定。一个实力严重受损的党卫队营，勉强只剩下两个步兵连和一个支援连，他们向后撤去，渐渐靠近鲁默尔斯堡北面16公里处的图尔齐格村（Turzig）。这个村已落入苏军手中，但德国人看见村内有许多他们师的车辆，显然这是苏军突然到达后缴获的。这个党卫队营接到重新夺回村庄的命令，于是突然发起正面进攻，夺回了村子。尽管如此，这些德国人仍在包围圈内，安然逃脱前，还需要经过漫长的彻夜行军。"警察"师的装甲营也发现自己陷入包围圈内，他们没能突围到图尔齐格村的步兵们身边，不得不两次冲破包围圈，这才顺利脱困。[37]在此期间，第7装甲师的第7装甲侦察营暂时由"警察"师指挥，这才使"警察"师师长，旗队长瓦尔特·哈策尔勉强与自己七零八落的部队保持着联系。

3月6日，德国国防军放弃了吕根瓦尔德（Rügenwalde），但他们没有足够的船只疏散这里的居民，这些人只能留在镇内听天由命。两天后，雅斯少校被任命为施托尔普（Stolp）临时守军的指挥官，他发现自己的部队主要由"警察"师一个装甲掷弹兵团的残部组成，根本无法有效迟滞苏军。他没有理会镇内的党部头目，命令所有居民立即离开。大多数人向东逃往但泽湾。这些党卫队掷弹兵实施了一连串后卫掩护行动，穿过施托尔普，撤向诺伊施塔特（Neustadt）。"警察"师里的一大群后方人员，在一级突击队中队长布拉特纳的率领下撤往诺伊施塔特，但他们发现一个重要的交叉路口被四辆T-34堵住。侦察行动表明，跨过这个路口，前方就没有苏军部队了。布拉特纳派40个人到南面，从那里大张旗鼓地对交叉路口发起佯攻。几辆T-34立即向南冲去，以击退这场"进攻"，布拉特纳和他的部下们趁机穿过路口，赶往诺伊施塔特。[38]其他单位就没有这么幸运，他们不是被前进中的苏军先头部队打垮、打散，就是举手投降了。

苏军突击第2集团军继续沿维斯瓦河西岸取得进展，2月下旬，近卫坦克第8军和一个独立突击炮旅为他们提供了额外的力量和火力。武装党卫队"警察"装甲掷弹兵师已被西调，遭受沉重压力的德军步兵急需装甲部队的增援，于是，第4装甲师的一支部队被派往该地区。自战争爆发以来，赫尔曼·比克斯一直在第4装甲师服役，1941年，他曾率领着先头部队杀向莫斯科。他的连队本应重新装备黑豹坦克，但收到的却是"猎豹"坦克歼击车：

车身上没有可旋转炮塔；瞄准时不得不将整部车辆大致对准目标，进行精确瞄准的调整余地非常小。但另一方面，这头制造粗劣的钢铁巨兽配有一门穿透力强大的88毫米主炮，射程很远，整车的防护性也很好。因此，我们很快忘记了对"猎豹"坦克歼击车的陌生感，开始努力掌握它的优势。但留给我们熟悉这种战车的时间并不多。

……带着三辆"猎豹"坦克歼击车，我被派往普鲁士斯塔加德镇的南面，保护掷弹兵们的阵地，并为构设一道新防线提供安全掩护。所有人都已撤离，只有雪花残留在黑色的土墩上——那是被遗弃的德军阵地。我将自己的"猎豹"停在一个硕大的厩肥堆后方的一个凹陷处，这使我的双眼和主炮只能勉强望向前方，"猎豹"平坦的上层结构只在厩肥堆上方暴露出一点点。

在我身后是德姆上士驾驶的另一辆"猎豹"。我们这两辆战车都没有太多的炮弹。我命令装弹。随着雾气渐渐消散，两辆苏军坦克小心翼翼地出现在我们前方的高地上，缓缓向前驶来。等他们逼近到1 200米距离时，我得以确认，这两辆坦克既不是T-34，也不是KV-1，而是美制坦克。以往的经验告诉我，在这个距离上它们很容易被击毁。我们一同开炮——有那么一阵子，俄国人不敢再向前冒进了。

据守在村内的是一群没有了坦克的坦克兵。他们令人惊讶地确保了我侧翼的安全。

……半个小时后,我听见右侧1 000米外传来坦克的轰鸣声,很快便看见两辆苏军坦克朝我们所在的村庄驶来。在这个距离上,我的88炮不可能射失。因此,这两辆坦克也迅速燃起大火。

我们很清楚,俄国人正在寻找可供突破的薄弱点,因此,在整条防线上保持警惕至关重要,但在这片地区,我孤身一人。另外两辆"猎豹"已在我的批准下离开,因为他们的弹药已耗尽。我的炮手告诉我,我们只剩下5发高爆弹和20发穿甲弹。

连长陶托鲁斯少尉和他的黑豹坦克驻守在另一处,我用电台向他报告了自己的位置,并汇报了弹药短缺的问题。他命令我尽可能长时间迟滞苏军,因为我方步兵尚未完成他们的工事。

在此期间,为我的战车提供近距离保护的士兵们不得不撤离,以便与其他单位保持联系。这样一来,我就对自己左侧和右侧的情况一无所知。因此,俄国人可以从三个方向大摇大摆地赶来,没人会发现他们的行动。

我仔细查看前方的山坡,发现俄国人肆无忌惮地在那里架设起两门反坦克炮,毫无遮掩。是想对付我吗?我装上一发高爆弹,瞄准了他们的反坦克炮——轰!我们看见木块和一团团填塞物飞入空中。这帮家伙耍了我们,他们搭设的是两门假炮,以此来吸引我们的火力,我们蠢头蠢脑地上了他们的当。我不想再次被耍,我得节省宝贵的炮弹。

我们像老鼠那样保持着安静,将坦克歼击车稍稍向后退了退,这样,前方的敌人就无法看见我们,而我从舱盖探头出去时,目光仍能越过遮蔽物看见前方。

探头张望时,我简直不敢相信自己的眼睛:我看见一长列坦克径直朝我们驶来,为首的坦克位于1 200米外,坦克身后紧跟着补给车辆。

作为一项预防措施,我已根据前方固定物确定了距离,所以,为首的敌坦克到达800米处时,我知道可以用穿甲弹开炮了。

但我不知道我那位优秀的炮手射出的第一发炮弹为何会射失,炮弹击中了路边的一棵大树。树干从中间断开,树冠和枝叶砸在为首的敌坦克上。这辆坦克突然间无法看见自己的行驶方向,趔趔着冲入路边的水沟,顿时动弹不得。

后面的坦克继续向前驶来,但他们无法看见我。他们的炮塔全都转向右方,对准已被我方步兵放弃的阵地开炮射击。

……于是,我瞄准队伍中间的一辆坦克,一炮命中,它顿时窜起一团火焰。后面的一辆坦克向前驶来。轰!它也燃起了熊熊大火。接下来我们便能轻松自如地对着敌人的坦克队列开炮射击,排列在我们前方的这队坦克就像一群活靶。

10分钟内,11辆苏军坦克被我们击毁。剩下的坦克慌慌张张地试图躲入水沟,在那里,他们被燃烧的坦克升起的火焰和硝烟所遮蔽。[39]

炮弹即将耗尽,比克斯决定撤离此地,但这辆沉重的"猎豹"已陷入土中。另一辆苏军坦克出现在侧面,但它也陷入软土路面中。抢在对方开火前,比克斯用最后一发炮弹将其击毁。当天的成绩使比克斯获得了骑士铁十字勋章,也使他击毁苏军坦克的个人战果达到75个。

1939年,普鲁士斯塔加德镇的居民人数为65 000人。战争期间,这个数字由于西部被空袭炸毁的城市(尤其是汉堡)的难民们的到达而不断增加,这个镇子现在被指定为东普鲁士罗森贝格地区难民的接收地。1月20日,第一批逃离苏军先头部队的难民到达该镇,但他们不是来自罗森贝格,而是从罗兹、迪绍、梅韦和诺伊恩堡(Neuenburg)而来。地方当局尽力安排这些难民继续向西赶路,但疲惫不堪、冻得半死的难民们组成的漫长队列已严重妨碍到军用交通。因此,德军防线必须尽可能长时间坚守,这一点至关重要,以便为这些难民争取时间,逃向沿岸的港口。许多人绝望至极,根本无法面对背井离乡的前景。大蒙陶(Gross Montau)的村长组织村民们加入难民队列中,看着他们离开后,他开枪打死了自己的妻子、女儿和外孙,然后饮弹自尽。居住在维斯瓦河东面的一位农场主,陪着他的佃户和他们的工人一直来到维斯瓦河渡口处,这才带着家人转身返回。到达自己所住的农场,他开枪打死了三个女儿(年龄都在17-21岁间)和自己的妻子,然后开枪自杀。来自罗泽诺特(Rosenort)的一名国社党官员一直将他那些难民护送到维斯瓦河河口,这才和他的妻子一同服毒自尽。[40]

为了腾出一些预备队,第337人民掷弹兵师将被撤出普鲁士斯塔加德镇南面的防线，但苏军持续的压力使这一调动无法完成。尽管比克斯和其他士兵英勇奋战，但苏军步兵第118军辖内的坦克和步兵还是在3月6日冲入普鲁士斯塔加德镇。德军发起反击，却未能奏效，俄国人继续推进，两天后，对迪绍构成了威胁。稍西面，苏军第65集团军的一部，在近卫坦克第1军的支援下，即将突破疲惫的德军步兵据守的防线，德军第27军遭受到沉重的压力。突破至海岸的苏军已绕过魏斯的西翼，现在，贝伦特（Berent）东南方出现了一个缺口，极有可能将第2集团军一名国社党官员一直将他那些难民护送到维斯瓦河河口，这才和他的妻子一同服毒自尽分为二：一部分将沿着维斯瓦河和诺加特河退向但泽附近的海岸，而西面的部队由于致命的燃料短缺几乎已动弹不得，只能留在原地等待被包围。第2集团军敞开的西翼急需装甲部队增援，但魏斯手上没有可用的装甲预备队，他别无选择，只能命令整个南翼后撤，尽量让各部队靠拢。

3月8日，后撤令到达时，第83步兵师的一部正在普鲁士斯塔加德镇附近的107高地上苦战。自撤离格劳登茨以来，这些士兵几乎一直在战斗：

> 敌人的对地攻击机飞至作战部队上方，朝开阔的地面喷吐出猛烈的火力。那里发来的报告极具灾难性。坏消息一个接一个。我们随后接到的命令是：重新夺回107高地。团长震惊不已，他回复道："全团的作战实力只剩下20人和一挺可用的机枪。"他不想把仅剩的这些士兵投入一场毫无意义的行动中。霍伊恩将军亲自赶来，查看了情况后，他下令后撤。全团到达托恩时有1 000多名士兵，现在几乎已消耗殆尽。我们的团长在整个师里无人不知，是个倍受尊敬的人，现在，他再也无力支撑下去。团长因伤退出后，穆勒少校接掌了第251团。[41]

霍伊恩师里的残部撤离前线。他们获得了新兵的补充，但这些人的素质非常糟糕，该师随后搭乘火车赶往哥腾哈芬。

罗科索夫斯基方面军的西面，朱可夫部队的实力远远胜过他们将面对的只剩下空架子的德军师。只有海岸边的科尔贝格仍在坚守。和平时期，这个镇子的人口约有30 000多人，由于大批难民和后撤中的士兵不断涌入，这里的人数已增加了两倍多，守军司令弗里茨·富尔里德上校知道，他这些散兵游勇、希特勒青年团和人民冲锋队组成的乌合之众不可能挡住敌人的进攻，特别是因为该镇几乎没有组织任何防御。他请求上级批准突围，但接到的命令却是原地据守。他也没有获准将聚集在镇内的大批难民列车派往西部：推进中的苏军部队的确切位置使这种旅程深具风险，对火车上的难民们来说很可能是致命的。

富尔里德上校手上有一个要塞团、一个步兵团、一个炮兵团和一个人民冲锋队团。设在镇内的鱼雷学校组织起一个海军陆战队营，镇内的散兵游勇被用于加强这些部队，并组建起额外的步兵和炮兵单位。正在镇内进行维修的四辆四号坦克也被征用，另外还包括一辆装甲列车。

来自阿伦堡的难民埃娃·库库克、退役上校冯·魏斯和他的妻子仍在科尔贝格，他们当初搭乘"执政官科茨"号来到这里。2月15日，他们和许多难民没能登上西行的列车，不得不再次面对海上航行的前景，尽管库库克曾发誓决不再乘船出海。"执政官科茨"号停在港口内，搭载着飞机引擎和谷物，因此，这艘不大的轮船无法像她逃离柯尼斯堡时携带那么多难民，2月17日离港时，"执政官科茨"号上总共搭载了155人。

2月18日晚，船长弗雷特伍斯特收到一份电报，命令他立即停航，等待护航队的到来——皇家空军已在斯维内明德和瓦尔内明德的入港航道投放了水雷，靠近港口前最好先等待扫雷艇的到达。弗雷特伍斯特告诉船上的乘客，他不打算等待扫雷艇，而是继续前进，因为他的船没有足够的煤炭可供耽误。2月19日中午，距离瓦尔内明德还有两小时航程，"执政官科茨"号撞上一颗水雷。库库克当时正睡在床铺上，但她设法在船只解体前逃了出去。她和另外48人获救，并被送往瓦尔内明德。[42]

对科尔贝格镇的围攻开始于3月4日。两天后，守军对从西南方冲来的波兰军队发起突袭。富尔里德上校的意图是肃清通向西面的铁路和公路，以便让镇内居民疏散，尽管他们起初取得了一些战果，但遭遇到敌人一个JS-2坦克营后，这场突袭被迫放弃。守军退回到他们的防御阵地，一切疏散行动只能通过海路进行。

3月7日，苏军第47集团军和波兰第1集团军对科尔贝格镇正式发起进攻。炮火将大半个镇子引燃，进攻方穿过废墟，进展缓慢而又稳定。守军对穿过镇子流向西北方的佩尔桑特河（Persante）加以充分利用，河上的所有渡口都已被炸毁，从而将斯坦尼斯拉夫·波普拉夫斯基将军的波兰部队阻挡在一定距离外。现在，主要的威胁来自苏军第47集团军，他们正从东南方向前推进。

顺利完成了对施托尔普明德的疏散后，海军中校科尔贝于3月9日到达科尔贝格。大大小小的船只再次被召集起来，较大的船只停在港口外，小型船只将难民们摆渡过去。船只载满难民后立即起航向西驶去，第一艘船在3月11日动身出发。通常情况下，难民们在白天登船，这样一来，船只便能带着他们在夜间驶向西部。尽管恩格尔哈特对这些船只缺乏护航担心不已，但大多数船只采用了单艘船航行的方式，依靠夜色的掩护和短途航行赶往斯维内明德。截至3月16日，近70 000名难民得到疏散。科尔贝格镇内的守军已不到2 000人，现在据守着一片不足2公里长，纵深仅400米的地带。

最后一艘负责疏散的船只离开科尔贝格后，仍有1 200名难民留在镇内。科尔贝将Z34号驱逐舰召入港内，让最后一批难民登舰。甲板上人满为患，这艘驱逐舰向西驶去，舰上的水兵们竭力确保每座炮塔都能自如转动，以作好随时投入战斗的准备。现在留在镇内的只有守军，先前为守军提供炮火支援的Z43号驱逐舰和T33号鱼雷艇负责将最后的守军撤走。3月18日清晨，科尔贝格陷落前，最后的400名守军从海路撤离。富尔里德上校带着最后一个排，冒着苏军先头部队的火力登上Z43号驱逐舰的快艇。海军中校科尔贝离开得更晚，他和另外10个人乘坐一艘小船逃离。

党迅速将保卫科尔贝格的故事宣传为一场神话，对挡住一个苏联集团军和四个波兰师的英勇守卫者大加赞誉。他们为科尔贝格在历史上发挥过的作用锦上添花——1807年，它曾经历过法国军队长时间的围困，德国专门拍摄了一部电影描述这场历史上著名的围城战。德国第6集团军在斯大林格勒投降后的黯淡岁月里，戈培尔便下令拍摄这部电影，但直到科尔贝格被战火笼罩后，这部电影才正式公映。的确，富尔里德上校熟练地运用了手头有限的兵力，对地形的掌握也很出色（尤其是宽阔的河流挡住了波兰人的前进），有效地消除了苏军的兵力优势。但实施进攻的部队，特别是佩尔霍罗维奇的第47集团军，在向波罗的海漫长的进军途中遭受到极大的损失，实力已严重下降。另外一个可能性是，围城者并不急于夺取这座城市。从政治和军事角度上说，他们的目的是驱使德国居民尽快离开。130 000难民从沿岸各个地方疏散；被他们留在身后的城镇，先是遭到苏军先头部队的劫掠，然后又轮到波兰人。最后，仍留在这里的居民被迫离开他们的家园。

1. 斯大林，引自S·塞巴格·蒙蒂菲奥里的《斯大林：红色沙皇的宫廷》，第494页
2. 丘吉尔，引自J·埃里克森，《通往柏林之路》，第477页
3. 丘吉尔，引自S·塞巴格·蒙蒂菲奥里的《斯大林：红色沙皇的宫廷》，第490页
4. 丘吉尔，引自J·埃里克森的《通往柏林之路》，第497页
5. 斯大林，引自S·塞巴格·蒙蒂菲奥里的《斯大林：红色沙皇的宫廷》，第494页
6. H·施佩特尔，《"大德意志"装甲军军史，第三卷》，第199页
7. A·S·扎维亚洛夫、T·E·卡里亚丁，《西普鲁士-波美拉尼亚战役》，第38页，可参阅网站：http://elibrary.ru/cit_title_items.asp?titid=7789
8. P·奥伯胡贝尔，引自H·绍夫勒的《他们的生与死》，第251-252页
9. J·诺依曼，《第4装甲师，1943-1945》第二卷，第641页
10. H·绍夫勒，《维斯瓦河上的坦克》，第43页
11. S·博尔季切夫，《从纳雷夫河到易北河》，第208页
12. J·胡贝尔，《如此真实》，第174页
13. 同上，第185-186页
14. A·S·扎维亚洛夫、T·E·卡里亚丁，《西普鲁士-波美拉尼亚战役》，第57-58页
15. R·哈夫纳格尔，引自B·冯·埃格洛夫施泰因、W·黑根、J·胡贝尔的《Y-罗腾堡》，第149-150页
16. 同上，第150-151页
17. J·胡贝尔，《如此真实》，第196-203页
18. A·S·扎维亚洛夫、T·E·卡里亚丁，《西普鲁士-波美拉尼亚战役》，第56页
19. A·S·扎维亚洛夫、T·E·卡里亚丁，《西普鲁士-波美拉尼亚战役》，第90页
20. J·诺依曼，《第4装甲师，1943-1945》第二卷，第660页
21. H·绍夫勒，《维斯瓦河上的坦克》，第253-254页
22. R·蒂曼，《第83步兵师师史》，第293页
23. A·S·扎维亚洛夫、T·E·卡里亚丁，《西普鲁士-波美拉尼亚战役》，第62-67页
24. U·扎夫特，《东部战争》，第224页
25. 同上，第216-229页
26. H·J·潘特纽斯，《东线的最后战役》，第186页
27. A·S·扎维亚洛夫、T·E·卡里亚丁，《西普鲁士-波美拉尼亚战役》，第100页
28. 同上，第116页
29. K·罗科索夫斯基，《一个军人的职责》，第300页
30. J·胡贝尔，《如此真实》，第246-250页
31. 冯·埃格洛夫施泰因，引自B·埃格洛夫施泰因、W·黑根、J·胡贝尔的《Y-罗腾堡》，第179页
32. W·豪普特，《红军到达德国》，第92页
33. A·S·扎维亚洛夫、T·E·卡里亚丁，《西普鲁士-波美拉尼亚战役》，第134-135页
34. K·罗科索夫斯基，《一个军人的职责》，第304页
35. F·胡泽曼，《信念永存》，第489页
36. 同上，第610-613页
37. 连长希内克，引自F·胡泽曼，《信念永存》，第615页
38. F·胡泽曼，《信念永存》，第498-499页
39. H·绍夫勒，《维斯瓦河上的坦克》，第46-52页
40. P·波拉拉，《永远的伤痛》，第223页

41. R·蒂曼,《第83步兵师师史》,第308页
42. H·舍恩,《波罗的海,1945》,第321-322页

第十一章
恶魔与深海之间的海利根拜尔

现在需要做的只是将这场毫无意义的战争
中的无辜受害者从苏军的报复中挽救出来。

——H·绍夫勒[1]

2月初,莱因哈特指挥过的三个德国集团军,相互间的联系被苏军有效地隔开。瓦尔特·魏斯的第2集团军,现在隶属于希姆莱的"维斯瓦河"集团军群,正坚守在维斯瓦河下游和埃尔宾。北面,劳斯将军第3装甲集团军辖下的几个师更名为"泽姆兰"集团军级支队,被切尔尼亚霍夫斯基的部队粉碎后退入泽姆兰半岛;另外几支部队被围困在柯尼斯堡。在这两个集团军之间的是弗里德里希·米勒将军指挥的第4集团军,他们退至冰冻的弗里施潟湖,与柯尼斯堡保持着极为脆弱的联系。

随着东线的崩溃,曾出现过许多包围圈,大多围绕大型城市形成——例如维斯瓦河中游的要塞城市柯尼斯堡,另外还有但泽、布雷斯劳和波森。除了为难民和守军提供保护,这些包围圈内的城市还输出了宝贵的工业资源。在布雷斯劳,城内守军一直坚守到战争临近结束,他们充分利用了城内工厂临时制造的武器,包括从未爆炸的苏军炸弹中提取出的高爆炸药。在柯尼斯堡,工程师们对被包围前带入城内的大批受损车辆加以修理，为第5装甲师提供了可用的战车。但对被包围在纳坦根地区（这个包围圈很快被称为"海利根拜尔口袋"）的第4集团军来说，没有这样的资源可资利用。沿海地带的各个镇子太小，无法提供太多的保护，也完全缺乏工业能力。这是这个大型包围圈被迅速消灭的原因之一。

围绕海利根拜尔、柯尼斯堡和但泽展开的战事，从某种程度上说是同时发生的，但为了做出一个连贯的描述，每个包围圈的毁灭将在接下来的三个章节里单独加以叙述。

在一片沿海岸延伸70公里，略低于内陆的狭小地带，构成7个军的24个德军师残部拥挤在这里，另外还有数十万来自东普鲁士各地的难民。按照希特勒的命令，这些部队的任务是守卫东普鲁士的每一寸土地，直至流尽最后一滴血。包围圈内的守军多次提出突围，要么沿海岸线向北赶往柯尼斯堡，要么向南冲向埃尔宾，但这些要求都被拒绝。尽管第4集团军获准将其迅速衰减的部队集结起来，但这样一场突围只有在放弃大量领土的前提下才有可能实现。即便在这种情况下也无法确保成功。但不管怎样，德国人没有做出任何尝试。通过慢性子、缺乏想象力的米勒，希特勒恢复了对第4集团军的控制，他不打算放权。就连局部性战术后撤，在没有获得明确批准的前提下也被严格禁止。

事实上，德国第4集团军将士们的任务是为平民们的疏散争取足够的时间。另外，他们也希望将苏军牵制在东普鲁士，为西部德军构建一道新防线赢得时间。其实，朱可夫、科涅夫和罗科索夫斯基拥有的兵力远远超过突破德军最后防御所需要的力量，但德国第4集团军的将士们依然抱有这样一种希望：他们的牺牲也许不会被白白浪费。

截至1月底，海利根拜尔包围圈的周边阵地，从弗里施潟湖岸边的托尔凯米特（Tolkemit），沿着帕萨格河（Passarge）通往一个以古特施塔特为中心的突出部。从这里，包围圈向东北方延伸，沿着阿勒河穿过海尔斯贝格、巴滕施泰因（Bartenstein）和席尔蓬拜尔（Schippenbeil），然后，先转向北，再转向西北方，在勃兰登堡（Brandenburg）附近回到海岸边，这里与柯尼斯堡保持着脆弱的连接。

穿越波兰和东普鲁士的迅猛推进已结束，切尔尼亚霍夫斯基现在的目的

海利根拜尔包围圈

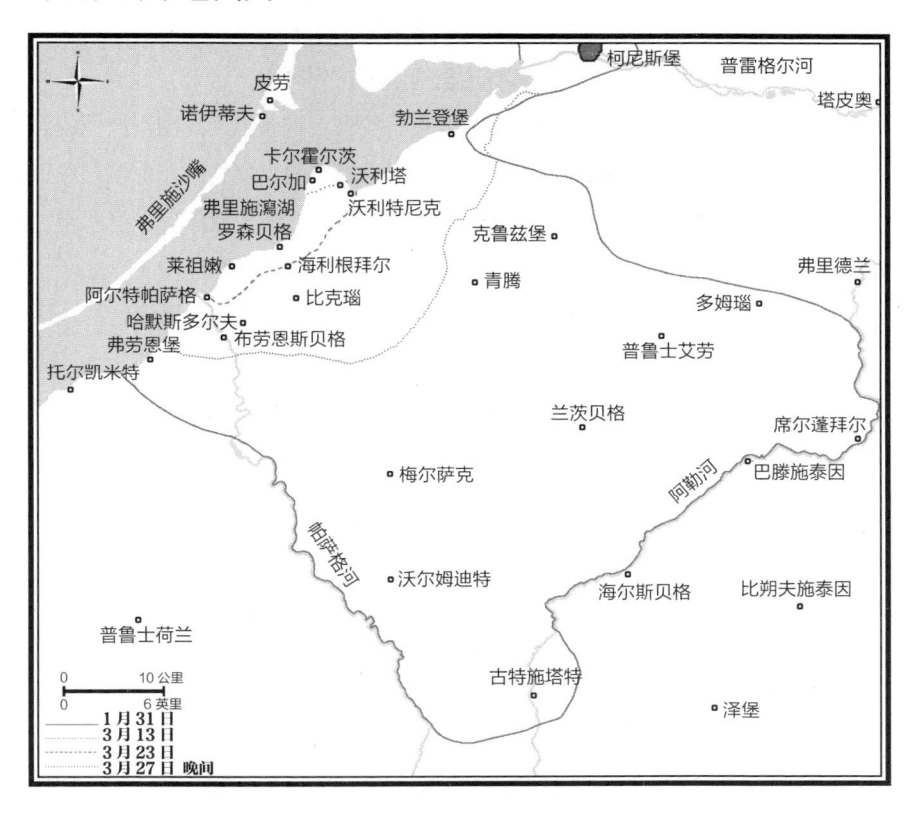

地图标注：
- 柯尼斯堡、普雷格尔河、塔皮奥
- 皮劳、诺伊蒂夫、勃兰登堡
- 弗里施沙嘴、卡尔霍尔茨、巴尔加、沃利塔
- 弗里施潟湖、沃利特尼克
- 罗森贝格、克鲁兹堡、弗里德兰
- 莱祖嫩、海利根拜尔、青腾、多姆瑙
- 阿尔特帕萨格、比克瑙
- 哈默斯多尔夫、布劳恩斯贝格、普鲁士艾劳
- 弗劳恩堡
- 托尔凯米特、兰茨贝格、席尔蓬拜尔
- 巴滕施泰因
- 梅尔萨克、阿勒河
- 帕萨格河、沃尔姆迪特、海尔斯贝格、比朔夫施泰因
- 普鲁士荷兰
- 古特施塔特、泽堡

图例：
- 0　10公里
- 0　6英里
- 1月31日
- 3月13日
- 3月23日
- 3月27日 晚间

是一个接一个地消灭他对面的敌军主力——盘踞在海利根拜尔和柯尼斯堡的第4集团军，然后是"泽姆兰"集团军级支队。首当其冲的将是海利根拜尔包围圈。被霍斯巴赫突围尝试打得晕头转向的苏军第48集团军现在已恢复过来，依然沿包围圈西侧布防，第3集团军位于其右翼。第3集团军的右侧是第50集团军，指挥该集团军的是新上任的费奥多尔·奥泽罗夫，他接替了缺乏效率的博尔金。再过去就是切尔尼亚霍夫斯基白俄罗斯第3方面军的部队：第31集团军、近卫第2集团军和第28集团军。苏军第5集团军，在近卫第11集团军的支援下，面对着包围圈的北端和柯尼斯堡周边阵地的南部。

海利根拜尔包围圈沿弗里施潟湖的海岸构成。微微倾斜的海床、温和的潮汐形成了波罗的海海岸的特点。海风和海浪的千年研磨已将岸上的岩石化为细细的粉沙,而相对较小的潮汐流将这些细沙裹挟到离岸不远处,形成一系列沙洲。这样一道沙丘线,在当时被称为弗里施沙嘴,将弗里施潟湖与波罗的海隔开。弗里施沙嘴的西南端与内陆相连接,一条狭窄的水道将其东北端与皮劳隔开。弗里施潟湖的最窄处约为7公里宽。潟湖的水不深,最深处只有几米,而且在冬季经常结冰。1944年–1945年的冬季是有史以来最寒冷的冬季之一,这使潟湖的冰面比以往结得更厚、更硬。德国军队和难民被逼退到这片地区时,潟湖上的冰面已厚得足以支撑车辆。当地居民对弗里施潟湖抱有极大的敬意。冬季,这里的冰层往往厚达一米,狂风卷起时,冰层发生移动、破裂,相互叠加在一起。而在其他日子里,冰面上笼罩着一层浓雾,很容易让人丧失一切方向感。

包围圈的战斗激烈进行之际,跨过冰面疏散难民的尝试也在进行中。如果能到达弗里施沙嘴,难民们就可以沿着沙丘上狭窄的道路而行,朝西南方赶往但泽。另外,他们也可以逃向东北方,跨过窄窄的水道到达皮劳。通过这两种途径,他们都可以到达一座能容纳远洋船只的港口。对难民们来说,一月份的最后一周,三艘半完工的鱼雷艇从埃尔宾赶来提供救援,给他们造成了额外的麻烦。为了让这些舰艇进入皮劳,一艘破冰船在冰面上打开一条航道,在靠近弗里施沙嘴处留下一道30米的冰块障碍物。

1月23日,第一批难民跨过冰面。雅各布·克莱因是来自卡迪嫩村(Cadinen)的渔民,一连几天,住在他家里的一名军士一直催促他作好逃离的准备。起初,克莱因想留在家里,但1月23晚,枪炮声越来越近时,他带着14岁的女儿坐上一具配有风帆的雪橇,开始了逃亡之旅。另一些雪橇也出发了,他们几乎同时到达了破冰船在冰面上留下的航道。他们发现两艘小船正等在这里。难民们丢下雪橇,搭乘小船渡过水道,很快便踏上弗里施沙嘴。[2]

大批难民聚集在海利根拜尔和罗森贝格港附近。第4集团军司令部及其后方单位和战地医院都设在罗森贝格。成千上万名难民涌入这片地区,他们中的许多人搭乘最后的火车离开了东普鲁士的内陆城镇。希尔德加德·阿明德带着她年迈的母亲登上最后一列驶离阿伦施泰因的火车,赶往海利根拜尔的旅程持续了数日，途中没有食物，没有饮水，也没有任何取暖设施。一些难民死在途中，他们的尸体被放在铁轨两侧。尚能行走的人自发排成一支队伍，动身跨越冰冻的田野。最后，他们被带到一所已被难民们挤满的学校。³

埃米尔·米施克是来自弗里德兰镇的农民，也是当地的一名国社党官员，他设法逃到弗劳恩堡（Frauenburg），在这里，他获得了一张通行证，派他去位于但泽的第20军。他很幸运，另一些身强体健的男人被拉出难民队列，征召进人民冲锋队。弗劳恩堡位于包围圈西端，很快便遭到苏军炮火的轰击。难民们起初不知道该朝哪里逃亡，后来在工兵们的指引下，他们开始跨越弗里施潟湖上的冰面。最后，潟湖上构设起六条道路，插在冰面上的木杆将这些道路标示出来。夜间，灯光照亮了道路，但也不可避免地招致苏军炮兵和飞机的注意——德国人利用这些道路将弹药运入包围圈，也将难民和伤员运出包围圈。在某些地方，破冰船留下的航道上架设起桥梁，而在另一些地方，军用渡轮来回穿梭。这样一来，难民们潮水般涌向弗里施沙嘴，导致那里沿沙丘而行的狭窄道路严重不足。"北方"集团军群高级工兵指挥官冯·海格尔将军奉命维持秩序。约有30 000名难民被转移到皮劳，在那里，他们汇入到成千上万名被逐入泽姆兰半岛的难民们中，一同等待着能把他们送往西部的船只。另一名工兵军官，舍内费尔德尔将军，将士兵和平民们组织成劳动组，设法改善沙嘴上的道路，这条道路在某些地方跨越堤坝，由于持续不断的交通流量，已出现发生坍塌的危险。第二条道路沿着弗里施潟湖的冰面修建，位于沙嘴东面400米处，许多难民转移到这条道路上，踏着冰层匆匆赶往西南方。

宪兵们竭力让难民们的一辆辆大车保持相应的距离，以缓减冰面的负重。米施克和他的妻子跨越冰面的那一晚，大雪在西南风的驱使下吹过潟湖，难民们沿着冰上与沙嘴相平行的道路转向西南方时，纷飞的雪花吹拂到他们的脸上。天亮后雪停了。南面，弗里施潟湖对面，米施克和其他难民可以看见托尔凯米特镇，那里的激战仍在持续。回头望去，他们看见弗劳恩堡也已被战火吞噬，就在几个小时前，他们刚刚离开那个镇子。最后，这些难民到达了沙嘴南端附近的卡尔贝格（Kahlberg）。他们发现这里的每一所房屋都被挤得满满当当，但至少显得秩序井然——德国国防军搭设起战地厨房，为这些疲惫的难民提供热汤。管家罗迈姆和他雇主的妻子与一群难民暂居在一座乡村教堂内，在奥斯特罗德的砖厂侥幸逃出苏联红军之手后,他们穿过莫伦根逃至海岸边,随后又跨过冰面来到卡尔贝格。[4]

来自赫尔佐克斯瓦尔德的难民们遭到苏军飞机的袭击。保罗·科舍和他的妹妹坐在第一辆大车里,第二辆大车由一名法国战俘驾驭,里面坐着科舍的妻子和他们的两个孩子。一队苏军飞机朝他们俯冲而下,两个孩子跳下大车撒腿飞奔。炸弹落下,激起的冰块和海水四散飞溅,科舍和他的妹妹被抛出大车。第二辆大车险险地避开一个大坑,然后,空袭结束了。安娜·科舍冲过冰面,在另一些大车的残骸中寻找着她的女儿,这才发现她倒在冰面上昏迷不醒。这个15岁的孩子胸部受伤,第二天便死去了。她的丈夫和他妹妹也死了。她再也没见到她的儿子。[5]

在此期间,海利根拜尔包围圈的周边阵地被缓缓逼退。斯大林于2月9日下达命令,要求切尔尼亚霍夫斯基在2月25日前消灭仍在东普鲁士负隅顽抗的一切德军部队——包括海利根拜尔包围圈、柯尼斯堡的守军以及"泽姆兰"集团军级支队。切尔尼亚霍夫斯基拒绝接受这道不现实的命令,他选择集中力量先消灭海利根拜尔包围圈内的第4集团军。2月7日,苏军对克鲁兹堡发起攻击,巴尔图蒂斯的连队遭到猛烈的炮击。炮击停止后,幸存者聚集到一起,冒着雨点般的自动武器火力,撤出被炸得支离破碎的阵地。上级下达了于第二天发起一场反击,重新夺回克鲁兹堡的命令,从营长到普通士兵,人人都知道这是一项无法完成的任务。在最后时刻,营长库尔维姆上尉毅然决定放弃进攻。不久后,巴尔图蒂斯和他的朋友,连长绍尔少尉双双负伤,随后被撤离前线。[6]

包围圈西端的弗劳恩堡,2月8日落入苏联红军手中。德军第28猎兵师奉命夺回这个镇子,尽管袖珍战列舰"吕佐夫"号和"舍尔海军上将"号提供了炮火支援,但他们的反击还是失败了。弗劳恩堡的内陆,沿蜿蜒的帕萨格河构设的防线太过漫长,德军第28猎兵师和第131步兵师无法形成绵亘防御,漫长的夜间,苏军不断达成突破,这使德国人不得不在次日发起代价高昂的反击。完全因为苏联红军的坦克在跨越冰冻的河流时遭遇到困难,这才使德国人得以阻止一场突破的发生,尽管如此,他们还是被逼得步步后退。

位于帕萨格河东面几公里处的沃尔姆迪特,现在成了激战中心。德军第131步兵师设法击退了苏军的所有进攻,2月8日,战斗达到高潮,双方都为此付出了高昂的代价。接下来的几天，苏军施加的压力有所缓解。第48集团军的步兵师实施重组，并由新锐部队接替。德国人没有可用的预备队，他们悄悄地部署放弃沃尔姆迪特。镇内剩下的居民起初不愿离开，但在军方的不断督促下，他们开始动身撤离。疏散行动进行期间，德军士兵有了惊奇的发现。在火车站，他们看见一列货车装载着一个被拆除的木材加工厂。这座工厂被证明是大区领袖科赫兄弟的财产。危机发生时，这位大区领袖本应该组织起难民们的疏散工作，他却抽调一整列火车，帮他的兄弟将拆除的木材加工厂运离东普鲁士。这列货车被丢在一条侧轨上，想必成了苏联红军的战利品。后撤中的部队经过一座机场时又有了惊奇的发现。他们看见这里堆放着大批航空炸弹，一支空军单位将这些军火丢弃在这里，并未告知陆军部队。陆军单位本可以将这些炸弹用于爆破任务，现在却不得不将它们炸毁，以免落入苏军手中。

突出部的另一端，博多·克莱内所在的第975步兵团（隶属于第367步兵师）沿着海岸部署。师里的另外两个团已在柯尼斯堡被切断前到达该市。苏军继续对这道狭窄的连接施加着压力。双方不断试图获得优势。有一次，克莱内和他的部下们发现，俄国人将一辆坦克弄到前沿阵地，挖了个大坑将坦克埋入，只留下炮塔露在外面。这辆坦克给德国人造成了非常大的麻烦，因为它能对一切活动目标开炮射击，而德军士兵手中唯一的反坦克武器是"铁拳"，射程太短，根本够不着那辆坦克。俄国人有恃无恐的另一个标志是，他们将几具观测气球升入空中，充当炮兵观测员；由于德国空军早已消失不见，致使这些上次大战的老古董能够为苏军炮兵提供宝贵的目标信息。[7]

"大德意志"师进行了另一番尝试，试图强化与柯尼斯堡的联系。该师与苏军近卫第11集团军辖下近卫步兵第16军的前一轮交锋，不仅确保了通往柯尼斯堡脆弱的沿海公路，还破坏了苏军插入包围圈北部的初衷。2月6日，洛伦茨少将策划了另一场进攻行动，准备以师里的残部，在克莱内第975步兵团的支援下，重新夺回从科贝尔布德（Kobbelbude）到被围城市南部边缘的铁路线。德军发起夜袭，开始时简直就是一场灾难，战斗工兵发射的照明弹照亮了进攻中的部队。苏军大炮立即开火射击，摧毁了德国人所剩无几的黑豹坦克中的两辆。战斗刚一打响，担任主攻的德军装甲掷弹兵团也遭到不祥的打击，一阵突如其来的迫击炮齐射炸死了他们的团长沃尔夫冈·黑泽曼上校。这场进攻进展甚微，最后被迫放弃。[8]

"大德意志"师麾下的各部发现自己被部署到包围圈内的各个地方，为饱受重压的守军提供支援。整个2月，激烈的战斗沿着包围圈的各处防线持续进行，周边防御阵地渐渐萎缩。希特勒不允许德国军队主动后撤，为了应付他这道命令，几乎每个师都采取了这样一种对策：在态势最不利的地段，只派驻最少的部队。只要苏军发起进攻，这些守军便迅速后撤，但敌人的进攻随后会在德军主防线前被遏制。坚守阵地，只准被迫后退，因此，德军士兵不得不频繁使用上述借口。

远离前线处，德军后方单位努力照料着伤员，并将补给物资送往前线作战部队。巴尔图蒂斯和他的连长绍尔少尉乘坐一列火车被送往一所临时医院。伤势较轻者照料着重伤员：

> 我们的车厢里载着18名伤员，对他们来说，这里有干净的床铺，一列排开，这使他们能得到安稳的休息。重伤员们躺在单人床上，一张张床铺彼此相连。
>
> ……值得表扬的是，医护人员尽心尽责地照料着我们。伤员中有三名战友肺部受了枪伤。其中的一个是一名步兵中士，他已接受过急救，伤口被紧紧包扎起来，然后在冰天雪地里步行跋涉了30公里。一不小心，我把一碗汤全泼到他的脸上，谢天谢地，他没被烫伤！但我很担心，因而耗费了大量时间跟他待在一起。一名年轻的二等兵被弹片击伤后双目失明，我们拿到热腾腾的饭菜后，不得不像喂孩子那样喂他。他感到非常不安，在车厢内不停地摸索着，仿佛通过触摸东西便能恢复视力似的。我们没法帮助他，让他融入我们当中，于是，他继续待在包围着他的黑暗中。另一名二等兵和一位少校都是腹部负了重伤。这位少校是个骑士铁十字勋章获得者，他一言不发，没有发出哭喊，脸上毫无表情，但苍白的面孔表明了他遭受的痛苦。那名二等兵被其他人称为"小汉斯"，他呻吟着，不停地要水喝，但由于腹部的伤势，医护人员不许他喝水。他发着高烧，舌头肿胀不已，如果无法尽快得到静脉输液，他会脱水而死……第三天夜里，他陷入了沉默。早上，医护人员确认，他已经死了。没人想谈论他死时是否感到痛苦，因为在他身边放着一瓶已被喝光的来苏尔水。他在夜里怎么能搞到一瓶消毒水，这依然是个谜。[9]

2月11日，火车到达海利根拜尔，伤员们下车。尚能行走的伤兵们从罗森贝格跨过弗里施潟湖冰冻的湖面：

我们动身跨越冰面后不久，一群苏军轰炸机从头上飞过。惊慌失措的人群四散奔逃。布设在罗森贝格海滩一道反斜坡上的数门四联装高射炮喷射出迅猛的火力。曳光弹闪烁着穿过拥挤的机群，但没有一架飞机被击落。它们大摇大摆地继续飞往西北方和远海处，显然，它们的打击目标不是我们。在我们上方，一场空战爆发开来。我们看见凝结的尾迹，也听见咚咚的炮声，但不知道卷入战斗的是哪支部队……行走了几个小时后，一名深具同情心的妇女让我坐上她那辆大车的前座。我欣然接受了她的邀请。我们进行了一番愉快的交谈。她的丈夫是第111步兵师的一名少校。她很聪明，但非常冷漠，给我的感觉是，她就像个18岁的姑娘。她恨恨地抱怨着党的官员，那些人只顾自己，却没有为难民队伍提供任何帮助，结果，大批东普鲁士人落入杀气腾腾的俄国人手中。我这位同伴经历过一些可怕的事情，侥幸逃脱。她的叙述激起了我的共鸣，我想起我的祖父，他在立陶宛拒绝停止礼拜仪式，为此，多年来一直受到盖世太保们的折磨。一些好心的党员为了保护他，把他送到一个营地，并将他定性为一个患有"宗教妄想症"的老人。他曾多次告诉我，我们德国人会为我们的所作所为付出可怕的代价。不需要任何预知能力，我对这些话心知肚明。就在我们交谈时，一架苏军攻击机突然对我们这辆大车发起袭击。它从15米高处掠过冰面，我清清楚楚地看见那名飞行员的头部，脑中闪过一个念头："这下完了！"但就在开火前，这名飞行员猛地将飞机向右转去，一串炮弹射向我们身旁的冰面。我们相信他是故意放我们一条生路。我希望他能在这场战争中生还下来！

我们在纳梅伦（Narmeln）到达了沙嘴。我们满怀着轻松和欣慰道了别。一名工兵认为我们非常幸运，因为今天是最近一段时间以来最平静的一天。[10]

尽管对包围圈不断施加压力，但切尔尼亚霍夫斯基没能在任何地段达成突破。鉴于这种情况。斯大林下达了新的命令。泽姆兰半岛交给巴格拉米扬的波罗的海沿岸第1方面军，切尔尼亚霍夫斯基的首要任务是先消灭海利根拜尔包围圈，然后再对付柯尼斯堡。2月18日，切尔尼亚霍夫斯基驱车赶往前沿指挥部时，一发炮弹突然在他的车后炸开。弹片穿过后座，射穿了切尔尼亚霍夫斯基的胸腔，又击伤了驾驶员后卡入仪表盘。没过几分钟，切尔尼亚霍夫斯基便死去了。

有人认为，造成切尔尼亚霍夫斯基丧命的爆炸是一枚地雷引发的，而这枚地雷很可能是苏军埋设的，但最靠谱的解释是，切尔尼亚霍夫斯基死于德军的随机炮火。不管什么原因，苏联红军失去了一名最年轻的高级指挥员，这位指挥员深受同僚和下属们的爱戴。他被安葬在维尔纽斯；1990年，随着立陶宛的独立，他的遗体被掘出，重新埋葬于莫斯科的新圣女公墓。

亚历山大·米哈伊洛维奇·华西列夫斯基随即被任命为白俄罗斯第3方面军司令员。为对海利根拜尔包围圈发起一场决定性突击，切尔尼亚霍夫斯基已进行了广泛的准备，华西列夫斯基还接掌了巴格拉米扬的波罗的海沿岸第1方面军，继续前运弹药和补给物资。（译注：1945年2月24日，波罗的海沿岸第1方面军被撤销，部分部队被纳入白俄罗斯第3方面军。）他向斯大林提出，准备工作需要近三周时间才能完成，但最高统帅对此没有做出回复。斯大林似乎对这种缓慢的进展不太满意。

2月底，海利根拜尔包围圈经历了几天相对平静的日子，但这种平静不时被一顿突如其来的炮击打断，敦促守军投降的广播宣传也持续不断。尽管态势已趋绝望，但很少有德军士兵举手投降。苏军情报部门的报告指出，德军部队士气低落，但纪律依然严明。

与"大德意志"师一样，德军第24装甲师也在包围圈内充当着"救火队"的角色。第26装甲掷弹兵团组织起一个战斗群，卷入到古特施塔特周围的激战中。渐渐地，这个战斗群遭受到严重损失，被逼退至弗赖马克荒原（Freimark Heath）。为他们提供补充的是没有了坦克的坦克兵和其他师里的士兵，甚至是人民冲锋队。尽管这些补充兵只接受过最基本的训练，但这个战斗群还是守住了自己的防线，没有被敌人突破。第24装甲师的"艾内姆"战斗群在青滕（zinten）附近投入到血腥的战斗中，激战中心集中于德军装甲部队过去的一座营房。"艾内姆"战斗群在三个步兵师的一些部队的支援下，于2月11日发起一场反击，将苏军第5集团军打了个措手不及，重新夺回镇子两侧，尽管他们付出了高昂的代价，但那座兵营仍被控制在俄国人手中。第24装甲师高级军官的伤亡相当惨重。师装甲团团长冯·霍尔蒂男爵身负重伤，第26装甲掷弹兵团团长赫内少校和该团第2营营长哈恩上尉都在青滕的战斗中阵亡。

2月12日，"艾内姆"战斗群被派去守卫包围圈的南部阵地，苏军在那里试图冲上通往布劳恩斯贝格的主干道。其他德军师里的部队也逐渐赶到，苏军的推进这才被遏制。截至2月26日，第24装甲师声称他们到达东普鲁士后已击毁209辆坦克。在此期间，该师的后方单位聚集在海利根拜尔附近一道狭窄、林木茂密的山谷中。这道山谷被称为第24装甲师的"后勤谷"，医护人员、工兵和后勤人员驻守在精心伪装的工事中，维持着师里的正常运作。许多散兵游勇也聚集到这里，他们被组织起来，补充到师里的各个战斗群内。[11]

2月底，天气愈发温暖。弗里施潟湖的冰面变得越来越不可靠，但大多数试图跨越冰面的人都已完成他们危险的旅程。据估计，跨过冰面的难民人数约为450 000人。[12] 最后，3月4日清晨，冰面彻底融化。对仍留在包围圈里的人来说，现在唯一的逃生途径是通过船只。已跨过潟湖的人聚集在沙嘴两端，不是在北面的皮劳及紧邻的内陆地区，就是在南面的维斯瓦河—诺加特河河口和但泽—哥腾哈芬地区，等待搭乘船只赶往西部。但第一支驶离皮劳的船队获得成功后，"威廉·古斯特洛夫"号和"施托伊本"号的悲剧使许多人不愿冒险进行这种短途海上航行赶往德国北部或丹麦。

截至3月初，几乎所有平民都已离开海利根拜尔包围圈，包围圈内只剩下各个德军师支离破碎的残部，许多师，例如第18装甲掷弹兵师，遭受的损失极其严重，不得不就地解散，将残部编入其他单位。师长和军长们再三向上级询问部队的撤退计划，但却徒劳无获——希特勒已决定，第4集团军继续坚守自己的阵地，尽管从战略、战术或人道主义的角度看，这种做法都已毫无意义。虽然德军不断采取纪律措施，但散兵游勇开始聚集在沿岸的一些小港口。

在此期间，红军继续着他们的准备工作。面对包围圈南部的第48和第3集团军已遭受到严重损失，这片地区变得愈发平静。苏军的主攻将从海利根拜尔正对面发起，在北面，他们还将对德国人与柯尼斯堡的陆地连接展开打击。包围圈日趋萎缩的周边阵地也造成了困难，苏军发现，随着他们的日益逼近，部队往往缺乏足够的空间实施有效部署或机动。为缓解拥堵，华西列夫斯基将近卫第2集团军调离前线，让该集团军休整，准备参加消灭柯尼斯堡和泽姆兰半岛包围圈的战斗。

3月12日，"北方"集团军群司令洛塔尔·伦杜利克大将被调去接掌"库尔兰"集团军群，他留下的职位由第2集团军司令瓦尔特·魏斯接任。魏斯的家乡蒂尔西特早已位于苏军战线后方，他接任"北方"集团军群司令，也许是希特勒调集本地官兵在自己的家乡作战，认为这样能让他们发挥出更大斗志的另一个例子。翌日，聚集起的风暴爆发开来。苏军对德军防线的炮火准备是自一月攻势以来最猛烈的一次。尽管如此，守军还是将苏军最初的几次进攻击退。现在，德军士兵就在为他们提供支援的重型武器前方的阵地内奋战，这些支援武器通常构成了支撑点。苏军的进攻伴随着德军的反击，他们没能达成突破。但是，德国人不可能长时间守住自己的阵地，特别是在包围圈的北部。在那里，"大德意志"师徒劳地试图挡住苏军近卫第11集团军密集的部队，他们被渐渐逼退，于3月16日退至海边，海利根拜尔包围圈与柯尼斯堡的连接终于被切断了。次日，勃兰登堡被迫放弃。由于没有足够的燃料和运输工具，镇郊的一座大型弹药库不得不被炸毁。

3月14日，包围圈的南部阵地也遭受到巨大压力。随着苏军第48集团军向海利根拜尔推进，德军第131步兵师和第541人民掷弹兵师的残部被逼退，第24装甲师的左翼遭到包抄。包围圈南部的整个周边阵地后撤至阿尔特帕萨格（Alt Passarge）—哈默斯多尔夫（Hammersdorf）—比克瑙（Birkenau）一线，沃利斯基的近卫坦克第5集团军逼近了布劳恩斯贝格。有那么一阵子，苏军包围该镇的企图被蜿蜒的帕萨格河所阻，这使德军第28猎兵师组织起顽强的防御。3月17日，苏军工兵部队在布劳恩斯贝格与弗里施潟湖之间的河面上成功搭设起一座桥梁，近卫坦克第5集团军的部队迅速冲过德军第14步兵师的残部，随即到达位于海利根拜尔南面不到2公里的韦尔姆滕（Wermten）。不过，在布劳恩斯贝格东南面，沃利斯基的部队却无法取得如此迅猛的进展，布劳恩斯贝格于3月20日陷落后，苏军才得以将补给物资运往前方部队。

德军第24装甲师发现苏军部队已深深插入到自己的左侧，因此，必须实施进一步后撤。围绕海利根拜尔与布劳恩斯贝格之间的铁路线，艰苦的战斗肆虐开来，第24装甲师最后三辆坦克击毁了20余辆苏军坦克，暂时守住了这条铁路线。可是,海利根拜尔镇已成为下一场大规模攻势的重点目标。3月21日,用一名参战者的话来说,"这是决战的一天。"[13]德军发起的反击无法击退苏军向海利根拜尔镇的纵深渗透,事态很明显,现在的问题不仅仅是包围圈被压缩,而是即将发生崩溃。

到目前为止,只有少数后方单位获准跨过潟湖转移至沙嘴。3月21日晚,德国第6军军长格罗斯曼将军派出他的参谋长,男爵冯·莱德布尔上校,第九次请求上级批准后撤。目前,罗森贝格这座小港口依然畅通,尽管已处在炮火轰击下,但如果获得批准,仍有可能实施一场疏散。但希特勒再次拒绝了这一要求。

海利根拜尔已成为整个包围圈内的伤员收容点。彼得·巴姆是一名军医,他在海利根拜尔一座废弃的工厂里搭设起一所80张床位的战地医院。他对自己这支医疗队救治伤员的数目作了记录,他在战后统计出,他这个小组治疗了13 000名伤员,每天救治200-400人。伤员实在太多,巴姆发现他们的毛毯越来越短缺,因为伤员被运走时都将毛毯带走。为解决这个问题,巴姆不得不派出宝贵的人手,跟随伤员坐船从罗森贝格赶往皮劳,伤员运抵后,再将这些毛毯回收,重新带回海利根拜尔。有时候,负伤的人数超过了被疏散的伤员数。此刻,海利根拜尔已处在苏军炮火轰击下,巴姆和1 200名伤员挤在这所医院内。足智多谋的医护人员想方设法寻找自愿帮忙者:一群法国战俘同意到医院帮忙,另外还有些俄国妇女。另一些医疗单位也被纳入战地医院中,五辆军用大巴车被征用,以便将伤员们运往罗森贝格。有些重伤员,特别是那些头部受伤者,不太可能在这场漫长的疏散过程中生还下来——这场疏散先是赶至罗森贝格,然后经海路来到皮劳,再从那里坐船返回德国。巴姆这所战地医院旁有一座机场,但镇子遭受的炮击越来越猛烈,很难说服运输机驾驶员长时间待在跑道上,等候伤员从医院运来。巴姆的军需官想出个解决办法:

在海利根拜尔附近的某个地方,他发现了一座糖厂,里面还有数百袋糖,每袋重达50公斤。他没收了这些糖,并告诉飞行员们,每运走一批伤员,他们就可以得到一袋糖。这些飞行员的家人们在德国没有足够的食物;如果机场暂时没有遭到炮击,在那里多等上10分钟就能换取一袋糖,这个风险也许值得一冒。就这样,我们的救护车赶往机场时总是带着四具担架,三具担架上躺着头部负伤的伤员，第四具担架上放着一袋糖。我们以这种方式将那些颅骨受伤者送回德国，直至这所战地医院彻底停止运作。[14]

随着结局越来越近，巴姆和其他高级医务人员被召集起来。他们被告之，长时间坚守海利根拜尔包围圈并不是为了实施疏散，他们不得不向苏军投降。这段时间以来，巴姆和他那些精力充沛的工作人员竭尽全力疏散伤员，目前，医院里只剩下20名伤员。他把这个坏消息告知他那些属下。但出乎所有人意料的是，苏军对海利根拜尔的首次突击被击退了，德军继续坚守着防线。苏军似乎也遭受到严重伤亡。血的代价争取到宝贵的两天时间，这使最后一批伤员得以撤离。

3月24日清晨，海利根拜尔最终陷落，巴姆获准率领他的人员撤往罗森贝格参加疏散。他带着那些自愿帮忙的法国战俘刚要登上一艘渡轮，一名宪兵拦住了他们：法国战俘不得登船。巴姆无法接受丢下这些帮忙者的想法，就在这时，附近爆发了一场斗殴。趁着宪兵过去处理纠纷时，巴姆带着他的人（包括一名俄国妇女）挤上了渡船。过了一会，他那位忠心耿耿的中士来到他身边，原来，刚才就是这位中士故意滋事打架，引开了宪兵的注意力。[15]

海利根拜尔的失陷意味着包围圈的末日即将到来。"大德意志"师、第28猎兵师、第562人民掷弹兵师和第2"赫尔曼·戈林"伞兵装甲掷弹兵师的残部被逼入小小的巴尔加半岛（Balga peninsula），而格罗斯曼的第6军也撤至莱祖嫩（Leysuhnen）周围。现在，苏军从海利根拜尔全力压向海边，将这两片地区分隔开。第6军防区内，与上级部门的一切联络均已中断，第24装甲师、第131步兵师、第61和第541人民掷弹兵师的残部发现自己此刻背靠着弗里施潟湖。现在的情况似乎是：组织起海路疏散期间，他们必须守住这座小小的桥头堡。实际上，他们处在一片出色的防御阵地上——这里的地形非常有利，莱祖嫩地区的补给物资也很充足。但一道命令通过一条迂回的路线送抵，要求他们沿海岸线突围至巴尔加半岛。这道命令是米勒将军于3月23日在第4集团军司令部拟定的，当时，海利根拜尔尚未陷落，苏军也还没有向海边推进。由于海利根拜尔的激战，传令兵无法将这道命令送达第6军军部，于是他赶往海边，在那里找到一条小划船，这才来到莱祖嫩，然后将命令交给格罗斯曼。

这道命令已过期，海利根拜尔的失守和苏军随后向海边的进军使这一命令根本无法执行。所有师长都提议不理会这道命令，但格罗斯曼还是下达了指示：作好3月24日-25日夜间发起突围的准备。士兵们冷静地进行着准备工作，炸毁了所剩无几、尚能正常使用的重武器。

午夜时，他们出发了。起初，沿着海边道路赶往罗森贝格的行军取得了不错的进展。但他们随后遭遇到苏军，一切有组织的突围彻底解体。伤亡相当惨重。第24装甲师成功到达巴尔加半岛的不到500人，其他人不是阵亡、被俘，就是被打散。接下来的几天里，三五成群的散兵游勇陆续到达巴尔加半岛。在罗森贝格附近的一个散兵坑里，第24装甲师师长冯·诺斯蒂茨-瓦尔维茨少将为第23步兵师第9掷弹兵团团长鲁道夫·特里特尔中校颁发了骑士铁十字勋章的橡叶饰，该团自战役开始以来就被划拨给第24装甲师。就在当天，这两人都因苏军炮击而身负重伤。[16]

忠于职守的传令兵将命令送达第6军军部，导致该军全军覆没。这是一起离奇的事件；一月份时，第6军军长格罗斯曼曾帮着策划并执行了霍斯巴赫的突围行动，因此，他不会不知道怎样做才是正确的。面对眼前的态势，尤其是与属下的各位师长协商后，他肯定知道这场冒险注定要失败，但他还是下令向巴尔加半岛突围。一种可能性是，由于缺乏与第4集团军司令部的通讯联络，他担心海军不会及时赶来疏散他的部队。另一个原因是，他的上司已不再是心意相通的霍斯巴赫，而是僵硬、死板的米勒。值得注意的是，在战后与他人合著、关于这场战役的记述中，格罗斯曼没有提及这起事件；这里的叙述源自第24装甲师师史。

巴尔加半岛，许多新赶到的士兵被纳入守军，而其他人加入到筋疲力尽、萎靡不振的人群中，绝望地试图找到一条跨越潟湖的逃生路径。第24装甲师的人员，只配备着步枪、手枪和寥寥无几的机枪，守卫着从霍彭布鲁赫（Hoppenbruch）到巴尔加的道路；冯·诺斯蒂茨-瓦尔维茨少将负伤后，该师的指挥权交给了冯·艾内姆上校，他很快也受了伤，师长一职又交给鲁道夫·冯·克内贝尔-德贝利茨少校。3月27日，该师300余人的残部以一场突如其来的侧翼袭击打垮一股苏军，阻止了一场突破。[17]

"大德意志"师在苏军先头部队中杀开血路，从北面退入巴尔加半岛。

师属装甲燧发枪手团的残部，与一批乱七八糟的后方人员一同奋战在沃利特尼克（Wolittnick）附近，然后退往沃利塔（Wolitta），为其他人逃至暂时安全的半岛争取到宝贵的时间。师里的最后两辆虎式坦克损失在这里。渐渐地，守军被压迫到一块更小的区域。在他们身后，最后一批伤员已从巴尔加和卡尔霍尔茨（Kahlholz）疏散。3月28日，第4集团军司令部发来指令：半岛上的所有部队听从"大德意志"师指挥，巴尔加半岛必须坚守。"大德意志"师师长洛伦茨少将回电：充其量只能坚守到3月29日拂晓。3月28日晚，米勒向眼前的态势屈服了，他批准"大德意志"师和其他德军部队撤离。

亨克少将是一名工兵军官，一直忙着为包围圈内的百姓提供一条逃生路径，现在，他临时装配起一艘船只，要将巴尔加半岛上的守军撤往皮劳。这艘船绰号为"海蛇"，由数艘登陆艇绑缚在一起组成，长达65米，两侧连接着配有高射炮的摩托艇，为"海蛇"提供推动力和保护。3月28日晚，疲惫的士兵们在岸边等待着救援船的到来。左等右等，不见"海蛇"的踪影。最后，他们派出一艘小划船去寻找"海蛇"，显然，"海蛇"的船员们没能找到卡尔霍尔茨码头。水手们驾驭着笨拙的"海蛇"驶入小小的港口时，一场浓雾笼罩了沿海地带。洛伦茨少将站在码头上，挥手示意"大德意志"师的幸存人员赶快登船。待所有人上船后，洛伦茨也登上船只。严重超载的"海蛇"驶离港口，于拂晓前到达皮劳。在他们身后爆发出最后一阵枪炮声；胡芬巴赫上校第62人民掷弹兵师的残部（译注：此处应为第562人民掷弹兵师的笔误，第62人民掷弹兵师此时仍在西线作战）一直无法撤至岸边，在巴尔加附近全军覆没。海利根拜尔包围圈就此不复存在。

2月和3月，围绕海利根拜尔包围圈展开的激战，双方的损失无从估算。根据"大德意志"师的记录，从3月13日苏军发起攻击到包围圈最终被消灭，该师的伤亡人数为5 600人。死在包围圈内，或在潟湖冰面上丧生的平民人数永远无法得到准确的计算。苏联方面估计，最后的攻击发起后，德国人的损失是：93 000人阵亡，46 000人被俘。[18] 一份评估记录表明，海利根拜尔包围圈存在的最后12天里，约有60 286名伤员、10 169名士兵、4 838名平民通过海路安全撤离，甚至包括一辆坦克。[19]苏军方面的损失同样无法准确估算，但他们的伤亡至少跟德国人同样惨重，特别是在最后的攻击发起后。许多参加过此次战役的人认为，海利根拜尔包围圈之战与漫长、严峻的东线战事中任何一场战役同样艰巨、残酷。纳坦根地区（Natangen）的战斗结束了。被毁坏的城镇和村庄里，残留的居民（许多人已受到苏联占领者的残酷对待）等待着他们不确定的将来。

1. H·绍夫勒，《维斯瓦河上的坦克》，第20页
2. E·基泽，《但泽湾，1945》，第88页
3. 同上，第89-91页
4. 同上，第94-96页，第107-108页
5. 同上，第99-100页
6. G·E·巴尔图蒂斯，《败局》，第180-191页，196-198页
7. B·克莱内，《记忆消失前》，第81-82页
8. H·施佩特尔，《"大德意志"装甲军军史》，第255-256页
9. G·E·巴尔图蒂斯，《败局》，第199-200页
10. 同上，第203-205页
11. F·冯·森格尔，埃特林，《第24装甲师》，第292页
12. K·迪克特，H·格罗斯曼，《东普鲁士之战》，第128页
13. 同上，第145页
14. P·巴姆，《看不见的旗帜》，第169-173页
15. 同上，第183-184页
16. F·冯·森格尔，埃特林，《第24装甲师》，第295页
17. 同上，第296页
18. C·达菲，《席卷帝国的赤色风暴》，第206页
19. W·豪普特，《红军到达德国》，第32页

第十二章
柯尼斯堡

生活、工作在柯尼斯堡的每个人仍抱有能继续守住这座城市的希望，他们最终会获得自由，要么得到来自外部的救援，要么通过战争结束的方式获得。

——奥托·拉施[1]

1945年1月临近尾声时，切尔尼亚霍夫斯基疲惫的先头部队完成了对柯尼斯堡的包围。有那么一段很短的时间（也许是两天），这座城市的防御极度混乱，根本无法组织起有效的抵抗，但战役开始后的一连串苦战使苏军部队遭受到严重消耗，士兵们疲惫不堪，将他们投入到一场有可能旷日持久的城市攻坚战中，切尔尼亚霍夫斯基对此持谨慎态度。同样令守军感到意外的是，攻城者似乎不太愿意采取强有力的措施打破柯尼斯堡与海利根拜尔包围圈之间脆弱的联系。拉施和他的下属们利用这一喘息之机，把手上可用的兵力组织起来，并将撤入柯尼斯堡的大批散兵游勇纳入到守军中。只用了八天时间，武迪希中校便用战斗力尚存的军官和士兵组建起八个步兵营，军械库里充裕的物资为他们提供了完整的装备。唯一的问题是没有时间对这些人加以训练，以便有效实施协同作战。[2]

柯尼斯堡被包围前，德国人从派瑟（Peyse）和皮劳的鱼雷仓库内搞来炸药，制造了数千枚地雷，尽管事后证明，柯尼斯堡周围冻得结结实实的地面使得地雷的埋设极为困难。他们还制造炮弹，引信从德国空运而来。在此期间，尽管局势危急，但拉施却很享受这个不受上级干扰、独自解决问题的机会，此刻，大区领袖科赫仍待在诺伊蒂夫的掩体中。"所有人都对党的压力的消失感到高兴。随着秩序得到一定程度的恢复，士气也开始有所上升。"3

仍留在城内的国社党官员（许多人以科赫为榜样，已在柯尼斯堡被彻底包围前逃至海边地带），现在与军事部门展开紧密、高效的配合。市长威尔博士与拉施和他的官员们合作，确保民政事务的处理与军方的意愿相吻合。1月27日晚，区党部首领瓦格纳被科赫派至柯尼斯堡，他证明自己是个可靠、有用的人，最终战死在城内。德国占领期间，冲锋队全国副总指挥海因里希·舍内曾与科赫一同在乌克兰工作，负责总督辖区内的六块地区之一；他选择留在城内，而没有跟随他的上司逃往诺伊蒂夫，舍内作为一名士兵奋战在前线，最终阵亡在那里。

但是，还有些国社党官员仍在发挥负面影响。为振奋市民们的士气，拉施宣布他将启动从柯尼斯堡到德国其他地区的邮政服务。市民们书写的明信片将被放在邮政总局，一有机会便投递出去。一名前任党内高级官员注意到这个有利条件，便给住在德国西部的家人写了张明信片，告诉他们柯尼斯堡的严峻态势，以及一些高级党员（特别是科赫）已逃离自己的岗位。不幸的是，这张明信片落入一个处理民政事务的常设法庭手中。法庭成员是几名国社党干部，他们判处这位前任党内高级官员死刑，罪名是散布不利于城市防御、不利于党的谣言。但拉施对城内的所有死刑判决拥有最后裁定权，这才制止了一场不必要的悲剧。4

许多人选择了自杀。汉斯·冯·伦多夫在他的日记中写道，氰化物胶囊供应充足，人们公开谈论着自杀，仿佛这是件微不足道的小事。城市遭到包围后没多久，伦多夫和另一名被称为"大夫"的外科医生发现，一所新到达的战地医院为治疗伤兵忙得不可开交，于是主动提供帮助：

我们投入到救死扶伤的工作中。一楼的光线最佳，伤员们已排列起长长的队伍。两名初级医生和一些医护兵忙着为他们更换绷带，所谓的绷带，不过是扎在受伤的胳膊和腿上的破布块而已。我们跪在地上，设法用夹板固定他们的四肢。有些人的伤口已然化脓。每个伤兵的伤势至少需要一个小时才能得到妥善处理，但在这里，我们只有五分钟时间，因为数百人正在等待。许多人仍穿着军装，他们直接从前线阵地而来，伤势还没有得到医治。我们工作时，身边的助手为我们提供了咖啡和最好的罐头食物。"大夫"和她的妹妹是第一批来到这所战地医院的女性，而我们则是这里的第一批平民。[5]

炮弹不停地落在外面，冯·伦多夫和战地医院的外科医生们在一间临时搭建的手术室里忙碌着，整个晚上和第二天，他们一刻不停，轮班为伤员们动手术。秩序渐渐得到恢复；手术室外，勤务兵像堆木柴那样将死者堆积起来。军官们不时来到医院，寻找尚能返回前线作战的士兵。

就连希特勒青年团成员也被派往前线部队。第1燧发枪手营营长施罗德上尉就得到了这样一批补充兵：

2月初，营里收到60–80名希特勒青年团成员，他们的年龄只有十四五岁，作为补充兵添加到我们的行列中。令人惊愕的是，所有部队都收到了这些半大的孩子。他们以蒂尔加滕公园网球场上的庄严和仪式宣誓。这些孩子热切地投入到训练中。他们中的许多人没有配发钢盔，因为钢盔太大，端起步枪射击时，钢盔会挡住他们的双眼。对此只能采取些补救措施。由于他们年龄太小，配发给他们的食物中没有酒和香烟，取而代之的是糖果和巧克力。[6]

被困在城内的德军部队，最具实力的是第5装甲师。柯尼斯堡被包围后没多久，该师报告说，他们只剩下17辆可用的坦克，另外还有7辆四号坦克歼击车，相同数量的战车正在修理中。他们很快就将获得补充——柯尼斯堡被包围前，第3装甲集团军防区内损坏的战车已被拖入城内，维修小组忙着拆除零件维修这些车辆。尽管如此，反坦克炮弹的短缺令人担忧。另外，四号坦克歼击车的状况也让师属反坦克营尤为担心：

最近几周的高机动性作战表明，这些四号坦克歼击车无法达到所要求的标准。光是机动性的要求便导致大多数车辆的减速齿轮、发动机和变速箱出现了问题。营里寥寥无几的拖车不足以找到受损的车辆,并将它们沿着挤满难民的道路拖离。全营总共损失了14辆战车,但只有3辆是在战斗中被敌人击毁,另外11辆被我们炸毁,以免落入敌人手中,因为我们无法将它们拖走。"[7]

尽管有一些机械故障,但在柯尼斯堡被包围前,这一小批四号坦克歼击车声称他们击毁了87辆苏军坦克和43门反坦克炮。

苏军发起攻势以来,燃料短缺的问题也给守卫东普鲁士的德国军队造成了严重影响。位于柯尼斯堡码头上的一座合成燃油厂每天生产5 000升汽油,能够加满20辆坦克。这些汽油优先供应给第5装甲师。拉施知道,该师的战斗力代表着守军最大的希望,他不得不让第5装甲师充当"救火队"的角色,以防苏军突破柯尼斯堡的防御。

劳斯将军和第3装甲集团军司令部的工作人员动身赶往波美拉尼亚,劳斯麾下的残部集结在泽姆兰半岛西部,现在已更名为"泽姆兰"集团军级支队。柯尼斯堡被包围后,他们对立即发起一场反击的可能性进行了简单的探讨。戈尔尼克将军第28军辖内的两个师刚刚撤出梅梅尔,此刻集结在柯尼斯堡北面30公里处的克兰茨,面对着苏军暴露出的侧翼,这些俄国人正向西涌入泽姆兰半岛。在"欧根亲王"号重巡洋舰舰炮火力的支援下,德军第95步兵师居然从克兰茨向东南方发起一场局部反击,这场反击的成功暗示着下一步、更大的收获。如果这些师向南突击,是否能与柯尼斯堡守军取得会合?这样一场行动,只有拉施同时向北发起进攻才有可能获得成功,鉴于柯尼斯堡目前危险的防御态势,拉施反对这种行动。第3装甲集团军同意他的看法,否决了这个计划。相反,戈尔尼克将军的第28军奉命向西南方攻击前进,以便与泽姆兰半岛的德国军队取得会合。这个任务在2月7日完成,但激烈的战斗表明,如果按照戈尔尼克将军先前的建议,发起一场与柯尼斯堡守军取得会合的进攻,那将是一项危险的任务——也许能将苏军部队切断在泽姆兰半岛,但要将对方歼灭,事实已证明极为困难。

2月17日,拉施受到已被任命为"泽姆兰"集团军级支队司令的戈尔尼克发来的一道命令:"2月19日,位于泽姆兰的各个师将发起进攻解救柯尼斯堡要塞。为此，柯尼斯堡要塞的守军应向攻击前进中的泽姆兰师发起突围。你们应投入第5装甲师和第1步兵师完成这一任务。"[8]

拉施当然早已多次考虑过发起突围的可能性，但他的看法是，位于泽姆兰半岛的德军师很难取得太大的进展。要让这场突围取得成功，大部分进展不得不由柯尼斯堡守军完成，特别是因为进攻中的泽姆兰师根本没有可用的装甲部队。柯尼斯堡守军对这几周时间加以充分利用，和他们一样，城市四周的俄国人也在忙碌，因此，突围行动将面对极为艰苦的战斗。突围要取得成功，光动用柯尼斯堡城内这两个被提名的师是不够的，拉施决定将第561人民掷弹兵师也投入其中。他要使用的这三个师，只有第1步兵师尚未被投入柯尼斯堡的防御中。另外两个师必须从防线上抽离，并以警察和人民冲锋队组成的混编部队替代他们。拉施知道这将削弱柯尼斯堡的防御，风险极大。但他认为，对城内守军而言，这是最后、最佳的希望，因此，他不得不冒险行事。

无线电拦截获得的情报表明，苏联红军已意识到德国人有可能发起突围。2月15日，据守在柯尼斯堡西面的苏军接到上级部门的提醒，防备德国人发起进攻，同时还获得了援兵。守在那里的苏军部队主要是第39集团军麾下步兵第113军的三个步兵师。这些部队的军纪极为糟糕，许多官兵更关心的是如何从普鲁士内陆地区搞到更多的战利品，而不是他们的职责。狂喝滥饮使许多苏军士兵无法胜任他们的任务，军用车辆上满载着抢来的东西。2月7日，步兵第950团的作训参谋兰德索夫中校，因醉酒受到惩处，他被处以五天监禁和半个月军饷的罚款。他的团长祖布琴科夫中校也受到训斥。[9]

拉施与戈尔尼克商讨了行动计划，2月18日他被告知，投入整个第5装甲师（而不是该师的部分部队）和第561人民掷弹兵师的建议违背了"泽姆兰"集团军级支队和"北方"集团军群的意见，因此，对于这些部队的使用，拉施只能自己承担责任。拉施心甘情愿地接受了。

前一天，第5装甲师的作训参谋向师里的高级军官们作任务简报时，命令已开始下达给参与此次突围行动的各部队，行动代号为"西风"。拂晓前一个小时，第1步兵师的"辛格"团将沿公路和铁路线两侧向前推进，赶往梅特格滕东郊。到达那里后，他们便给第5装甲师发去信号，该师随后跟进。对第5装甲师来说，先由步兵确保远至梅特格滕的道路至关重要，因为从柯尼斯堡通往梅特格滕的大半路途穿过一片沼泽地，他们的坦克无法部署在道路以外的地方。如果这场突围遭到拦截，第5装甲师将设法赶往弗里德里希堡，然后再转向梅特格滕。

第5装甲师的装甲团目前状况良好，第505重型装甲营的残部被纳入后，该团可投入战斗的坦克多达80辆。燃料不算充裕，但足够使用，只是弹药有些缺乏。师里的装甲掷弹兵团已获得补充，但新兵的作战能力令人担心。自一月底以来，指挥该师的一直是赫尔佐格中校，就在突围行动发起的前夕，京特·霍夫曼-舍恩博恩少将乘飞机赶到，接掌了第5装甲师的指挥权。面对眼前的情况，他决定让赫尔佐格中校继续指挥部队，待突围行动结束后再接任师长一职。

耶特克的伤势已彻底康复，并回到自己的师里，他将率领一个战斗群，跟随第1步兵师从于迪滕（Juditten）赶往梅特格滕。他指挥的是师里的第一战斗群，由第14装甲掷弹兵团、第31装甲团的大部和一些师属战斗工兵组成。第13装甲掷弹兵团、第31装甲团的余部和剩下的战斗工兵组成了第二战斗群。第一战斗群是主攻部队，第二战斗群保护其右翼。师属第5装甲侦察营掩护第一战斗群的左翼，特别是在科贝尔布德森林处。拉施故意对突围行动首日的进展做出严格限制，他担心第5装甲师突破苏军防线后，这道防线会在其身后再次封闭。

2月18日，耶特克和他的部下们进入出发阵地，看着第1步兵师的步兵们于清晨4点30分动身出发。他们等待着步兵到达梅特格滕的消息传来。

出乎意料，很快便传来了消息。赫尔佐格中校打来电话："耶特克，步兵已拿下梅特格滕，你们出发吧！"

为首的黑豹坦克和半履带车立即动身出发……我们仍在堤坝上时，队伍突然间停顿下来。前方的坦克和半履带车朝左侧猛烈射击。为首的黑豹燃起大火，车组人员跳出坦克逃了回来。中士报告说，他的坦克被左侧近距离内射来的炮火击毁。队伍无法继续前进，燃烧的坦克堵住了道路，车内的弹药发生殉爆。道路左右两侧都是无法通行的沼泽地。因此，正如计划中预见到的那样，该轮到"第二阶段"的行动了。在路边的水沟里，我遇到了步兵部队的指挥官，交火中，

1945年2月，柯尼斯堡突围

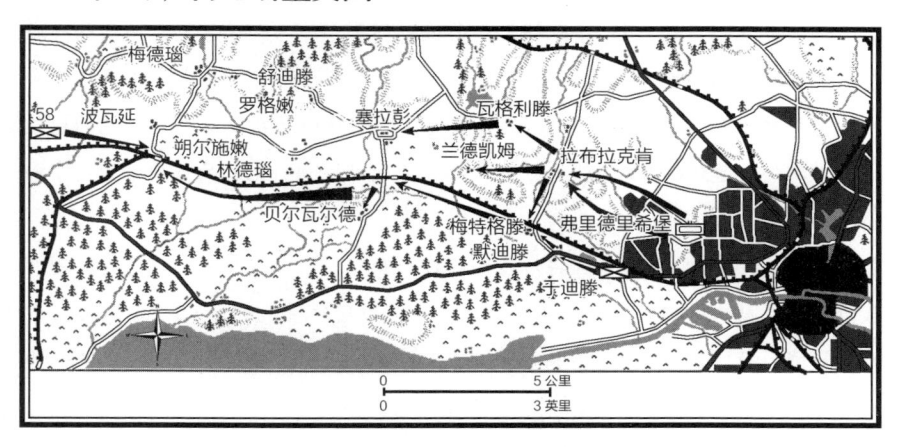

他告诉我："我们犯了个错误，我们没能到达梅特格滕的东郊，我们仍在默迪滕。"那里的村庄彼此相连，所以这个错误并不令人惊讶。我告诉他："设法继续前进，我们通过弗里德里希堡发起进攻！"在狭窄的道路上转身造成了极大的困难。回到出发地，我将情况汇报给赫尔佐格中校。[10]

第二战斗群部署在稍北面，他们现在成了先头部队。在耶特克部下们的陪伴下，该战斗群从弗里德里希堡两侧穿过，绕开了据守在一座庄园内的苏军小股部队。在默迪滕砖厂，为首的车辆遭到苏军反坦克炮火的打击，他们试图从北面对苏军阵地实施侧翼包抄时，遇到了俄国人的坦克。双方展开一场激烈的交火，苏军坦克随即撤走。又经过几场激战，耶特克夺取了拉布拉克肯（Rablacken）和兰德凯姆（Landkeim），随后从北面进入梅特格滕。在此期间，施罗德上尉率领着第1步兵师的燧发枪手营，沿着于迪滕公路向前推进：

23点前，全营在前线做好了准备。前方和右侧是冯·绍肯上尉指挥的第1中队，左侧是冯·吕特维茨中校指挥的第2中队。第3中队留在营部附近充当预备队,专门用于防范左侧茂密的林地,以防苏军从那里发起突然袭击。

只要炮击一开始,第1中队将沿一条溪流部署,冲入女子学校正南面的一道堑壕体系中,力图从侧面席卷布设在女子学校周围的阵地。跨过溪流后,一个扫雷组将被派给该中队。第2中队的任务是穿过梅特格滕东南方相对开阔的地段(那里有一些遭到破坏的房屋),冲入俄国人的战壕中,他们的首要目标是夺取消防站。

配备着重武器的第4中队将对已知的目标开火射击,以此来支援进攻,同时做好准备,待成功突破后实施阶段性推进。大口径迫击炮已在2月17日和18日成功"校准"过。第1中队的准备区遭到猛烈炮火的骚扰,造成少量人员伤亡,除此之外,一切都平稳、安静,完全出乎我们的意料。

进攻发起的15分钟前,友邻部队据守的区域传来激烈的交火声,敌人对左翼发起攻击,幸好俄国人的准备极不完善……在准备区进行了一番快速部署后,第1中队获得了极大的成功,经过一番苦战,他们突入到俄国人纵深防御体系的前方战壕。来自女子学校的大批反坦克炮、自动火焰喷射器和最激烈的防御几乎要将我们的进攻彻底粉碎。但通过对突击部队的熟练指挥,一个个抵抗点被逐一消灭,激烈的战斗伴随着严重的伤亡,敌人的防御体系被突破,俄国人被赶了出去。

第22燧发枪手团的战斗群,在马洛特卡上尉的指挥下取得了较快的进展,这得益于大批坦克在其右翼提供的支援。一番快速推进穿过镇子的住宅区,第3中队掩护着敞开的左翼,全营到达并夺取了梅特格滕镇西郊。[11]

确保马洛特卡上尉迅速获得进展的是耶特克战斗群里的坦克。第1步兵师夺取梅特格滕后,他的部下们得以重组,并对该镇进行了搜查:

1月29日-30日夜间,镇内居民被苏军的进攻弄得措手不及。留在镇内的男人寥寥无几,主要是妇女和孩子,他们遭到了厄运……尽管俄国人在镇内已待了两周,但受害者的尸体没有被掩埋,现场也没有加以清理。这里的状况比内梅尔斯多夫更恶劣!

见到这些令人震惊的发现后,我们不再有任何怀疑,突围行动必须取得成功,为100 000名妇女和孩子打开一条逃离柯尼斯堡的通道。士兵们在他们的车辆上写下"为梅特格滕复仇！"的字句。

第二战斗群的先头部队也已赶到，接下掩护我们右翼的任务。第一战斗群继续向西前进，进攻方向是铁路线的两侧，并沿公路赶往塞拉彭。地形很有利，因为南面的科贝尔布德森林与北面的高地（海拔111米，是泽姆兰半岛的最高点）之间，是一片8-10公里宽的开阔地。阳光明媚，能见度很高，在遍地积雪的映衬下，攻击群成了敌人很好的目标。他们从高地上观察着我们的动向，炮火越来越准确，越来越猛烈。

……2月19日午后，塞拉彭火车站被夺取，不久后，北面2公里处的镇子也落入我们手中。部分部队从火车站向南而去，很快就将拿下贝尔瓦尔德（Bärwalde），至此，我们完成了当日的目标。我们向师部汇报情况，询问是否要继续攻击前进。赫尔佐格中校从师部赶来，对我们取得的成就表示祝贺，随即命令第13装甲掷弹兵团和第53坦克歼击营必须先掩护部队的北翼，然后再继续进攻。

……高地上，我们据守在瓦格利滕村（Warglitten）的南部边缘，俄国人投入20辆坦克对该村发起进攻。他们的进攻被击退，苏军伤亡惨重，约有10辆坦克被击毁……没过多久，俄国人又发起新的进攻，这次是从北面冲向塞拉彭。他们再次调集起20辆坦克……这场进攻的命运与瓦格利滕村一样，敌人固执地使用陈旧的坦克战术，只以单独的营级兵力发起攻击——感谢上帝！

战斗群的指挥部设在塞拉彭火车站东面一公里的一座农场中，在这里，赫尔佐格中校向柯尼斯堡要塞司令作了态势汇报。他要求上级批准，待第13装甲掷弹兵团部署完毕后，战斗群继续攻击前进。如果上级不批准，形势对我们会很不利，因为这样一来我们便无法继续前进，第二天早上将面对俄国人重新构设起的防线。

但赫尔佐格中校批准我们实施强有力的侦察活动，这样我们就能在夜间干扰俄国人的行动。

下午晚些时候，俄国人的炮火越来越猛烈，只有战车能采取行动。于是，我们一直等到天黑，直到师里的第二战斗群赶至塞拉彭，接替了我们的右翼。我们的南翼也被赶来的步兵接替。晚上8点左右，我们的步兵刚刚在贝尔瓦尔德接防，俄国人便从东南方对该村发起猛攻。这场进攻被我们匆匆撤回的坦克和半履带车击退。夜里11点，师里截获一份苏军电报。敌人将于夜间在林德瑙、朔尔施嫩（Schorschehnen）和罗格嫩（Rogehnen）这几个村庄的东面构设一道新防线。

我们必须阻止这种情况的发生,但我们接到的命令是天亮后发起新的进攻。高级军官们对此沮丧不已,担心我们师会被切断在塞拉彭。

夜间,我们用坦克和半履带车组成的突击小组成功破坏了敌人构设新防线的计划。幸运的是,第二战斗群的一部将弗里德里希堡的庄园和梅特格滕北部地区的防务交给了第561人民掷弹兵师。[12]

对于这场突围行动该如何继续,引发了激烈的争执。拉施有两个选择:他可以用第561人民掷弹兵师肃清科贝尔布德森林,或者用该师接替第5装甲师,让腾出的装甲部队继续前进。后一个选择正是原先的计划,但拉施担心的是,大批苏军部队已撤入森林,第5装甲师向前推进时,敌人有可能从那里对该师暴露出的侧翼发起打击。就在争执不下之际,一份拦截到的电文提供了意想不到的帮助:一位苏军师长奉命将他的指挥部撤至康德嫩(Kondehnen)。拉施这才相信苏军步兵第113军并不打算发起反击,因而批准第5装甲师继续向前推进。

耶特克再次行进在队伍最前方:

2月20日凌晨3点,我们终于获准继续采取行动。天亮前不久,第一战斗群动身出发。几乎在这同时,俄国人从北面和西北面以坦克和步兵发起了进攻。第二战斗群据守着塞拉彭镇。但俄国人的进攻正落在第一战斗群的右翼。结果,敌人的进攻被击退,而我们在铁路线南面的攻击取得了成功。

第31装甲团第1营仍留在塞拉彭火车站,与一个半履带车连共同防御着西北方向。第一战斗群的主力此刻正在铁路线南面展开进攻。尽管地形条件不利,但进攻行动还是取得了进展。俄国人在各处的抵抗都很顽强,他们的坦克出现得不多,但反坦克炮非常多。敌人试图冲出科贝尔布德森林,对我们的左翼发起反击,但被我们击退。第5装甲侦察营的部分部队迅速赶来,为我们的侧翼提供掩护,直到步兵赶来接替为止。

师部随即安排第二战斗群接防塞拉彭火车站。这样一来,中午时,第31装甲团第1营和那个半履带车连便可以为我们所用。下午,我们听见西面传来响亮的激战声。夜幕降临前,我们的先头部队在波瓦延(Powayen)火车站与从泽姆兰半岛发起进攻的第58步兵师取得会合。突围行动的胜利令人欢欣鼓舞。数个苏军师被困在科贝尔布德森林中,这是敌人从北面和南面发起进攻,试图粉碎我方先头部队遭到失败后的结果。

2月20日攻击前进的过程中,第二战斗群不得不忙于击退苏军从北面对瓦格利滕和塞拉彭发起的猛攻。塞拉彭镇再度失陷。

现在,俄国人也从北面的梅德瑙(Medenau)对第一战斗群发起进攻。熟悉的场面再次上演——大批苏军步兵,外加20辆坦克。不管怎样,与西面的部队取得联系后,我们已派出部分部队向北推进。现在,我们所有的坦克和一个半履带车连都用于打击这股敌军,与此同时,第14装甲掷弹兵团第2营以一个半履带车连防御着科贝尔布德森林。我们的坦克在铁路路基后找到了很好的阵地,在这里等待着敌人的到来。俄国人的大多数坦克被击毁在舒迪滕(Schuditten)南面。几辆侥幸逃脱的敌坦克被我方步兵的突击炮摧毁,这些步兵已从波瓦延村发起进攻。至少有12辆苏军坦克被击毁。

夜里,我们据守着北面和南面的防线。天黑前不久,我们已将右翼的林德瑙村拿下。这很有用,因为这意味着我们可以在冰冷的夜间躲入村内暖和一下。

2月21日的整个夜晚,俄国人投入强大的步兵部队,在坦克的支援下,对我们师的北部防线发起进攻,与此同时,他们还试图从南面达成突破,特别是在贝尔瓦尔德。

这一夜非常关键。我们通过苦战夺得的通道相当狭窄。[13]

与此同时,德军第1步兵师,在"米科施"师的支援下,着手肃清科贝尔布德森林。

拉施怀疑泽姆兰半岛上的德军师缺乏向柯尼斯堡攻击前进的能力,这种担心被证明是有道理的。为了发起这场进攻,他们投入了三个师。第93步兵师部署在北面,第58步兵师位于中央,第548人民掷弹兵师在南面,潜艇训练学校的学员组成的一个临时营为第548师提供增援。尽管得到海军舰炮火力的支援,但面对苏军的顽强防御,德军进展缓慢。第一天,他们只前进了3-4公里,加尔特加本(Galtgarben)周围的高地在激战中数次易手。如果拉施没有将第561人民掷弹兵师投入战斗,如果这场突围只使用第5装甲师的部分部队,整个行动很可能遭受失败。拉施冒险抽调柯尼斯堡守军力量的做法被证明完全正确，特别是第5装甲师对突围行动的有力执行更加证实了这一点。"泽姆兰"集团军级支队司令戈尔尼克将军在一道日训令中大度地承认，突围行动获得成功完全归功于柯尼斯堡要塞司令的主动性，他勇敢地承担起违背上级意愿的责任。突围行动结束后，赫尔佐格中校将第5装甲师的指挥权交还给京特·霍夫曼-舍恩博恩少将，他被晋升为上校，并因为在"西风"行动中发挥的作用被召至柏林接受骑士铁十字勋章的橡叶饰。

德国人现在试图对这场突破加以利用，拓宽柯尼斯堡与泽姆兰半岛守军之间的陆地连接。近海处的德军战列舰提供炮火支援，第5装甲师在第58和第93步兵师步兵们的配合下，向加尔特加本周围的高地发起攻击，这座高地被称为111.4高地。起初，德军的进攻获得了一些进展，但苏军顽强的抵抗给他们造成越来越大的伤亡。

苏军中的伊萨克·科贝良斯基也参加了这一阶段的战斗。他所在的76毫米火炮连，奉命为部署在山丘底部附近的几个步兵连提供炮火支援：

> 山丘的平顶比一个足球场略小些，伫立着一座高大的、中世纪城堡塔风格的建筑……考虑到被迫后撤的情况有可能发生，我们的战斗工兵已在塔周围布设了大量炸药，并在这座建筑旁建立起24小时值班制。丘顶下方30米处，在一道两米深的沟壑中，构设了许多掩体和防空洞，驻扎着我们的指挥部和一个警卫班，另外还有两位团属炮兵连连长和他们的勤务兵，大约有30来人。
>
> 白天，步兵连在我们炮兵连的支援下，成功击退了2—3次德军步兵逼近高地的企图。天色渐渐昏暗，枪炮声消退了。我们放松下来，吃罢配有100克伏特加的晚饭后，我们沉沉睡去。
>
> 但在夜间，一场突如其来的战斗彻底爆发开来。午夜时刻，伴随着一发信号弹沉闷的发射声，丘顶上喷射出的猛烈火力将我们惊醒。我们听见山上传来陌生的话语：他们是德国人，通过某种近乎奇迹的方式，已到达丘顶。又一发信号弹腾入空中。当然，这是发给德军指挥官的一个信号，表明渗透部队已占据丘顶。我们所有的电话都陷入了沉默，显然，这些不请自到的"客人"在爬上丘顶的过程中割断了我们的电话线。我们不知道实施渗透的敌人有多少兵力。在丘顶建筑物旁值班的两名战斗工兵，他们的命运如何，我们同样一无所知。[14]

这是一个非常严重的事态发展。如果德国人重新夺回这座重要的高地，就将迫使苏军撤出相当远的一段距离，德国人可以将炮兵观测员派上视野开阔的丘顶，进而指引海军舰炮发挥破坏性作用。由于整体态势不明，再加上无法与其他单位取得联系，科贝良斯基和他的战友们商量着下一步该如何是好。天亮后不久，丘顶建筑物周围布设的炸药被引爆。苏军士兵试图对此加以利用，两次对丘顶发起突击，但都被击退。科贝良斯基随即联系他的连长，要求提供炮火支援：

20分钟后，我们听见两具"喀秋莎"发出熟悉的呼啸，随后，嗖嗖的风声从我们头顶掠过，30多发火箭弹在丘顶上炸开。雷鸣般的轰鸣声停顿后，我们发起了第三次冲锋。

这一次，德国人没能抵挡住我们的"乌拉！"在我们的欢呼声中，他们朝山下逃窜。我们迅速发起追击，逃跑的德国人几乎都被我们抓获。[15]

尽管德军对加尔特加本和111.4高地的进攻收效甚微，但他们获得了一个显著的胜利：苏联红军被逼退的距离，足以让火车在夜间通行于柯尼斯堡与皮劳之间。现在，城内的难民终于可以离开柯尼斯堡。但在整片被收复的领土上，德国人发现了苏军士兵渴望为苏联在德国占领期间遭受的痛苦实施报复的更多证据：

在这片重新夺回的地区，我们眼前的场景非常可怕。几个村庄里的居民遇难……[16]

现在，柯尼斯堡与外界的联系已恢复，拉施希望并认为党会安排柯尼斯堡城内的数万名难民实施疏散。但令他失望的是，这种指示并未下达。尽管恩格尔哈特和他的工作人员付出了极大的努力，但可用的船只仍无法满足等在皮劳码头上的大批难民，实际上，"威廉·古斯特洛夫"号和"施托伊本"号的灾难已广为人知，这使许多人放弃了经海路疏散的念头。最后，在派瑟设立起一座中转营，但这里的组织工作极为混乱，疾病、饥饿和寒冷使那些不幸的被疏散者遭受到更大的痛苦。许多妇女和孩子选择返回柯尼斯堡。尽管苏军的炮击和空袭很危险,但他们觉得待在城内更加安全,至少能找到食物和适当的住处。面对被激怒的军事当局,科赫在三月底宣布,他和他那些党内官员将部署近百万难民的疏散事宜。实际上,这场疏散行动完全归功于德国海军和商船机构的努力,他们接受恩格尔哈特的指示。另外,如果没有战俘们(主要是波兰人、比利时人、法国人甚至包括俄国人)的帮助,逃出包围圈的东普鲁士妇女、孩子和老人将会少得多。党几乎没有做出任何贡献。

科赫并未将自己局限于这份自负的公告中。更令他感到烦恼的是,资源的分流会妨碍他在弗里德里希堡重建自己的住宅。按照大区领袖的命令,党的官员们开始在城内构建数十道路障。市中心的房屋已被夷平,以修建一条临时飞机跑道,拉施反对这种做法,因为没有飞机可用于这条跑道。只有一次,帝国防务专员冒险返回柯尼斯堡,在夜间对城市进行了一场短暂的视察。

柯尼斯堡城内,一种奇怪的秩序得以恢复。商店、电影院和商业机构再次开门营业,报纸也恢复出版。从军事角度看,事态相当危急。戈尔尼克将军的看法是,苏军接下来将对泽姆兰半岛发起进攻,旨在再次隔离柯尼斯堡,并将戈尔尼克麾下的部队逼入泽姆兰半岛。为防止这种情况发生,戈尔尼克将军命令拉施麾下最好的两支部队(第1步兵师和第5装甲师)离开柯尼斯堡,以应对预计中苏军的攻击。作为弥补,拉施获得了第548人民掷弹兵师。就算这个师齐装满员,也无法与被调离的两个师相提并论,当初为了让第1步兵师和第5装甲师恢复战斗力,拉施和他的工作人员耗费了大量精力。同样严重的问题是,城内的70多门高射炮被调离,另外还有各种小股部队。城内守军的炮弹(大多是在围城期间辛苦制造出来的),很大一部分被运送给第4集团军,该集团军即将在海利根拜尔周围展开他们的最后之战。三月底,身心俱疲的拉施与"北方"集团军群司令魏斯取得联系,要求解除自己要塞司令的职务。柯尼斯堡与泽姆兰半岛的德军恢复了联系,他的任务已然结束。魏斯对此深表同情,但他向上级部门提出这个要求后没有得到回复,实际上,魏斯本人很快也将离开自己的岗位。

海利根拜尔包围圈的覆灭对德军指挥链造成了影响。由于实力严重衰减,"北方"集团军群司令部的存在似乎已属多余——第2集团军已被划拨给"维斯瓦河"集团军群,第4集团军作为一支有生力量已不复存在,第3装甲集团军在泽姆兰半岛的残部已不足一个军。因此，魏斯和他的参谋人员获准撤离，他们的工作交由第4集团军的米勒将军及其参谋人员接替。

对柯尼斯堡而言，海利根拜尔包围圈覆灭的第一个后果是10 000名伤员的到来。拉施对此举是否明智提出质疑，但他得到保证，这些伤员一旦康复，便能为守军提供深受欢迎的支援。最后的战斗开始前不久，拉施下令将伤员们送往皮劳。

人民冲锋队也从皮劳来到柯尼斯堡，海因茨·克罗尔也在其中，他最初是从韦劳而来。克罗尔原先并未被召入军队服役，因为他的一条腿在膝盖以上被截肢，但现在他却是一名军队行政文员。他在柯尼斯堡有一所小公寓，现在他高兴地发现，寓所完好无损。克罗尔唯一的问题是，他那条假肢严重受损，只能用胶带和绳子扎起来。他已从柯尼斯堡的一个矫形供应商那里订了一具新假肢，这次刚好趁着回城的机会去供应商那里取货。令他失望的是，店铺已人去楼空。住在旁边的一名妇女告诉他，义肢铺已迁至一所学校内，接下来的四个下午，完成自己的文书工作后，克罗尔便一瘸一拐地从一所学校寻找到另一所学校。最后，他来到一座被严重破坏的校园，这里堆放着大量矫形义肢。矫形供应商早已搬至这里，但却遭到炮火的轰击。在废弃的建筑内翻寻了几个小时，他发现了一个写着他名字的包裹：里面是他的替换假肢。他兴奋地返回到自己的寓所。[17]

曾跟随第367步兵师奋战于勃兰登堡—柯尼斯堡公路的博多·克莱内，现在也进入城内。7–20刺杀希特勒的行动失败后，诸多后果之一是德国军队里也设立起类似于苏军政委的职务。这个职务被称为Nationalsozialistische Führungsoffizier（NSFO，国家社会主义指导员），设立在团级以上的各个单位，克莱内就被任命为他们团里的国家社会主义指导员。他的一个任务是视察前线，为士兵们朗读党专为国防军创办的新报纸《铁拳》上的文章。克莱内知道这些文章与现实没太大的关系，对自己能否解决士兵们的怀疑也不抱任何幻想。他的团在柯尼斯堡东北部与师里的其他单位会合后，他继续从事着这个不受欢迎的工作，但还是在4月2日（复活节的星期一）抽时间探访了这座日益荒废的城市。

柯尼斯堡的守军无奈地看着城外的苏军日益强大，消灭海利根拜尔包围圈的部队现在被重新部署到这里。俄国人知道德国守军弹药短缺，他们公然在白天调动部队,夜间也不关闭车辆大灯。守军面对着实力无比强大的敌人。拉施在战后估计,整个苏联空军三分之一的力量被调至他这片区域。面对这种状况,德国人只有高射炮,弹药还不足,根本无法指望得到德国空军的帮助。炮兵们估计,他们的弹药只够打一天。至于兵力方面,拉施的守军不超过35 000人。而苏军投入围城的兵力多达25万,当然,这个估测数包括各种运输和后方单位,他们不会被投入战斗。不管怎样,尽管苏军的各个部队并不满员,但与守军相比,还是具有压倒性优势。德军第5装甲师突围后,俄国人在坦克方面也具有绝对优势——拉施手上只有一个突击炮连。一些德国人后来才真正了解到苏军的优势:

穿过内陆赶往战俘营的途中,苏军部队铺天盖地,以前只是估测,现在却清楚地显现出来。柯尼斯堡包围圈上,大炮一门接着一门,尚未使用的弹药堆积如山……各个村庄里挤满了他们的部队。[18]

一名德军团长也有类似的经历:

我从未见过如此规模的炮兵集结。一门大炮接着一门大炮,一个炮兵连接着一个炮兵连,各种口径,大批弹药。这里还有一排排坦克和"斯大林管风琴"。这些武器中的大多数从未使用过。各种武器组成的车队接连不断,沿着各条道路赶往柯尼斯堡。各个路口都有女兵加以管理,她们以娴熟的技艺指挥着交通。俄语路标、指示牌、画有部队符号的标志随处可见。各个村庄,各个农场,哪怕是最小的树林,都被部队占据。无论我们走到哪里,到处都是苏军部队。[19]

斯大林下达的指示是,对柯尼斯堡的总攻不得迟于3月28日。面对这种压力,华西列夫斯基坚持认为,这个时间安排无法做到。他的看法是,歼灭海利根拜尔包围圈后,需要数日才能将炮兵和空军力量部署到柯尼斯堡周围。遇到部下的反对意见,斯大林的反应与希特勒不同,他聆听下属的观点,同意稍事推延行动发起时间,甚至增派人手帮助华西列夫斯基。

4月2日,米勒将军来到柯尼斯堡拜望拉施,拉施回忆道:

令人惊异的是，尽管经历了海利根拜尔包围圈的覆灭，但他仍充满幻想，无法理解我对态势的悲观看法。他要求将所有师长、各独立单位指挥官，特别是党的领导者召集起来。在大学的地下室里，他向他们发表了一通坚强、极度乐观的讲话，表明他对最后胜利的信念。他能为我们提供的是一个新组建的战斗群，由第4集团军最后一战中幸存的士兵组成，这些人只配备着寥寥无几的手枪。他说，一场庞大的攻势将从这座城市发起，从而将俄国人赶出东普鲁士。我指出这样一场攻势要想获得成功至少需要4–5个深具战斗力的师时，他却无法说明能从哪里搞到这些部队。但他坚持认为，一切都会好起来的。

他随后告诉我，我很快会被替换。上级的印象是，我对要塞的防御已丧失信心，必须派一名新任指挥官来解决这个问题。我问他何时会将我解职，他告诉我，目前仍有些困难需要解决，因为原先的上司（魏斯）对我的评价非常好，暂时无法将我替换掉。但是，他会动用自己的影响力，要求元首将我撤换。[20]

交战双方都进行着侦察活动。苏联红军不断派出间谍，试图潜入城内，其中有些人是前德军士兵，他们冒充成逃脱的战俘。3月底，一大群士兵出现在第561人民掷弹兵师位于梅特格滕北面的阵地上，要求带他们去连部。到达那里后他们突然开火射击，随后逃回苏军防线，还抓走20名俘虏。在其他地方，袭击以更加传统的方式进行，这使苏军得以夺取位置更佳的阵地，为进一步的攻击做好准备。很明显，要不了几天他们就将发起最后的进攻。

苏军指挥官们对胜利充满信心，他们并不打算隐瞒自己的计划，甚至将此告知德国人。驻守在柯尼斯堡南部阵地的德军士兵听见苏军的大喇叭里宣布，总攻将在4月6日发起。在广播中说话的是文岑茨·米勒，他曾是德国第12军军长，在1944年7月的"巴格拉季昂"攻势中被苏军俘虏，当时，他带着幸存的部下在明斯克投降。被俘后，米勒同意在广播中发表讲话，呼吁德军将士投降。战后，他在东德官居显赫，一度担任过陆军总参谋长。他不遗余力地确保这支新军队的训练沿袭德国国防军的方式，并鼓励另外几名前德国国防军军官参与其中。

苏军在坦克和火炮方面具有极大的优势，并掌握着绝对制空权，这些足以弥补其步兵部队的弱点。另外，华西列夫斯基还采用了在一月攻势中获得良好效果的战术：作为进攻方，他可以将部队集结在他所希望的任何一处，将大多数防线交给与对面德国军队实力相当的部队据守。东面和东北面，柯尼斯堡近一半的周边阵地，只由一个军守卫，这就使第43集团军得以集中起5个军的力量对城市北部展开攻击。第39集团军辖下的3个军准备切断拉施与泽姆兰半岛守军之间的联系，而近卫第11集团军也将集结起力量，对柯尼斯堡南部防御发起进攻。下级部队中组织起特别突击队，这种突击队包括一个步兵营、一个战斗工兵连、一个76毫米火炮小队、一个火焰喷射器排、一个迫击炮排外加一群坦克和突击炮。由于无法实施空中侦察，拉施和他那些高级军官只能坐在那里听天由命。

4月6日，伴随着比东线迄今为止任何一场炮击更加猛烈的炮火准备，白俄罗斯第3方面军发起了他们的进攻。过去的两天里，苏军火炮已投入行动，但浓云和大雨使苏军飞机无法助其一臂之力。现在，天色放晴，火炮的齐射和轰炸机在整座城市纵横交错。德军防线与各指挥部之间的通讯迅速被湮没。所有人（军人和平民）都蜷缩在市内的防空洞中。苏军第43集团军从柯尼斯堡西北面率先发起地面进攻，这场打击落在德军第548和第561人民掷弹兵师头上。第548人民掷弹兵师留作预备队的一个团立即发起反击，但未能获得成功。在某些地段，面对苏军的猛攻，德军防线据守得很好，特别是庞大的"弗里德里希·威廉三世"堡垒和"伦多夫"堡垒周围的阵地——尽管这些阵地上落下500多发大口径炮弹，但这一整天，守军们继续实施着顽强的抵抗。不过，在另一些地段，进攻中的苏军部队进展神速，柯尼斯堡与泽姆兰半岛被隔断，这种情况看上去已无法避免。

伊萨克·科贝良斯基所在的近卫步兵第87师，在第43集团军的编成内参加了对柯尼斯堡西北部防御的突击：

1945年4月6日上午，我们开始了进攻……中午，我们到达了5a"伦多夫"堡垒。但我们的任务不是夺取这座堡垒。我们从西面绕过堡垒，继续向前推进。步兵第2营的任务是包围堡垒并迫使其守军投降。

我们一边消灭德军的抵抗，一边向前挺进。日落前，我们逼近了狭窄的兰德格拉本运河（Landgraben Canal），这条运河沿着市郊流淌。索因的部队在靠近

1945年4月，柯尼斯堡

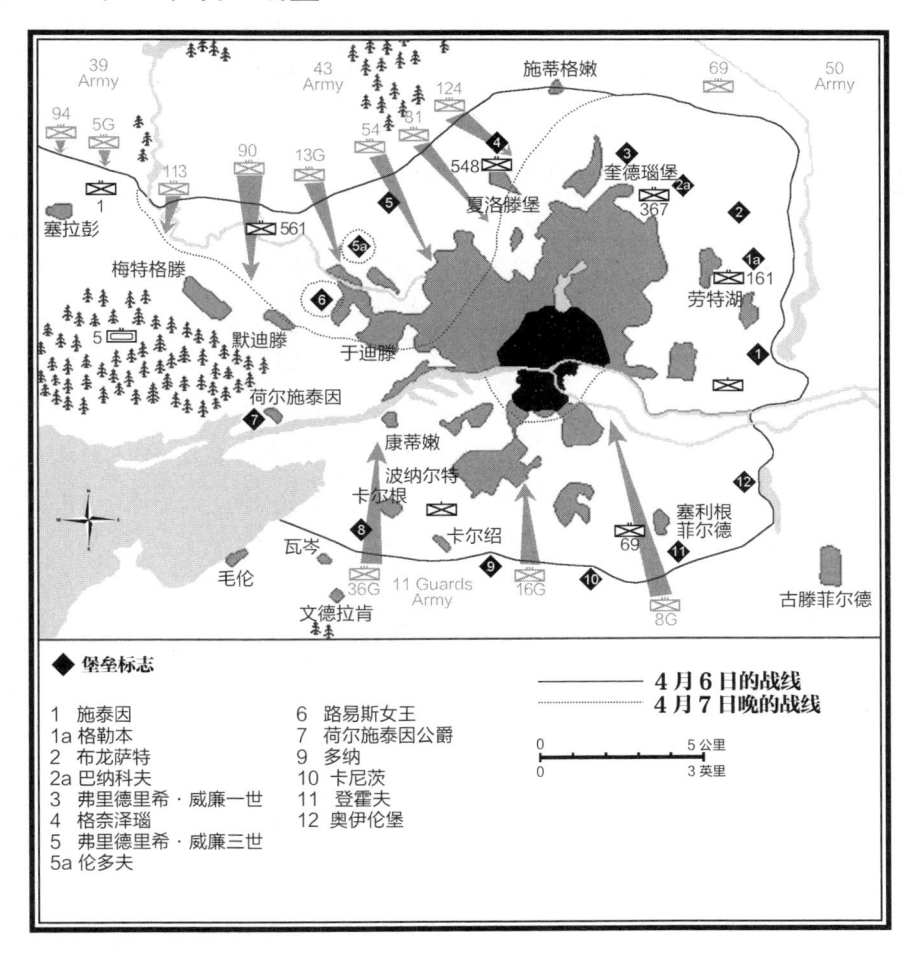

地图图例：
- ◆ 堡垒标志
- 1 施泰因
- 1a 格勒本
- 2 布龙萨特
- 2a 巴纳科夫
- 3 弗里德里希·威廉一世
- 4 格奈泽瑙
- 5 弗里德里希·威廉三世
- 5a 伦多夫
- 6 路易斯女王
- 7 荷尔施泰因公爵
- 9 多纳
- 10 卡尼茨
- 11 登霍夫
- 12 奥伊伦堡

—— 4月6日的战线
······ 4月7日晚的战线

0　　　　5公里
0　　　　3英里

运河桥梁处遭到敌人大口径机枪的扫射，被迫停顿下来。我的炮兵连朝敌人开了几炮作为还击，但敌人的机枪似乎变换了阵地，仍在射击。

第二天拂晓，两辆SU-76自行火炮跨过运河，其他士兵紧跟在它们身后。艰难的巷战持续了一整天。[21]

拉施手上没有可用的预备队,因而要求第5装甲师从泽姆兰发起进攻,帮助第548人民掷弹兵师恢复阵地。与此同时,近卫第11集团军迅速攻入柯尼斯堡南部,旨在从南面到达普雷格尔河,进而与北部铁钳取得会合。防线的其他地段,除了炮击,依然保持着平静。炮长德勒格隶属于一个反坦克团(这些反坦克团由撤入城内的五花八门的单位组成),被部署在南部防线上:

一通猛烈、持续的炮击后,中午12点,大批苏军步兵在坦克的支援下发起进攻。驻守在普拉佩尔恩(Prappeln)附近的一个反坦克排被打得措手不及,我们的一门火炮被敌人直接命中。卡尔根(Kalgen)左侧200米处,俄国人突破至波纳尔特(Ponarth)。从卡尔根布设到潟湖的反坦克障碍使敌人的进攻停顿下来。从普拉佩尔恩到潟湖的整个步兵防线被撕开,幸存者成了俘虏。敌人的攻击波次持续不断,一些俄国人设法逼近了我们的大炮,尽管如此,我们还是用几枚手榴弹将自己从危险的状况下解救出来。敌人的几辆坦克被我们击毁,另外几辆向后退去……弹药耗尽、左翼也遭到包抄后,我们于当晚丢下已派不上用场的大炮向后撤退。我的两只手都负了伤。[22]

4月7日,又是一场猛烈的炮击。与前一天相比,气候条件非常出色,这使苏联空军倾尽全力投入攻击。苏联空军总司令,空军主帅亚历山大·亚历山大罗维奇·诺维科夫,密切参与到空中力量与地面部队的协调工作中,他命令亚历山大·叶夫根尼耶维奇·戈洛瓦诺夫的空军第18集团军将远程轰炸机投入白昼轰炸,这是苏联空军前所未有的打法。戈洛瓦诺夫徒劳地提出反对意见:他的机组人员缺乏白昼轰炸的经验,很容易遭到德军战斗机的攻击。诺维科夫断然否决了他的意见,承诺会派出大批战斗机提供支援。密集的炸弹给这座满目疮痍的城市造成了进一步破坏。[23]

西面,德军第5装甲师准备发起反击,但苏军第39集团军针对德军第1步兵师展开进一步推进,第1步兵师部署在柯尼斯堡西面,以掩护派瑟、菲施豪森、皮劳的接近地,因此,第5装甲师必须更改其计划。第5装甲师的各个战斗群投入战斗,以防止柯尼斯堡的西部防线彻底崩溃。第14装甲掷弹兵团的威尔中士就在这样一个战斗群中:

（4月7日）我们在通往皮劳的一道铁路路基后准备向兰德凯姆发起进攻。经过一场短促、强有力的炮火准备，我们越过旷野向前冲去。我们成功地占领了一座庄园，立即在其前方设立起防御阵地。但胜利的代价也很高昂。当天，我们连阵亡4人，负伤28人。几天前刚刚接任连长职务的哈根少尉也在阵亡者中。黄昏时……已无人担任连长，大多数排长都已负伤。在庄园的地窖里睡了几个小时后，我恢复了体力。我对周边阵地进行了检查，以确保各个小组都能保持相互间的联系。我返回连部排时，战斗再次拉开帷幕。俄国人投入大批火炮，对我们防御薄弱的阵地展开炮击。10点前不久，一发炮弹落在战壕中，在我身后炸开。我感到肘部和肋骨遭到重击，觉察到鲜血涌了出来。我没时间为自己包扎。保罗下士在我前方惨叫。我跳了过去，把他拉入我们的战壕。我看见他的两块肩胛骨裸露在外。他仍能奔跑，因而我俩幸运地逃至一条下陷的道路，这里可以避开直射火力的袭击。我朝铁路路基外瞥了一眼，看见大批苏军坦克朝我们放弃的阵地冲去。我们来到营部，向维泽曼上尉作了简短的汇报，他后来也负了伤。营长随后把我们带到一辆两轮大车处，让医生为我们疗伤。[24]

为支援第561人民掷弹兵师所进行的战斗，几乎令威尔中士所在的营伤亡殆尽。面对苏军的猛烈进攻，向柯尼斯堡发起的一切反击毫无前景可言。4月7日晚，近卫第11集团军在柯尼斯堡南面的推进到达普雷格尔河，夜间，苏军步兵渡河来到北岸。城市南部的另一处，德国第69步兵师的一部为争夺主火车站进行了一场苦战。德勒格和他的战友们也在同一片地区作战：

我们这支部队的残部，夜间在施潘迪嫩（Spandienen）作战，4月7日清晨转至舍恩布施（Schönbusch）。敌人从波纳尔特攻入舍恩布施，我们不得不撤至纳森加滕（Nassen Garten）。道路两侧的草地都已被水淹没，而且遭到敌人的炮击。隐蔽在路基后，有时候干脆躲入水中，我们就这样幸运地逃了过去。有些散兵游勇试图冒着苏军的机枪火力从水里游过去。有些部队已在纳森加滕构设起阵地，包括两门反坦克炮。

连里的其他人也在林格兵营的车库旁进入了阵地。俄国人的几门120毫米火炮部署在舍恩布施公路上，但这些大炮一次次遭到我方反坦克炮的准确打击。

聚集在道路两侧的敌步兵也遭到打击……随后，俄国人派出4辆T-34对付我们。我们的少尉阵亡。敌空军对我们的攻击一直持续到黄昏。由于通向主火车站的道路已落入敌人手中，我们不得不撤往席肖工厂。我们从这里继续沿普雷格尔河后撤。黄昏时（其间一直与苏军保持着接触），我们跨过铁路桥，过河后没多久，这座桥梁便被炸毁。[25]

第367步兵师，克莱内所在的团此刻据守着庞大的奎德瑙堡（Fort Quednau），这座防御工事是在第一次世界大战前建造的。尽管古老陈旧，但面对苏军的炮击，这座堡垒还是提供了相当大的保护。堡垒外停放着第367步兵师最后几辆突击炮中的一辆：

这辆突击炮的车长是一名上士，他驱车朝着俄国人冲去，直至预先测定的路口处。俄国人的T-34都来自这里，但这些坦克似乎不想沿着相对完好的街道继续前进，因为他们担心地下室里的德军步兵用"铁拳"对他们发起攻击。这辆突击炮频频回来取弹药，车长每次都报告说，他又击毁了一辆或两辆苏军坦克。就这样，他来回奔波，猎杀着敌人的坦克。但4-5次后，他再也没有回来，显然，他的突击炮被敌人的坦克击中了。在此期间，配备着火焰喷射器的苏军步兵也在向前推进，朝着地下室的窗户喷吐出火舌。有些地下室里满是平民。[26]

柯尼斯堡南部，与德国国防军并肩作战的还包括警察。"舒伯特"战斗群就是这样一支单位，这支警察部队的残部在一月份时撤入城内，利用柯尼斯堡市内的警察和党卫队人员补充了自己的实力。该战斗群的一部被困在波纳尔特，几乎全军覆没。

到达普雷格尔河后，苏军迅速向东、向西渗透，试图困住河流南面的守军。已沦为废墟的市中心现在成了主战场，南面的守军竭力守住普雷格尔河上最后的桥头堡。截至4月8日结束时，这里已没有足够的兵力继续实施坚守，拉施命令幸存者撤至北岸。普雷格尔河南面的半个柯尼斯堡已落入苏军手中。警察营和第69步兵师的残部沿北岸占据着阵地：

(4月9日)拂晓,敌人加强了对城市北部的炮击力度,那片地区仍在我们手中。航空炸弹几乎一刻不停,雨点般落向我们的指挥部、炮兵阵地和支撑点……经过炮火准备和空中轰炸,敌人集中力量,对市中心北部(大致为大学区)发起进攻。推进中的敌军部队与各支撑点守军之间的巷战持续了一整天。由于敌人占尽优势,我们的支撑点一个接一个丢失。

……"舒伯特"战斗群坚守阵地直至傍晚时刻。敌人在本战斗群防区内渡河的企图被扼杀在萌芽状态。敌人冲向国王门(Königstor)和扎克海姆(Sackheim),逼近了罗斯加滕市场(Rossgarten Market)……为阻止敌人的进攻,第31团的左翼撤至新市场(New Market),并沿兰德霍夫迈斯特大街(Landhofmeisterstrasse)延伸至柯尼斯大街(Königsstrasse)。后撤中的其他单位被召集起来,作为援兵投入战斗。下午早些时候,敌人设法从各个方向逼近市中心。巷战和逐屋逐房的争夺随处可见。躲在地下室里的平民绝望至极,他们哭喊起来,但这种呼声湮没在激战声中。战线极不清晰,实际上可以说是一片混乱,没人确切地知道哪一部分在我们手中,哪一部分在敌人手里。战斗群指挥官与团里的联络早已中断,同样,各股部队也已丧失与友邻单位的联系。组织战斗已不复可能。各支撑点的守军只能各自为战。

在这种情况下,我接到上司舒伯特少将的指示,他让我带上两个可靠的人,设法赶到位于阅兵广场的守军司令部,以便让司令官了解我们这个战斗群的状况,另外,我还要弄清其他地方的情况,特别是我们的友邻部队;弹药补给问题也需要解决;最后,我还要弄点一级铁十字勋章,准备颁发给那些英勇奋战的士兵。

不幸的是,完成这个任务后,我却无法返回战斗群指挥部,因为离开守军司令部的掩体时,我的右大腿被弹片炸伤,无法行走。[27]

4月7日,柯尼斯堡与泽姆兰守军之间依然保持着联系,拉施提出迫切的请求,要求上级批准突围。这样一场向西的突围必然要放弃柯尼斯堡,因此,拉施对米勒的断然拒绝并不感到意外。截至4月7日结束前,通往皮劳的最后一条道路已被切断。冒着密集的炮火,守军试图重整其迅速消耗的部队。第61步兵师剩下的兵力勉强够三个营,他们被派去加强普雷格尔河的防御。由于炮击造成的延误，他们到达得太晚，已无法阻止苏军在北岸夺取几处立足点。4月8日清晨，这些立足点内的俄国人向西北方冲去，与从北面切断皮劳公路的苏军部队取得会合。

4月8日，科贝良斯基所在的师也从北面向柯尼斯堡压去：

确定我们在柯尼斯堡市中心的准确位置不太容易。另一些突击组在相邻的街道上作战，每到一个路口我们就得停下，以获取关于我方位置、敌军阵地以及整体态势的具体情报。

又一次停顿下来时，一座小旅馆的招牌引起了我的注意。出于好奇，我推开大门，走入宽敞的门厅。这里挤满了年迈的妇女，她们当中，至少有五个体衰者坐在轮椅上，还有两人患有手颤症。每个人看上去都惊恐万状。

门厅的尽头传出一阵响亮的骚动。一位年迈的德国人站在四五个苏军士兵当中，他们看上去不像是我们师里的人。这个德国人个头不高，头发花白，身穿深蓝色制服，鎏金纽扣，镶着花边，配有肩章。几名苏军士兵显然认为他是个重要的德国军官，于是把他拖向门口。这位老人用尽全身的力气挣扎着，一遍遍喊道："Ich bin der Portier!"（我是个门童）

我听懂了他的呼叫，无法对此视而不见。于是，我插手干预，向几名士兵解释了他在喊些什么以及他为何要穿这身制服（当时，我那些同胞大多来自农村，以前从未见过门童），然后，我建议这位老人赶紧把这身制服换掉。

但我的翻译任务并未结束。门童事件刚刚了结，我便听见门厅的角落处传来一名妇女的喊叫："请您离我远点，我都50岁了，老得足以做您的母亲……"然后我看见一个陌生的苏军士兵搂抱着一名竭力挣扎的妇女。我上前询问这名士兵是否明白她在喊些什么，没等他回答，我便把她的话翻译了一遍。这名20来岁的士兵顿时恼羞成怒，他放开那位妇女，用俄语大声咒骂着，朝大门走去。

我们继续前进，中午时，我们的突击队逼近了市中心普雷格尔河上的一座桥梁。从这个有利的位置，我们可以看见两座大型建筑的轮廓。后来我才知道，那是皇家城堡和柯尼斯堡大教堂。它们都是古建筑中的杰出作品，但1944年8月下旬英国皇家空军的空袭，再加上我们发起最后突击前实施的炮击，这两座建筑已遭到严重破坏。

很快,我们遇到了托尔斯季科夫上校近卫步兵第1师的近卫军士兵,他们隶属于近卫第11集团军,该集团军正在河对岸向前推进。这场会师是战役整体计划中预见到的决定性事件之一。[28]

这座城市被彻底包围。德军第561人民掷弹兵师被切断,师里的大多数幸存者待在包围圈外。当地国社党高级官员们组成的一个代表团找到拉施,要求用电台联系他们缺席的大区领袖,请他批准实施突围。科赫将他们的要求转达给米勒。米勒修改了下达给拉施的指示:柯尼斯堡必须不惜一切代价坚守,但可以用实力较弱的部队向西突围。

拉施亲自与米勒取得联系,指出无法执行这道指令。只有将城内部队集结起来,突围才有可能获得成功。但米勒固执己见:柯尼斯堡要塞必须坚守到最后一个人,只能用实力虚弱的部队设法与第561人民掷弹兵师取得联系,后者将与第5装甲师的一部共同发起进攻。但这些进攻部队到达于迪滕后不会再向东推进,他们担心一旦苏军发起反击,他们自己也将被困在柯尼斯堡包围圈内。

拉施开始亲自处理这些事宜,并调集起手中最强的部队,他知道,面对苏联红军猛烈的炮火,残存的守军几乎已无法移动。第61步兵师师长鲁道夫·施佩尔中将将从他的师里尽量抽调几个营,另外还有第548人民掷弹兵师的一部,外加第367步兵师的炮兵单位。要塞炮兵部队的残部将为他们提供额外的援助。当地党组织的任务是集合、引导城内的百姓。

冒着持续不断的炮火,突击部队设法赶至集结区。与此同时,当地党组织命令市民们于4月9日零点30分在柯尼斯堡西门集合,但他们没有与军方的行动进行协调,命令的下达甚至没有通知拉施。这场大规模集合不仅堵住了拉施作战部队需要使用的道路,还使苏军提前获悉德国人即将发起突围。猛烈的炮火集中到这片区域,给平民们造成了严重伤亡。

莱温斯基少校是第61步兵师的一名团长,4月8日清晨,他接到命令将他的团撤出前线,作好从罗斯加滕市场向皮劳突围的准备,为其提供支援的是师里的一个炮兵营。由于苏军的炮火和试探性进攻接连不断,这道命令根本无法执行,因为苏军会立即发现德国人的动向,并利用该团后撤的机会冲入德军防线。当晚,新的命令终于到来:第548人民掷弹兵师、第561人民掷弹兵师和第

61步兵师的残部将对柯尼斯堡—皮劳公路的南部发起进攻，达成突破并为平民的疏散夺取道路，这场行动由第548人民掷弹兵师师长埃里希·祖道少将统一指挥。与此同时，一小群突击炮和自行高射炮将沿着通往皮劳的主公路强行杀开一条通道。这场行动将于当晚11点发起，5个小时后，第5装甲师将从包围圈外向东攻击前进，设法与突围部队取得会合。

就在突围行动即将发起前，第561人民掷弹兵师师长施佩尔中将被炮火炸成重伤（译注：正如上文所述，施佩尔中将是第61步兵师师长，另外，第61步兵师已于44年10月改为第61人民掷弹兵师）。尽管如此，莱温斯基的第192掷弹兵团（译注：应为第162掷弹兵团）将在炮兵营的支援下率领第61步兵师的进攻，他们冒着接连不断的炮火，设法来到扎克海姆塔旁边一座相对安全的孤儿院，扎克海姆塔是城内一座古老的防御工事：

每个营都配备了熟悉地形的向导，但后来我们发现他们派不上什么用场，因为柯尼斯堡市中心已沦为地狱，他们原先掌握的情况变得毫无用处。市内的许多道路被炸得满是弹坑，犹如鬼魅的月球表面。已侦察过的路线一个小时后便无法通行。炸弹的爆炸，迫击炮弹和大口径火箭弹一次次的摧残，临街残存的建筑倒向街道，留下巨大的弹坑。后方单位、火炮、突击炮从北面和南面进入这片地狱，被堵得水泄不通，前进不得，后退不能。我们团不得不设法穿越这片地狱，我们不停地寻找通行路径，遇到反坦克障碍和巨大的弹坑后一次次折返。我们的炮兵和支援单位很快便被堵住，陷入各种车辆构成的长龙中，道路已被新出现的弹坑和瓦砾堵塞。零点35分，团部人员终于到达鬼魅般的森林，这里曾是植物园。这片地带同样遍布着可怕的弹坑，还有大批被炸断的树木……第548和第561人民掷弹兵师的部队也将于午夜从城北火车站和邮局动身出发。无法获知他们成功与否。施特恩瓦特堡垒（Sternwarte）伫立在我们前方，这是内环防御圈上一座古老的防御工事，战壕位于其西面，我们将从那里进入一片未知的世界。堡垒内笼罩着一种悲观的气氛。数百名军官和士兵聚集在房间和过道内，等待着黎明的到来。我们在这里遇到了贝特霍尔德上尉，他率领第171掷弹兵团的残部等待着加入我们的行列。他只剩下150名士兵。

在此期间，第一批连队已出发。但到凌晨2点时，大多数团仍未到达他们的出发线，有些连队消失得无影无踪。第367炮兵团的哈特曼少校集结起的士兵寥寥无几，约有30余人，他的大炮被堵在市中心。第61步兵师的参谋长一再催促开始行动，时间极为紧迫，我们必须借着夜色的掩护尽快向泽姆兰突围。凌晨2点左右，我们出发了，第1营位于右侧，第171团的残部居左，为我们提供支援。战壕前方有一道深深的铁路路堑，这条铁路线从主火车站通往城北车站，我们必须跨过去。俄国人的第一道防线被迅速打垮，我们向前推进，进入一片墓地。我们在这里遭遇到第一个困难。侧射火力从四面八方扫来，"斯大林管风琴"的齐射也落向墓地。这片地带杂草丛生，遍布铁丝网，只有几条小径，几乎无法保持方向感。唯一的地标是俄国人的一辆广播车，它位于我们右侧，不停地将宣传内容散播到夜色中。团部人员带着一个突击连跟在我们营身后。我们只遭遇到零星的抵抗，都被我们手中的突击步枪打垮。在团部人员的右侧，一个步兵营卷入到激烈的战斗中。显然，第1营在右侧离开得太远，并冒险进入到旧皮劳公路沿途的房屋中。派出去的传令兵没有返回，本该紧跟在我们身后的第二波次似乎尚未出发。翻过墓地周围的围墙后，我们在左侧停了下来。在这里，我们跟哈特曼少校分开了，他带着他那些炮兵往前走了一小段，没多久他便发现从这个方向突围无法取得成功，于是带着他的部下返回柯尼斯堡。

我们无法与左侧的第171团取得联络，只听见冲锋枪的射击声从各个地方传来，无法判断他们究竟在哪里。穿越铁路线时，猛烈的火力从两侧射来，我们不得不退了回来，尽管我们原本打算从这里取得突破。我们的向导，中校克泽尔博士，完全迷了路。于是，我们冲入一片已被彻底摧毁的工厂区，敌人的坦克本应在这里集结，但我们没有遭遇到任何抵抗。

突然，我们意外地发现自己位于荷尔施泰因水坝和普雷格尔河河畔。此刻，天色已渐渐放亮，但我们别无选择，只能沿荷尔施泰因水坝向西而去。我们这群士兵现在只剩下40-50人。在墓地里，我们损失了许多弟兄。我们设法穿过几座被俄国人占据的房屋，没有被他们发现，直到我们的尖兵在附近的粮仓遭遇到敌人的火力打击。片刻间枪声大作，所有的窗户都朝我们喷吐出火舌，就连河对岸也开火了。遭到四面八方火力的打击，但我们还是设法来到一排粮仓的顶端。在这里，我们转向右侧。我们已无法沿荷尔施泰因水坝继续前进，因为这片地区里的每个人都已被惊动，从这里通过的可能性微乎其微。此刻已是清晨5

点,黎明的雾霭中,能见度相当好。

最后,在沼泽地里耽搁了一整天后,我们终于穿过默迪滕与大荷尔施泰因(Gross-Holstein)之间被水淹没的沼泽。不远处有一小群171团的士兵,20来人,几名军官带着他们,另外还有在我们之前出发的第548人民掷弹兵师的一小批人。突围失败了,只有少数人和几辆突击炮成功逃脱。突围行动发起后没多久,祖道少将就在路易斯教堂(Luisenkirche)附近阵亡。[29]

这个混乱的夜晚,士兵和百姓为躲避炮火的轰击而逃回城内时,德国人的指挥和控制彻底崩溃。有那么一阵子,城市的西部防御完全敞开,德国人费了很大的力气才勉强恢复了防线。

克莱内和第367步兵师的一些战友也靠近了柯尼斯堡的公墓,他差一点闯入到一个苏军防空阵地中。驻守在高射炮周围的苏军士兵朝他们射来猛烈的火力,德国人落荒而逃。与团部人员会合后,克莱内再次出发。尽管炮击有所减弱,但依然危险。克莱内的指挥官卡斯纳上校被弹片击伤了胳膊。克莱内和战友们把上校送至财政部大楼,这里已搭设起一座战地医院。将上校留在医院后,他们动身赶往多纳图姆(Dohnaturm),那是城内另一座老旧的堡垒,现在已成为第367步兵师第974掷弹兵团最后的指挥部。[30]

一些德军士兵组成临时小组,试图逃出柯尼斯堡。科贝良斯基所在的部队驻守在一所医院的废墟中,他们抓获了两名德军士兵,这两个德国兵交代了他们的企图:

他们的部队是一群乌合之众:几个战斗群的残部,外加一些作战小组,还有些出于各种原因与部队走散的士兵。夜色降临时,300多人聚在这里,其中有一些平民,还有三名妇女。

几名高级军官率领着这群人,他们决定设法逃脱,趁着夜色穿过这座城市,以便到达沿海湾向西延伸的主干道。他们的计划是避免战斗,悄无声息地溜过我们的防线,寄希望于我方士兵的粗心大意和熟睡。

一辆缓慢前行的虎式坦克(苏联方面的记述经常将所有德军坦克都称为"虎式",所以不能从字面上去理解)走在最前方,几辆汽车尾随其后,再往后是步行的队列。起初，进展顺利。他们从我们所在的医院经过，甚至没有注意到那些散兵坑（我们的哨兵在里面呼呼大睡）。然后，他们又经过我们的团部驻地，继续前进了300米，突然，为首的坦克陷入一个深深的弹坑中，整个队伍停顿下来。

对这支逃跑的队伍来说不幸的是，就在这时，两名苏军炮兵朝一门野战炮走去，这门火炮伫立在环绕着前院的灌木丛中。这两名炮兵去接替熟睡中的哨兵。来到火炮旁，他们突然看见一辆汽车和一些德军士兵站在15米外。两名换岗的哨兵赶紧唤醒熟睡中的炮兵，四名炮组成员迅速调整火炮，一炮命中了那辆汽车。惊慌失措的德国人四散奔逃，炮兵们用冲锋枪对着他们开火射击。为躲避火力的打击，一些德国人跳过篱笆，逃入院落和房屋中。有些人紧贴着一道围墙，大多数人仓促逃离，开火还击的德国人寥寥无几。突如其来的战斗声惊醒了许多熟睡中的苏军士兵，他们加入到炮组人员中，对着已瓦解的德军队列猛烈射击。德国人退入森林，街道上至少丢下10具尸体。[31]

科贝良斯基决定将两名被俘的德国兵派回去，劝说其他德国人投降，并告诉他们，明天早上6点30分回来，然后，他坐下来享受配发了不少伏特加的晚餐。到了约定的时间，两个被俘的德国兵准时出现了，身后还跟着100多名德国兵。他们当中没有一个佩戴军官标志，当然，一些军官可能在投降前扯掉了军装上的军衔标志。[32]

4月9日拂晓时，拉施知道自己的防线已土崩瓦解。他的作战态势图上清楚地表明形势已是多么无望。柯尼斯堡市中心的西部边缘，第61步兵师的残部在施特恩瓦特堡垒周围勉强据守着一段一公里长的防线。米科施临时组建的师驻守在第61步兵师的东南面，封锁了进入施泰因水坝（Steindamm）和利岑特（Lizent）的通道，舒伯特实力锐减的战斗群继续沿普雷格尔河守卫着东面的防线。一支人民冲锋队和临时战斗群构成的混编部队坚守着立陶宛塔（Lithuanian Tower）周围的废墟。东北方，第367步兵师的主力继续控制着陈旧但却依然强大的格罗尔曼堡垒（Grolman），而第69步兵师的一部和另外一些杂七杂八的部队构成了城市北部的防御。西北方再度出现没有确切部队守卫的情况，那里只有些缺乏协调、支离破碎的战斗群。

很快，战斗沦为各自为战。撤入内环防御圈既设阵地的做法毫无意义，因为道路已被遍地的瓦砾和废弃的车辆堵得水泄不通。苏军士兵以废墟为掩护，遇到抵抗激烈的支撑点，他们便将其绕过。现在进行的主要是步兵战，配备着"铁拳"的德国守军利用遍地瓦砾的优势逼近、攻击苏军坦克。不过，这场战斗只能有一方获胜。随着黎明的到来，拉施决定再次采取单方面行动。

与上级部门的联系已中断，尚存部队的命运（更不用说成千上万名百姓）严重依赖于他的良心。拉施与参谋人员进行了商讨。弹药储备已告罄，所有仓库已所剩无几。包围圈外毫无发起救援的迹象。来自外部的最新消息表明，波美拉尼亚、西里西亚和勃兰登堡均已落入苏军手中，而英美军队已跨过莱茵河，对汉诺威形成了威胁。耗费更多的生命已毫无意义，设法赶到拉施司令部的各个师长对此一致表示赞同，附近防线上的守军指挥官克温中校，奉命将一份书面通知交给对面的苏军部队，要求他们与上级联系，安排停火。与此同时，他们还给OKH（陆军总司令部）发去一封电报。

在此期间，激战仍在持续。预备役军官汉斯·格拉赫据守在市中心一座古老的城堡内，他带着一群顽强的守军撤入地下室。他们与外界彻底隔离，对停火事宜一无所知，因而仍在战斗。两名军官试图冲出这片废墟，以便弄清楚其他地方的状况，他们冲入苏军的弹雨中，消失得无影无踪。最后，4月10日凌晨1点，残存的守军举手投降。

南面，舒伯特警察营残部的抵抗也已趋近尾声。东普鲁士党卫队保安处头头，区队长霍斯特·伯梅，现在指挥着一个临时组建起的警察团。获知拉施下令投降后，他宣布立即解除这位要塞司令的职务，由舒伯特少将接任。舒伯特对这一任命并不热衷，他告诉身边的参谋人员，他认为自己不适合担任这个职务。舒伯特推荐第31警察团团长福格特少校接任要塞司令一职，并将自己置于这位少校的指挥下。

福格特接受了任命，命令残存的守军继续实施抵抗。苏军向前推进，绕过一些支撑点，消灭了另一些据点，福格特这才下令所有守军撤向城堡，在那里实施最后的抵抗。苏军步兵已插入警察战斗群残存者与城堡之间的街道，后撤中的德国人不得不杀开血路强行通过。一小群士兵，约有150人左右，设法到达了城堡，他们只携带着随身武器，而且弹药几乎已耗尽。进攻中的苏军部队也知道，这座堡垒可能是德国人最后的抵抗据点，于是调集火炮对其展开猛轰。伤亡越来越大，福格特决定放弃城堡，午夜时，残存的守军分成一个个小组动身出发，试图溜过俄国人的防线，逃往泽姆兰地区。这是一个绝望的尝试，没有一个小组成功逃脱。福格特本人消失在满目疮痍的城市中，估计是阵亡了。党卫队区队长霍斯特·伯梅试图乘坐一艘小船渡过普雷格尔河，中弹落水后被淹死。

舒伯特与警察部队的参谋长佩施克中校、作训参谋登宁豪斯少校以及另外几名参谋人员设法逃至于迪滕附近的几座掩体内，他们躲在里面，考虑着下一步该如何是好。突然，他们听见敌人逼近过来。苏军士兵命令德国人投降，否则格杀勿论。一座掩体里的德国人高举着双手出去了。舒伯特、佩施克和登宁豪斯躲在第二座掩体内，俄国人也命令他们出来投降。他们没有做出回应，于是，俄国人往掩体里扔了几枚手榴弹。舒伯特此前曾明确表示过，他不想成为俄国人的俘虏。掩体的入口被牢牢堵住，苏军士兵无法强行冲入。这几名德军军官究竟是逃离了这座掩体，还是被手榴弹破片炸死，无从确定。反正，再也没人见过他们。

成功逃出苏军包围圈的莱温斯基少校，在城市西面的阵地上目睹了这场攻城战的结束：

> 此刻是白天，我们看着身后那座垂死的城市。她被笼罩在硝烟和火焰中，大口径炮弹仍在不停地落下，爆炸的闪烁将她照亮。下午5点，激战声渐渐消退。几处阵地上传来零星的机枪扫射声，但这些最后的战斗迹象最终也消失了。黄昏到来时，一团团黑色的烟雾被多处起火点红色的火光照亮，笼罩着这座死城。[33]

一个接一个，包围圈内残余的抵抗点不是被打垮就是放下了武器。在某些地方，孤立的守军对是否应该投降的看法并不一致。福尔默少校率领的东普鲁士技术警察营残部是普雷格尔堡垒的最后守卫者。下级军官们希望继续抵抗，但他们的指挥官认为再打下去毫无意义，于是下令投降。当天深夜，被派去联系苏军的克温中校，带着一群苏军军官回到拉施的司令部。这些苏军军官解释说，他们已就投降条款达成一致，这与他们先前的通告相符合。放下武器的德军士兵将得到充足的口粮，伤员会得到救治，平民们也将获得救助，战争结束后，他们很快就能返回自己的家园。拉施满意地接受了这些条款。他后来写道，他没想到这些条款根本没被兑现，考虑到整个战争期间苏德双方对待战俘的方式，这些条款似乎极不寻常。

拉施和他的参谋人员走出司令部时，他们日后会遭遇到什么的第一个迹象出现了。他们刚刚走出来，几名苏军士兵便上前抢夺他们的手表和其他财物，跟随在德国人身旁的苏军军官几乎没有对此加以干预。同样的情况也发生在其他地方被俘的德军士兵身上。现在，战斗已结束，苏军士兵利用上级赋予他们的许可，对这座饱受蹂躏的城市展开为期两天的劫掠，而他们原先的敌人正被带离这座城市：

燃烧的房屋腾起阵阵黑烟。室内装饰物、乐器、烹饪用品、绘画、瓷器——所有的一切都被抛至屋外。被炸毁的车辆停在燃烧的坦克之间，军装、装备到处都是。醉醺醺的苏军士兵在这片垃圾中跳舞、胡乱开枪、找寻自行车骑行，他们摔倒在地，满脸血迹地躺在路边。哭泣的孩子们寻找着他们的父母。这一切令人无法忍受。我们列队而行，眼前的场景难以言述。街道两侧的沟渠里满是尸体。农庄被焚毁，家居用品扔在道路上，跑过田野的奶牛被胡乱射杀后倒在地上。德国人的呼救声不断传入我们耳中，但我们救不了他们。太可怕了！我们从未想过会有这种事。

所有人都没了靴子，许多人光着脚。无人照料的伤员发出痛苦的呻吟。饥饿和干渴是最大的折磨。苏军士兵从各个方向对我们发起袭击，他们从某些战俘身上抢走大衣，又夺走另一些战俘的帽子，装有微薄个人物品的手提箱也被抢走。有些东西是俄国人都想要的。他们呼喊着："手表！手表！"我们手无寸铁，根本无法反抗这种强盗行径。[34]

1943年初，德国第6集团军在斯大林格勒投降时，充当伤兵收容中心的建筑物（被包围的德国人早已耗尽了医疗用品，因此，这些建筑无法被称为"医院"）被苏联红军随随便便地付之一炬。同样的事情也发生在柯尼斯堡。试图从起火的房屋中逃出去的人通常被开枪射杀。

博多·克莱内发现自己的军官标志被扯掉，他的靴子，就连他的袜子也被俄国人抢走。他的手表是受坚信礼时他的教母送给他的。他不想让它落入劫掠中的苏军士兵手中，于是，他摘下手表，抛给站在路边看着他和他那些战友列队走过的一名俄国妇女。幸运的是，另一名德国士兵有一双备用的劣质鞋，他把它给了克莱内。被俘后没多久，克莱内被带离战俘队伍，送入一座建筑内，里面还有另外4–5名德国军官。看押他们的卫兵将子弹推上膛，准备枪毙他们。在关键时刻，一名苏军军官插手干预，阻止了这场处决。[35]

拉施获知战俘们遭到系统性劫掠后，向华西列夫斯基提出紧急交涉，出于对自己声望的考虑，后者试图将德国战犯的物品归还给他们。但这种尝试被证明毫无作用。华西列夫斯基也许认为批准对城市实施劫掠，与抢劫德国战俘是两码事，但他的部下们并不在乎这种细微的差别。在战斗中生还的如释重负感，遭受损失的愤怒，这种混合的情绪在大量酒精和苏联宣传工作不断影响的推动下，被他们发泄到受害者身上。

苏军占领柯尼斯堡的第一个早晨，冯·伦多夫来到他工作的一所地下室，查看了待在里面的伤员。苏军士兵已来过这里，抢走了所有人的手表，还殴打了一名在此帮忙的俄国妇女。情况变得越来越糟糕：

救护车上，年轻的护士们竭力自保，抵御着几个特殊的侵入者。我不敢想象那些家伙变得更加自信后会发生些什么。此刻，俄国人忙着抢夺战利品。最引人注目的是我们的仓库。我默默无语地站在一堆堆食品前，遭受围困的几个月里，这些食物从未分发给我们，我愤怒地回想起自己的幼稚，回想起我和我那些伤员一直在挨饿。大批最好的罐头食品和补给物资，本来可以让数百人吃上整整一年，现在却在几个小时内被破坏殆尽。

"大夫"在手术室里为伤员们进行包扎。一群护士已逃到这里，装出帮忙的样子。在这种情况下，苏军士兵在伤员中逡巡，搜寻着手表和可用的靴子。

第一批苏军军官的出现彻底摧毁了我对尚能忍受的结果的最后希望。与他们进行交谈的一切尝试纯属徒劳。同样，在他们看来，我们不过是任其摆布、穿着衣服的假人而已。他们打量我时，只看我肩部以下的部分。过道上的两名护士被抓住，并被拖在他们身后，她们还没弄明白发生了什么事，又被释放了，弄得衣衫不整。她们在过道上漫无目的地徘徊,这里根本无处藏身。新的麻烦不断出现在她们身上。[36]

许多德国方面的记述(尤其是那些深受戈培尔启发的记述)谈及来自苏联东部地区的苏军士兵,也就是所谓的"蒙古人",施加在德国百姓身上的恐怖行径,受害尤深的是德国妇女。但冯·伦多夫在他的日记中写道,这些士兵的军纪实际上要比那些来自苏联西部地区的士兵更好些。他最大的希望是让自己的工作人员得到保护,结果,一名苏军少校真的提供了这种保护,这名少校出现在手术室,要求将他脸上的一个小疣子切掉。在枪口的威逼下,冯·伦多夫给他动了手术,这位少校非常高兴,当晚,他为受到惊吓的护士和伤员们提供了保护。可是,第二天,在酒精的作用下,事情开始变得糟糕起来。起初是相邻的建筑内传出尖叫声,但随着折磨的继续,伦道夫写道,受害者实施抵抗的力量渐渐丧失,灵魂中的某些东西似乎不复存在,尖叫声被歇斯底里的笑声所取代。

与柯尼斯堡的许多居民一样,艾丽卡·摩根施泰因和她的母亲及妹妹在一间地下室里度过了这场围城战。激战声渐渐平息,被一种可怕的寂静取代时,她慢慢走到地下室入口处:

我刚凑近沉重的铁门,它被猛地踢开,撞上地下室的墙壁。根本来不及细想,事情就在几秒钟内发生了。在我面前站着一个人,以前我从未见过这种模样的人,他用冲锋枪对着我。我觉得这是个来自最吓人的童话故事里的怪物,平生第一次,我惊恐地尖叫起来。我从未见过像他这样的人:戴着陌生的帽子(那是苏军坦克兵的坦克帽),身穿衍缝外套,全身脏兮兮的,一双充满仇恨的眼睛紧盯着我。我尖叫着,吓得浑身颤抖。这名苏军士兵……平静地说道:"Nix Angst, nix Angst"(别害怕),满是敌意的目光也变得柔和起来。

后来,我经常回想起这场相遇。这名苏军士兵踢开铁门时怀着怎样的恐惧呢?他肯定认为躲在里面的不是德国兵就是游击队员,或者是其他会让他送命的敌人。但相反,出现在他枪口前的是什么呢?一个天真的金发小姑娘,这就是曾令他感到恐惧的敌人。他本可以开枪,把我们这些人都打死,但他没有这样做。[37]

据估计，柯尼斯堡被包围时，城内有30 000-35 000名德国士兵，15 000名外国劳工和100 000多平民。[38] 约有42 000人死于苏军的进攻，大多是猛烈的空袭和炮击所致。苏军的伤亡人数难以确定。许多德国方面的记述估计红军伤亡60 000人左右，鉴于德军弹药短缺，这个数字似乎偏多。被击伤、击毁的苏军坦克和突击炮的总数为195辆。[39] 战争结束后竖立起一座纪念碑，纪念近卫第11集团军在争夺城市南部的战斗中牺牲的1 200名战士，另外，别洛博罗多夫将军估计他的第43集团军牺牲了1 100人。但从严格的军事角度看，华西列夫斯基的部下们取得了巨大的成就。他们成功地对一座戒备森严的城市发起进攻，城内的守军已为此进行了数周的准备。苏军充分利用了他们在炮兵方面的优势，但尽管如此，市内的各个街区仍需要步兵们逐一夺取。

枪炮声刚刚平息，柯尼斯堡失守的后果便开始显现。希特勒勃然大怒，因为守军选择了投降，而没有坚守到最后一人一弹，4月12日的德国国防军公告反映出这一点：

> 经过数日殊死抵抗，柯尼斯堡已在要塞司令拉施将军的带领下向布尔什维克投降。尽管如此，部分忠诚的守军分为数个战斗群，继续顽强抗击着布尔什维克们。鉴于懦弱地向敌人投降，拉施将军已被军事法庭判处绞刑。[40]

由于无法惩治拉施，当局转而对其家人实施报复。他的妻子和大女儿在丹麦，与拉施的三个外孙分开后被投入监狱。对她们来说幸运的是，当地的德军指挥官更具人性，在这场战争剩下的时间里想方设法缓解了她们的困境。拉施的小女儿在陆军总司令部工作，她也被逮捕，关押在波茨坦。上级下达了命令，要把她押往柏林阿尔布雷希特亲王大街臭名昭著的盖世太保总部。幸运之神再度降临，监狱管理方拒绝执行这道命令，因为他们没有女性工作人员来完成押送任务。拉施的女婿在前线指挥着一个营，他也被召回，并遭到逮捕。但经历了短暂的拘押后，他得以生还下来。

对驻守在皮劳的米勒将军而言，柯尼斯堡的陷落是对他个人的一次沉重打击。从理论上说，柯尼斯堡守军隶属于他，尽管米勒对元首的指示亦步亦趋，并要求守军坚守至最后一刻，但他也遭到撤职处分。这位不得人心、严重缺乏指挥能力的司令官被解职，令他那些部下大大地松了口气。战后，米勒因涉嫌战争犯罪而受审，由于他在克里特岛犯下的暴行，希腊人判处他死刑。

柯尼斯堡围城战中不同寻常的生还者之一是一头名叫"汉斯"的河马，它与一只鹿、一只獾和一头驴子在市内动物园里共同经历了炮击和地面进攻。汉斯被发现时躺在动物园的一条水沟里，身上带有几处枪伤。弗拉基米尔·彼得罗维奇·波隆斯基是一名兽医技术员，他将汉斯置于自己的照料下，并采取了令人恐怖的治疗法：切碎的蔬菜、大量伏特加（每天多达4升）和频繁的灌肠。经过这番不同寻常的治疗，波隆斯基在七周后宣布他的病人已彻底康复，随后他对汉斯加以训练，骑着它在动物园里绕来绕去。汉斯在柯尼斯堡继续生活了30年，它的生还和随后的茁壮成长与柯尼斯堡城内的其他生还者形成了鲜明的对比，在苏军的占领下，后者将面对一个严峻的将来。

1. O·拉施，《柯尼斯堡的陷落》，第64页
2. 同上，第57-59页
3. 同上，第65页
4. 同上，第66页
5. H·冯·伦多夫，《东普鲁士日记》，第35页
6. K·迪克特，H·格罗斯曼，《东普鲁士之战》，第158页
7. A·D·冯·普拉托，《第5装甲师师史》，第383-384页
8. O·拉施，《柯尼斯堡的陷落》，第68页
9. 同上，第69页
10. 耶特克，引自冯·普拉托的《第5装甲师师史》，第386页
11. O·拉施，《柯尼斯堡的陷落》，第70-71页
12. 耶特克，引自冯·普拉托的《第5装甲师师史》，第387页
13. 同上，第388页
14. I·科贝良斯基，《从斯大林格勒到皮劳》，第137-138页
15. 同上，第138-139页
16. O·拉施，《柯尼斯堡的陷落》，第74-75页
17. E·基泽，《但泽湾，1945》，第256-257页
18. O·拉施，《柯尼斯堡的陷落》，第82页
19. 同上，第83-84页
20. 同上，第84-85页
21. I·科贝良斯基，《从斯大林格勒到皮劳》，第147-148页
22. 德勒格，引自O·拉施的《柯尼斯堡的陷落》，第88页
23. J·埃里克森，《通往柏林之路》，第545页
24. A·D·冯·普拉托，《第5装甲师师史》，第394页
25. 德勒格，引自O·拉施的《柯尼斯堡的陷落》，第88-89页
26. B·克莱内，《记忆消失前》，第88页
27. O·拉施，《柯尼斯堡的陷落》，第92-94页
28. I·科贝良斯基，《从斯大林格勒到皮劳》，第148-149页
29. O·拉施，《柯尼斯堡的陷落》，第96-101页
30. B·克莱内，《记忆消失前》，第88-89页
31. I·科贝良斯基，《从斯大林格勒到皮劳》，第150-151页
32. 同上，第152-153页
33. O·拉施，《柯尼斯堡的陷落》，第101页
34. 同上，第115-116页
35. B·克莱内，《记忆消失前》，第103-104页
36. H·冯·伦多夫，《东普鲁士日记》，第67-69页
37. E·摩根施泰因，《生存比死亡更难》，第83-84页
38. E·基泽，《但泽湾，1945》，第259页
39. J·西洛夫斯基，《柯尼斯堡1945》，第80页
40. U·扎夫特，《东部战争》，第495页

IS-2坦克，照片拍摄于战争临近结束时的柏林，这是一款威力强大的坦克，但其122毫米主炮射速缓慢，穿透力有限，车内只能携带28发炮弹，限制了它的作战性能。

IL-2，苏联称之为"斯图莫维克"，轻武器火力对它无能为力，它为红军提供了宝贵的空中支援。尽管这种飞机的机动性相对较弱，使它在空战中处于下风，但在战争的最后几个月里，德国空军的实力极度虚弱，Il-2完全不必担心遭遇到德军战斗机。

波利卡波夫PO-2，德国人称之为"缝纫机"或"值班军士"。这种飞机在夜间空袭中造成的破坏并不大，但非常烦人。驾驶员可以关闭引擎，以滑翔状态进入投弹飞行，因此，小型炸弹往往会毫无征兆地落下。

1944年末，战斗结束后，内梅尔斯多夫一座被摧毁的桥梁，桥下停着一辆被击毁的苏军坦克。

停在梅梅尔的两辆黑豹坦克,照片拍摄于1944年12月。

1944年12月,一名16岁的年轻人在因斯特堡被召入人民冲锋队。

1945年4月，人民冲锋队的一个年轻人和一名年长者，配备着"铁拳"，据守在阵地中。

1945年4月，柯尼斯堡城内的巷战。

1945年3月，炮兵展开炮击的同时，苏军士兵小心翼翼地进入但泽城内。

1945年1月-2月，苏联红军冲入东普鲁士，难民们在冰冻的道路上跋涉。数千人在严寒或追上来的战斗中丧生。

1945年2月，德国难民跨过冰冻的弗里施潟湖逃生。

1945年2月，T-34坦克和苏军部队赶往柯尼斯堡。

1945年4月，柯尼斯堡投降后，德军官兵列队走向苏军战俘营。

第十三章
但泽

但泽是德国的领土，但泽属于德国，
只要德国人民和德意志帝国尚存，
但泽就将永远属于德国。

———阿道夫·希特勒[1]

苏军收紧海利根拜尔和柯尼斯堡包围圈之际，罗科索夫斯基的部队正忙着完成对波罗的海沿岸的控制。正如前面描述的那样，强大的苏军部队涌过波美拉尼亚，几乎已完成这个目标，不过，但泽这座城市仍在德国人手中。

整个战争期间，对但泽市的商业和造船厂来说，但泽一直是个重要的港口。邻近的波兰城市格丁尼亚（这座城市已被德国人更名为"哥腾哈芬"）对德国的战时经济也具有重要价值。1939年11月，戈培尔在他的日记中欣慰地写道，短暂的波兰战役期间，哥腾哈芬基本没遭到破坏，特别是那里的船厂，保护得非常好。[2] "但泽-西普鲁士"大区领袖阿尔贝特·福斯特，以颇具国家社会主义特色的方式解决了城内波兰居民的问题：那些无法证明自己拥有德国国籍的人被立即驱逐，并被流放至波兰总督辖区。[3] 哥腾哈芬空空荡荡的各条街道被用于安置从波罗的海诸国迁移来的德国人，"返乡归国"是"莫洛托夫–

里宾特洛甫"条约中的组成部分。现在，随着前线隆隆的炮声逼近海岸，但泽和哥腾哈芬的居民（其中包括从东普鲁士和维斯瓦河流域涌来的大批难民）开始考虑逃离此地。

自罗科索夫斯基在一月中旬粉碎德国第2集团军位于纳雷夫河的防线以来，魏斯将军一直设法为他的集团军重新构设一道连贯的防线。战火到达托恩—布洛姆贝格地区的维斯瓦河河曲部时，他终于实现了这个目标，设立起一道脆弱的防线。获得成功的部分原因是从库尔兰和其他地区赶来的援兵，例如第4装甲师；另外一个原因是罗科索夫斯基抽调兵力杀向埃尔宾。霍斯巴赫冲向埃尔宾，试图从东普鲁士突围而出的尝试进一步分散了白俄罗斯第2方面军的注意力，特别是罗科索夫斯基的空中力量。不过，这道新防线非常脆弱，许多德军师在后撤期间已将大部分重装备损失殆尽，另一些部队在苏军的初期进攻中伤亡惨重。这些损失意味着德军师目前缺乏至关重要的反坦克火力，而人员的折损导致德国军队根本没有足够的兵力据守过度延伸的防线。尽管第4装甲师提供了深受欢迎的火力支援，但他们留在库尔兰半岛的黑豹坦克迟迟未能运抵，这使该师深受其害，魏斯想尽办法也没能让第4装甲师恢复齐装满员。

对德国第2集团军来说，最大的危险是其侧翼。"维斯瓦河"集团军群的部队无法挡住白俄罗斯第1和第2方面军冲入波美拉尼亚的联合攻势，从而使魏斯的右翼一直处于受威胁状态。与此同时，苏军突击第2集团军辖下强有力的部队在维斯瓦河西面展开行动，不断形成沿一条最直接的路线杀向但泽的威胁。整个二月，德国第2集团军一直设法组建一支机动预备队（武装党卫队第4"警察"装甲掷弹兵师位于迪绍和普鲁士斯塔加德周围，第4和第7装甲师位于更西面），来解决这场双重危机。但就算这些师能够集结起全部力量，而不是将其装甲单位借给邻近的步兵师，他们也缺乏发挥决定性影响的能力。实际上，党卫队"警察"师从一侧调至另一侧，徒劳地试图加强薄弱的防线。另外两个装甲师也能阻止苏联红军发起的进攻，他们的反击通常都很成功，但新的危机在别处出现时，他们便不得不放弃已取得胜利的反击，这种情况频繁发生。

苏军在波美拉尼亚多路突破至海岸，对魏斯造成了更大的打击。现在，他的集团军与日趋萎缩的德国本土相隔离。分发给第2集团军的7 000吨弹药和补给物资堆放在斯德丁周围，但由于铁路线已被切断，这些物资不得不通过海路运送。盟军对斯维内明德的空袭，炸死的主要是平民，但也破坏了当地的铁路网，港口也严重受损，已无法向东面发运补给物资。这些军用物资不得不被运往吕贝克和施特拉尔松德（Stralsund），这种转运工作耽误了时间，而组织船运耗费了更多的时间。在此期间，第2集团军不得不依靠他们几乎已耗尽的库存物资为生。对苏联红军来说，突破至海岸后不久便出现了一个绝佳的机会——德国第2集团军严重缺乏补给，其机动能力和应对西翼遭受彻底突破的能力受到极大的限制。如果罗科索夫斯基的部队迅速采取行动，他的先头部队也许能抢在魏斯收缩其西翼并从西面保护但泽和哥腾哈芬之前到达这两座城市。最起码，几乎已动弹不得的德军装甲部队会被打垮在两座城市西面相对开阔的地区，而无法撤入位于郊外的丘陵和森林地带。

对但泽和哥腾哈芬周围成千上万的难民们来说，与德国陆地连接的中断也造成了严重的后果。有些人经历了漫长的跋涉，从东普鲁士最远端逃至此地，已不愿再次上路，宁愿在这里面对即将到来的苏联红军，而其他人则踏上了向西逃亡的道路。有些难民在朱可夫和罗科索夫斯基突破至波美拉尼亚海岸前到达了奥得河，但大多数难民发现逃生的道路已被切断。正如前面描述过的那样，一些难民被逼入沿岸受包围地区，而大多数难民转身向东，返回但泽。已间歇出现化冻的天气突然间再度降温，整片地区被一场大雪所笼罩。但泽周围的道路迅速发生拥堵——积雪遍地、后撤中的德军前线部队、各种各样的后方单位以及成千上万名疲惫、绝望的难民。

罗科索夫斯基的回忆录不出所料地对难民问题做出了稍有些不同的叙述：

大批难民也严重妨碍了我们的前进。戈培尔的宣传机器给德国人的头脑中灌输了太多对苏联军队的诬蔑诽谤之词，他们只要一听到我们临近的消息，立即带上自己不多的家什，携儿带女背井离乡出逃。公路和乡间小径上挤满了这些向东或向西跋涉的难民。另外，道路上还散落着敌人丢弃的军用装备。我们的部队前进得十分困难。

但难民们很快发现没人会伤害他们，戈培尔的宣传完全是骗人的谎言，于是他们放下心来，返回了自己的家园。道路上再次充满滚滚人流，不过现在他们是往回走。[4]

一些颇具先见之明的德国人在铁路线被切断前便动身赶往西部。1月22日，瓦尔特劳德·福特从她妹妹安娜玛丽·格拉赫那里获悉，带着小孩子的妇女，如果有家人在西部的话，允许立即离开。她的丈夫汤姆在1944年阵亡于比亚韦斯托克，早在1942年，汤姆就曾告诉过她如果她和两个孩子（艾丽卡和伊姆岑）不得不背井离乡的话该如何行事，正如安娜玛丽·格拉赫记述的那样：

"如果你们不得不逃亡，给孩子的背包里放满巧克力，因为一块巧克力能让你支撑一整天。"（这些年来，他一直将飞行员口粮中配发的巧克力省下，并把它们寄回家。）"你们随身只能携带最重要的东西。准备个双肩包，这样就能腾出双手抓紧孩子。"

两个小姑娘现在已长大了许多，除了背包，艾丽卡还拿着个小包，伊姆岑也拎着个小箱子……瓦尔特劳德将有价证券和一些照片缝入一个亚麻袋，这个袋子由她贴身携带。收拾完毕，她们又带上两套换洗衣物。当天晚上，我们将这些物品放上一架雪橇，动身赶往奥利瓦火车站。尽管此刻天色已黑，但火车站充满了噪音和混乱。

跌跌撞撞的醉鬼咆哮着穿过站台。经过漫长的等待，当地的一列火车出现了，把我们送往但泽。瓦尔特劳德已给火车站站长的妻子打过电话，请她问问她丈夫如何才能从但泽顺利到达柏林。询问了自己的丈夫后，施泰因克夫人回电话说："清晨5点，我丈夫将在但泽火车站的三号站台等您。"当晚10点我们就到达了但泽，于是，我们赶到我们兄弟的岳母家，他们就住在火车站对面。

……清晨4点30分，我们来到但泽火车站，车站的状况令人沮丧。数以千计的难民涌上二号站台，朝一列驶来的客车冲去。根本无法挤上那列火车。我们在约定的地方等待车站站长。施泰因克先生终于出现了，他只简短地说了一句："请跟我来，"便带着我们来到一个黑黢黢的站台上，党卫队的人已将这里封锁。这里停着一列空荡荡的火车。施泰因克先生打开一节车厢的车门后说道："请上车吧，这是党卫队和盖世太保们运送家属的专列！"瓦尔特劳德带着孩子们登上这辆几乎空无一人的列车，我帮着她们把行李送入车厢，然后转身下车……没过多久，火车出发了，我站在那里向她们挥手道别了好一会儿。

我独自一人站在漆黑的站台上，凝视着那列带着瓦尔特劳德和两个小姑娘驶向未知世界的火车渐渐远去。我还能再见到她们吗?[5]

武装党卫队"警察"师已从鲁默尔斯堡被逼向北面,但该师的主力设法在劳恩堡周围实施重组。党卫队旗队长哈策尔竭尽全力在挤满难民的道路上重整他的部队:

我决定对重型高射炮加以妥善的使用,我命令他们的指挥官,待师里的其他单位,包括后卫部队通过后,便撤离他们设在镇子西部边缘的阵地。与几天前在施托尔普一样,火车再次行驶了一整夜,将人员和装备运往但泽。3月10日拂晓前,镇内的人已寥寥无几,敌人活动的迹象已然出现,俄国人的坦克部队试图对更偏北的后撤道路加以利用,从而对我们师的后卫部队实施包抄。沿着周边道路逃亡的难民队伍遭到俄国人胡乱的打击,坦克炮朝这些手无寸铁的百姓开火射击。现场一片混乱。我们的几个高射炮连再次投入战斗,对敌人的T-34发起打击。几辆坦克不是起火燃烧就是被打得动弹不得。

……但在这场战斗中,高射炮单位也遭受到一些伤亡,损失了几门大炮。我与诺伊施塔特的守军司令取得联系。他手上只有几个"帝国劳工团"人员组成的高射炮连和一些地方部队,完全是一群乌合之众。我把我的补充兵营调拨给他,因为诺伊施塔特将成为我们师后卫部队的掩护阵地。这些后卫部队在3月10日苦战了一整天,击退了实力远胜于他们的苏军坦克部队。[6]

但罗科索夫斯基的部队也有其自身的困难。冲向波美拉尼亚海岸的行动准备得并不充分,他们没有充裕的时间储备物资,以确保从纳雷夫河登陆场冲出后保持连续的推进。巴托夫的第65集团军与其友邻部队一样,已显示出遭到严重消耗的迹象,他指出,他麾下的各个师,兵力都不到核定建制的40%,后方单位人员被大量抽调,转入作战部队中。[7]罗科索夫斯基的部队获得巨大优势的一个因素是,他们的战线正迅速变窄。冲入波美拉尼亚的战役开始时,白俄罗斯第2方面军的正面战线超过200公里,而现在的宽度约为70公里。各集团军负责的战线不到15公里,这使他们得以集中起德国军队完全无法匹敌的力量。

但泽—哥腾哈芬
3月11日，各部队指挥部所处的位置

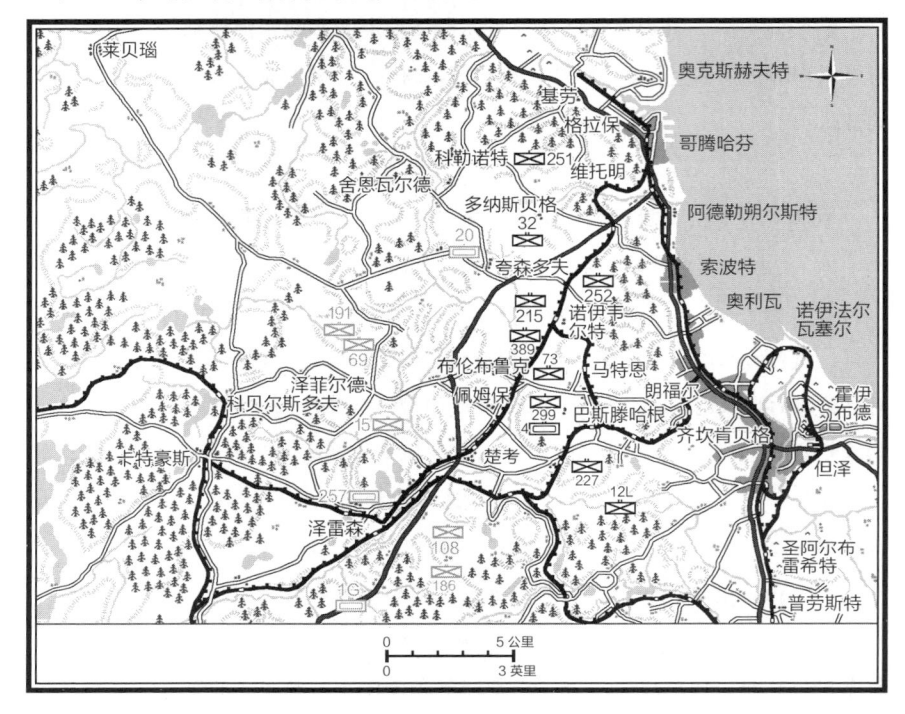

气候条件的突然恶化使罗科索夫斯基无法进行空中侦察，在很大程度上，苏联红军没有发现德国第2集团军遭遇到补给危机。但罗科索夫斯基还是急于赶在第2集团军立足未稳前将其歼灭，以免对方占据既设阵地后将争夺但泽的战斗演变为一场大规模城市战。他敦促麾下的部队保持推进势头，特别是潘菲洛夫的近卫坦克第3军。抵达波罗的海海岸后，潘菲洛夫的坦克向东冲去，打垮了德军残部构设一道新防线的企图。尽管苏军第19集团军竭尽全力跟上潘菲洛夫的坦克，但这些坦克已危险地暴露在外，与提供支援的步兵相距甚远。在罗科索夫斯基的参谋人员看来，首要任务是从西面进抵但泽湾，目标是到达但泽与哥腾哈芬之间的索波特海岸。这将把德国第2集团军一切为二，

然后依次夺取两座城市。向索波特推进的发起时间暂定于3月14日。大口径火炮将尽快前出至海岸，以破坏德国军舰实施干预的能力。米哈伊尔·卡图科夫的近卫坦克第1集团军从朱可夫的白俄罗斯第1方面军调出，暂时划拨给罗科索夫斯基的方面军，第19集团军将夺取哥腾哈芬和普齐格尔沙嘴（Putziger Nehrung），而第49和第65集团军负责攻克但泽。

与对柯尼斯堡的看法一样，苏联红军对被他们认为是强化防御地带的突击持谨慎态度。但与东普鲁士首府不同的是，但泽的防御相对较弱。一排树木丛生的山丘从西面保护着这座城市，但但泽城没有环绕柯尼斯堡的一连串堡垒。哥腾哈芬的防御也很薄弱，只有最近几周挖掘的一些沟壑障碍。尽管如此，以往惨痛的经历使交战双方深知，城市战始终是一种代价高昂的战斗。

德国第7装甲师的高级军官们已决定避免这样一场血腥鏖战。在埃尔宾周围作战期间，师长毛斯中将毫不掩饰他对国社党的厌恶，带着对梅梅尔历历在目的记忆，他开始考虑眼下的问题。经第7装甲军军长冯·克塞尔将军批准，毛斯组建起"毛斯"军级集群，由他的第7装甲师、第32步兵师和武装党卫队"警察"装甲掷弹兵师组成。该集群将第7装甲军辖内的所有部队有效地置于他的指挥下，军部只掌握少量直属部队和后方单位。这种重组的最大好处是，毛斯和另外两位师长可以保持经常、密切的联系，而这恰恰是多年来被希特勒禁止的做法，他坚持采用一种严格的垂直指挥。"毛斯"军级集群的设立使各个师之间的协调获得极大的改善。就在几个月前，这种规避希特勒权力的变通法想都不敢想。

梅梅尔被围期间，第7装甲师曾在东普鲁士设立起一个"人事科"，将那些重要人员（例如没有了坦克的坦克车组）置于该科的管理下，这就避免了坦克车组成员被作为步兵使用。毛斯现在决定照本宣科。两名军官在三月初被派往哥腾哈芬，为师里剩余人员的登船进行准备，并与OKH取得联系，做好全师撤离的准备。师部的一名工作人员悄悄地进行着必要的安排。不久后，第一批190人动身赶往斯维内明德。

一路挣扎向东时，第7装甲师的将士们越来越意识到已不存在一道连贯的防线。德国人正试图向东撤退，而苏军的推进简化成一股股先头部队的穿插。在这种混乱的情况下，双方随时可能遭遇：

3月5日中午前不久,后撤中的队伍缓慢、顽强地沿着道路向东而行,赶往哥腾哈芬和但泽。

道路上,两支队伍并肩而行,机动车辆和我们的坦克位于左侧,军队和平民们的马拉大车占据了道路右侧,但两支队伍都朝着一个方向赶去——东面。偶尔会有一辆试图加快速度的大车插入机动车队中,结果造成交通堵塞,不得不加以疏导。

道路上依然积雪遍地,但中午时开始化冻,气候变得越来越温暖。令人愉快的三月!

……队伍左侧两公里外,我看见一条与我们相平行的道路上挤满了马拉大车。因此,那肯定是我们的人,而不是俄国人,因为苏军早就实现了机械化。

随后,在另一条道路上,一队苏军坦克从东面驶来,迎面闯入那支列队中。我们辨认出那是T-34/85坦克。距离太远,我们什么也听不见,只看到马匹仰起前蹄,人群避让至两侧,大车被坦克推开、碾碎,机枪火力将大车上的人射倒。这就是苏联红军干的好事,太可怕了!

我们震惊无比,但不能开火射击,这会危害到那些平民,当然,我们这支队伍也会遭殃,因为俄国人肯定会还击。

苏军坦克冲开道路上的一切,碾碎难民们的大车,向西而去。这一切发生得非常快,这群坦克迅速消失在视野外。

目睹了可怕的这一幕后,我们的队伍继续前进。我突然看见三名身穿土褐色军装和便装的士兵跟在我们的车辆间行进。他们挎着苏制冲锋枪,枪上配有弹鼓——这是一支小股苏军侦察队!看见我们的坦克,他们越过马拉大车,消失在南侧的车辆间。

尽管我无法确定这一小群毫不起眼的人是不是敌人,汉斯·卡尔布却喊了起来:

"快看,那里,俄国人!他们怎么会跑到我们的队伍里,开火,这帮该死的杂种!快开火!"

但他看见那几个俄国人已躲入道路的另一侧。他又说道:"你看看,俄国人就这样跑到我们队伍中来,我们却对此无能为力!"[8]

尽管第7装甲师后撤中的单位尚有足够的燃料实施机动,但其他部队的状况却很糟糕。50辆刚刚运抵哥腾哈芬的突击炮奉命赶往诺伊施塔特,它们将在那里被纳入第7装甲师辖内。负责指挥这支突击炮单位的上尉找到毛斯，毛斯肯定对获得这样一股援兵深感高兴。但这些突击炮的燃料几乎已消耗殆尽，他们接到的命令是从第7装甲师获得补给。一气之下，毛斯命令上尉将这些突击炮炸毁，以免落入苏军手中。

在此期间，毫无意义的命令不断从柏林发来。3月7日，一份电文送抵前线：

元首已下令：那些没有受伤，没有奋战到最后一刻便轻易被俘的人已然丧失了一切荣誉感。正派、英勇的军人间的手足情谊与他无缘。他的同袍要为他负责。所有军饷和配给予以剥夺。这道命令应立即传达下去。[9]

实际上，对前线士兵们来说，他们已竭尽全力不让自己成为苏联红军的俘虏。毛斯将军决定不下发这道指令，许多师也做出了同样的决定。

3月7日，第4装甲师接到命令，全速赶去拦截沿波罗的海海岸向东推进的苏军部队。各条道路上挤满难民，再加上燃料短缺，该师无法展开快速行动。柴油的供应倒是很充裕，很快，每辆柴油车拖曳着多达四辆以汽油为动力的车辆，竭力试图让全师保持前进，并以此为师里的坦克节约宝贵的汽油。只有第4装甲侦察营行动自如——该营的许多装甲车使用的是柴油，另外，他们还储备了17 000升马铃薯酿造的酒精。只需要稍加改动，营里使用汽油的坦克和半履带车就能以这些酒精替代汽油。

师里的坦克和一个搭乘半履带车的装甲掷弹兵营乘坐火车赶往新战场，行速缓慢，屡屡被大雪堆所阻。他们很快收到一条简短的电文：达梅科夫（Damerkow）落入苏军之手。装甲团团长克里斯滕上校立即查看地图，却发现有两个村庄都叫"达梅科夫"，更令人担心的是，其中的一个就在火车行进路线上。为防止苏军发现第4装甲师的行动，他们实施了无线电静默，这使克里斯滕无法向上级询问更具体的情况。在通讯官汉斯·绍夫勒的陪同下，克里斯滕乘坐着他的指挥车赶往达梅科夫。在距离村庄不远处，他们遭遇到苏军，幸亏从火车上下来的三辆坦克迅速赶到，这才使他们幸免于难：

我们将情况和所在位置用电台向师部进行了简短的汇报，现在已无法保持无线电静默。很明显，敌人已出现在达梅科夫。

师部的回复是一份急电："新情况。苏军坦克正对卡特豪斯（Karthaus）发起进攻。立即准备采取行动。立即向卡特豪斯攻击前进。"[10]

就在德军第4装甲师全力赶往北面，以解决来自西面的威胁时，巴托夫的第65集团军继续向前推进，迅速穿过德军师刚刚腾出的地区，径直朝东北方的但泽和哥腾哈芬冲去。苏军先头部队此刻位于第4装甲师东面，正处在该师与沿岸港口之间。面对这种状况，尽管燃料短缺，但克里斯滕别无选择，只能命令他的坦克从火车上卸载，经公路赶往卡特豪斯。起初，道路上冷冷清清，但前进中的车队很快遇到了难民，有些难民试图逃向北面和西面，也有些人朝着相反的方向而行。最后，克里斯滕被迫下令他那些坦克穿越田野，因为道路被挤得水泄不通，同时，他亲自率领一支小股侦察队赶往卡特豪斯。

卡特豪斯镇已是一片混乱，数千名难民在这里漫无目的地游荡着。负责守卫该镇的当地指挥官是一名年迈的退役上校，他将指挥权交给克里斯滕后大大地松了口气。精力充沛的克里斯滕立即将他带来的那些装甲车部署在镇子南面充当防御屏障，并将混乱不堪的后方单位中所有军官和军士召集起来，命令他们对道路上的交通加以管理，并将难民队列引入通向北面和东面的侧路。镇内的电话网仍能正常使用，这使克里斯滕得以建立起一个指挥通讯网。

电台里传来了坏消息：跟在克里斯滕身后的坦克已到达莫斯瓦尔德村（Mooswalde），位于卡特豪斯西面15公里处，但他们的燃料已彻底耗尽。更令人不安的是，据报告，苏军部队就在东面，位于卡特豪斯与但泽之间。幸运的是，镇内一座修车厂的老板出现了，他将四桶宝贵的汽油交给军队。两辆半履带车将这些汽油送往停滞不前的坦克队列，这才使他们得以继续前进。

3月8日，为首的德军坦克驶入卡特豪斯镇，许多坦克刚一到达燃料便告罄。克里斯滕上校下令将这些坦克拖入镇郊的防御阵地。一小批仍能行驶的坦克被派往泽雷森（Seeresen）东面，他们在那里对一支苏军部队发起突袭，将对方赶出村庄。这些坦克继续前进，随即又将博尔考（Borkau）拿下，但他们已无法继续向前，因为燃料已耗尽。一个侦察排继续向东赶往楚考（zuckau），另一群苏军士兵被发现据守在那里，德军侦察排发起突袭，夺取了这个村子。但这些德军部队都已无法进一步采取行动，耗尽燃料的车辆停在各个村落内，只能眼睁睁地看着苏军部队绕过他们，继续向北赶往科贝尔斯多夫（Kobelsdorf）和泽菲尔德（Seefeld）。

第二天，卡特豪斯镇内拥挤的难民有增无减，正如绍夫勒记述的那样：

> 3月9日，卡特豪斯镇内及周边的各条道路和小径混乱不堪。惊恐的百姓根本不明白我们的指引。从图赫尔、克尼茨和贝伦特而来的西普鲁士居民希望沿最直接的路径赶往但泽，他们不知道这条道路已无法通行，因而对我们让他们绕道舍恩瓦尔德（Schönwalde）的建议完全不加理会。而从东普鲁士赶来的难民已在路上跋涉了六周，他们来回奔波，在卡特豪斯镇休息后继续沿着乡间道路赶往波美拉尼亚，可他们做梦也想不到，这条通道早已被苏军切断。这些可怜人中最惨的是那些被苏军从波美拉尼亚赶回来的难民，是那些经历了恐怖场景后生还下来的人，他们转身向东，机械地踯躅而行，对一切都充耳不闻。
>
> 当地领导和党内官员本应该，也必须对难民们加以引导，但这些人通常抢在其他人之前先行逃离。卡特豪斯镇是但泽大门外数条道路的交汇处，漫无目的、无人带领、迷失方向的难民大潮在这里上演了一场德国版"出埃及记"。
>
> 俄国人的对地攻击机也给他们造成了伤害。母亲们用无力的双臂搂着她们死去的孩子。马拉大车上，除了堆放着匆匆收拾起的物品，也有死者的尸体、垂死者、伤者和病者。从他们的脸上你就能看出这些人在路上遭了多少罪。他们冒着俄国人的炮火穿越冰雪，跨过冰冻的弗里施潟湖。许多人在途中死于炮弹和炸弹下。他们的眼中流露出恐惧，有时候甚至是疯狂。[11]

随着时间的推移，尽管更多的难民从南面涌入，但克里斯滕派出的临时"交警"渐渐让镇内的秩序得到恢复。第7装甲师已到达镇内的几部车辆动身向北而去：

> 我们沿着支路而行，路上只有我们的坦克，没有其他人。上午时，我们来到一片两侧种植着云杉的树林。进入树林后，我们在林间空地停了下来。
>
> 几名军官商讨着情况。凯泽上尉指点着地图，另外两名军官频频点头。

凯泽上尉用他那响亮的嗓音将我们召集起来："半圆形队列，过来，向我靠拢！"

我们跳下坦克，穿过林间空地凑了过去。

"快点，半圆形队列，排成两行，靠近些，我得跟你们谈谈！"等众人凑拢后，他开口说道：

"伙计们，我们的前线已崩溃，没有连贯的防线了，俄国人已在各处达成突破。我们再也没有适当的既设阵地了，一切都被突破了。"

"我们唯一的机会是向港口突围，在那里可以构设起一道防线。我打算沿支路实施突围。这是我们唯一的机会。主干道堵塞严重，而且，队伍在那里有可能被俄国人打垮。因此，我们要尽可能地穿越树林，以免被俄国人的飞机发现。"

他接着说道：

"与常见的命令相反，我们要保持密集队形。要绝对确保无线电静默！如果为首的车辆发生故障，必须将它移出道路，后一辆车继续率领队伍前进。"

"伙计们，出发吧！我来带队！要绝对确保纪律！随时准备战斗！"

一位营长以这种方式讲话不太寻常，我们保持着沉默。我知道，如果凯泽上尉无法取得成功，我们就都完了。

但他的信心也被传递给我们。如果有谁能获得成功的话，那就是他。面对严峻的态势，全体将士团结一致，在一位高级军官的率领下发起突围，这很好，就像毛斯中将二月份在埃尔宾所做的那样。

从各种意义上说，凯泽上尉都算是一名"高级军官"，就跟布兰德斯少校一样。看得出，他有先见之明，也知道自己想怎么办。

就这样，我们动身穿越树林。

一切都很顺利。我们的行进速度很快，但不时停下，以确保密集的队列……中午时，忽然传出一声炮响，我们看见黑豹坦克的炮塔转向左侧并开了一炮。

我们停了下来。舒斯特少尉跳下车朝前面跑去，很快又返了回来，重新爬上坦克："左侧有一门俄国人的反坦克炮，距离很近，但它被干掉了！"

这门反坦克炮在树林里独自行动，非常怪异。拖曳反坦克炮的牵引车也被击毁。俄国人没有电台，这是个糟糕的疏忽。

也许只是我们幸运罢了。[12]

到达构设在沿海港口内陆的新防线后,这些疲惫的坦克组员又遇到了另一件令他们惊奇的事:

四名海军军官,身穿长长的蓝色大衣,戴着硕大的军帽,向步兵军官们报告:
"我们是'欧根亲王'号巡洋舰上的军官,我们的任务是用舰炮为你们提供炮火支援……"

他们商议了一会儿,几名海军军官回到车上,用电台发出消息。15分钟后,一阵恐怖的轰鸣,然后便是惊天动地的爆炸声。炮弹落在我方步兵的前方,炸点太近了。

步兵们跳起身,使出全身力气朝后方飞奔。我们也驾驶着坦克赶紧离开——在这种情况下,我们必须采取隐蔽。

几名海军军官又发出一份电报,第二轮炮击的情况好多了,落在更前方靠近敌人处。[13]

卡特豪斯镇内,托尔克少校的战斗群由第7装甲师的几辆坦克、第4装甲师侦察营的一个排和第73步兵师的一些步兵组成,该战斗群奉命冲向从卡特豪斯通往楚考的道路,沿已被第4装甲师先头部队夺取的路线行进。科贝尔斯多夫已被苏军重新夺回,托尔克少校的战斗群在这里投入战斗,但继续向东已不复可能。

由于通往但泽最直接的道路已被敌人封锁,第4装甲师奉命从北面绕行,经科贝尔斯多夫、莱贝瑙(Lebenau)和舍恩瓦尔德赶往科勒诺特(Kollenort)。他们将在那里据守高地,那是哥腾哈芬城外的最后一道防线。师里各个仍设法赶往卡特豪斯镇的单位立即被分流到新路线上,沿着积雪遍地的道路前进时,他们身后丢下一长串遗弃的车辆,车上的每一滴燃料都被仔细抽空。军用物资、衣物、个人物品和维修设备都被丢弃,全力确保战斗车辆的机动性。在此期间,将所有尚有燃料的战车派出后,克里斯滕继续守卫卡特豪斯镇。可是,除非有补给物资运抵,否则,他就不得不放弃那些已动弹不得的坦克。3月9日–10日夜间,苏军部队逼近了该镇,开始用大喇叭对德军士兵展开宣传攻势。此刻,红军已知道德国人遭遇到补给问题,他们在大喇叭里一次次强调德国人已被包围,没有燃料,也没有弹药,应该立即放下武器。几乎没有人遵从这些建议。

3月10日清晨,第4装甲师的先头部队报告,他们已穿过莱贝瑙,正赶往舍恩瓦尔德。但是,师里的坦克力量被滞留在从卡特豪斯到莱贝瑙的一系列小型包围圈内。苏军对卡特豪斯镇进行了几次谨慎的侦察,但都被击退,一种令人不安的寂静笼罩着这座几乎已空无一人的镇子。下午5点15分,第4装甲师的先头部队终于抵达舍恩瓦尔德,但他们报告说,从莱贝瑙而来的途中,他们丢下了21辆战车。次日,苏军坦克对舍恩瓦尔德发起进攻,但被第4装甲师的一个装甲掷弹兵营击退。第4装甲师的主力仍滞留在卡特豪斯与舍恩瓦尔德之间的某处。如果他们被苏军的侦察行动发现,必然会遭到全歼。

尽管舍恩瓦尔德仍牢牢地掌握在德国人手中,但身处卡特豪斯的克里斯滕和他的战斗群却震惊地获悉,苏军部队已出现在舍恩瓦尔德与沿海城市之间的多纳斯贝格(Dohnasberg)。多纳斯贝格也位于山脊线后方,而这道山脊线已被指定为德军的新防线。即便第4装甲师到达这道防线,俄国人也有可能加强对多纳斯贝格的渗透,并对第4装甲师实施侧翼包抄。

就在克里斯滕和他的部下们放弃逃生的希望时,两辆半履带车叮当作响地驶入卡特豪斯镇,身后的拖车满载着燃料。拥堵和混乱中,这两辆半履带车不知用了什么办法赶到镇内,途中竟然没有遭到拦截。迅速给坦克加注燃料后,克里斯滕的部队动身出发,沿一条迂回路线赶往舍恩瓦尔德,途中还给另一些停滞不前的单位添加了燃料。最后一个上路的连队隶属于第33装甲掷弹兵团,他们在莱贝瑙被苏军追上后全军覆没。

稍北面,第33装甲掷弹兵团的一个营被包围在诺伊施塔特附近,一同被包围的还有第7装甲师第7装甲掷弹兵团的一部。这股混编部队的燃料彻底耗尽,弹药也所剩无几,结果被全歼。诺伊施塔特城内还有哈策尔"警察"师的一部。该师的补充兵营守卫着镇子的西部,营里的军医官、一级突击队中队长皮希勒博士也跟他们在一起:

劳恩堡与诺伊施塔特之间的道路上,挤满了难民和军用车辆。俄国人追了上来,他们开火射击,将混乱的人群彻底打散。幸免于难的人惊慌失措,穿过诺伊施塔特逃往赖达(Rheda)。3月10日傍晚,苏军先头部队抵达诺伊施塔特。

3月11日,俄国人对镇子展开攻击。他们投入坦克和步兵发起一场正面进攻,但在各处均被击退。"帝国劳工团"人员操纵的一门大口径高射炮表现尤为出色,一连击毁数辆苏军坦克。我们师作战训练学校的反坦克小组也在近距离战斗中干掉几辆T-34。敌人随后对镇子展开猛烈的炮击和轰炸。俄国人绕过诺伊施塔特时,我们悄悄地与他们脱离接触,对全镇实施疏散,与其他单位一同动身赶往哥腾哈芬。

拂晓时,赖达的道路上再次挤满军用和民用车辆。上午10点,后方爆发出猛烈的射击声。大量拥堵、停滞不前的车队一次次遭到机枪和坦克炮的打击,随后又被苏军坦克碾碎。没有谁还存有抵抗的念头。司机们抛弃了他们的车辆,武器和装备丢得到处都是,母亲们抱着她们的孩子,所有人都在奔逃。

具备越野能力的车辆惊慌失措地冲过草地和田野,穿过房屋的前花园和篱墙,撞开途中没能及时移开的一切,但最终还是被某些障碍或雪堆困住。惊恐的人潮疯狂地涌向哥腾哈芬,搭乘坦克的俄国佬尾随在后,机枪火力和炮火不断射入这场难以言述的混乱中。

与此同时,位于我们左侧的拉梅尔机场(Rahmel)被炸毁。燃料仓库起火燃烧,机棚被炸入空中。整片天空布满黑色的浓烟,黑暗中夹杂着爆炸的闪烁和火焰。可怕的一幕。另外,根据在诺伊施塔特下达的命令,我们的意图是在拉梅尔机场构设一道新防线——用这些仓皇奔逃、没有武器的人,他们已没有指挥官率领,只是惊恐地涌向哥腾哈芬。

……就在这时,我们的指挥官,骑士铁十字勋章获得者,二级突击队大队长奥尔出现在混乱的道路上,他拔出手枪,另外几名下级军官和军士一同帮忙,将他那些部下从难民队伍中拽了出来。他们在被丢弃的车辆上搜寻武器和弹药,步兵们重新装备起来。不可能做到的事情做到了:两个小时后,补充兵营再次做好了战斗准备。他们进入被炸毁的机场废墟,在跑道旁占据了阵地。[14]

截至3月12日上午,第4装甲师的大多数单位都已顺利到达舍恩瓦尔德,他们在这里等待着进一步的燃料补给。朗格上尉率领着一支混编战斗群,由第33装甲掷弹兵团的残部和师里的半数坦克构成,他们击退了苏军发起的数次进攻,最后一批散兵游勇到达后,舍恩瓦尔德镇被放弃,全师撤往科勒诺特。几乎在这同时，德军步兵成功肃清了苏军在多纳斯贝格和夸森多夫（Quassendorf）周围的渗透。尽管遭受到损失，但后撤中的德军部队顺利赶往但泽和哥腾哈芬西面的新防线。装备的损失相当严重，但大部分人员得以逃脱。

新防线离海边近得危险。除了后撤中各个师的残部外，另一个师也已从库尔兰调来，这就是第12空军野战师。该师在遥远的波罗的海"登陆场"接连不断的战斗中遭受到严重损失，而且，这个师是由空军人员组成，因而缺乏地面作战的经验，但不管怎样，这毕竟是一股深受欢迎的援兵。潘特纽斯所在的第337人民掷弹兵师据守着第2集团军防线的南端，他们的实力太过虚弱，已无法被称为一个师，因而被解散。潘特纽斯团的残部仍在前线上，现在被纳入第35步兵师辖下。潘特纽斯以前就认识他的新师长约翰-格奥尔格·里歇特中将，战前他是一名教官，潘特纽斯记得他是一名极为严厉的军官。作为一位东线战地指挥官，里歇特战功卓著，但潘特纽斯毫不意外地发现，里歇特将军并未对第337人民掷弹兵师的残部与第35步兵师的人一视同仁。经过数日的顽强奋战，这些新来者终于赢得了里歇特及其参谋人员的尊重。

在此期间，柏林方面对指挥体系进一步加以调整。3月12日，第2集团军脱离"维斯瓦河"集团军群，重新回到"北方"集团军群辖下，以便将东、西普鲁士所有德国军队纳入统一指挥下。自1943年2月起便指挥第2集团军的瓦尔特·魏斯成为"北方"集团军群的新司令，而伦杜利克被调去担任"库尔兰"集团军群司令。接替魏斯出任第2集团军司令的是迪特里希·冯·绍肯，这位东普鲁士人曾担任过第4装甲师师长和"大德意志"装甲军军长，也曾奋力搏杀，挽救过内林将军"漂流的大锅"。他被召至柏林后获悉了这一任命。希特勒结束简短的讲解后告诉他，他应该服从大区领袖阿尔贝特·福斯特的命令。令在场者感到震惊的是，颇具贵族派头的冯·绍肯傲慢地凝视着元首，说道："我不打算将自己置于一名大区领袖的指挥下。"

这种对希特勒的公然违抗闻所未闻，特别是因为冯·绍肯竟然省略了必须使用的"我的元首"这句话。古德里安和其他高级将领等着希特勒不可避免的发作。没想到，希特勒盯着绍肯望了片刻后转身离去，喃喃地说道："很好，绍肯，您自己决定吧。"[15] 绍肯立即动身赶往但泽，3月13日，他乘坐飞机到达那里。

设法撤至新防线的德国军队曾希望得到几天休整,但罗科索夫斯基的部队只停顿了不到24小时便又发起了进攻。第7装甲师的冯·埃格洛夫施泰因发现自己被部署在哥腾哈芬南面,遍布树林的山丘上,他的任务是为步兵提供支援。尽管获得装甲部队的增援,但德军步兵发起的进攻还是在遭遇到激烈的抵抗后发生了动摇。次日,冯·埃格洛夫施泰因在一场炮击中面颊受伤。一辆摩托车将他送往战地医院,医院里挤满了伤员,大多是在苏军日趋猛烈的炮火下负的伤。[16]

武装党卫队"警察"师补充兵营的军医皮希勒博士记录道,3月12日的炮击是他在战争期间最可怕的一次经历。二级突击队大队长奥尔带着他的部下多次发起反击,试图恢复防线。尽管实施了顽强的抵抗,但守军的力量已越来越虚弱:

一天,敌人试图从后方将我们打垮,他们在夜间溜过我们薄弱的防线,并在我们营部和急救站附近的房屋和废墟中占据了阵地。我们遭到近距离火力的打击。态势非常危险。就在这时,二级突击队大队长奥尔率领着文员、传令兵、无线电操作员以及他能找到的所有人,以一辆突击炮和"铁拳"将敌人的抵抗点逐一消灭。面对俄国人据守的房屋,他用"铁拳"将墙壁炸开。两个小时后,局势得到恢复。[17]

撤至海边后,武装党卫队"警察"师获得了一个空军营和两个海军营的补充。而该师自己的装甲掷弹兵团,与前线的各个师一样,从后方单位征召补充兵,但这些补充兵缺乏必要的前线作战经验。尽管如此,该师还是守住了自己的防区,并多次击退苏军的进攻。防线的各个地段,苏军朝守军全力压上,但进攻最猛烈的地方是在索波特对面。后撤期间技术装备遭受严重损失的第4装甲师,成功地将其残余部队集结在科勒诺特周围,随后奉命赶往巴斯滕哈根(Bastenhagen)和马特恩(Mattern)。

3月13日,俄国人开始炮击索波特,苏军部队对但泽西面的德军阵地发起全面进攻,一举夺取了佩姆保(Pempau),并形成继续向东和东北方推进的威胁。第4装甲师立即发起反击,重新夺回佩姆保和布伦布鲁克(Bullenbrook)。但由于后撤期间遭受的损失,再加上从库尔兰赶来后便一直从事着作战任务，第4装甲师的实力只剩下一个空壳；当天结束前，贝泽尔手中只剩四辆黑豹和一辆突击炮。[18]设在但泽郊外的维修站竭尽全力抢修着受损的车辆，并将修复的战车重新送回前线，但零部件短缺给他们的工作造成极大的麻烦，他们只能从受损严重的车辆上拆除零件，这才稍稍缓解了这个问题。次日清晨，苏军再次发起进攻，重新夺回那两座村庄。经过一番苦战，布伦布鲁克被德军再次夺回，但佩姆保仍在苏军手中。在此期间，由于苏军继续向索波特推进，位于稍北面的德军第389步兵师遭受到越来越大的压力。第4装甲师不得不从微薄的坦克补充中抽调出部分力量，赶去增援饱受重压的步兵部队：

行动发起前不久，一辆黑豹不得不调拨给团里的另一个战斗群，据报告，他们的防区内发现了敌人的"约瑟夫·斯大林"式坦克。赶往新战场的途中，由于燃料中掺了水，连里又损失了两辆黑豹。夜晚到来前，格拉赫中尉带着仅剩的两辆黑豹赶至作战地区，他的任务是陪同一个燧发枪手营对诺伊韦尔特村（Neue Welt）发起夜袭，并消灭据报告就在该地区的敌坦克。

晚上8点，燧发枪手们出发了。此刻的天色已彻底变黑。进攻方冒着敌人猛烈的火力全力压上，大批坦克炮的射击声清晰可辨。

情况很快就弄清楚了，诺伊韦尔特村内的敌坦克不下24辆，其中包括8辆"约瑟夫·斯大林"式。面对这种压倒性优势，我们投入进攻的只有两辆黑豹。

……第389步兵师的燧发枪手们到达村边时，用"铁拳"击毁了敌人的一辆坦克和一门反坦克炮，但凶猛的火力接踵而至，迫使他们退了回来。在这最不幸的时刻，格拉赫中尉的指挥车发生了故障。这辆坦克在过去几周里一直承受着沉重的压力，很少能得到维护。他不得不把这辆黑豹及其车组人员送回去，以免被彻底损失掉。带着身边可靠的无线电通讯员库普费尔下士，他登上最后一辆黑豹……车上的每一个战斗岗位都由老兵们占据：炮手是朗下士、装弹手是上等列兵海因里希、驾驶员是上等兵鲍尔。

这辆黑豹单枪匹马，沿着铁路线朝诺伊韦尔特村驶去。引擎保持着低转速，以免被敌人听见。

作为一名坦克战老手，格拉赫非常清楚，如果他想赢得这场实力完全不对等的战斗，就必须来个"开门红"。一个雪堆为他提供了掩护，敌人无法看见他。左侧的铁路线上停放着一列货车,这就意味着黎明的地平线不会暴露出坦克的轮廓。

这辆黑豹驶入一片软土地时,距离村庄还有400米。驾驶员使出浑身解数操纵着坦克继续前进,但引擎声不可避免地加大了,这就意味着俄国人已被惊动,他们朝着可疑声响传来的方向胡乱射击,但他们没有看见,也没能击中这辆隐蔽得很好的黑豹。

炮手朗对准对方的炮口闪烁处开炮射击,第一炮便直接命中了敌人的一辆突击炮,这辆突击炮窜出一团火焰,身后的谷仓也被引燃,并将整片地区照亮,借着火光,他们又发现三辆苏军坦克据守在村子边缘。

由于黑豹此刻遭到越来越猛烈、越来越准确的火力打击,格拉赫将坦克带至一道宽阔的反斜面,在这里,他只能通过潜望镜看见被敌人占据的村庄。两辆苏军坦克停在房屋间,靠得很近。重炮和迫击炮炮火开始落下,敌人发起猛烈的炮击,并不打算节省弹药。

3月16日中午,第二辆黑豹,在绰号"坦克杀手"的帕尔姆上士的指挥下赶来提供支援。当天下午,这辆黑豹击毁了两辆敌坦克,包括一辆"约瑟夫·斯大林"式,另一辆"约瑟夫·斯大林"被击伤后退出战斗,一辆重型突击炮也被击毁。同时遭殃的还有俄国人的几门反坦克炮。

当天剩下的时间和第二天的夜晚就这样过去了,俄国人龟缩起来,没敢冒险冲出隐蔽处。拂晓时,他们试图以强大的步兵力量在稍右侧发起进攻。格拉赫立即驱车赶往受到威胁的地段。他监视着敌坦克的动静,而他的无线电操作员用机枪猛烈射击,打垮了苏军步兵的进攻。

除了将苏军步兵连的进攻击退外,这两辆黑豹还从出色的射击位置上开炮,共击毁五辆"约瑟夫·斯大林"式坦克、一辆重型坦克、三辆突击炮和一门大口径反坦克炮。次日(3月18日),格拉赫带着他这两辆黑豹坦克,继续坚守在第389步兵师防区内的同一处阵地上。他们利用一个非常有利的制高点,又击毁一辆"约瑟夫·斯大林"式坦克、两辆突击炮和两门反坦克炮,另外三辆苏军坦克也在这场激烈的炮火对决中被打得起火燃烧。

三天三夜的生死决战,对体力的要求和消耗可以通过这样一个事实加以衡量,与步兵团团部通话时,在激战中生龙活虎的格拉赫沉沉地睡着了。

经过三天的战斗,敌人的21辆重型坦克被击毁,我方坦克无一损失。[19]

这种记述应该谨慎对待。自第一次世界大战首次出现坦克战以来，坦克组员们便开始夸大他们猎杀敌坦克的战果，如果被击毁的坦克位于敌人据守的区域，那就基本无法核实这些战果。这些"被击毁"的坦克很可能在几天甚至几个小时内便又重新投入战斗。但不管怎样，面对占据压倒性优势的敌人，第4装甲师的一小群战车确保了诺伊韦尔特村的防线。

格拉赫及其战友们被抽调，这使第4装甲师的火力被削弱。3月16日，一场猛烈的炮击后，巴托夫的第65集团军穿过佩姆保，冲上村子东面的高地。经过一场拼死奋战，第4装甲师和友邻部队挡住了俄国人的进攻，但苏军重组后再次发起攻击，主要由近卫坦克第1和第8军执行，他们将德国守军驱离位于山脊最高点的165高地。一个装甲掷弹兵营（实际上，该营的兵力不到一个连）立即发起反击，他们冲向高地上的苏军阵地，重新将其夺回。第4装甲师目前隶属于费尔茨曼将军的第27军，他们接到一连串命令，越来越多地将其越来越少的有生力量调往第389步兵师的防区。过去，贝泽尔曾多次抱怨过这种抽调分散了他这个师的实力，现在，第4装甲师的作战力量已相当虚弱，这些命令就更加不受欢迎了。3月18日清晨，贝泽尔将师部撤至奥利瓦，准备把师里寥寥无几的残部撤离前线，但天色刚一放亮，费尔茨曼将军便下令取消这道命令。165高地依然是双方激战的中心，尽管到当日结束时，战线已越过这道山脊，但双方仍试图彻底控制住这座高地。

当天下午，费尔茨曼将军打电话给贝泽尔，批评第4装甲师没能将165高地彻底夺回，并指出，第389步兵师的表现相比之下好得多，他们面对敌人强大的坦克攻势，一直牢牢地据守着自己的阵地。愤怒的贝泽尔做出的回复简洁而又中肯：第389步兵师打得这么好是因为第4装甲师将主力调过去提供了支援。而贝泽尔自己只剩下2辆坦克。[20]

但泽和哥腾哈芬仍然挤满难民和后方单位。这些单位现在奉命将"冗余"人员派往前线，以弥补前方部队遭受的损失。但这些人之所以被分配到后方单位，是因为他们根本不适合前线服役。他们的战斗力相当有限，因此，包括第4装甲师在内的许多前线部队，宁愿设法从自己的作战单位中抽调补充兵。例如，师属炮兵团把几个没有了大炮的连队解散，腾出的人员编为一个步兵连，再将这个连队配备给师里的一个装甲掷弹兵营。这种做法的理由是，这些人至少还留在自己的师里，而不是被派到其他部队。师里的两个装甲营，其中的一个营将剩下的车辆交给另一个营，用腾出的人员组成一个反坦克连。

3月18日晚，一大群轰炸机从但泽上空飞过，将大半个城市夷为平地。历史悠久的老城区遭受的破坏尤为严重，挤在城内的成千上万名难民伤亡惨重。第二天，轰炸机群再次返回，对但泽市中心造成进一步的破坏。在此期间，疏散平民和伤员的行动继续进行着。海军商船船长海因里希·舒尔特已在一些大型仓库中设立起两座"难民营"，以便为绝望地等待着船只离开这座城市的人们提供些食物。尽管苏军轰炸机对但泽和哥腾哈芬的轰炸持续不断，但罗科索夫斯基和巴托夫都在回忆录中指出，轰炸对近海处德国海军战舰的行动几乎没造成任何影响。饱受重压的德军士兵坚守着港口外的高地，老旧的"西里西亚"号战列舰、"欧根亲王"号重巡洋舰和"莱比锡"号轻巡洋舰，继续用威力强大的舰炮为他们提供宝贵的炮火支援。苏联空军对民用船只的空袭取得了一些战果，但对德军战舰毫无影响；疏散行动继续进行着，并未受到太大的妨碍。每天离开港口的人数多达30 000人，他们被送往西部相对安全的地方。

但泽的许多居民并不打算离开。此时正值寒冬，大雪会一直持续到三月。在那些体弱、年迈者看来，进行一场漫长、危险的逃生之旅实在无法想象。有些人并不相信东普鲁士难民们叙述的苏军暴行，还有些人觉得留在但泽非常安全。帮着姐姐和她的两个女儿赶在铁路线被切断前离开的安娜玛丽·格拉赫，现在在红十字会工作，帮着照料那些等待机会离开的难民。她被问及是否打算离开这座城市：

我该如何决定？一方面，逃离但泽，到埃伯斯瓦尔德去找姐姐瓦尔特劳德和她的孩子的想法非常诱人，这座城市已被俄国人紧紧包围；但另一方面，我收到小姑子洛蒂的一封信，她在信中告诉我，她和我的婆婆正跟随难民队伍从东普鲁士赶来但泽。我犹豫不决，但随后决定留在城里等她们。这个选择很快被证明是正确的，因为没过几天，库尔特的母亲和妹妹便来到奥利瓦。

……她们到达奥利瓦时，我婆婆的健康状况令人担忧。她必须在旁人的帮助下才能踏上房屋的台阶。[21]

尽管德军步兵疲惫不堪，尽管缺乏坦克和大炮的支援，但他们牢牢地守住了防线,并为此而付出惨重的代价。3月19日,争夺165高地的战斗终于尘埃落定。苏军近卫机械化第8军投入一些"约瑟夫·斯大林"式重型坦克,为几个步兵师的部队提供支援,经过一场猛烈的炮火准备,这支混编部队终于将德国人逐离东面的山坡。由于缺乏兵力和坦克,德国人放弃了发起反击的计划,这使贝泽尔与他的军长爆发了愤怒的争执。次日,德军尚有可能遏制敌人的进一步突破,但3月21日,苏军步兵和坦克从南面和西面对巴斯滕哈根发起进攻。前一天,德军步兵在几门高射炮的支援下成功守住了这个村子,但现在却被苏军驱离;德军部队后撤时,几门高射炮不得不被遗弃。

德国人现在已清楚苏军推进的形式,为防止守军变更部署,罗科索夫斯基麾下的各集团军司令员保持着对整条战线的压力。德国第4装甲师仍处在持续不断的攻击下,抽调部队支援其他师使第4装甲师的行动受到严重影响。苏军穿过复杂的地形,向巴斯滕哈根与莱森(Leesen)之间冲去。尽管马特恩仍在德军手中,但3月22日和23日,村子南面的防线上渐渐形成了一个突出部。第4装甲师的炮兵团基本已被打垮,那些炮兵现在作为步兵投入到战斗中。从后方单位抽调的补充兵不断到达,但在激烈的战斗中不断被消耗——阵亡、负伤或干脆在混乱中溜之大吉。另一股援兵的到达令德军士兵惊愕不已:

> 一天,第12装甲掷弹兵团得到了一个反坦克连:来自但泽的14名"希特勒青年团"成员,年龄最大的不过15岁,他们配备着自行车和"铁拳"。这些孩子装出已长大成人,并深知自己任务重要性的样子,但稚气的脸上依然闪露出天真的神情。掷弹兵们小心地拿走他们的"铁拳",把他们领入掩体里好好睡了一觉。然后,他们把这些孩子打发回家,让他们回到妈妈身边,那才是他们该去的地方。[22]

一些父母不肯让自己的孩子被用于这种用途。在比朔夫斯贝格(Bischofsberg),15岁的霍斯特·蓬泽克奉命去青年旅馆报到,随后将加入一个反坦克大队。他的父亲不让他去。在前线短暂地服役了一段时间后,这群"希特勒青年团"成员经海路被疏散到石勒苏益格-荷尔施泰因,但蓬泽克留在了但泽。[23]

3月23日,态势的关键性发展出现在第4装甲师防区外。经过进一步猛烈的炮击，苏军近卫坦克第11军杀开血路，攻上多纳斯贝格的高地。德军第227步兵师的副官温德舒盖尔少校率部发起反击，暂时将这道重要的山脊重新夺回。温德舒盖尔少校的英勇行为赢得了一枚骑士铁十字勋章，但没过多久，他便在激战中阵亡，而苏军已绕过这道山脊。利用德军防线上的缺口，苏军近卫坦克第3军向东推进，一群T-34很快出现在索波特北面的海岸上。它们立即遭到德国海军Z-34号驱逐舰的炮火打击，这艘驱逐舰从一英里外的海面上用四门6英寸口径火炮将那些坦克驱散，但没过多久，大批苏军坦克和步兵蜂拥而至。夜幕降临时，索波特已彻底落入俄国人手中。

罗科索夫斯基消灭包围圈计划的第一阶段已完成。较早的一场推进已到达这些城市北部的波罗的海海岸，切断了库里施沙嘴（译注：此处应为弗里施沙嘴，因为库里施沙嘴位于泽姆兰半岛处），这条狭窄的沙丘带从海拉半岛伸出，德国第2集团军据守的主"要塞区"现在被切为两半。苏军开始了歼灭德军残部的战斗。

毛斯中将已决定避免撤入哥腾哈芬，他打算将部队撤至奥克斯赫夫特克姆佩（Oxhöfter Kämpe），那是城市北部的一片高地。那里有一条长长的海岸线，被当地人称为"女巫地带"，一道高高的悬崖遮蔽着这条海岸线，从那里可以登上军用渡轮；在这片地段撤离，要比在哥腾哈芬饱受轰炸和炮击的码头容易得多。第7装甲师的残部与南面的第4装甲师一样，已被持续不断的激战牵制在前沿防线，这使他们无法被用于阻止苏军向索波特的推进。3月15日，该师报告说，他们只剩下12辆战车——8辆四号坦克歼击车、1辆四号坦克和3辆黑豹，这些战车都需要维修，暂时无法投入战斗。师里的反坦克营还有4辆突击炮。该师面对的是卡图科夫的近卫坦克第1集团军和罗曼诺夫斯基的第19集团军。445号坦克上的炮手朔尔施·青克，他的日记颇具典型地记录下该师的遭遇：

3月15日，我们在基劳（Kielau）南面的林地发起一场反击。我们击毁了一辆"谢尔曼"坦克和一辆苏制卡车，还消灭了三支反坦克枪和一些苏军步兵。中午时，俄国人的一发85毫米反坦克炮弹击中我们这辆坦克歼击车的传动装置，幸运的是，我们四个毫发无损。亚当少尉用他的坦克为我们提供掩护，随后，一辆拖车将我们的坦克歼击车拖回基劳的维修站,我们在那里一直待到3月19日,这才安装上新的传动装置。

3月20日,我们的坦克歼击车再次做好战斗准备。我们不得不再度驱车前进,并被调拨给一支党卫队单位,为他们对福尔岑多夫(volzendorf)发起的反击提供支援。在那里,我们干掉四辆T-34/85坦克和一辆122毫米突击炮,还消灭了几个机枪阵地和一些敌军步兵。

第二天,3月21日,面对敌人沉重的压力,我们不得不撤入哥腾哈芬西北面的树林。俄国人继续向索波特-哥腾哈芬铁路线逼近。次日夜间,第227步兵团里的一个拉脱维亚营开小差投奔敌军。俄国人继续推进,并到达科列本(Koliebken),逼近了阿德勒朔尔斯特(Adlershorst)南面的海岸。

我们在3月21日的任务是:在新阵地上坚守到23日。当天,又一辆T-34沦为我们出色射击的受害者,我们还消灭了敌人的大批步兵和几挺机枪。

但我们的阵地只能守到夜间,3月24日凌晨3点,我们不得不撤往维托明(Wittomin)。倒霉的是,我们必须穿过一片沼泽地,结果,战车陷了进去。黑暗中,我们无法脱困,我们必须设法构设一条木排路,但这完全是徒劳。我们的坦克歼击车越陷越深,履带上部已被淹没。尽管这是个艰难的决定,但我们必须炸毁我们这辆445号战车,因为敌人的火力已从三个方向射来。[24]

第7装甲师师部的参谋人员继续从事着他们的多重任务——协调第7装甲军辖下三个师残部的行动,处理本师的问题,继续为一场海路疏散进行准备。3月23日,苏军夺取了索波特,毛斯将军动身赶赴前线,进行他定期的视察。一个通讯小组跟随着他们的师长,卡尔-海因茨·霍恩就是其中一员:

我们的半履带指挥车隐蔽在浅浅的土坑里,以免发动机被弹片击中,但只有前部得到保护。车组人员架设起电台。我和将军站在半履带车旁,另外一些军官、宪兵和传令兵围绕在我们身边。突然,一排大口径炮弹落在旁边的道路上,这些炮弹从西北方而来,此前,那个方向一直很平静。将军还没下达进一步指令,我的身边便已死伤一片,伤者发出惨叫。将军靠在车辆的履带处,依然保持着平静,他肯定已身负重伤,但他仍试图移动。我先是发现车组人员都没有受伤，他们埋头操作电台，因而避开了纷飞的弹片，但O3（师里的通讯官）伦克维茨少尉、Ic（师情报官）的几名助手和另外几名军官都被炸死。

我左手中指的最后一节被炸断，只连着一点点皮肉，我掏出小刀将其割断，又用手帕把残肢包裹起来。现在重要的是尽快让负伤者得到救助。我沿着陡峭的石坡滑下，来到略高于海岸的坡底处，这里有一些掩体，挖设在山坡上。医护兵和其他救助人员匆匆赶来。在一个连部的掩体内，我受伤的手指得到包扎，突然，那些战友发现我站在一滩血泊中，这才注意到我的背后有一个很大的伤口。[25]

霍恩和其他伤员被渡轮送上"戈雅"号货轮，这艘货轮的上层建筑已被苏军的空袭炸得伤痕累累，但还是将他们平安送至斯维内明德。毛斯将军的一条腿从膝盖以上被截肢，但他在这场战争中生还下来，战后，他重操旧业，再次成为一名牙医。

威廉·霍伊恩中将的第83步兵师目前正奋战于向海边突破的苏军部队的北面，位于第215步兵师与大海之间。师里的补充兵营几乎已被当作正规营使用，营里的许多人以前是铁路警察，还有些是乡村警察。这些人的年龄大多已超过40岁，但他们的决心和耐力却给师里的老兵们留下了深刻的印象。不过，尽管他们拥有不容置疑的勇气，但实力严重受损的德军师还是渐渐被逼退至哥腾哈芬边缘。一名德军步兵的日记捕捉到战斗的绝望性：

3月25日：敌人达成进一步突破。克莱伯上尉是一名年长、经验丰富、可靠的前线军官，他率领指挥部和后方单位的人员发起一场反击，这使我们付出阵亡20人、负伤65人的代价。团里的工兵排在关键时刻投入战斗，打得非常好。

3月26日：道路被路障和损坏的车辆堵塞，只能勉强通行。纠缠在一起的电线随处可见，狙击手和重武器的射击几乎片刻不停。一座座房屋已被改造成单独的堡垒，并通过墙上打出的洞彼此相连。港口设施被炸毁后，海军人员成了步兵。[26]

南面，第4装甲师遭受到迄今为止最为猛烈的炮击。苏军部队再次向前冲来，最后的预备队被派往马特恩。克劳斯·席勒少尉是师里的一名军官，曾在过去的战斗中失去过一条胳膊。他本该被撤离前线，但却主动留下，跟自己的师待在一起。现在，他奉命用那些没有了坦克的坦克兵组成一个反坦克连：

各个排和班迅速做出安排，从而使老战友间的情谊纽带保持完好。补给卡车带着我们赶往奉命占据的阵地。尽管危机重重，但我们仍唱着我们一直唱的同一首歌——就在这一刻！

黄昏到来前，我们在但泽公路两侧进入阵地。嫩考村（Nenkau）就在我们面前，村子前方有一座小山丘。连队分成两个排，都由经验丰富的军士率领。听完最新的态势报告后，我们各自散开。在我看来，当天的道别有一个特定的圈子，我们临别时的握手比以往多持续了几秒钟。

……午夜时分，我们听见俄国人逼近的声响。射击间隔中，他们吆喝马匹的声音清晰可辨。熟悉的引擎轰鸣和坦克履带发出的叮当声不断传来，这肯定是T-34逼近我们所发出的声响。随后，咯咯的履带声出现在乡村道路上，敌人的第一辆坦克很快就将到达村内的房屋处。

天空被爆炸、炮口的闪烁和几处火焰照亮。我们两人一组，借着树木和房屋的阴影，小心翼翼地朝发出噪音的方向摸去。

……逼近中的履带叮当声停顿下来。我们清楚地看见一辆T-34停在路边，炮塔上的火炮背对着我们，正在搜寻目标。因此，这头钢铁巨兽对我们并不构成威胁。仔细查看一番，我们没有发现敌人的步兵。于是，我们继续前进！

我们蹑手蹑脚地逼近了这个庞然大物。50米、40米、30米——我们进入到射程中。在苍白夜空的映衬下，坦克轮廓清晰地暴露出来。

我们射出"铁拳"，炽热的尾焰撕开黑暗，这两秒钟，我们的心提到了嗓子眼。随后便是一道刺眼的闪烁和一声巨响：直接命中！

伴随着几声惨呼，坦克舱盖打开了，几名惊恐不已的苏军坦克兵跳离坦克，步履蹒跚地走入黑暗中。我们没有朝他们开火。那辆坦克窜出一团火焰，伴随着剧烈的爆炸燃烧起来。

这场突然袭击令俄国人深感意外。他们放弃了夜袭，转而用大炮和迫击炮展开猛烈的炮击。过了一会儿，一阵可怕的宁静突然降临在这片地区。

拂晓时，我们发现了造成这种不寻常的宁静的原因：疲惫、实力大减的德军步兵已放弃他们设在山丘上和村内的阵地，但他们的撤退并未通知我们。这种做法当然不太好，可那些筋疲力尽、正处于生死一线的步兵们，谁会想到这一点呢？

我们现在该怎么办？如果我们也从这个小小的立足点撤离，我们的第1排与巴伐利亚步兵单位之间的联系就将彻底中断。我们这些身穿黑色军装的坦克兵只有近战武器，要想夺回前方村庄失去的阵地，不啻为一个大胆的行动。

但在过去的几周里，我们已目睹了太多的东西：逃难的队伍、颤抖的妇女、哭泣的孩子；通向海边的道路上，那些无助的平民如果不尽快让开道路，俄国人的坦克便会无情地开火，将他们大批射倒。这些可怜的战争受害者，他们将希望寄托在我们身上，难道我们要让他们再次失望吗？想到这些，做出决定便容易了许多。

我们几个人穿过苏军炮火向前而去。我们当中已阵亡了两名战友。随后，我们在山丘上占据了被遗弃的阵地。我们只能在这些前沿阵地上据守几个小时，因为俄国人的兵力势不可挡。当天下午，意识到左右两侧都没有德军部队后，我们缓缓后撤，并在村口处集合。我们在拂晓时便与第1排失去了联系，我们对他们的状况非常担心。

后来我们获悉，尽管我们发起了反击，这场反击的部分原因是为了他们，但他们已被苏军包围，并被彻底消灭。死里逃生者寥寥无几。27

前线后方，但泽和哥腾哈芬一直处在炮击和空袭下。惊恐的难民和数千名伤员仍在等待疏散。3月23日，苏军从索波特转身向北威胁到哥腾哈芬，向南赶往奥利瓦之际，捕鲸船"瓦尔特·拉乌"号驶入哥腾哈芬港。难民们蜂拥而上，这艘13 700吨的捕鲸船被迅速淹没。最终，拥挤的甲板上搭载了6 000名难民，但仍有成千上万人等在码头上。较小的船只和军用渡轮尽可能多地将难民们沿海岸线送往奥克斯赫夫特，在那里，他们可以（希望如此）在稍晚些时候得到疏散。

到达港口的四个小时后，"瓦尔特·拉乌"号驶离哥腾哈芬，这是进入该港口的最后一艘大型船只。船上的耶瑟医生记录下这场噩梦般的经历：

妇女和孩子，大批绝望的难民挤在码头上，但"瓦尔特·拉乌"号只能带走其中的一部分。船只离港时的情景非常可怕，因为许多可怜人认为这是他们最后的机会。

驶往哥本哈根的途中，船上的拥挤状况令人难以置信，各个舱室只能容纳300人。船上根本没有准备食物，特别是没有新鲜牛奶，这导致许多新生儿死去。

这艘船本打算只搭载身体健康的难民，因此，船上的医疗条件极不完善，为6 000名难民提供服务的只有一名护士和两名军医。医疗用品，特别是止痛片，被迅速耗尽。那些尚未得到任何救治的伤员，能在船上获得手术治疗的人寥寥无几，特别是因为船上的医务助手不足，无法将那些伤者抬入位于上层甲板的医务室。

难民、妇女和儿童、重伤者和垂死者、头部负伤的尖叫者和死者，就这样挤成一堆，躺在捕鲸船的金属甲板上。他们当中的一些人，绝望地沉溺于疯狂的性放纵中。

这是个可怕、几乎难以言述的地狱。

赶往哥本哈根的途中，我们遭到数次空袭。空袭警报频频响起，但冷漠的难民们对此无动于衷，他们在这种危险状况下的反应令人震惊，这些难民可能已有过太多可怕的经历。

"瓦尔特·拉乌"号到达哥本哈根后迅速卸载，以便能再次返回。[28]

但泽继续遭受到无情的压力，俄国人对这座城市越来越猛烈的空袭导致情况变得愈发糟糕。3月24日，一连串尤为猛烈的轰炸几乎使整座城市陷入火海，就连路上的沥青也燃烧起来。但苏军飞机投下的不仅仅是炸弹，成千上万份传单雨点般地撒向疲惫的守军：

    罗科索夫斯基元帅致但泽和哥腾哈芬守军的公告！

德国第2集团军的将士们！

昨天，3月23日，我的部队已夺取索波特，并将被围的作战部队切为两段。但泽和哥腾哈芬的守军已被隔开。我们的炮兵正对但泽和哥腾哈芬的港口和水域实施炮击。我们的包围圈会逐渐收紧。

在这种情况下，你们的抵抗已毫无意义，只会让你们送命，并导致成千上万名妇女、儿童和老人丧生。

我宣布：

1：立即停止抵抗，并以个人、班、排、连或团的形式举起白旗投降。

2：我向所有投降者保证他们的生命安全，并允许保留个人财物。所有不肯放下武器的军官和士兵，将在即将到来的进攻中被彻底消灭。

为了所有无辜的平民，你们必须做出回复。

1945年3月24日
白俄罗斯第2方面军司令员
苏联元帅
罗科索夫斯基

大多数守军似乎对这份公告无动于衷。

数千名难民仍等候在诺伊法尔瓦塞尔（Neufahrwasser），苏军先头部队距离这片码头区仅有两公里。德国海军认为这座码头对大型船舶来说已太过危险，他们命令已到达的疏散船只驻锚在哥腾哈芬港接近地——这些船只仍有可能在夜间驶入港内，另外，还可以用军用渡轮将难民们送上等待中的船只。排水量9 500吨的"乌贝纳"号也在其中，战时的大多数岁月里，这艘邮轮在皮劳充当德国潜艇人员的海上浮动宿舍，"汉尼拔"行动开始后，她成为第一批搭载难民向西疏散的船只之一。"乌贝纳"号的船长阿图尔·兰考素以急躁而著称，3月25日，苏军飞机不断对船只发起空袭，兰考对等待失去了耐心。他下令驶向诺伊法尔瓦塞尔，到达码头时，清晨的薄雾正渐渐消散。俄国人的炮火已让等候在码头上的难民们四散躲避，但当邮轮进入码头时，数千名难民从藏身处冲了出来。第一个登上"乌贝纳"号的是海因里希·舒尔特，这位海军商船船长负责管理等待中的难民，他原以为苏军到来前再也不会有德国船只赶到了。与冒险将船驶入港口、设法抢救等候在这里的最后一批难民的兰考船长默默地握手后，舒尔特返回岸上，继续监督登船工作。起初，一切进行得平静、有序，但这种状况没能持续太久，苏军的炮火开始落在这片区域。一轮火箭弹的齐射击中码头，给等候在那里的难民造成了可怕的伤亡。秩序被打破，人群争先恐后地朝船上涌去。四个小时后，最后一批难民登上疏散船。就在"乌贝纳"号离港时，苏军的一轮炮弹落在她刚刚系泊的码头上。舒尔特在诺伊法尔瓦塞尔一直待到夜幕降临，这才搭乘一艘小汽艇赶往海拉。

"乌贝纳"号沿着海岸线慢慢驶向哥腾哈芬。兰考船长向海军部门报告说，他的船上搭载着4 000名难民，但还有可容纳1 000名伤员的空间。3月26日清晨，苏军炮兵对着海湾内等待疏散人员到达的船只开炮射击，停在这里等候伤员运抵的"乌贝纳"号立即起锚。重巡洋舰"欧根亲王"号、袖珍战列舰"吕佐夫"号和另外几艘舰艇迅速发起还击，在一场激烈的炮战中将苏军火炮打哑。"乌贝纳"号停在海拉，携带上更多的伤员，随后便与另外五艘船只组成船队，赶往哥本哈根。兰考的邮轮将5 500余名难民和伤员送至安全处。"乌贝纳"号总共执行了12次疏散航行任务，在这个过程中，约有20-40名婴儿在船上出生。按照兰考船长的建议，大多数孩子都以这艘救了他们性命的船只命名。1985年，一艘货柜船在不来梅竣工，并被命名为"乌贝纳"号，以纪念兰考船长那艘邮轮。这艘新船移交给德国—非洲航线时，两名战时出生的婴儿，卡琳-乌贝纳·奥斯特瓦尔德和扎比内-乌贝纳·吉尔德迈斯特出席了纪念仪式。[30]

　　陆地上的激战仍在持续。俄国人冲向奥利瓦，面对苏军大批坦克支援下的猛烈进攻，德军第389步兵师的残部进行着顽强的抵抗。"威廉·古斯特洛夫"号被击沉的消息传遍但泽和哥腾哈芬后，安娜玛丽·格拉赫已决定不从海路逃离，婆婆的身体状况很糟糕，根本不适合这种艰难、危险的海上航行。朋友的一家也加入到格拉赫她们当中，她们现在有六个人：三名年轻妇女、两名老妇和一个孩子。她们的房屋此刻已成为前线：

　　机枪声咯咯作响，炮弹不停地落下，我们的房屋颤抖着。屋外，激烈的战斗肆虐着，突然，俄国人朝我们的房屋发起冲锋，伴随着凄厉的喊叫声，"乌拉！乌拉！"

　　他们在我们的厨房里搭设起急救站，一张桌子被拖至房间中央，俄国伤员被带了进来。战斗打响时我们便躲入地下室，此刻听见隔壁传来伤员们痛苦的呻吟。作为一名红十字会护士，我有一个装着绷带和各种药物的袋子，我已把它带进地下室。此刻，我没有多想那些闯入我们房屋的是敌人，而是那些人正遭受着痛苦，急需救助。我迅速做出决定，走入急救站，将无菌绷带交给苏军军医，并帮着他为伤员们包扎。一名苏军士兵受的伤尤为严重，他被子弹射中了头部。我打算给他一颗止痛片,以缓解他的痛苦,但我不得不先吞下一颗,以此来证明这不是毒药。

返回地下室时,我发现两个蒙古人尾随在后——我给他们的战友包扎时,他们一直站在地下室的门旁。突然,他们中的一个家伙抓住我的手表,另一个人搜寻着我的手袋。我简直不敢相信。他们已看见我为他们的战友提供的救助,却以如此卑劣的方式回报。然后我听见一声怒喝。我的小姑子已看见所发生的事情,立即去找那位苏军军医帮忙;他把这两个畜生赶走了。所以,毕竟还是有以德报德的俄国人。[31]

南面,第4装甲师的残部被逼退至位于但泽边缘的齐坎肯贝格(Zikankenberg)。随着该师的兵力不断减少,一些人员获得重新分配。装甲团团部人员解散后,克里斯滕上校奉命进入但泽,从那里搭乘一艘摩托艇赶往奥克斯赫夫特,他将接替负伤的毛斯中将出任第7装甲师师长。他让通讯官绍夫勒和他一同去第7装甲师任职,但绍夫勒决定跟第4装甲师的战友们待在一起:

"那您陪我走一段吧,"他提出要求。我无法拒绝团长这个愿望,我们曾在一起经历过那么多艰巨的战斗……但我还是坦率地表明,我不打算驱车穿过苏军密集的弹雨赶往诺伊法尔。

团长最后一次钻入他的座车。车上的电台已关闭。这一点极不寻常。但我们现在还能用电台跟谁联系呢?几个小时前,第35装甲团已不复存在。

各条街道上扔着一堆堆杂物,到处都是火焰,整座城市几乎已被废弃。透过硝烟,教堂出现在我们面前,几乎毫发无损。上校想在这里停一停。他钻出汽车,请司机和我陪他过去看看。

借着昏暗的光线,我们走入教堂的中殿,这里遭受战斗的影响较小。上校环顾四周,似乎在寻找着什么。随后,他那张饱经战火的脸上露出一丝微笑。他示意我到长椅上坐一会儿。他带着司机,登上陡峭的台阶,朝廊台走去。

我不太舒服地坐在坚硬、褐色的教堂旧长椅上,聆听着教堂外传来的激战声。突然,我惊呼起来。一种完全陌生的声音将我耳中的战斗声驱散:管风琴响了起来,覆盖了杀戮的旋律,使我彻底忘记了这场战争。一种奇怪、忧郁的感觉包围了我。在我看来，昏暗的教堂似乎突然间明亮起来。

当然，我知道上校是一名音乐的狂热爱好者，也能弹奏几种乐器。但这是我第一次听见他弹奏管风琴，而且他弹得非常好。他用令人轻松的乐声慢慢覆盖了激战的轰鸣，音乐声让我想起和平时期那些无忧无虑的日子。所有的痛苦都已消失：战争和毁灭，死亡和残酷。欢快、美妙的乐曲声令我想到一个不同的将来。

但我们这些饱受战争诅咒的人还能见到新的曙光吗？我们还能迎来一个无须为自保而被迫进行杀戮的时代吗？这些问题似乎都没有合适的答案。

直到今天，我仍不知道自己当时聆听了多久，沉思了多久，直到上校拍拍我的肩膀，这才将我重新带回到现实中。他的脸上带着显而易见的愁容。

我们默默无言地回到半履带车上。渐渐地，激战声再次回到我的耳中。在诺伊法尔码头，上校简短地向我道别，迅速转身离去，登上等候着的摩托艇。他没有回头，我也忘了向他敬礼。他凝视着阳光，可能已经在考虑自己的新任务。

驱车穿过燃烧的城市返回齐坎肯贝格时，争夺但泽的战斗仍在继续，但美妙的管风琴声在我脑中萦绕了很长一段时间，驱散了战争、痛苦和绝望。[32]

3月27日，克里斯滕上校抵达新师部。他刚刚接手指挥，第7装甲师的部分防区便遭到苏军的猛烈进攻。埃勒中校集结起第7装甲掷弹兵团的残部，以一场顽强的反击重新恢复了防线。

但泽城内和周边，克里斯滕过去的战友们毫无喘息之机。奥利瓦与朗福尔（Langfuhr）之间爆发了激战，那是但泽机场的所在地。3月26日，最后的预备队（第7步兵师第62掷弹兵团的一个营）被投入战斗，以夺回机场北部一道重要的防坦克壕，但苏军沿两侧的进一步推进将他们逼退。截至当天结束前，该团已遭受到严重伤亡，并处于被隔断的危险中。第4装甲师也获得了第7步兵师的增援，不过，但泽西面的防线还是被迫后撤，因为苏军投入的兵力不少于15个步兵师，在机械化第8军的支援下，对德军第12空军野战师、第4装甲师和第252步兵师据守的薄弱防线不断发起猛攻。到当日结束时，第4装甲师已没有可投入战斗的坦克。

炮火炸断了电话线，电台由于损坏或缺乏电池和零配件无法使用，但泽城内与上级部门的联系几乎已完全中断。第252、第389步兵师和第12空军野战师的残部自愿将自己纳入第4装甲师的统一指挥下，这四个师此刻的兵力加在一起不到10 000人。眼下，但泽受到来自北面的新威胁，3月27日下午，贝泽尔中将赶往但泽的"奥利瓦门"，设法构建起一道防线。经海路实施疏散的尝试变得越来越危险，贝泽尔决定，派第7步兵师最后的战斗群设法守住但泽北面的接近地，而已被逼退至齐坎肯贝格的部队则穿过燃烧的废墟撤至莫特劳河（Mottlau）防线后，并鼓励城内的居民一同撤离。就在贝泽尔与当地官员协商之际，该地区遭到猛烈的炮击。贝泽尔被弹片击中后阵亡，第33装甲掷弹兵团团长也身负重伤。

第4装甲师的指挥权交给了第12装甲掷弹兵团团长恩斯特-威廉·霍夫曼上校。消息传播得很快，在部队中造成极大的惊愕——贝泽尔是个深受部下爱戴的指挥官，他的阵亡对第4装甲师是个巨大的打击。

独臂少尉席勒和他的反坦克连此刻也在但泽城内奋战：

最后几天的巷战中，我们采用了一种行之有效的反坦克战术。出于防空目的，各座建筑的阁楼被打通后彼此相连，我们以此为掩护，悄无声息地逼近俄国人的坦克先头部队。我们派出冲锋枪手在阁楼的窗户处提供掩护，其他人则用"铁拳"猛轰敌坦克的舱盖。对苏军士兵来说，看见一辆T-34突然被炸入空中，这让他们心慌意乱。我们就趁着敌人混乱之机溜走，去寻找下一个目标。通过这种方式，我们迫使俄国人的推进缓慢而又谨慎。激战的每个小时、每一天都对难民们具有极大的价值。"铁拳"并不短缺，到处都能捡到。令人遗憾的是，食物供给就没有这么充裕了。

在街垒后进行了一番战斗后，我们阵亡、负伤了几位战友。在他们的墓地前，我们郑重起誓，绝不会将他们遗忘。我们祈求上帝关照他们的家人，也赐予我们在这场无情的战斗中以力量。我们迅速离开，仿佛对自身的疑虑会扼杀这最后的祈祷。

但泽的老城区完全陷入火海，河上的桥梁也被炸断后，我们才撤过维斯瓦河，来到霍伊布德（Heubude）郊区。平生第一次，也是最后一次，我目睹了一座缓缓坍塌的大桥，这座举世闻名的塔桥正在熊熊燃烧。我被一种强烈的沮丧感所笼罩。但是，即便将所有历史悠久的老建筑加在一起，其价值也抵不上一条获救的生命。

……在霍伊布德，我再次与那些在但泽的地狱中生还下来的战友们重逢，他们大多安然无恙。深深的喜悦感洋溢在我心中。战争期间的手足情谊真是很奇妙！[33]

苏军在城市南面的进展相当缓慢。迪绍与但泽之间相对平坦的地带上，水道纵横，几个德军师的残部抵抗得非常顽强。德军工兵炸毁了许多堤坝，造成洪水泛滥，导致许多地区根本无法通行。德国海军的炮火支援继续发挥着重要作用；在一场炮击中，舰炮射出的炮弹击中苏军近卫步兵第37师师部，拉奇莫夫少将和他的政委当场阵亡。[34] 潘特纽斯和他的团此刻在圣阿尔布雷希特（St Albrecht）掩护着但泽的南部接近地：

敌人沿着从普劳斯特（Praust）而来的铁路和公路发起进攻，不仅有威力强大的炮火支援，还投入了大批坦克。我们的团部设在赫尔贝格庄园南端，路边一所坚固房屋的地下室内，以电台和电话与位于圣阿尔雷希特的两个营保持联络，一个机械化通讯排也部署在庄园内，确保了我们与师部的联络。尽管炮火的猛烈度是我在战争期间从未经历过的，但我们的电台没有被击中，一直保持着运作。一连几个小时，根本无法向前方或后方派出传令兵。团里的两个营打得非常出色，多次击退了苏军对其阵地发起的攻击。敌人的坦克无法在村内取得更大的进展。第1营营长埃勒斯上尉两次负伤，后来他被送至战地医院，随后经海拉被疏散到石勒苏益格-荷尔施泰因。第2营营长施特罗施奈德上尉被调来接替他的职务，因为我希望以最好的军官来指挥第1营，这个营正处在战斗的中心地段。在我们身后，但泽的老城区不断遭到炮击，已沦为废墟，此刻火势四起。通往奥拉（Ohra）的道路也处在猛烈的炮火下。我们对面的敌人显然是苏军突击第2集团军辖下的步兵第46和第281师。[35]

尽管希特勒的命令已直接下达给费尔茨曼将军，但城内并不打算实施任何形式的"背水一战"。不管怎样，费尔茨曼将军已失去了与下属几个师的联系，另外，第4装甲师新任师长霍夫曼上校也已获得第2集团军司令冯·绍肯（他也曾担任过第4装甲师师长）的批准：尽可能实施一场有序的后撤。3月28日，诺伊法尔瓦塞尔（"乌贝纳"号邮轮正是从这里将最后一批难民运走）落入苏军手中。德军第62掷弹兵团被孤立,面临着遭到切断的威胁,但他们还是设法跨过维斯瓦河,逃至霍伊布德。各处的德军部队纷纷撤往、跨过维斯瓦河。苏军紧随其后,试图在船坞附近的化工厂周围夺取一个登陆场。3月28日晚,第4装甲师发起一场反击,将这片地区成功夺回,但苏军依然控制着位于东岸的立足点。

哥腾哈芬同样遭受到沉重的压力。苏军近卫坦克第3军已成功突破至海岸边,现在,他们与近卫坦克第11军并肩向北推进。第19集团军辖下的两个步兵军(第1和第27军)也从西北面逼近。德国第7装甲军辖内各个筋疲力尽、实力严重耗损的师组成混编战斗群,继续进行着艰苦的抵抗。冒着猛烈的炮火,最后一批伤员和难民经海路被撤离。他们中的许多人等待得太久,已对自己遭受的磨难麻木不仁,不得不将他们赶上渡轮。总体说来,穿过哥腾哈芬的战斗后撤实施得较为精确,他们发起反击,迫使苏军后撤,在随之而来的平静中,德军部队悄然撤离。第83步兵师的后卫部队由师里的补充兵营和第277掷弹兵团的一部组成,他们边打边撤,退往港口处,师里的战斗工兵将在那里用小船帮助他们撤离。但在密集的炮火下,工兵们无法将船只驶到战友们身边,后卫部队中只有少数人跳海逃生,剩下的人被迫向苏军投降。

尽管如此,大多数幸存下来的德军士兵还是在3月27日和28日撤离了哥腾哈芬。第227步兵师的师部人员待在港口区,直到3月28日夜间才离开。他们的撤离差一点被己方部队挡住:德国战列巡洋舰"格奈泽瑙"号在一场空袭中严重受损后便一直驻锚在哥腾哈芬港,他们已接到命令,将作为一艘堵塞船自沉于进港航道。第227步兵师师部人员乘坐一艘摩托艇离港时,一艘拖船拖着"格奈泽瑙"号进港,堵住了出口。经过一番激烈的争执,步兵人员甚至用机枪和"铁拳"对拖船上的人发出威胁,封锁港口的行动被推迟到3月29日清晨,最后一批德军士兵这才得以逃脱。[36]

不久后,霍伊恩中将奉命返回德国,接掌新组建的"施拉格特"师。第227步兵师的残部被并入第83步兵师,第227步兵师师长马克西米利安·温格勒少将接替了霍伊恩的职务。

约翰·胡贝尔的四号坦克歼击车在弗勒滕施泰因镇的战斗中损坏,车辆维修期间,他一直待在哥腾哈芬。他和车组人员忙着让战车做好战斗准备时,苏军炮弹不停地落在四周。他们的战车已经有一段时间没有从事战斗，因此必须对炮膛加以清理，胡贝尔和他的战友布鲁诺·卡默进行着这项工作：

> 我把坦克炮清理通条组装起来并推动刷子（我已在刷头上裹了块干净的抹布），这样，布鲁诺便可以从外面拉动刷子穿过压低的炮管。第一次推拉理所当然地让抹布变成了锈褐色。每隔一会儿我们就换一块干净抹布，直到炮膛被彻底清理干净。布鲁诺抽出通条，他要把它拆开，然后再把它递还给我。要接到这套清理配件，我必须离开炮手座。于是，我钻出座舱，站到坦克上等着布鲁诺，他已将清理刷拉出炮膛。就在他走到战车侧面时，我突然觉察到右耳处有疾风掠过，几乎就在这同时，一发炮弹掠过右驱动轮，撞在车身30厘米外的鹅卵石地面上，发出一声清脆的金属撞击声——是一发哑弹！布鲁诺站在两米外，这发炮弹掠过时，离我的耳朵可能只有5厘米。我盯着这发哑弹，它撞上地面后被弹开。这是一发76.2毫米高爆弹。我们俩面面相觑，呆若木鸡，炮弹继续弹跳着，15米、20米、25米，穿过开阔地，卡入沙滩。我们盯着那枚闪着银光的炮弹，又相互对望了一眼。我们俩都知道，我们再一次死里逃生。我的双腿发软。尽管这是一颗哑弹，但它差点把我的头撞碎。布鲁诺跳起身朝炮弹跑去，想把这颗未爆炸的"幸运弹"捡起来。刚把炮弹拎离地面30厘米，他又把它扔了出去，炮弹还是没爆炸。但他却惨叫起来，因为他的手指已被灼热的炮弹烫伤。我跳下坦克朝他跑去，嘴里喃喃地说道："你这个蠢货，你真想把这东西留下来吗？"我们俩站在距离那枚闪着银光的炮弹一米外，还是无法相信这枚炮弹居然没有爆炸。[37]

哥腾哈芬最后的战斗打响时，胡贝尔和他的战友动身出发，他们的战车被修好得正是时候。沿树林边缘前进时，他们再次幸运地躲过一劫：

> 行驶了100米后，突然传出一声尖叫，这声喊叫在耳机中被放大得有些怪异："坦克！"驾驶员布鲁诺迅速踩下刹车。我们停在那里。没过10秒钟，我们的战车遭到剧烈的撞击，刺眼的闪烁令我们睁不开眼。几分之一秒后，我恢复了意识，迅速朝左右和前方扫视一番。我们的战车完好无损，虽被击中但没被穿透。车长埃米尔又喊了起来："斯大林，右侧树林50米处！"布鲁诺已挂上倒

挡，我们的坦克歼击车向后退去。这几秒钟令人惊恐不已。我心中暗想，我们又逃过一难。后退了50米，我们的侧面正对着敌坦克。我们在昏暗的车舱内看不到外面的状况，埃米尔告诉我们："它无法转动炮塔，被树木挡住了。"随后他又喊了起来："步兵，苏军步兵！"我问道："在哪里？"他已将头缩回车舱："就在右侧的壕沟里，2米外。"敌人的机枪开火了，我们听见子弹被装甲板弹飞的声音。看来，我们刚好处在战场的中心。要是敌人的一个近距离突击组发起进攻，将手榴弹从舱盖投入我们的车内，那会怎样？我对埃米尔说道："留神点！"我检查着身后战斗舱内存放的手榴弹，我们的冲锋枪也在那里。我把那些手榴弹拿了过来，在手中攥了一颗。

我们的战车加大油门，盲目地向后退去。驾驶员布鲁诺保持着引擎的轰鸣，完全凭猜测操纵车辆——他只能看见前方的道路，埃米尔已缩回车内，无法为他提供指引，因此，他只能靠自己的估计向后倒车。敌人的步枪火力相当猛烈。与此同时，我将手榴弹一颗颗投了出去，先投向右侧的壕沟，再投向左侧的树林。布鲁诺喊道："右边，右边，他们在壕沟里！"但我们的车长没有听见他的叫声。所有手榴弹都已用完，我将一支信号枪塞给他。第一发照明弹从我的脑袋旁掠过——我真担心他把照明弹射在车舱内，那我们就全完了！我托高他的胳膊，让他把手伸出车外，塞上一发照明弹后再次发射。

……又后退了100米，我们停了下来。"发动机关闭。"一片沉寂。没有步枪的射击声。我们长长地松了口气，每个人都知道，我们再次死里逃生。

……我想弄明白那枚炮弹到底击中了哪儿，于是爬出坦克。没人朝我射击。那发炮弹居然没有穿透，这可真是个奇迹，肯定是倾斜的装甲板所致。我沿着履带甲板向前走去，天哪，眼前的情形令我大惊失色。从右侧射来的一发122毫米炮弹，以一个斜角击中我们这辆坦克，在正面的装甲板上撞出一个凹槽，至少有4厘米深、70厘米长。深灰色钢板已因撞击的能量发生氧化。炮弹上的铜环在凹槽内留下两道清晰可见的金色痕迹。我不由自主地伸手触摸这道凹槽，只感到一阵灼烫，撞击造成的这道凹槽依然滚烫。我的双膝发颤。就差几厘米，我们四个差一点悉数送命。[38]

与另外两辆战车一起，胡贝尔和他的战友们为格拉保（Grabau）的德军防线提供了增援,而哥腾哈芬已被疏散。3月28日,守军后撤至奥克斯赫夫特克姆佩。

纵观但泽和哥腾哈芬的最后时日,几乎见不到大区领袖福斯特的身影。2月24日,他来到柏林,并满怀热情地对那些仍坚信最终胜利的人表示赞同。3月21日,他的看法变了,最少是对他自己的辖区;他写信给戈培尔,将但泽和哥腾哈芬的状况描述为"极具戏剧性"。他写道,这些城市无法长时间坚守。两天后,他再次出现在柏林。与元首商讨相关事宜后,他的情绪有所好转:"他(希特勒)告诉我,他将拯救但泽,没有必要绝望。"[39]

福斯特最终离开但泽的具体情形不太清楚。最后一批难民在哥腾哈芬争先恐后地挤上军用渡轮时,一艘小型轮船,"诺伊法尔瓦塞尔"号,从德国海军的T 28号鱼雷艇身旁驶过。鱼雷艇艇长发现这艘小轮船几乎是空的,于是发信号询问她要去哪里。对方的回复令人震惊:"大区领袖福斯特在船上,正驶向海拉。"鱼雷艇的甲板上挤满了难民,于是要求"诺伊法尔瓦塞尔"号靠过来,帮着带走些难民,但那艘轮船根本不加理会,继续向前行驶。T 28号鱼雷艇与海拉的海军司令部进行了简短的无线电通话后,用艇上的火炮瞄准那艘轮船,命令对方立即停船。"诺伊法尔瓦塞尔"号停了下来,并将一些难民带走,但很显然,福斯特并不在船上。另一些记述表明,福斯特乘坐一艘名为"索波特"号的轮船离开但泽。他可能逃到了博恩霍尔姆岛(Bornholm),但不久后又来到海拉。军方人员几乎以一种公然蔑视的态度对待他:

……福斯特,在海拉的一座掩体里找到我,请我把眼下的态势向他作个简介,并对我说:"这里确实没有什么要我办的事,一切都已交付给军方——我会请求元首将我派到德国南部去执行一项特殊任务。"施佩希特将军(第20军军长)对此愤怒至极,他告诉这位大区领袖,这里仍有许多事情要他去做,他必须确保海上通道的畅通,以便让更多的难民逃往德国西部。[40]

没过多久,他换上一副与早些年嚣张的纳粹官员截然不同的嘴脸:"他不发一言,一脸的痛苦,这使他丧失了最后的力量。他亲自跟随渡轮执行了两次摆渡任务,将难民们从维斯瓦河河口运到等候着的船只上。然后,他晕倒在地,被送上撤往西部的船只。"[41]

争夺但泽的战斗已到达高潮。大半个城市都在燃烧，守军竭力守住某些关键阵地，以便为其他部队撤往霍伊布德争取到足够的时间。此时已无法为那些仍在城内的人安排海上疏散，残余的德军士兵穿过废墟后撤，在城内展开艰巨的战斗。有时候，苏军步兵不得不通过地下室攻入匆匆设防的建筑物，然后再一层楼接一层楼肃清守军，而为他们提供支援的火炮不停地轰击着目标。

第203步兵师师部人员被配属给"但泽要塞"的守军，尽管该师已没有任何值得一提的作战部队。他们指挥着一支大杂烩（师里残存人员组成的一个战斗群、一群充当步兵的海军人员和一些人民冲锋队），以此来守卫但泽的中心地带。3月25日，该师撤至霍尔姆岛（Holm），这片区域位于维斯瓦河河曲部东岸，穿过市内中心地带，师部的情报官汉斯·蒂梅中校写道：

我们驾驶着一辆蓝色的"欧宝"，可靠的迈尔担任司机，师里的IIa（副官）也在车上。汽车沿着一小段铁路线迅速行进，然后越过铁路线赶往汉莎广场和船厂，驶过一座桥梁来到霍尔姆，又沿着两座掩体的最南端向前行驶。旅程很短暂，但足以看清当天上午开始的炮击给这座城市造成的破坏：被炸毁的建筑物随处可见，落下的电话线、死去的马匹、平民们丢弃的行李。途中几乎见不到什么人，他们可能躲在各个掩体内，例如汉莎广场一座可容纳3 000人的大型防空洞，他们在里面忍受着饥饿和干渴。[42]

第203步兵师的师部人员占据了一座大型掩体，德军潜艇人员仍在港内时，这里曾是他们的住处。但这座掩体并不适合作为一个防御阵地，3月27日，师部人员撤至霍尔姆东端一座德国空军的掩体内。混乱的报告指出，苏军已跨过维斯瓦河，正在夺取霍尔姆西部地区，师里的副官里茨上尉在夜间被派往岛屿东北部，以确定那里的状况。另一名军官被派回U艇人员掩体，设法与格罗塞尔上校取得联系，这位上校指挥着师里所剩无几的作战部队：

我们靠近那座掩体，直到昨天下午，那里还是我们的师部所在地，这时，我们遇到一群士兵，约有二三十人，他们当中夹杂着几个平民，这些人默默无语，迅速朝我们走来。双方擦身而过之际，我问其中的一名士兵，他们是哪一部分的，要去哪里？"格罗塞尔上校的指挥部人员，重新部署！"可上校在哪里？多亏我问了这么一句。那座掩体已被放弃。我们后来获悉，"重新部署"进行得太过突然，不光是医护人员和伤兵，还包括一整群士兵，都落入到苏军手中，完全不知道发生了什么情况。师里的一个无线电通讯组也落入敌手，率领这个小组的柯尼希下士，后来设法逃脱，重新回到我们身边。

我向上校报到，此前我从未见过他，他是个身材矮小、沉默寡言、像模像样的军官，穿着一件迷彩外套。我赶来传达命令，让他重新夺回并守住岛屿北部，不料刚好遇到他在后撤。"反击？不可能！用什么兵力实施反击？敌人的实力太强大了。海军的'比朔夫'连队乘船撤离，甚至没跟我打声招呼。我们剩下的士兵已寥寥无几，一名下士在指挥他们。俄国人距离那座掩体已不到150米。他们推进得非常快，警察营已被打散。南面的人民冲锋队是由老人们组成的一个警戒连，他们只有四支步枪。我没法用这些部队守住霍伊姆。您去告诉将军，我不会等他批准后再转移自己的指挥部——我们应该庆幸逃出了那座掩体。敌人的火力太猛烈了！"[43]

汉斯·绍夫勒是最后一批穿过这座满目疮痍的城市实施后撤的德军人员之一：

撤离这座正在燃烧的垂死城市制造出一种可怕的景象。后撤中的士兵们带着阵亡的贝泽尔将军，他的遗体被放在他的指挥车上，覆盖着一面德国军旗。

……截至3月29日，但泽城东部已处在敌人的攻击下。3月29日-30日的夜间，最后一批后卫部队与敌人脱离接触。

3月29日下午晚些时候，我奉命带上自己的无线电通讯组，乘坐他们的半履带车赶往新营部报到。副官格里加特中校已等在那里，他向我转达了命令。

车辆吃力地沿着道路而行，穿过一堆堆废墟。我记得，通向霍伊布德的道路约有3公里长。我将赶往维斯瓦河桥梁的详细路线标注在地图上，我们希望尽快穿过这座已处在猛烈炮火下的城市。一路上，我们不时遇到被打散、迷失方向的小股德军士兵。

穿过残垣断壁，避开火箭弹的齐射和持续不断的炮击，经过一番令人提心吊胆的行程，我们来到一长列车队的尾部。

我们带着战争期间优秀士兵固有的耐心等了一会儿。但停在这片地区让人极不踏实。反坦克炮的射击声不时从某处响起。道路四周，各种车辆熊熊燃烧。弹药发出疯狂的爆炸。但各处都见不到人，这令我心生疑惑。我跳起身子，恢复了活力——对，应该到车队前面去看看。显然，这很危险，也很艰难，但这个险值得一冒。

第一眼见到的情形告诉我，几乎所有车辆上都没有人。车上的人员显然已步行逃离，他们将车辆和物资丢在道路中间，结果给后面的人造成了麻烦。

我判断，维斯瓦河的桥梁就在300米外。第二眼见到的情形告诉我，这是极为恐怖的300米：已被掏空内脏的死马，燃烧的货车残骸，被焚烧、被碾碎的死尸。透过车辆冒起的烟雾，我看见几名耐心的司机坐在方向盘后，焦虑的目光紧盯着前方车辆，等待着车队的通行——但他们前面的车辆上，司机已是个死人。

眼前的情形令我震惊不已。我们得设法离开这里！我们的半履带车咯咯作响地碾过瓦砾堆，穿过花园和后院，几乎就在我们到达桥梁的同时，一支强大的苏军轰炸机编队出现在上空。我们该怎么办？

我们都能看见这些轰炸机——经历过的各种危险早已让我们变得坚强无比。重要的是，桥梁还在那里！没人知道这座桥还剩下多少桥面，它只是牢牢地伫立在维斯瓦河上。于是，我们向前冲去，眼前的桥梁看上去清晰无比——这是我们逃脱的机会。

我们跌跌撞撞地驶过弹坑，碾过混凝土块——炸弹在左右炸开，震颤着我们的无线电通讯车，伴随着震耳欲聋的巨响，这些炸弹在河床上爆炸。纷飞的弹片撞击着装甲车车身，爆炸激起的河水喷泉般地窜入空中，又洒落在我们的车上。这是一段穿越地狱之旅。带着越来越强烈的恐惧，我透过观察窗朝外张望，看着落在一侧的一颗炸弹如何将桥梁撕开，看着这座大桥如何震颤不已——但它依然伫立着。

……对岸，目力所及之处，更多起火燃烧的车辆、马匹的尸体、被炸毁的军用物资、堆积如山的残垣断壁。但对死者和伤者来说，这里尚算安全。

我们驶入路边的一条沟渠，以避开被司机们丢下的大批车辆。我们撞倒一棵树木，推开一辆侧翻在我们面前的车辆，终于到达了桥梁另一端的开阔地——感谢上帝赐予了我们一辆具有越野能力的无线电通讯车。[44]

对逃脱中的德国守军来说，但泽城内维斯瓦河上的桥梁至关重要。苏军步兵第108师于3月29日下午4点抵达河边，并将河上的一座桥梁夺取，不久后，第二座桥梁也落入他们手中。巴托夫本人于次日进入但泽城内：

议会大厦过去是德国劳工阵线的办事处，这里已被街垒所堵。我们设法闯了进去。"铁拳"、冲锋枪和弹壳扔得到处都是。显然，他们在这里顽抗了很长一段时间。但我们的部队在两天艰巨的巷战中打垮了他们的抵抗。德制"铁拳"被我们用于这场城市攻坚战，后来在奥得河战役中也派上了大用场。

在但泽的邮政大楼里，我们发现了大堆法西斯报纸，《但泽前哨报》。这些报纸的头版头条上刊登着戈培尔自负的观点："我们决不投降！但泽堡垒固若金汤！"[45]

但泽，德国在1939年通过这座城市走向战争，只在德国版图内停留了不到六年。此刻的她已沦为废墟，并落入苏联红军之手。很难统计城内有多少平民留下，大多数想离开的人已经离去。福斯特当初的政策是，任何一个具有德国血统的波兰人都可被视为德国人，这就意味着城里的数千名居民现在可以宣布自己是波兰人。在但泽和哥腾哈芬，这些波兰人加入到苏联红军欢庆其伟大胜利的行列中，但苏军士兵对待他们的方式，与对待其他地区落入到他们手中的平民没什么不同。罗科索夫斯基消灭这些"要塞"的计划已获成功，尽管付出了惨重的代价。不过，白俄罗斯第2方面军现在可以将其部队调至西面，准备跨过奥得河，冲向柏林。

3月底，这片战场终于平静下来。苏军士兵在但泽的废墟中欢呼雀跃时，他们的德国对手却抓住几周来这个难得的机会好好补了一觉：

苏军占领了整个但泽，并用伏特加和音乐欢庆他们的胜利。整个晚上我们都能听见他们的庆祝声。大喇叭里传出对我们所做的宣传，不断从港口另一端飘来："德国第2集团军的将士们！你们现在已被包围，只能自给自足……"然后，他们播放拉德斯基进行曲，伴随着音乐声，许多苏军士兵鸣枪射击。不时地，他们会发表公告："接下来，我们会给你们送上一段管风琴乐曲，这就是

'斯大林管风琴'！"一阵火箭弹齐射不出所料地倾泻下来。然后，我们又听见经常能听到的那些保证：战争结束后会被迅速遣返，我们会得到良好的对待，允许保留私人物品等等。接着，他们又发出威胁：要是我们不听他们的话，就会被彻底歼灭。一个新的宣传伎俩是用大喇叭播放玛丽卡·勒克演唱的歌曲，不分白天黑夜，每次几个小时；他们肯定在但泽城内找到了一张唱片，一月份时，她主演的《梦中女郎》曾在但泽的电影院上映过。

我们对面的港口防波堤上，飘扬着苏联国旗和自由德国全国委员会的旗帜。这本身已令人痛苦万分。但据我们所知，留在但泽的百姓们遭受到可怕、残酷的对待，这使他们中的许多人沦入绝望中。[46]

1. 1939年9月19日，希特勒在但泽的演说，引自D·申克《希特勒的人在但泽》，第137页
2. D·申克，《希特勒的人在但泽》，第152页
3. 波兰总督辖区控制的是被德国占领，但未被德国正式吞并的那些地区。
4. K·罗科索夫斯基，《一个军人的职责》，第308页
5. P·波拉拉，《永远的伤痛》，第17–18页
6. F·胡泽曼，《信念永存》，第499–500页
7. P·巴托夫，《从伏尔加河到奥得河》，第371页
8. B·冯·埃格洛夫施泰因、W·黑根、J·胡贝尔，《Y–罗腾堡》，第214–215页
9. 命令来自凯特尔元帅，引自B·冯·埃格洛夫施泰因等人所著的《Y–罗腾堡》，第220页
10. H·绍夫勒，《维斯瓦河上的坦克》，第60–63页
11. 同上，第65–66页
12. B·冯·埃格洛夫施泰因、W·黑根、J·胡贝尔，《Y–罗腾堡》，第230–231页
13. 同上，第240页
14. F·胡泽曼，《信念永存》，第502–503、508页
15. G·博尔特，《帝国总理府的最后日子》，第81页，引自A·比弗《柏林的陷落》，第121页
16. B·冯·埃格洛夫施泰因、W·黑根、J·胡贝尔，《Y–罗腾堡》，第244–245页

17. F·胡泽曼，《信念永存》，第509页
18. J·诺依曼，《第4装甲师，1943-1945》，第690页
19. H·绍夫勒，《维斯瓦河上的坦克》，第82-84页
20. J·诺依曼，《第4装甲师，1943-1945》，第696页
21. P·波拉拉，《永远的伤痛》，第19页
22. H·绍夫勒，《维斯瓦河上的坦克》，第85页
23. P·波拉拉，《永远的伤痛》，第170页
24. B·冯·埃格洛夫施泰因、W·黑根、J·胡贝尔，《Y-罗腾堡》，第255-257页
25. 同上，第259-260页
26. R·蒂曼，《第83步兵师史》，第317页
27. H·绍夫勒，《维斯瓦河上的坦克》，第90-97页
28. H·舍恩，《波罗的海，1945》，第381页
29. H·绍夫勒，《维斯瓦河上的坦克》，第100页
30. P·波拉拉，《永远的伤痛》，第369页
31. 同上，第21-22页
32. H·绍夫勒，《维斯瓦河上的坦克》，第101-103页
33. 同上，第98页
34. P·巴托夫，《从伏尔加河到奥得河》，第371页
35. H·J·潘特纽斯，《东线的最后战役》，第252页
36. 同上，第240页
37. J·胡贝尔，《如此真实》，第283-284页
38. 同上，第292-293页
39. D·申克，《希特勒的人在但泽》，第262页
40. P·波拉拉，《永远的伤痛》，第181页
41. J·托瓦尔德，《开始于维斯瓦河》，引自D·申克的《希特勒的人在但泽》，第262页
42. P·波拉拉，《永远的伤痛》，第339页
43. 同上，第340-341页
44. H·绍夫勒，《维斯瓦河上的坦克》，第105-108页
45. P·巴托夫，《从伏尔加河到奥得河》，第375页
46. H·绍夫勒，《维斯瓦河上的坦克》，第111-112页

第十四章
最后的命令

值此严峻时刻，德国国防军的将士们回想起在战斗中牺牲的战友。面对遍体鳞伤、血流不止的祖国，那些战友奉献出无条件的忠诚、服从和纪律。

——卡尔·邓尼茨[1]

  但泽和哥腾哈芬被夺取后，罗科索夫斯基的白俄罗斯第2方面军开始将部队调往西面。他们在西普鲁士的任务几乎已完成，剩下的只是消灭德国人在奥克斯赫夫特周围的登陆场而已。这座登陆场使德国人继续留在海拉，另外，第2集团军的残部仍位于维斯瓦河河口，但罗科索夫斯基对此不太担心。海拉的德军并不构成威胁，将其孤立即可；而德国第2集团军的残部极其虚弱，可以交给华西列夫斯基的白俄罗斯第3方面军加以歼灭。
  德军第7装甲师继续守卫着奥克斯赫夫特包围圈的周边阵地，这里已被希特勒宣布为"要塞"。这就意味着守卫要塞的部队必须战斗到最后一人一弹，但第7装甲军和第2集团军都没有理会这道命令。3月29日，胡贝尔身边刚好有一部收音机，于是他调至柏林广播电台：

  突然，广播里开始宣读国防军公告。此刻是下午1点。我已有两个月没听过国防军公告了。我们停下手里的工作聆听起来。形势听上去很严峻。美军装甲先头部队已进入安斯巴赫、维尔茨堡和哈默尔堡。法兰克福也在战斗中。随后，公告中提及东线，我们抬起头来，广播里说道：

"但泽—哥腾哈芬登陆场的守军，为元首、人民和祖国进行了一场英勇的战斗后，已于昨日被敌人压垮，守军悉数阵亡。德国人民感谢这些英雄在抵御布尔什维克的战斗中付出的牺牲！"

我们俩面面相觑。此前我们没有聆听国防军公告，这么说来，我们都已经阵亡，可我们还活着，还在这里坚守！国防军最高统帅部把我们抛弃了。[2]

次日，苏军炮兵对包围圈的周边阵地展开猛烈炮击。3月31日，他们发起首次进攻，在周边阵地的北部达成纵深突破，据守在那里的是武装党卫队"警察"装甲掷弹兵师的残部。第7装甲师宝贵的坦克被投入封闭突破口的战斗，4月1日拂晓，师里最后三辆黑豹，在距离胡贝尔那辆四号坦克歼击车不远的地方击毁了四辆"约瑟夫·斯大林"式重型坦克。另外两辆"约瑟夫·斯大林"被另一辆德军坦克在近距离内击毁。

这一整天，苏军炮弹不断从德军头顶上飞过，但炮击主要针对的是后方区域。4月2日，守军做好了迎战另一场敌坦克进攻的准备。胡贝尔命中并摧毁了一辆"约瑟夫·斯大林"式重型坦克，并使另一辆失去战斗能力，尽管多次命中对方，却没能让那辆重型坦克起火燃烧。俄国人随即投入步兵对德军阵地发起进攻，可就在苏军步兵准备展开最后的突击时，他们的炮击鬼使神差般地落在自己人头上，这场进攻就此失败。[3]

克里斯滕和第7装甲师师部人员已制订出撤离包围圈的计划，但却担心来不及对此加以执行：截至4月初，这个包围圈的长度仅沿着海岸线延伸了5公里，最宽处不到4公里。如果苏联红军发起一场果断的推进，肯定能将疲惫、饥饿的德军士兵彻底打垮。可是，尽管俄国人偶尔进行一些突破德军周边防线的尝试，就像胡贝尔和他那些战友经历的那样，但预期中的猛攻并未到来。第7装甲师情报部门截获了苏军的一份电报，这才弄清楚原因：苏军炮兵部队抱怨说，他们已连续两天没有收到补给物资了。上级部门的回复是，补给车队"在这两三天内"就会到达，这多少让监听的德国人松了口气。就这样，他们得到了短暂的喘息之机。

不过，位于胡贝尔阵地前方的苏军步兵仍在夜间向前渗透，4月3日拂晓，他们逼近到80米处。当天晚些时候，胡贝尔的车组成员一致同意由他们继续监视苏军防线，让邻近车组的战友们趁着战斗的间隙好好睡上一觉：

漫长的守候令人疲惫不堪，我们也很想打个盹。但他们在电台中没有做出回应。他们都睡着了，15分钟里，我们试了无数次。通过电台的呼叫，连里的其他人都知道米希尔·韦伯和他的车组睡了。他们就在50米外，我们应该能叫醒他们。但米希尔·韦伯的车组没有听见。我们肯定不能扔颗手榴弹把他们惊醒。这会奏效，但我们不能这样做，因为我们的步兵就待在两辆战车之间的战壕内。那么，怎样才能唤醒他们呢？

……我将身子俯在火炮驻退机上操作着佩恩的电台时，仍坐在炮手的座位上。迈尔少尉站到坦克上，双手拢在嘴边，朝另一辆坦克大声喊道："米希尔！"一次、两次。我告诉他应该钻回坦克里，就在这时，一声枪响，他捂住了肚子。他的身子蜷曲起来，腹部中弹！我跟他说什么来着！我抓住他的迷彩外套和裤子，把他拉了回来。这是个贯通伤！能看见伤口处的一块青斑，入口处有点血迹。我把他翻过来，没有找到身后的子弹出口，看得一清二楚。幸亏我们这一整天都没吃东西，所以他的肠道里不会有食物。也许他还能活下去。但在这片混乱中，在奥克斯赫夫特克姆佩这口"大锅"里，他很难熬过去。我们没为他包扎，因为他的伤口没有出血。我将他的军装整理好，用电台向上级汇报了我们的遭遇。营部同意我们将伤员送到"女巫地带"的北部入口处。除了米希尔·韦伯，其他车组都已听清事情的原委，知道我们即将离开。

俄国人发现我们的行动时，地狱之门敞开了。我们将炮管压低，这样便能在需要的情况下迅速向左侧开炮射击，然后将战车从掩体内驶出。布鲁诺驾驶车辆向后退去，米希尔·韦伯的车组终于被我们的引擎声惊醒。佩恩向他们作了简短的介绍，并告诉他们，我们正设法将迈尔少尉送往后方。[4]

将迈尔少尉交给等候着的医护兵后，胡贝尔和他的车组带着一名新车长再次返回前线。驶近原先的阵地时，他们这辆战车的引擎熄火了。4月4日清晨，一辆拖车将他们拖回后方地带，在那里，他们得到了食物和淡水，这是数日来的第一次。有消息说，被围部队即将获得疏散，当天下午早些时候，胡贝尔车组接到了将他们那辆坦克歼击车炸毁的命令：

这就是结局。我的心情变得抑郁不已。我们现在不得不将我们这辆战功赫赫的四号坦克歼击车炸毁，这辆出色的战车多次保护了我们，从未被敌人的炮弹击穿过。

……我和佩恩一同执行炸毁战车的任务。我们先从车内将洗漱用品、饭盒餐具这些个人物品取出。我们还有许多炮弹。这些弹药也炸毁吗？我有个更好的主意。坦克停在这片"女巫地带"，炮口指向敌人。我和佩恩共同决定，将所有高爆弹射向俄国佬。说干就干。升高炮管，佩恩负责装弹，我开炮射击。炮弹一发发射出——按照炮管的这个仰角，炮弹的射程至少为10-15公里。射出的这些炮弹肯定会在某些地方奏效。还剩下10发炮弹时，我们停止了射击。我们必须留点炮弹，这样才能将战车彻底炸毁。我拿起炸药，仔细阅读着说明书。说明书写得很详细，我读给佩恩听，他也明白了我们该如何行事。还没等我们谈论行动步骤，一场空袭不期而至。一群伊尔-2从空中飞过，飞行高度极低，当然，它们发现了我们，兜了一个大圈后，这群飞机朝我们扑来。

我受够了那些杂种。"把机枪拿出来，咱们得保护自己！"佩恩将他那一侧球形枪座上的机枪卸下后递给我。车体后部的引擎盖板上有一个撑架，我把MG-42机枪安装上去。俄国人的第一架对地攻击机已然逼近并开始扫射。我瞄准了第二架，因为第一架此刻已在头顶上。我们的弹链也已准备妥当，每隔一发子弹便是一颗曳光弹，这将对进攻者的士气造成极大的影响。我瞄准对方的螺旋桨桨毂，抬头望去，以曳光弹的轨迹调整着自己的准星：此刻，我们相互对射，人对人，眼对眼！20毫米机炮炮弹从我头上、身边掠过，这对我没什么影响，我的手指仍扣在扳机上。这当然是一场不公平的决斗，一挺机枪要对付的是八门20毫米机炮……他对着我们的后方和车辆排气管猛烈开火。第一串20毫米炮弹落在身后时，我迅速把头缩下，我可不想被炸个满脸花。这架伊尔-2飞过去后，我放弃了。我觉得对此毫无胜算，用这挺机枪对付不了俄国人的战机。这些对地攻击机都有装甲板，子弹射上去只会被弹飞。

空袭结束了，俄国人的飞机消失在远处。一切平息下来后，我们探出身来。佩恩将炸药塞入炮膛，我关上炮闩。现在我们得赶紧出去，我们有90秒钟离开这辆战车。爆炸不会太过剧烈，因为我们已将大多数高爆弹射出，车内的燃料也已所剩无几。伴随着一声沉闷的爆炸，坦克舱盖被炸开。从后方看不到太多的情形。这辆战车没有起火。我们悲伤地看着它，但我们不能再次靠拢过去，因为太过危险。我的情绪很不好，我们这辆编号405的坦克歼击车就这样被炸毁了。[5]

胡贝尔和他的战友们不得不炸毁自己坦克的同一天，冯·绍肯将军下达了代号为"巫婆节"的命令，批准奥克斯赫夫特包围圈实施疏散。夜幕降临时，67艘军用渡轮和小型船只组成的船队设法来到临时搭建的浮动码头。30 000名难民（他们中的大多数人在但泽和哥腾哈芬陷落前被疏散到这里）和最后一批伤员先行撤离。袖珍战列舰"吕佐夫"号、三艘驱逐舰和另外几艘军舰停泊在稍远处的海面上，准备提供炮火支援。

第7装甲师的人员耐心等待着轮到他们：

凌晨2点，我们终于动身向前。我们得到指示，海岸就在前方，我们必须走下一道陡峭的斜坡，再登上一艘船只。诸如此类的命令大同小异。我们还接到排成单列纵队的命令。天色黑暗，一个接一个，每个人必须紧攥住前后战友的手。我们向前走去。过了一会儿，稍稍有了些亮光——大海就在眼前。然后，我们滑了下去。现在没人再要求攥紧战友的手，我们翻滚着滑下陡峭的海岸。这道岸堤肯定很高。我们下滑了30米、40米，这才停了下来。这里看不到什么，我们发现自己落在一条长满沙丘草的沟里。每个人都忙着查看自己从陡坡上滑下后的状况。

我忽然发现自己正在一片小沙滩上，海浪的轮廓形成一条明亮的白带，清晰可见，非常接近。有人朝我们喊道："到码头这里来，过来，渡轮在这里！"我们在黑暗中朝那里跑去，跨过海面上一座2米宽的小码头，朝渡轮漆黑的船舱走去。我留意着脚下，以免从码头跌入海中。走到舱门处，我钻了进去，又走了一米，这才进入渡轮内。随后传来命令声：往里走，往里走！每个人都知道，必须为后面的人腾出空间。

我们这艘渡轮很空,只有三分之一满。随后,引擎轰鸣起来。黑黢黢的船舱内,你能看见的只是没有月光的夜空映衬下的登船舷梯的轮廓。隆隆的噪音迅速传来,渡轮向前、向后、左右移动,我们很快就不辨东西。伴随着柴油引擎的轰鸣,我们驶向大海,进入到但泽湾。[6]

最后4辆四号坦克歼击车、3辆黑豹和2辆突击炮(这是第7装甲师最后几辆战车)的车组人员让引擎保持着运转,拔掉发动机底部的放油螺栓,默默地赶至码头处。4月5日凌晨3点,最后一艘渡轮驶离。东面的地平线绽露出拂晓的第一道曙光时,包括冯·克塞尔将军、温格勒少将和克里斯滕上校在内的一小群人登上海军的一艘小型摩托艇,他们是包围圈内最后离开的一批人。没过多久,延迟引信引爆了仅存的几座弹药库。

冯·绍肯命令包围圈实施疏散,事先并未获得上级的批准。换作以前,这种做法会让他被送上军事法庭。但这次,发起疏散行动的几个小时后,柏林发来命令,批准这场后撤。

尽管上述这种说法出现在数本回忆录和著作中,但另一个版本[7]描述了军长召集麾下几名师长召开会议的情形。会议上,率先发言的党卫队旗队长哈策尔指出,他的师每天都要付出伤亡15%的代价。与会人员一致同意,必须实施疏散,刻不容缓。这份记述指出,疏散行动的准备工作交给了哈策尔的参谋长,党卫队一级突击队中队长卢策,另外,截至4月4日黄昏,他们并未收到批准疏散的命令。哈策尔和另外几位师长自作主张,未获得准许便开始了这场疏散行动。

留存下来并能揭示这起事件真相的文件寥寥无几;此类商讨和计划很可能招致军法审判,这也许就是见不到会议记录(如果有的话)的原因。这份记述将疏散行动归功于哈策尔和"警察"师师部人员,似乎与许多相关证据并不符合。该记述还指出,第83步兵师的一个连被留在后面,不得不在4月5日沿着奥克斯赫夫特奋战了一整天。夜幕降临后,救援船只赶到时,他们只剩下8个人。[8]但第83步兵师师史并未提及奥克斯赫夫特包围圈内这场最后的战斗,如果这本详细的著作对这样一场戏剧性事件避而不谈,未免太不正常。[9]因此,两相比较,在这起违令事件中,"大多数的说法"可能是正确的。冯·克塞尔将军奉命返回柏林解释这场"过早"的疏散，但他没有受到任何惩处。

东、西普鲁士的德国军队现在背靠大海，据守着一小块陆地。这些部队来自完全不同的单位——有的隶属第2集团军，有的是逃出海利根拜尔包围圈第4集团军的残部，还有些来自第3装甲集团军。4月10日，这些部队被编入"东普鲁士"集团军，归于冯·绍肯将军的统一指挥下。这位出生于菲施豪森，曾指挥过第4装甲师和"大德意志"装甲军的司令官，将在这场战争剩下的时间里指挥残留在普鲁士的所有德国军队。

海拉及其所在的半岛已被隔断，进出这里的唯一通道是海路。尽管普齐格尔沙嘴仍在战斗，但苏军并未发起果断的进攻来夺取这座海军基地。奥克斯赫夫特包围圈疏散后不久，苏军步兵第18师试图冲入这片狭长地带，但被横跨沙嘴的第一道防坦克壕所阻。但泽东面，曾在城内及周边奋战过的德军残部继续实施重组，掩护着河滩地的南部。维斯瓦河的数条支流穿过这片地带，几个世纪以来，维斯瓦河多次改变了流向，最近一次重要的更改发生在1840年，洪水冲出一条新的、宽阔的河道，径直通向席尔温霍斯特（Schiewenhorst）附近。平坦的地面，冬季雨雪造成河流水位高涨，再加上德军工兵对堤坝的蓄意破坏，导致埃尔宾与但泽之间洪水泛滥，这使苏军只能从南面发起进攻。第2集团军的残部和数万名难民挤在这片小小的飞地内，它一直延伸至弗里施沙嘴，再从那里通向皮劳。皮劳的北面，已被切尔尼亚霍夫斯基逼入泽姆兰半岛的数个德军师残部等待着苏军的最后突击。由于柯尼斯堡现在已落入苏军手中，这样一场进攻肯定不会拖延太久。

冯·绍肯麾下各个支离破碎的师，想方设法以散兵游勇和解散另一些部队腾出的人员来补充自己的实力。洛伦茨的"大德意志"师在泽姆兰半岛上仔细搜寻着装甲战车，成功地修复和抢救出足以构成一个小型战斗群的战车。不过，一旦苏军发起进攻，这些部队必然会被彻底打垮。泽姆兰半岛上的德军师不过是一种纸面上的力量。尽管各个团和各个营的番号和名称依然存在，但实力早已被耗尽，组成这些部队的是散兵游勇、后方单位人员、人民冲锋队和"希特勒青年团"成员，经验丰富的军官和军士寥寥无几。就连那些老兵也丧失了斗志。冯·绍肯明确地告诉他的参谋人员：德军残部的任务是尽可能长时间地挡住苏联红军，以便让仍等候在泽姆兰、维斯瓦河河口和海拉的数千名难民获得逃生的机会。

"东普鲁士"集团军

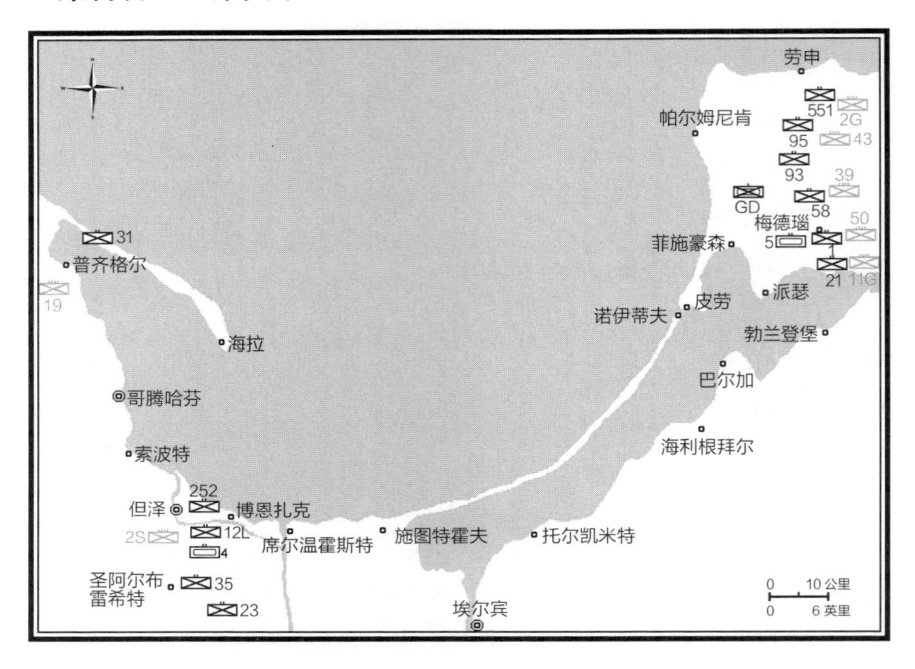

在但泽城内及其周边遭受到惨重损失后,第4装甲师迅速吸纳了其他部队的士兵,以恢复自身的实力。尽管该师缺乏作战车辆(师里的装甲团只剩下15辆尚能作战的坦克),但仍是维斯瓦河河口德国守军中最具实力的部队之一。苏军突击第2集团军辖下的部队对但泽东部反复发起攻击,德军缓缓退至维斯瓦河和"1840年河道"上的防线。

过早宣布奥克斯赫夫特包围圈已被消灭的国防军公告令胡贝尔和第7装甲师的士兵们心灰意冷,而第4装甲师也对此感到沮丧。公告中提到美军和德军正为之激战的维尔茨堡,是师里许多将士的故乡。第4装甲师师部的一份定期报告记录道,尽管遭受到损失,但该师依然保持着相对较好的状况。[10] 因此,柏林的装甲部队总监发来命令,大意是该师应该撤出战斗,尽快被运回德国。

命令中指出，回到德国后，该师会获得新装备，从而恢复到满编状态。没什么人相信真能得到那些新装备，但这道命令在第4装甲师内造成了巨大的反响：最起码，他们可以逃离维斯瓦河河口并返回德国。

"1840年河道"东面的沙丘上挤满了人，正如绍夫勒记录的那样：

内陆稍远处，苏军炮火射程外，聚集着大批人群，你根本无法弄明白他们是什么人，这些人说着各个国家的语言。

……我首先遇到的是32名英军军官，四周前，这些战俘越过战线来到我们所在的海德罗德地区，他们严格按照战争规则行事，挑着白旗，与我们进行了一场正式会谈。他们很有说服力地告诉我们，苏联红军在施洛斯贝格已将他们从德国人的囚禁中解放出来（这番话的意思是，他们现在已不受德军的拘押），随后将被送往东面一个未知的目的地。但他们并不相信这种"自由"，并决定在适当的时候自行获取自由，于是趁着夜色和雾气穿过战线来到这里。他们用英语礼貌而又得体地询问，是否能跟我们待在一起。没等我们问及，他们又强调指出，如果必要的话，他们准备与德国人并肩战斗。

这个提议显然令我们极为低落的士气得到大幅度提升。当然，我们欣然接纳了他们，并给他们分发了食物和香烟。

当时的状况相当混乱，这些英国人不得不在我们的团部待了三天，随后被送往后方。在这段时间里，我们跟他们进行了友好的沟通，彼此成了朋友。现在，他们和另外数十万人一同等待着将他们撤往西部的船只。

……与"普通百姓"多少有些分隔开的是来自瑞威尔和里加的贵族们的营地，他们穿着毛皮大衣，携带着沉甸甸的皮箱和手提包。他们已跟过去那些奴仆闹翻，在目前这种新的社会结构下，奴仆们不再像过去那么听话。

一群波兰妇女挤在一个洞中，她们似乎也想跟我们一同逃往西部，因为她们有理由害怕胜利的同胞们朝她们发泄愤怒。这群妇女沉默寡言，相互间偶尔会轻声低语几句。

到处都能看见一群群俄国志愿者，这些前红军士兵直到现在仍跟我们在一起。鉴于战争已临近尾声，他们必须尽快决定何去何从，对他们来说，形势尤为悲惨。

这里的数十万人，包括军人和平民、西普鲁士人和东普鲁士人、立陶宛人、爱沙尼亚人和拉脱维亚人、波美拉尼亚人和波兰人、英国人和法国人，均由我们的战地厨房提供伙食，炊事人员使用了大锅，甚至动用了浴缸，在这种困难的情况下，多亏了他们出色的组织工作，所有人都吃得饱饱的。

应该承认，步兵们的军马和拖拉难民大车的农用马匹都被送至战地厨房和临时搭建起的野外伙房。我们吃着马肉，完全不知道自己吃的是马匹的哪一部分，脊肉还是蹄子，口鼻还是屁股。聚集在维斯瓦河流域的所有人都没挨饿，这是个了不起的成就。[11]

数千名难民跟随后撤中的德军士兵逃离但泽，25岁的蕾娜特·丹嫩贝格也在他们当中。她和她的家人疲惫地向东跋涉，偶尔获得路过的士兵们的帮助，有时候甚至得到为难民们搭设起的救助站的援助。3月31日，经过一座教堂时，他们听见管风琴声，于是小心翼翼地走了进去：

那是我在整个逃难期间遇到的最令人震惊的事情。根本无法用言语表述我当时的感受！即便现在，每天醒来后我仍能清晰地回忆起当时见到的情形：一座小小的乡村教堂，门外摆放着白色的长椅。黯淡的光线透过窗户上的彩色玻璃洒入教堂内。受伤的士兵躺在稻草上，他们的绷带已被鲜血染红。某个地方，有人正在弹奏管风琴——我现在已不记得弹奏是什么曲子。并不是欢快、令人振奋的乐曲，但平静的旋律缓缓淌入每个人的心中，散播着安详，令人产生了一种宁静感，这使每个人都从内心深处发出呼喊："主啊，告诉我您的旨意！"[12]

四月份的头几天，突击第2集团军做出一个果断的尝试，从但泽南面的一处阵地向东北方冲去，以阻止面向但泽的德军师撤过"1840年河道"。潘特纽斯和他的部下们此刻据守着第35步兵师防区的北端，他们发现自己遭到敌人持续不断的进攻。令事态变得更加严重的是，苏军部队位于西南方地势相对较高的高地上，他们在那里获得了清晰的视野，德军第35步兵师的整个防区几乎一览无遗。潘特纽斯被迫放弃了圣阿尔布雷希特镇，不过，他们仍需要守住防线。他们这些人民掷弹兵师的成员与第35步兵师士兵之间的问题依然存在：

经过圣阿尔布雷希特镇的战斗后,我与师长里歇特中将的关系有所改善。他可能已说服自己,新成立的第109团(也就是原先的第690团)还是能派上用场的;师参谋长的更换(现在是雷菲尔德少校)大概也发挥了作用。只是后来,在赖兴贝格(Reichenberg)附近的新阵地上,我们之间再次发生了意见分歧。这件事跟我们的野战炮有关。我们的12门轻型野战炮,我设法带回来8门,并对它们加以重新部署。师里现在下令,由于弹药短缺(我们只有400发炮弹),为了腾出更多的"战壕士兵",我必须交出半数火炮,并将多余的炮组人员编入步兵部队。我对这道命令故意加以拖延。如果交出这些火炮,我就再也要不回来了,400发炮弹,每门野战炮可以分到50发,这些火炮构成的四个火力点,足以击退敌军步兵穿过开阔地、对我们团防线上任何一处发起的一切进攻。交出4门大炮,剩下的4门根本不足以覆盖我们团的整个正面。另外,我部署在防线上的步兵已够用,不需要炮组人员加入,再说这些炮兵几乎没受过步兵作战训练。里歇特将军不知道从哪里获知了此事,很可能是他副官的小报告。不管怎样,他亲自来到前线,抱怨自己的命令没有得到执行,对我提出的异议未加理会。因此,我们被迫交出4门火炮。没有机会证明谁的意见更正确,因为敌人并未发起强有力的进攻。待他们进行这种尝试时,被洪水淹没的地带使他们将力量集中到一道堤坝上,我们在这条堤坝的西端设有一个前哨阵地,一场危机爆发开来。我刚好在现场,并将4辆从戈特斯瓦尔德(Gottswalde)而来,正要去补充弹药的突击炮拦下。他们只剩下穿甲弹,高爆弹已耗尽。但指挥这些突击炮的上士非常合作,没有坚持自己的命令,而是立即进入阵地,用穿甲弹对着连级兵力的敌人展开炮击。大多数炮弹弹飞了,只有2-3发直接命中,但炮击对敌军士气的影响远大于他们遭受的伤亡。我在这个前哨阵地上组织起一个连的兵力发起反击,由一名精力充沛的少尉率领,这场反击达到了预期效果。敌人伤亡惨重,不得不撤离堤坝,没有采取进一步的尝试。[13]

出乎许多人意料的是,第4装甲师即将返回德国的传言突然成为事实:师里的200名坦克兵奉命立即赶往海拉,再从那里撤至石勒苏益格-荷尔施泰因。到达那里后,他们将得到新坦克,并构成一个新建装甲师的核心力量。经过反复斟酌和商讨,第4装甲师的军官们决定利用这个机会挽救一批部下,使

第十四章:最后的命令·423

他们免遭向苏军投降的厄运。第35装甲团的一名装甲营营长屈斯佩特上尉被任命为这群坦克兵的负责人，被精心挑选出的这些坦克兵，要么是家里仅剩的孩子，要么是因为他们自己也有年幼的子女。被留下的人自然很失望，他们向这些离去的战友挥手道别，然后重新回到各自的岗位上，并安慰自己，至少这些战友逃离了苏联红军的魔掌。

此时的海拉挤满了难民和疏散中的士兵。小小的渔村和邻近的海军基地里，住宿地早已人满为患，于是，一排排临时营地沿着沙丘搭设起来。每天都有船只不停地到来，尽可能多地将等待疏散的人带离，途中，他们将遭到空袭和潜艇的双重威胁。尽管制订了计划，但苏军动用岸基火炮破坏德国人海上疏散的行动并未取得太大的成果。不过，但泽湾的整个西部海岸现已落入苏军手中，他们的大批火炮得以朝德国人的船只和海拉半岛展开炮击。

排水量7 800吨的"莫尔特克费尔斯"号货轮已执行过数次疏散任务，特别是在1944年下半年，她帮助德国军队撤离了芬兰。4月10日，伴随着第一道曙光，"莫尔特克费尔斯"号驶近海拉，就在这时，一场空袭不期而至。一艘比大型摩托艇稍大些的护航船被炸弹炸为碎片。进入但泽湾时，"莫尔特克费尔斯"号短暂地发生了搁浅，但上午8点，她已被摆渡难民和伤员的小型船只包围。上午11点，又是一场空袭，但没有船只被击中，登船工作持续到中午12点，此刻的"莫尔特克费尔斯"号几乎有些超载，已无法搭载更多的人。但她接到命令，等到晚上7点再起航，届时将有一支船队动身向西。令船员们惊愕的是，两个装满汽油的大油罐也被送上货轮，这是海拉剩余的汽油储备。下午2点，"莫尔特克费尔斯"号突然遭到炮击。炮弹落在货轮右侧，冲击波导致其引擎受损。

尽管受到一些损伤，但这艘船仍能航行，下午4点，苏军再次发起空袭，"莫尔特克费尔斯"号实施之字形机动，试图避开落下的炸弹。但她的航速越来越慢，最终被击中三次，停在海上等待着末日的来临。又一架轰炸机再次击中了她，引燃了甲板上的汽油罐。总之，"莫尔特克费尔斯"号共被击中五次。一些小船朝她驶去，试图实施援助，却因为甲板上的火势太大而无法靠近。船员们拼搏了四个小时，竭力抢救他们的船只和船上的数千名乘客，二副亨利·朗格写道：

眼前的场景难以言述。在我们看来，只有一件事要做：尽可能多地救人。

我们不停地将仍活着的伤员从船舱内拉出。我们的三副沿着一根绳索从船头降至下方烟雾弥漫的2号舱口，但那些已丧失一切逃生希望的重伤员朝他开枪射击，逼着他退回到安全处。

货轮的前半部布满冒着烟的躯体，既有死者也有伤员。任何一处，只要你转身就能碰到人。此刻几乎已无法区分那些死者和仍活着的人。

放眼望去，上层建筑、船桥、船只中部，到处是火。

我们把活着的人送下船，并大声呼叫聚集在"莫尔特克费尔斯"号周围的船只赶来营救那些仍有可能获救的人员。

透过滚滚黑烟，我们看见不远处的医院船"波森"号也燃起了大火。

烧红的烟囱断裂后落入水中，高射炮炮位上的弹药发生殉爆。弹片在甲板上四散飞溅，打死打伤不少人。

燃烧的油涌出舱壁，流过甲板，淌入舱口。

只有船尾尚未起火。许多人从这里纵身跳入波罗的海中。

到处都是绝望的难民——妇女们将她们幼小的孩子紧紧抱住，她们的脸被硝烟熏黑，但并未受伤，只是惊恐不已……一个小姑娘跟在妈妈身后匆匆跑过甲板，她可能只有十二三岁。她们从船舱内逃出，冒着危险冲过几道火墙，身上已起火燃烧。母亲头上的发夹瞬间融化，她的头部和后背被烧伤。从下层甲板向上方逃生时，小姑娘的双腿也被烧伤。一名水手冲过去救她们。这个小姑娘仍有力气顺着攀网朝下爬去，一名水手朝她大声呼喊，让她跳入旁边一艘救生艇上救助人员张开的怀抱。两名医护人员抬着被严重烧伤的母亲走下舷梯，登上停靠在燃烧的货轮旁的一艘驳船。[14]

最终，一艘拖船将这艘遭殃的货轮推上滩头，最后的幸存者被带离。船长估计，他的船上有2 700名难民、1 000名伤员和300名船员，另外还有一大批高射炮炮手。这些人中，有400-500人死在烈火里。较小的医院船"波森"号也在这场空袭中被击中，船上带有729名伤员和难民，半数以上的人丧生。

恩格尔哈特的船只继续进行疏散工作。尽管面临着飞机空袭和潜艇伏击的威胁，但这些大大小小的船只仍不知疲倦地往来于皮劳、海拉与德国西部港口之间。4月15日，16 600吨的"比勒陀利亚"号邮轮停泊在海拉港外，等待着一支向西航行的船队。这艘邮轮涂着独特的医院船标志，但这一次，船上携带着2 000名士兵，并不都是伤员，主要来自武装党卫队"警察"师和第7装甲师，他们在月初撤出了奥克斯赫夫特包围圈。拂晓的晨光越来越亮，部署在奥克斯赫夫特海岸上的苏军大炮朝着海拉附近的船只开炮射击。德国海军的Z-34号驱逐舰迅速抵近，打哑了敌人的大炮。上午9点30分，来自空中的威胁出现了。一群苏军战斗机率先发起攻击，试图消灭部署在船上的高射炮。轰炸机接踵而至，瞄准"比勒陀利亚"号进入投弹飞行。几颗险险命中的炸弹与她擦身而过，甲板上燃起几处小火。这些火情被迅速扑灭，船员们满意地发现，他们的船只没有遭受太大的损坏。上午11点，第二轮空袭到来，仍由战斗机打头阵，轰炸机尾随在后。"比勒陀利亚"号又一次成为打击目标，甲板上几处腾起小火，船员们再次将其迅速扑灭。

为了保护自己的船只，船长将"比勒陀利亚"号驶近海拉的高射炮阵地。约翰·胡贝尔刚刚登上一艘名为"夏洛特·施罗德"号的老旧轮船，这艘轮船驶离海拉港，等待着船队实施集结：

冰冷、强烈的东北风持续不断，我们的轮船在驻锚处汹涌的海浪间颠簸着。我们向四联装高射炮炮位上的水手们打听，据他们估计，此刻的海浪为6到7级。他们坚守着自己的岗位，因为敌人随时可能发起空袭……一些船只聚拢在我们身边。巡逻艇、扫雷艇在四周来回巡弋，实施着警戒。下午3点左右，敌人的空袭突然间到来。远处一艘船上的高射炮开火了，随后，我们这艘轮船上的高射炮也加入其中。防空炮位就在我们上方2米处，顺着这些四联装高射炮射出的曳光弹，我们清楚地看见一群轰炸机出现在空中。这些轰炸机排着整齐的编队，我们能听见飞机引擎发出的轰鸣。轰炸机满载着炸弹，借着东风向我们飞来。这是道格拉斯的"波士顿"轰炸机，双引擎……此刻，炸弹从敞开的弹仓落下，一串又一串，看上去正朝我们落下。不，它们落向另一侧。我迅速环顾四周，发现我们这条轮船是船队中最小的一艘。我们听见炸弹落下时发出的呼啸，它们径直扑向目标——距离我们几百米外的"比勒陀利亚"号。"比勒陀利亚"号是我们这支船队中吨位最大的一艘，约有16 000吨，白色，美丽的白色，船体上涂着硕大的红十字标志——她是一艘医院船。那些混蛋瞄准了她，根本无视战争法规。炸弹翻滚着落了下来——轰炸机中队向前飞去——证实了我们的怀疑。接下来会发生些什么？炸弹落入海中！所有炸弹都落入海水中。这些炸弹悉数脱靶。太好了！被激起的海水高达60-80米，落在"比勒陀利亚"号后方。但最后一颗炸弹击中她的尾部，炸弹爆炸，船只起火燃烧。烟雾迅速将她笼罩。现在又将发生怎样的情况？这艘美丽的邮轮立即转入迎风面，船员们忽东忽西，在甲板上疯狂地忙碌着——他们居然在十分钟内将火扑灭了。火势被扑灭！我们击掌相庆，感谢上帝。[15]

炸弹造成11人丧生，24人受伤，但"比勒陀利亚"号仍能航行。下午5点30分，她与另外四艘船组成一支船队驶离。尽管船只有些进水，但船员们用水泵抽水，确保她浮在水面上。"比勒陀利亚"号在战争中生还下来，共计疏散了35 000人，英国人将其缴获后，她被更名为"杜恩帝国"号。她被改装成一艘运兵船，并于1949年重新命名为"奥威尔帝国"号。在一段不长的时间里，她被冠以"贾蒂山"号的名称，负责将亚洲的朝圣者送往沙特阿拉伯的麦加。1973年，她加入印度尼西亚海军，再次成为一艘运兵船，并更名为"丹戎潘当"号，1987年作为废旧钢铁被卖给台湾，她是恩格尔哈特的疏散船队中最后一艘幸存的船只。

泽姆兰半岛上，第5装甲师师长霍夫曼-舍恩博恩将军于4月9日在梅特格滕附近负伤，撤出柯尼斯堡及随后的突围行动中负责指挥该师的赫尔佐格上校再次执掌第5装甲师。在这个阶段，一道草拟的命令出现了，这道命令后来引发了极大的争议。命令的代号为"约克"，要求第5装甲师先向北突出苏军防线，然后再分成小股部队向西逃离。其意图似乎是为了防止该师被隔断、歼灭在派瑟半岛——如果发现自己被切断在这里，他们就将设法赶至皮劳北部的德军防线。不管怎样，这道命令没有付诸实施，但在接下来的几天，师里某些部队的行动似乎与上级部门的指示背道而驰。

尽管第24装甲师在设法赶至巴尔加的过程中遭遇到灾难性损失，但师里的数千名士兵（大多是后方人员）成功到达泽姆兰。4月5日，该师接到安排250名"专业人员"返回德国的命令，理由是以这些人构成某个新建师的核心。这250人经过精心挑选，其方式与第4装甲师选出200名坦克兵构成"屈斯

皮劳和派瑟半岛

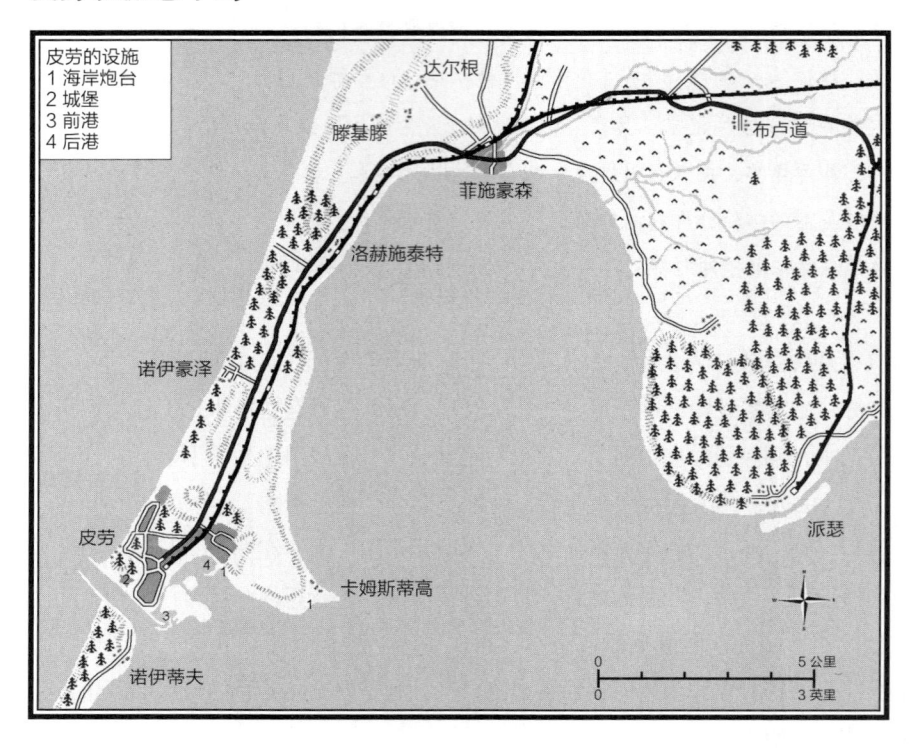

皮劳的设施
1 海岸炮台
2 城堡
3 前港
4 后港

（地图标注：达尔根、滕基滕、布卢道、菲施豪森、洛赫施泰特、诺伊豪泽、皮劳、诺伊蒂夫、卡姆斯蒂高、派瑟）

0　　　　5公里
0　　　3英里

佩特"疏散群的办法差不多，他们被派往海拉；4月19日，这群士兵登上"甘特尔"号撤往德国西部。通过各种手段，师里的另外500人也被撤回德国，作为先遣队，他们将为全师的整体撤离做好准备。第24装甲师甚至搞到一架德国空军的飞机，赶至诺伊蒂夫，将负伤的冯·诺斯蒂茨-瓦尔维茨少将送往德国西部。师里剩下的人员作为步兵部署，准备应对苏军最后的攻击。

4月12日，华西列夫斯基的空中力量向泽姆兰半岛，白俄罗斯第3方面军对面的德国军队撒下成千上万份传单。传单上的内容与过去相同：态势已然无望，德国人应当立即放下武器投降，他们会得到良好的对待，战争结束后会被迅速遣返回国。德国人对此的回应也与过去相同——继续抵抗。

当天的另一起重要事件是美国总统罗斯福的去世。多月来，他的身体状况一直欠佳，但溘然长逝的消息仍令人震惊不已。在德国，戈培尔和另一些人奔走相告，额手称庆：这是个明确的证明，腓特烈大帝时期发生过的事情将再次上演。现在，毫无疑问，西线盟军将在这场对抗布尔什维克威胁的伟大战争中站到德国这一边。期盼德国的命运迎来一场新高潮的不仅仅是那些纳粹顽固分子，第35装甲团的一名士兵就在他的日记中写道："这必将是这场战争的伟大转折点。"[16] 不过，尽管丘吉尔对苏联在欧洲的意图所持的怀疑在华盛顿得到更多的赞同，但历史重演的可能性微乎其微。与腓特烈大帝不同，希特勒没有死里逃生的机会。

次日，白俄罗斯第3方面军向泽姆兰发起了最后的进攻。先期展开的炮击和轰炸一直延伸至半岛内陆。德军防线的南端，苏军迅速抵近海德克鲁格，德军第21步兵师遭到侧翼包抄，迫使该师与德军第1步兵师将防线向北收缩。尽管遭受到沉重的压力，但这两个师设法守住自己的防线，并阻止了苏军的突破，不过，他们也为此付出了高昂的代价。第一天的战斗中，两个德军师的三位团长（第1步兵师第43掷弹兵团团长、第22燧发枪手团团长，第21步兵师第45掷弹兵团团长）阵亡或重伤。

第5装甲师和第505重装甲营仍有20辆可用于战斗的坦克。尽管受到燃料和弹药短缺的影响，但师里的坦克组员和炮兵们竭尽全力为第1和第21步兵师的步兵们提供援助。赶来增援的第28猎兵师也投入前线，但无情的压力仍在持续。在海拉半岛实施重组的第32步兵师也赶往皮劳。沿着沙嘴上的道路前进时，该师不断遭到苏军的空袭，还没到达泽姆兰，许多人便已阵亡或负伤。

北面，苏军步兵和坦克突破了德军第93步兵师的防线。德军步兵身后部署着第511重装甲营的10辆虎式坦克，他们立即投入战斗。这群虎式坦克的迅速介入导致苏军的推进突然间停顿下来，也使第93步兵师得以恢复其大部分阵地。更北面，苏军近卫第2集团军对德军第95步兵师和第551人民掷弹兵师的进攻取得了更大的进展——近卫坦克第12军突破了两个德军师的防线，迅速向前推进。当天晚上，苏军已到达帕尔姆尼肯（Palmnicken），第511重装甲营的一小群"追猎者"坦克歼击车徒劳地试图将其截住。第95步兵师的实力只剩下一个团，而第551人民掷弹兵师被包围在劳申（Rauschen）及其周围。师长西格弗里德·费尔海因中将和第9军军长罗尔夫·武特曼将军被俘。

泽姆兰半岛上的德军北部防线已被打垮，苏军近卫第2集团军转身向南扑去。尽管德军仍能守住其南部防线，但他们现在受到苏军从后方实施包围的威胁。第95步兵师的残部撤向泽姆兰半岛西海岸的帕尔姆尼肯。他们被孤立在这块狭小的飞地中，一直坚守到4月16日，这才试图向南突围，逃向皮劳。这支小小的队伍被苏军打垮，师长约阿希姆–弗里德里希·朗少将是最后的阵亡者之一。出现在苏军前进路线上的是以"大德意志"师幸存人员组建起来的一个个战斗群；没有一个战斗群的兵力超过150人，重武器寥寥无几。马克特上尉的战斗群立即被部署到第58步兵师身后，波尔中校的战斗群主要由坦克兵组成，他们在第1步兵师背后占据了阵地。4月13日晚，马克特和他的部下试图发起一场反击，以便收复失地：

我的进攻路线从诺尔高（Norgau）西面的战壕一直延伸至60高地，在那里，我与一个装甲燧发枪手营取得会合。穿越63高地的壕沟的右侧，是第5和第7连的进攻路线。我们在夜间发起的攻击逼近至距离诺尔高不到50米处。可是，由于我们只有一挺轻机枪，没有其他重武器支援，尽管我们使用了"铁拳"，但仍无法将俄国人逐出他们构设在房屋内的坚固阵地。我的连队（第6连）带着昂扬的斗志向前推进，镇内备受折磨的妇女发出的惨叫令我们怒不可遏。但敌人猛烈的迫击炮火和机枪火力将我们挡在镇子前方，我们无法进入。第5连和第7连绕过镇子西面的一片沼泽，冲入诺尔高镇内的第一片房屋区，但他们在那里没能坚持太久，敌人的坦克迫使他们不得不后退，撤回到出发阵地。[17]

尽管反击行动失败，但苏军的推进暂时陷入停顿。4月14日的低云让不断遭到苏军空袭的德国人松了口气，但仍有些炸弹落在皮劳，许多难民和伤员仍在那里等待着船只将他们疏散至安全处。这个月的前两周，已有近60 000人撤离这座被围困的港口。对剩下的20 000人来说，唯一的逃生途径是搭乘军用渡轮赶至弗里施沙嘴，再从那里沿着海岸赶往维斯瓦河河口。三月份的大多数日子里，恩格尔哈特命令他的船队集中力量疏散但泽和哥腾哈芬的难民，这两座城市陷落后，一些大型船只才被再次派往皮劳。第一支重要的船队在4月10日出现，船队中的四艘船只大小不一，既有排水量近乎2 500吨的"阿德勒·特拉伯"号，也有127吨的"航海"号。苏军的空袭没能取得任何战果，但落在近处的一颗炸弹导致"大力士"号漏水。经过紧急抢修，这艘船跟随船队于当晚离开，她们带走6 500名难民、2 350名伤员和400名士兵。[18]

4月12日，"瓦勒"号抵达皮劳港，携带着守军急需的弹药，但由于苏军猛烈的炮击，他们在白天无法卸载。第二天夜间，船上装载的物资被卸上码头，部分工作是由皮劳旧海军要塞外一座监狱里的劳工完成的。第二天早上，苏军轰炸机对正在搭载伤员的船只发起攻击。"瓦勒"号被三颗炸弹命中后丧失了动力，在海面上漂流。风力将她吹上滩头搁浅，于是，这艘船不得不被放弃。250名伤员死在这艘遭殃的货船上。另外两艘船，"韦泽施泰因"号和"维甘德"号，也在当天遭到轰炸机的攻击。"韦泽施泰因"号数次中弹后迅速沉没。而"维甘德"号尚未开始搭载乘客便被炸弹击中。炸弹穿透了她的甲板，卡在船舱内，但没有爆炸。这颗炸弹无法移除，也无法取出它的引信。经过短暂的商讨，船长决定对乘客们保密。"维甘德"号带着2 800名难民向西而去，经过一场平静的航行，终于到达基尔附近的伦茨堡。[19]

但泽和哥腾哈芬陷落后，海拉仍被难民挤满，更多的难民不断从席尔温霍斯特涌来。4月16日，"戈雅"号到达，这是她执行的第四次疏散任务。迄今为止，她已将20 000人安全送至德国西部，等候着的难民和士兵凝望着这艘5 230吨的货轮，看着船体上斑驳的迷彩涂装，不禁怀疑这会不会是最后一艘到达的大型船只。"戈雅"号比疏散船队里的其他船只更新些，完工于1942年。战争期间，她主要被作为潜艇人员的靶船使用，不断受到训练鱼雷的追踪和攻击。现在，伴随着第一道曙光的出现，她遭到敌人的空袭。被一颗炸弹命中后，她的上层建筑损坏，探测潜艇和水雷的装置也被炸毁。

十余条小艇将乘客送上"戈雅"号以及和她一同到达的另外几艘较小的船只。登船人员中包括"屈斯佩特"疏散群，这些精心挑选出来的士兵奉命返回德国北部接收新坦克，但实际上，这只是逃离苏联红军之手的一个托词。在此期间，空袭仍在继续，这给等候在拥挤的码头上的人造成了严重伤亡。"库里施潟湖"号正忙着将乘客送上"戈雅"号，三颗炸弹险险命中，飞溅的弹片将她炸得千疮百孔，炸弹激起的海浪将甲板上的一些乘客卷入海中。尽管如此，登船工作仍在继续，夜幕降临时，已有近7 000人登上"戈雅"号。

"戈雅"号、"默尔卡托"号、"克罗嫩费尔斯"号和"埃吉尔"号组成的船队动身出发，M 256号和M 328号扫雷舰为她们担任护航。"戈雅"号的航速能达到18节，但另外几艘船的速度慢得多，因此，整个船队的最大航速被限制在9节。当晚10点，M 328号扫雷舰射出的照明弹窜入夜空：一名瞭望哨发现一个阴影，可能是苏军的一艘鱼雷艇，甚至有可能是一艘潜艇。"戈雅"号的船长命令大家穿上救生衣，但船上只有1 500件，一些惊慌不已的乘客试图用珠宝购买救生衣。

10点30分，船队顶风停航。"克罗嫩费尔斯"号发生机械故障。两艘担任护航的扫雷舰担心不已，在这些船只附近逡巡。20分钟后，"克罗嫩费尔斯"号的船员报告说，他们已将故障排除。船队再次向西驶去。

这几艘船只原先的目的地是斯维内明德，但在夜里11点，船队收到一封电报，命令他们驶向哥本哈根。这个消息令船员们松了口气：在丹麦海域中触碰水雷的危险要小得多。但一个更大的危险正等着他们。苏联海军的L–3号潜艇已因先前取得的战果荣获"近卫军"称号，艇长弗拉基米尔·科诺瓦洛夫急于弥补自己上一次的失误——1月31日，他朝"卡普阿柯纳"号邮轮发射了鱼雷，却无一命中。11点52分，他下令朝船队中最大的船只发射鱼雷。

约亨·汉内曼是"戈雅"号上"屈斯佩特"疏散群中的一员：

我们这些第35装甲团的士兵待在船上的下层甲板处。过道、客舱和货舱，到处都是人，妇女、孩子、伤员和士兵，或站或卧。这里几乎无法四处走动。闷热，空气混浊，我一次次挤到上层甲板去呼吸新鲜空气。很可能就是这一点救了我的命。

当晚的天空清澈无云，海面很平静。舱外冷风刺骨。午夜过后没多久，我再次走上甲板时，听见两声沉闷的爆炸。船只震颤起来。海水形成巨大的喷泉，窜入黑色的夜空，又洒向甲板。灯光熄灭，"戈雅"号上爆发出一阵慌乱。每个人都朝出口冲去。下层甲板的舷梯处，场景非常可怕，一场生死争夺爆发开来。船内发生的事情可能谁都没有经历过。肯定非常可怕、非常令人震惊。海水穿过鱼雷炸出的巨大孔洞涌入，船身解体后迅速下沉。沉船现场附近，海水发出的喧嚣极其可怕。

我已无法待在船上，于是，我翻过船栏，跳入冰冷的波罗的海。一个巨浪将我淹没。突然，一只救生艇从我身旁漂过，显然是海水淹没"戈雅"号时从船上冲下来的。我爬了上去，随后，一大群人也设法爬上这只救生艇。

我们在冰冷的海水中与海浪拼搏了两个小时，就在我们筋疲力尽之际，一艘军舰赶来，把我们救了上去。[20]

第一枚鱼雷击中"戈雅"号的船艏，第二枚命中船身。就像汉内曼记述的那样，所有的动力立即丧失，船只陷入一片黑暗。下层货仓内挤满伤员，由两名护士和几个志愿者负责照料。灾难刚一发生，他们中的数百人便送了命。船只开始向右舷倾斜，船艏迅速下沉。

"戈雅"号的管事一直和他的妻子待在一起。先前他曾设法让她乘坐"威廉·古斯特洛夫"号逃往安全地，那艘邮轮被击沉时，她幸免于难，乘坐一艘救生船回到哥腾哈芬。在这次航行中，她坚持要待在船栏处，不肯进入船舱。这种执着很可能救了她的命；"戈雅"号被击中后，她和她的丈夫迅速跳入黑黢黢的海水中，抢在船只沉没前尽力朝外游去。

甲板上非常可怕。一位幸存者描述了这样一个场景，一名年轻的妇女用一只胳膊紧紧搂住一个身穿国社党制服者的双腿，把这个试图翻过栏杆跳入海中的家伙拉了回来。她的另一只胳膊紧抱着一名已无生气的新生儿——奔跑时，她不慎将孩子落在地上，还没等她将孩子捡起，混乱的人潮已将这个婴儿踩死。此刻，她朝那名党的官员怒骂着："你这个杀人犯！还有元首，他在哪里，他应该看看我这个死去的孩子！"另一名幸存者回忆起，一个小姑娘紧紧抱着船栏，哭喊着要找她的妈妈。

午夜到来时，也就是"戈雅"号被鱼雷击中的7分钟后，这艘货轮断为两截，沉入海中。无从统计有多少人在她沉没前跳入海中逃生，但船上的大多数人与她一同沉入海中。每年的这个时候，海水的温度只有3度，气温也仅有6度。为船队担任护航的两艘舰艇上也搭载着大量难民和伤员。他们根本无从考虑搭救漂浮在海面上的遇难者，因为他们必须解决苏军潜艇的威胁。用深水炸弹发起一轮快速攻击后，M 328号扫雷舰返回出事现场，舰员们费了九牛二虎之力救起160人。其中的9人不是已经丧生便是很快就将死去。整个救援过程中，舰艇上的潜艇探测装置不停发出警报：苏军潜艇仍在附近。M 256号扫雷舰和"埃吉尔"号也尽力抢救着生还者。4月17日中午，"戈雅"号消失在波涛中的11个小时后，一艘巡逻艇发现一只载有4名幸存者的救生艇，他们是最后的获救者。

"戈雅"号上的乘客，只有183人生还，"屈斯佩特"疏散群里的士兵，只活下来7人。6 000多人死于鱼雷的爆炸或是被淹死在波罗的海冰冷的海水中。迄今为止，"戈雅"号的沉没依然是海难史上丧生人数最多的一起事件。[21] L-3号潜艇艇长弗拉基米尔·科诺瓦洛夫应这一战果荣膺"苏联英雄"称号。他这艘潜艇一直服役到1971年才被解体。潜艇的指挥塔被放在拉脱维亚利耶帕亚港的一座战争纪念馆内，德国占领期间，这座港口的名称是"里堡"。1995年，它被移至莫斯科，展放在胜利公园内。

泽姆兰半岛上的战斗仍在持续。现在的形势已经很明显，要不了几周战争就将结束，苏军改变了战术，也许是不愿在这最后时刻付出太大的伤亡。向前推进的苏军部队只要遭到顽强的抗击，他们便退回去，动用空中力量和大炮发起猛轰，然后再继续前进。面对俄国人这种猛烈的炮火，就连久经沙场的老兵也抵御不住，他们向后方溜去。4月15日，疲惫的德军步兵再也无力据守，泽姆兰半岛的南部防线在苏军的猛攻下开始崩溃，成功突出柯尼斯堡后便接掌第1步兵师的亨宁·冯·塔登中将，命令部队撤至菲施豪森西面4公里处的新防线。该师师部转移到镇内，此刻，菲施豪森镇正处于苏军炮火的猛烈轰击下。当天即将结束时，一阵火箭弹齐射命中冯·塔登和他的参谋人员所在的房屋，这位师长和他的副官身负重伤。冯·塔登将军被迅速送至皮劳，最后一批船只中的一艘将他送往丹麦，5月份时，他在那里伤重不治。第1步兵师只剩下一个营的兵力，目前由埃贡·奥弗贝克少校指挥。

苏军向菲施豪森的推进，构成了将一大股德军切断在派瑟半岛的威胁。后撤的前线部队已追上后方单位，菲施豪森镇内挤满了车辆，炮弹和炸弹接连不断的爆炸令这场混乱雪上加霜。指挥第5装甲师一个掷弹兵营的克劳斯上尉，在4月14日晚间率部发起一场反击，试图恢复第58与第93步兵师之间的防线。他们的弹药几乎消耗一空，随后，克劳斯与自己的师以及另外两个步兵师失去了联系。4月15日，一切秩序都被彻底打破，克劳斯带着剩下的20名部下,向南撤入派瑟半岛。指挥第5装甲师一个装甲营的内克尔上尉,在4月13日汇报说,他那些坦克击毁了30辆敌军战车,但第二天,他在日记中写道:

> 敌人的空袭强度前所未有。防线看上去已无法支撑太久。我不得不将我们的坦克从右侧转移到左侧,波瓦延的西面。必须阻止俄国人插入我们后方。重新部署非常困难,只要坦克一离开,步兵们便逃之夭夭。尽管击毁了30辆敌坦克,但我们的防线渐渐向西南方退去。夜间,我们足智多谋的中士设法搞到些补给物资。目前,我们还有10辆坦克,外加2辆虎式。维修车间不断将修理完毕的坦克送来,否则,我们这些战车早已消耗殆尽。[22]

第二天,情况变得更加糟糕了:

> 我们已收不到进一步的命令,第31装甲团第1营已失去联系。我们奋战在波瓦延南面的阵地。中午时,我们仍有6-7辆可用的坦克,2辆虎式都已被炸毁。这里不断遭到空袭,电台已联系不上任何人。我陷入彻底的绝望中。当晚我接到命令,由我接任团长。[23]

第5装甲师的后方单位位于派瑟半岛的林地中,而师里的作战部队已穿过这片地区后撤。一些记述表明,军部命令内克尔上尉撤向皮劳,可他没有执行这道命令;但更有可能的是,在当时的混乱中,他根本没有收到这道命令。[24]在派瑟,指挥师里黑豹装甲营的冯·维尔姆斯多夫少校组织起6艘船只,将伤员送往皮劳。4月15日晚,这些驶向海港的船只没有返回。冯·维尔姆斯多夫少校后来获悉,师装甲团前任团长霍佩上校和团里的另外35人,在未经上级批准的情况下,征用这些船只从皮劳逃往博恩霍尔姆岛。这清楚地表明,就连第5装甲师这种精英部队也在持续不断的压力下发生瓦解,已接近彻底崩溃的地步。

另一支部队同样摇摇欲坠,这就是据守皮劳北部防线的"大德意志"师的一部:

> 我们和友邻营(一个装甲燧发枪手营)据守阵地时,俄国人开始用弹幕

（迫击炮和"斯大林管风琴"）轰击我们的阵地。费尽千辛万苦，我设法返回到设在防坦克壕中的指挥部。炮击中，我突然看见友邻营穿过我们第1排的战壕向后逃去。我那位排长试图拦住这些士兵，但炮击和炮击造成的严重伤亡令这些士兵惊慌失措，那位排长根本无法阻止他们的溃逃。我的连也发生了恐慌。在这种紧急情况下，我竭力试图将连队控制在手中。这些士兵宁愿在逃跑时被打死，也不愿继续留在阵地上。我无法解释究竟是什么造成了这种恐慌，特别是因为俄国人尚未发起进攻。不管怎样，我的连部班班长、一名传令兵、两名无线电操作员和我很快发现，阵地上就剩下我们几个人。旁边的散兵坑里，只有一名携带着轻机枪的班长。与此同时，我看见第5连和第7连从63高地逃离。60高地上，一名中士和一名军官操纵着一挺机枪仍在开火射击。全营发生溃逃时，我给营部发去一封电报，因为我与营部之间没有电话联系："全连溃逃，请立即让他们停下，并把他们派回来；俄国人没有发起进攻。"但我看见，这些溃兵并未逃向营部。与此同时，俄国人从他们的战壕中出现了，朝我们而来。我随即发出第二份电报："俄国人发起进攻，我带着三个人无法守住阵地，请求进一步指示。"电文的加密和解密耗费了大量时间，尽管遭遇到我们的防御火力，但俄国人越来越近。现在我必须自己做出决定，特别是因为如果我们要撤退的话，必须穿越100米宽的开阔地。我随即命令那名班长用机枪为我们的后撤提供掩护火力。我和连部班到达战壕后，又用火力掩护那名班长后撤。通过这种方式，我们毫发无损地回到营部。在这里，我遇到了我的第1排排长，但没见到连里的其他人。一门三联装高射炮部署在营部附近。俄国人逼近时，这门火炮迅速开火，敌人仓皇逃窜。没过多久，我们的一辆坦克到达，随之而来的还有一道命令：与这辆坦克相配合，重新夺回63高地。我们用现有的军官、营里剩下的人员以及第8连的部分兵力组成一个突击组，以便对高地发起进攻。

途中，我们突然遭到猛烈的迫击炮火打击，我和我的一名排长身负重伤。一名军官阵亡，其他人带着轻伤逃离。我的传令兵和另一名军官将我送回指挥部，随后又把我送至达尔根（Dargen）的急救站。[25]

第1和第58步兵师的残部拼死抵抗，竭力坚守着菲施豪森镇的东部，4月16日，毁灭性炮火和轰炸将这个镇子夷为平地。第5装甲师反坦克营里的最后几辆"追猎者"坦克歼击车与守军们并肩奋战，不是被摧毁就是被遗弃；车组人员步行进入派瑟半岛。第1步兵师的残部向西退去，在洛赫施泰特（Lochstädt）周围实施重组。当天结束时，菲施豪森镇落入苏军手中，派瑟半岛已被切断。

苏军开始了消灭派瑟包围圈的战斗。半岛上的守军似乎毫无指挥和协同，这里的抵抗完全是靠那些足智多谋的下级军官将手中可用的部队组织起来后加以实施。第5装甲师师长赫尔佐格上校与第26军军长马茨基将军之间的关系从一开始就不太好，4月16日，马茨基命令赫尔佐格发起一场反击恢复菲施豪森的态势，这位装甲师长对此根本没加理会。他这个师的残部几乎已弹尽粮绝，当天下午，他从师部给部下们发出最后一份电文："本师被切断在派瑟。已无法指望交通得到恢复。祝一切顺利！赫尔佐格。"[26]

这封电报的意思似乎是批准师里的残部自行逃生。马茨基将军试图取消赫尔佐格这道指令，并下令无论弹药情况如何都要对菲施豪森发起进攻。可是，这道命令用了6个小时才传达给已踏上后撤道路的部队。马茨基的军部已听到传言：第5装甲师的人员分成小股单位，未经批准便从海路逃离，赫尔佐格的最后一道命令造成了极大的恐慌。叛逆和怯懦的指控被胡乱抛出。第28猎兵师奉命接手派瑟半岛的防务，马茨基下令搜寻赫尔佐格和他参谋长的下落。第26军军部徒劳地试图组织部队发起毫无意义的进攻时，赫尔佐格已派他的情报官蒂尔泽上尉赶至冯·绍肯将军的司令部，向他汇报第5装甲师的行动："冯·绍肯将军想知道第5装甲师究竟在搞什么名堂，我向他做了详细汇报后，他说道，'再有谁对第5装甲师说三道四，那就先过我这一关！请把我这句话转告给其他人。'"[27]

夜间，一些小船将尽可能多的士兵们送过派瑟与皮劳之间的海湾。第116装甲炮兵团残存的炮手们撤至海岸边，他们发现，这里只有一艘小船：

天色越来越黑，我们聚在一起。鲍曼少校要对我们讲话。"各位，要是你们都同意的话，我就搭乘这艘摩托艇，趁着夜色的掩护从派瑟赶至皮劳，找到那里的海军指挥官，要求他把可用的登陆艇都派来，带上这里的人离开派瑟。"

众人很难对此达成一致意见，一些可以理解的难听话被大声说了出来：鲍曼少校是不是想以这种不诚实的方式逃离这个烂摊子。但那些了解鲍曼的人，知道这位出色的军官绝对可靠。我们成功说服了其他战友。鲍曼少校与我们逐一握手，并郑重承诺，如果搞不到船只，他就乘坐摩托艇回来，跟我们一同走进战俘营。我已步行了48个小时，疲惫不堪，于是躺在大炮旁的沙坑里，希望自己能在必要的时候醒来。

午夜时刻，我醒了过来，船只已到达，我们要尽可能不引人注意地集合起来，分成小股赶往登船点。我和另一名战友（我记得他是埃米尔·马伯格）决定将剩下的炮弹打完，以此来掩盖我们撤离时必然会发出的动静。炮弹射完后，我们拆下撞针和炮闩，把它们带上船，以便抛入水里。我们收拾好东西，成为最后离开那些大炮的人。

我们距离登船点约有1 200米。登船工作进行得很快。勇敢的水兵们带来6艘船，每艘可以容纳200—300名士兵。赶往皮劳的航程需要2个小时，在这个过程中，我们饱受折磨的神经再次受到磨砺，那些"乌鸦"（波利卡波夫双翼飞机的另一个绰号）投下照明弹和炸弹，试图阻挠我们的航程。拂晓时，5艘船到达皮劳，还有一艘消失不见。几天后，我们在沙嘴战斗时，我才获知那艘失踪的船直接驶向了诺伊蒂夫。[28]

第5装甲师的参谋长冯·科尼普豪森少校撤至派瑟附近的一座小码头，在那里，他顺利地召来一艘小渔船。登船后，冯·科尼普豪森获悉宪兵们正在找他，可能是执行马茨基将军的命令。冯·科尼普豪森没有束手就擒，他设法登上一艘向西而去的挖泥船，最终安全达到哥本哈根。

4月17日，留在派瑟半岛上的人不得不面对被苏军俘虏的前景：

派瑟半岛宽阔的松树林是第5装甲师最后的避难地，军官、军士和士兵们聚集在这里，人数无从统计。弗里施潟湖在我们身后。有消息说，俄国人的反坦克炮击沉了最后三艘从卡姆斯蒂高码头（Kamstigall）驶向皮劳的船只。这些船只曾是许多人最后的逃生机会，但它们似乎已不太可能返回岸边。我们的希望彻底破灭了。不过，还是有人进行了大胆的尝试。可是，这里找不到木板、汽车轮胎或空油桶，没有这些东西的帮助根本无法游过潟湖。尽管如此，我们团里的一名年轻少尉还是试了一把，但没能幸免于难——海水依然冰凉刺骨。

夜幕降临在派瑟的树林中。每个人都心神不宁地等待着俄国人的到来。我们听见苏军重型坦克发出的引擎轰鸣，似乎离我们非常近。现在是该抛弃随身装备的时候了，对我们来说，这些东西已派不上用场。多余的服装、装备和武器都被埋入地下，电台也被捣毁。

4月17日的曙光出现时，这里已没有射击声，取而代之的是一种不自然的平静。在这种突如其来的沉默中，我们等待着摆在我们面前的不确定性。

我们听见海军弹药库传出剧烈的爆炸声。随后便传来"集合，所有人集合"的喊叫，俄国人命令我们列队赶往派瑟。他们在那里可以统计被俘德军士兵的总数。我们穿过荒地，杂乱无章地走向派瑟。只要有可能不被发现，我们便将军饷本、肩章、勋章和证件埋入沙地。苏军士兵凑过来，喊叫着"Dawai，Dawai"（快点，快点）。他们以得体的方式对待我们。苏军军官用望远镜看着我们走近。首先，军官们与军士、士兵们分开。用了一个小时，我们才被告知发生了什么事。师里的所有单位都出现在这里。他们沿着派瑟前方一道长长的山丘坐在沙地上，思索着最近几天的激战以及曾久经沙场、战无不胜的第5装甲师的覆灭。[29]

即便在战败的最后时刻，还有些人设法逃脱。苏军部队进入半岛时，第5装甲师第116装甲炮兵团的三名士兵躲在一座掩体里，随后便试图穿越陆地逃生。他们当中只有司务长科尔贝成功逃脱；他装扮成一名又聋又哑的波兰人，经过数周跋涉才到达奥得河，渡河后进入梅克伦堡。他这种情况非常罕见——赫尔佐格上校和第5装甲师以及第28猎兵师的2 000名士兵列队走入苏军战俘营。

泽姆兰半岛仍在德国人手中的一部分是通往皮劳的一道狭窄的沙丘和林地。德军已在半岛上构设了一连串阵地，这些阵地现在承受着苏军的猛攻。4月17日，位于滕基滕（Tenkitten）的阵地率先遭到猛烈炮击。战壕和防坦克壕被苏军炮火迅速打垮，但守军（这里的守军是一支混编部队，人员来自"大德意志"师、第1和第93步兵师、第551人民掷弹兵师）仍在顽强抵抗。伤亡不断增加，高达每天8 000多人（译注：原文如此，疑有误），对于这么短的一道防线而言，这是个高昂的代价。这里已没有处在适当指挥链下的正规部队。

军官们将他们能拼凑起来的人员聚拢到一起，并以散兵游勇补充自己的损失。经过4天的激战，"滕基滕阵地"被放弃，守军撤往位于洛赫施泰特的下一道防线。第1步兵师的其余部队集结在这道防线后，为守军提供了深受欢迎的援兵，但德国人已对苏军以试探战术查明德军防线位置的打法非常熟悉，他们会在俄国人动用大炮和飞机展开猛轰前撤出阵地，以此挫败对方的毁灭性打击。

4月20日，这一天是元首的生日，苏联空军使皮劳遭受

到迄今为止最猛烈的空袭。只要轰炸机没有出现在上空，苏军的大炮便会对挤满难民和伤员的镇子展开猛烈炮击。夜幕降临后，军用渡轮恢复了往来于皮劳与诺伊蒂夫之间不知疲倦的穿梭。4月21日，降雨和低云使苏军轰炸机停止了行动。镇内几乎已没有依然伫立的房屋，留在镇内的人蜷缩在地窖里。

尽管部署在洛赫施泰特的几个海军炮兵连提供了支援炮火，但到4月23日结束时，洛赫施泰特防线已无法守住。当天夜间，德国守军向南撤往位于诺伊豪泽（Neuhäuser）的防线，但苏军部队紧追不放。守军刚刚进入阵地便发现部分防线已被俄国人超越。部署在波罗的海沿岸以及诺伊蒂夫南面的海军炮兵连提供了炮火支援，但4月24日晚间，诺伊豪泽防线被放弃，守军撤入皮劳镇内。

实际上，苏军先头部队已于当天早些时候到达皮劳，但德军第83步兵师的一部刚刚被部署到镇内。在师长温格勒少将的率领下，一小股德军战斗群将苏军成功击退，但他们自己也伤亡惨重。截至当天结束，温格勒少将和他的许多部下阵亡。不管怎样，德国人又熬过重要的一天，随着夜幕的降临，军用渡轮开始了皮劳镇最后的疏散。当晚11点，苏军坦克已冲入港口区，冒着坦克炮火，拖轮"阿德勒"号和近海油轮"科尔克"号驶离后港，她们是最后两艘离开皮劳港的船只。部署在北防波堤和卡姆斯蒂高的海岸炮，将所有炮弹射完后被放弃。近距离激战在皮劳镇内的各个地方肆虐开来，苏军炮弹雨点般落向两座港口——尽管战斗异常激烈，但疏散行动仍在继续。来自柯尼斯堡的护士格蕾特尔·多斯特，自到达皮劳以来，一直在一所临时医院里工作。现在，她和最后7 000名伤员一同撤往诺伊蒂夫，此时的夜空已被苏军射出的曳光弹和降落伞式照明弹照亮。

4月25日凌晨3点，负责港口事务的海军军官舍恩少校接到命令，批准他立即离开设在城堡内的指挥部，设法赶至后港。带着80名部下，舍恩穿过满目

疮痍的街区，展开了一场危险之旅，他们抵达后港发现这里空空如也。清晨4点，苏军坦克小心翼翼地向前驶来，舍恩这群人悄悄穿过镇内的废墟，再次回到前港，在这里发现了一艘军用渡轮。舍恩带着他的部下，与最后800名守军一起，穿过海峡逃往诺伊蒂夫。

在这最后几天里，约有30 000名德军士兵（大多是伤员）与最后的难民们一同被疏散。皮劳镇内的激战导致8 000多名德军士兵阵亡。4月25日，苏联红军最终夺取皮劳时，他们得到的只是一座空空如也的死城。在最为艰难的情况下，德国海军和陆军渡轮实施了一场堪称典范的疏散行动。

苏军占领了一片废墟，但对那些已逃出皮劳镇的人来说，磨难并未结束。苏军步兵已渡过海峡，登上弗里施沙嘴，形成了将诺伊蒂夫以及聚集在这片地区的大群德军士兵切断的威胁。幸运的是，德军的援兵就在附近。第4装甲师的第4装甲侦察营已被派往沙嘴东面，以防备这种不测事件的发生。侦察营的半履带车和"山猫"轻型坦克穿过疲惫的士兵和难民们组成的队列向前而去，在诺伊蒂夫南面7公里处遭遇到正在实施进一步登陆行动的苏军部队。经过一场短暂而又激烈的战斗，德军侦察营击伤、击毁数艘苏军登陆艇，幸存的苏军部队转身撤离。第4装甲师剩下的12辆坦克、一个炮兵连和第12装甲掷弹兵团的残部组成一个新的战斗群，为诺伊蒂夫的守军提供支援，但在诺伊蒂夫周围，沙嘴的顶端，激烈的战斗仍在持续。亨克少将，他的工兵部队曾帮着强化过沙嘴上的道路，他本人也曾构建过"海蛇"以疏散巴尔加的守军，现在，他在诺伊蒂夫一直奋战到最后一刻。4月25日晚，弹尽粮绝的守军终于被打垮，亨克少将和他率领的2 000名士兵中的大多数在战斗中阵亡。位于附近的其他德军部队也处于被隔断的危险下，混乱中，他们向南突围，设法与第4装甲侦察营和另一些部队构成的新防线取得会合。他们现在的任务是守卫横跨沙嘴的一系列既设阵地，以便为维斯瓦河河口处的疏散行动争取时间。

尽管泽姆兰半岛上的战事异常激烈，但"东普鲁士"集团军最后的战斗不过是一场次要战役而已。4月16日，苏联红军对柏林东面的德国守军发起了进攻。一连三天，苏军的庞大攻势进展甚微，尽管双方都为此付出了惨重的代价。但在4月19日，弹药和燃料耗尽后，德军防线被突破，苏军坦克大潮涌向西面的柏林。4月20日，苏军的第一批炮弹落入德国首都，四天后，就在华西列夫斯基的部队到达皮劳郊外时，白俄罗斯第1方面军和乌克兰第1方面军完成了对德国首都的包围。

柏林城内七零八落的德国军队进行了顽强的抵抗，但结局无法避免。4月30日，希特勒自杀身亡。5月2日清晨6点，指挥柏林城内残余部队的赫尔穆特·魏德林将军向苏军投降。希特勒指定海军元帅卡尔·邓尼茨为他的继任者；戈林已失宠了一段时间，希特勒将苏联红军兵临城下的责任归咎于德国陆军。5月1日，邓尼茨向德国武装力量的残余部队下达了一份公告。这份公告以对希特勒的悼词为开始，但随后写道：

元首已指定我为他的继任者，由我担任国家元首和国防军最高统帅。我接受德国国防军各军种的最高指挥权，并决心将这场反抗布尔什维克的战争继续下去，直到英勇奋战的将士和德国东部地区的数十万家庭摆脱奴役或毁灭。

如果英国人和美国人阻止我们从事这场反抗布尔什维克的斗争，我就必须将对抗他们的战争持续下去。

你们已取得了诸多历史贡献，你们渴望战争的结束，但目前的态势要求你们毫无保留地付出更多的奉献。我要求大家遵守纪律，服从命令。只有不折不扣地执行我的命令才能避免混乱和毁灭。因逃避责任而使德国妇女和儿童面临死亡或奴役的人，将被视为懦夫和叛徒。[30]

"东普鲁士"集团军据守的飞地内，仍有数万名难民。"戈雅"号被击沉后，来往于海拉的德国海军船只迅速减少。4月28日，海难发生后的第一支大型船队动身向西驶去，这支船队由不知疲倦的"乌贝纳"号、"甘特尔"号、"西普鲁士"号和"航海"号组成。这支船队将10 000余人送至安全地，就在当天，海军中将奥古斯特·蒂勒赶来接任东波罗的海海军司令的职务。他发现通向海拉的这座小小的半岛上有近20万人，两位大区领袖——科赫和福斯特都在海拉，他们小心翼翼地留意着对方以及西部的事态。这两人担心自己过早撤离会激怒希特勒，但他们早已为自己的最终离开准备好船只。

埃里希·科赫于4月27日乘坐破冰船"西普鲁士"号离开海拉，他先来到吕根岛，又从这里逃至哥本哈根。在哥本哈根，他与负责丹麦民政事务的德国高级官员、党卫队全国副总指挥维尔纳·贝斯特取得联系。科赫要求获得难民事务专员的任命,以管理从东普鲁士逃至丹麦的难民。贝斯特没有对此做出任何安排,于是,科赫又来到弗伦斯堡,与石勒苏益格-荷尔施泰因大区领袖一起,要求邓尼茨为他们提供一艘潜艇,以便逃往南美。此时的邓尼茨压力重重,既要竭力确保恩格尔哈特的疏散行动继续进行,又要设法在西线达成停火,还要在东线挡住苏联红军,科赫他们的要求被理所当然地拒绝了。到了这个地步,科赫决定给自己换个身份,以免被西线盟军抓获。他化名为罗尔夫·贝格尔少校,不仅剃掉了希特勒式的小胡子,还戴上一副眼镜。在这个身份的掩护下,他落入英国人手中,并被关押在哈森莫尔附近的一座战俘营里。在此期间,他获知他的对头已离开海拉——福斯特也逃往德国西部。

大部分逃至海拉的难民和士兵露宿在普齐格尔沙嘴树木丛生的沙丘上,设在海拉镇内的临时厨房每天为他们提供热饭菜。尽管许多难民对自己被迫居住在沙丘间临时搭设的棚屋和掩体内发出不满的抱怨,但他们很快发现,面对苏军的空袭,茂密的松林提供了远比海拉镇内日益遭到破坏的房屋更好的掩护。为了将空袭造成的伤亡降到最低,只有在登船前,难民和士兵们才被召集到两座港口。尽管如此,苏军飞机还是经常给排队等候渡轮转运的人群造成伤亡。这里的食物供应依然充裕:大批牛群已被赶至维斯瓦河河口,另外还有许多被部队和难民们遗弃的马匹。这些牲畜每天都被宰杀,与土豆和蔬菜一起,用渡轮送往海拉。只有面包依然供不应求。

4月29日,蒂勒给恩格尔哈特发去一封电报:"由于离开海拉的海上交通几乎已完全中断,短时间内这里已聚集起20万名难民。不可避免的是,这是发生全面崩溃的迹象。要求紧急调动大量船只实施疏散。"[31]

船运交通的大幅度下降并不是因为"戈雅"号的沉没,也不是苏军进攻的威胁所致。德国北部海岸和丹麦的诸多港口内拥有大量船只,但许多大型船只已无法用于海上疏散行动。一些船只被苏军的空袭炸坏,还有一些则存在机械故障。由于德国境内的混乱状况,几乎不太可能搞到维修船只所需要的零配件。更令人绝望的是燃料的短缺。港口内储备的燃料和煤炭已被耗尽,其结果是,那些完好的船只也无法出港航行。

尽管面临着这些状况,海上的行动仍在继续。施图特霍夫集中营靠近弗里施沙嘴的南端，1939年波兰陷落后，这座集中营建立，最初是一座拘留营。无从得知究竟有多少犯人被送至施图特霍夫集中营，因为许多被指定立即处决的犯人并未登记到集中营的记录中。登记在册的犯人超过12万，这些人中，6万多人丧生，许多人死于营养不良或疾病，还有些人死于虐待或处决，特别是1944年6月开始对囚犯采取毒气处决后。1945年1月，苏军逼近埃尔宾时，数百名囚犯被看守赶入波罗的海冰冷的海水中，随即遭到枪杀。另一些囚犯被迫踏上强行军之路，动身赶往劳恩堡。沿着冰冻的道路，穿过厚厚的积雪，数日的跋涉导致数千名囚犯丧生，活下来的人发现自己又回到了施图特霍夫集中营。

负伤并被疏散前服役于"赫尔曼·戈林"师的京特·埃曼纽尔·巴尔图蒂斯，动身离开沙嘴时经过了这座集中营：

当时我并不知道这里有一座集中营，尽管早在父母家时我就对其他集中营有所了解。我们将在第二天被送往但泽。趁这个机会，我想看看这座营地，这里看守得似乎不像过去那么严密。于是，我信步穿过营区的道路，没人留意我的举动……几名犹太妇女向我索要面包，可惜，我不得不告诉她们，我帮不了她们，因为我身上没有任何食物。她们的身体状况很糟糕，但她们的眼睛却亮得极不自然，就像我曾见过的那些垂死者的双眼。她们又问我战争是不是要结束了，我回答说，她们还要再等上几个月才能结束这场噩梦。她们又问我的姓名，我告诉了她们。我不断希望这场可怕的邂逅赶紧结束。一个没有顶棚的笼子里放着一些树干，一名苏军战俘拿着一柄小斧头忙碌着。他看上去很可怜，瘦得只剩下皮包骨头，薄薄的外套和裤子挂在他身上，这使他看上去就像个活生生的稻草人。我尖刻地向一名看守询问，让那个俄国人干这种毫无意义的工作，究竟是什么意思，他告诉我，这是对他的一种惩处。我嘲弄地问道，换句话说，这是不是意味着他已被判处死刑。看守只是耸了耸肩，但他至少没再催逼那个俄国人。"通过劳动令其灭亡"是意识形态中极不人道的一个口号，就连布尔什维克也很难做到这一点。对我们来说，这些集中营是一种骇人听闻的耻辱，我爷爷曾说过的话因而具有震撼性意义：我们必将为我们的行为受到惩罚。[32]

冯·绍肯急于将集中营里的幸存者尽快疏散。又有一队囚犯被赶入海中后遭到枪杀，另外一大群囚犯则被装上驳船。4月29日，这些驳船被拖入海中，三天后到达吕贝克附近的诺伊施塔特湾。没有食物，没有淡水，身上只穿着破破烂烂的囚服，许多人在途中死去。他们到达海湾时，正好遇到战争期间波罗的海发生的最大一场悲剧。

排水量27 500吨的"卡普阿柯纳"号已无法继续参加恩格尔哈特组织的疏散行动。这艘邮轮完成了三次疏散任务，将26 000人送至安全处。苏军潜艇两次试图用鱼雷将她击沉，都没能成功。完成最后一次航行后，她已无法返回海拉：汽轮机和几个锅炉发生严重故障。尽管没有可供更换的零配件，但船员和哥本哈根船坞里的工作人员以最大的努力进行了维修。不过，很明显，如果她试图再次驶往但泽湾的话，就要冒上彻底毁坏的风险。作为替代，"卡普阿柯纳"号奉命赶往诺伊施塔特湾，在那里，她将与"蒂尔贝克"号货轮一同搭载数千名集中营的囚犯，尽管两位船长都对此提出反对意见。运送这些囚犯的目的何在，迄今为止依然是个谜。此前曾有些船只被用于将集中营的囚犯运往瑞典，但这次，一支党卫队在囚犯们登船前拿走了船上所有的救生筏和救生衣。此举的目的很可能是让满载囚犯的"卡普阿柯纳"号出海，然后将她击沉，以免这些囚犯被逼近中的英国军队所救。

来自施图特霍夫集中营的驳船到达时，德国人试图让这些囚犯登上"卡普阿柯纳"号，但这艘邮轮已无法容纳他们。于是，几艘驳船搁浅，囚犯们步履蹒跚地进入诺伊施塔特。他们中的许多人被关在附近一座体育馆里，还有些人被党卫队枪杀。

5月2日，英国装甲部队已到达吕贝克，很快就将进入诺伊施塔特。英军第11装甲师师长乔治·罗伯茨将军从当地红十字会官员那里获悉，数千名集中营囚犯就在诺伊施塔特湾内的船只上。尽管他把这个情况向上级做了汇报，但消息的进一步传递需要时间。英军的空中侦察已发现西波罗的海有船只集结，当时一直有传言说，党卫队正计划将一些人员疏散至挪威，以便在斯堪的纳维亚半岛上继续这场战争。5月3日，皇家空军第2战术航空队给第83大队下达了命令：对吕贝克和诺伊施塔特近海水域中的敌船发起攻击。皇家空军五个中队的"台风"战斗轰炸机，配备着20毫米机炮和火箭弹，对"卡普阿柯纳"号、"蒂尔贝克"号和附近的空邮轮"德意志"号展开攻击。三艘船迅速起火燃烧。许多集中营的囚犯跳入水中，但却没有力气游到安全处。侥幸到达岸边的人又被党卫队开枪射杀。"卡普阿柯纳"号慢慢地发生倾覆，最终漂至岸边。多年来，遇难者的尸体不断被冲上岸，最后一次是在1971年。"蒂尔贝克"号货轮也被皇家空军的战机击中，15分钟内便沉入海中。

  船上究竟有多少人遇难，没有准确的记录。据估计，死在"卡普阿柯纳"号上的人多达5 600人，这个数字包括那些跳入水中后被英国战机的机炮扫射而死的人。[33] 另有2 400人死在"蒂尔贝克"号货轮上。

  5月份的前三天，英国皇家空军在西波罗的海共击沉32艘船只。另外，他们对基尔港的空袭还导致"希佩尔海军上将"号重巡洋舰沉没。这些舰船的沉没，造成的损失尤为严重，因为她们是担任海上疏散任务的主力军。燃料短缺和机械故障已给恩格尔哈特的疏散船队造成极大的麻烦，现在，他手上可用的船只更少了。

  海军元帅邓尼茨决心在战争即将结束前尽量减少流血。他下达命令，未经抵抗便交出了汉堡和吕贝克。担任潜艇部队指挥官的海军大将汉斯-格奥尔格·冯·弗里德堡，现在已接替邓尼茨出任德国海军总司令。冯·弗里德堡与第337人民掷弹兵师原师长、最近获得提升的金策尔将军（译注：步兵上将埃伯哈德·金策尔此时的职务是"维斯瓦河"集团军群参谋长）一起，将与德国北部的英国军队展开谈判。西线德军总司令凯塞林元帅负责安排西线部队的停火事宜，但应避免代表其他地区做出承诺。邓尼茨的意图是，东线、南线和东南线的德国军队应继续战斗，最终撤向西部，在那里向西线盟军投降。

  5月2日，冯·弗里德堡与新近提升为帝国部长的冯·什未林-克罗西克伯爵在基尔附近商讨该如何行事。邓尼茨指示他们与蒙哥马利元帅开诚布公地谈谈，寻求在德国北部安排一场投降的可能性，并设法获得英国人的保证：不干预波罗的海上疏散平民和士兵的行动。

  弗里施沙嘴，战争仍在认真地进行着。维斯瓦河河口部的守军并未受到一场大规模攻势的威胁，但苏军的大炮和迫击炮不断实施骚扰性射击。潘特纽斯的团在前线一直据守到5月2日，随后被撤下，以便重新部署至弗里施沙嘴。看见部下们手中寥寥无几的收音机被悉数收缴，潘特纽斯深感厌恶：

> 很显然，这是为了防止士兵们获悉局部投降谈判的消息，（他们）担

心这会动摇部队的士气或令纪律荡然无存，换句话说，士兵们也许会受此影响，未经许可便擅自放弃阵地，并聚拢到席尔温霍斯特和尼科尔斯瓦尔德（Nickelswalde）的登船码头。我倒认为这些措施不仅毫无必要，而且相当有害。各部队的纪律非常好，没人擅离职守。[34]

第35步兵师撤出前线，集结到席尔温霍斯特东面时，里歇特将军把属下的军官们召集起来，向他们通报了希特勒的死讯：

他以这样一句话为结束："我对此深感震惊。"我们也很震惊，但更多的是一种摆脱噩梦感，现在终于出现了停止但泽湾作战行动的可能性，这场战斗曾经起到过作用，但现在已毫无意义，也许我们仍能获得疏散。我们对"东普鲁士"集团军的相关计划一无所知。有消息说，英国人已跟我们结盟，共同对抗俄国人，因此，他们很快会把我们撤离这片地区。这种谣言太过荒谬，但真有人相信。人们前所未有地燃起了希望。5月9日，我们投降并动身离开后才获知，对面的俄国人也有同样的担心。[35]

在弗里施沙嘴，苏军已搭设起一座浮桥，从皮劳跨过海峡直达诺伊蒂夫，现在，他们将坦克和其他重型装备运至南面。尽管第11集团军在狭窄的沙嘴上部署了5个师的兵力，但他们只是向南推进，不愿发起猛烈的进攻，俄国人再次采用了当初向皮劳推进的战术：苏军士兵只要遭遇到抵抗便后撤，随即召集炮火对整片地域发起猛轰。1939年前，德国人曾沿着沙嘴构设起一系列防御阵地，但这些阵地防备的是从波兰方向冲向皮劳的进攻。尽管如此，后撤中的德国军队还是依托这些阵地进行了顽强防御。第4装甲师残余的12辆坦克，与侦察营里的其他战车一起，继续从事着艰难的战斗，协助另外几个师的残部守住防线。苏军多次试图在更南面实施两栖登陆，以绕开这些防线，但都未能成功。

恩格尔哈特和他的工作人员夜以继日地忙碌着，查明每一滴油和每一袋煤的下落，并将他们所能找到的每一艘船只派往东面。在一支鱼雷艇和驱逐舰组成的护航队的掩护下，12艘商船构成的船队驶向海拉，另外5艘赶往里堡。

此外，还有一支较小的船只组成的船队——不可避免的投降到来前，每多带走一个人，就意味着被苏军俘虏的人又少了一个。第一批船只，4 500吨的"萨克森瓦尔德"号和比她小得多的1 900吨的"韦泽施特罗姆"号，于5月2日抵达海拉。5 500名伤兵被送上"萨克森瓦尔德"号，另外300名难民和400名军队医护人员登上"韦泽施特罗姆"号，两艘船向西驶去，到达哥本哈根时，船上的燃料已彻底耗尽。

5月3日，邓尼茨的参谋部给"东普鲁士"集团军发去一封电报：

改变德国境内的军事态势需要从东、西普鲁士和库尔兰紧急疏散大批部队。
位于东普鲁士的军队和"库尔兰"集团军群的作战行动体现出这一需求。
携带轻武器的人员将立即登船归国。其他物资装备，包括马匹，均应留下并就地销毁。给予"库尔兰"集团军群自主行事权，撤离前线，并在温道（Windau）和里堡构设桥头堡。
帝国海军将派遣一切可用船只赶赴东普鲁士和库尔兰。[36]

5月4日，冯·弗里德堡回来向邓尼茨报告，蒙哥马利要求将荷兰和丹麦纳入投降范围内。所有船只不得凿沉，作为回报，英国不会对正在进行中的疏散行动加以干涉。尽管英国人会接受逃至西部的单个士兵和小股部队的投降，但大股部队，例如目前在柏林北部与罗科索夫斯基的部队相对峙的第3装甲集团军和第21集团军，必须向苏联红军投降。蒙哥马利也没有对梅克伦堡平民们的福祉做出任何保证：战争结束后，这片地区将成为苏占区，民政事务将由苏联负责。在眼前的情况下，这已是邓尼茨所能期望的最好的条件了，停火文件于当晚签署，5月5日清晨8点生效。文件签署后，冯·弗里德堡立即飞赴兰斯会晤艾森豪威尔将军，并安排美军对面所有德国军队的停火事宜。

"东普鲁士"集团军仍在战斗。苏军第11集团军的推进，距离弗里施沙嘴西端已不到10公里。位于维斯瓦河河口的平民几乎已疏散完毕，现在该把德国士兵们撤向海拉。第4装甲师只留下一支小股战斗群，外加师里残余的坦克，其他人员赶至普齐格尔沙嘴，等待着疏散船只的到来。

此刻，海拉及其周边聚集着18万人，主要是士兵。也有些平民留了下来。普齐格尔沙嘴上，一些小渔村里的居民更愿意留下，他们希望占领这里的苏军和波兰军队能允许他们继续从事自己的生计；还有许多平民被长途跋涉到海拉的逃亡累得筋疲力尽，已无法面对进一步的逃生之旅。5月5日，船只驶近海拉时，许多人试图冲过宪兵们设在码头区的警戒线，但大多数士兵依然遵守着命令和纪律。同一天，另一支船队离开哥本哈根赶赴海拉。在博恩霍尔姆岛附近，一个英国轰炸机中队出现了。德国船员们紧张地等待着空袭的到来，但英军轰炸机没有发起攻击。蒙哥马利已向所有英军部队下达了指示，不要干涉德国人的疏散行动。

当然，这道指令并不适用于波美拉尼亚沿岸的苏军部队。一群苏军巡逻艇试图将船队拦截在博恩霍尔姆岛东面，经过一番短暂的交火，苏军丢下一艘起火燃烧的巡逻艇和数名死者后撤离。德国船只继续向东全速航行。5月5日晚，她们到达海拉，登船工作一直持续到深夜。次日清晨，船队带着43 000名乘客驶向哥本哈根。在此期间，渡轮继续将留在维斯瓦河河口处的人送至海拉；5月5日，又有13 000人到达海拉，其中包括910名伤员和最后270名难民。返回哥本哈根的途中，船队经过前一天与苏军炮艇发生交火的海域。被击毁的那艘巡逻艇仍浮在水面上，已不再燃烧，德国船只发现，四名苏军水兵站在巡逻艇残骸上，拼命挥舞着双手。德国海军的T-28号鱼雷艇靠了过去，将这四人带上船，他们可能是第二次世界大战中最后几个被德军俘虏的苏军士兵。

在兰斯，德国代表团与艾森豪威尔的参谋人员进行了商谈。约德尔大将试图说服美国人，尽量推延东线的最终停火，以便让恩格尔哈特的船只能将更多德国人救出库尔兰和海拉。恩格尔哈特的工作人员估计，他们还需要3-4天——有了这段时间，并能获得充足的燃料的话，他们就能将留在海拉、维斯瓦河河口和库尔兰的所有人撤至西部。约德尔以通讯困难为由，要求获得48小时来联系各处德军部队，以便安排全面投降事宜。美国人坚持要求所有德国军队全面投降，而不仅仅是位于西线的部队；德军在东线继续其军事行动的要求没有谈判余地。德国的所有舰船应在投降条款生效时移交给控制船只所在地的盟国武装力量。5月6日-7日午夜过后不久，约德尔告诉邓尼茨，艾森豪威尔已签发了一份要求德国立即投降的最后通牒。如果德国方面不接受这些条款，战争将被进行到最后一刻。约德尔只获得30分钟时间来下决心。他在发给邓尼

茨的电报中写道:

要么签字,要么就将是一场混乱,我看不出还有什么别的选择。我要求立即通过电台获得确认,我是否有权签署投降协议。这份协议将立即生效。一切敌对行动将于5月9日零点停止。[37]

1点30分,邓尼茨通知约德尔获得签署投降协议的授权,一个小时后,约德尔在投降协议上签字。与此同时,邓尼茨给苏联红军对面的所有德国军队下达命令,要他们尽快向西转移,以便向西线盟军投降。邓尼茨还把与盟军谈判的进展状况向恩格尔哈特作了通报。恩格尔哈特手下的所有工作人员,听命于他的所有船只,现在都已获知,再有两天,战争就将彻底结束。现在,宝贵的时间是以小时来计算,速度至关重要。三艘驱逐舰和两艘鱼雷艇抵达哥本哈根,舰艇上搭载着从海拉而来的士兵,他们希望这些乘客尽快下船,这样便可以返回东部,再跑上最后一趟。获知码头地区挤满了尚未及时离开的难民和士兵后,驱逐舰求助于停泊在一旁的空邮轮"乌贝纳"号,由于机械故障,"乌贝纳"号已无法参加疏散行动。船长兰考马上意识到眼前所发生的事情,他的船员们让几艘驱逐舰将舰上的士兵转移到邮轮上。经过7个小时的忙碌,转运工作完成,几艘军舰再次出海,向东部驶去。[38]

维斯瓦河河口处,6个德军步兵师的残部据守着防线,第4装甲师仅存的几辆坦克为他们提供加强。即便在这最后时刻,抵达海拉的船只仍将弹药运来,以确保冯·绍肯这些部队的作战行动;5月6日,货轮运来230吨弹药,这些弹药被迅速卸载的同时,等候在码头上的士兵们登上船只,准备踏上归国之旅。5月7日,冯·绍肯给所有指挥官下达了一份密令,传达到团一级。这道封存的密令只有在得到明确指令时才能打开。收到密令的军官们心情复杂:这道最后的指令是让他们在最后时刻疏散呢,还是让他们向苏军投降?

5月8日,德军士兵们聚集在海拉的两座小港口,这是阳光灿烂、温暖如春的一天。一小群驱逐舰和鱼雷艇组成的舰队于傍晚6点40分到达。没过多久,几艘稍大些的商船也赶到了。船上的每一寸空间都被加以利用,大批人员被塞了进去。T-28号鱼雷艇的排水量不到1 300吨,离港时,艇上却携带着1

237名士兵，而大小相当的T-33号挤上去近2 000人。鉴于这种状况，很难准确统计战争最后几天里究竟有多少人从海拉逃离。在最后时刻，一直在维斯瓦河河口与海拉之间穿梭的所有渡轮，与最后几艘大型船只一同离开，据一些资料估计，这支船队成功撤离的人数多达65 000人。[39] 尽管这一成就令人瞩目，但仍有60 000人被留在后面。这些人中包括他们的指挥官迪特里希·冯·绍肯，就在当天，他获得了帝国的最高勋章——双剑、橡叶骑士铁十字勋章上的钻石饰。邓尼茨专门派来一架飞机，想把绍肯送至安全处，冯·绍肯却将自己的座位让给了几名伤员，并让飞机带着他们飞向西部，绍肯的部下们对他这个举动并不感到惊异。

最后几艘船只离开海拉后，被留下的士兵们骚动起来。听见混乱的嘈杂，冯·绍肯驱车来到士兵们当中，他站在他那辆敞篷大众车的后座上，对部下们发表了讲话："我们必须保持镇定。已经没有更多的船只，也没有什么可以期待的了。现在，即将步入苏军战俘营之际，我们必须保持自己的尊严，要知道，我们已恪尽职守到最后一刻！"[40]

士兵们慢慢地散开，返回到各自的掩体内，等待着战争的结束。就在午夜到来前，三艘德军鱼雷艇突然赶至海军港口。数百名已丧失逃生希望的士兵冲上船去，几艘鱼雷艇带着他们驶离，决心在拂晓前尽可能向西部靠拢。

有两艘船直到5月8日晚才驶离海拉，排水量854吨的小油轮"尤里乌斯·吕特格尔斯"号携带着400名士兵和船员，"莉泽洛特·弗里德里希"号更小些，只有517吨，搭载着另外300名士兵。陪伴她们的两艘炮兵驳船也载得满满当当，夜色中，这些船只缓慢但却稳定地向西驶去。只有在船桥上担任瞭望工作的船组人员留意着战争正式结束时刻的到来。有那么一刻，"尤里乌斯·吕特格尔斯"号上的人员考虑过是否应该打开船只的航行灯，但最终决定继续保持战时灯火管制，再向西航行一段再说。5月9日日出后不久，瞭望哨发现敌机逼近，很快，苏军的一群鱼雷轰炸机发起了低空攻击。在四艘船只上的船员和士兵们看来，眼前的情形就像战争尚未结束那样：密集的防空炮火射向敌机，苏军飞机投射鱼雷，并用机载机枪对船只实施扫射。"尤里乌斯·吕特格尔斯"号艰难地转向左舷，避开了袭来的鱼雷，但"莉泽洛特·弗里德里希"号就没有这么幸运了，她被一枚鱼雷击中后下沉。另外三艘船成功地将

"莉泽洛特·弗里德里希"号上的全体人员救出，包括十余名在这场空袭中受伤的人。船长格雷韦立即将自己的舱室腾给船上的医护人员。

油轮和另外两艘驳船继续驶向基尔港时，格雷韦船长密切留意着船上越来越少的煤炭。剩下的这些煤能让他顺利到达目的地吗？5月10日清晨，他们似乎即将平安到达，可就在这时，船只的引擎突然发出一阵异响，随即停顿下来。离开海拉前，船上的指南针已无法使用，格雷韦和他的船员们焦急地讨论着他们现在是否已靠近目的地，而位于他们南面的海岸是否已落入苏军手中。对船上的人来说幸运的是，这场讨论被证明是杞人忧天。他们这艘漂浮的船只被一艘拖轮发现，"尤里乌斯·吕特格尔斯"号被拖入基尔湾。

最后一艘驶离海拉的大型船只是排水量1 400吨的"鲁加德"号客轮，她曾被德国海军第9保安师作为师部使用。5月8日晚上9点，"鲁加德"号携带着1 300名士兵，和海军第9保安师的一群巡逻艇一同离开海拉。为避免被苏军俘获，这支小小的船队贴近瑞典海岸行驶，起初，一切都很顺利。5月9日晚，四艘炮艇出现在后方。德军的几艘巡逻艇在队伍前方较远处，苏军炮艇迅速接近，并向"鲁加德"号喊话，要求她立即返航。"鲁加德"号的回应是加快速度逃离，于是，苏军炮艇发射了几枚鱼雷，但都没能命中。

"鲁加德"号上配备着一门75毫米火炮，这门法制火炮是第一次世界大战期间的老古董。船员们立即用这门安装在船尾的火炮瞄准苏军炮艇开炮射击。第一炮险险命中，但接下来的两炮都击中了目标，致使一艘苏军炮艇起火燃烧。另外三艘炮艇放弃了攻击，转身回去救助他们的同志。欧洲战区的最后一场海战宣告结束，"鲁加德"号顺利逃脱，5月10日清晨，这艘客轮和1 300名士兵平安到达基尔湾。

战争临近结束的最后几个小时里，海拉并不是东波罗的海唯一的疏散点。175艘船只（这些船只大小不一，从小型货轮到摩托艇都有）组成的船队赶往库尔兰，试图在最终投降前尽可能多地撤出那里的德军官兵。采用与第4装甲师组织"屈斯佩特"疏散群类似的办法，库尔兰的各个德军师将一群群士兵（父亲、家里仅剩的孩子）派往温道和里堡，登上等候着的船只。德军士兵涌上一艘鱼雷艇时，鱼雷艇艇长被一名陆军上尉拦下，他将一份名单交给艇长。上尉解释道，名单上是他那些部下的姓名和住址，他们已无法离开库尔兰，能否请艇长转告他们的家人，他们还活着，尽管即将走入苏军的战俘营。艇长问这名上尉，他是否打算留在鱼雷艇上——尽管很拥挤，但多挤一个人没有任何问题。带着与迪特里希·冯·绍肯将军拒绝乘飞机撤离海拉同样的精神，上尉摇了摇头。他解释说，他的职责是跟自己的部下们待在一起，尽管作为三个孩子的父亲，他完全有资格被列入师里的疏散名单。[41]

五支小型船只组成的船队离开库尔兰赶往德国西部，她们带着"库尔兰"集团军群的23 000人逃离了被苏军俘获的厄运。最后一支船队带着11 300人离开，5月9日，她们拒绝执行苏军要求她们返回港口的命令后，遭到苏军飞机的空袭。船上的许多人被机载机枪的扫射打死，但没有一艘船被击沉。船队里的大多数船只于5月11日顺利达到石勒苏益格-荷尔施泰因海岸，但有三艘渡轮无法完成这场远航，于是驶向瑞典。在她们身后，"库尔兰"集团军群的20万名官兵开始了步入苏军战俘营的漫长跋涉。

维斯瓦河河口处的激战一直持续到这场战争的最后一天。沿着包围圈的西部阵地，双方展开炮战，弗里施沙嘴的底部，德军第4装甲师剩余的坦克做好了坚守最后一道防线的准备。5月7日，汉斯·绍夫勒收听一家外国电台时获悉，德国已签署无条件投降书。他和第35装甲团剩下的50名士兵等待并期待在最后时刻能顺利逃脱：

5月8日，一轮鲜红的太阳从波罗的海升起，它向我们明确无误地表明，我们这些弗里施沙嘴上最后的德军士兵的末日已经到来——维斯瓦河河口的德国战舰已在夜幕的掩护下撤离。对我们来说，她们始终代表着一丝希望。

这是美丽的一天，但我们的心中充满绝望。微弱的东风拂过树梢，风中带有一股战火和鲜血、死亡和尸体、硝烟和腐烂的气味。我们觉得自己已被无情地遗忘、抛弃，就连我们的敌人现在也很少向我们开火射击了。前线越来越安静。夜间的弗里施沙嘴和维斯瓦河河岸已变得空空荡荡。[42]

当天下午晚些时候，绍夫勒奉命赶往维斯瓦河的登船码头，但那里没有可将他和他身边的士兵们带走的船只。他们在码头上等待着，有传闻说最终的投降将在午夜发生。两艘船只在离岸不远处驻锚：

其中的一艘距离我们所在的东岸更近些。第4装甲侦察营的幸存者开始登船。我给身边28名部下下达了明确的命令,让他们上船。但河岸上仍有一辆通讯营调拨给我们的半履带通讯车,车上还有四名组员。电台仍在工作,继续保持着与"格里加特"战斗群的联系,那是第35装甲团最后一小群作战力量。

第4装甲侦察营营长冯·高普少校几次催促我赶紧登船。但那四名无线电组员仍在坚守岗位。我站在河岸上犹豫不决,但随后,我回到几名电台组员身边。我为自己感到羞愧,我居然只想到自己,甚至想过丢下这四人自己逃生。

驾驶员埃克施泰因上士忙着摆弄他的机枪,他双眼潮湿,带着一丝不安对我说道:"中尉先生,如果您把我们丢在这里,我真不知道该怎么办。经历了这一切后,我觉得我无法承受这种最后的失望。"

傍晚6点20分,最后一艘船只驶离维斯瓦河河口,船只超载严重。船上的士兵们像一串串葡萄那样挤在一起。他们朝我们这些留下来的人挥手道别。很难以一种轻松的心情看着这两艘船只离去,但我确实做到了这一点。我看着那两艘船带着船上的士兵们赶至维斯瓦河入海口,现在,他们踏上了归乡之旅。他们会平安到达的!

耳机中传出的尖啸把我们吓了一跳。电报!我们迅速将其解码。"摧毁车辆和电台。已解除你们的效忠宣誓。设法逃生。全面停火将在午夜生效。结束。"我们对电文加以核实。通讯结束,电台陷入了死一般的沉默。这几行字像柄重锤,狠狠地砸在我们心头。[43]

当晚7点,绍夫勒和他的四名同伴找到一条救生艇。他们仍与第4装甲侦察营的一股部队保持着电台联络,该部已在海拉登上两艘军用渡轮。渡轮答应,如果绍夫勒他们能及时赶到,就把他们的救生艇拖在身后。但此刻绍夫勒他们距离海拉有近30公里的海域,等他们赶到那里,渡轮可能早已离开。一艘摩托艇从他们旁边驶过,艇上的人寥寥无几,绍夫勒几人大声呼救,但这艘摩托艇却未加理会,径直驶向但泽湾。随后,另一个机会出现了:

天色越来越黑,我们渐渐失去了信心,就在这时,一艘小小的摩托艇驶了过来。一名少校站在船头,挥手让我过去。他低声问我能否在波罗的海上驾驭这艘摩托艇。有生以来，我从未有过丝毫航海的想法，是个彻头彻尾的旱鸭子。但我不能对少校直言，他肯定是上天在这关键时刻派来拯救我的人。于是，我鼓足勇气，盯着他的双眼说道："没错，少校先生，我能做到！"为证实这一点，我指了指手腕上的俄制棱镜罗盘，这东西看上去很专业。

没等少校弄明白怎么回事，我那四名无线电组员已爬上摩托艇。我们五个突然间明白过来，这是死里逃生的最后机会，我们必须在它溜走前将它牢牢抓住。

此时是夜里9点45分，我们离开维斯瓦河河口，朝海拉驶去。天色越来越黑，俄国人的第一批"夜猫子"已出现在空中，投下降落伞式照明弹，偶尔也有些炸弹。

我们这艘摩托艇名叫"剑鱼"号，只有五个座位，现在却挤上去15个人，已严重超载，但没人在乎。海面很平静，6米长的摩托艇像一匹兴奋的小马驹，在一道道海浪间穿行。艇上的一些人开始晕船。

……远处，我们看见炮弹和炸弹的爆炸——将我们身后那些人隔断在维斯瓦河，更多的炮弹落在我们前方的海拉半岛……降落伞式照明弹悬挂在海面上。

夜里11点10分，我们的摩托艇短暂地搁浅了。一块小小的、几乎察觉不到的沙洲伸向我们前方的海中。我们更多的是感觉到它，而不是看见它。这肯定是普齐格尔沙嘴。我们实际上只想穿过这里，但这片沙洲极不自然地出现在这里，毫无吸引力可言，我们不得不离开这里，在海拉进入宽阔的海湾。我们行驶得越来越远。

很快，新的一天到来了。此时是5月9日凌晨1点30分。在我们身后的海拉，停火、投降。在我们的前方是辽阔的波罗的海……我们这艘摩托艇很小，显然不是为远海航行制造的，但我们都想抓住这个机会，这是逃脱苏军魔掌的唯一机会。能决定我们命运的也许只有上天。

因此，我们一致做出决定：驾船穿越波罗的海。[44]

其他人没这么幸运。潘特纽斯和他的部下仍守在自己的阵地上，最终投降的三个小时前，他们接到命令，可以打开分发给他们的那道封存的密令。命令中写道："今天，德国夏令制时间23点，'东普鲁士'集团军向苏军无条件投降。司令官向所有士兵、军士和军官们付出的勇气致谢。我们的战斗结束了。冯·绍肯。"[45]

潘特纽斯让他手下的营长和连长们看了这道命令。所有重武器被抛入维斯瓦河，他们开始为即将到来的第二天做好准备。与其他部队一样，潘特纽斯的团没有执行将所有马匹统统杀掉的指令，他们准备好马拉补给大车，每100人一辆，另外还有三个完整的战地厨房和为马匹们准备的饲料。随着夜幕的降临，军官们聚集到一起，等待着投降时刻的到来。有些人讨论起通过陆路逃生的可能性。他们估计，就算夜间行军能走上20公里，到达奥得河也要2-3周时间。按照他们的计算，成功的机会不会超过十分之一。另外，就算到达奥得河，河对岸等待他们的又会是什么呢？他们又该何时进行这种尝试呢？马上设法逃脱肯定是不可能的，因为此刻的前线仍有重兵把守，而等被俘后再想办法逃跑，只会使团里的其他人遭到报复。他们就这样讨论着，消磨着夜里的时间，苏军炮火断断续续地轰击着码头的登船区；尽管停火协议已正式生效，但苏军希望确保只有极少数德国人得以逃脱。

投降的消息在德军部队中传播开来。与所有国家、所有时期的军人们一样，第4装甲师的一名士兵，以典型的士兵的幽默在日记中写道："我简直无法相信这个消息，但这是真的。再过几个小时，我们就将扼住俄国人的喉咙，就像长期以来我们屡屡击败他们那样。"[46]

随着停火令的生效，海军元帅邓尼茨签发了最后一份德国国防军战时公告：

在东普鲁士，德军师直到昨天依然英勇地守卫着维斯瓦河河口和弗里施沙嘴的西部，第7步兵师为此作出的贡献尤其值得表彰。指挥官冯·绍肯将军，为表彰他以身作则的模范行为，特授予他双剑橡叶骑士铁十字勋章的钻石饰。

作为一个前进堡垒，我们在库尔兰的军队，在久经考验的京特大将的率领下，牵制占尽优势的苏军步兵和坦克部队达数月之久，并在六次重大战役中表现优异。他们拒绝过早投降。只有伤员和多个孩子的父亲才能搭乘尚存的飞机返回德国西部。参谋人员和军官们与他们的部下待在一起。午夜时，按照商定的安排，德国一方将停止所有军事行动。

两个多月来一直顽强抗击苏军进攻的布雷斯劳守军，经过一场英勇的战斗，在最后时刻被敌人的优势所征服。

从东线到东南战线，从布隆到易北河，所有高级指挥官都已奉命结束战斗。捷克的一场起义——包括整个波西米亚和摩拉维亚地区——可能会危害到停火协议的执行。

最高统帅部尚未收到关于勒尔、伦杜利克和舍尔纳集团军群的情况报告。

在远离祖国的地方，大西洋壁垒的守军、挪威的驻军、爱琴海岛屿的防卫者服从命令，遵守纪律，一直保持着德国军人的荣誉。

从午夜起，所有战线都将停火。根据海军元帅的命令，德国国防军将停止这场无望的战斗。六年的英勇奋战就此宣告结束。这场战争给我们带来巨大的胜利，但也令我们遭受到惨重的失败。最后，德国国防军不得不承认被强大的敌人所战胜。

忠于誓言的德国军人竭尽全力为德国人民作出了永远无法被忘记的贡献。后方人员自始至终全力支援前线，并为此付出了重大牺牲。前线与后方作出的前所未有的贡献，将在日后公正的历史评价中得到最终承认。

德国海、陆、空三军将士作出的贡献和付出的牺牲，就连我们的敌人也不得不表示钦佩。因此，每个军人可以自豪而又骄傲地放下自己的武器，满怀勇气和信心地为我们民族的永久生存去工作。

值此严峻时刻，德国国防军的将士们回想起在战斗中牺牲的战友。面对遍体鳞伤、血流不止的祖国，那些战友奉献出无条件的忠诚、服从和纪律。[47]

---

1. 海军元帅邓尼茨，最后一份德国国防军公告，引自P·E·施拉姆的《德国国防军最高统帅部战时日志，1944-1945》第二部，第1281-1282页
2. J·胡贝尔，《如此真实》，第304-305页
3. 同上，第317-319页
4. 同上，第325页
5. 同上，第328-329页
6. 同上，第331
7. F·胡泽曼，《信念永存》，第527-531页
8. 同上，第531页

9. R·蒂曼，《第83步兵师师史》
10. J·诺依曼，《第4装甲师，1943-1945》，第719页
11. H·绍夫勒，《维斯瓦河上的坦克》，第119-121页
12. P·波拉拉，《永远的伤痛》，第45-46页
13. H·J·潘特纽斯，《东线的最后战役》，第271页
14. H·舍恩，《波罗的海，1945》，第415页
15. J·胡贝尔，《如此真实》，第346页
16. J·诺依曼，《第4装甲师，1943-1945》，第720页
17. H·施佩特尔，《"大德意志"装甲军军史》，第三卷，第454-455页
18. H·舍恩，《波罗的海，1945》，第488页
19. 同上，第489页
20. H·绍夫勒，《维斯瓦河上的坦克》，第126-127页
21. H·舍恩，《波罗的海，1945》，第463-483页
22. A·D·冯·普拉托，《第5装甲师师史》，第396页
23. 同上，第397页
24. K·迪克特，H·格罗斯曼，《东普鲁士之战》，第190-191页
25. H·施佩特尔，《"大德意志"装甲军军史》，第三卷，第456-457页
26. A·D·冯·普拉托，《第5装甲师师史》，第399页
27. 蒂尔泽，引自A·D·冯·普拉托的《第5装甲师师史》，第399-400页
28. A·D·冯·普拉托，《第5装甲师师史》，第401-402页
29. 同上，第400页。
30. H·舍恩，《波罗的海，1945》，第583页
31. 同上，第510页
32. G·E·巴尔图蒂斯，《败局》，第208-209页
33. H·舍恩，《波罗的海，1945》，第688页
34. H·J·潘特纽斯，《东线的最后战役》，第292页
35. 同上，第293页
36. 《德国国防军最高统帅部战时日志》第Ⅳ册，第1472页，引自H·J·潘特纽斯的《东线的最后战役》，第294页
37. H·舍恩，《波罗的海，1945》，第606页
38. 同上，第608页
39. 同上，第618页
40. 引自H·J·潘特纽斯的《东线的最后战役》，第305页
41. H·舍恩，《波罗的海，1945》，第672页
42. H·绍夫勒，《维斯瓦河上的坦克》，第143页
43. 同上，第144-145页
44. 同上，第145-147页
45. H·J·潘特纽斯，《东线的最后战役》，第306页
46. J·诺依曼，《第4装甲师，1943-1945》，第728-729页
47. 海军元帅邓尼茨，最后一份德国防军公告，引自P·E·施拉姆的《德国国防军最高统帅部战时日志，1944-1945》第二部，第1281-1282页

第十五章
漫漫归乡路

踩躏、屠戮、攫夺，他们美其名曰"统治"；
所到之处皆化为焦土，他们却称之为和平。

——塔西佗[1]

许多德军士兵成功逃脱了海拉和维斯瓦河河口的最终投降，并已到达德国。另外一些人，例如汉斯·绍夫勒，在最后时刻找到了逃生的办法，此刻正面对着一场艰难的求生之旅。绍夫勒驾驶的小摩托艇遇到另外两艘小艇，其中一艘搭载着第4装甲师最后一任师长霍夫曼上校。三艘小艇中的一艘，引擎发生故障，不得不被遗弃；另外两艘，"海鹰"号和"剑鱼"号，继续向前行驶：

上午10点左右，我们身后腾起大团烟雾，随后便看见一支大型船队威风凛凛地向西而行。我们确信这是驶离海拉或库尔兰的最后一支疏散船队。我们想与她们会合。

10点30分，"海鹰"号的离合器发生故障，我们停了下来。检查后发现，驱动轴断了。于是，我们把她拖在身后，继续向船队驶去。"剑鱼"号现在只能以半速航行。我们知道这是个大麻烦，就算途中一切顺利，到达基尔港也需要三天。"剑鱼"号65匹马力的引擎吃力但却勇敢地吼叫着,这使我们赶至船队行进路线南面一公里处,我们焦急不已,生怕与船队失之交臂。

下午1点左右,灰色的云层突然间笼罩了波罗的海。一股恶劣的风暴降临了。"剑鱼"号像疯子那样上下颠簸,身后的"海鹰"号也被颠得七上八下。我们很快学会了在这种情况下该如何操纵和转向。不幸的是,我们随即发现,我们的航向偏向西北方,因为我们不得不穿过越来越大、已近乎垂直的波浪。

船队从我们旁边驶过。我们没能跟上。我们本来想把"海鹰"号上的人转移到一艘大型船只上,这样,我们就能跟随船队安全地向西航行。[2]

他们没能与船队会合其实是件幸事。这些舰船隶属于苏联海军的红旗舰队,正赶去占领波罗的海上已成为苏占区的德国港口。

席卷波罗的海东南方的风暴淹没了一些德军士兵用于逃生的小船。搭载着第4装甲师工兵营大批士兵的一艘木制驳船断裂后沉没,只有一人侥幸生还。[3]绍夫勒和他的同伴们被迫放弃了"海鹰"号,所有人挤上"剑鱼"号。当天晚些时候,风暴渐渐平息下来,他们这艘摩托艇靠近了瑞典海岸。一艘瑞典海警船靠拢过来,示意他们弃船登岸,但海警船上的一个年轻人,在几名同事背后打着手势,示意德国人赶紧离开瑞典海岸。经过短暂的讨论,绍夫勒一行人转身驶向公海。

绍夫勒和他的同伴们小心翼翼地节省着燃料,继续向南、向西行驶。最后,他们在5月13日到达了石勒苏益格-荷尔施泰因海岸。

越过海面向远处望去,一座小教堂的塔楼从树梢间探出。我们看见岸上有人,于是操纵摩托艇朝那个方向驶去。如果必要的话,我们就跳入海里,游过最后一段,我们早已等得不耐烦。

"剑鱼"号迅速向陆地驶去时,我不由自主地想起:五个白天、五个夜晚,两个难忘而又可怕的黑夜以及西普鲁士与瑞典之间某处两个绝望的阴天;汹涌、贪婪的海水吞没了太多的东西;接着是瑞典,第一丝曙光;然后是丹麦。起初对前景忧心忡忡,随后又充满了希望。现在我们到达了德国:自由、和平、未来和生活!

出于疏忽,我们的摩托艇在岸边搁浅,这把我从梦想拉回到现实中。一名渔夫显然看见了我们脸上的焦虑，他迅速把船划了过来，伸出撑杆帮助我们离开"剑鱼"号。我跳上渔船，伸出双臂搂住他的脖子。然后，我涉水走过最后一段浅滩，登上了陆地。

我感觉到脚下坚实的地面，此刻是傍晚6点16分。我终于实现了在绝境中许下的承诺，将这艘船和船上的22人带过波罗的海。我想欢呼，我想呐喊，我想哭泣。没有枪声，没有战壕，没有被炸断的树木：和平！

强烈的快乐将我淹没，起初，我不明白岸上的那些人为何不对我们展露笑容，为何不高兴，为何带着疑问的目光和焦虑的表情望向我们。随后，我渐渐明白过来：在他们看来，我们只是一场失败的战争中的生还者，是别人的孩子，而他们在这里等待着自己孩子的归来。

我们这一小群士兵登岸后，纷纷握手道别，没有太多的话语，只是祝福彼此好运，能赶紧回家并开始新的生活。只有那四名通讯兵在一座渔民的屋子里等着我。

我借口去打听我们登岸的这个村子叫什么名字，悄悄地走到一旁，随着紧张、恐惧感的消散，泪水在我脸上流淌，我想独自待上几分钟。

稍稍平静下来后，我不禁扪心自问：我们为何要进行这场战争？我们为何要忍受这一切？那么多优秀的青年丧生，究竟是为了什么？为什么？为什么？为什么？这一切的意义何在？

在我看来，自己所处的世界像座纸牌屋那样坍塌了。他们让我们相信的这个世界，会不会只是一场欺骗？

大量疑问在我心中升起，但我找不到任何答案。[4]

他们登岸的这个村子是海利根哈芬（Heiligenhafen），位于基尔港附近。绍夫勒听从别人的建议，向当地英国驻军投降，随后被带至普隆（Plön），蒙哥马利的司令部就设在那里。他接受了短暂的审问，发现审问者对他从维斯瓦河河口逃离的大多数情况了如指掌，绍夫勒明白过来，"剑鱼"号上的其他人员也已成为英国人的俘虏。审问结束后，他得到了令人愉快的对待，很快便与霍夫曼上校以及另外一些德国军官一同吃起了早餐：

麦片粥和鲜牛奶，鸡蛋和熏肉，红茶和真正的咖啡，白面包，果酱和黄油、香肠和火腿——经历了六年的磨难，我们觉得自己此刻置身于天堂。我们兴奋地狼吞虎咽起来，一个个吃得都不少。我不该这么做，因为我的肠胃无法消化如此丰富的食物。我像根下水道那样呕吐起来，一连噎了好几个小时。

英国人提供了这些东西后，聚拢到我们身边，惊奇地聆听着我们冒险逃生的经历，他们惊讶地指出，我们是自由的，想去哪儿就去哪儿。可被厚厚的围墙所包围，十余名警卫在各个角落逡巡，我们这些战俘又能去哪里呢？

霍夫曼上校与一名英国高级军官商谈了好一阵子，最后达成协议，将一辆由一名宪兵驾驶的公务车交给我们随意使用。英国人顺便告诉我们，我们被定义为"拘押"，而不是战俘，我们可以在石勒苏益格-荷尔施泰因这片拘押区内自由活动。不管怎么说，这都是个良好的开端。[5]

在乡间游历时，霍夫曼上校和他的同僚将师里幸存的士兵们召集起来。很快，一件不愉快的事情发生了，与被击沉的"卡普阿柯纳"号邮轮有关；英国当局坚持要求德军战俘埋葬每天都被冲上岸的尸体，拒不接受英国方面应为这场灾难负责的说法。霍夫曼上校拒绝让自己的部下从事这种工作，最后，英军上级部门从汉堡赶来解决此事。霍夫曼、绍夫勒以及第4装甲师的其他生还者被送到靠近吕贝克的布延多夫（Bujendorf）。对涌入这片乡村的士兵和数千名平民们来说，食物很有限，普遍发生的劫掠事件也使情况变得更加糟糕。为帮助恢复和维持秩序，英国人批准霍夫曼用手下的士兵组织起一支非正式性的警察队，他们配备着自制的"警棍"，为谷仓和牛群站岗放哨。作为回报，农民们为他们提供食物，他们与其他战友分享这些食物。

另一群被英军拘押在石勒苏益格-荷尔施泰因地区的德军士兵是第24装甲师的幸存者。4月6日，在泽姆兰半岛进行了最后一次检阅后，该师正式解散。第24装甲师已将一些人员派回德国组建新师，留在东普鲁士的人作为步兵继续战斗。截至1945年4月底，该师约有1 000人聚集在埃肯弗德镇（Eckenförde）周围，他们在这里向英军第11装甲师投降。令这些战俘感到宽慰和高兴的是，他们与英国人迅速建立起良好的关系，与第4装甲师一样，他们同样获准组建一支警察队伍。在海利根拜尔包围圈负伤的师长冯·诺斯蒂茨-瓦尔维茨少将也在他们当中，他的伤势仍在恢复中，但到5月底，他的伤势突然恶化，这是因为伤口导致体内出现一个脓肿，尽管英军医疗机构全力抢救，但他还是在5月31日伤重不治。次日举行的一场满怀情感的葬礼上，按照全套军礼，冯·诺斯蒂茨-瓦尔维茨将军被安葬于埃肯弗德。他的儿子，一月份时刚刚出生，在这场仪式上接受了洗礼。

这是战时的最后一场葬礼，我们所有人聚集在一座小山丘上，下方的波罗的海一览无遗，长长的海岸线令人想起我们师的故乡，东普鲁士。西南方呈现出德国美丽的风景，湖泊、树林和田野，那里没有经历过这场战争的恐怖。在这片令人愉快的景致中，我们师的道路走到了尽头。[6]

与第4和第24装甲师不同，第7装甲师的主力在战争结束前得到秩序井然的疏散。4月17日，约翰·胡贝尔和他的战友们乘坐的船只到达斯维内明德。他们搭乘火车赶至柏林北面的一片村落，靠近诺伊斯特雷利茨（Neustrelitz）。4月20日，希特勒生日的那天，他们看见美军轰炸机飞向柏林，几天后，他们被编为几个步兵连。渐渐地，东面战线传来的轰鸣声越来越响。4月28日，胡贝尔和他那些战友整装列队，准备奉命开赴前线。出乎意料的是，他们的连长没有出现，他们去找他，却发现这位连长已在夜间逃离。师部经验丰富、多次获得过勋章的塔勒尔上尉迅速赶来，接掌了连队的指挥权。全连向前线赶去，竭力穿过朝相反方向溃逃的后方单位和散兵游勇，并在4月30日与苏军先头部队遭遇。他们立即脱离接触向后撤去，决心逃至西线盟军的防线，而不是向苏联红军投降。5月3日，他们进入美军控制区，与第3装甲集团军里的大多数人一样，成了美国人的俘虏。

第7装甲师的士兵们得到的待遇与第4和第24装甲师截然不同。士兵们可以理解为何要他们在野外露宿——每天都有数万名德军士兵投降，不可能为所有人安排住宿地——但缺乏食物引起了他们极大的不满。一开始，军官们获准与自己的部下待在一起，但随后发生了这样一起事件：几名军官试图设立军事法庭审判两名拒绝服从命令的士兵。美国人随即将军官与士兵分开。尽管食物供应渐渐有所改善，但战俘们还是感到饥饿，他们有时候会逃出战俘营去寻找食物，然后再溜回来。

食物短缺的问题非常普遍，溜出战俘营的人经常发现，当地居民的状况几乎和他们同样糟糕。这是因为战时的大多数岁月里，德国的农业一直依赖外国劳工（主要是战俘）来保持农场的运作，同时，德国还强行进口了数百万吨粮食。现在，劳动力离开了，也不再有进口的粮食，饥饿的情况变得非常普遍。另外，为了逃离苏联红军的占领，1 700万人涌入德国西部，大部分是平民，但也包括300万士兵，这个数字远远超出西方盟国的预料。另外，获知德国1945年的农业收成欠佳后，西方盟国担心1945—1946年的冬季会有一场饥荒，于是囤积粮食为此做好准备，这也导致1945年的食物供给严重匮乏。最后一点，德国工业遭到破坏，这就意味着德国无法从国外购买粮食；1945年底，诸如丹麦和荷兰这些国家都可以向德国出售粮食，但德国没有钱，无法购买。也许有人会说，西方盟国应该为购买粮食提供资金，但在当时，欧洲各国忙着解决自己国家的需求，而1945年的大多数时间里，美国仍在进行太平洋战争。

被美国人拘押的其他方面也引起德国战俘们极大的不满。胡贝尔和他的同伴们被送至叙尔斯托尔夫（Sülstorf）时，好几个人的钱包、手表和勋章被美国兵抢走。战俘们向美军军官抗议这种劫掠行径，但毫无作用。[7] 没过多久，胡贝尔和另一些战俘被交给英国人，他指出，他们的待遇得到了明显的改善。

究竟有多少德国战俘死于西方盟国的拘押，这个问题一直存在极大的争议。战后，在德国成立的"马施克"委员会对此加以调查。1974年，该委员会的报告指出，截至战争结束，约有94万德军俘虏被法国人关押，364万被英国人拘禁，而被美国人拘押的战俘人数约为310万。约有25 000名德国战俘死于法国战俘营，其中的一些是在清理战争期间布设的雷场时被炸死，其他人也受到营养不良的严重影响。1945年底，法国战俘营内形容枯槁的德国战俘的照片被刊登在美国的一些报纸上，但相关报道没有提及美国战俘营里普遍存在的饥饿感。"马施克"委员会发现，5 000名德国战俘死在美国战俘营里，相比之下，英国战俘营内只死了1 300人。因此，三个西方盟国的战俘致死率完全不同：法国，2.7%；美国，0.16%；英国，0.04%。根据日内瓦公约的规定，西方盟国应该为战俘们提供与他们自己的士兵同样的口粮，并在战争结束后尽快释放这些俘虏。为避免违反这些规定，拘押在西部的德国战俘被重新定义为"解除武装的作战人员"，从而免除了日内瓦公约下的一切义务。许多人谴责这个政策是一种犬儒主义行为,但另一些人对此加以辩护,理由是不可能为那么多人提供充足的口粮,不管怎样,随着战争的结束,他们已不再是"战俘"。

英国人对待德国战俘的态度与美国和法国盟友截然不同。一开始,英国的官方政策是把德国战俘关押在战俘营里,而这些战俘营紧靠着存放收缴来的武器的仓库;丘吉尔打算灵活行事,邓尼茨曾提出联合起来对抗苏联占领东欧,丘吉尔和蒙哥马利对此颇有些赞同。尤其令人担心的是,如果美国将大批部队调至太平洋地区对付日本,英国可能要独自应对德国东部领土上苏联红军的潜在威胁。在这种情况下,确保德国军队重新获得武装并提供相应的帮助,这种选择合乎情理。蒙哥马利下达了明确的指令,缴获的德国武器不得销毁,理由是"它们可能随时会派上用场"。[8]

美国人强烈反对丘吉尔与邓尼茨政府眉来眼去。赞同丘吉尔观点的美国人寥寥无几(乔治·S·巴顿将军是个例外),尽管与罗斯福相比,杜鲁门总统对尊重斯大林持更加谨慎的态度,但丘吉尔在5月12日发给杜鲁门,宣称"铁幕"正在欧洲落下的电报并未引起太大的重视。5月18日,邓尼茨和他的部长们被逮捕,并受到侮辱性的脱衣搜查。一些人选择了自杀,其中包括接替邓尼茨出任德国海军司令的海军大将冯·弗里德堡;在最后几天里,他一直泪流满面,郁闷沮丧,但这只是诸多羞辱中的一个。大多数人的勋章、戒指、手表和其他贵重物品被抢走。第337人民掷弹兵师原师长金策尔将军已与他的妻子分居多年,现在和他的情人艾丽卡·冯·阿朔夫住在一起。他一直保持着自由之身,但6月24日,他接到让他去英国战俘营报到的命令。他和他的情人驱车来到附近的一座湖泊,很快,他们的尸体被发现,因为他给房东留下一纸遗书,说明了可以在哪里找到他们。(译注:金策尔死于5月23日)

随着时间的推移,大批德军俘虏渐渐获得释放。尽管有些战俘仍在英国、法国、比利时和荷兰从事劳动,以此作为德国的部分赔偿,但大多数人很快获得了自由。他们返回故乡,却发现他们居住的城市已沦为废墟。许多战俘的家人不是在战争中身亡就是因空袭而流离失所。对那些家乡已沦为苏占区的战俘们来说,极不愿意进入昔日敌人的管辖范围内,特别是因为许多士兵返乡后立即遭到俄国人的抓捕。而对那些家在西里西亚、波美拉尼亚和普鲁士的战俘们来说,已无家可归。他们的故乡很快就将不再属于德国。

9月4日，第24装甲师的幸存人员最后一次列队集合。向他们发表的致辞主要是关于战友间的亲密情谊，经历了那么多艰难的时刻，这种情谊的纽带将他们牢牢地团结在一起：

诸位！

首先，我们应该记住我们的最后一任师长，冯·诺斯蒂茨-瓦尔维茨将军，6月1日，我们将他安葬在埃肯弗德镇。3月底，他在东普鲁士身负重伤，最终崩溃的三周后，就在他和我们都相信他的伤势即将痊愈之际，他却伤重不治。带着坚定不移的忠诚和对我们福祉的关心，他率领全师经历了战争最后七个月的战事，毫不夸张地说，这七个月是整个战争期间最艰难的一段时期。早些年，作为一名团长的他和我们在一起，共同经历过那些愉快和糟糕的日子。他的任务不仅仅是率领我们从事最为激烈的战斗，还要带着我们度过最为紧张的时刻，面对一切的崩溃，继续保持我们师纯洁、至高无上的荣誉。赋予他的任务并非在一场装备齐全、获得各种现代化武器支援的重要进攻中激发起昔日各个意志坚定的团的昂扬斗志。经常需要他在令人绝望的态势下，以不足的兵力和不充分的支援面对无法完成的命令，在不断变化的前线上频繁调动师里有限的预备力量。

老骑兵的人数越来越少，他们不得不加入到重武器、炮兵、坦克和后勤单位中，以便将他们的经验传授给国内派来的年轻新兵。在最后时刻，面对敌人的猛烈进攻，师部仍能不断下令："进攻！"这种进攻都能取得胜利！我们的师长身先士卒，没有任何个人保护。

……我们希望牢记昔日第1骑兵旅、第1骑兵师和第24装甲师牺牲的战友们。

他们洒下的鲜血绝非毫无意义，

而且永远不会被遗忘！

为发扬德国骑兵的传统精神，他们献出了自己的生命。今天，我们没有金属和石块为他们建造一座纪念碑，但他们永远活在我们心中。每一天，无论我们做什么，眼前都会浮现我们所欠阵亡战友的债务，我们会设法渡过难关，迈向未来。

……不要让无聊的绝望和冷漠在我们的队伍中蔓延。我们要牢记3月27日我师最后的作战行动，就在其他士兵已然放弃，呆坐在他们的战壕中时，我们师里最年长的军士、运输班班长和技术军士们在潟湖海岸发起了一场成功的进攻。在这一天,我们骄傲地宣布:"老骑兵的精神永存!"⁹

尽管许多被拘押在西部的德国战俘可能会对受到的待遇发出不满的抱怨,但他们都很高兴自己没有落入苏联红军手中。正如前面描述的那样,汉斯·于尔根·潘特纽斯和他的部下们谈论着各种话题,包括通过陆地逃向西面这种不切实际的想法,就这样度过了最后一个自由的夜晚。苏军炮兵断断续续地轰击着他们后方的登船码头,但凌晨3点时,一切都平静下来:

清晨,仍未收到师里的命令,于是我独自一人步行赶往师部。师部设在席尔温霍斯特附近的西岸,显然就在克罗嫩霍夫庄园内(Kronenhof)。出乎意料的是,没走出多远我就遇到一群获救的俄国工人,约有50来人,还有三四名苏军士兵和他们在一起,他们立即围住我,大声喊叫起来。其中的一个俄国人德语说得很流利,他走上前来,低声告诉我保持冷静,不要拔手枪。他们当中的一名领导,哥哥死于德国人之手,因此他们很愤怒。我听从了他的建议。几名苏军士兵也走了过来,他们首先采取的行动是摘走我的手表,然后才缴了我的手枪。一名苏军士兵用磕磕巴巴的德语告诉我,他对我们这些前线士兵并不反感,他痛恨的是党卫队的家伙。但在这片地区,没有发现任何党卫队成员。他们放了我,并继续赶路。去师部已毫无意义,于是我回到团里,没人留意刚刚发生了什么事。

没过多久,师副官带着一个代表团从师部赶来,他告诉我移交武器的时间、地点和方式。师长本该亲自对我们这些官兵发表最后的讲话,这才是恰当的做法,但他没有出现。

移交武器的地点离得不太远。全团集合,仍有800来人。我发表了一通简短的讲话,感谢他们此前作出的成就,赞扬了他们的坚忍和纪律,并按照师部的指示解除了他们的军人誓言。我告诉他们自由了,每个人都可以抓住机会设法逃生,但我也提醒他们不要莽撞或蛮干,特别是因为这里尚处在宾嫩内隆(Binnennehrung)包围圈内。我还告诉他们,步入战俘营期间,他们应该像过去那样听从军官和军士们的命令,这符合每个人的利益。另外,我们不能让俄国人看到一群乌合之众,而应是一支纪律严明的部队,就像过去那样。最后一点,我们没有放弃自己的阵地，而是遵从上级的命令投降；这种差别令我们产生一丝希望，俄国人可能会在不久的将来释放这些放下武器的德国士兵。当然，这种最后的希望幼稚而又徒劳。唯一的不同是，步入战俘营的过程中，我们将得到某种程度的善待，不会遭到刁难和耍弄。

最后的检阅结束后，士兵们将他们的步枪、冲锋枪和轻机枪整齐地放好。军官们暂时获准保留自己的配枪。[10]

他们列队走向战俘营时，一名愉快、友好的苏军上尉陪着他们，潘特纽斯和他的部下们惊讶地发现了打败德国的同盟国之间脆弱的关系：

接下来，我们向南赶往大青德村（Gross zünder），那里曾是第23步兵师的防区。行进中的苏军步兵队伍不断被各种类型的机械化火炮超过，他们从我们身边经过，朝相反方向而去。我问那名苏军上尉，我们已停止抵抗，为何这些部队还要赶往海边。他简单地回答道，这是一项预防措施，因为谁也不知道英国人会不会跟西部的德国军队联合起来对苏军发起进攻，他们也许会在但泽湾实施登陆。俄国人已不再考虑与西方盟友保持一种友好、相互信任的关系。[11]

在海拉，冯·绍肯将军已跟苏军进行了最后的商谈。凭借一口流利的俄语，他确保自己的部下获准带着补给大车一同进入战俘营。他和他的参谋人员站在普齐格尔沙嘴的底部，看着麾下的士兵们列队而过。另外11名将军和他一同走入苏军战俘营。

从海拉而来的德军士兵列队向南，穿过哥腾哈芬和但泽的废墟。在这里，他们遇到一些仍留在废墟中的德国百姓。迈着整齐的步伐，士兵们唱起战争期间他们曾在行军途中多次唱过的军歌。许多人将他们的口粮抛给站在路边观看的百姓。有些人喊道，他们很快就会获得自由，每个人都可以期待更加美好的明天。

第4装甲师的大多数人已被疏散至海拉，在那里等待撤向西部的船只，但师里还有些单位留在内陆。战争临近结束时，第12装甲掷弹兵团的主力仍在弗里施沙嘴底部。曼弗雷德·纳泽中尉是团里的一名连长，他带着自己的部下走向苏军战俘营：

468 ·

5月11日，我们到达埃尔宾。我们唱着歌进入镇内，眼前的景象给我们留下了可怕的印象。这里看不见男人，连老人都没有。手无寸铁的妇女和姑娘失去了她们曾经拥有的一切：她们的财产，她们的家，她们的男人和她们的女性特征。她们站在废墟中哭泣，向我们展示着她们的不幸。

……次日，我们动身赶往布劳恩斯贝格。我们列队离开埃尔宾，就像一场行进中的示威游行。我们大声唱着歌，清脆的步伐带着一丝挑衅回荡在破碎的墙壁间。泪水从妇女和姑娘们的脸上滚落，她们给我们送上绽放着一抹春意的小小花束。第12装甲掷弹兵团独自列队而行，这是我们团史中的最后一次。战友们在我们前方，在我们两侧，在我们身后，这使我们忘记了自己已沦为战俘，我们踏着整齐的步伐，唱着同样的歌曲向前行进。如果我们孤身一人，情况就将完全不同。

我们一次次受到骚扰，主要是苏军的后方部队，他们都想从我们身上捞点东西。手表、军靴、勋章成了最抢手的战利品。我们不得不把自行火炮的炮组成员安排在队伍中间，因为他们身上的黑色制服引起了俄国人极大的兴趣。

……（在布劳恩斯贝格）长长的队伍等候在第21步兵团昔日兵营的门前，军官们被叫到队伍前方。我们迅速握手道别，说了几句祝福的话语。在主营区，隔着铁丝网，我们得到了更多分手道别的机会，经历了多年的征战生涯，第4装甲师的军官、军士和士兵们早已成为密不可分的一个整体，我们也许从未像现在这样清楚地意识到这一点，但现在，我们不得不按照敌人奇怪的想法分开了。[12]

步入苏军战俘营时，第4装甲师的将士们安慰着自己，至少有部分战友，也就是精心挑选出来的"屈斯佩特"疏散群的人员，逃离了苏军的魔掌。战争结束前，"戈雅"号被击沉的消息在德国一直未被公开，在苏联战俘营里生还下来的人，直到返回德国后才获知这场灾难。

另一群德军士兵也发现他们被送往苏联拘押。许多德国人在瑞典迎来了战争的结束，第4装甲师的老兵埃里希·施泰因巴赫就是其中之一。这场战争的最后几个小时，他跟随最后一支船队离开海拉，但停火协议生效后的清晨，苏联空军突然发起空袭，炸坏了一艘渡轮，施泰因巴赫乘坐的那艘小型猎潜艇不得不拖着这艘渡轮驶往安全处。他们遭遇到差点将汉斯·绍夫勒及其战友淹没的同一场风暴，猎潜艇在波涛汹涌的大海中剧烈颠簸，螺旋桨与牵引渡轮的粗缆缠绕在一起。第二天,一艘瑞典驱逐舰赶到,把他们拖到于斯塔德港(Ystad)。这里停泊着20艘小型德国船只,船上的人都被送至位于挪威边境处的一座营地。瑞典官员反复向他们保证,无论在怎样的情况下,都不会把他们交给俄国人。与另外2 600名德国士兵一起,施泰因巴赫和他的战友们在拘留营里住了下来,他们得到的伙食很不错,在附近一座新机场干活还有钱拿,他们可以用这些钱购买报纸和衣物。

6月2日,瑞典外交大臣收到一份外交照会,要求将那些在德国军队中服役的爱沙尼亚人和拉脱维亚人,以及从东线逃至瑞典的德军人员统统交给苏联。瑞典政府对这个问题加以讨论,但一些政府成员后来声称,关于德国战俘的问题表述不清,他们以为这些战俘将被交给所有同盟国成员组成的一个委员会。就这样,瑞典与苏联之间签署了一份确认战俘移交,同时包括一项贸易协定在内的协议。

1945年11月,施泰因巴赫和其他战友将被移交给俄国人的消息在拘留营里传得沸沸扬扬。11月10日,他们震惊地发现已无法购买到报纸。11月18日,营地加强了警卫力量,两天后,一名警卫告诉这些战俘,他们将在月底被移交给苏联当局。[13]

将爱沙尼亚人、拉脱维亚人和德国人交给苏联政府的消息,令整个瑞典为之沮丧。许多报纸以头版头条的方式对这一决定提出尖锐的质疑,并指出瑞典的国家荣誉危在旦夕。瑞典的教会和军队向瑞典外交大臣派出代表,参与移交战俘事务的两个瑞典团的军官和军士致函瑞典国王,明确表示瑞典军人对此深感耻辱和愤怒。数百名瑞典军官递交辞职信以示厌恶,铁路工人也举行了罢工。但是,瑞典政府坚持原先的决定。尽管存在国家荣誉的争论,但这个决定中涉及许多现实政治因素。归根结底,瑞典是个小国,面对着来自强大邻国的要求。由于军方的抗议,他们只得派出警察替代士兵们的任务。

正如预料的那样,11月30日清晨5点,在200名身穿蓝色制服者的带领下,瑞典军队开进营地。士兵们包围了各座营区,把我们和我们的军官分隔开。进一步的联合行动已不复可能。每个营区都遭到三层包围,至少投入了一个连的兵力。内环包围圈由身穿蓝色警服的壮汉组成,我们根本无法冲破包围圈。

现场一片混乱。许多战友用石块砸断自己的腿，或是切断自己的脚趾和手指。他们已陷入歇斯底里的状态。我在第6连的一个老战友将右脚的两根脚趾切断。有几个人割开自己的手腕，还有些人用刀子割着自己的身体。太可怕了。瑞典医护人员默默地将这些自残者送入等候着的医疗帐篷，有些人甚至被送到尤迪瓦拉（Udevalla）的医院。我们连里的一些战友就以这种方式与我们分开了。[14]

苏联船"库班"号抵达瑞典的特雷勒堡（Trelleborg），德国战俘们开始登船。一些不愿成为俄国人俘虏的德国士兵选择了上吊自杀。而那些被送入医院的自残者将在第二年被移交给苏联当局。

"库班"号带着这些德国战俘驶向里堡。1946年，他们被送往各个不同的战俘营。埃里希·施泰因巴赫被送至里加：

在这里，我们被派去修建一座磷酸盐厂。他们明确告诉我们，等工厂建造完毕，我们就会被遣送回国。这又是一个谎言。我们很快又被送到顿涅茨盆地的一个新工地。在这里劳动了四年后，我获得释放。1949年圣诞节前不久，我回到家中，这是我这一生中最幸福的一个圣诞节。[15]

在柯尼斯堡跟随第367步兵师残部投降的博多·克莱内，和数百名军官一同离开这座城市，沿着普雷格尔河河岸向东而行。由于疲惫、饥饿、干渴或伤势而无法跟上队伍的人，被押解战俘队列的苏军士兵直接开枪打死。这支行进中的战俘队伍多次遭遇到朝相反方向开进的苏军后方单位，大多数情况下，苏军士兵试图抢夺德国人的军靴、皮带和其他仅剩的物品。有时候，负责押解的苏军士兵会制止这种劫掠行径，尽管并非总是如此。

战争结束的那天，克莱内被关在因斯特堡城外的一座大型战俘营里，这座战俘营设在附近的一座马场。德国人聆听着苏军士兵的欢呼，不禁想知道现在是否会允许他们回家：

到目前为止，我们在战争中毫发无损，虽然是战败者，但我们还是对这场该死的战争的结束感到高兴。当然，我们认为自己很快就能回家，因为战争已经彻底结束。今天,回想起当日的情形,我还是要说,投降使我产生了一种如释重负感,因为我终于毫发无损地在这场战争中生还下来。[16]

几天后,2 000名德国军官被召集起来,步行赶往火车站。他们在这里登上一列长长的牛棚车。许多战俘期盼火车会把他们送往西部,但事与愿违,经过数小时的等待,火车带着他们朝相反的方向驶去。这是一场漫长、缓慢的旅程,没有足够的食物和饮水,这让战俘们遭罪不已,火车每次停下添煤加水,苏军士兵便将那些死去的战俘随随便便地拖下车厢。一周后,克莱内和他的同伴们获悉,他们已驶过莫斯科东面的高尔基。最后,他们在喀山下了火车,列队赶往附近的一座战俘营。他们在那里遇到另外一些德国军官,其中许多人是在斯大林格勒战役中被俘的。

被囚禁在苏联的大多数德国战俘被迫参加劳动。潘特纽斯被送往明斯克附近的一座营地,在那里参加重建工作,一直到1949年。喀山营地里的克莱内发现这里的日常劳动相当艰苦,但尚能忍受,直到1945年底。一名战俘对其他同伴发表讲话,大肆赞扬斯大林,并呼吁他的同胞们加入德国军官联盟(简称BDO,是自由德国全国委员会的组成部分)。有些德国军官签名加入,但大多数人没有。于是,拒绝加入BDO的人被送往森林中的一个苦役营。[17]在这个新营地里没有休息日,就连1945年圣诞临近时也是如此:

1945年12月初,我们营地得到一批灰白色的面粉。在此期间,营地的面包房已做好准备,这样,我们就可以开始烘焙面包。我们终于吃到了白面包,当然,跟我们在家里吃到的那种白面包不太一样,有点发灰,可不管怎样,这些面包的味道很好,而且不像俄国黑面包那般潮湿。厨房人员不断藏下一些灰面粉,以便在圣诞节为我们做个蛋糕,这个节日已为期不远。12月24日终于到来了。和平日一样,我们不得不到森林中参加劳动。回到营里,我们在晚上7点吃上了我们的晚餐。每个人都得到一碗汤,汤里的内容要比平日好得多,还有一份"喀什卡"粥(这是用当地的一种草药熬制而成,这些草药是战俘们在返回营地的途中细心采摘的),除了正常配发的200克面包,每个人还得到500克灰白色的蛋糕。真开心!我们终于在这个平安夜得到了一份令人满意的伙食,这不啻为天赐之福。然后，我们唱起圣诞颂歌，一名瘦弱、年轻的少尉有一副好嗓子，他独自唱起"轻轻飘落的雪花"和"瞧，好一朵绽放的玫瑰"。我们用火把代替蜡烛，熊熊燃烧的火把照亮了我们的宿舍，许多战友拿出早已准备好的礼物相互赠送。每个人都把圣诞蛋糕吃完后，我们躺回到各自的木板床上，独自思念着自己的家乡和亲人，他们不知道我们被关在俄国腹地，正忍受着这种可怕、非人的条件。对那些在斯大林格勒被俘的人来说，这已是他们在战俘营里度过的第三个圣诞节了。

……圣诞第一天，我们再次得到了平日那种可怕的食物，一碗稀薄的燕麦汤，五个已因霜冻而有些腐烂的小土豆。一名年轻的高射炮兵少尉名叫哈姆斯，是石勒苏益格人，他发现自己得到的五个土豆，三个已腐烂，尽管他饥肠辘辘，但这些土豆无法食用。于是，他拿着充当饭碗的罐头盒坐在自己的床铺上。

他蜷缩着身子，泪水婆娑地说道："今天是圣诞的第一天，如果能实现一个圣诞心愿，我只希望坐在我奶奶的猪圈里，把泔水桶里的猪饲料吃个饱。"我们的日子过得实在可怕，没有经历过这一切的人根本无法理解。[18]

偶尔，营地里也会进行医疗体检。参加者对这种体检的目的心知肚明——经过身体检查，战俘们被分成不同类别，有的适合各种劳动，有的只能从事轻微工作，还有的完全不适合参加任何劳动。由于缺乏营养，克莱内的体重只剩下45公斤，他被列为"只适合轻微劳动"，并被派到营地厨房帮忙，这就使他偶尔能得到些额外的口粮。体重刚刚有所恢复，他再次被派去参加正常劳动。1946年6月，他被调到另一个营地，那里的日常劳动同样艰苦。无法完成每日劳动定量的人会受到惩罚的威胁，包括被送到劳改营。对这些食物不足却从事着艰苦劳动的前德军士兵们来说，条件更加艰苦的其他营地，这种概念简直无法想象。不过，战俘和他们的看守之间偶尔也会产生亲切、富有成效的接触，就像克莱内发现的那样，当时他奉命帮着将一些货物装到喀山的一条内河船上。一名看守能说流利的德语，他告诉克莱内，自己只是在喀山休假而已，实际上，他驻扎在德国。获知自己的驻地距离克莱内父母的住处不远时，他自告奋勇地提出带封信给他们。克莱内用铅笔头在一张纸片上草草写了几句，这张便条终于使他的双亲获知他还活着，被关押在苏联的战俘营里。[19]

与许多战俘一样，每隔几个月，克莱内便从一个营地转到另一个营地。

尽管有些营地的食宿条件不错,但辛苦的劳动和不足的口粮还是让这些战俘的身体状况受到严重影响。不过,应该记住的是,俄国西部的大部分领土,乌克兰和白俄罗斯,已被战火摧残得满目疮痍。苏军遭受到巨大伤亡,大批人员被征召入伍,这使苏联的农业收成要想恢复到战前水平还需要许多年。德国战俘们得到的食物很糟糕,但苏联百姓的情况比他们好不到哪里去。

苏联为战争的胜利付出了巨大的代价。2 000万平民和860万军人丧生,另有2 500万人流离失所,苏联战前财富的三分之一被用于这场战争。使用德国战俘对战争造成的破坏加以修复,这种要求可以理解。苏联战俘营里德国战俘的死亡率远远高于西方盟国——德国方面估计,约有3 349 000名德国人被苏联红军俘虏,这些人中,约有140万,也就是40%多,没能返回德国。尽管这个死亡率很可怕,但实际上还是低于战争期间苏军俘虏在德国人手中的死亡率。

有时候,奉命参加劳动的战俘会抓住机会展开小小的报复:

有一次,我们被带到维亚济马附近的一个火车站,一列货车停在这里,车上满载着电动机和织布机,都是从德国抢来的战利品。我们奉命卸货。于是,我们采用了每个人都习以为常的俄国方式,用撬棍将沉重的电动机抛下,其结果是,如果一台电动机砸在另一台上,铸铁外壳会裂开,甚至破碎。卸载织布机时,一名战俘提出,我们应该把机器上的梭子拆下,扔到铁路旁的田地里,我们照办了。就这样,从德国运来的织布机彻底没用了,使用这些织布机的人能到哪里搞到备用的梭子呢?我们的行为表明,我们这些战俘没有采取合作态度,对俄国人依然持有敌意,只要有机会就会继续实施破坏。不管怎么说,考虑到俄国人对待我们的方式,我们做出报复不足为奇。[20]

1948年,美国对德国战俘的态度发生了变化,美国政府对继续关押德国战俘的国家施加了强大的压力,要求尽快释放这些俘虏。克莱内和他的战友们在一座工厂劳动时,从收音机里听到了这个消息,但获准回家的并非所有人。数万名战俘被苏联当局认定犯有各种"战争罪行"而继续遭到扣押。大多数情况下,所谓的"战争罪行"不过是俄国人继续关押他们的借口而已。例如,一名德国空军军官被判处苦役,因为一个战争犯罪法庭发现他犯有破坏苏联国家财产的罪行——国家财产指的是战争期间被他击落的苏军飞机。德国陆军元帅冯·克莱斯特被控"以友好、和善的方式离间苏联人民"而被判处十年监禁。[21] 1954年10月，冯·克莱斯特死在苏联战俘营内；在生命的最后七个月里，他才获准每个月给家人写一封明信片。这些战俘继续被关押在苏联，这种状况在德国造成了很大的痛苦，特别是因为他们是否还活着的消息很少或根本没有通知他们的家人。战俘们的父母、妻子和孩子无助地等待着，随着时间的流逝，他们的希望越来越小。有些战俘接受审判后被处决。冯·拉帕德中将，他的第7步兵师曾在维斯瓦河下游实施过顽强的抵抗，另外还有第35步兵师师长里歇特中将，"东普鲁士"集团军最终投降后，他们和另一些将领都成了苏联红军的俘虏。冯·拉帕德中将曾在大卢基地区下令处决被抓获的游击队员，1946年2月，他被绞死在该地区。里歇特曾在白俄罗斯指挥过第286保安师，积极参与过当地的反游击战，同一个月，他被绞死在明斯克。

对留在东、西普鲁士的德国百姓来说，日子过得极为艰难。这些地区几乎所有的德国男人都已离开，不是加入德国国防军就是被强行征入人民冲锋队。而那些留下来的人大多遭到逮捕，并被送至苏联从事苦役。许多人死在赶往东方的途中，或是在劳动营里死去。由于缺乏官方记录，因而无从统计究竟有多少德国平民被强行送往苏联从事苦役，又有多少人在这期间死去。而对被占领土上的妇女们来说，她们的日子更加难捱。许多人多次遭到强奸，战争结束后，这种行径依然持续了数月之久。

柯尼斯堡陷落后，许多留下来的居民被押离这座城市，一个主要原因是，对苏联人来说，尽管在乡村养活这些人很难，但在东普鲁士首都的废墟中更难。艾丽卡·摩根施泰因和她的母亲及妹妹也在出行的队伍中：

此刻已是傍晚，妇女、孩子、老人和病者组成的漫长队伍离开了这座死城。我一次次被路上的尸体绊倒，不知道这些人已死了一段时间还是刚刚在行进途中倒下的。在我们前方和身后，不时传出尖叫。俄国人借着点燃的火把打量妇女们的脸，因为此时天色已黑。他们还有另一种巧妙的照明方式，俄国人军帽前部的红五星处装着一个小灯泡，开关在他们的口袋里。这使他们看上去特别吓人，犹如魔鬼。他们也用这种灯光查看我的母亲，我吓得要命，浑身颤抖，每次都发出可怕的尖叫，于是，俄国人丢下她走开了。[22]

这种办法在一段时间里保护了她的母亲，特别是因为这里还有很多更容易得手的目标。但最终，在她们停下来过夜时，艾丽卡的母亲也被带走遭到强奸。

慢慢地，柯尼斯堡城内的秩序开始恢复。平民们组织起劳动队，对废墟加以清理，以此换取最低限度的口粮。饥饿迅速成为一个大问题，随着时间的推移，日渐减少的居民中出现了吃人肉的现象。摩根施泰因一家在一座农场里参加劳动。如果一名妇女无法参加劳动，她和她的家人就得不到食物，而配发给她们的口粮远远不够。在田地里劳作一整天后，妇女们不得不趁着夜色设法在农田里觅寻些粮食，尽管她们知道，如果被苏军哨兵发现，就要冒上被射杀的风险。不参加劳动的孩子们四处寻找野菜和野果，以此来补充她们的伙食。这里几乎没有任何医疗服务，最轻微的病症往往会导致营养不良的患者们丧生。

汉斯·冯·伦多夫和另外几个人也被押离柯尼斯堡，4月16日晚，趁看守没留意，他溜走了。但很快他又被俄国人抓获，并被押送到劳申。他们一个个受到审问。冯·伦多夫被问及他为何一直没有加入纳粹党；另一个年轻人被问到的问题是：在希特勒青年团里接受训练时，枪杀过多少苏军战俘。还有个人曾当过警察，接受审问后再也没有回来。审问完毕，冯·伦多夫被告知他自由了，可以离开。他小心翼翼地朝外走去，做好了随时被重新逮捕的准备。一天晚上，他和一位年迈的同伴遇到第5装甲师两名试图躲开苏军抓捕的士兵。他们分享了他们微薄的食物配给，随后，两名士兵消失在黑暗中。没过多久，冯·伦多夫又被另一股苏军抓获，并被押解回柯尼斯堡。他被关入一所战俘营，有人认出他是一名医生，于是，他被转至营地医院。4月28日，战俘营里爆发了痢疾，当天出现了第一批死者，最虚弱、最缺乏营养的人被疾病迅速打垮。最后，在6月份时，冯·伦多夫的老朋友"大夫"设法将他救出战俘营。他和她在一座临时医院里工作，这所医院设在相对完好的财政部大楼内，但没过多久，俄国人通知医院人员立即搬离。他们被迫离开这座建筑，并将1 500名病人转移到另一所医院。食物依然少得可怜，在过去各所医院和军队医疗机构的废墟上寻找医疗用品时，冯·伦多夫多次跨过死于围城期间的那些人的尸体。

就连最坚强的人也开始被匮乏和痛苦所打垮，就像冯·伦多夫发现的那样：

星期三,"大夫"到手术室找到我,她让我看看她的脖子,上面长了个很痒的肿块。我发现了许多虱子,看来它们已牢牢地在她的头发里扎窝。我把这个情况告诉她时,"大夫"几乎要崩溃了。我努力让她平静下来,并在劳施医生的帮助下剃掉她的头发,对患处加以清理。她再次振作起来,但终归和过去不太一样,我对此无能为力。[23]

第二天早上,她服用了过量的安眠药,一天后死去。在战斗中被破坏的水源和电力供应依然没有恢复,城内的幸存者们不得不四处找水。冯·伦多夫发现一些孩子在一个污水池里玩耍,便试图阻止他们不要进去,令他震惊的是,那些孩子回答道:"哦,我们怎么死去都一样,反正没人能活着离开这里。"[24]

7月底,冯·伦多夫发现自己的身体虚弱至极,稍事忙碌便气喘吁吁。尽管他觉得这没什么大不了——他的营养状况与柯尼斯堡城内的大多数德国人一样糟糕——但他的同事们认为他应该住院治疗,接下来的几周,冯·伦多夫的身体状况渐渐得到恢复。但和他一同工作的人没有这么幸运。有些人患了斑疹伤寒,这是由无处不在的虱子传播的,许多人因此而丧生。直到10月份,冯·伦多夫才恢复了体力。随着夏季转为秋季,不断有传闻说,瑞典船只将赶到这座已遭到彻底破坏的城市,疏散那些仍活着的人。这种传言愈演愈烈,甚至有消息说,红十字会已在皮劳设立起一座营地。许多人信以为真,认为很快能逃离这里,于是变卖衣物换取食物。但,没有船来。

几天后,冯·伦多夫得到一个惊人的提醒:他将于翌日被逮捕。这种逮捕司空见惯,其后果通常是被流放到苏联境内。他赶紧溜出医院,打算逃往南面的老家。到达波纳里恩村(Ponarien)时,他惊喜地遇到了几位老朋友,其中的一个告诉他村里发生的事情:

(1945年)1月23日,俄国人来了。当然,他们抢走了我们的一切,还四处追逐女人,但前三周总还算说得过去。后来,政委来了,把所有人召集起来,逐一加以审问,并将年轻人流放到苏联。女伯爵(我的岳母)一直待在村里,起初,俄国人对她不错,她甚至经常能保护那些年轻的姑娘。后来,她被迫为俄国人腾出房屋。她照办了。但背负着东西在路上行走对她来说太过沉重,她很快就病倒了。在赖绍（Reichau）附近，她再也走不动了，于是，她靠在一堵矮墙边，被俄国人开枪打死。有人发现一块大车的靠背竖立在沟里，上面写着："这里埋着波纳里恩的女伯爵。"[25]

冯·伦多夫动身赶往格拉斯尼茨（Grasnitz），在那里，他高兴地找到了他的姑妈。她现在住在园丁的小屋里，和另外一些当地人为新来的波兰地主干活，他们在田地里劳作，以此换取食物。冯·伦多夫谨慎地保持着低调，以免引起别人的注意。1946年1月，他觉察到当局越来越留意到他的存在，他身上没有任何允许他留在当地的证件，于是，冯·伦多夫决定离开。他来到奥斯特罗德的一所医院，在这里待了三天，随即遭到逮捕。他被告知犯有"召集政治会议"罪；但他参加过的"会议"不过是作为一名医生，去当地的几个村落帮着传扬基督教福音而已。遭到逮捕的第二天，他设法逃脱，逃至格拉斯尼茨姑妈的住处，随后又逃往波纳里村。他在来时曾遇到过的人，许多都已离开；大批波兰人涌入这片地区，德国家庭被驱逐，以便为波兰人腾出屋子。他获知他的母亲和兄弟在去年冬天试图逃往西部时被俄国人射杀，一同被打死的还有另外16个人。尽管这片地区来了许多俄国人和波兰人，但仍有不少德国人留在这里，这使冯·伦多夫从当地苏军指挥官那里获得了居留许可。

尽管对留下来的德国人来说，日子过得相对较为平静，但他们保持着低调，因为恐怖事件依然不时发生。1946年3月，冯·伦多夫和一位年轻姑娘返回布劳森（Brausen）时，两个骑着马的俄国人和他们搭讪，随后，他们殴打冯·伦多夫，并将那名姑娘带离后强奸；后来，这位姑娘回到村里。5月份时，冯·伦多夫回到格拉斯尼茨看望他的姑妈，这才发现她已被逮捕，并被送至阿伦施泰因。德国居民与苏联驻军以及当地迅速增加的波兰人之间的关系比较复杂。一方面，俄国人表现出征服者的傲慢，随意拿走他们想要的一切；但另一方面，1946年底，随着苏联驻军开始减少，冯·伦多夫发现，留下来的德国人在乡村的生活变得更加艰难。大多数波兰人表现得友好而又乐于助人，但也有些波兰人充满敌意，掠夺成性，特别是那些从前波兰地区（这些地区已被苏联吞并）迁居到这里的人。

但泽城内，选择留下或是在城市陷落前没能及时逃离的德国人，日子过得同样艰难。看着姐姐乘坐火车离开的安娜玛丽·格拉赫，此时仍跟她的朋友露特·奥格施泰因待在但泽城内，不断受到俄国人的骚扰：

　　一个俄国人想强迫露特和我跟他走。我们拒绝后，他用冲锋枪指向我们。这时候，我也豁了出去。我盯着他说道："那你就开枪吧！"他肯定听懂了我的话，一声不吭地瞪着我，随后转身离去。我们由此获知，面对俄国人时不能表现出恐惧，而应该让他们知道，我们并不怕死。[26]

　　另一些人没有这么幸运。赖因霍尔德·扬克是一位老人，苏军对但泽的包围越来越紧时，他带着家人从布施考村（Buschkau）逃入城内，这座城市沦陷后，他们又返回自己的家乡。在一所房屋内，他们发现了七名惨遭射杀的平民。一个15岁的小姑娘生还下来，描述了她和其他妇女遭遇的可怕经历。返乡途中，扬克和另外几个平民躲在一座谷仓内。[27]

　　战争结束后的几天里，波兰人开始涌入但泽和哥腾哈芬。他们中的许多人是波兰东部领土的居民，那些地区已交给苏联。他们对城内德国居民的态度也很复杂。有些人充满敌意，大声表达着对德国人施加报复的意愿，另一些人则趁火打劫，以高昂的价格向德国人出售食物和其他生活必需品。不过，许多德国人发现，尽管苏联红军刚刚到达的头几天里令人恐惧，但许多苏军士兵实际上很善良，也充满了同情心。安娜玛丽·格拉赫与一名苏军军官的邂逅令她惊讶不已："他从口袋里掏出一个护身符，说道，'我也是个基督徒，但只要我还是慈父斯大林的士兵，就只能把护身符放在口袋里。等复员回家后，我会再次把它戴在胸前。'"[28]

　　波兰人强迫大批德国人参加城内的劳动，清理废墟，埋葬死者。另一些人则在苏联当局的逼迫下踏上漫长的跋涉，许多人被流放到苏联充当苦力。21岁的安娜玛丽·克莱斯特是在1945年3月底被苏军抓获的几名妇女之一：

　　4月7日是周日，我们从但泽出发，动身赶往格劳登茨。我们只带着很少的行李，但要跟上队伍依然很困难。对那些实在走不动，坐在路边喘气的人，俄国人会大声催促："快点！快点！"如果这种方式无效，他们就会对准那些筋疲力尽者的后脑开上一枪。俄国人无情地驱使着我们。我们在霍亨施泰因和劳登（Rauden）空荡荡的谷仓或房屋内过夜，这些建筑通常都已遭到部分破坏，于第三天到达了格劳登茨。我们每天只能得到一份热汤。

我们被关入格劳登茨的监狱，40名妇女挤在一间单人牢房内。再一次，我们受到审讯和分类。我们每天获准在监狱的院子里放风一次，双手放在背后，彼此间不得交谈。4月17日，我们这40人被塞入一列牛棚车，20人一排，坐在光秃秃的车厢地板上，像沙丁鱼那样挤在一起。就这样，2 200名包括妇女、孩子和老人在内的无辜平民，被这列长长的货车送往乌拉尔山区。[29]

5月6日，火车到达哈萨克斯坦的1090号营地。这些德国人的任务是铺设一条通向附近镍矿的新铁路线。第一个月便有20人死去。大多数人从事了三年苦役后才被遣返回德国。

1945年1月底，格特鲁德·西诺夫齐克和她的女儿布伦希尔德逃离了位于东普鲁士的家，但在比朔夫施泰因（Bischofstein）附近被苏军先头部队超越。1945年4月，15岁的布伦希尔德和她的母亲被分开，经因斯特堡被流放至苏联。她一直待在一座劳改营内，直到当年秋季，一个国际委员会视察了这个营地：

一天，一个外国委员会出现在营地，并问我们，是不是自愿到这里来参加苏联的重建工作。两名妇女告诉他们，俄国的GPU（政治保卫局，相当于秘密警察）像赶牲口那样把我们聚拢到一起，在因斯特堡把我们赶上牛棚车后送到这里。这个委员会离开后，苏联看守们心慌意乱。接下来的几天，营地和营地的医院出现了很大的变化。医院里的所有人，包括我在内，都被送上一列带我们回家的火车，车上还有来自其他营地的人。

10月5日，我们到达奥德河畔的法兰克福。在这里，我们接受除虱消毒，并获得了三天的口粮。第二天，我们再次动身，经过柏林赶往里希滕堡（Richtenburg）。[30]

迁入东、西普鲁士的许多波兰人接管了德国人遗弃的农场。有些地方的农田已在去年冬季播过种，只要投入足够的劳动力（必要的话可以通过武力强迫），就有可能获得令人满意的收成。但也有大片农田无人照料，这是许多原因造成的：种子短缺，人手不足，对当地情况不了解的波兰人不知道各片田地适合播种何种庄稼。因此，粮食依然稀缺，这就不可避免地造成日益减少的德国人在食物分配方面被列为最低优先级。

1945年夏季，获得胜利的盟国在波茨坦举行会晤，就此决定了西里西亚、波美拉尼亚和普鲁士德国居民的命运。之所以选择波茨坦，是因为柏林遭受的破坏太大，无法承办这次会议。各方带着对"另一方"的深切怀疑出席了会议。金·菲尔比和唐纳德·麦克莱恩这些间谍使斯大林不仅对战争结束前英国人与德国人的谈判内容了如指掌，还知道蒙哥马利曾命令石勒苏益格-荷尔施泰因的德国战俘待在武器库旁，以便在紧急情况下及时获得武装。杜鲁门总统对美国继续卷入欧洲事务兴趣不大，但他对苏联获得太多势力范围持警惕态度。而在丘吉尔看来，欧战的结束仅仅是欧洲大陆漫长历史的最新阶段。早在战争结束前，他已将注意力转移到战后欧洲的版图上。最令他关心的是波兰边界问题。

一些次要的争执表明这些前盟友之间的分歧后，7月16日，三大国领导人到达，会议这才真正开始。英国代表团是个奇特的过渡型产物；战后已举行过选举，但由于大批士兵部署在世界各地，统计结果尚未出炉。会议开始时作为英国首相出席的丘吉尔，能否将这个身份保持到会议结束，这一点尚有待观察。

会议一直持续到8月2日，归还波兰领土的问题不断被提出。最后，英国人和美国人接受了苏联的立场，原属德国的波美拉尼亚、西里西亚、西普鲁士和东普鲁士的南半部被划分给波兰。在波兰人看来，获得这些土地至关重要，因为波兰东部的大片领土已被苏联夺走。丘吉尔对波茨坦会议召开前，波兰人便在这些省份建立起行政管理机构颇有抱怨，但斯大林反驳说，德国人已逃离这些地区，留在当地的居民都是波兰人。会议中途，丘吉尔返回伦敦，这才获知自己输掉了选举，克莱门特·艾德礼接替他继续出席会议。丘吉尔后来写道，如果他返回波茨坦，一定会努力到底，决不让整个西里西亚被交给波兰人。鉴于在他离开前实现的成果实在很少，而事实上，苏联实实在在地控制着争议地区的领土，因此，丘吉尔的说法很值得怀疑。

东普鲁士的北部将成为苏联领土，这一点已在雅尔塔会议上获得原则性同意，斯大林现在坚持认为对这个问题没有什么分歧。他认为，苏联人民的巨大牺牲应该获得某种补偿，另外，苏联也需要在波罗的海获得一个冬季不冻港。不管要求获得赔偿或弥补的权利如何，苏联吞并柯尼斯堡的理由完全站不住脚。苏联已在爱沙尼亚、拉脱维亚和立陶宛获得波罗的海入海口，那些港口都是不冻港，尽管在柯尼斯堡也有一个港口，但只能通过弗里施沙嘴对面的一条疏浚航道到达——正如1945年初的战斗中见到的那样，这条航道在冬季经常结冻。

第一次世界大战后曾遗留下一些不甚理想的问题，毫无疑问，这种情况再次发生。如果必要的话，当地居民必须迁移，因为没有哪个国家会留下如此庞大的"外国"少数民族。谈到战后欧洲版图，丘吉尔曾在1944年对下议院明确阐述过他的观点：

在我们所见到的范围内，驱逐是最令人满意、最一劳永逸的办法。不会因为人口混杂造成无穷的麻烦……会做出一场彻底的驱逐。我不会对这种迁移感到震惊，这在现代条件下更具可能性。[31]

盟国在波茨坦签署的协议指出：

考虑到各方面的问题，三国政府一致认为，将留在波兰、捷克斯洛伐克和匈牙利的德国居民或其组成部分迁移到德国，必须加以执行。三国政府一致同意，任何迁移行为应以有序和人道的方式进行。[32]

这场"有序和人道"的迁移如何执行，其真实状况几乎立即变得明确起来。克里斯特尔·扬察在8月份获悉，剩下的德国居民将被逐出但泽。正式命令下达前，她和她的家人变卖财产，购买了前往斯德丁的车票。8月16日，他们离开了废墟遍地的故乡但泽，但拥挤的火车突然在劳恩堡附近停了下来。铁路路基上，一些波兰青年警惕地等待着夜晚的来临。惊恐不安的德国人也在车上等待着，突然，一列货车从旁边驶过，向西而去。许多人赶紧登上火车，以免发生事故。

火车上装载的重型机械堆积如山，但装货的人对西行路线的情况并不了解，火车从一座低矮的桥梁下驶过时，一些重型机械撞了上去，落下后砸向路边的旅客。几个人被当场砸死，还有些人身负重伤，但离开波兰时，他们的苦难并未就此结束。这个十口之家转道梅克伦堡，试图赶至汉堡。在某处停车时，一些俄国人登上火车，对难民们随身携带的财物实施劫掠。[33]

　　安娜玛丽·格拉赫仍住在奥利瓦的房子里，住在一起的还有她的朋友露特·奥格施泰因和她的小姑子洛蒂。她们获知波兰红十字会正在组织德国居民返回德国，于是，露特和她的母亲及女儿先行离开。回到自己的住处时，格拉赫发现屋里所剩无几的财物已被劫掠一空。于是，她们去跟一个不知怎么在战争中幸存下来的犹太妇女待在一起，但没过多久，她们获悉最后一列驶往德国的火车即将离开，于是设法登上了这趟火车：

　　两天后，我们到达施奈德米尔镇。列车在一座货场停留了几个小时。随后，火车再次出发，在红彤彤的夜空下带着我们向西而去。这使我们产生了新的希望。但在我们面前仍有一段漫长、艰难的旅程。我们在路上奔波了五天五夜。列车驶过满目疮痍、已被遗弃的村庄，途中那些庄稼地尚未收割。从火车上望去，我们看见俄国人的卡车行驶在乡间道路上，车上满载着德国的缝纫机、沙发、扶手椅和钢琴，俄国人正把这些东西运回自己的家乡。

　　不时有一两个俄国人登上我们这列火车。见到他们，我们都大声尖叫起来，这使他们不胜其烦，趁着停车的机会赶紧离开火车。

　　在波兰和德国的边境处，我们不得不换乘一列敞篷货车。车厢根本没有护板，要想不掉下去，就必须设法待在车厢中间处，经过多次轮换，我们成功地做到了这一点。

　　第五天晚上，火车带着我们隆隆驶入柏林。[34]

　　格拉赫又从柏林赶往普雷斯廷。令她高兴的是，她在这里找到了瓦尔特劳德·福特和她的孩子，当初，她们赶在罗科索夫斯基的部队切断波美拉尼亚铁路线之前，搭乘最后几列火车中的一列离开但泽逃向西部。这个重聚的家庭面临着在苏占区长达数年的艰苦生活，直到1955年才移居到西德。

第十五章：漫漫归乡路·483

东普鲁士的两部分——南部的波兰区和北部的苏联区——也对辖区内的德国居民加以清除。留在罗森贝格（冯·伦多夫现在就在这里工作）的德国居民听说了许多德国人乘火车返回德国的途中遭到劫掠的消息，因而大多数人不愿进行这样的旅程。冯·伦多夫的姑妈，在没受到任何指控的情况下遭到逮捕，并被关押了好几个月，1946年11月，她终于与他重逢，并搭乘一列安排好的火车赶往西部。1947年5月，有消息说，德国人将被集中到德意志艾劳的一座营地，再从那里遣返回德国。冯·伦多夫的一个朋友从严格意义上说不在遣返之列，但他和另外几个朋友还是设法把她送上火车。回到罗森贝格后，三名波兰民兵告诉冯·伦多夫，他现在也必须离开。就这样，他和另一些德国人也被送往德意志艾劳。

最终赶往火车站前，发生了一件值得注意的事情。我们排好队，人数约为400人，地方领导请我代表他向大家说几句话。带着一丝担心，我问他想说些什么。他说他想对大家解释，我们受到这种对待并非他的本意，而是一种官方政策。德国人也曾这样对待过波兰人。因此，我们现在不得不承受这一切，尽管大家都没犯下什么过错。于是，我走到人群前说道："亲爱的同胞们，听我说！这位是地方领导，他对我们不得不以这种方式离开自己的故乡深感遗憾。但他对此无能为力，因为我们的人过去也曾这样对待过波兰人，这是个不幸的事实。但是，我们要谢谢他为我们在营地里提供的热汤，并请他保证接下来的遣送也将受到这种良好方式的对待。现在，让我们寄希望于我们将顺利返回德国。"[35]

这趟向西的行程持续了数日。火车穿越波兰时，这些东普鲁士人看见各处都是同样的场景：遭到破坏的城镇，被遗弃的庄稼地。最后，他们跨过波兰与德国的边境，来到德累斯顿东面。他们在中转营地待了几个星期，在此期间，冯·伦多夫帮着照料那些营养严重不良的病人，这些人是从苏联境内被送到这里的。所有朋友离开营地时，冯·伦多夫也动身赶往柏林，终于在那里和自己的家人团聚。

1948年，艾丽卡·摩根施泰因和她的母亲及妹妹接到通知，她们将被遣送回德国。第二天，一辆硕大的苏联卡车出现了：

我从没见过这么大的汽车,它发出一种可怕的噪音。车轮几乎和我一样高。我清楚地记得德国的军用车辆,比这铁家伙小得多,这种车辆肯定是为西伯利亚的冬季制造的。司机是一名苏军士兵,他放下车厢后挡板,示意我们上车。人群立即向前涌去,疯狂地推挤着,但没人能爬入车厢。车子太高了,唯一能进去的是被举起的孩子,其他妇女根本无法爬上去。随后,我的母亲设法爬上车后轮,但如果没有旁人的帮助,她没办法再往上爬。于是,妇女们相互帮助,先爬上车轮,然后再钻入车厢。除此之外没有其他的办法。

汽车发出震耳欲聋的轰鸣向前驶去,亲爱的迈尔夫人带着悲伤的微笑向我们挥手道别,我只能希望她和她的孩子会在下一轮获得遣返。汽车带着我们驶过凯门(Kaimen)。沿途经过各个村庄时,俄国儿童用石块砸向我们,他们的家庭已在这些地区定居。母亲们保护着我们,但我们还是感觉到石块不断向我们袭来。[36]

这一过程在东欧的部分地区(东普鲁士、西普鲁士、波美拉尼亚、西里西亚以及匈牙利和捷克斯洛伐克的某些地区)持续了数年之久,大批德国人被遣送回德国。但几十年后,铁幕不复存在,一些小小的德国社区被发现躲过了这场持续性"种族清洗"。

格蕾特尔·多斯特在皮劳陷落前跟随最后一批难民逃离这座城市,她沿着弗里施沙嘴来到维斯瓦河河口,先从这里被疏散到海拉,然后又转至丹麦。她乘坐最后一支疏散船队中的一艘船逃向西部,战争结束时,她仍在海上。最后,她登上火车返回德国。在边境处,英军人员仔细检查,以确保没有重要的纳粹官员乔装成难民溜过,并对火车上的所有德国难民加以盘查。在德国,她结识了一名英国士兵,她嫁给了他。他们的第一个孩子出生时,她想起在弗里德里希施泰因村的学校里暗自许下的诺言,于是,她给孩子取名为玛丽昂。数年后,她获悉玛丽昂·登霍夫写了本关于故乡和她如何逃至西部的书,便设法再次见到了这位女伯爵,这与她们的第一次相见已相隔20多年。

参与这场激烈战役的苏军士兵也急着要回家。战争初期,僵化的苏联体制中的各种弱点暴露无遗,在这种体制下,个人的主动性难以得到积极发挥。随着战争的延续,苏联军队的指挥和决策变得越来越灵活,因此,至少在军队中有一种普遍的看法:战后的苏联应该更加开放,更加自由。目睹了德国集中营的可怕情形，苏军士兵很快把它与苏联的劳改营划上等号。这种观点相当普遍，但他们缺乏实施重大政治变革的意愿。前线对变革的要求几乎没有造成政治上的任何变化。作战任务结束后，军队恢复到战前的屈从状态。斯大林无意建立起任何有可能威胁到他个人掌管权力的机构。苏联社会的一切组成部分，民事和军事，都将乖乖地安守本分。

大批军队人员的复员和回家需要一段时间，这一点无可避免。在此期间，许多人作为劳动者投入到工作中，因为苏联试图在被其征服的领土上恢复相应的秩序。部队的纪律（特别是那些后方单位）仍是个问题，战争已然结束，外界对强奸、抢劫和其他犯罪行为的严重关切会对苏联的声誉造成极其不利的影响。1945年，朱可夫下达了命令，除非外出执行任务，否则，所有士兵都应待在自己的营地里。包括军官在内的任何人，未经批准擅入民宅都将面临处罚。尽管这些措施对军纪似乎有所改善——至少前线部队报告说，军纪得到极大的整顿——但苏联当局越来越震惊于红军士兵置身于资本主义国家后受到的影响。与自己的家乡相比较，许多苏军士兵对波兰农场的富庶惊讶不已；他们还从俘虏那里听说，与欧洲西半部相比，波兰看上去就像是一片穷乡僻壤，不可避免地，他们开始对整个共产主义的基础产生怀疑。因此，苏联当局决定，尽快让老兵们复员回家，由年轻的新兵接替他们。

1945年6月，第一批苏军士兵复员。起初，优先考虑的是那些30岁以上的士兵。所有复员回家的士兵必须参加学习班，讨论会上，政委们对表面上富裕的资本主义制度的缺点加以强调。士兵们也被告知必须重视军事纪律，不得谈论有可能涉及军事秘密的事情。前线的艰苦、高昂的伤亡率、惩戒营和暴行，这些都不能谈论。所有士兵还被要求签署一份保证自己保持沉默的文件。

各地党组织组织起欢迎仪式，迎接第一批搭乘火车归国的老兵。等待多年的家属们涌上站台，老兵们带着一丝迟疑走下火车，每走一步都使他们离残酷、简单的军队生活更远了些。随着时间的推移，越来越多的老兵复员回家，公众的欢迎变得不再那么热情洋溢，尽管对个人和他们的家人们来说始终保持着同样的情感。但这不仅仅是这个国家已举行过庆祝战争结束，庆祝老兵们返乡仪式的问题。斯大林希望庆祝这场伟大胜利的一切活动都应体现出他的丰功伟绩。光荣只属于他个人。就连在战争中致残的军人——1946年的一份评估将这个数字定为275万人[37]——也被扫地出门。他们曾得到过承诺，会获得帮助，会获得最好的医疗救助，但他们中的许多人却在莫斯科街头行乞。1947年，斯大林下令把这些人逐出他的首都，伤兵们被流放到拉多加湖附近的一座营地，许多人在那里死去。

伊萨克·科贝良斯基和他的炮兵们在皮劳迎来了战争的结束。军官们继续对炮手们的射击技术加以培训，但大多数士兵觉得这很滑稽——培训课上讲授的内容，已被他们在这些年的战斗中加以有效的执行。部队组织起劳动组，在泽姆兰半岛的乡村参加耕作，尽管劳动很辛苦，但对士兵们来说，这是个深受欢迎的变化。当然，他们也举办了关于政治和外交事务的强制性讲座。尽管如此，苏军士兵还是有大把时间，与所有军队里闲得发慌的士兵们一样，他们很快建立起非法的蒸馏和酿酒室。科贝良斯基发现，空闲时间造成了他与一位上级军官之间的不和。7月底再次发生争执后，科贝良斯基要求调动工作，没想到，他的要求获得批准，他被派往预备队任职，驻扎在一个名叫科策尔斯克（Kozelsk）的小镇。他在这里坐了四个月的冷板凳，1946年1月，他获准复员，回到基辅的家中，他与家人，特别是跟他青梅竹马的恋人薇拉兴奋地团聚了。他恢复了自己中断已久的研究工作，却发现斯大林日益激烈的反犹主义摧毁了他和其他苏联犹太人的前途。只是在1953年斯大林去世后，他获得成功的机会才有所提高。

被德国人俘虏，并在战俘营的恶劣条件下得以生还的苏军士兵，被普遍视为"已被污染"，因为他们已接触到西方的资本主义。他们被送入几十个专门为此建造的营地，许多人被关押了数年之久。但最残酷的对待落在那些选择倒戈的红军士兵头上。数万名被俘的苏军士兵，带着不同程度的热情加入到德国国防军中，他们当中，既有负责照料马匹或驾驶补给车辆的志愿者，也有参加安德烈·弗拉索夫将军俄罗斯解放军并投入战斗的人，总之，他们与苏联红军为敌。大多数"志愿"加入者仅仅是为了逃脱在德国战俘营中几乎必死无疑的前景，但现在，他们面临着严峻的命运。被列为叛徒后，幸运的话会被判处10年苦役，而大多数人，包括所有领导者，都被处决。

参与1945年初重要战役的各位指挥官，命运不尽相同。康斯坦丁·罗科索夫斯基的白俄罗斯第2方面军撕裂了德国第2集团军，随后孤立了退守至弗里施瀉湖的第4集团军，最终将哥腾哈芬和但泽拿下。他把他的部队调至奥德河下游，于当年4月和5月向西推进。战争的最后几天，他的先头部队与蒙哥马利从汉堡赶来的部队取得会合。他要求了解这位英国同行的情况，获知蒙哥马利元帅苦行僧般的生活习惯后，罗科索夫斯基似乎有些迷惑不解："他不吸烟，也不近女色，那他每天在忙些什么？"[38]

对德战争结束后，斯大林重新考虑该如何使用他这位拥有一半波兰血统的元帅。罗科索夫斯基的白俄罗斯第2方面军现在已被改编为北军队集群，仍由他担任司令员。1949年，他的波兰血统使他被任命为波兰国防部长。随后，他又担任波兰人民共和国部长会议副主席，但波兰人将他视为苏联设立傀儡政府的工具，因而不太能接受他。罗科索夫斯基曾痛苦地抱怨说，他在苏联被看作是波兰人，在波兰又被视为俄国人。波兰人对他的不信任感似乎是合乎情理的。在波兰镇压异议者的活动中，罗科索夫斯基发挥了重要作用，他下令建立军队劳改营，所有被视为不可靠者——发表异议的个人、战时获得英国支持的波兰抵抗组织成员、甚至包括有亲属居住在西方的波兰人——都被遣送到这些劳改营中，通过这种方式处置了20万波兰人。1956年，波兹南地区的波兰人抗议苏联当局侵占他们的国家，罗科索夫斯基下令动用武力，造成70多名平民丧生。但在当年晚些时候，尼基塔·赫鲁晓夫拒绝批准对波兰的自由主义分子继续使用武力，罗科索夫斯基失去了他在华沙的职位。他返回苏联，继续担任了各种职务，直到1962年退休。他去世于1968年，被葬在克里姆林宫的红墙下。

曾率部冲向梅梅尔的巴格拉米扬将军，战争结束时担任白俄罗斯第3方面军司令员，战后，他继续留在波罗的海诸国，指挥打击反苏游击队的行动。他为编撰苏联官方的第二次世界大战军事史发挥了重要作用。1967年，他积极参与到与北越的商谈中，确保将苏联的装备和专业技能源源不断地提供给对方，以此来帮助越南共产党。他在次年退休，去世于1982年，是当时最后一个活着的战时方面军司令员。他也被安葬在克里姆林宫的红墙下。

指挥疏散行动的康拉德·恩格尔哈特将包括平民和军人在内的大批人员撤至西部，战争结束时，他带着身边的工作人员走入英军战俘营。无论以任何标准衡量，他取得的成就都可谓非同凡响。在缺乏空中掩护，相关海域常有苏军潜艇巡弋的情况下，他和他的下属指挥着这场庞大的疏散，将200多万人顺利撤至西部。尽管"戈雅"号、"卡普阿柯纳"号、"蒂尔贝克"号、"威廉·古斯特洛夫"号、"施托伊本"号和另一些船只被击沉造成极大的人员损失，但总伤亡率低得惊人，尚不到5%。恩格尔哈特对苏军舰队没有实施积极的干预感到惊讶。苏联海军只派出潜艇和几艘鱼雷艇实施拦截，并未投入红旗舰队的大型舰艇。战争结束时，这支舰队火速出航，赶去夺取波罗的海上的各个港口，这就意味着该舰队的舰艇完全具备出海作战的能力（译注：这与作者在前文中的推测自相矛盾）。这支舰队的无所作为是因为担心德军战舰击沉他们的军舰吗？还是因为更多地出自政治方面的考虑？斯大林非常清楚德国人正逃向西部，正是苏联红军的行动导致了这场大逃亡。可以想象，斯大林希望这场逃亡继续进行，这样就能减少该地区的德国人口，而这片地区在战后很可能不再属于德国。

恩格尔哈特最大的遗憾是燃料的短缺导致最后几天的疏散行动受到限制。他一直希望救出"东普鲁士"集团军最后的6万人，并尽可多地抢救"库尔兰"集团军群的20万残部，但这些德国士兵最终沦为苏军的俘虏。1946年12月，恩格尔哈特获释。1965年，他加入了Forschungsstelle Ostsee（波罗的海研究所），这是个学术研究机构。他的同事中有一位曾在"威廉·古斯特洛夫"号上干过的船员，名叫海因茨·舍恩，"古斯特洛夫"号沉没后，他被调至"圣马丁将军"号。舍恩后来成为研究波罗的海疏散行动的权威人士之一，撰写了关于这个问题的大量著作。在相关著作中，他以"彼得·席勒"的化名描述了自己的经历。1973年10月，恩格尔哈特在吕讷贝格（Lüneberg）去世。

但泽—西普鲁士大区领袖阿尔贝特·福斯特，在地方长官格罗斯曼教授的陪同下离开海拉，这位教授曾对患有精神和身体残疾者实施过安乐死。1945年5月初，他们到达吕贝克附近的小镇格洛米茨（Grömitz）。福斯特又从这里逃往汉堡，在汉堡被逮捕。他被关在法灵博斯特尔（Fallingbostel）的一座拘留营，1946年8月12日，他被引渡到波兰。9月份时，他又被带至但泽，对施图特霍夫集中营的审判已在当年早些时候展开。

经过多次推延，1948年4月5日，对福斯特的审判开始了。他受到多项指控：

纳粹党党员，该党致力于一场侵略和征服战争，并对波兰和"自由市"但

波罗的海各疏散港口
以及获得疏散的人数

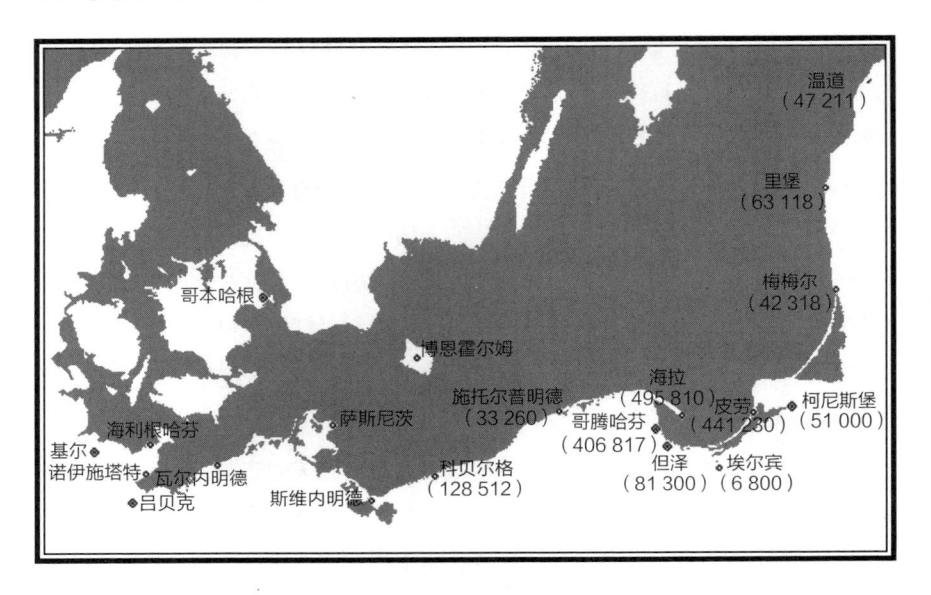

温道（47 211）
里堡（63 118）
梅梅尔（42 318）
哥本哈根
博恩霍尔姆
海拉（495 810）
柯尼斯堡（51 000）
皮劳（441 280）
施托尔普明德（33 260）
哥腾哈芬（406 817）
萨斯尼茨
基尔
海利根哈芬
诺伊施塔特
瓦尔内明德
吕贝克
斯维内明德
科贝尔格（128 512）
但泽（81 300）
埃尔宾（6 800）

泽的居民犯下罪行。

在战前从事剥夺"自由市"但泽的波兰居民的地位和权利。

或出于自愿或根据命令，参与对波兰知识分子和犹太人的大规模屠杀。

参与宣扬所谓的布洛姆贝格大屠杀，导致对波兰人的仇杀。

通过非法限制出行、大规模驱逐和歧视，对波兰社区施加迫害，参与将波兰儿童从其家庭非法转至德国家庭的事务，破坏波兰的文化和宗教活动。

尽管付出了很大的努力，但控方没能在福斯特与施图特霍夫集中营之间建立起明确的联系，因此，无法直接指控他与集中营有关。与当时大批被控犯有战争罪行的人一样，福斯特辩称自己不过是按照柏林的指令行事，并曾竭力试图减小其影响。4月29日，他得到意料中的裁决：他被判有罪，并被判处死刑。为福斯特指定的波兰律师拒绝向法庭申请减轻处罚，理由是"福斯特的罪行和罪状实在太大，根本无从考虑减轻处罚的问题。"[39]

接下来的几个月，福斯特写了许多信，另外还有一系列文章，除了另一些事务，他也谈到战前的外交关系。他认为，直到1939年前，希特勒一直是波兰人的好邻居，波兰与德国之间的关系出现紧张，主要是因为英国人耍弄的阴谋诡计。1951年6月，波兰秘密警察将他带离但泽监狱，接下来的几个月他在哪里度过一直不为人知。有人认为他被苏联人关押，为换取活命，他帮着苏联人撰写了一份详细的纳粹党党史。在某个阶段，他又回到但泽，1952年2月底，他从但泽被带至华沙，在那里被绞死。福斯特被处死的消息没有公开，以至于接下来的几年里一直有传闻说他还活着。

从哈森莫尔附近的拘留营获释后，大区领袖、帝国防务专员、帝国专员埃利希·科赫留在该地，以罗尔夫·贝格尔少校的化名跟其他难民们住在一起，一直没被发现。他知道自己被控战争罪并遭到通缉。约德尔大将和其他人已告诉审讯者，科赫本人对发生在乌克兰的多起大规模屠杀负有责任，这位帝国专员曾多次超出过他应有的权限。尽管科赫毫无疑问地对东部的许多罪行负有个人责任，但约德尔他们多少有些推卸罪责。由于科赫潜逃，他成了别人轻而易举的替罪羊，这些人的证词对科赫犯下的罪行加以夸大，以此来减轻他们自己的罪责。国家社会主义政治中的个人恩怨曾是科赫生活中的重要组成部分，现在，这种恩怨也造成了影响，他的宿敌抓住这个机会对他施加报复。尽管多年来一直有传言说，有一个帮助党卫队高级官员潜逃（主要是逃至南美）的秘密网络存在，但科赫过去树敌太多，这个秘密网络即便存在，也不会对他开放。

战争结束时的42名大区领袖，一人死在战斗中，十二人自杀身亡，三人死因不明，还有一个被党卫队处决。除了四人外，其他大区领袖都被逮捕，他们受到的对待迥然不同。七人被判处死刑（例如阿尔贝特·福斯特）并予以执行。其他人经过一段短暂的拘押后获释。科赫对自己在东部的所作所为心知肚明，无论是政敌的夸大还是被当作替罪羊，都无法使他获得从轻处理。

对科赫来说不幸的是，他一直无法摆脱自己的过去。他始终没能为自己的新身份编造出一段详细的背景，这已经非常可疑，而当科赫参加难民们组织的会议时，他又无法抵御诱惑，对聚集的人群发表了讲话。他甚至获得参加难民代表竞选的提名，就在这时，他被人认出。1949年5月24日，成功躲过审查的两年后，他被英国占领军逮捕。

科赫被带至比勒费尔德（Bielefeld），他被关押在那里，等待着对他的诉讼。1949年6月，波兰政府提出引渡要求，当年8月，苏联也提出了同样的要求。而德国人（特别是那些东普鲁士难民）则要求让他在德国接受正义的审判，但要求引渡他的呼声越来越强烈。玛丽昂·登霍夫现在是汉堡的一名记者，她撰写了一篇文章，描述了波兰人被强行逐出他们的故土，被当作苦力使用，大规模屠杀，特别是对犹太人的屠杀，并对两种观点加以总结：

> 自1945年以来，没有哪次引渡像这次这般合情合理，没有谁像科赫这般作恶多端，理应被送往东部接受等待着他的死刑判决——我们的司法体系已不再允许如此行事……（但）这个罪犯曾导致东部地区无数德国人丧生，理应接受德国法庭的审判。[40]

但现实情况是，如果科赫在德国受审，他只会受到参加纳粹党的指控。他可能对东普鲁士难民们的命运负有责任，但几乎不可能对此提出法律指控。因此，他在德国很可能被判处最多10年的有期徒刑。实际上，盟军自1943年以来的政策一直是：战争结束后，德国战犯将在他们犯下罪行的国家接受审判。因此，英国在1949年末决定将科赫引渡给波兰，他会在那里面对更为严重的指控。为何将科赫引渡到波兰而不是苏联，这一点尚不清楚，可能与提出引渡要求的先后顺序有关，另外，波兰人提交了更加确凿的证明文件，也对这一决定起到了重要作用。

科赫绝食抗议，但还是在1950年1月被交给波兰人，随后被带至华沙。他在华沙的监狱中待了9年，等待着审判。波兰人急于确保对科赫的审判尽可能做到详尽、完美，科赫本人则下定决心利用一切法律漏洞推迟审判，其中包括由于他身体明显不适引起的数次休庭，这一切都造成了这场审判的延误。

1958年10月20日，庭审终于开始了。对科赫的主要指控集中于他在比亚韦斯托克和齐青劳（现在被称为"切哈努夫"）担任高级民事官员期间。他被控主动或与他人合作，策划、准备和实施侵犯当地居民之人权的罪行。案情记录列出了这些罪行的细节，包括对个人和群体使用灭绝营、强迫劳动和大规模驱逐等手段。波兰人没有对科赫在乌克兰的行为提出控告，法庭认为对那里的罪行没有管辖权，提交的苏联领土内的犯罪证据只被用于阐述科赫在波兰境内的行为。

多年来，科赫一直对法律上的漏洞加以利用，回避即将到来的审判，现在，他必然为自己做出积极的辩护。他声称真正的罪魁祸首是海因里希·希姆莱，没人敢像科赫本人所做的那样，一次次违背党卫队全国领袖的意愿。他的律师团采用了一种稍有些不同的方法，他们承认，尽管科赫负有一些个人责任，但他——与那些出现在纽伦堡法庭上的人一样——仅仅是执行上级的指令而已。他们认为，不管怎样，经过这么长时间的监禁，再将科赫判处死刑是极不人道的做法。

1959年3月，法庭做出裁决。其结论是，大规模屠杀是希特勒在欧洲实施新秩序这一计划的重要组成部分，作为执行这些计划者中的一分子，科赫直接参与其中。法庭认为，与科赫提交的证据相反，他当时所处的地位，对治下党卫队和警察的行动具有相当大的影响力，但他并未阻止任何针对平民的犯罪行为。他被判处死刑。

科赫继续着自己的抗争。他探寻各种可能的途径，以避免判决被加以执行，随着时间的拖延，情况变得越来越清楚，波兰当局似乎认为对上个时代遗留的判决加以执行没什么意义。1970年12月，德国总理维利·勃兰特访问华沙，波兰人暗示他的代表团，他们也许希望将科赫带回德国。德国外交官们对此深感震惊，他们没有理会这个建议。不久后，对科赫的判决正式改为终身监禁。

战火平息后的几个月，慢慢地又是几年，逃离东普鲁士的难民们渐渐找到了他们的新家。在德国的大部分地区，他们获得了同情——具有讽刺意味的是，对这些难民普遍抱有敌意的一个地区是巴伐利亚，而这片地区一直是大批纳粹党头目的家园。普鲁士人的故乡永远不再属于德国。1946年7月4日，当初以国王奥托卡二世命名的柯尼斯堡，现在被更名为加里宁格勒，以纪念苏维埃最高主席团主席米哈伊尔·加里宁。随着毁坏的城市慢慢得到修复，原先的一些道路仍在使用，但另一些地区遭受的破坏极为彻底，就连新城市的道路规划都跟原先不同。经历了这场战火后依然完好的建筑寥寥无几，其中的一座是前警察总局，东普鲁士的盖世太保总部就曾设在这里，现在，这座建筑成了克格勃驻当地分支的办公地点。加里宁格勒成为苏联海军波罗的海舰队司令部的驻地，因此，整个冷战期间，这座城市一直不对外国人开放。

东普鲁士几乎每一座城镇和乡村都被赋予了新的名字。苏联获得了该省份的北半部，许多地方被新来的定居者改了名字，以纪念他们过去的故乡。还有些城镇按照苏联当局的直接指示更改名称。因斯特堡更名为切尔尼亚霍夫斯克，以纪念在战争最后几个月里指挥白俄罗斯第3方面军的切尔尼亚霍夫斯基，他阵亡在柯尼斯堡郊外。而南面的许多城镇在战争爆发前居住着大量波兰人，这些城镇本来就有波兰语名称。尽管如此，固执的官僚们还是给某些地区起了新的名字。拉斯滕堡曾被波兰人称为拉斯特恩博克（Rasternbork），但现在被命名为肯琴（Ketrzyn），以纪念波兰历史学家沃伊切赫·肯琴斯基。埃尔宾更名为埃尔布隆格（Elblag），哥腾哈芬再次被命名为格丁尼亚。但泽，这座城市在其历史上几乎一直保持着同样的名称，无论是在波兰人还是普鲁士人的统治下，但现在，为了刻意断绝与过去的联系，她被更名为格但斯克（Gdansk）。

约瑟夫·斯大林是雅尔塔会议三巨头中唯一一个继续掌握着权力的人，但他渐渐走入一个越来越偏执的世界。1953年3月，吃过晚饭后，斯大林突然晕倒在地，很快便去世了。NKVD的首脑拉夫连季·贝利亚短暂地继承了他的领导权，但在当年6月，贝利亚被罢黜，很快遭到处决。接替他的是尼基塔·谢尔盖耶维奇·赫鲁晓夫。

德国慢慢地从战败的废墟上崛起。波茨坦会议的一个想法是，英国、美国、法国和苏联控制的占领区最终会统一为一个新德国。但赫鲁晓夫似乎反对这种统一，两个德国（西面的德意志联邦共和国和东面的德意志民主共和国）迅速成为冷战的焦点。1955年，一场高级别会议在日内瓦召开，试图改善彼此间的关系。德国统一问题被列入议事日程，但苏联提出，只有在德国保证成为一个中立国家的前提下，他们才会商讨此事。

另一个问题也被加以讨论，尽管很短暂，这就是仍被关押在苏联的德国战俘问题。苏联代表团坚称这些人不是战俘，而是被定罪的战犯。提前释放这些人，至少从官方角度看来，不在商讨范围内。但在私下里，赫鲁晓夫还有另一层想法。苏联与西德实现关系正常化，能有力地澄清德国即将获得统一的猜测，因为这将巩固两个德国的并存。因此，几乎就在苏联代表团告诉西方各国的代表们不会提前释放德国战犯的同时，苏联外交官告诉在东德执政的德国统一社会党第一书记瓦尔特·乌布里希，剩下的德国战俘可以获释，以换取与西德外交关系的正常化。

正是在这种背景下，西德总理康拉德·阿登纳于1955年9月出访莫斯科。阿登纳曾是德国中央党的领袖人物，1933年，该党被纳粹勒令解散，尽管希特勒偶尔表现出对阿登纳的钦佩，但从未考虑过任命他担任某个具体职务。战争结束后，阿登纳组建起一个新的政党，名为"基督教民主联盟"，并由此成为西德第一任总理。现在，他赶往莫斯科，决心解决仍被关押在苏联的德国战俘问题。

赫鲁晓夫和阿登纳都清楚这次访问的重要性。详细会谈开始时，遗留德国战俘问题立即被提了出来。阿登纳指出，这么多德国公民仍被关押在苏联，在这种情况下，两国关系无法实现正常化。起初，苏联人并不认同德国的提议，赫鲁晓夫的忠实盟友，部长会议主席尼古拉·布尔加宁拒绝接受被押的德国人是战俘的说法，坚持认为这些人都因为犯有战争罪行而被定罪。对此深感沮丧的阿登纳考虑放弃会谈，但这场谈判牵涉到太多的利害关系。德国代表团里的卡洛·施米德设法让会谈继续进行。他说，德国的每一个男人、女人和孩子都站在阿登纳的身后，期盼他能把那些战俘带回家。

在克里姆林宫圣乔治大厅举办的传统晚宴上，争论仍在继续。布尔加宁和赫鲁晓夫坐在阿登纳两侧，他们三位进行了几次愉快的交流；有那么一刻，两位苏联领导人隔着阿登纳进行了激烈的争论。然后，布尔加宁突然微笑着告诉阿登纳，如果两国间建立起正常关系，德国战俘就可以获得释放。

阿登纳一直希望坚持以德国重新获得统一为条件，换取苏德关系正常化，但很明显，这个目的无法实现。第二天早上，阿登纳同意与苏联建立全面关系。布尔加宁向他保证，他的飞机回到德国前，苏联就将着手释放仍被拘押的德国人。

阿登纳也许会对自己达成的这项交易是否合算心存疑虑，但他回国后，大多数西德人对此欢欣鼓舞。没过多久，第一批德国战俘送到，火车带着他们从苏联腹地来到东西德边境处的一个过境站，再从这里赶往设在弗里德兰的一个特别中转营。归来的囚犯共计9 262人，其中包括3 000名平民。与布尔加宁的说法相反，这些平民中的大多数从未受到起诉，也没被裁定犯有任何罪行。大多数人选择返回西德，甚至包括那些家在东德的人。而对那些故乡已不再属于德国的人来说，只能回到一片新土地上。老兵阿尔弗雷德·耶特克就是其中之一，战争的最后几个月里，他曾指挥过第5装甲师的一个装甲战斗群。获释后没多久，他参加了西德联邦国防军，最终升至中校。他过去的师长，汉斯–格奥尔格·赫尔佐格，乘坐最后一列运送战俘的火车离开苏联，获释后没多久便去世了。

迪特里希·冯·绍肯将军是最后一批获释的德国战俘之一，他曾在普鲁士指挥过德军残部。与部下们一样，他在漫长的囚禁生涯中经受着恶劣的条件，并数次受到单独拘押的对待。对苏联人来说，他是个顽强、傲慢的对手，被囚禁期间，他从未试图隐瞒自己这种态度。尽管历经千辛万苦，但他还算比较幸运。与他一同投降的12名将领，两人（冯·拉帕德中将和里歇特中将）被处决，另外两人身患重病，获释后没过几个月便与世长辞，另外六人在囚禁中死去，他们的死亡日期几乎都在1955年，离最终获释就差几个月。实际上，许多德国战俘的死亡日期都被写为1955年，他们中的很多人可能早已死去，但确切日期没有被记录下来，直到战俘们即将获释，苏联人才不得不填写了这个日期。

直到最后一刻，埃利希·科赫仍顽固不化。他坚持认为在自己的权力范围内，他已为挽救东普鲁士人民做了该做的一切，1945年初那些最暗淡的日子里，他赶往柏林和其他地方，不是为了保全自己，而是争取获得大规模疏散的批准和资源。1986年11月，在战争最后几个月里唯一活下来的这位普鲁士大人物死在波兰小镇奥尔什丁（Olsztyn）的一所医院里，这个镇子曾被称为"阿伦施泰因"。

对交战双方的士兵们来说，他们的战后岁月不尽相同。许多人写下自己的经历，在德国和苏联建立起一些老兵协会，这使他们得以分享各自的回忆，怀念牺牲的战友，重温他们过去的胜利和灾难。但东普鲁士，这片曾被玛丽昂·登霍夫和艾丽卡·摩根施泰因描绘过的土地，永远消失在这场可怕的战争中。田园诗般的乡村美景，广阔的天空，幽暗的森林，整齐的村庄，只存在于曾在这里居住过的人的记忆中。与欧洲其他地区一样，他们的故乡已发生变化。但作为流亡者，他们没有经历这些变化，因此，失去的故乡一直留存在他们的记忆中，是那么无瑕，那么美好。

1. 塔西佗，《阿古利可拉传》，第30章
2. H·绍夫勒，《维斯瓦河上的坦克》，第149页
3. J·诺依曼，《第4装甲师，1943-1945》，第729页
4. H·绍夫勒，《维斯瓦河上的坦克》，第163-165页
5. 同上，第171页
6. F·冯·森格尔，埃特林，《第24装甲师》，第298页
7. J·胡贝尔，《如此真实》，第404-405页
8. C·怀廷，《弗伦斯堡的末日》，第153页
9. F·冯·森格尔，埃特林，《第24装甲师》，第318-319页
10. H·J·潘特纽斯，《东线的最后战役》，第309页
11. 同上，第309-310页
12. 引自H·绍夫勒的《维斯瓦河上的坦克》，第184-185页
13. H·绍夫勒，《维斯瓦河上的坦克》，第194页
14. 引自H·绍夫勒的《维斯瓦河上的坦克》，第195-196页
15. 同上，第199页
16. B·克莱内，《记忆消失前》，第110页
17. 同上，第121-122页
18. 同上，第136-137页
19. 同上，第158页
20. 同上，第191页
21. C·巴奈特，《希特勒的将领》，第260页
22. E·摩根施泰因，《生存比死亡更难》，第85-86页
23. H·冯·伦多夫，《东普鲁士日记》，第159-161页
24. 同上，第164页
25. 同上，第189页
26. P·波拉拉，《永远的伤痛》，第23页
27. 同上，第98-99页
28. 同上，第24页
29. 同上，第103-104页
30. 同上，第113-115页
31. 1944年12月15日，丘吉尔在下议院发表的讲话
32. 1945年，波茨坦协议，第XII章
33. P·波拉拉，《永远的伤痛》，第15-16页
34. 同上，第28-29页
35. H·冯·伦多夫，《东普鲁士日记》，第301-302页
36. E·摩根施泰因，《生存比死亡更难》，第296-297页
37. 引自C·梅里戴尔的《伊万的战争》，第313页
38. C·怀廷，《弗伦斯堡的末日》，第49页
39. 引自D·申克的《希特勒的人在但泽》，第276页
40. 玛丽昂·登霍夫，引自R·迈因德尔的《东普鲁士区领袖》，第474页

东线文库

二战苏德战争研究前沿

云集二战研究杰出学者

保罗·卡雷尔、约翰·埃里克森、戴维·M.格兰茨、尼克拉斯·泽特林、普里特·巴塔、斯蒂芬·巴勒特、斯蒂芬·汉密尔顿、厄尔·齐姆克、艾伯特·西顿、道格拉斯·纳什、小乔治·尼普、戴维·斯塔勒、克里斯托弗·劳伦斯、约翰·基根……

（扫码获取更多新书书目）

海洋文库

世界舰艇、海战研究名家名著

"谁控制了海洋,谁就控制了世界。"
——古罗马哲学家西塞罗

英、美、日、俄、德、法等国海战史及舰艇设计、发展史研究前沿

(扫码获取更多新书书目)